Maria Biesold · *Sergej Rachm*

Maria Biesold

Sergej Rachmaninoff
1873–1943

Zwischen Moskau und New York

Eine
Künstlerbiographie

BELTZ
QUADRIGA

CIP-Titelaufnahme der Deutschen Bibliothek

Biesold, Maria:
Sergej Rachmaninoff : 1873 – 1943 ; zwischen Moskau und New York ; eine Künstlerbiographie / Maria Biesold. – Weinheim ; Berlin : Quadriga, 1991
ISBN 3-88679-191-2

Satz: Fotosatz Horst Kopietz, 6944 Hemsbach
Druck: Druckhaus Beltz, 6944 Hemsbach
Bindung: Wilhelm Osswald & Co., 6730 Neustadt/Weinstr.
Lektorat: Manuela Runge
Umschlaggestaltung: Dieter Vollendorf
Printed in Germany
ISBN 3-88679-191-2

Inhalt

Vorwort

Rachmaninoff – vom Publikum geliebt, von der Fachwelt geschmäht – so ließe sich der Lebensweg des Komponisten knapp umschreiben. An seiner Musik scheiden sich noch heute die Geister. Die einen schwärmen von einer zutiefst nationalrussischen Tonsprache, einer atemberaubenden Kunst der Polyphonie – die anderen geißeln Eklektizismus, Epigonentum und mondänen Salonsentimentalismus. Nicht erst im Exil trifft Rachmaninoff der Vorwurf, eine Klangwelt von gestern zu schaffen, denn bereits im Zarenreich geraten seine Werke ins Kreuzfeuer der Modernisten und Futuristen. Die Emigration löst nur vordergründig einen Konflikt, dessen Ursachen viel tiefer wurzeln: Die Leidenschaft zum Komponieren, die fortwährenden Zweifel an seinem schöpferischen Talent stehen im Kontrast zur wachsenden Anerkennung Rachmaninoffs als Pianist und als Dirigent. Die ungelöste Berufsfrage (Komponist – Pianist – Dirigent) begleitet Rachmaninoff seit Anbeginn seiner künstlerischen Laufbahn. Daß er sich im Exil aus finanziellen Gründen für die Karriere eines reisenden Konzertpianisten entscheidet, bedeutet nicht das Ende seiner Gewissensnöte. Denn obwohl Rachmaninoff weltweit als einer der ganz großen Pianisten gilt, ist seine innerste Profession, die er mehr als alles liebt und um deretwillen er lebenslange Qualen durchleidet, die Komposition.

Eine Musik, die so häufig imitiert, persifliert, verkitscht, bearbeitet, unterlegt, beliehen und bestohlen wird, zwingt zu substantieller Auseinandersetzung. Sie kann sich nicht in einer oberflächlichen Betrachtung ihres verzerrten Spiegelbildes erschöpfen. Rachmaninoffs Musik ist mehr als nur russische Spätromantik, Klassizismus oder Konservativismus – Rachmaninoffs Musik ist ein ästhetisches

Phänomen. Sie ist die »Kunst der Stimmung«, die Suche nach der verlorenen Zeit.

Die vorliegende Biographie will nicht die Legende des Tastenvirtuosen Rachmaninoff fortspinnen und die spektakulären Stationen seiner glänzenden Pianistenkarriere auflisten. Sie sucht vielmehr im unscheinbaren Detail seines verzweigten Lebensweges Ursachen, Motive, Einflüsse aufzuspüren, die Rachmaninoffs facettenreiche, skrupulöse Künstlernatur geformt haben.

Teil 1

Rußland

Kindheit und Jugend

1873–1892

Der ehemalige russische Offizier und Großgrundbesitzer Arkadij Alexandrowitsch Rachmaninow ist ein gebildeter Dilettant. Im Gouvernement Tambow – ca. 530 km südöstlich von Moskau – gilt er als musikalische Autorität. In seiner Jugend hatte er wie Michail Glinka oder der berühmte Moskauer Klavierlehrer Alexander Dubuque – der sich noch Beethovens Bekanntschaft rühmte – bei John Field Unterricht genommen. Arkadij Rachmaninow erfreut in regelmäßigen Abständen seine Zuhörerschaft mit solistischen Auftritten anläßlich von Wohltätigkeitsveranstaltungen. Familienberichten zufolge ist Arkadij ein ausgezeichneter Pianist, und er verbringt viele Stunden seiner freien Zeit am Klavier. Als erstmalig im Jahre 1855 der russische Meisterpianist und reisende Virtuose Anton Rubinstein in der *Wiener Zeitschrift für Musik* gegen den Dilettantismus in der Musik Rußlands zu Felde zieht und den unwissenden Gutsbesitzern und Bürokraten die Verantwortung dafür anlastet, daß viele musikalische Darbietungen in Rußland immer noch den Hautgoût des Nichtprofessionellen tragen, fühlen sich die Kulturträger der russischen Provinz zutiefst düpiert. Eine Lawine von Schimpfreden ergießt sich über Rubinstein, als er sich auch noch erdreistet, seine Streitschrift im Jahre 1860 in der russischen Kulturzeitschrift *Das Zeitalter* zu veröffentlichen. Auch Arkadij A. Rachmaninow greift empört zur Feder und protestiert gegen Rubinsteins ketzerische Ideen, die seiner Meinung nach alle guten russischen Traditionen auf den Kopf stellten und nicht die Qualitätsabstufungen innerhalb des gebildeten Dilettantentums berücksichtigten. Er kann Rubinsteins Forderungen nach gesellschaftlicher Anerkennung und staatlich geregelter Ausbildung für professionelle Musiker nicht verstehen. Für ihn als Mitglied einer alteingesessenen Offiziersfamilie, deren Familienchronik stolz einen im Jahre 1741 von der Zarin Elisabeth Petrowna geadelten Ahnherrn vermerkt, ist Musik ein Bildungsgut, das zwar gründlich studiert, aber nie dem Erwerb des Lebensunterhalts dienen sollte. Ihm sind auch die gesellschaftlichen Vorurteile unbekannt, denen ein freier Künstler in Rußland ausgesetzt ist.

Seit Generationen stehen die Rachmaninows in militärischen Diensten. Ahnherr Gerasim Jewlewitsch Rachmaninow erbt das Stammgut der Familie im Gouvernement Tambow von seinem Vater, der es seinerseits im Jahre 1727 als Lohn für treue Dienste vom Zaren erhalten hatte. Seinem jüngsten Sohn Alexander vermacht Gerasim ein weiteres Gut, Snamenskoje im Koslowskij Ujesd. Alexander – ein talentierter Amateurgeiger – heiratet Maria Arkadjewna Bachmetjewa. Durch Maria Bachmetjewa kommen die Rachmaninows erstmals nachweislich in Kontakt mit einer Musikerfamilie. Denn Maria Bachmetjewa ist eine Verwandte des Kirchenkomponisten N. I. Bachmetjew, der einige Jahre die berühmte St. Petersburger Hofsängerkapelle geleitet hatte. In ihrem Sohn Arkadij Alexandrowitsch Rachmaninow – dem Großvater Sergej Wassiljewitsch Rachmaninoffs – gehen die musikalischen Talente der Eltern eine fruchtbare Verbindung ein. Denn Arkadij erlangt als Amateurpianist und -komponist immerhin schon lokale Berühmtheit. Im Gegensatz zu Rubinstein verkörpert er das konservative Element im Musikleben der russischen Provinz, das die erworbenen Kulturgüter zwar pflegt und hegt, aber keinen entscheidenden Beitrag zu kulturellen Veränderungen oder Neuerungen leistet.

Arkadij Rachmaninow ist Mitglied des Dworjanstwo, des russischen Landadels, einer wohlhabenden Mittelschicht zwischen Hochadel und Bauernschaft. An der Spitze des Dworjanstwo steht die kosmopolitische Elite, die etwa tausend schwerreichen Familien mit einer Vielzahl von Leibeigenen. Ihr Vermögen gründet sich auf den immensen Ländereien und der unbezahlten Arbeitskraft ihrer Leibeigenen. Rechnungsbücher sind diesen Dworjanstwo-Familien nahezu unbekannt. Die Rostows aus Tolstois »Krieg und Frieden« oder die Woronzows, Wolkonskis und Galizins sind Beispiele dieser Adelsschicht. Die in der Hierarchie nächstfolgende Gruppe, der Kleinadel – zu der auch die Rachmaninows zählen – ist die aktivste Gruppe im Land. 1858 hatte sie in den 37 Gouvernements des alten Rußland durchschnittlich 470 Leibeigene. Ihre Angehörigen sind dadurch in der Lage, ein unabhängiges Leben zu führen und ihren Kindern eine gute Ausbildung zu ermöglichen. Sie sprechen gut Französisch, reisen viel ins Ausland, besuchen die Universität und leisten ihren Militärdienst ab. Sie verfügen über umfangreiche Bibliotheken und abonnieren Kulturzeitschriften, die sogenannten »dicken Journale«, die aufgrund ihrer umfangreichen Seitenzahl nicht der staatlichen Zensur unterliegen und schon von daher so manchen ideologischen Sprengstoff verbergen. Die Wintersaison verbringen diese Familien in der Stadt, wo sie Konzerte und Theaterveranstaltungen besuchen. Im Sommer jedoch residieren sie auf den Landgütern und pflegen hier ihre intellektuellen und künstlerischen Leidenschaften. An Politik sind sie nicht sonderlich interessiert. Den Kleinadel bewegen am intensivsten die Tagesereignisse in Literatur, Theater, Musik, Malerei und Philosophie. Dementsprechend ist die gesamte russische Kultur jener Zeit ein Produkt dieser Schicht. Sie liefert die Talente und auch das Publikum.

Mit Aufhebung der Leibeigenschaft im Jahre 1861 gerät jedoch diese Gesellschaftsklasse in wachsende Bedrängnis. Sie hatte nie eine exakte Rechnungsführung gelernt, sondern stets auf Gott und den Zaren vertraut und auf die unbezahlte Arbeitskraft ihrer Leibeigenen. Obwohl die Bodenpreise ständig steigen, sind diese Dworjane nicht in der Lage, ihre wirtschaftliche Situation zu stabilisieren. Im Gegenteil – sie belasten die Güter mit hohen Hypotheken oder verkaufen sie an Bauern und Kaufleute. Nach 1905 nimmt der Besitzschwund durch Verkauf und Versteigerung noch drastischere Ausmaße an. Im Norden Rußlands gibt es kaum noch von Dworjanen bebautes Land.

»Die meisten Dworjanen konnten nicht einmal Rubel und Kopeken zählen ... Es war, als müßten sie, die nach alter Tradition gewohnt waren, freigebig mit Geld umzugehen, plötzlich mit einem genau festgesetzten Taschengeld auskommen. Dies war die letzte Rache der Leibeigenschaft. Nachdem sie solange von Pachten und Frondiensten gelebt hatten, deren Umfang sie nach Belieben bestimmen konnten, waren sie völlig außerstande, ihre Existenz in die eigene Hand zu nehmen.«[1]

Wassilij A. Rachmaninow, Vater des Komponisten (1841–1916)

»Die letzte Rache der Leibeigenschaft« trifft auch die Rachmaninows. Arkadijs Sohn, der Gardeoffizier Wassilij Arkadjewitsch Rachmaninow, versteigert im Jahre 1882 das letzte der fünf Güter, die seine Ehefrau, Generalstochter Ljubow Petrowna Butakowa, in die Ehe als Mitgift eingebracht hatte. Das Familiengut Oneg in der Nähe Nowgorods ist nicht länger zu halten und geht in den Besitz des Grafen Murawjow über.

Wassilij A. Rachmaninow – der Vater Sergej Rachmaninoffs – hatte sich getreu der Familientradition mit sechzehn Jahren freiwillig zur Armee gemeldet, in den Jahren 1857–1859 im Kaukasus gegen den Rebellen Djamil gekämpft und seine militärische Laufbahn als Offizier im noblen Garderegiment bei Warschau abgeschlossen. Er heiratet standesgemäß die Generalstochter Butakowa, deren väterliche Güter im Norden Rußlands die Zukunft zumindest finanziell zu sichern scheinen. Nach der Eheschließung ziehen die Rachmaninows auf die Familiengüter in der Nähe Nowgorods. Mit Unterstützung der Väter gelingt auch beiden Eheleuten in den ersten Jahren eine wirtschaftliche Führung der Güter. Aber als Arkadij Rachmaninow und kurz darauf auch Pjotr Butakow sterben, kann Wassilij A. Rachmaninow die jetzt auf ihm allein lastenden Pflichten nicht mehr bewältigen. Unregelmäßigkeiten und Veruntreuungen seiner Gutsverwalter treiben zum endgültigen Ruin des Familienbesitzes.

Wassilij Rachmaninows Schicksal ist beispielhaft für eine ganze Generation von Gutsbesitzern im Norden Rußlands, die in den siebziger Jahren ins Elend geraten und als entwurzelte Landadelige ohne Land in die Städte flüchten und dort kümmerlich ihr Leben fristen. Wassilij Rachmaninow endet als Pferdespezialist auf einer Moskauer Rennbahn.

Sergej Wassiljewitsch Rachmaninoff kommt am 20. März (1. April neuer Zeitrechnung) 1873 noch auf dem vorletzten Familiengut Semjonowo im Starorusski Ujesd südlich des Ilmensees zur Welt.[2] Kurz nach seiner Geburt siedelt die Familie auf ihr letztes Gut Oneg am Wolchow-Fluß über, das ca. 30 Werst* von Nowgo-

* Das zaristische Wegemaß Werst entspricht 1066,8 m.

rod entfernt liegt. Sergej hat fünf Geschwister: Jelena, Sofija, Warwara, Wladimir und Arkadij.

Erst mit dem Gut Oneg verknüpfen sich Rachmaninoffs früheste Kindheitserinnerungen. Prägend für seine spätere innere Zerrissenheit ist unter Umständen eine Art der Bestrafung, die seine Mutter ihm für Ungehorsam angedeihen läßt: Der kleine Serjosha muß unter dem Klavier sitzen! Die erste Bekanntschaft mit dem Instrument ist eine bedrohliche.

Klaviermusik untermalt auch die späteren blassen Bilder der Vergangenheit: Die Mutter begleitet die Schweizer Erzieherin am Klavier, wenn sie auf Wunsch der Familie Schubert-Lieder singt, der Vater schwelgt selbstvergessen in endlosen, improvisierten Klavierfantasien, und stets lobt Großvater Arkadij den kleinen Sergej für das brave Vierhändigspiel.

Diese drei so verschiedenen Menschen prägen entscheidend die Charakterbildung des Heranwachsenden. In ihren Persönlichkeiten und Einflußnahmen sind Rachmaninoffs spätere Seelenkonflikte und Ängste vorgezeichnet, aber auch der Mut zu überraschenden Kraftakten und künstlerischen Spitzenleistungen. Rachmaninoffs willensstarke, übermächtige Mutter war nicht unproblematisch für die seelische Entwicklung des kleinen Sergej und wirkte oft bedrükkend auf ihn. Dennoch rettete den Künstler in der Emigration die mütterliche Erziehung zu unerbittlichem Ordnungssinn und rationaler Planung letztlich vor dem sozialen und wirtschaftlichen Abstieg.

Der Vater – ein nur durch familiäre Konventionen reduzierter, hochtalentierter Künstlertypus – verkörpert den genialen Widerpart. Er ist der kreative, rastlose Schwärmer, ein überschäumender, bisweilen hemmungsloser Fantast, der in Rachmaninoff ungeheure Klangfantasien freisetzt.

Großvater Arkadij hingegen bildet den ruhenden Pol inmitten der wogenden Familienlandschaft. Er trägt frühzeitig Gedankengut des konservativen Bildungsbürgertums und die Leichtigkeit der Musikliebhaberei in Rachmaninoffs Weltbild. Und so erlebt der kleine Rachmaninoff Musik als Strafe, aber auch als Genuß. Sie wird ihm zur Pflicht, aber auch zur angenehmen Freizeitgestaltung. Diese grundverschiedenen Charakterkonstellationen bestimmen in

Die Mutter Ljubow P. Rachmaninowa (gest. 1929) mit Sergejs Klavierlehrerin Anna Ornatskaja

S. Rachmaninoff mit ca. 9 Jahren

Zukunft entscheidend Rachmaninoffs psychische Disposition. Wo sie in unversöhnlichen Widerstreit geraten, durchleidet der Künstler schwere Persönlichkeitskonflikte, die ihn bis an den Rand der psychischen Erkrankung treiben. Wo sie sich jedoch glückhaft ergänzen, bewältigt Rachmaninoff enorme Anforderungen und schafft denkwürdige Kunstprodukte.

Sergej erhält frühzeitig Klavierunterricht von der gestrengen Mutter, und als er zur Überraschung seiner Eltern plötzlich Schubert-Lieder aus dem Gedächtnis improvisiert, engagiert man unverzüglich die junge Petersburger Konservatoriumsabsolventin Anna Ornatskaja. Die Schülerin des renommierten Klavierprofessors Gustav Kross unterweist fortan Sergej in der Kunst des Klavierspiels.

In seiner Freizeit genießt der Junge alle Vorzüge des Landlebens, und unbewußt nimmt er dabei auch die eigenartigen Gesänge der Nowgoroder Bauern auf. Die Gegend um Nowgorod ist die Urheimat einer großen Gesangskultur, die in den Bylinen, den klagenden Liedern des russischen Nordens, ihren beseelten Ausdruck findet. Der »protjashnaja pesnja«, der elegisch-gedehnte Gesang, der aus einer Solointonation in vielzählige »podgoloski«, Varianten, zerspringt, inspiriert viele der späteren Melodien Rachmaninoffs. Nowgorod war in früheren Jahrhunderten Mittelpunkt der russischen Kirchenmusik. In den Nowgoroder Kirchen wirkten seit Generationen die berühmten Kirchensänger, die sogenannten »raspewtschiki«, die byzantinisch-liturgische Gesänge mit russischen Volksweisen vermengten und im Laufe der Jahre einen neuen kirchenslawischen Gesangsstil kreierten. Nowgorod war berühmt für seine Klöster, und die Kunst des Glockengießens und Glockenläutens machte die Stadt zum Wallfahrtsort für gläubige Pilger und Touristen.

Im krassen Gegensatz zur Familienidylle der Rachmaninows auf Oneg verschärft sich die politische Situation der siebziger Jahre zunehmend: Obwohl die Justizreform unter dem Zaren Alexander II. im Jahre 1864 abgeschlossen war und alle Prozesse jetzt regulären Geschworenengerichten übertragen werden mußten, sind die Folgejahre von wachsendem Terrorismus überschattet. Attentate, Entführungen, Bombenanschläge häufen sich, und als am 4. August

1878 ein Terrorist auf offener Straße in St. Petersburg den Chef des Gendarmenkorps ersticht, reagiert die zaristische Regierung fünf Tage später mit einem offiziellen Verdikt:

Bewaffnete Angriffe gegen staatliche Organe fallen ab sofort unter das Kriegsrecht und werden ausschließlich durch Kriegsgerichte abgehandelt. Die Urteile bedürfen jetzt nur noch der Bestätigung durch den Militärgouverneur.

Ein unveröffentlichtes Zirkular vom 1. September 1878 kündigt rigorose Maßnahmen gegen verdächtige Personen an: Der bloße Verdacht einer strafbaren Handlung reicht aus, um Menschen in die Verbannung zu schicken. Erforderlich ist nur die Genehmigung des Innenministers und des Gendarmeriechefs. Im April 1879 wird auf den Zaren ein erster Attentatsversuch ausgeübt, und 1880 explodiert im Winterpalais ein Sprengstoffsatz. Der unlösbare Widerspruch zwischen feudal rückständiger Landwirtschaft und einer vom Zaren extrem forcierten Industrialisierung eskaliert in einer gefährlichen Radikalisierung breiter Teile der Bevölkerung.

1880 ersetzt eine Politische Polizei die bisherige Geheimpolizei. Sie ist nur dem Innenministerium unterstellt, und zuständig für die Erhaltung der öffentlichen Sicherheit und Ordnung, die Verhinderung von Verbrechen gegen den Staat, Bewachung der Staatsgrenzen, Ausgabe von Reisepässen für das Inland, Überwachung von Ausländern und Juden. Und sie allein erteilt die Genehmigung für Satzungen von Vereinen und Klubs, für öffentliche Reden und Vorträge, für Vorlesungen, Ausstellungen und Konferenzen.

Am 1. März 1881 stirbt Zar Alexander II. an den Folgen eines Attentats. Der Zar, in dessen Regierungszeit die Leibeigenschaft aufgehoben wurde, fällt der »narodnaja wolja«, einer Verschwörergruppe fanatischer Studenten und radikaler Intellektueller, zum Opfer. Noch im Juni desselben Jahres stellt eine »Verordnung über Maßnahmen zum Schutz der bestehenden Staatsordnung und der öffentlichen Ruhe sowie über die Verhängung eines Zustandes verstärkter Sicherung über bestimmte Orte des Reiches« zehn Gouvernements – darunter auch St. Petersburg und Moskau – unter die »verstärkte Sicherung«.

Auch die Juden – ohnehin im Zarenreich seit Generationen nur geduldet – entgehen nicht der Rachsucht des neuen Zaren. Ihr

Wohnrecht wird 1882 auf nur noch fünfzehn ausgewählte Provinzen beschnitten. Die Folge ist eine riesige Emigrationswelle, die auch den Vater des amerikanischen Dirigenten Leopold Stokowski nach England trägt.

Im selben Jahr – 1882 – endet auch für den neunjährigen Sergej Rachmaninoff das unbeschwerte Leben in der heilen Welt des russischen Landadels. Das Gut Oneg ist versteigert. Die erste Maßnahme der neuen Besitzer von Oneg hat für das verunsicherte Kind fast symbolischen Charakter:

Eine über hundert Jahre alte Tanne, die direkt neben dem Wohnhaus gewachsen war, wird gefällt. Viel zu früh gerät Rachmaninoff in die Schatten des Tschechowschen »Kirschgartens«.

Ohne Ländereien und unbezahlte Arbeitskräfte ist den Rachmaninows – einer Familie mit sechs Kindern – jede Lebensgrundlage auf dem Lande entzogen. Und so wählen sie nahezu mittellos die einzige Alternative, die ihnen noch bleibt. Sie siedeln in die nächstgelegene Großstadt St. Petersburg über und beziehen dort eine kleine Etagenwohnung. Die Kosten für eine standesgemäße Ausbildung der Söhne, die als Enkel des Generals Butakow eine bevorzugte Aufnahmeberechtigung für das Corps du pages hätten, kann die Familie nicht mehr aufbringen. Wladimir besucht eine Kadettenschule, und Sergej erhält durch Vermittlung seiner Klavierlehrerin Anna Ornatskaja ein Stipendium am St. Petersburger Konservatorium. Die äußeren Belastungen lassen auch die durch die Verbindung zweier so extremer Charaktere ohnehin problematische Ehe nicht unberührt. Als die jüngere Schwester Sofija an den Folgen einer schweren Diphtherieerkrankung stirbt, kommt es zwischen den Eltern zum endgültigen Zerwürfnis. Wassilij A. Rachmaninow verläßt St. Petersburg.

Sergej lebt nun allein mit seiner Mutter und den noch im Hause verbliebenen kleineren Geschwistern. Da er den Vater vermißt und die Mutter insgeheim für den Weggang des Vaters verantwortlich macht, treibt er sich nun auf den Petersburger Eisbahnen, Hinterhöfen und Straßenbahnen des Newski-Prospekts herum. Seine Pflichten am Konservatorium nimmt er nicht sonderlich ernst. Der Direktor des Konservatoriums, Karl J. Dawydow, lobt zwar gelegentlich die Geschicklichkeit des jungen Klavierschülers, eine intensive Förderung seiner guten Anlagen übernimmt jedoch keiner der Konservatoriumsprofessoren. Auch der Klavierlehrer der unteren Konservatoriumsabteilung, Demjanski, zeigt kein Interesse an dem Schüler, den er für den Eintritt in Gustav Kross' Meisterklasse vorbereiten soll. Nur der Theorielehrer Rubets befreit Sergej sogleich vom Unterricht in den elementaren, theoretischen Fächern, als er dessen hervorragendes Gehör erkennt. Damit erweist er dem Jungen aber keinen Gefallen, denn Sergej gelangt als Neunjähriger in eine Harmonielehreklasse der Oberstufe ohne jegliche Grundkenntnisse.

Als Liberio A. Sacchetti, der führende Musikhistoriker und -theoretiker des Instituts, nach einigen Unterrichtsstunden Sergejs Wissensstand überprüft, muß er ihn wieder in die Unterstufe zurückversetzen, denn der Schüler hatte absolut nichts von den Ausführungen Sacchettis verstanden. In der Theorieklasse des Lehrers Rubets verharrt nun Sergej in Untätigkeit und Stolz über das große Ansehen, das er bei Rubets genießt.

Auf die Dauer aber können talentvolles Klavierspiel und ein gutes Gehör nicht die mangelhaften Leistungen in den übrigen Unterrichtsfächern Russisch, Französisch, Deutsch, Arithmetik, Geographie, Geschichte und Religion verdecken: Im Jahre 1885 wird dem Schüler Rachmaninoff das Stipendium aberkannt. Ein letzter, spitzfindig ausgeklügelter Versuch, den Zensuren auf dem Zeugnis – corriger la fortune – mit einigen kunstvollen Strichen eine positive Wendung zu verleihen, scheitert. Die Mutter entdeckt den Täuschungsversuch und reagiert mit einer harten Strafe: Sergej darf in diesem Jahr nicht seine geliebte Großmutter in Nowgorod besuchen. Die Generalswitwe Butakowa hatte vom Rest ihres Vermögens ein kleines Gut in der Nähe Nowgorods erworben, und die Sommeraufenthalte bei ihr in der alten Heimat bedeuteten für Sergej alljährlich die heiß ersehnte Befreiung von allen Sorgen, die in St. Petersburg auf ihm lasteten. Hier konnte er sich nach Herzenslust in der hügeligen, waldreichen Landschaft um Nowgorod austoben, die für den kleinen Städter voller Überraschungen war. Er lief mit den Bauernkindern durch Wiesen und Felder, oder er marschierte zum Flußufer und beobachtete neugierig die Fischer bei ihrer Arbeit.

In Nowgorod durfte er die Großmutter in die alten Klöster und Kirchen begleiten, wo er oft stundenlang den Gesängen der Mönche und den geheimnisvollen Klängen der Kirchenglocken lauschte. Mit Begeisterung improvisierte er dann zu Hause auf dem Klavier die liturgischen Weisen und verwebte sie mit dem Läuten der Glocken in eigene, kindliche Phantasien. Kamen Gäste auf das kleine Gut Borisowo, so erfreute Sergej seine Zuhörerschaft mit Werken von Beethoven oder Chopin. Eigentlich waren es ja eigene Stegreifkompositionen, die er spielte, aber Sergej vertraute auf die Wirkungskraft großer Namen – und auf die begrenzten Kenntnisse des russischen Provinzpublikums.

Nach einem klärenden Gespräch zwischen Großmutter und Mutter erhält Sergej schließlich doch die ersehnte Erlaubnis, im Sommer 1885 nach Borisowo zu fahren. Es sind die letzten gemeinsamen Ferien mit der Großmutter, denn Ljubow Rachmaninowa trifft eine Entscheidung, die Sergejs nachlässigem Lebenswandel unwiderruflich ein Ende setzen soll. Mit Ablauf des Sommers wird er zur weiteren Ausbildung nach Moskau gehen.

Ljubow Rachmaninowa hatte unmittelbar nach der Entlassung Sergejs aus dem St. Petersburger Konservatorium mit einem Neffen der Familie Kontakt aufgenommen, von dem sie sich fachkundigen Rat erhoffte. Alexander Silotti, dessen Mutter eine Schwester Wassilij Rachmaninows war, hatte einige Jahre zuvor am St. Petersburger Konservatorium mit Auszeichnung das Examen als Konzertpianist abgelegt.

Zur Belohnung durfte der junge Mann mit einem Stipendium der Russischen Musikgesellschaft (RMO), die 1859 mit Unterstützung der Großfürstin Jelena Pawlowna, Prinzessin von Württemberg, von Anton Rubinstein gegründet worden war, nach Leipzig und Weimar reisen. Dort fand er durch seine künstlerischen Qualitäten und seine bescheidene Haltung bald Zugang zum engsten Schülerkreis um Franz Liszt.[3] Nach Rußland zurückgekehrt, stand er zugleich am Beginn einer hoffnungsvollen Karriere.

Alexander Siloti prüft den jüngeren Cousin aufmerksam und erkennt sofort dessen urwüchsiges, aber stark verwildertes Talent. Der einzige, der vermutlich hier noch ordnend eingreifen könnte, wäre sein ehemaliger Moskauer Klavierlehrer Nikolaj Swerjew.

Siloti rät daher dringend zur weiteren Ausbildung bei Swerjew und bietet sich als Vermittler an.

Nikolaj Swerjew ist zu jener Zeit einer der populärsten und erfolgreichsten Klavierlehrer Moskaus. Seine musikalische Ausbildung absolvierte er – wie viele seiner Zeitgenossen – in Form von Privatstunden. Zu seinen Klavierlehrern zählten Alexander Dubuque und Adolf von Henselt. Den Beruf des Klavierlehrers ergriff Swerjew eher durch einen Zufall. Der Konservatoriumsprofessor Dubuque hatte ihm vorgerechnet, daß er mit Klavierstunden in Moskau ebensoviel Geld verdienen könne wie als Verwaltungsbeamter im St. Petersburger Staatsdienst. Und da Swerjew ein Leben in der Kunst wesentlich interessanter und abwechslungsreicher schien, gab er seinen alten Beruf auf. Er belegte musiktheoretische Kurse bei Tschaikowski und erteilte die ersten Klavierstunden. 1866 erhielt er durch Vermittlung seines Freundes Nikolaj Rubinstein eine Klavierprofessur am Moskauer Konservatorium. Dort unterrichtete er zunächst die Studenten der Unteren Abteilung. In kürzester Zeit erarbeitete sich Swerjew den Ruf eines exzellenten Pädagogen. Als Rachmaninoff zu ihm kommt, ist er bereits »Hauptlieferant der Goldmedaillengewinner«[4].

Neben den Konservatoriumsstunden erteilt Swerjew in den Häusern der reichen Moskauer Kaufmannschaft zusätzliche Privatstunden gegen ein fürstliches Honorar. Nach späteren Schätzungen seines Schülers Presman verdient Swerjew jährlich ungefähr 10000 Rubel, ein auch für die damalige Zeit sehr hohes Einkommen. Dieses Geld jedoch gibt Swerjew mit vollen Händen wieder aus. Er beherbergt in seinem Hause einige ausgewählte, besonders begabte Privatschüler, die weder für Unterricht noch für den Lebensunterhalt irgendeine Gebühr entrichten. Ihr Preis ist absoluter Gehorsam ihm gegenüber und Distanz zu den Angehörigen. Sogar die Ferien werden in gemeinsamer Arbeit verbracht. Swerjews »Jungen-Pensionat« nährt allerdings in Moskau auch allerlei wilde Gerüchte. Denn merkwürdigerweise findet in den vielen Jahren seiner Existenz nie eine der begabten Schülerinnen Aufnahme ins Pensionat. Man spricht nicht offen aus, was man allseits vermutet: Swerjew gehört zur Moskauer Homosexuellenszene um Rubinstein und

Tschaikowski, die in Künstlerkreisen eine ängstlich gehütete Doppelexistenz führt.

Der Klavierlehrer Swerjew verbindet pädagogisches Geschick mit außergewöhnlichen gesellschaftlichen Talenten. Elegante Umgangsformen, Intelligenz und eine sehr hohe Allgemeinbildung lassen ihn zu einem geschätzten Mitglied der Moskauer Gesellschaft aufsteigen. Sein ausgeprägter Spürsinn für professionelle Kartenspiele verschafft ihm dabei so manchen lukrativen Zugewinn.

Weit gerühmt sind Swerjews sonntägliche Soireen: Diese kulinarischen Feste mit dem Hauch erlesener Kultur ziehen Künstler, Wissenschaftler, Ärzte, Juristen, Professoren magisch in ihren Bann. Hier werden die jüngsten Ereignisse der Moskauer Kulturszene erörtert, und manche originelle Idee entspringt dieser inspirativen Künstleratmosphäre.

»Swerjew verwandelte sein Haus, das einem musikalischen Gefängnis gleichkam, in ein musikalisches Paradies. Der sehr strenge Lehrer wandelte sich an Sonntagen grundlegend. An diesem Nachmittag und Abend hielt er stets ein offenes Haus für die größten Leute der Moskauer Musikwelt. Tschaikowski, Tanejew, Arenski, Safonow, Siloti ebenso wie Universitätsprofessoren, Rechtsanwälte, Schauspieler kamen vorbei, und die Stunden vergingen bei Gesprächen und Musik. Für uns Jungen war das erfreuliche Hauptkennzeichen dieser Sonntage, daß Swerjew keinem der anwesenden großen Musiker gestattete, das Klavier zu berühren, es sei denn zum Zwecke einer Erklärung oder Kritik. Denn wir, nicht sie, waren die Solisten. Unsere Stegreifwiedergaben waren Swerjews größtes Vergnügen. Egal, was wir spielten, sein Spruch war immer ›Sehr schön! Gut gemacht! Exzellent!‹ Er ließ uns spielen, was wir gerne spielten und wandte sich gewöhnlich an seine Gäste, damit sie ihn in seiner Meinung von uns unterstützten. Ich kann nicht adäquat beschreiben, wie uns diese Gelegenheit, vor den größten Musikern Moskaus zu spielen und ihrer freundschaftlichen Kritik zu lauschen, anspornte – oder welcher Anreiz es für unsere Begeisterung war.«[5]

Als Rachmaninoff sich im Sommer 1885 von seiner Großmutter in Nowgorod verabschiedet und den Zug nach Moskau besteigt, ahnt er noch nicht, welch entscheidende Rolle der Lehrer Swerjew in seinem weiteren künstlerischen Lebensweg spielen würde.

Swerjew mit seinen Schülern (v. l. n. r.) Presman, Rachmaninoff und Maximow

Der Zwölfjährige hat Angst vor der fremden Großstadt, und er ist noch benommen von dem neuen schweren Schicksalsschlag, der die Familie erst vor wenigen Wochen ereilt hatte: Eine weitere Schwester, die sechzehnjährige Jelena, war plötzlich und unerwartet an den Folgen einer Infektion gestorben. Eigentlich galt sie als das größere musikalische Talent in der Rachmaninow-Familie. Sie hatte eine wunderschöne Altstimme, und nach einem kurzen Probesingen vor dem Fachausschuß des Bolschoj-Theaters in Moskau war ihr sofort ein Vertrag für die Saison 1885/86 angeboten worden. Wie sehr hatte sich Rachmaninoff auf die gemeinsame Zeit mit seiner Schwester in Moskau gefreut!

An einem regnerischen Tag im August 1885 trifft Rachmaninoff in Moskau ein. Seine Tante Julia Siloti erwartet ihn am Bahnhof und führt ihn zu Swerjew, der zu dieser Zeit am Smolenskij-Platz/Rushejnyj pereulok (Waffengasse) wohnt.

Rachmaninoff wird als dritter Zögling in Swerjews Klavierpensionat aufgenommen. Mitschüler sind Matwej L. Presman und Leonid Maximow. Im selben Jahr beginnt übrigens auch der kleine Kadettenschüler Alexander N. Skrjabin seine Klavierausbildung bei Swerjew. Skrjabin wohnt jedoch weiterhin bei seinen Familienangehörigen und kommt jeweils am Sonntag zum Unterricht.

Den Tagesablauf seiner drei Zöglinge hat Swerjew genau geplant. Jeder muß drei Stunden am Tag üben. Der erste beginnt morgens um 6 Uhr. Von diesem Plan wird auch dann nicht abgewichen, wenn der Schüler am Abend zuvor durch Konzert- oder Theaterbesuche erst spät ins Bett gekommen sein sollte. Müdigkeit oder mangelnde Konzentration ahndet Swerjew unnachsichtig: Beim ersten falschen Ton stürzt er sich wutentbrannt auf den Missetäter und setzt der morgendlichen Schläfrigkeit ein abruptes, unsanftes Ende.

Während seiner Abwesenheit überwacht die ältere, humorlose und natürlich unbestechliche Schwester Anna Sergejewna den Übeplan der Jungen. Swerjew selbst unterrichtet von 9 Uhr früh bis in die späten Nachtstunden. Über sein pädagogisches Konzept berichtet Matwej Presman:

»Das Wertvollste, was er lehrte – war die Haltung der Hände. Swerjew war geradezu unerbittlich, wenn der Schüler mit verspannter Hand und infolgedessen grob und steif spielte, wenn er bei angespannter Hand die Ellbogen verdrehte. Swerjew ließ viele einfache Übungen und Etüden zur Ausarbeitung verschiedener technischer Handgriffe üben. Ohne Rhythmus zu spielen, fehlerhaft, ohne Interpunktionszeichen, war bei Swerjew unmöglich – und darin liegt in der Tat das ganze musikalische Fundament, auf welchem es nicht mehr schwierig ist, das größte künstlerische Gebäude zu errichten.«[6]

Auch der Allgemeinbildung seiner Zöglinge widmet Swerjew genügend Aufmerksamkeit. Er engagiert einen Privatlehrer, der sie in den Fremdsprachen Deutsch und Französisch unterweist.

Einmal in der Woche kommt die Pianistin Belopolskaja, die mit den Schülern an zwei Klavieren das klassische Sinfonie- und Kammermusikrepertoire durchspielt. Um ihre musikalischen Kenntnisse zu vertiefen und auch den Geschmack zu kultivieren, führt Swerjew seine Zöglinge regelmäßig in Erstaufführungen und Neuinszenierungen der Moskauer Konzert- und Theatersaison. Mit dieser soliden und vielseitigen Erziehung schult Swerjew die Kritikfähigkeit der heranwachsenden Musiker.

Jedes noch so intelligent ausgeklügelte pädagogische System kann natürlich nur dann funktionieren, wenn auch die ökonomischen Mittel für seine konsequente Durchsetzung gewährleistet sind. Und hier versteht es der Geschäftsmann Swerjew hervorragend, pädagogische Ambitionen mit finanziellen Interessen zu verbinden. Rachmaninoff erinnert sich später:

»Swerjew liebte es, unsere Fähigkeit am Klavier vorzustellen, welche natürlich – und nicht ohne Grund – seiner Fertigkeit als Lehrer zugeschrieben wurde. Häufig geschah es, daß, wenn er während der Woche im Hause irgendeines wohlhabenden Moskauer Kaufmanns dinierte, einer von uns per Eilboten geholt wurde. Die Wahl fiel gewöhnlich auf mich. Nach Ankunft in meinem Bestimmungsort und nachdem ich meine schwere Winterkleidung abgelegt hatte, mußte ich mich ans Klavier setzen und eine Studie von Cramer oder Czerny spielen, eine Studie von Reinecke (das erste Stück, welches ich bei meiner Ankunft aus St. Petersburg Swerjew vorgespielt hatte und das sein Lieblingsstück war), eine Mozart-Sonate oder andere Stücke. Wenn ich geendet hatte, sagte

Swerjew gewöhnlich in meiner Gegenwart: ›Sie sehen, so spielt man Klavier!‹ und an mich gewandt: ›Du kannst jetzt nach Hause gehen!‹ wohingegen er in einer Unterrichtsstunde desselben Morgens bei der ersten falschen Note geschrien hatte: ›Spielt man so Klavier? Mach, daß du rauskommst!‹ Ich bin sicher, daß diese Abendauftritte in den Häusern anderer, gegeben von seinen Zöglingen, dazu beigetragen haben müssen, die Zahl seiner Schüler zu erhöhen, obwohl Swerjew sie gewiß nicht zu diesem Zweck vorbereitet hat.«[7]

Im Jahre 1885 – Rachmaninoffs erstem Studienjahr bei Swerjew – werden zwei Spitzenpositionen der Moskauer Musikadministration neu besetzt: Peter Tschaikowski wird zum Direktor der Moskauer Abteilung der RMO ernannt. Ihm obliegt nun die Programmgestaltung der RMO-Konzerte und die Auswahl sowie Verpflichtung der Solisten. Sein Schüler Sergej I. Tanejew wird zum Direktor des Moskauer Konservatoriums gewählt. Tanejew tritt damit die Nachfolge Nikolaj A. Huberts an, der das Konservatorium seit dem Tode Nikolaj Rubinsteins im Jahre 1881 mit kurzer Unterbrechung geleitet hatte. Tschaikowski und Tanejew zählen zum engsten Freundeskreis um Swerjew, daher sind ihnen auch Swerjews jeweilige Schüler gut bekannt. Schon Ende des Jahres dürfen durch Vermittlung Tanejews die fast gleichaltrigen, hochbegabten Klavierschüler des Moskauer Konservatoriums – Sergej Rachmaninoff und Josef Lhevinne – dem großen Meister des Klaviers, Anton Rubinstein, vorspielen. Rubinstein weilt zu dieser Zeit gerade anläßlich der 100. Aufführung seiner Oper »Dämon« in Moskau, so daß Tanejew die Chance nutzt und ihm den talentierten Klaviernachwuchs des Instituts vorstellt.

Im Anschluß an das interne Schülerkonzert ist Rubinstein zu Gast bei Swerjew und dessen illustrer Abendgesellschaft unter Männern. Presman, Maximow und Rachmaninoff verfolgen mit gespannter Aufmerksamkeit und ehrfurchtsvoll jede Geste, jede Äußerung ihres pianistischen Idols. Aber irgendwie können sie außer einigen Lapidarbemerkungen Rubinsteins über Pianistenkollegen nichts Denkwürdiges oder Tiefsinniges in seinen Gesprächen erhaschen.

Einen nachhaltigen Eindruck hinterläßt Rubinstein in ihnen erst durch seine »Historischen Konzerte«, die er ein Jahr später in

Moskau gibt. In diesen Konzerten bietet der »Reformator der russischen Musikausbildung« dem Zuhörer einen repräsentativen Überblick über die Geschichte der Klaviermusik. An sieben Abenden im Januar und Februar 1886 spielt Anton Rubinstein, der im 56. Lebensjahr jetzt im Zenit seiner pianistischen Karriere steht, Werke von Bach, Couperin, Scarlatti, Mozart, Beethoven, Chopin, Liszt bis hin zu den russischen modernen Komponisten.

Die Konzerte finden jeweils am Dienstagabend im Großen Adelssaal statt. Am folgenden Morgen wiederholt Rubinstein dasselbe Programm im Musiksaal des Deutschen Clubs in Moskau. Studenten haben freien Eintritt. Swerjew nutzt mit seinen Schülern diese wertvolle Gelegenheit, ein Konzertprogramm in kurzem Abstand zweimal hören zu können, und sie besuchen neben den abendlichen Konzerten auch alle Matineen. Die Schüler haben so die Möglichkeit, das am Abend Gehörte zu vertiefen und künstlerische Details oder pianistische Tricks noch eingehender zu beobachten und zu analysieren.

»Es war nicht so sehr seine großartige Technik, die einen verzauberte, als das profunde, vergeistigte Musizieren, welches aus jeder Note und aus jedem Takt sprach, den er spielte, und das ihn auszeichnete als den originellsten und unvergleichlichsten Pianisten auf der Welt. Natürlich versäumte ich keine Note, und ich innere mich daran, wie ich durch seinen Vortrag der ›Appassionata‹ oder Chopins b-moll-Sonate tief berührt war. Einmal wiederholte er das ganze Finale der Sonate in b-moll, vielleicht weil ihm das kurze crescendo am Ende nicht so geglückt war, wie er es sich wohl gedacht hatte. Man lauschte benommen, und hätte die Passage wieder und wieder hören können, so einzigartig war die Schönheit des Tones, den sein magischer Anschlag aus den Tasten zauberte. Ich habe niemals das Virtuosenstück ›Islamey‹ von Balakirew so gehört, wie Rubinstein es spielte, und seine Interpretation von Schumanns kleinem Fantasiestück ›Vogel als Prophet‹ war unnachahmlich im poetischen Raffinement; Das diminuendo des pianissimo am Ende als ›das Wegflattern des kleinen Vogels‹ zu beschreiben, wäre hoffnungslos unangemessen. Ebenso unnachahmlich war die herzergreifende Darstellung der letzten (g-moll-)Passage in der Kreisleriana, die ich von keinem in derselben Art gespielt gehört habe.

Eines der größten Geheimnisse Rubinsteins war seine Anwendung des Pedals. Er selbst hatte sehr treffend seine Vorstellungen über diese Angelegenheit ausgedrückt, als er sagte: ›Das Pedal ist die Seele des Klaviers‹. Kein Pianist sollte dies je vergessen.«[8]

Da Rachmaninoff im ersten Jahr seiner Moskauer Studienzeit alle Fächer in Swerjews Internat absolvierte, ist auch sein Name noch nicht im Studentenverzeichnis des Konservatoriums vermerkt. Lediglich als Mitwirkender in einem internen Schülerabend am 27. November 1885 wird er erstmals auf einer Programmnotiz des Konservatoriums erwähnt: Er spielt das cis-moll-Präludium aus dem Wohltemperierten Klavier Band 1 von Bach.

Im Mai des folgenden Jahres reist Swerjew mit den Schülern auf die Krim. Ein Moskauer Millionär hatte ihn auf sein Gut in die südliche Ferieninsel der Russen eingeladen und private Klavierstunden für seine Kinder vereinbart. Da Swerjew selbst auf dem Landgut des Millionärs wohnt, mietet er für seinen Anhang eine kleine Sommerwohnung in der Nähe und quartiert dort Rachmaninoff, Presman, Maximow zusammen mit dem Moskauer Konservatoriumsprofessor Nikolaj M. Laduchin ein. Laduchin, der am Konservatorium Theorie und Harmonielehre unterrichtet, war von Swerjew beauftragt worden, die drei Zöglinge für die Herbstaufnahmeprüfung in den 2. Harmonielehrekurs bei Anton Arenski vorzubereiten. Das bedeutete für die kleine Arbeitsgruppe, den Wissensstoff von zwei Jahren in zweieinhalb Monaten zu bewältigen. Aber dank Laduchins intensiver Beschäftigung mit den Jungen zeitigt der sommerliche Kompaktkurs ein hervorragendes Ergebnis: Alle drei bestehen problemlos im Herbst die Aufnahmeprüfung.

In diesen Sommerferien auf der Krim im Jahre 1886 überrascht Rachmaninoff die anderen auch erstmals mit einer Komposition. Presman erinnert sich, daß Rachmaninoff seltsam grüblerisch, fast schwermütig wurde und einige Tage merkwürdig gestikulierend – als ob er dirigieren würde – durch die Gegend lief. Plötzlich sei er dann auf ihn zugekommen, habe ihn zum Klavier gedrängt und ihm geheimnisvoll etwas vorgespielt. Es war ein Stück mit Orgelpunkt im Baß und viel Chromatik in den Oberstimmen.[9]

Zu Beginn seines zweiten Studienjahres 1886/87 erhält Rachmaninoff als Anerkennung für die gezeigten Leistungen das Nikolaj-

Rubinstein-Stipendium. Er wird jetzt als ordentlicher Student in der Solfeggio-Klasse Konstantin K. Albrechts und in den obligatorischen »Wissenschaftlichen Klassen« des Instituts geführt.

Harmonielehre studiert er bei Anton St. Arenski. Arenski zeigt von Anfang an großes Interesse für den Schüler Rachmaninoff. Denn dessen Begeisterung und Erfindungskraft für harmonische Kombinationen und Experimente korrespondiert auch mit seinen eigenen schöpferischen Neigungen. Sein Einfluß auf den jungen Rachmaninoff offenbart sich nicht nur in dem gemeinhin als oberflächlich bezeichneten Saloncharakter der frühen Kompositionen. In einem sehr frühen Entwicklungsstadium führt Arenski die heranwachsenden Komponisten Rachmaninoff und Skrjabin in harmonisches Neuland und ermutigt sie zu einem unkonventionellen Umgang mit Rhythmen und Metren. Arenski ist der erste Komponist seiner Generation, der im musikalischen Material eine neue Zeitordnung anstrebt.[10]

Als erster Russe schreibt Arenski umfangreiche Suiten für zwei Klaviere: 1. Suite op. 15, 2. Suite »Silhouetten« op. 23, 3. Suite »Variationen« op. 33, 4. Suite op. 62 und die »Kindersuite« op. 65. Deutlich ist in diesen Suiten auch seine Bemühung zu erkennen, die einzelnen Sätze zyklisch zusammenzufassen. Arenskis Schüler Rachmaninoff tritt bald mit eigenen Suiten für zwei Klaviere seine unmittelbare Nachfolge an.

Arenski komponiert viele Stücke in der »kleinen Form«, wie sie dann auch Rachmaninoff in seiner Frühzeit bevorzugt: Instrumentalromanze, Nocturne, Elegie, Barcarole, Scherzo, Walzer, Mazurka, Prélude und Etüde sind ein beliebtes Genre der achtziger und neunziger Jahre. In seiner frühen und mittleren Schaffensperiode gruppiert Arenski sie noch im Kontrastprinzip. Allmählich entwickelt er jedoch eine Tendenz zur Serienbildung.

Rachmaninoffs erste Komposition unter der Aufsicht Arenskis ist ein Scherzo F-Dur (nach Threlfall/Norris d-moll), komponiert in der Zeit vom 5. bis 21. Februar 1887. »Das Modell für diesen frühesten Orchesterversuch ist zweifellos Mendelssohns Scherzo aus der Musik zum Sommernachtstraum.«[11] Melodieverlauf, harmonische Struktur und rhythmische Grundmuster zeigen eine auffallende Ähnlichkeit.

Die intensive Auseinandersetzung mit dem Werk Mendelssohns kann zu dieser Zeit durchaus Arenskis Unterricht zugeschrieben werden. Der vierzehnjährige Rachmaninoff komponiert im Verlauf des Jahres 1887 noch vier Klavierstücke mit den Bezeichnungen Romance-Prélude-Mélodie-Gavotte, und vom 14. November 1887 bis zum 12. Januar 1888 schreibt er drei Nocturnes für Klavier solo. In den vier Klavierstücken, die Rachmaninoff ursprünglich als sein Opus 1 bezeichnet, machen sich erste individuelle Anzeichen bemerkbar. Die melancholische Romanze fis-moll und die leuchtende Melodie E-Dur tragen zwar noch den weichen elegischen Charakter von Tschaikowskis Melodien. Aber in der Tendenz zur dichten Struktur und Klangfülle weisen sie schon auf eine spätere Stileigenschaft Rachmaninoffs hin. Einen besonderen Stellenwert nimmt die »Gavotte« ein. Sie ist im unüblichen 5/4-Takt geschrieben und offenkundig inspiriert von Arenskis »Basso ostinato« aus der Klaviersuite op. 15. Rachmaninoff benutzt hier mit auffälliger Vorliebe Septimen- und Nonenakkorde. Schwingende Klangtrauben über einem ostinaten Baß suggerieren deutlich den Klang von Glocken. Und diese Glockenklänge in allen denkbaren harmonischen, rhythmischen, instrumentalen Varianten und Kombinationen durchziehen viele spätere Werke Rachmaninoffs. Sie werden zum Markenzeichen seiner Musik.

1887 tritt Rachmaninoff auch in zwei Schülerkonzerten des Konservatoriums auf: Am 2. November spielt er den 2. und 3. Satz der Beethovenschen Es-Dur-Sonate op. 31 – den 1. Satz spielt Maximow –, und am 4. Dezember spielt er Stücke von Schulhoff und Moszkowski. Ein Jahr darauf, im Oktober 1888, spielt er Praeludium und Fuge Cis-Dur von Bach und eine f-moll-Etüde Anton Rubinsteins. Ende des Jahres führt er den 1. Satz aus der Beethoven-Sonate op. 28 und die 2. Liszt-Ballade auf.

Im selben Monat wagt sich Rachmaninoff auch erstmals an ein Opernsujet. Er vertont Victor Hugos Novelle »Notre Dame de Paris«. Dieser Opernversuch »Esmeralda« ist in handschriftlichen Fragmenten erhalten.

In einem öffentlichen Schülerkonzert vom 12. März 1889 spielen Rachmaninoff und Maximow an zwei Klavieren »Andante und Variationen« von Schumann. Der Auftritt des Ensembles wird zwei

Tage später in der Zeitschrift *Theater und Leben* öffentlich gelobt. Es ist Rachmaninoffs erste Pressekritik als Pianist. Auch anläßlich Anton Rubinsteins 50jährigen Künstlerjubiläums spielen Rachmaninoff und Maximow an zwei Klavieren.

Als der sechzehnjährige Rachmaninoff zu Ostern 1889 seine Zwischenprüfung ablegt, erhält er in Arenskis Harmonielehrekurs zwei Prüfungsaufgaben: 1. Die Harmonisierung einer Melodie in vier Stimmen, 2. die Komposition eines Préludes. Der gewünschte Umfang liegt zwischen 16 und 30 Takten. Tonart und Modulationsweg sind vorgegeben.

Rachmaninoff erzielt für die Lösung seiner Aufgaben die beste Benotung der Prüfungskommission. Am Prüfungstag spielt er außerdem auf Anregung Arenskis weitere eigene Kompositionen, so die »Lieder ohne Worte« für Klavier solo. Der Ehrenvorsitzende der Prüfungskommission, Peter Tschaikowski, schreibt Rachmaninoff dafür die beste Note – eine 5 mit drei Pluszeichen – ins Prüfungsprotokoll. Die Unterrichtszeit bei Arenski hat damit zu einem ersten nachweislichen Erfolg für Rachmaninoff geführt. Er wird gemeinsam mit Maximow und Presman in die Höhere Abteilung des Konservatoriums versetzt.

Rachmaninoff hat merkwürdigerweise nur sehr spärliche Erinnerungen an seinen Lehrer hinterlassen, obwohl er ja in entscheidenden Jahren von ihm geprägt wurde. Auch Rimski-Korsakows Erinnerungen an seinen Schüler Arenski wirken distanziert. Sie zeichnen das Bild einer originellen, aber widersprüchlichen Künstler- und Lehrerpersönlichkeit.

Mit Beginn des Frühjahrs 1889 studiert Rachmaninoff in der »Höheren Abteilung« des Konservatoriums zwei Hauptfächer: Klavier und Komposition.

Der Kompositionskurs des Konservatoriums ist auf fünf Studienjahre berechnet: Ein Jahr »Kontrapunkt«, zwei Jahre »Fuge« und zwei Jahre »Freie Komposition«. Rachmaninoff belegt bei Tanejew Kontrapunkt und bei Arenski jetzt Harmonielehre und Instrumentation. Zuerst beabsichtigt er genau wie sein Freund Presman, von Swerjew in die Klavierklasse Wassilij Iljitsch Safonows überzuwechseln. Aber alte Zwistigkeiten zwischen Swerjew und Safonow vereiteln diesen Entschluß. Swerjew drängt mit

Nachdruck darauf, daß Rachmaninoff in die Klasse Alexander Silotis überwechselt, der seit kurzer Zeit als Professor für Klavier am Konservatorium unterrichtet. Rachmaninoff beugt sich schließlich als stets gehorsamer Schüler dem Willen seines alten Lehrers, obwohl der Klavierprofessor Safonow eine starke Faszination auf die junge Pianistengeneration ausübt.

Wassilij I. Safonow leitet seit 1885 eine eigene Klavierklasse am Konservatorium. Er war auf Empfehlung Tschaikowskis nach Moskau berufen worden. Mit Ausnahme des Direktors Tanejew standen die übrigen Lehrkräfte dem neuen Professor aus St. Petersburg zuerst ablehnend bis feindselig gegenüber. Eine nicht gering einzuschätzende Rolle spielten dabei auch die alten Ressentiments und Vorurteile, die beide Metropolen seit jeher gegeneinander hegten.

»Ein seltsamer Antagonismus hatte diese beiden Städte (Moskau – St. Petersburg; M. B.) immer geteilt. Er dehnte sich auf alle Lebensbereiche aus, wurde aber am spürbarsten in der Kunst und besonders in der Musik. Die Teilung war an und für sich verständlich. Moskau war die Heimat des ultrakonservativen Landadels und der alten etablierten Kaufmannschaft. Das Bollwerk des typisch ›Russischen Geistes‹ wurde von Katkow in der berüchtigt reaktionären Zeitung *Moskauer Nachrichten* zum Ausdruck gebracht. St. Petersburg hatte sich rapide in eine bürokratische Hauptstadt entwickelt. Es war Sitz des kaiserlichen Hofes, Hauptsitz der Flotte, der Hauptsitz des Gardecorps und des hochstrebenden Beamtentums. Es liebäugelte mit der ›Aufklärung‹ in Gestalt des westeuropäischen Internationalismus. In Moskau wurden liebenswürdige Manieren und ein bequemes Leben die Hauptziele. Man ließ sich einen langen Bart wachsen und trug eine schwere Bärenmütze oder Zobelpelz; man nannte den Kaiser ›Väterchen Zar‹ und zog nie seine Handlungen in Zweifel; wohingegen man sich in St. Petersburg rasierte, eine glitzernde Uniform mit goldüberzogenem Kragen trug und den Gürtel enger schnallte, anstelle zu dinieren, um sich ein paar neue Handschuhe zu leisten und vom Zar als ›Seiner Majestät‹ sprach. Es ist leicht zu verstehen, wie die St. Petersburger verächtlich auf die Moskowiter herabsahen, und wie die letzteren nur ein ironisches Lächeln für die übertriebene Oberflächlichkeit und Hohlköpfigkeit der Bewohner der Hauptstadt an der Newa hatten. In allen geistigen Angelegenheiten führten diese beiden Städte einen geheimen Kampf um die Vormachtstellung. Die Rivalität wurde mehr oder weniger offen ausgetragen und entwikkelte sich bisweilen zum leidenschaftlichen Haß …

Moskau kannte nur einen der musikalischen Götter an, Tschaikowski, der, obwohl ein Schüler des St. Petersburger Konservatoriums, Professor in Moskau wurde und sich dort nach Abschluß seiner Studien unmittelbar niederließ. Es war sehr zurückhaltend gegenüber den großen Musikern St. Petersburgs. Auf der anderen Seite mußte Tschaikowski einen harten Kampf ausfechten, um in St. Petersburg Anerkennung zu finden. Und sogar seine 6. Sinfonie, die berühmte Pathétique, erzielte bei ihrer dortigen Erstaufführung nur einen bescheidenen Erfolg – wenige Tage vor seinem Tode.

Die musikalische Welt St. Petersburgs fuhr damit fort, ihre Moskauer Kollegen mit Herablassung zu behandeln. Aber die Moskowiter rächten sich damit, indem sie Rimski-Korsakow und Borodin ihre Bewunderung versagten und über Mussorgski einfach lachten, den sie als ungebildet, plump und fast verrückt ansahen.

Diese Umstände, wie sehr sie auch zu bedauern sind, existierten fraglos und erklären viele Episoden in Rachmaninoffs Leben und in seiner musikalischen Entwicklung.«[12]

Safonow hätte den jungen Rachmaninoff sehr gern in seine Klasse aufgenommen, so daß Swerjews ablehnende Haltung ihn außerordentlich kränkt und den bereits schwelenden Konflikt nur noch verschärft. Safonow verbirgt seine Enttäuschung. Er akzeptiert Rachmaninoff in den Folgejahren zwar als Komponisten, aber als Pianisten ignoriert er ihn völlig.

Die befremdliche Tatsache, daß Rachmaninoff auch in den Jahren nach seinem Examen von der RMO nicht als Solist engagiert wird und auch keine Lehraufträge am Konservatorium erhält, wurzelt in diesem alten Konflikt.

Rachmaninoffs Klavierlehrer in der »Höheren Abteilung« des Konservatoriums, der Cousin Alexander Siloti, steht in den ersten Jahren seiner Lehrtätigkeit noch ganz im Bann seines großen

Lehrmeisters Franz Liszt. Bei Liszt hatte er von 1883–1886 studiert und über virtuos-pianistisches Raffinement hinaus wertvolle künstlerische Impulse empfangen.

Liszt hatte Siloti oft genug eindringlich auf die historische Bedeutung der nationalen russischen Musik hingewiesen. Als Russe sei er seinem künstlerischen Gewissen verpflichtet, vor allem die Musik seiner Heimat intensiv zu fördern und zu propagieren.

Und so ist er entscheidend beteiligt an verschiedenen Gesellschaftsgründungen, die sich die Förderung der russischen Musik und die soziale Sicherstellung der russischen Komponisten zum Ziel setzen. Neben Rachmaninoff zählen Konstantin N. Igumnow und Alexander B. Goldenweiser zu seinen prominenten Schülern.

Mit Sicherheit begegnet daher Siloti den kompositorischen Neigungen seines jüngeren Cousins sehr viel wohlwollender als Swerjew und vielleicht auch als Safonow, die beide in Rachmaninoff ausschließlich das pianistische Talent sehen möchten.

Im Herbst 1889 kommt es nach vier Jahren harmonischer Zusammenarbeit zu einem folgenschweren Zerwürfnis zwischen Rachmaninoff und seinem Lehrer Swerjew. Rachmaninoff, der jetzt neben seinen Klavierstudien regelmäßig komponiert, fühlt sich durch die permanenten Klavierexerzitien seiner Mitbewohner zunehmend gestört und sinnt auf eine Lösung des Problems. Er bittet Swerjew um einen eigenen Übungsraum und ein Mietklavier. Ob nun Rachmaninoff seine Bitte unbeabsichtigt schroff vorträgt oder ob Swerjew ohnehin seit längerem Rachmaninoffs kompositorische Neigungen mit Mißtrauen beobachtet – der Disput endet mit einer harten und fast handgreiflichen Auseinandersetzung. Swerjew und Rachmaninoff wechseln in den folgenden Wochen kein Wort mehr miteinander. Als auch seine letzten schüchternen Aussöhnungsversuche scheitern, verläßt Rachmaninoff die Swerjewsche Wohnung. Zuerst zieht er zu einem Freund, dem Sänger Michail Slonow. Eine Einladung seiner Mutter, zu ihr nach St. Petersburg zu kommen und am dortigen Konservatorium bei Rubinstein und Rimski-Korsakow weiterzustudieren, lehnt er nach längerer Bedenkzeit ab. Er ergreift das Angebot seiner Tante Warwara A. Satina, einer Schwester seines Vaters, und zieht im November zu den Satins.

Die vier Kinder der Familie – Alexander, Natalja, Sofija und Wladimir – werden Rachmaninoffs beste Freunde und geben ihm nach den Lehrjahren in der Fremde zum ersten Mal wieder das Gefühl des Geborgenseins in einer Familie. Ihre uneingeschränkte Zuneigung aber gewinnt er dadurch, daß er die kleine Verwandtschaft häufig in sein Zimmer einlädt, für sie auf dem Klavier improvisiert und dabei fantastische Geschichten und Schauermärchen mit geheimnisvollen Klängen illustriert. Er gewinnt in ihnen eine treue Anhängerschar, die seine künstlerische Entwicklung mit Begeisterung, aber auch mit wohlmeinender Kritik verfolgt.

Gegen Ende des Jahres vollzieht sich in der Leitung des Moskauer Konservatoriums ein personeller Wechsel: Der bisherige Direktor des Instituts, Sergej I. Tanejew, legt sein Amt nieder. Als offizielle Begründung führt der liberal gesinnte Professor Arbeitsüberlastung und mangelnde Zeit für eigene Studien und Konzertvorbereitungen an. Safonow nimmt seine Stelle ein, und Tanejew unterrichtet jetzt nur noch Kontrapunktklassen.

Die Ablösung des alten Direktors Tanejew und die Amtsübernahme des neuen Direktors Safonow im Jahre 1889 markieren eindeutig einen konservativen Wendepunkt in der Geschichte des Konservatoriums. Safonow leitet jetzt persönlich den Hochschulchor und das Hochschulorchester sowie die sinfonischen Konzerte der RMO. Damit ist seine Monopolstellung auf dem Moskauer Musiksektor gesichert.

In musikpraktischer Hinsicht – so der Cellist Michail E. Bukinik, ein Kommilitone Rachmaninoffs – erlebt das Konservatorium zweifellos eine »Periode des Aufblühens« unter Safonow. Es werden Orchester-, Opern- und Kammermusikklassen eingerichtet. Der Fachbereich Klavier wird in die Sparten Pädagogik und Virtuosität aufgegliedert. Angehoben wird die Stundenzahl der obligatorischen Fächer, und die durch Safonows Verhandlungsgeschick aufgebesserten Finanzen ermöglichen eine breite Streuung von Stipendien. Bukinik: »Dennoch fühlten wir instinktiv, daß das Konservatorium nicht die gesamte musikalische Kunst vermittelte. Wir studierten noch nicht Wagner, Mussorgski wurde noch nicht anerkannt. Wir spielten nicht Grieg, kannten nicht Brahms.«[13]

Der Musiktheoretiker Boleslaw Jaworski schreibt in seinen Erinnerungen an die Safonow-Ära, daß die Zahl der Studenten, die gute Pianisten waren, über gute Gehörfähigkeiten verfügten und mit den verschiedenen Stilen vertraut waren, sehr begrenzt schien. Die meisten kannten Hanon sehr gut, schlechte Etüden und pädagogische Literatur von sehr minderer Qualität ... Das Safonowsche Konservatorium und danach die Musikschulen teilte eben die Musikliteratur in zwei Gruppen: die eine, die die Schüler verdirbt und die man nicht in Konzerten spielt, und die andere, die nur Künstlern erreichbar ist. Von Literaturkenntnissen, von einer Erziehung des Gefühls konnte damals nicht die Rede sein. Allgemeinbildung wird in diesen Jahren am Konservatorium kaum vermittelt. Ähnlich negativ äußert sich auch Sabanejew über die »goldenen Jahre des Konservatoriums«. Auf der einen Seite graduieren Jahr für Jahr brillante Instrumentalisten, auf der anderen Seite stagniert die Moskauer Kompositionsschule in friedlichem Konservativismus. Über allen schwebt die Autorität Nikolaj Rubinsteins und Tschaikowskis. »Für einen Komponisten dieser Epoche war es fast eine Schande, ein Suchender auf neuen Wegen zu sein, auf jeden Fall verletzte er den ›guten Ton‹ des Konservatoriums. Die jungen Komponisten setzten sich als Ziel, wie Tschaikowski oder Anton Rubinstein zu schreiben. In seinen frühesten Jahren entwickelte Rachmaninoff diesen Geist der ›Mäßigung‹, welcher ihn sein Leben lang auszeichnete: ein Mangel an Sympathie mit allem Auffallendem, Scharfem und Beißendem. Tschaikowskis enorme Autorität und geniale Begabung hinterließ ihren unauslöschlichen Eindruck auf ihn, und Rachmaninoffs ganze Ästhetik entwickelte sich unter dem Einfluß dieses nach Mussorgski vielleicht ›russischsten‹ aller russischen Komponisten. Diese Ästhetik war auch in einem gewissen Maß eine Moskauer Ästhetik; auf jeden Fall fand das Moskauer Leben dieser Zeit seine Reflektion in ihr und in dem Stil. Es war ein künstlerisches Bohème-Milieu mit einem starken bürgerlichen Kolorit. Moskauer Musiker gaben sich den Amüsements des Lebens beträchtlich mehr hin als die Musiker St. Petersburgs. Die berühmten Moskauer Restaurants, die nicht weniger berühmten Zigeunerchöre, die Atmosphäre ständiger Zerstreuung, in welcher vielleicht überhaupt keine Fröhlichkeit lag, sondern im Gegenteil, der zutiefst echte, bittere und unerforschbare Pessimismus – das war das Milieu. Musik war hier ein schreckliches Betäubungsmittel und eine Art Rausch und Vergessenheit, ein Aufschwung in irrationale Gefilde. Trunkener Mystizismus, ekstatische Sensationen gegenüber einem Hintergrund von einem tiefen, existenzdurchdringenden Pessimismus. Es war nicht Form oder Wohlklang verlangt oder eine Apollinische Vision, sondern Leidenschaft, Gefühl, Schwüle, Kummer. So war Tschaikowskis Musik, und so entwickelte sich auch Rachmaninoffs Musik.«[14]

Der junge Rachmaninoff ist kein Bilderstürmer. Er lebt seit Jahren auf Kosten und von Gnaden anderer. Nach Swerjew ist es nun die Familie Satin, die für seinen Lebensunterhalt sorgt. Denn die Klavierstunden, die er jetzt im Hause Sergej M. Tretjakows erteilt – Tretjakow ist ein Bruder des prominenten Galeriebesitzers und Mitglieds der RMO – oder die Unterrichtsstunden in einer Moskauer Chorgesellschaft, die ihm wiederum Freunde Arenskis vermittelt hatten, reichen kaum zum Überleben aus. Olga N. Konjus, eine entfernte Verwandte Rachmaninoffs, berichtet von einer Episode aus der Konservatoriumszeit, die Rachmaninoffs karge Existenz anschaulich schildert. Gemeinsam mit einem anderen Studenten mietet er ein Zimmer am Rande Moskaus. Eines Tages haben beide nur noch 20 Kopeken, die Rachmaninoff aber braucht, um zu einer Klavierschülerin zu fahren. Weil er und sein Freund vom Hunger geplagt sind, beschließt Rachmaninoff, lieber Wurst und Brot zu kaufen und zum Unterricht zu Fuß zu gehen. Es ist Winter – ein echter Moskauer Winter, mit Schnee, Regen und sehr viel Wind. Rachmaninoff kommt zum Unterricht, ganz durchfroren, aber er freut sich während des Unterrichts darauf, daß er bequem nach Hause zurückkehren würde, weil dies ja der Tag der monatlichen Honorarzahlung war. Wie enttäuscht ist er jedoch, als die Mutter der Schülerin zu bezahlen vergißt, weil sie ihn bedauert, daß er in solcher Kälte im leichten Mantel nach Hause fahren muß. Sie bietet ihm eine Reisedecke an und vergißt dabei endgültig zu bezahlen. Der arme Rachmaninoff kehrt zu Fuß, mit Reisedecke, aber ohne Geld nach Hause zurück.[15]

Verständlicherweise ist Rachmaninoffs einziges Ziel ein baldiger, ehrenvoller Abschluß des Studiums, der ihm vielleicht ein Auslandsstipendium oder zumindest einige Engagements sichern würde. Er ist kein Rebell, aber fühlt sich zunehmend unbehaglicher in den engen Mauern des Konservatoriums, wo ständig kleinliche Intrigen und politische Repressionen das Ausbildungsklima vergiften.

Im November 1889 arbeitet Rachmaninoff an einem ersten Satz für ein Klavierkonzert c-moll: Allegro molto. Erhalten ist eine unvollendete Fassung für zwei Klaviere.

Bald darauf beschäftigt er sich unter Anleitung Arenskis mit einem Streichquartett. Die beiden Sätze »Romanze« g-moll und »Scherzo« D-Dur werden anläßlich eines Studentenkonzerts am 24. Februar 1891 unter Leitung Safonows in einer Fassung für Streichorchester aufgeführt.

Im Frühjahr 1890 schreibt Rachmaninoff seine Prüfungsarbeit für die Aufnahme in Arenskis Fugenklasse. Während einer zweitägigen Klausurarbeit muß er zu einem cantus firmus mit lateinischem Text eine sechsstimmige Motette nach festgelegtem Modulationsschema komponieren. Die Motette »Deus Meus« erhält die beste Benotung, obwohl Rachmaninoff ihr keine besondere Bedeutung zumißt, und er wird gemeinsam mit seinem Kommilitonen Skrjabin in die Fugenklasse versetzt.

Arenski versteht es leider nicht, seine Schüler für die Kunst der Fuge zu begeistern. Und so schließt auch Rachmaninoff in deutlichem Kontrast zu seinen sonstigen Leistungen diesen Kurs im ersten Halbjahr nur mit einer mittelmäßigen »3« ab. Erst Arenskis Erkrankung und eine Aushilfsvertretung durch Tanejew lösen die Schüler aus ihrer passiven, lethargischen Haltung. Denn Tanejew langweilt sie jetzt nicht mehr mit der unkommentierten Vorlage von Bachschen Fugen. Er provoziert die Schüler eher mit Überraschungsfragen und konfrontiert sie mit einer Unmenge eigener Fugenthemen samt Lösungsvorschlägen. Das Ergebnis ist frappierend: Rachmaninoff beginnt wieder zu arbeiten und experimentiert mit eigenen Fugenthemen.

Im April und Mai komponiert er zwei Lieder nach Texten A. Fets und M. Lermontows. Und auf Empfehlung Silotis darf Rachmaninoff für Tschaikowskis Verleger Jürgensohn eine vierhändige Fassung des »Dornröschen«-Balletts anfertigen. Als Tschaikowski im Juni die fertige Partitur erhält, ist er allerdings nicht gerade begeistert. Er bemängelt die schülerhafte, wenn auch korrekte, aber eben wenig originelle Transkription. Siloti beruhigt den Meister, indem er die Fertigstellung selbst übernimmt.

Im Sommer schreibt Rachmaninoff für seine Cousine Vera D. Skalon eine Romanze für Cello und Klavier. Vera Skalon verlebt in dieser Zeit mit ihren beiden Schwestern und der Mutter auf Iwanowka, dem Satinschen Familiengut, ihre Ferien. Die Celloromanze und ein »Valse« für Klavier zu sechs Händen – gewidmet den drei Skalon-Schwestern – sind der musikalische Ertrag eines unbeschwerten und für den jungen Rachmaninoff bezaubernden Sommeraufenthaltes im Gouvernement Tambow.

Aus dieser Zeit datieren auch die frühesten Skizzen für den 1. Satz des 1. Klavierkonzerts.

Als Rachmaninoff zum ersten Mal auf Iwanowka eintrifft, fühlt er sich eher bedrückt durch die endlose Steppenlandschaft, und er sehnt sich in die Wälder Nowgorods, ja sogar in die staubigen, aber belebten Straßen Moskaus zurück. Erst allmählich gewöhnt er sich an die karge, stille Umgebung, die ihm im Laufe der Zeit dann aber so vertraut wird, daß er schließlich im Rückblick bekennt:

»Ich schloß diese weite Landschaft in mein Herz, und fern von ihr sehnte ich mich gewöhnlich nach ihr, denn Iwanowka bot die Ruhe in der Umgebung, nach der harte Arbeit verlangt – schließlich auch für mich. Da gab es keine der Naturschönheiten, an die man gewöhnlich bei dem Begriff denkt – kein Berg, Abgrund oder sich einschmiegender Strand. Die Steppe war wie ein endloses Meer, wo das Wasser tatsächlich grenzenlose Weizenfelder, Roggen-, Haferfelder sind, die sich von Horizont zu Horizont hinstrecken. Das Meer wird oft gepriesen, aber wie viel mehr liebe ich das Aussehen dieser Steppe mit dem Duft der Erde und allem, was wächst und blüht ...«[16]

Zunächst mochten die drei Skalon-Schwestern Ludmila, Vera und Natalja den neuen Cousin, der ihnen von der Tante Warwara Satina in Moskau vorgestellt worden war, überhaupt nicht. Er wirkte so mürrisch und verschlossen, daß sie es eigentlich innerlich ablehnten, mit diesem Menschen Freundschaft zu schließen. Aber

Wera D. Skalon (1877–1909) und Natalja Alexandrowna Satina, Cousine und spätere Frau Rachmaninoffs (1877–1951)

der gemeinsame Sommer auf Iwanowka führt die Jugendlichen dann doch so eng zusammen, daß sie bald unzertrennlich werden. An den Abenden treffen sie sich regelmäßig in der Bibliothek zum gemeinsamen Musizieren, singen Volks- und Kirchenlieder oder sprechen über Musik und viele andere Dinge, die sie in ihren Köpfen bewegen. Die jüngste der drei Schwestern, die fünfzehnjährige blasse Vera, erobert dabei das Herz ihres zwei Jahre älteren Cousins im Sturm. Unglückseligerweise macht die übereifrige Vera Siloti, die engherzige und ein wenig hysterische Ehefrau Alexander Silotis, der Mutter des jungen Mädchens sofort Meldung von der zarten Liebesromanze. Und Madame Skalon, Ehefrau eines Petersburger Generals, verbietet natürlich prompt den beiden, sich künftig allein zu treffen.

Nach Abschluß der Ferien auf Iwanowka darf der arme Musikant – so wie sich Rachmaninoff zu dieser Zeit gern selbst nennt – nicht einmal mehr seiner Angebeteten schreiben, so daß er den Kontakt mit Vera nur noch über ihre Schwestern Ludmila und Natalja aufrechterhalten kann. In dem nun einsetzenden, lang währenden Briefwechsel mit den Skalon-Schwestern nennt er Vera oft verschlüsselt den »kleinen Psychopathen«, was inhaltlich nicht überbewertet werden sollte, sondern eher den Wortspielen der jungen Leute zuzuschreiben ist, die auf Iwanowka begeistert Fremdwörter sammelten. Rachmaninoffs Jugendliebe findet einen traurigen Abschluß. Vera heiratet auf Geheiß der Familie später einen hohen Staatsbeamten. Sie stirbt frühzeitig, und die beiden Schwestern sind der festen Überzeugung, daß Vera ihren Cousin niemals so recht vergessen konnte.

Ludmila D. Rostowzewa-Skalon erinnert sich viele Jahre später noch deutlich an Rachmaninoffs lebhaftes Interesse für die Gesänge der Bauern und an seine begeisterten Aussprüche über die Volkslieder seiner Heimat. Nicht ohne Grund hätten sich Glinka, Mussorgski, Rimski-Korsakow und Tschaikowski dieser Gesänge bemächtigt und auf ihnen ihre Kunstwerke errichtet.

Die Romanze »Im Schweigen der geheimnisvollen Nacht« trägt als Datum der Fertigstellung den 17. Oktober 1890. Als Vertonung eines Textes von Afanasij Fet ist sie ebenfalls Vera Skalon gewidmet und findet später Eingang in die Liedersammlung op. 4.

Im Januar 1891 schreibt Rachmaninoff innerhalb von zwei Tagen (12. bis 14. Januar) seine »Russische Rhapsodie« in e-moll für zwei Klaviere nieder.

Es ist sein erstes großes Werk in der Variationsform. Das volkstümliche Thema stammt vermutlich von ihm selbst, da sowjetische Quellenforscher trotz intensiver Suche keine Volksliedvorlage ausfindig machen konnten. Vorbilder des jungen Komponisten für Melodieführung und harmonische Gestaltung sind Balakirew und Rimski-Korsakow. Der brillante Klaviersatz verweist deutlich auf Franz Liszt und ein wenig auch auf Tschaikowski.

Durch die chromatischen Schattierungen in der Harmonik erhält das Variationsthema ein östliches, orientalisches Kolorit. Diese Hinwendung zur Folklore zeichnet gerade Rachmaninoffs Frühwerk aus, wo er mit Vorliebe Orientalismen und fernöstliche Anklänge dekorativ einarbeitet. Rachmaninoff steht hier der Neurussischen Schule und den Kutschkisten* sehr nahe.

Die »Russische Rhapsodie« ist ein erster eindrucksvoller Beweis für Rachmaninoffs Improvisationstalent und verrät seine Vorliebe für Variantenbildungen. Ein Moskauer Freund, Wladimir Wilshau, schreibt viele Jahre später an Rachmaninoff:

»Ich erinnere mich einer weit, weit entfernten Episode aus unserer Vergangenheit. Es war dies: nach einem Anlaß, entweder irgendeinem Festival oder Konzert oder einfach einem Vivat Bacchus, eine kleine Gruppe von uns – du, ich, der kürzlich verstorbene Jurij Sergejewitsch Sachnowski und Ernst Eberg – irgendwie befanden wir uns selbst spät in der Nacht in der Klavierfabrik von Alexander Eberg, damals auf der Bolschaja Ljubjanka. Uns wurde Kaffee serviert, und dann probierten wir die Instrumente aus, die im Raum herumstanden. Ich erinnere mich, wie sich Sachnowski am Klavier niedersetzte und du an einem anderen. Sachnowski begann einige russische Lieder zu spielen, und sogleich antwortetest du mit einer Variation darüber, und dann spielte er eine andere Variation

* Die »Kutschkisten«, das »Mächtige Häuflein«, sind die fünf russischen Komponisten Balakirew, Mussorgski, Borodin, Cui und Rimski-Korsakow, die mit Beginn der sechziger Jahre des vorigen Jahrhunderts eine betont nationale Schule begründeten. In Anlehnung an die Werke Glinkas und Dargomyschskis orientierten sie sich am Geist der russischen Sprache, Volksmelodik und Geschichte und suchten einen eigenen, realistischen Ausdrucksstil.

und du eine dritte, und so weiter und so weiter, immer lustiger und lustiger ... Vielleicht erinnerst du dich nicht daran, aber ich erinnere mich, und ich möchte dich darauf hinweisen, daß deine Liebe für die Variationsform von diesem Vorfall her datiert.«[17]

Die Erstaufführung der »Russischen Rhapsodie« findet zu Rachmaninoffs großem Bedauern nicht – wie zuerst geplant – im öffentlichen Schülerkonzert des Konservatoriums am 24. Februar 1891 statt, sondern erst im Oktober desselben Jahres. Denn als Swerjew erfährt, daß Rachmaninoff für den zweiten Part seinen alten Freund Leonid Maximow gewonnen hatte, untersagt er Maximow strikt die Mitwirkung.

Rachmaninoff ist tief bekümmert über den Racheakt seines Lehrers, der offensichtlich die »gemeinsame Geschichte« nicht vergessen hatte. Im Brief vom 4./5. Februar 1891 berichtet er den Skalon-Schwestern wehmütig von den Proben und dem guten Zusammenspiel mit Maximow.[18]

Ein halbes Jahr später schließlich – am 17. Oktober 1891 – erlebt die »Russische Rhapsodie« mit Rachmaninoff und Josef Lhévinne ihre Premiere. Alexander Goldenweiser schreibt in seinen Erinnerungen über diese Aufführung:

»Jemand hatte ihm [R.] erzählt, daß über ein gewisses russisches Thema nichts geschrieben werden konnte Er schrieb eine Komposition in e-moll (in der Variationsform). Es war recht gute Musik. Ich erinnere mich, daß bei einem Wohltätigkeitskonzert für unsere Kollegen – wir arrangierten oft solche Konzerte – Rachmaninoff und Lhevinne dieses Stück an zwei Klavieren aufführten; es schloß ab mit einer Variation in Oktaven, von einem zum anderen Pianisten alternierend, und bei dieser Gelegenheit steigerte jeder das Tempo, jeder wartete darauf zu sehen, wer wen ausspielen würde. Jeder hatte ein phänomenales Handgelenk, aber es war Rachmaninoff, der gewann.«[19]

Das ursprünglich mit der Erstaufführung der »Russischen Rhapsodie« geplante Konservatoriumskonzert am 24. Februar 1891 wird auch ohne dieses Werk ein persönlicher Erfolg des jungen Pianisten und Komponisten. Rachmaninoff spielt mit dem Konservatoriumsorchester den 1. Satz des 4. Klavierkonzerts von Anton Rubinstein. Die *Moskauer Nachrichten* vom 28.2. rezensieren die Wiedergabe mit lobenden Worten. Neben Kompositionen der Moskauer Nachwuchskünstler Lew E. Konjus und Arsenij N. Koreschtschenko wird auch das Andante aus Rachmaninoffs Streichquartett in einer Fassung für Streichorchester aufgeführt. Der Musikkritiker der Zeitschrift *Neues vom Tage*, Semjon N. Kruglikow, betont in der Ausgabe vom 26.2. nachdrücklich die große Begabung des jungen Komponisten Rachmaninoff.

Doch schon überschattet die nächste Konservatoriumsaffäre Rachmaninoffs Ausbildungsweg. Alexander Siloti verkündet im Frühjahr 1891 seine Rücktrittsabsicht. Er erklärt sich solidarisch mit Tschaikowski, der – ein Jahr nach Tanejews Rücktritt vom Posten des Konservatoriumsdirektors – schon 1890 sein Direktorat in der Moskauer RMO aus Protest gegen Safonows selbstherrlichen Führungsstil niedergelegt hatte. Tschaikowski: »Ich bin nicht Safonows Adjutant.«

Rachmaninoff steht jetzt vor der Entscheidung, entweder zu einem anderen Klavierprofessor überzuwechseln oder das Klavierabschlußexamen vorzeitig abzulegen. Er entscheidet sich für letzteres und erhält sogar die entsprechende Genehmigung des Direktors Safonow. Prüfungstermin ist der 24. Mai 1891. Pflichtstücke sind Beethovens Waldsteinsonate und der 1. Satz der b-moll-Sonate von Chopin. Zur eigenen Überraschung schafft er die Prüfung mit Ehren. Wesentlichen Anteil am Erfolg hat auch Anna Strachowa, eine Meisterschülerin Silotis, die den jungen Rachmaninoff in den letzten Wochen vor der Prüfung täglich trainierte.

Klavierexamen und Prüfungsklausur der Fugenklasse waren unglücklicherweise auf denselben Tag festgesetzt. Da Rachmaninoff für den gewünschten Eintritt in die Klasse der Freien Komposition diese Klausur unbedingt mitschreiben muß, erhält er eine Sondergenehmigung: Er darf die Klausur am folgenden Tage nachschreiben. Hier kommt ihm jetzt ein Wink des Schicksals zu Hilfe. Als er das Konservatorium nach der Klavierprüfung verläßt, wird er zufällig Ohrenzeuge einer angeregten Unterhaltung zwischen Safonow und Arenski, die offensichtlich das Thema der Prüfungsklausur zum Inhalt hat. Safonow pfeift dabei wie zufällig eine Melodie, die sich Rachmaninoff für alle Fälle sorgfältig einprägt. Als man ihm am nächsten Tage die Prüfungsaufgabe vorlegt, erkennt er sofort die verzwickte und mehrdeutige Struktur des Fugenthemas und entsinnt sich der Safonowschen »Lösung« des Vortages. Arenski ist verblüfft, daß Rachmaninoff als einziger Prüfling die richtige Beantwortung des Themas niederschreibt. Nicht einmal der hochbegabte Skrjabin hatte die Aufgabe bewältigt. Er, Skrjabin, erhält zwar auch die Zulassung für die »Freie Kompositionsklasse«, aber unter der Bedingung, nach den Ferien sechs fehlerlose Fugen vorzulegen.

Während der Frühjahrsmonate des Jahres 1891 arbeitet Rachmaninoff neben den Prüfungsvorbereitungen intensiv an seinem 1. Klavierkonzert.

Im Brief vom 26. März 1891 an Natalja D. Skalon bedankt er sich für die Geburtstagsgrüße und teilt mit: »Ich hätte Ihnen sofort geantwortet, aber ich mußte in diesen Tagen sehr viel für Arenski schreiben. Übrigens, Sie fragten mich in Ihrem Brief, was ich jetzt komponiere. Ich komponiere zur Zeit ein Klavierkonzert. Zwei Sätze sind schon geschrieben, der letzte ist nicht aufgeschrieben, aber bereits komponiert. Das ganze Konzert beende ich wahrscheinlich zum Sommer, und im Sommer werde ich es instrumentieren.«[20]

Am 20. Juli berichtet er Michail A. Slonow aus Iwanowka:

»Am 6. Juli hatte ich Niederschrift und Instrumentierung meines Klavierkonzerts vollkommen fertiggestellt. Ich hätte es schon wesentlich eher fertigstellen können, aber nach dem 1. Satz dieses Konzerts war ich sehr lange krank und begann die folgenden Sätze erst am 3. Juli zu schreiben. Ich schrieb und instrumentierte die letzten zwei Sätze in 2½ Tagen. Du kannst Dir vorstellen, was das für eine Arbeit war! Ich schrieb von 5 Uhr morgens bis 8 Uhr abends, so daß ich nach Beendigung der Arbeit schrecklich erschöpft war. Nach Abschluß der Arbeit ruhte ich einige Tage aus. Während der Arbeit empfinde ich niemals Müdigkeit (im Gegenteil eher Vergnügen). Bei mir tritt die Ermüdung erst dann ein, wenn ich fühle und erkenne, daß eine meiner großen Mühen und Arbeiten endgültig abgeschlossen ist. Mit dem Konzert bin ich zufrieden. Dasselbe kann ich von meiner letzten Romanze nicht behaupten.«[21]

Das 1. Klavierkonzert in der Originalfassung von 1891 markiert im Schaffen des jungen Rachmaninoff einen deutlich gereiften Entwicklungsstand. Es ist das erste große Werk für Klavier und Orchester, und wenn es auch noch verschiedene Fremdadaptionen verrät, so kristallisieren sich doch schon klar die signifikanten Rachmaninoffschen Stileigenheiten heraus. In der Konzeption ist es dem lyrisch-romantischen Konzerttypus von Schumann, Chopin und Grieg sehr ähnlich. Besonders auffällig ist dabei die Affinität zu Grieg[22], die sich in den stürmischen Eingangspassagen des Klaviers kundtut und dann im weiteren Verlauf gelegentlich in melodischen und harmonischen Wendungen aufleuchtet. Rachmaninoff reflektiert hier mit Sicherheit die Klavierstudien Alexander Silotis, der sich in den Sommermonaten auf Iwanowka gerade dem Grieg-Konzert intensiv widmet.

1. Klavierkonzert op. 1 / 1. Thema 1. Satz

Das 1. Klavierkonzert steht wie auch andere Werke der frühen neunziger Jahre in seinem formalen Aufbau unter dem Einfluß der Petersburger Kutschkisten. In der Melodik jedoch spricht Rachmaninoff schon eine deutlich eigene Sprache. Die gedehnte Synkope im verminderten Quartabstand vermittelt einen wehmütigen Eindruck, der so vielen Kantilenen Rachmaninoffs eigen ist. Diese kleine melodische Floskel ist gleichsam ein Signum des Rachmaninoffschen Stils. Flimmernden pianistischen Figurationen stehen dunkle Bläsersignale gegenüber, und die Thematik des 1. Satzes durchwandert ein breites Spektrum von Streichern und Holzbläsern. Rachmaninoff eröffnet in seinem 1. Konzert die zukünftigen Perspektiven tiefer Seelenlandschaften.

Im Jahre 1917 – also 26 Jahre nach der ersten Fassung – unterzieht der 44jährige Rachmaninoff das Konzert einer grundlegenden Revision. Die stärksten Veränderungen erlebt dabei das Finale. Die beiden Konzertfassungen von 1891 und 1917 zeigen wohl am deutlichsten Rachmaninoffs bemerkenswerte Stilentwicklung im Verlauf eines Vierteljahrhunderts.

Die Sommermonate des Jahres 1891 verlebt Rachmaninoff ausschließlich auf Iwanowka. Ihm steht für Übungszwecke ein Klavier zur Verfügung, das von der weit entfernten Bahnstation Rjaks auf Pferdegespannen angeliefert worden war. Er kann ungestört komponieren und zur Entspannung das russische Landleben genießen. Der Kontakt zu seinen engsten Familienangehörigen ist auf ein Mindestmaß beschränkt und vermutlich nur aus Gründen der Familienraison aufrechterhalten. Rachmaninoff schreibt am 11. Juni 1891 an Natalja D. Skalon: »Ich fuhr nicht zu meiner Familie, auch wenn sie mich eingeladen haben, und ich fuhr deswegen nicht, weil mir scheint, daß sie mich nicht lieben (mit Ausnahme des Vaters, der dort nicht lebt). Auch wenn die Verwandten mich eingeladen haben, scheint es mir dennoch, daß sie es nur aus Anstandsgründen taten.«[23]

Über die Situation am Konservatorium teilt er mit: »Sie erkundigen sich in Ihrem Brief über Sascha und mich im Hinblick auf unsere Konservatoriumsangelegenheiten. Sascha hat das Konservatorium verlassen. Ich bin geblieben. Was die Klavierklasse anbelangt, so werde ich bei Sascha Privatstunden nehmen. In einem Jahr werde ich graduieren. Saschas Abschied vom Konservatorium wird von Dauer sein, wenn Safonow dort bleibt. Wenn er jedoch vom Direktorat zurücktritt, dann reiht sich Sascha wieder in die Zahl der Professoren ein, und alles wird wie früher sein ...«[24]

Am Ende seines Sommeraufenthaltes auf Iwanowka gestattet sich Rachmaninoff noch einen mehrtägigen Besuch bei seiner Großmutter Rachmaninowa auf deren Gut Snamenskoje. Er schreibt dort den ersten Satz einer Sinfonie d-moll (»Jugendsinfonie«) nieder, den er bereits auf Iwanowka »im Kopf« konzipiert hatte. Datum der Fertigstellung ist der 28. September 1891. Außerdem vollendet er das zweite der »Zwei Stücke für Klavier zu sechs Händen«, das er den drei Skalon-Schwestern widmet. Diese »Romanze« trägt als Datum der Fertigstellung Moskau, den 20. September 1891. Die fünf Eingangstakte der »Romanze« verwendet Rachmaninoff später als Begleitfiguration für den einsetzenden Solopart im 2. Satz des 2. Klavierkonzerts.

Kurz nach seiner Rückkehr im Frühherbst 1891 erkrankt Rachmaninoff in Moskau lebensgefährlich an einer Hirnhautentzündung. Da die Satins zu dieser Zeit noch nicht in Moskau sind, findet er vorübergehend Aufnahme bei seinem alten Freund Michail Slonow. Als sein Zustand immer ernster wird, gerät Slonow in Panik, und er bittet den gemeinsamen Freund Jurij S. Sachnowski um Hilfe. Die Sachnowskis gehören zu den reichen Moskauer Kaufmannsfamilien. Sie leiten ein großes Rennplatzunternehmen und führen in der Twerskaja Sastawa ein großbürgerliches Haus. Ihr Sohn, der Konservatoriumszögling und begeisterte Musiker, ist zu Tode erschrocken und transportiert sofort mit Slonow den Schwerkranken in sein elterliches Haus. Sachnowski wiederum alarmiert Alexander Siloti, und der ordert noch am gleichen Tage Professor Mitropolski, einen der besten Moskauer Ärzte. Mitropolski übernimmt auch die weitere Behandlung und heilt schließlich Rachmaninoff von der schweren Krankheit. Rachmaninoff ist über sechs Wochen ans Bett gefesselt, unfähig zu jeder künstlerischen Tätigkeit.

Während dieser Zeit quälen ihn unablässig destruktive Gedanken und die Furcht, jetzt endgültig alle inspirativen und schöpferischen Kräfte verloren zu haben. Als er Ende Oktober endlich wieder aufstehen kann und erste Kompositionsübungen versucht, ist er völlig verunsichert und deprimiert. Die erzwungene Ruhepause und der lange Aufenthalt bei den Sachnowskis hatten seinen inneren Lebensrhythmus empfindlich verändert.

Um so mehr ist er fest entschlossen, sein Studium so schnell wie möglich abzuschließen, um endlich selbständige berufliche Entscheidungen treffen zu können.

Wenige Wochen nach seiner schweren Krankheit – vom 9. bis 15. Dezember 1891 – schreibt Rachmaninoff ein sinfonisches Poem für großes Orchester in d-moll, »Prinz Rostislaw«, nach der gleichnamigen Ballade von Alexej K. Tolstoi aus dem Jahre 1856.

Rachmaninoff widmet das Werk »seinem lieben Professor Anton St. Arenski«. Gleichzeitig bittet er den Lehrer um Befürwortung seines Antrages auf vorzeitige Zulassung zur Abschlußprüfung. Arenski erteilt ihm die Genehmigung, verlangt aber als Gegenleistung eine Reihe verschiedener Kompositionen: eine Sinfonie, mehrere Vokalrezitative und eine Oper, deren Sujet Rachmaninoff im Frühjahr bekanntgegeben würde. Als Skrjabin von Rachmaninoffs Sondergenehmigung erfährt, richtet er dieselbe Eingabe an Arenski. Doch er, der sich nie der besonderen Wertschätzung Arenskis erfreute, erhält eine eindeutige Ablehnung. Skrjabin verläßt daraufhin zutiefst verletzt Arenskis Kompositionsklasse und studiert nur noch Klavier bei Safonow. So beendet einer der bedeutendsten russischen Komponisten sein Studium ohne offizielles Komponistendiplom.

Mit der Wahl des Sujets vom »Prinzen Rostislaw«, der als ein in der Fremde gefallener Held im Flußbett des Dnjepr begraben liegt, nähert sich Rachmaninoff einer bevorzugten Thematik der Kutschkisten, der altrussischen Mythologie von der Herrschaft der Flüsse und Meere mit ihren sagenhaften Fürsten und fantastischen Nymphenwesen. Borodins Ballade »Die Meeresprinzessin« oder Rimski-Korsakows Oper »Sadko« sind Beispiele dieses Genres. Auch die orientalisch gefärbten Melodiewendungen im Allegrettoteil des »Prinzen Rostislaw« gehören zum Vokabular der Kutschkisten.

Das tragische Thema der Einsamkeit und hoffnungslosen Trauer verbindet Rachmaninoffs »Rostislaw« mit Mussorgskis Ballade »Der Vergessene« (Text: A. Golenischtschew-Kutusow) aus dem Jahre 1874.

Rachmaninoff beschwört den Zustand einer lastenden Unbeweglichkeit und erstarrten Stille durch den extensiven Gebrauch des übermäßigen Dreiklangs. Düsternis und dunkle Mollklänge breiten sich über diesem Heldenpoem aus. Deutliche Parallelen zum Einleitungsteil der »Romeo und Julia«-Ouvertüre Tschaikowskis entstehen im Lentoabschnitt: Rachmaninoff nutzt hier ähnliche harmonische Kunstgriffe wie Tschaikowski.

Erstmals zeigt er bemerkenswerte Fähigkeiten einer beschwörenden Tonmalerei, die im weiteren Verlauf seines Schaffens wesentlicher Bestandteil seines schöpferischen Potentials wird.

Dem Poem »Prinz Rostislaw« kommt richtungsweisende Bedeutung auf Rachmaninoffs Kompositionsweg zu. Denn in mancher Hinsicht bereitet es die Orchesterfantasie »Fels« vor – eines der wichtigsten Werke des jungen Komponisten. Diese beiden Werke sind nicht nur im Stimmungsgehalt der Musik verwandt, sondern auch in den Satztechniken. In einzelnen thematischen Typen kann man sogar direkte Verbindungen erkennen. »Ihr ›inneres Thema‹ ist im wesentlichen identisch: es ist das Thema der Einsamkeit und der Sehnsucht nach dem unerreichbaren Glück – es erweist sich als eines der Grundmotive Rachmaninoffscher Lyrik.«[25] Im Gesamtüberblick des Rachmaninoffschen Werkes erhält »Prinz Rostislaw« die Gewichtung eines Gesellenstückes, gemessen am meisterhaften sinfonischen Poem »Die Toteninsel« aus dem Jahre 1909. In beiden sinfonischen Dichtungen faßt der Komponist das Mysterium des Todes und die magische Ausdeutung des Wassers in psychologische Klangbilder, die einem recht fatalistischen Gedankengut Vorschub leisten. Wenn vielleicht auch modische Zeitströmungen diese Tendenz in seinem Werk von Anfang an begünstigen, so ist doch eine auffällige Affinität des jungen Mannes zu dunklen, schicksalsschweren Bildern unverkennbar.

Die Orchesterbesetzung des »Rostislaw« ist gegenüber der zuvor komponierten »Jugendsinfonie« merklich erweitert: Englisch-Horn, Harfe und eine Gruppe von Perkussionsinstrumenten steigern die koloristischen Klangeffekte.

Obwohl Rachmaninoff die Partitur des »Prinzen Rostislaw« offenkundig für Aufführungszwecke sorgfältig vorbereitet, wird das Werk nicht aufgeführt. Die Uraufführung findet erst nach seinem Tode am 2. November 1945 mit den Moskauer Philharmonikern unter Leitung N. P. Anosows statt.

Am 30. Januar 1892 veranstaltet der junge Künstler im Wostrjakow-Saal in Moskau sein erstes öffentliches Konzert. Mitwirkende sind der Cellist Anatolij A. Brandukow und der Geiger David G. Krejn. Rachmaninoff komponiert eigens für diesen Anlaß ein »Prélude et Dance Orientale pour Violoncelle avec Accompagnement de Piano« op. 2. Den Druck von Programmen kann er sich jedoch aus Kostengründen nicht leisten. Und so ist der Konzertablauf seines ersten eigenen Abends nur durch Notizen Alexander Goldenweisers erhalten.

Über die Hintergründe des Konzertabends schreibt Rachmaninoff am 18. Februar 1892 ausführlich an seine Cousine Natalja D. Skalon:

»Nach der Ankunft aus Petersburg war ich die ganze Zeit sehr beschäftigt mit dem Üben und der Teilnahme an Konzerten. Ich wirkte sechsmal im Konzert mit und gab zur Krönung des ganzen ein eigenes Konzert. Sie können sich kaum vorstellen, was es bedeutet, privat ein Konzert zu geben. Meiner Meinung nach ist es einfach ein Betteln auch an den Vorzimmern solcher Häuser, die Sie im entgegengesetzten Falle nie betreten würden. Das ist sehr unangenehm, langweilig und lähmend.

Ich gab dieses Konzert wegen meiner schlechten finanziellen Situation. Und in dieser Hinsicht war es überhaupt kein Erfolg. Ich habe nicht einmal meine Schulden zurückgezahlt. So blieb ich sogar zur gegenwärtigen Zeit mit Gläubigern zurück, wovon ich ebenfalls nicht sagen kann, daß es sehr angenehm wäre. Und tatsächlich blieb mir inmitten der Vorbereitungen und des Verkaufs der Karten für mein Konzert kaum Zeit, die Korrespondenz und guten Kontakte zu einigen meiner guten Bekannten aufrechtzuerhalten. In dieser Zeit schrieb ich niemandem einen Brief.

In drei Wochen muß ich einen Satz meines Konzerts spielen, mit Begleitung des Orchesters, d.h. unter Safonow. Auch dies ist nicht sehr angenehm. Und dann habe ich drei Einladungen, noch in drei Konzerten zu spielen. Ich bin der Sache überdrüssig. Aber ich habe außer den unangenehmen Dingen auch angenehme, und zwar: Bei uns im Konservatorium ist bereits der Examenstag für die Theorieabsolventen festgesetzt. Dieser für mich bedeutsame Tag ist der 15. April. Das Sujet für eine 1-Akt-Oper werden sie uns am 15. März geben.

Wie Sie sehen, ist es erforderlich, innerhalb eines Monats zu komponieren, niederzuschreiben und zu instrumentieren. Die Arbeit ist nicht gering. Nach dem 15. April werden sie bei uns nach dem Vorbild des Petersburger Konservatoriums zur Aufführung vorbereitet. Wobei die besten einaktigen Opern Ende Mai auf der Bühne aufgeführt werden. Wenn meine Oper in die Zahl der besten gelangt, dann werde ich nach dem 15. April nur eine Beschäftigung haben, und zwar in die Proben meiner zukünftigen Oper zu gehen. Wenn sie jedoch nicht dorthin gelangt, dann werde ich trotzdem das Konservatorium beenden, werde befreit werden am 15. April und dann sofort aufs Land fahren. Und das ist für mich angenehm.«[26]

In einem halböffentlichen Konzert des Konservatoriums am 17. März 1892 spielt Rachmaninoff den 1. Satz seines 1. Klavierkonzerts. Er wird begleitet vom Hochschulorchester unter Leitung Safonows. Rachmaninoffs Kommilitone, der Cellist Bukinik, ist Mitglied des Studentenorchesters, und er schildert in seinen späteren Erinnerungen, wie eigensinnig der 18jährige Rachmaninoff bereits hier seinen künstlerischen Standpunkt vertritt:

»Während der Proben zeigte der 18jährige Rachmaninoff denselben halsstarrig ruhigen Charakter, den wir von unseren freundschaftlichen Versammlungen her kannten. Safonow, der gewöhnlich die Kompositionen seiner Studenten leitete, pflegte brutal und unfeierlich alles, was er wollte, in diesen Partituren zu ändern, indem er sie glättete und kürzte, um sie spielbarer zu machen. Die Kompositionsstudenten, glücklich, ihre schöpferischen Werke aufgeführt zu sehen (inclusive Koreschtschenko, Könemann und Morosow) wagten nicht, Safonow zu widersprechen und stimmten seinen Kommentaren und Veränderungen bereitwillig zu. Mit Rachmaninoff aber hatte Safonow eine schwere Zeit. Dieser Student lehnte nicht nur kategorisch Änderungen ab, sondern erdreistete sich sogar, Safonow während des Dirigierens zu unterbrechen und auf seine Irrtümer in Tempo und Nuance hinzuweisen. Das mißfiel Safonow offensichtlich, aber da er intelligent war, akzeptierte er die Rechte des Autoren, wenn auch Anfänger, seine eigene Interpretation zu vertreten und bemühte sich, jeder Ungeschicklichkeit die Schärfe zu nehmen. Dabei war Rachmaninoffs Talent als Komponist so offenkundig, und seine ruhige Selbstsicherheit machte solch einen Eindruck auf alle, daß sogar der allmächtige Safonow nachgab.«[27]

Die Presse begrüßt Rachmaninoffs erstes Klavierkonzert mit einer durchaus positiven Resonanz. Unter der Überschrift »Studentisches Konzert des Konservatoriums vom 17. März« schreibt der Rezensent des *Künstlertagebuches:*

»Einen sehr angenehmen Eindruck rief Herr Rachmaninoff hervor, der mit Begeisterung den ersten Satz aus seinem eigenen Klavierkonzert spielte. Als Pianist graduierte er im vergangenen Jahr bei Herrn Siloti, und im Sinne der Virtuosität gibt es Vorbehalte; jetzt aber, zurückgekehrt als Student der Theorie in die Konservatoriumsklasse des Herrn Arenski, wirkt er sehr interessant und gibt Anlaß zu Erwartungen. Im ersten Satz seines Konzerts ist natürlich noch keine Selbständigkeit, aber vorhanden sind Geschmack, Sensibilität, Melodie, Eleganz und unzweifelbare Kenntnisse; und das sind schon Anlagen.«[28]

Während des Frühjahrs 1892 gerät Rachmaninoffs Privatleben in Bewegung. Überraschend taucht sein Vater in Moskau auf, und Rachmaninoff, der zu dieser Zeit eine kleine Wohnung mit Slonow teilt, nimmt ihn sofort bereitwillig auf. Er besorgt dem Vater sogar eine Anstellung im Rennbahnunternehmen der Sachnowskis, wo sich Wassilij Rachmaninow als Pferdespezialist auch bald recht nützlich macht. Doch als Ende März der Prüfungstermin naht, und die Examenskandidaten Rachmaninoff, Konjus und Morosow endlich ihr ersehntes Opernlibretto erhalten, wird der arme Rachmaninoff doch noch Opfer seines Familiensinns, seiner Gutmütigkeit und der beengten Wohnverhältnisse. Denn sein Vater, inzwischen recht heimisch in Moskau geworden, feiert allabendlich im Kreise von Freunden fröhliche Trinkgelage. Lautstarke Trinksprüche und sinnige Soldatenlieder, die der weinselige Vater am Klavier akkompagniert, verhindern jeden Gedanken an eine Oper. Rachmaninoff ist verzweifelt. Schließlich kommt es zu leidenschaftlichen und unerfreulichen Auseinandersetzungen. Eines Tages verläßt der Vater die Wohnung und sucht sich ein neues Domizil.

Am 26. März kann Rachmaninoff endlich mit der Arbeit beginnen. Seine Textvorlage ist der Einakter »Aleko«, den der Moskauer Dramaturg und Regisseur Wladimir I. Nemirowitsch-Dantschenko nach Puschkins Poem »Die Zigeuner« eingerichtet hatte. Die Handlung spielt im Zigeunermilieu, das gerade während dieser Zeit in russischen Künstlerkreisen eine starke Romantisierung erfährt. In der Verherrlichung des Zigeunerlebens träumt der Russe die Illusion der Freiheit: Beseitigung aller verlogenen Konventionen und Aufhebung drückender Gesetzesverordnungen. Gorki veröffentlicht im selben Jahr 1892 seine Erzählung »Makar Tschudra«. Rachmaninoff schreibt über seine erste Oper:

»Ich akzeptierte das Libretto, wie es stand, ohne einen Gedanken daran, daß es verbessert werden könnte. Slonow saß mir an meinem Tisch gegenüber, und als ich schrieb, reichte ich die fertigen Seiten an ihn weiter, ohne überhaupt aufzublicken, und der freundliche Slonow fertigte unverzüglich gute Kopien von ihnen in seiner zierlichen Handschrift an.«[29] Am 13. April hat Rachmaninoff die komplette Opernfassung für »Aleko« fertiggestellt. Professor Arenski, der aufgrund der verspäteten Bekanntgabe des Prüfungssujets von seinen Kandidaten eigentlich erst Teilergebnisse erwartet, konstatiert verblüfft, daß Rachmaninoff bei seinem derzeitigen Arbeitstempo innerhalb eines Jahres mit Leichtigkeit 24 Opernakte komponieren könnte. Als Rachmaninoff am 7. Mai 1892 vor dem Prüfungsausschuß des Konservatoriums seinen Opernerstling »Aleko« im Klavierauszug vorspielt, erhält er die beste Benotung, eine 5 plus! Der Examenskandidat Rachmaninoff wird für seine hervorragenden Leistungen in den Studienfächern Klavier und Komposition mit der höchsten Auszeichnung des Hauses verabschiedet: Er erhält die Große Goldmedaille des Moskauer Konservatoriums, die vor ihm nur Tanejew und Koreschtschenko zuerkannt worden war. Und sein Name wird auf die marmorne Ehrentafel im Foyer des Konservatoriums eingraviert.

Auch Nikolaj Swerjew schließt endlich mit seinem Schüler Frieden. Gerührt umarmt er den jungen Komponisten, der doch in seinem Hause die ersten entscheidenden Ausbildungsjahre verbracht hatte. Und er schenkt ihm zur Erinnerung an den denkwürdigen Examenstag seine goldene Uhr. Diese Uhr begleitet Rachmaninoff bis in seine letzten Lebenstage.

Rachmaninoffs erstes Opernwerk ist nicht sein erster Versuch in diesem Metier. Denn seit seinem 15. Lebensjahr gibt es immer wieder einzelne Belege für eine ernsthafte Auseinandersetzung mit der Opernkomposition: Ein Opernfragment »Esmeralda« nach der Novelle »Notre Dame de Paris« von Victor Hugo aus dem Jahre 1888 ist erhalten. Weiterhin zeugen zwei Monologe aus Puschkins Drama »Boris Godunow« sowie ein Vokalquartett als unvollendetes Fragment nach Puschkins Poem »Poltawa« von Rachmaninoffs Interesse am musikdramatischen Sujet.

Als er »Aleko« komponiert, feiert gerade Mascagnis »Cavalleria rusticana« sensationelle Erfolge in Rußland. Die russische Erstaufführung dieser spektakulären Oper des frühen italienischen Verismo fand am 17. März 1891 im Moskauer Korsch-Theater statt. Nemirowitsch-Dantschenko war begeistert von der realistischen Darstellung des Lebens einfacher Menschen auf der Opernbühne und publizierte in der Folgezeit eine Reihe von Aufsätzen über die Entwicklung der neuen Oper und ihre Verpflichtung zur Aussage künstlerischer Wahrheit. Die dramatische Konzeption des »Aleko« ist ohne Zweifel von der »Cavalleria rusticana« inspiriert und Nemirowitsch-Dantschenkos russische Variante. Das Zigeunerleben in »Aleko« ist dem sizilianischen Dorfleben vergleichbar. Beide Opern kulminieren im Verbrechen aus Leidenschaft, und auch das Orchesterintermezzo als Bindeglied zwischen den zwei Szenen ist beiden Opern gemeinsam. Allerdings führt die Textverknappung, die mit Rücksicht auf den zügigen Gang der Handlung Puschkins komplizierte Charakterzeichnungen ausläßt, auch zur Vereinfachung und Vordergründigkeit des Geschehens. Die Puschkinschen Ideen von Freiheit und Persönlichkeit verblassen hinter der blutrünstigen Fassade eines Eifersuchtsdramas.*

Die Musik zeigt keine Ähnlichkeit mit Mascagnis Oper. Bei Rachmaninoff dominieren die Vorbilder der russischen Operklassik: Tschaikowski, Borodin und Rimski-Korsakow. Viele melodische und harmonische Wendungen scheinen in ihrer orientalischen Färbung direkt den Petersburger Kutschkisten entlehnt. Auch Grieg hat seine Spuren hinterlassen. Der »Tanz der Frauen« in »Aleko« verrät Anklänge an »Anitras Tanz« aus der »Peer-Gynt-Suite«, die Grieg in den Jahren 1874–1876 komponiert und im Klavierauszug 1888 in Leipzig veröffentlicht hatte.

Dramaturgisches Zentrum der Oper ist die Kavatina des »Aleko«. Dieses »Aleko-Thema« durchzieht wie ein Leitmotiv die

---

* Anläßlich Puschkins 100. Todestages im Jahre 1937 versuchte Schaljapin seinen Freund Rachmaninoff zu motivieren, nachträglich einen Prolog zur Oper zu komponieren. Dieser Prolog sollte gleichsam die fehlende psychologische Charakterstudie nachliefern. Aber Rachmaninoff lehnte kategorisch eine Wiederaufnahme seines Jugendwerkes ab.

gesamte Oper. Mit seiner Ausdeutung spannt Rachmaninoff den großen Bogen von der Introduktion bis zur Mordszene. Und obwohl der Komponist mit Ausnahme des Männertanzes, einer beliebten Zigeunerromanze, keine weiteren authentischen Zigeunerweisen entlehnt, ist die gesamte Oper von Zigeunerfolklore durchdrungen.

Rachmaninoffs Jugendoper »Aleko« markiert nicht nur vordergründig den Abschluß seiner Studienzeit am Moskauer Konservatorium. Sie subsumiert gleichzeitig auch die vielseitigen Kenntnisse des Meisterschülers auf dem Gebiet der Satztechnik, der Orchestration und Vokallyrik. In der sorgfältigen und an den Vorbildern großer Meister orientierten Examensarbeit zeichnen sich die Konturen eines wachsenden, individuellen Kompositionsstils ab. Er äußert sich in bevorzugten harmonischen Wendungen, in der Neigung zu elegischen Stimmungsbildern und einem bemerkenswerten Hang zu tragischen Sujets.

Am 31. Mai 1892 wird im festlichen Abschlußkonzert der Konservatoriumsabsolventen auch das Orchesterintermezzo aus »Aleko« aufgeführt. Im Anschluß an das Konzert findet ein Empfang im Hause Swerjews statt, und nach einhelliger Meinung aller Anwesenden ist die Aussöhnung Swerjews mit seinem Schüler Rachmaninoff der eigentliche Anlaß für die abendliche Gesellschaft.

Swerjew vermittelt seinem Schüler jetzt auch die ersten Kontakte zu einem Verleger. Der Moskauer Musikverleger Karl Gutheil, der durch den Nachdruck von deutschen Klassikereditionen und durch den Verlag und Verkauf von Tanz- und Zigeunermusik ein Vermögen erworben hatte, suchte einen jungen, zeitgenössischen Komponisten. Aus der Fusion des Unternehmens mit dem St. Petersburger Verlag Stellowski im Jahre 1886 hatte Gutheil bereits die Rechte an verschiedenen Werken Glinkas, Dargomyschskis, Serows und Balakirews erlangt. Aber für die Reputation des Gutheil-Verlages neben so renommierten Verlagshäusern wie Jürgensohn, Beljajew oder Bessel, die Tschaikowski bzw. die Petersburger Gruppe vertraten, fehlte Gutheil einfach ein zugkräftiger, moderner und akademisch ausgewiesener Komponist.

Er wendet sich daher zunächst an seinen alten Bekannten Swerjew, der ihm auch sofort Rachmaninoff empfiehlt. Da der junge

Komponist noch keine Erfahrung im Umgang mit Verlegern hat, ermöglicht ihm Swerjew zunächst eine persönliche Unterredung mit Tschaikowski. Rachmaninoff wird offensichtlich so gut von Tschaikowski beraten, daß er bei Gutheil ein unerwartet hohes Anfangshonorar aushandelt. Er erhält von Gutheil für die Rechte an »Aleko«, den zwei Cellostücken op. 2 und den Liedern op. 4 insgesamt 500 Rubel. Gemessen an den 15 Rubeln, die Rachmaninoff als monatliches Entgelt für eine wöchentliche Klavierstunde verdient, ist es ein wahrhaft fürstliches Honorar.

Der großzügige Verleger wird bald darauf mit einem guten Verkauf der gedruckten Auflage belohnt. Den größten Absatz findet die Opernpartitur in Kiew.

Anerkennung und Rückschläge

1892–1897

Nach den monatelangen Aufregungen um sein Examen fährt Rachmaninoff im Sommer 1892 aufs Land. Der »Freie Künstler« folgt einer Einladung des Moskauer Textilfabrikanten Konowalow, der ihm für die Unterrichtung seines Sohnes Alexander kostenfreie Unterkunft auf seinem Landsitz und ein respektables Honorar bietet. Rachmaninoffs Schüler Alexander I. Konowalow wird zwar kein bedeutender Musiker, aber er sorgt viele Jahre später für politische Schlagzeilen.

Während seines Sommeraufenthalts auf dem Konowalowschen Gut in Kostroma liest Rachmaninoff für Gutheil die ersten Korrekturbögen seiner Oper. Außerdem vertont er das Puschkin-Gedicht »Singe nicht, du Schöne« in der Melodie eines georgischen Volksliedes. Er widmet es seiner Kusine Natalja A. Satina.

Die Romanzen »Singe nicht, du Schöne«, »Oh nein, ich flehe, geh nicht fort«, »Abend« und »Im Schweigen der Nacht« (aus dem Jahre 1890) sind die einzigen seiner frühen Liedkompositionen, die er in den Romanzen-Zyklus op. 4 aufnimmt. In der Romanze »Oh nein, ich flehe, geh nicht fort« äußert sich wieder Rachmaninoffs Vorliebe für den halb verminderten Septakkord. Er verwendet ihn mehrfach, und an exponierter Stelle verknüpft er ihn schließlich mit dem verminderten Quartschritt in der Melodie.

Die östliche Romanze »Singe nicht, du Schöne« zeigt eine merkliche Anlehnung an den »Tanz der Frauen« aus »Aleko«. Mit der rhythmischen Aufgliederung der Melodie, dem langsamen chromatischen Abstieg in der begleitenden Harmonik und dem ostinaten Baß illustriert Rachmaninoff seine »östlichen, orientalischen« Klangvorstellungen. In der Einleitung intoniert das Klavier ein georgisches Volkslied mit den Merkmalen des kaukasischen

Gesanges: sequenzartige Entwicklung der Melodie, Orgelpunkt im Baß. Es entspinnt sich ein Dialog zwischen Stimme und Klavier.

Zigeunerthematik beschäftigt Rachmaninoff auch noch in einem anderen Werk dieser Zeit: Das »Capriccio auf Zigeunerthemen« op. 12 erhält im Sommer 1892 seine vorläufige Piano-Duett-Fassung. Es ist einem Moskauer Bekannten, dem Kaufmann Pjotr Lodyshenski gewidmet. Seiner Frau, Anna Lodyshenskaja, eignet Rachmaninoff die im Februar des Jahres komponierte Romanze op. 4, 1 zu: »Oh nein, ich flehe, geh nicht fort«.

Den Freunden Rachmaninoffs bleibt nicht verborgen, daß er in letzter Zeit auffallend häufig im Hause der Lodyshenskis verkehrt, denen in Moskau der Ruf vorauseilt, ein aufwendiges und ausschweifendes Leben zu führen. Pjotr Lodyshenski gilt als großer Zecher, während seine Frau Anna, Schwester einer berühmten Moskauer Zigeunersängerin, umschwärmter Mittelpunkt der Moskauer Gesellschaft ist. Ihre Schönheit und schillernde Persönlichkeit ziehen auch den jungen Komponisten in ihren Bann. Rachmaninoff faßt allmählich eine leidenschaftliche Zuneigung zu Anna Lodyshenskaja, die sogar heimlich erwidert wird. Aber gesellschaftliche Konventionen und die armselige wirtschaftliche Lage des Komponisten nehmen dieser Liebesromanze von Anfang an jede Hoffnung auf eine günstige Wendung. Der junge Künstler verstrickt sich in eine aussichtslose Liebesaffäre, die ihn zu schöpferischen Kraftakten wie der Schaffung seiner ersten großen Sinfonie führt, aber ihn gleichzeitig auch in verzweifelte Abgründe stürzt.

Im Herbst 1892 bezieht Rachmaninoff zunächst Quartier bei Jurij Sachnowski an der Twerskaja Sastawa. Aber bald darauf muß er wieder zu den Satins ins Arbat-Viertel übersiedeln. Denn seine Existenz ist immer noch gänzlich ungesichert, und in einem Brief an Natalja Skalon bekennt er freimütig, daß er sich nicht einmal einen Wintermantel leisten kann. Die drei treuen Schwestern nehmen wie immer starken Anteil am Schicksal ihres Cousins und legen sofort alle Ersparnisse zusammen, um ihm einen Wintermantel zu kaufen. Zwei Tage später schreibt Rachmaninoff erneut einen Brief – diesmal aber an Ludmila Skalon. Er bedauert seinen schrecklichen Brief an Natalja und beteuert, daß er ihn nur in einem Anfall seelischer Depression verfaßt habe. Jetzt ginge es ihm wieder viel besser. Seine Oper würde wahrscheinlich im März aufgeführt werden, Safonow plane sogar eine Übernahme der Tänze sowie weiterer Stücke aus »Aleko« in sein sinfonisches Konzert, und Gutheil schließlich habe ihm den guten Verkauf seines Opern-Klavierauszuges mitgeteilt. Jetzt würde er bestimmt auch bald den vollständigen Orchesterauszug drucken.

Aber Rachmaninoffs Hoffnungen erfüllen sich nur zum Teil. Safonow führt lediglich Ausschnitte der Tänze auf, und auch Gutheil kann sich aus unerfindlichen Gründen nicht zum Druck der kompletten Opernpartitur entschließen. Verhandlungen mit der Pariser Firma Pleyel und mit dem St. Petersburger Klavierfabrikanten und Konzertagenten K. M. Schröder zeitigen ebenfalls kein erfolgversprechendes Ergebnis. Eine Konzertreise mit Brandukow ist zwar geplant, aber noch nicht vertraglich abgesichert.

Inmitten dieser wirtschaftlichen Misere schreibt Rachmaninoff seine fünf Klavierstücke op. 3: Elégie, Prélude, Mélodie, Polichinelle und Sérénade. Das legendär gewordene Prélude cis-moll bringt Rachmaninoff einschließlich des Verkaufs aller Rechte die einmalige Summe von 40 Rubel. Kein großer finanzieller Gewinn, wenn man bedenkt, daß nur wenige Jahre später ausländische Verleger mit dem Nachdruck und Vertrieb ein Vermögen erwirtschaften.

Als Rachmaninoff sein Prélude zum erstenmal öffentlich am 26. September 1892 spielt, erregt es kein besonderes Aufsehen. Er spielt es neben dem ersten Satz aus Rubinsteins d-moll- Konzert und Solostücken von Chopin und Liszt im Rahmen eines Sonderkonzerts der Elektrischen Ausstellung in Moskau.

Die Presseberichte differieren in ihrer Einschätzung. Der Cellist Bukinik erwähnt in seinen Erinnerungen das Prélude mit keinem Wort. »Ich erinnere mich, daß an äußerem Auftreten genug vorhanden war, aber technisch das Konzert eher schlecht gespielt worden war. Man empfand, daß Rachmaninoff das Instrument nicht beherrschte, und ich denke, daß er auch an diesem wenig arbeitete. Der Auftritt war ohne Erfolg, insbesondere nach den uns damals bekannten, glänzenden Debüts des jungen Josef Lhevinne.«[1]

Die *Russischen Nachrichten* hingegen, deren Musikabteilungsleiter zu dieser Zeit der berühmte Kritiker und Konservatoriumsprofessor Nikolaj Kaschkin ist, berichten von einem »virtuosen Glanz« in Rachmaninoffs Spiel.

Welcher Rezension nun der Leser größeren Glauben schenken kann, bleibt dahingestellt. Allerdings waren auch die äußeren Umstände des Konzerts zur inneren Einstimmung des Publikums denkbar wenig geeignet. Als eine unter vielen Attraktionen des »Großen Nachtfestes« angekündigt, beginnt das Konzert nach mehreren Pannen erst mit erheblicher Verspätung. Die *Moskauer Nachrichten* spotten dementsprechend vom »Konzert der zerschlagenen Hoffnungen«. Auch gehören viele der Hörer eher dem Zufallspublikum an. Werbeangebote der Ausstellung wie Spazierfahrt auf der elektrischen Eisenbahn, Telefonverbindung mit dem Bolschoj-Theater oder Springbrunnen mit elektrischer Beleuchtung hatten sie angelockt.

Kaum einer der Anwesenden ahnt, daß er soeben Zeuge der Uraufführung eines Stückes geworden war, das seinem Komponisten ein Leben lang als besonderes Markenzeichen anhaften sollte. 1928 schreibt Ernest Newman in der Londoner *Times:* »Er ist einer der sehr wenigen Musiker, der die Queen's Hall in diesen Tagen füllen kann, aber ob er das bewirkt, weil er einer der besten Pianisten ist, oder weil er das cis-moll-Prélude geschrieben hat, könnte ich nicht sagen ... Er hat amüsiert zugestanden, daß es ihn immer noch überall verfolgt. Mit diesem kleinen Versuch seiner Byronschen Jugend hat er sein Glück gemacht, denn für die allgemeine Öffentlichkeit gilt dieses Prélude für Rachmaninoff wie für Charlie Chaplin ein Paar Sackhosen und übergroße Schuhe ...«[2]

Entsprechend der immens wachsenden Zahl von Bearbeitungen, die das Prélude erfährt – 1898 erscheint in den USA das erste Arrangement, vierzig Jahre später 1938 fertigt Rachmaninoff schließlich eine Fassung für zwei Klaviere an – steigen auch die wilden Spekulationen um seine Entstehung und Bedeutung. Quer durch die abenteuerlichen Versionen für Orgel, Akkordeon, Militärkapelle, Gitarre, Posaunenquartett, Kontrabaß und Jazzorchester geistern Anekdoten und furchterregende Horrorgeschichten. Eine Bewunderin fragt beispielsweise auf einer Postkarte an, ob das Prélude die Agonien eines Mannes beschreibe, der lebendig in einen Sarg genagelt sei.[3] In England kündigen clevere Konzertagenten das

Prélude als »Brand von Moskau«, »Jüngstes Gericht« oder gar als »Moskauer Walzer« an. Und ein fanatischer Perfektionist schickt Rachmaninoff eine »Computer«-Analyse, die sämtliche Viertelnoten, Achtelnoten, Taktstriche, dynamische Zeichen und alle anderen Details minuziös auflistet.[4]

Als ein begeisterter englischer Schüler seiner Lehrerin Clara Schumann das Prélude vorspielt, reagiert die alte Dame gereizt. Kurzerhand verbessert sie die vielen »falschen« parallelen Quinten, die ihrer Meinung nach den guten Geschmack des Schülers gänzlich verdürben.

Tanejew wiederum konstatiert beim ersten Anhören des Préludes in Moskau, daß darin sehr viel von Schumanns Novelletten enthalten sei.

Rachmaninoff selbst ist relativ unschuldig an der allgemeinen Aufregung, die sein Prélude entfacht. Er läßt nicht einmal die für ihn sonst so typische Bildhaftigkeit der Musik gelten, sondern beharrt auf einer Konzeption ohne programmatische Vorlage. 1910 gibt er im amerikanischen *Delineator* folgende Erklärung:

»Absolute Musik (zu welcher dieses Prélude gehört), kann dem Hörer eine Stimmung einflößen oder in ihm herbeiführen; ihre erste Funktion ist jedoch, intellektuelles Vergnügen an der Schönheit und Abwechslung ihrer Form zu vermitteln. Das war das Ziel, das Bach in seinen wundervollen Reihen von Préludes suchte, welche eine Quelle unendlichen Vergnügens für den gebildeten Musikhörer sind. Ihre hervorragende Schönheit geht verloren, wenn wir in ihnen die Stimmung des Komponisten zu entdecken versuchen. Wenn wir die Psychologie des Préludes erkennen sollen, lassen Sie es so verstehen, daß es seine Funktion nicht ist, eine Stimmung auszudrücken, sondern sie herbeizuführen.

Das Prélude, wie ich es verstehe, ist eine Form absoluter Musik, mit der Zielrichtung, wie sein Name ausdrückt, vor einem wichtigeren Musikstück gespielt zu werden, oder als Einführung zu irgendeiner Veranstaltung. Die Form wurde allmählich für Musik von unabhängigem Wert verwendet. Aber solange der Name einem Musikstück gegeben wird, sollte das Werk in einem gewissen Maß die Bedeutung des Titels hervortreten lassen. Zum Beispiel im Werk unserer Erörterung bemühe ich mich, die Aufmerksamkeit auf das

Eingangsthema zu fesseln. Diese drei Noten, im Unisono im Diskant und Baß verkündet, sollten feierlich und gewaltig dröhnen. Nach dieser Einführung verläuft diese Melodie mit drei Noten durch den ersten Abschnitt von 12 Takten, und als Gegenpart dazu, in beiden Notenschlüsseln verläuft eine Kontrastmelodie in Akkorden. Hier haben wir zwei deutlich unterschiedene melodische Bewegungen, die gegeneinander arbeiten, und die Wirkung ist, die Aufmerksamkeit der Hörer zu fesseln.

Die Natur des Hauptthemas ist die eines massiven Fundaments, gegenüber welchem die Melodie in den Akkorden einen Kontrast liefert, um die Düsterkeit aufzuhellen. Wenn es zu lange ausgearbeitet würde, würde der Effekt Monotonie sein, so tritt ein Mittelsatz schnell dazwischen. Der Stimmungswechsel ist abrupt, und für 29 Takte rauscht die Musik vorbei wie ein aufsteigender Sturm, und gewinnt an Intensität, wie die Melodie nach oben steigt. Der Satz ist in Einzelnoten statt Akkorden ausgeführt, und am Höhepunkt kehrt der ursprüngliche Satz wieder, mit allem verdoppelt, in der rechten und linken Hand. Nachdem sich dieser Ausbruch selbst erschöpft hat, wird die Musik allmählich ruhiger und eine Coda von 7 Takten bringt das Werk zu einem Abschluß. Der Hörer ist geweckt worden, angeregt worden, und dann beruhigt worden. Sein Geisteszustand ist aufgeschlossen und offen für das, was folgt. Das Prélude hat seinen Zweck erfüllt.

Wenn der Schüler seine geistige Einstellung fixiert hat, lassen Sie ihn daran denken, was ich gesagt habe. Dann lassen Sie ihn sorgfältig die Anatomie der Komposition studieren. Die Teile des Werkes sind einfach.

Die erste technische Vorsicht ist geboten, genau das richtige Tempo in der Verkündigung des Eingangsthemas anzuschlagen und dann diesen Schritt strikt durch den ersten Abschnitt beizubehalten. Ein allgemeiner Fehler ist es, dieses Eröffnungsthema zu laut zu spielen. Ich gebe zu, daß die Versuchung groß ist, es zu hämmern; aber der Höhepunkt kommt nicht am Anfang. Ich habe diese drei Noten ff markiert. Sie werden später verschiedene fff-Zeichen finden. So bewahren Sie Ihre Kraft. Die Akkorde der dazwischentretenden Melodie sollten leicht und liebevoll ausgedrückt werden, und der Spieler sollte sorgsam darin sein, die Spitzennote in den

Akkorden der rechten Hand zum Singen zu bringen. Die Fehler, die es zu vermeiden gilt, sind die Tendenz, die Akkorde ungleichmäßig anzuschlagen, oder mit einem Arpeggioeffekt und die Ebenmäßigkeit des Tempos zu verlieren. Die Schwierigkeit im ersten Abschnitt wird sein, diese Gleichmäßigkeit durch den 3. und 4. Schlag in jedem Takt durchzuhalten.

Die drei Noten des ersten Themas sollen nicht zu laut angeschlagen werden, aber mit genügender Kraft, um die Töne durchtragend zu gestalten. In dem bewegten Abschnitt wird die Melodie in der rechten Hand getragen durch die erste Note in jeder Gruppe. Nur dafür hätte ich die Passage ›allegro con fuoco‹ markieren können. Der Spieler muß sein Tempo seiner technischen Fertigkeit anpassen. Er muß diese Passage nicht über seine Kräfte hinaus übereilen, um die Melodie hervorzuheben.

Die Wiederholung des ersten Abschnitts in verdoppelten Oktaven ruft nach aller Kraft, deren der Spieler fähig ist. Der Schüler muß davor bewahrt werden, Raserei mit Breite und Majestät zu verwechseln. Es wird sicherer sein, diese Passage sogar ein wenig langsamer zu nehmen als zu Beginn, und vor allem die Ausgewogenheit des decrescendo zu beachten. Ich beginne, diesen Effekt wirksam werden zu lassen nach dem 6. Takt dieses Satzes.

Beachten Sie besonders, daß die Melodie in der Coda getragen wird durch die mittleren Noten der Akkorde sowohl rechter als auch linker Hand. Diese Noten müssen leicht akzentuiert werden. Hüten Sie sich vor der Versuchung, die Schlußakkorde zu arpeggieren.«[5]

In der Ausformung der Stileigenart Rachmaninoffs kommt dem cis-moll-Prélude eine wichtige Bedeutung zu. Denn der vielen Rachmaninoff-Werken innewohnende Konflikt widerstrebender Kräfte ist hier im Frühwerk bereits deutlich ausgeprägt. »Eines der wichtigsten Mittel, die zur Verstärkung der inneren Spannung Rachmaninoffscher Musik beitragen, ist ein besonderer Entwicklungstypus, dem ein Konflikt drängender und bremsender Impulse zugrunde liegt. Er wird nicht selten begleitet von wiederholter Rückkehr zu den melodischen Grundelementen, gleichsam wie zu ihrer Auflösung, einer Unterbrechung der melodischen Energie und Eroberung immer neuer Intonationshöhen, bis zum endgültigen Höhepunkt.«[6] Die Rolle des bremsenden Elements übernimmt im cis-moll- Prélude das Eingangsmotiv der Glocken. Die Seufzer in der Oberstimme hingegen drängen zur weiteren Entwicklung, die sich in immer größere Wellen steigert, um am Ende aber doch nur in resignativ verklingenden Glocken-Harmonien auszupendeln.

Die von Presse und Publikum gleichermaßen über viele Jahre hinweg betriebene Idealisierung des cis-moll-Préludes entnervt den Komponisten schließlich derart, daß er 1921 in einem Interview mit dem *Musical Observer* New York gesteht: »Andere Préludes gefallen mir wesentlich besser.«[7]

Der gesamte Zyklus der »Fünf Klavierstücke« op. 3 erlebt seine erste öffentliche Aufführung am 28. Dezember 1892 in einem Konzert in Charkow. Rachmaninoff hatte den Zyklus im Spätherbst voller Begeisterung komplettiert, als er erfuhr, daß Tschaikowski ihn in einem Presseinterview (*Petersburger Zeitung* vom 6.12.1892) neben Glasunow und Arenski als sehr begabten Nachwuchskomponisten bezeichnet hatte. »Dank sei dem alten Mann, daß er mich nicht vergessen hat. Nachdem ich das gelesen hatte, setzte ich mich ans Klavier und komponierte ein fünftes Stück. Und so werde ich fünf Stücke publizieren.«, wie Rachmaninoff seinem besten Freund Michail A. Slonow im Brief vom 14. Dezember 1892 mitteilt.[8]

Während der Moskauer Saison 1892/93 nimmt er an den verschiedensten Wohltätigkeitskonzerten und »literarisch-musikalischen Abenden« teil. Diese Auftritte bringen ihm wenig Publizität und kaum Einnahmen. Häufig werden die Veranstaltungen ohne Plakatwerbung und Pressevorankündigung arrangiert. Den großen Durchbruch als Pianist schafft Rachmaninoff nicht, da ihm der Zugang zu den publikumsträchtigen Abonnementskonzerten der RMO verwehrt ist. Safonow nimmt ihn zwar als Komponisten zur Kenntnis und führt auch in einem Moskauer Konzert am 19. Februar die Tänze aus »Aleko« auf, aber als Pianisten engagiert er ihn nicht.

Rachmaninoff hat sich zu dieser Zeit auch noch nicht endgültig für den Berufsweg des Pianisten oder Komponisten entschieden. Mit Vorliebe tritt er als Interpret eigener Werke vor die Öffentlichkeit. Und schon sehr frühzeitig entwickelt er dabei eine beachtliche Neigung zu distanziertem und kühl kontrolliertem Klavierspiel. Aufschlußreich sind in dieser Hinsicht auch die Beobachtungen des Cellisten Bukinik, der Rachmaninoff in Proben am gerade fertiggestellten »Trio élégiaque« erlebt. Gemeinsam mit Goldenweiser und dem Geiger Saradshew bereitet er die Aufführung des Stückes vor, und die Musiker laden zu einer der Proben Rachmaninoff ein. Als Rachmaninoff erstmals Goldenweisers Part übernimmt, sind alle überrascht, daß die Tempi des Autoren überhaupt nicht mit ihrer Konzeption übereinstimmen, und daß Rachmaninoff entweder schneller oder ruhiger spielt, als er es selbst in der Partitur angegeben hatte. »Die Interpretation erschien uns akademischer«, so Bukinik, »als wir sie uns vorstellten ... In der Folgezeit war ich immer überrascht über diese Seite im Rachmaninoffschen Spiel seiner Werke. Den Schmerz und Gram, den er in seiner Musik ausdrückte, verdeckte er gleichsam in seinem Spiel, er wollte nicht seine Seele vor den Menschen entblößen. Er spielte seine Werke ohne Übertreibung, ich würde sogar sagen, er vermied eine Zurschaustellung der Gefühle, und die romantisch-leidenschaftlichen Stellen, an welchen seine Musik so reich ist, betonte er als Interpret nicht. Er präsentierte sie wie ein fremder Betrachter. Nichts dergleichen bemerkte ich bei den großen Komponisten-Interpreten, z.B. bei A. Rubinstein oder bei A. Skrjabin.«[9]

Damit zeigt sich schon sehr früh der Ansatz für das spätere Dilemma in der Rachmaninoff-Rezeption. Der Pianist spielt seine Werke, die Leidenschaft und Emotionen in so überreichem Maße freizusetzen scheinen, betont kühl und distanziert. Zwischen dem vermeintlichen Anspruch seiner Musik und der tatsächlichen Ausführung durch den Komponisten klaffen Welten. Der Interpret Rachmaninoff begegnet dem Gefühlsüberschwang seiner Kompositionen mit einer Interpretation der sachlichen Verknappung. Alle, die ihn in dieser Zeit hören, nehmen dies erstaunt zur Kenntnis.

Rachmaninoff ist während der neunziger Jahre ständiger Gast im Alexander-Goldenweiser-Kreis. Der glänzende Vom-Blatt-Spieler Goldenweiser zeigt großes Interesse an den Kompositionsarbeiten seiner Studienkollegen und schart allmählich eine ganze Gruppe junger Musiker um sich. In den wöchentlichen musikalischen

Zusammenkünften studieren sie die neuesten Verlagsausgaben, und viele Neuschöpfungen der jungen Moskauer Komponistengruppe erleben hier ihre erste Aufführung. Sie machen sich mit Novitäten im Bereich der Kammermusik bekannt. Die Abende ziehen weitere junge Musiker an. Fast alle Novitäten der Beljajew-Edition werden gespielt.

»Im Laufe der Zeit brachte auch Rachmaninoff eigene Kompositionen, meistenteils Romanzen. Slonow, der über einen nicht großen Bariton verfügte, las sehr gut vom Blatt und sang die Romanzen unter der Begleitung Rachmaninoffs. Dann erörterten Sachnowski und Goldenweiser die Komposition ...

In unserem Kreise war bekannt, daß Slonow und Sachnowski enge Freunde Rachmaninoffs wurden. Slonow verhielt sich zu ihm mit einer gewissen Verliebtheit, und Sachnowski mit väterlicher Aufmerksamkeit. Sachnowski war nicht sonderlich kompositorisch begabt, aber intelligent und liebte die Musik leidenschaftlich. Er war vermögend (vielleicht der einzige unter uns) und lebte in seinem Haus mit seiner Mutter am Twersker Tor. Sachnowski hatte die Orchesterpartituren der Wagner-Opern, die er aus Deutschland bestellt hatte. Darunter waren ›Götterdämmerung‹, ›Rheingold‹, ›Parsifal‹, ›Siegfried‹ und andere. Sie waren Gegenstand des Studiums für unseren Zirkel.

Manchmal ging ich zu ihm mit Bubek, und wir trafen dort Rachmaninoff an. Sie spielten diese riesigen Folianten und tranken kräftig Bier, wovon Sachnowski unerschöpfliche Reserven hatte. Sachnowski sang, aß und trank, so daß man schwer erkennen konnte, wovon er mehr angezogen wurde, – von der Musik dieser Partituren oder vom Essen.«[10]

Der gesellschaftliche Umgang in »Kreisen« ist eine der Besonderheiten der russischen Kultur gegen Ende des 19. Jahrhunderts. Diese Kreise können offiziellen Charakter tragen, oder aber auch nur als private Gesprächsrunden existieren. Häufig bilden sie sich aus Vertretern der verschiedensten Kunstbereiche. 1860 beispielsweise wurde die »Moskauer Gesellschaft der Kunstliebhaber« gegründet. Auf ihr Programm setzte sie die Förderung von Nachwuchskünstlern und die regelmäßige Veranstaltung von Ausstellungen. Da keine bestimmten Auswahlkriterien das inhaltliche Spektrum eingrenzten, konnte alles Neue der Moskauer Kunst exponiert werden. Der Maler W. A. Serow feierte hier seine ersten großen Erfolge. Als regelmäßige Zusammenkünfte veranstaltet die Gesellschaft sogenannte »Sonnabende«, die der Kunst gewidmet sind: Historiker halten Vorträge, Musiker führen neue Werke auf, und Dichter lesen aus ihren neuesten Arbeiten. Auch Konstantin Balmont tritt hier auf.

Die geistige Atmosphäre dieser Moskauer Kunstkreise ist durchdrungen von Gelehrsamkeit, ernstem und tiefem Interesse für brennende gesellschaftliche Probleme, aber auch rein Moskauer Stadtgesprächen und recht dilettantischen Vorstellungen über den höheren Sinn des Lebens. Die ästhetischen Ansichten und Interessen der sehr differenzierten Moskauer Intelligenz prägen auch die Wahl der Vorträge, Referate und Konzerte, und zweifellos dominiert eine Tendenz, die das Experimentieren und die Suche nach dem Neuen in der Kunst bevorzugt.

Aber nicht im schöngeistigen Zirkel von Künstlern und Salonästheten erfährt Rachmaninoff endlich die tatkräftige Protektion, deren ein Komponist am Anfang seiner beruflichen Laufbahn so dringend bedarf. Es ist vielmehr der gesellschaftliche Einfluß einer Dame aus St. Petersburger Regierungskreisen, der diesen plötzlichen Aufschwung bewirkt. Jewgenija Kriwenko, Gattin des Kanzleigerichtsdirektors im Ministerium des Kaiserlichen Gerichtshofes, empfängt anläßlich der Weihnachtsfeierlichkeiten am 24. Dezember 1892 in ihrem Hause Repräsentanten der führenden Petersburger Gesellschaft. Durch Vermittlung seines Cousins Sergej Siloti, eines musikbegeisterten Marineoffiziers, erhält auch Rachmaninoff eine Einladung. Geschickt initiiert Siloti dabei Madame Kriwenko, daß sie nach dem Diner Rachmaninoff um eine Kostprobe aus seiner neuen Oper bittet. Rachmaninoff spielt verabredungsgemäß die Tänze aus »Aleko«, und unter dem Beifall der Zuhörer wendet sich Madame Kriwenko an den Chef des Kanzleigerichts des Kaiserlichen Theaters, einen gewissen Pogoshew, mit den Worten: »Sie werden dieses brilliante Werk doch produzieren, nicht wahr?« Und Pogoshew, eilfertig bemüht, das Wohlwollen der Kriwenkos wiederum für eigene Ambitionen zu gewinnen, stimmt sofort zu.

Der Coup war geglückt, und die Proben für »Aleko« werden zum Frühjahr 1893 im Moskauer Bolschoj-Theater angesetzt. Rachmaninoff ist stolz und begeistert.

Bald jedoch befallen ihn wieder depressive Stimmungen, und in Briefen an Natalja Skalon beklagt er bitter seine desolate familiäre Situation. Er leidet unter dem nach seinem Empfinden entwürdigenden Zwang, für Lebensunterhalt und die einmal gewählte Profession bitten und betteln zu müssen.

Am 7. Februar 1893 schreibt er an Natalja D. Skalon: »Sie irren sich sehr, liebe Natalja Dmitrijewna, wenn Sie denken, daß ich Ihrer Korrespondenz überdrüssig bin. Im Gegenteil, sie bereitet mir dasselbe Vergnügen wie zuvor und sogar noch mehr, wenn Sie sich meine derzeitige Lage vergegenwärtigen. Ich weiß wirklich nicht, wie ich Ihnen danken soll. Sie und Ihre Schwestern sind unsagbar gut und lieb, und ganz deutlich lese ich in Ihren Zeilen an mich den Wunsch, zu trösten, zu beruhigen, zu erheitern und meine Schwermut zu vertreiben. Aber sehen Sie, mein einziger und treuer Mentor, dies ist unmöglich, unerreichbar in der gegenwärtigen Minute und zur gegenwärtigen Zeit. Sie irrten sich nicht, wenn Sie denken, d.h. mein Schweigen dadurch erklären, daß es mir nicht gut geht. Das ist die aufrichtige Wahrheit. Auch in meiner Seele habe ich großen Kummer. Sich umständlich darüber auszulassen, ist völlig überflüssig, man bessert nicht den Kummer, sondern man verdoppelt ihn nur, wenn man anfängt, sich über ihn zu unterhalten und ihn auseinanderzupflücken. Tatsächlich setzten sich all die Meinen das Ziel, mich zu Tode zu quälen und ins Grab zu bringen, dabei natürlich nicht absichtlich, sondern einfach durch die Lage der Dinge. Meine nahen Verwandten trösten mich auf folgende Weise: Der Vater führt ein äußerst liederliches Leben, meine Mutter ist sehr krank. Der älteste Bruder (Wladimir; M. B.) macht Schulden, die er Gott weiß wann zurückzahlen wird (auf mich ist geringe Hoffnung unter den jetzigen Umständen); Der jüngste Bruder (Arkadij; M. B.) ist schrecklich faul, natürlich bleibt er in dieser Klasse wiederum sitzen; Die Großmutter ist dem Tode nahe. Wenn ich auf meine Moskauer blicke, dann ist hier vollends die Hölle los, und von dieser Seite erlebe ich das, was ich keinem zu durchleben wünsche. Und vermerken Sie, daß meinen Wohnsitz zu verändern ich wiederum nach Lage der Dinge nicht imstande bin, ja sogar nicht einmal ein Recht darauf habe. Ich bin irgendwie in der Seele gealtert, ich bin müde geworden, manchmal wird mir alles unerträglich schwer. In einer solchen Minute zermartere ich mir selbst den Kopf. Außerdem habe ich jeden Tag Krämpfe und hysterische Anfälle, die gewöhnlich wieder in Krämpfen enden, wobei sich Kopf und Hände über alle Maßen zusammenziehen.

Sie reden mir zu und wiederholen etliche Male ein und dasselbe: ›Kurieren Sie sich aus.‹ Aber ist es denn möglich, einen moralischen Schmerz auszukurieren? Ist es denn möglich, das ganze Nervensystem auszuwechseln, das ich nebenbei schon im Verlauf einiger Nächte durch Zecherei und Trinken auswechseln wollte? Aber auch dies half mir nicht, ich verwarf diesen Einfall und entschied mich, ein für allemal das Trinken aufzugeben. Es hilft nicht und nützt nichts. Man sagt mir oft, und auch Sie schrieben mir dies in Ihrem letzten Brief: Geben Sie Ihre Schwermut auf, in Ihren Jahren, mit Ihrem Talent ist dies einfach eine Sünde. Aber alle vergessen immer, daß ich neben einem (vielleicht) talentierten Musiker – alle vergessen es, sage ich – auch noch wie alle anderen ein Mensch bin, der (wie alle anderen) vom Leben fordert, was auch die anderen fordern, der wie alle anderen nach Gottes Ebenbild geschaffen ist, der atmet und leben will wie sie. Aber ich bin weit darüberhinaus nach Lage der Dinge (o diese Lage der Dinge!!!) ein unglücklicher Mensch, und als Mensch werde ich nach meiner Charakterverfassung niemals glücklich sein. Dies letzte prophezeie ich mir und prophezeie es mit nüchterner Überzeugung, daß es in Erfüllung gehen wird.

Aus dem ganzen oben Gesagten ersehen Sie, daß mich zu beruhigen im Augenblick einfach nicht möglich ist, aber Ihre Briefe erwärmen mich trotzdem irgendwie, Ihre Ratschläge sind mir keineswegs lästig, Ihre Korrespondenz langweilte mich überhaupt nicht. Ich fing jetzt an, Ihnen zu schreiben, da ich mich am heutigen Tage besser fühle und ohne Anfälle blieb. Machen Sie sich keine Sorgen um mich und erfüllen Sie mir eine Bitte. Zerreißen Sie den Brief sofort nach der Lektüre, denn sonst könnte ihn irgendjemand sehen und erstens das lesen, wovon ich nicht will, daß es jemand erfährt, und dann zweitens, könnte er sagen, ›was für ein gekünstelter Mensch‹, was mir unangenehm wäre, wie auch überhaupt einige

Wahrheiten, die einem selbstsüchtigen Menschen gesagt werden. Leben Sie wohl. S. R.«[11]

Offensichtlich spürt Tanejew als einer der ersten im Freundeskreis die seelische Notlage seines ehemaligen Schülers. Er beschäftigt ihn im März vier Stunden täglich als Korrekturleser des Klavierauszuges seiner Oper »Orest«, die ebenfalls in dieser Zeit für eine Aufführung vorbereitet wird.

Als in Moskau die Proben für »Aleko« anlaufen, kann sich Rachmaninoff noch einmal der Unterstützung seines Gönners Tschaikowski erfreuen. Denn Tschaikowski wohnt den letzten Proben bei und vermittelt mit Diplomatie und Taktgefühl zwischen dem jungen und noch unerfahrenen Komponisten und dem routinierten Dirigenten des Bolschoj-Theaters, Altani.

Die Premiere am 27. April 1893 – wenn auch ohne Madame Kriwenko, die ihre kleine Mäzenatengeste inzwischen vermutlich längst vergessen hatte – erzielt einen beachtlichen Erfolg. Tschaikowski applaudiert enthusiastisch und stellt seine Begeisterung demonstrativ zur Schau.

Am 29. April schreibt Nikolaj Kaschkin in den *Moskauer Nachrichten:*

»Aleko ist eine Komposition von beträchtlichem Talent, aber es ist auch das Werk eines Neulings in der Komposition, und daher entfaltet es einige Unzulänglichkeiten, die aus seinem Mangel an Erfahrung resultieren; das ist unvermeidlich bei einem jungen Mann, der noch auf seiner Schulbank saß, als er seine Oper schrieb. Einer der Fehler ist der Mangel an Zusammenhang zwischen den einzelnen Nummern und Szenen. Fast jede Szene kommt scharf und abrupt zu ihrem Ende; unmittelbar nach diesem beginnt die nächste Szene und gibt dem Zuhörer keine Ruhepause. Ein Komponist mit mehr Erfahrung hätte sicher diese scharfen Ecken geglättet und hätte ›Brücken‹ zwischen den Nummern konstruiert, die einen in die Lage versetzt hätten, in eine neue Stimmung überzugehen.«

Auch der *Künstler* widmet der Premierenaufführung eine detaillierte Kritik, und Semjon Kruglikow zieht als Resümee:

»Rachmaninoff ist ein begabter Mann mit grundlegendem Wissen und einem erlesenen Geschmack. Er kann ein guter Opernkomponist sein, denn er hat ein Gefühl für die Bühne und fast perfektes

Verständnis für die menschliche Stimme, und er ist ausgestattet mit der glücklichen Gabe für die Melodie ... Als das Werk eines 18jährigen Komponisten, als das Werk eines Studenten, ist Aleko schon über jedes Lob erhaben –, als eine Oper, bestimmt für die Bühne des Bolschoj-Theaters, hinterläßt sie ein großes Maß an Bewunderung.«[13]

Auch die *Russischen Nachrichten, Neues vom Tage* und *Moskauer Blättchen* begrüßen Rachmaninoffs Einakter als eine willkommene Bereicherung für die russische Opernbühne. Die Vorstellung wird am 29. April wiederholt, und Rachmaninoff ist für einige Tage das Moskauer Stadtgespräch. Jedoch findet »Aleko« keine dauerhafte Aufnahme in den Spielplan der Opernbühnen, und auch die Kiewer Inszenierung im Herbst desselben Jahres erzielt nur zwei Aufführungen. Damit ist zwar Rachmaninoffs Ruf als Komponist ein wenig gefestigt, aber seine finanzielle Situation hat sich kaum gebessert.

Die Einladung der Charkower Kaufmannsfamilie Lysikow, den Sommer auf ihrem Gut Lebedin zu verbringen, kommt Rachmaninoff nur allzu gelegen. Umgeben von der Fürsorge des kunstliebenden und sehr gastfreundlichen Ehepaares, das in Rachmaninoff Wesensarten des eigenen, verstorbenen Sohnes wiederzuerkennen wähnt, und befreit von quälenden Ängsten und Sorgen, produziert Rachmaninoff eine Fülle neuer Werke.

Der reiche Ertrag des Sommers auf Lebedin umfaßt drei Lieder, die in Opus 4 eingehen (mit Widmungen an Natalja Satina und Mme. Lysikowa), ein Geistliches Konzert für gemischten Chor, die 1. Suite für 2 Klaviere op. 5 (Tschaikowski gewidmet), zwei Stücke op. 6 für Violine und Klavier (Julij Konjus gewidmet) und das Orchester-Poem »Der Fels« op. 7.

Im Brief vom 5. Juni 1893 teilt Rachmaninoff Natalja Skalon mit, daß er mit der Arbeit an einer Fantasie für 2 Klaviere beschäftigt sei. Er plane das Ganze als eine Folge von musikalischen Bildern. Jeder der vier Sätze trüge ein Versepigramm: Der 1. Satz »Barcarolle« ist mit ausgewählten Versen aus Lermontows Jugendgedicht »Venezia« überschrieben. Der 2. Satz »La Nuit ... L'Amour« hat als Motto ein Epigramm von Byron. Der 3. Satz »Tränen« wird mit Tjutschews »Menschliche Tränen« eingeleitet, und der 4. Satz schließlich, »Osterfest«, beginnt mit den ersten Zeilen aus einem Gedicht A. Chomjakows. Diese Versepigramme sind eher als rein inspiratives Moment zu werten und können kaum als Programmvorlagen für die einzelnen Sätze betrachtet werden. In ihrer Klangwirkung erscheint die Klavier-Suite impressionistisch. Jeder Satz fixiert einen unveränderten, gleichsam erstarrten seelischen Zustand, der im Ostinato, dem typischen Kennzeichen des Rachmaninoffschen Stils, seine Klangumsetzung findet. Charakteristische melodische, harmonische und rhythmische Wendungen werden permanent wiederholt. Sie sind die formbildenden Kräfte des Satzes. Eine schwebende Melodik, Rufintonationen und Glockenklänge sind die Elemente, aus denen Rachmaninoff eine Bildfolge russischer Impressionen formt. Im 1. Satz »Tränen« ist der traurige Glockenklang der Nowgoroder St. Sophienkathedrale Quelle der Inspiration, wohingegen der letzte Satz, »Osterfest«, von allen Kirchenglocken Moskaus widerdröhnt. Er schwelgt in überschäumender Freude über den höchsten Feiertag der russisch-orthodoxen Kirche. Zeitgenossen Rachmaninoffs meinen sogar den Klang des Moskauer Sretenskij-Klosters herauszuhören. In seiner klangmalerischen Pracht orientiert sich Rachmaninoff ganz offenkundig am Vorbild Mussorgskis, und zwar an den berühmten Glockenklängen in der Krönungsszene aus »Boris Godunow«. Rachmaninoff erzeugt hier ein schon fast expressionistisch ausuferndes Glockendröhnen. Zum Höhepunkt des Schlußsatzes hin vereinigen sich die Glocken mit einem alten Ostergesang. »Christus ist auferstanden« wurde auch von Rimski-Korsakow in seiner »Osterfest-Ouvertüre« verarbeitet.

Über die Bedeutung der Kirchenglocken äußert Rachmaninoff in späteren Jahren: »Der Klang der Kirchenglocken beherrschte alle Städte Rußlands, die ich gewöhnlich kannte – Nowgorod, Kiew, Moskau. Sie begleiteten jeden Russen von der Kindheit bis zum Grab, und kein Komponist konnte sich ihrem Einfluß entziehen.«[14] Und Glocken verkündeten im alten Rußland fast jedes bedeutsame Ereignis: Feuer, Alarm, Überfall, Versammlungen, Feiertage, Beerdigungen. Es gab Schneeglocken, Stundenglocken, Siegesglokken. Die Kunst des Glockenklanges wurde durch Traditionen geheiligt und in kirchlichen Verordnungen verankert. Es gab meisterhafte Glöckner aus dem Volke, die mit künstlerischer Fantasie die Glockenklänge um ein Vielfaches variierten und bereicherten.[15]

In Rachmaninoffs Werken gelangen die Glocken zu einer Ausdrucksvielfalt, wie sie bisher in diesem Umfang kaum in der russischen Musik erreicht worden war. Der Komponist bildet im Laufe der Jahre alle nur denkbaren Schattierungen von Glockenklängen nach, die vom dunklen, strengfestlichen bis zum jubelnden, feiertäglichen Geläut reichen.

Das zweite große Werk des Sommers 1893 ist die Orchester-Fantasie »Der Fels« op. 7. Auch diesem Werk ist ein Epigramm vorangestellt. Es sind die Anfangszeilen von Lermontows »Fels«. In späteren Jahren gibt Rachmaninoff auch einen verdeckten Hinweis auf eine Erzählung Tschechows. Wenn man diese Erzählung auch nicht als direkte Programmvorlage für das Orchesterwerk interpretieren kann, so ist die geistige Verbindung zwischen beiden offenkundig. Geschildert wird die flüchtige Begegnung zweier Menschen, die – ehe sie sich überhaupt näher verständigen können – wieder auseinandergehen. Der Held der Erzählung ist der »ewig Fremde«, Unschlüssige, Unzufriedene, der sich nach Freude und Glück sehnt und gleichzeitig in Unentschlossenheit untätig verharrt. Er ist Sinnbild für den russischen Intellektuellen der neunziger Jahre, innerlich zerrieben zwischen spekulativen Ideen, Theorien und einer lähmenden Lethargie.

In Rachmaninoffs Orchesterpoem prägen tiefe Streicherbässe, eine weitschweifende Melodie der Holzbläser und die elegische, schwermütige Ausdehnung der gesanglichen Linien den Bedeutungsgehalt.

Mitte September stellt Rachmaninoff einem kleinen Freundeskreis sein Orchesterwerk in der Klavierfassung vor. An diesem Abend bei Tanejew ist auch erstmals Tschaikowskis neue Sinfonie zu hören, die damals noch nicht den Beinamen »Pathétique« trägt. Tanejew und Lew Konjus spielen die von letzterem angefertigte vierhändige Fassung und werden dabei ständig von Tschaikowski unterbrochen, der nicht nur am Arrangement, sondern auch an der Partitur nervös herummäkelt. Ippolitow-Iwanow, der ebenfalls zugegen ist, berichtet, daß die Sinfonie aufgrund der permanenten Unterbrechungen überhaupt keinen Eindruck auf die Zuhörer machte, und daß bezeichnenderweise erst Rachmaninoffs »Fels« den unruhigen Tschaikowski besänftigte. In Rachmaninoffs Erinnerung soll Tschaikowski zu ihm gesagt haben: »Was hat Serjosha diesen Sommer geschrieben! Ein Poem, ein Konzert und eine Suite, und der Himmel weiß, was sonst noch ... Und ich schrieb nur eine Sinfonie.«[16]

Die Tschaikowski gewidmete Fantasie für zwei Klaviere will Rachmaninoff erst nach reiflicher Vorbereitung öffentlich aufführen. Und so verspricht er Tschaikowski, die Suite im kommenden Winter im Duo mit Pabst den Moskauern vorzustellen.

Als Rachmaninoff im Herbst nach St. Petersburg fährt, erhält er auch eine Einladung zu den berühmten »Freitagen«, den musikalischen Soirées im Hause des Verlegers Beljajew. Da er dort zum Spielen aufgefordert wird, wählt er schließlich doch die gerade fertiggestellte 1. Suite. Er beschreibt diesen Abend später in seinen Erinnerungen:

»Sie setzten Felix (Blumenfeld) an das 2. Klavier, weil nur er perfekt Blattlesen konnte. Ich spielte aus dem Gedächtnis am 1. Klavier. Sie waren alle da – Ljadow, Rimski-Korsakow – und lauschten sehr aufmerksam und schienen es zu mögen. Rimski lächelte die ganze Zeit. Dann lobten sie mich und Rimski sagte: ›Alles ist gut, mit Ausnahme der Stelle am Ende, wenn der Gesang ›Christ ist erstanden‹ zu hören ist, wo es besser wäre, es erst allein zu setzen, und nur das zweite Mal mit den Glocken.‹ Ich war in dieser Zeit dumm und in mich selbst verliebt – ich war erst 20 – und so zuckte ich mit den Schultern und sagte: ›Und warum? In Wirklichkeit kommt es immer mit den Glocken zusammen‹, und ich änderte keine Note. Erst später sah ich ein, wie richtig Rimski-Korsakows Kritik gewesen war. Die wahre Größe Rimskis dämmerte mir erst allmählich, und es tat mir sehr leid, daß ich niemals sein Schüler geworden bin.«[17]

Im Oktober komponierte Rachmaninoff die »6 Romanzen« op. 8. Er vertont Gedichte von Heine, Schewtschenko und Goethe in der Übersetzung von A. N. Pleschtschejew. Der in liberalen, demokratischen Kreisen äußerst populäre Übersetzer und Dichter war kurz zuvor am 26. September 1893 gestorben. Rachmaninoffs unmittelbar nachfolgender Liederzyklus gewinnt dadurch um so mehr die Bedeutung einer persönlichen Reverenz gegenüber dem Verstorbenen.

Der Herbst des Jahres 1893 markiert in Rachmaninoffs Leben einen tiefen Einschnitt. Kurz nacheinander sterben seine einflußreichsten Freunde und Gönner. Nikolaj Swerjew stirbt am 30. September 1893 im Alter von 62 Jahren in Moskau einen einsamen und schweren Tod. Peter Tschaikowski erliegt am 25. Oktober im Alter von 53 Jahren in St. Petersburg den Folgen einer mysteriösen Vergiftung. Obwohl sich alsbald nach Tschaikowskis Ableben merkwürdige Legenden um die Todesursache rankten, steht heute zweifelsfrei fest, daß der Komponist von einem »Ehrengericht« zum Selbstmord gezwungen worden war. Ein gewisser Fürst Stenbok-Fermor hatte an den Zaren Alexander III. einen Beschwerdebrief über Tschaikowskis homosexuelle Neigungen verfaßt, und dieser Brief wiederum war zunächst in die Hände des leitenden Senatsprokurator Nikolaj Jacobi gelangt. Jacobi hatte ebenso wie Tschaikowski die renommierte Petersburger Schule für Jurisprudenz besucht und fürchtete durch den Skandal um den guten Ruf der Schule. So informierte er sechs weitere ehemalige Schüler und berief ein »Ehrengericht« ein, das die Affäre vertuschen sollte und Tschaikowski zum Selbstmord verurteilte.[18]

Mit Tschaikowskis Tod erlischt für Rachmaninoff auch jede Hoffnung, seine frühen Orchesterwerke im Ausland aufgeführt zu sehen. Denn Tschaikowski hatte ihm noch versprochen, den »Fels« ins Programm seiner nächsten Europatournee mit aufzunehmen. Rachmaninoff erhält die Nachricht von Tschaikowskis Tod in Kiew, wo er gerade zur Aufführung »Alekos« weilt. In seiner Erschütterung schreibt er das »Trio élégiaque« op. 9 »Zum Gedenken an einen großen Künstler«.

Am 17. Dezember 1893 teilt Rachmaninoff seiner Cousine Natalja D. Skalon mit: »Nur aus einem Grunde schrieb ich Ihnen nicht – ich arbeitete hart, akkurat, ununterbrochen. Diese Arbeit war die Komposition auf den Tod des großen Künstlers. Sie ist jetzt beendet, so daß ich Ihnen schreiben kann. Denn während meiner Arbeit waren alle meine Gedanken, Gefühle und Kräfte ihm, diesem Lied gewidmet. Ich quälte mich, wie es in einer meiner Romanzen heißt, die ganze Zeit ab und war krank in der Seele. Ich zitterte um jeden Satz, strich zuweilen alles durch und begann von neuem nachzudenken. Diese Zeit ging vorbei, und ich spreche jetzt wieder ruhig. Ich schrieb niemandem ...«[19]

Vorbild dieses Trios ist unzweifelhaft Tschaikowskis Trio a-moll op. 50 aus dem Jahre 1882 »im Gedenken an einen großen Künstler – Nikolaj Rubinstein«. Sogar das Thema des Variationssatzes ist Tschaikowski entlehnt. Aber schon im Hauptthema des 1. Satzes leuchten Rachmaninoffs Lieblingswendungen durch: die verminderte Quarte und die melodische Umkreisung des Terztones der Tonart. Das gesamte Werk atmet unverkennbar Zigeunerfolklore.

Die Reaktion auf Rachmaninoffs neues Werk in Musikerkreisen ist unterschiedlich. Tanejew, der das Trio noch vor seiner öffentlichen Erstaufführung in Moskau kennenlernt, schreibt am 28. November 1893 in sein Tagebuch: »ein talentiertes Werk«, nur gefalle ihm nicht die »Ziellosigkeit in modulatorischer Beziehung, das endlose Wiederholen ein und desselben«.[20]

Im selben Jahr unterbreitet auch der Musikkritiker Alexander W. Ossowski dem Vorsitzenden der Petersburger Gesellschaft musikalischer Versammlungen, A. A. Dawydow, den Vorschlag, in einem der Gesellschaftsabende das »Trio élégiaque« aufzuführen. Er übersendet zu diesem Zwecke Dawydow die Noten, erhält sie jedoch nach kurzer Zeit mit dem Vermerk zurück: »Kein Kammermusikstil, nicht interessant. Der erste Satz stellt kompakte Verläufe dar, es gibt keine Melodie, es gibt keine logische Gedankenentwicklung.«[21]

Damit ist eine Aufführung in St. Petersburg vorerst gescheitert. Rachmaninoff befindet sich wieder einmal in Finanznöten, und er greift zu den nächstliegenden Möglichkeiten, die sich bieten, um seine Einkünfte aufzubessern. Als Auftragskomposition für Gutheil komponiert er die 6 Klavierduette op. 11, gibt Klavierstunden, die er nicht mag und unterzeichnet schließlich am 18. März 1894 einen Anstellungsvertrag als Lehrer für Musiktheorie an der Mariinski-Mädchenschule. Ein nicht zu unterschätzender Vorteil ist mit dieser Lehrtätigkeit außerdem noch verbunden: 5 Dienstjahre am Institut werden als Wehrpflichtersatz anerkannt. Und der Offizierssohn Rachmaninoff ist heilfroh, auf diese Weise dem suspekten Militärdienst zu entgehen.

Rachmaninoff unterrichtet am Mariinski-Institut vom Frühjahr 1894 bis zum September 1901. Dieses im Jahre 1851 gegründete Mädcheninternat beherbergt neben den Pensionszöglingen auch externe Schülerinnen und bestreitet seine gesamten Unkosten aus Spenden und Zuschüssen reicher Geldgeber und Mäzene. Zum Lehrerkollegium zählen seit der Gründung hochqualifizierte Pädagogen und Hochschuldozenten. Das Fach Musik ist für alle Schüler laut Lehrplan obligatorisch, und so werden auch hierfür die besten Künstler und Pädagogen Moskaus engagiert: Namen wie Dubuque, N. Rubinstein, Siloti, Kaschkin, Brandukow und Glier zieren die Chronik der Dozenten. Die Schüler werden bis zur Abschlußprüfung in Chorgesang, Klavier- oder Geigenstunden, Elementartheorie und Harmonielehre unterrichtet. Der neue Theorielehrer Rachmaninoff erteilt ausnahmslos Klassenunterricht, nach Auskunft ehemaliger Schülerinnen recht unzufrieden und zerstreut. Seine privaten Klavierstunden absolviert er ebenfalls mit wenig Begeisterung.

»Sein Gesicht allein, seine versteinerten Gesichtszüge und qualvoll hochgezogenen Augenbrauen hatten einen paralysierenden Effekt auf seine Schüler und Schülerinnen, von denen letztere dominierten. In seinen Stunden spielte er nie eine Note vor, sondern dirigierte bloß ihr Spiel, wobei seine plötzlichen Tempowechsel, die häufig forcierten Rubati die Schüler völlig aus der Fassung brachten.«[22]

In späteren Jahren gesteht Rachmaninoff ein: »Das Lehren des Klavierspiels erfordert kolossale Geduld, und ich befürchte, daß ich sie nicht im ausreichenden Maße habe.«[23]

Entgegen den Legenden, die sich in den Jahren nach der Emigration um Rachmaninoffs Lehrtätigkeit rankten, ist die Zahl seiner Schüler nie sehr groß gewesen. Er hat weder namhafte Pianisten herangebildet, noch ein pädagogisches Vermächtnis hinterlassen.

Die Sopranistin, Pianistin und Moskauer Gesangslehrerin Elena Kreutzer-Shukowskaja gehört zu den wenigen Privatschülern, die von Rachmaninoff über einen längeren Zeitraum hinweg unterrichtet wurden. Jeweils in den Sommermonaten der neunziger Jahre hält sich Rachmaninoff mehrfach als Gast der Familie Kreutzer auf dem Gut Krasnenkoje auf, das zum Besitz der Fürsten Lwow gehört und vom Agraringenieur Julij I. Kreutzer verwaltet wird. Rachmaninoff nimmt die jährlichen Einladungen dankbar an, denn die Sommerresidenz der Satins, Iwanowka, war aufgrund der zahlreichen Verwandtschaft in den warmen Monaten oft hoffnungslos übervölkert. Und Rachmaninoff konnte dort selten ungestört arbeiten.

»Ich war Schülerin von Sergej Wassiljewitsch für die Dauer von neun Jahren«, berichtet die Shukowskaja, »von 1893 bis 1901. Rachmaninoff hatte insgesamt wenige Privatschüler. Er war kein Pädagoge mit langjähriger Erfahrung. Im Unterricht wandte er vermutlich Praktiken an, die er selbst erlernt hatte. Er spielte jedes Stück, das er aufgab, vor. Sergej Wassiljewitsch war überhaupt kein Freund großer Redseligkeiten, und in den Übungsstunden griff er gewöhnlich nicht zu Erklärungen, sondern zu Vorführungen ...

Wenn er sich anschickte, ein neues Klavierwerk zu studieren, begann Rachmaninoff selbst damit, den für ihn passendsten Fingersatz auszuarbeiten und aufzuschreiben, weil er dem Fingersatz sehr große Bedeutung beimaß ... Viele Noten von seinem persönlichen Gebrauch sind mit einem solchen versehen ... Gab er mir eine neue Etüde oder ein neues Stück auf – setzte er sich unverändert an das Klavier, spielte die Passagen durch, manchmal mehrmals, um die passendste Anordnung der Finger aufzuschreiben.«[24]

Wenn Riesemann behauptet, Rachmaninoff habe im Unterricht nie eine Note vorgespielt, Shukowskaja dagegen beteuert, daß Rachmaninoff grundsätzlich jedes neue Stück dem Schüler vorspielte, kann man aus diesen widersprüchlichen Aussagen nur folgern, daß der Pianist überhaupt keine Methode besaß.

Vermutlich spielte er, wenn ihm der Unterricht Freude machte, auch bereitwillig dem Schüler vor. Untalentierte Schüler hingegen mußten mit mürrischen Hinweisen vorlieb nehmen. Allerdings hat Rachmaninoff auch zu keiner Zeit pädagogische Ambitionen oder Ehrgeiz erkennen lassen. Das ändert natürlich nichts an der Tatsache, daß viele Pianisten der nachfolgenden Generation gern in den Genuß und Glanz seines Unterrichts gekommen wären. Gina Bachauer zum Beispiel beruft sich auf Rachmaninoff als ihren Lehrer. Aber leider geraten diese Angaben ein wenig ins Zwielicht, wenn man Rachmaninoffs Schwägerin Sofija Satina Glauben schenkt: »Die Pianistin Bachauer war niemals Schülerin Rachmaninoffs. Er hatte sie nicht unterrichtet, sie nicht gesehen, wahrscheinlich sogar nie von ihr gehört.«[25]

Den Sommer 1894 verbringt Rachmaninoff zur einen Hälfte bei den Konowalows in Kostroma und zur anderen Hälfte bei den Satins auf Iwanowka. Neben der Korrektur der »Fels«-Partitur für den Verleger Jürgensohn arbeitet Rachmaninoff an einem neuen sinfonischen Poem nach Byrons »Don Juan«. Diese Komposition bleibt unvollendet, und Rachmaninoff wendet sich erneut dem zwei Jahre zuvor als Klavierduett konzipierten »Capriccio über Zigeunerthemen« (op. 12) zu. Rachmaninoffs eigenen Angaben zufolge sind seine Vorbilder Rimski-Korsakows »Capriccio espagnol« und Tschaikowskis »Capriccio italien«. Die Melodien sind der Zigeunerfolklore und dem städtischen russischen Liedgut entlehnt und in ein dreiteiliges Orchesterwerk eingearbeitet. Das Capriccio gehört mit Sicherheit nicht zu den wichtigen Kompositionen Rachmaninoffs. Über weite Strecken wirkt es sogar recht trivial und ermüdend, so daß Rachmaninoffs spätere Animosität gegen das Werk nur allzu verständlich ist.

Mit Ablauf der Sommerferien zieht der Künstler erneut zu den Satins, denn sein zwischenzeitlich gewähltes Quartier – ein möbliertes Zimmer im Apartmenthaus »Amerika« auf der Wosdwishenka, der heutigen Uliza Kalinina – bietet ihm nicht die anheimelnde Umgebung für ungestörte, kreative Arbeit. Das Haus »Amerika« beherbergt in den neunziger Jahren einen großen Teil der wenig begüterten, kritisch-oppositionellen Intelligenz. Auch der Musikologe Ossowski ist für kurze Zeit Rachmaninoffs Zimmernachbar.

Nach Wiedereinzug bei den Satins bewohnt Rachmaninoff jetzt ein Zimmer im dritten Stock des Hauses. Cousine Natalja sucht ihn oft dort auf, obwohl es die Mutter angesichts des illustren Freundeskreises um Rachmaninoff nicht besonders gern sieht. Und fast jeden Abend ist der junge Komponist zu Gast bei den Lodyshenskis.

Im Herbst wird es merklich still um Rachmaninoff. Es gibt keine Berichte über irgendwelche Auftritte oder Konzerte, an denen Rachmaninoff beteiligt ist. Der Komponist zieht sich von der Außenwelt zurück und richtet seine ganze Konzentration auf die

Verwirklichung neuer klanglicher Vorstellungen und Ideen. Die farbigen, folkloristischen Bilder seiner frühen Kompositionen, ihre episodenhafte Aneinanderreihung und die bisweilen fast stereotypen melodischen Floskeln stellen ihn nicht mehr zufrieden. Er sucht neue Strukturen und originelle Bauelemente, um mit ihnen Aussagen zu formen und nicht – wie bisher – nur Landschaftsbilder zu malen.

Am 17. Dezember 1894 führt Rimski-Korsakow in St. Petersburg anläßlich eines Russischen Sinfoniekonzerts den »Tanz der Frauen« aus »Aleko« auf. Doch neben den großen Orchesterwerken eines Glasunow, Balakirew, Borodin und Rimski-Korsakow verblaßt das kleine Tongebilde eines jungen Moskauer Nachwuchskomponisten. Das St. Petersburger Publikum nimmt ihn kaum zur Kenntnis. Einzige Ausnahme ist Nikolaj N. Tscherepnin. Er äußert sich in Gegenwart anderer sehr lobend über den poetischen Tanz und spielt ihn gern im Freundeskreis vor.

Im Januar 1895 endlich beginnt Rachmaninoff mit der Arbeit an seiner ersten großen Sinfonie. Diese Komposition nimmt ihn für ein Dreivierteljahr voll in Anspruch.

Die Aneinanderreihung von Episoden und melodischen Einfällen, wie er sie noch im »Capriccio« praktiziert, weicht jetzt einer elementaren Zergliederung und Verwandlung von Motiven und Themen. Die vier Sätze der Sinfonie sind mit bemerkenswert spärlichem Grundmaterial konstruiert. Aber durch die intensive Ausleuchtung der formbaren Substanz schafft Rachmaninoff Metamorphosen, die das Werk in eine große zyklische Form zwingen. Als Epigramm trägt die Sinfonie ein biblisches Zitat, das auch Tolstoi für »Anna Karenina« gewählt hatte: »Die Rache ist mein. Ich will vergelten, spricht der Herr«, Römer 12, Kapitel 19. Widmungsträgerin ist »A. L.«. Das Epigramm gibt Anlaß zu geheimnisvollen Spekulationen. Anna Lodyshenskaja als Anna Karenina? Aber Rachmaninoff enthält sich eigensinnig jeden Kommentars. Die Sinfonie selbst spricht für seinen aufgewühlten Seelenzustand. Dramatische Ausbrüche und abrupte Stimmungswechsel kontrastieren mit sehnsuchtsvollen Kantilenen. Der sowjetische Musikhistoriker Keldysch stellt das biblische Zitat prosaisch in einen historisch-gesellschaftlichen Kontext und deutet es verallgemeinernd als schicksalhafte Vorahnung heraufziehender Stürme über Rußland. »Für Rachmaninoffs Sinfonie ist charakteristisch die enge Verflechtung des Persönlichen, Lyrischen mit dem Episch-Allgemeingültigen. Von daher die Kombination von monumentaler Breite der Bilder mit feiner Differenzierung der Ausdrucksmittel und Verschärfung der expressiven Kontraste. Momente dunkler Tragik, die gelegentlich eine schrecklich-infernalische Schattierung erlangt, wechseln ab mit leuchtenden lyrischen Episoden eines zarten, intimen oder leidenschaftlich-exaltierten Charakters. Beharrlich wiederkehrende ›Ruf‹-Intonationen, mit denen das gesamte musikalische Gewebe durchtränkt ist, verleihen das Gefühl eines unruhigen Drängens, eines brennenden Strebens in eine unbestimmte Ferne.«[26]

Motto oder Hauptgedanke der Sinfonie ist ein kurzes, prägnantes Triolenmotiv, das die gesamte Sinfonie in verschiedensten Varianten durchdringt. Die gesangliche, volksliedhafte Weiterspinnung des Motivs, ein lyrisches Seitenthema und eine immer wiederkehrende, bohrende Rufintonation sind die Bausteine dieser monumentalen Sinfonie.

1. Sinfonie op. 13 / Motto und Hauptthema

Bisweilen knüpft Rachmaninoff noch an seine folkloristischen Jugendwerke an. So färben Zigeunertonleitern mit ihrer eigentümlichen Intonation viele Kantilenen der Sinfonie. Aber der Komponist begnügt sich jetzt nicht mehr mit folkloristischer Klangmalerei. Er verfremdet die Stimmungsbilder durch überraschende Schlußwendungen oder bizarre Tonkonstruktionen. Schroffe Orchesterbrüche und konsequente Gegenführung von hohen Streichern gegen tiefe Streicher- und Bläserstimmen provozieren Schrecken und eine unheimliche Spannung. Eine Technik, die bereits Tschaikowski zur Vorbereitung von Höhepunkten einsetzt. Im Schlußsatz der Sinfonie greift Rachmaninoff noch einmal die bewegten Szenen der vergangenen Sätze auf und preßt sie in ein synthetisches Finale mit programmatischer Verkündigung. Jetzt wird der Hauptgedanke der Sinfonie endgültig zum Schicksalsmotiv. Die hartnäckige, neunmalige Wiederholung des Rufmotivs verbindet sich mit dem Triolenmotto in eine fatale Schicksalsherausforderung.

Aber Rachmaninoffs 1. Sinfonie trifft zunächst auf wenig Gegenliebe. Sogar der verständnisvolle Lehrer Tanejew ist nicht frei von Bedenken und Zweifeln. Sabanejew berichtet:

»Wie gewöhnlich brachte er (R.) die Sinfonie Tanejew, und ich war zugegen, als er sie für ihn spielte. Ich mochte die schwermütige Originalität seiner Harmonien, aber Tanejew war nicht erfreut. ›Diese Melodien sind kraftlos, farblos – da ist nichts, was man mit ihnen machen kann.‹«[27]

Und dennoch setzt sich Tanejew nachdrücklich für eine Aufführung der Sinfonie im Rahmen der Petersburger »Russischen Sinfoniekonzerte« ein. Er schreibt an den Verleger und Konzertveranstalter Mitrofan P. Beljajew am 26. Oktober 1896:

»Ich habe meine Antwort auf Ihren letzten Brief zur Seite gelegt, bis ich Rachmaninoff wiedersah. Er hat Veränderungen an seiner Sinfonie vorgenommen, aber er hat diese Veränderungen noch nicht seiner Partitur einverleibt. Damit beschäftigt er sich jetzt, und sobald er fertig ist, wird er die Sinfonie einem Cousin mit nach Petersburg geben, und Sie werden sie bis Mittwoch haben, so daß sie bei der Zusammenkunft der Kommission überprüft werden kann ... Es ist mein aufrichtiger Wunsch, daß das Komitee nicht zu streng über die harmonischen Manierismen urteilen möge, die man in diesem Werk, einem zweifellos talentvollen, antrifft. Ein Mann, musikalisch so reich begabt wie Rachmaninoff, findet sehr schnell den richtigen Weg, sobald er sein Werk in der Aufführung hören wird. Die Mängel, denen man in seinen Werken begegnet, sind der modernen Musik im allgemeinen zu eigen, und die Begeisterung eines jungen Komponisten hierfür ist allzu verständlich.«[28]

Als der Verlagsrat in St. Petersburg dann nach Durchsicht der Partitur die Genehmigung zur Aufführung in einem der nächsten Konzerte erteilt, wendet sich Tanejew noch einmal am 14. November 1896 an Beljajew:

»Ich bin sehr erfreut darüber, daß Rachmaninoffs Sinfonie gespielt werden wird. Wenn Ihnen Rachmaninoff auch, wie Sie schreiben, überheblich erschien, so kann das vielleicht seiner Überzeugung von seiner tatsächlich herausragenden kompositorischen Begabung zugeschrieben werden. Diese Begabung, wenn sie auch noch nicht vollends in seinen gegenwärtigen Werken zutage tritt, wird in den folgenden zweifellos hervortreten. Überhaupt erwarte ich sehr viel von Rachmaninoff.«[29]

Generös zeigt sich auch Rachmaninoffs Verleger Gutheil. Er zahlt Rachmaninoff für die Sinfonie 500 Rubel im voraus.

Den Zeitraum zwischen Fertigstellung der Sinfonie und erster öffentlicher Aufführung – September 1895 bis März 1897 – nutzt Rachmaninoff für eine Konzerttournee als Klavierbegleiter und für die Beschäftigung mit Kompositionen der kleineren Form: Er schreibt Lieder, Chöre und Klavierstücke. Außerdem erlebt sein op. 7 »Der Fels« im Januar 1896 die erste Petersburger Aufführung.

Die Konzerttournee mit der italienischen Geigenvirtuosin Teresina Tua veranstaltet der Warschauer Konzertagent Langewitz. Für die Monate November und Dezember 1895 hat er mehr als 20 Konzerte in Städten Polens, Weißrußlands, des Baltikums und in den Metropolen Moskau und St. Petersburg plaziert. Die junge Virtuosin Teresina Tua alias Gräfin Teresina Tua-Franchi-Vernée de la Valetti strapaziert dabei arg die Geduld ihres zurückhaltenden und ernsten Duopartners. Rachmaninoff berichtet seinem Freund Slonow am 9. November aus Belostok:

»In einer Stunde und zehn Minuten ist Konzertbeginn, lieber Freund Michail Akimowitsch. Ich bin noch nicht angezogen, und daher kann ich nicht viel schreiben. Eben erst habe ich mit dem Spielen aufgehört. Ich spielte heute 6 Stunden abzüglich 15 Minuten. Von der Ungewohntheit schmerzen beide Hände. Daher konnte ich gestern überhaupt nicht üben. Das erste Konzert in Łodz verlief wider Erwarten leidlich. Ich hatte großen Erfolg, aber sie, d.h. die Gräfin Teresina Tua-Franchi-Vernée de la Valetti, hatte natürlich den größten Erfolg. Übrigens, sie spielt nicht besonders: die Technik ist mittelmäßig. Dafür spielt sie bemerkenswert mit den Augen und Lächeln vor dem Publikum. Als Künstlerin ist sie nicht seriös, wenn auch zweifellos begabt. Aber ihr süßes Lächeln vor dem Publikum, ihr Stocken auf den hohen Noten, ihre Fermaten (in der Masini-Manier) kann ich trotzdem ohne Zorn nicht ertragen. Übrigens habe ich noch einen anderen Wesenszug an ihr entdeckt. Sie ist sehr geizig. Mir gegenüber verhält sie sich bezaubernd. Sie fürchtet sehr, daß ich ausrücke ...«[30]

Madame Tuas Vorahnungen bestätigen sich, und Rachmaninoff scheidet tatsächlich Ende des Jahres vorzeitig aus dem Vertrag. Als Vorwand führt er angeblich ausbleibende Honorarzahlungen an. Er kehrt von Smolensk nach Moskau zurück und verpfändet wieder einmal Swerjews goldene Uhr.

Die beiden Rigaer Konzerte erhalten die ausführlichsten Besprechungen. Der lettische Musikkritiker und Klavierpädagoge A. Jakobs setzt sich eingehend mit Rachmaninoffs Spiel auseinander. Er gesteht Rachmaninoff große Musikalität, ausgefeilte Geläufigkeit und guten Geschmack zu, aber er verurteilt schroff seine individuelle Spielmanier. Rachmaninoff mißbrauche eine starke Klanglichkeit und übertreibe die dynamischen Kontraste. »Der Pianist verschmäht aus irgendeinem Grunde die allmählichen Übergänge und sucht Effekte im scharfen ›fortissimo‹, welches unmittelbar auf ein höchst zartes ›pianissimo‹ folgt.«[31]

Während Rachmaninoff zu Beginn der neunziger Jahre durch distanziertes und eher gefühlskaltes Spiel auffällt und damit im Kontrast zu seinen Kompositionen steht, spielt er jetzt offensichtlich im vollen Einklang mit seiner neuesten Komposition auch Klavier. Die Eruptionen seiner 1. Sinfonie finden ihren Widerhall in einem aggressiven Interpretenstil.

Außerdem bemängelt Jakobs die Angewohnheit Rachmaninoffs, »das staccato-legato zu bevorzugen«. Offensichtlich spielt er hier auf Rachmaninoffs Neigung an, die führenden Melodietöne jeweils im Portamento-Stil zu deklamieren, wodurch er ihnen eine ganz besondere Ausdruckskraft verleiht. Ein von Zeitgenossen häufig zitiertes Beispiel ist das Prélude D-Dur op. 23, dessen führende

Mittelstimme in Rachmaninoffs Spiel immer den Klang von Glokken annahm.

Seine Einkünfte aus der vorzeitig abgebrochenen Teresina-Tua-Tournee, den Unterrichtsstunden am Mariinski-Institut und sonstigen sporadischen Gelegenheitsaufträgen sind bald aufgebraucht, so daß er jetzt aus echter Geldnot und unter erheblichem Zeitdruck komponiert. Einem Bekannten schreibt er am 7. Dezember 1896: »... ich beeile mich auch deswegen, um bis zum bewußten Tag das notwendige Geld zu bekommen und es leider unverzüglich in andere Hände zu geben. In jedem Monat habe ich einige Tage, an denen ich für meine früheren Sünden bezahle. Dieses ständige Geldbedürfnis ist auf der einen Seite für mich nützlich, – d.h. ich arbeite akkurat; aber auf der anderen Seite zwingt dieser Grund meinen Geschmack, nicht besonders wählerisch zu sein. Seit Oktober schrieb ich auf diese Weise 12 Romanzen, 6 Kinderchöre (die im übrigen kein einziges Kind singen wird) und schließlich in diesem Monat bis zum 20. muß ich 6 Klavierstücke schreiben.«[32]

Der Romanzenzyklus op. 14 zeigt wenig innere Geschlossenheit. Weder Textvorlagen noch Auswahl der Dichter verraten irgendeine bestimmte Programmatik. Die Texte sind von unterschiedlichem Wert. Gemeinsam ist den Romanzen nur die pathetische und emotionsgeladene Grundstimmung und die typisch Rachmaninoffschen melodisch-harmonischen Wendungen. Die Lieder scheinen eher für den großen Konzertsaal als für den intimen Salon geeignet.

Die Romanze »Frühlingswasser« op. 14 Nr. 11 jedoch gelangt laut Aussagen von Zeitgenossen sofort in Kreisen der Moskauer Jugend zu ungeheurer Popularität. Ähnlich Levitans Landschaftsbildern »März« oder »Frischer Wind« reflektiert sie die frühlingshafte Aufbruchstimmung, die so viele Werke russischer Kunst jener Zeit durchweht. Boris Asafjew vergleicht Rachmaninoffs Romanze mit dem emotionalen Ton des jungen Gorki. Ihr Pathos sei »der Drang in die Ferne, zum Unbekannten, das Streben, sich in Bewegung zu setzen, sich loszureißen, loszustürmen, weg vom stockenden Leben«.[33]

Bilder und Stimmungen leidenschaftlicher Unruhe, elegischer Reflektionen und erstarrter Ruhe vermitteln auch die »Six Moments Musicaux« op. 16 für Klavier. Trotz ihrer Unausgewogenheit markieren sie und die Romanzensammlung op. 14 ein neues Stadium: Die Figurationen sind raffinierter ausgefeilt, homophone Strukturen werden zunehmend polyphon zergliedert und verlieren ihre vordergründige Bedeutsamkeit. Das folkloristische Frühwerk wird von subjektiven, unruhigen Stimmungsbildern abgelöst, die vor allem Seelenzustände spiegeln und in Ansätzen Rachmaninoffs große Zyklen der Jahrhundertwende ahnen lassen.

Am 15. März 1897 ist es endlich soweit: Rachmaninoffs 1. Sinfonie erlebt im Rahmen des 3. Beljajewschen »Russischen Sinfoniekonzerts« unter Leitung Glasunows ihre öffentliche Erstaufführung in St. Petersburg.

Doch die von Rachmaninoff sehnlichst erwartete Premiere endet als absoluter Mißerfolg. In Anwesenheit der vollzählig versammelten Petersburger Musikprominenz und Vertretern der »Neuen Russischen Schule« durchleidet Rachmaninoff bittere Qualen. Verschiedenen Berichten zufolge muß Glasunow, der Rachmaninoffs Musik bekanntlich nicht besonders schätzte, das Werk höchst unzulänglich einstudiert und dann derart nachlässig dirigiert haben, daß von dem ursprünglichen Notentext nur noch wenig übriggeblieben war. Anstelle einer neuen Sinfonie wurde den Zuhörern ein düsterer Klangbrei geboten.

Die Kritiker reagieren entsprechend: César Cui, der Chefrezensent St. Petersburgs, verhöhnt Rachmaninoff bissig als den talentierten Studenten eines Höllenkonservatoriums, der »die sieben Plagen von Ägypten« erschuf.[34] Cui führt weiter aus: »Auf uns hinterläßt diese Musik einen schlimmen Eindruck mit ihren gebrochenen Rhythmen, der Dunkelheit und Unbestimmtheit in der Form, der bedeutungslosen Wiederholung derselben kurzen Tricks, dem nasalen Klang des Orchesters, dem überspannten Krach der Blechbläser, und über allem die dick verdrehte Harmonisierung und melodieähnlichen Konturen, die völlige Abwesenheit von Einfachheit und Natürlichkeit, das völlige Fehlen von Themen.«[35]

Und es nutzt Rachmaninoff wenig, daß Cui ihm zu guter Letzt eine vielleicht sogar außergewöhnliche Begabung zubilligt, wenn er sie gleichzeitig »unausgegoren, krankhaft und entartet«[36] nennt.

S. Rachmaninoff 1897

Die Kritiken Cuis haben eine für die damalige Zeit entscheidende, meinungsbildende Wirkungskraft. Seine Aufsätze und Rezensionen, in denen er anfangs ausschließlich die Ideologie des »Mächtigen Häufleins« entwickelte, sind nach Ansicht des Musikologen Leonid Sabanejew Musterbeispiele einer subjektiven, nur auf persönlichem Geschmack und persönlicher Liebhaberei begründeten Kritik – wie sie nicht sein sollte.

Weitere Negativkritiken erscheinen daher fast folgerichtig in der Zeitschrift *Rußland* vom 17. März 1897 und in der *Neuen Zeit*, die Rachmaninoffs 1. Sinfonie rundweg als dekadentes Werk abkanzelt. Man könne Rachmaninoff fast für einen der neuesten deutschen Komponisten halten, seine Sinfonie zeige eine bedenkliche Nähe zu Richard Strauss' Werken, die man ein Jahr zuvor in Petersburg über sich habe ergehen lassen müssen. Rachmaninoff stünde »auf dem Holzweg« und es fehle ihm jegliches Talent.

Die einzige nichtpolemische, ausgewogene Kritik entstammt der Feder Nikolaj Findeisens. Er schreibt in der Aprilnummer der *Russischen Musikzeitung:* »Der Höhepunkt des Konzerts, Rachmaninoffs d-moll-Sinfonie, war nicht sehr erfolgreich interpretiert worden und wurde daher in großem Maße von der Zuhörerschaft mißverstanden und unterschätzt. Dieses Werk zeigt neue Impulse, Tendenzen zu neuen Farben, neuen Themen, neuen Bildern, auch wenn es den Eindruck erweckt, als ob etwas noch nicht vollständig gesagt oder erklärt ist. Ich werde mich zurückhalten, meine endgültige Meinung zu äußern, denn zu leicht würde die Geschichte von Tschaikowskis 5. Sinfonie wiederholt, die erst kürzlich dank Nikisch von uns ›entdeckt‹ worden war und von jedem jetzt als neues, wunderbares und schönes Werk bestaunt wird. Sicherlich mag Rachmaninoffs 1. Sinfonie nicht vollkommen schön und vollendet sein, aber einige ihrer Seiten scheinen mir weit entfernt von Mittelmäßigkeit. Der 1. Satz und besonders das furiose Finale mit dem eingeschlossenen Largo, enthalten viel Schönheit, Novität und sogar Inspiration ... Rachmaninoffs Sinfonie ist das Produkt eines Komponisten, der noch nicht ganz zu sich selbst gefunden hat. In dieser Stunde könnte er entweder ein musikalischer Spinner oder ein Brahms werden.«[37]

Über die Gründe, weshalb die Premiere der 1. Sinfonie in ein solches Desaster abgleiten konnte, wodurch Rachmaninoffs kompositorische Qualitäten schon fast grundsätzlich in Frage gestellt wurden, gibt es drei unterschiedliche Berichte von Zeitgenossen, die der Veranstaltung beiwohnten und den Verlauf der Ereignisse aus ihrer Sicht beschreiben. Und es gibt eine fachliche Beurteilung der kapellmeisterlichen Qualitäten Glasunows durch seinen Lehrer und Förderer Rimski-Korsakow. Letzterer erinnert sich: »Als Dirigent eigener Werke trat Glasunow (in der Saison 1888/89; M. B.) auf. Seine ersten Versuche auf diesem Gebiete fielen keineswegs glänzend aus. Von Natur schwerfällig, ungeschickt und plump in seinen Bewegungen, langsam und undeutlich sprechend, schien Glasunow wenig geeignet dazu, in den Proben und im Konzert seinen Willen aufs Orchester zu übertragen. Das Bewußtsein seiner musikalischen Autorität veranlaßte jedoch das Orchester, sich nicht ungefügig zu zeigen, sondern ihm eher zu helfen. Mit jedem Auftreten machte er Fortschritte und kam nach und nach, sowohl während der Proben als auch in den Konzerten, mehr aus sich heraus. Die Praxis und seine gewaltige, unvergleichliche Musikalität taten das ihre, und nach einigen Jahren hatte er sich zu einem ausgezeichneten Interpreten eigener und fremder Werke herangebildet.«[38]

Im Jahre 1897 blickt Glasunow immerhin bereits auf eine neunjährige Dirigierpraxis zurück, als ihn der russische Dirigent Alexander B. Chessin erlebt. Chessin ist allerdings vorbelastet. Denn Rachmaninoff hatte ihm die Sinfonie vor der Aufführung im Klavierauszug vorgespielt und einen starken Eindruck hinterlassen. Unverzeihlich leichtsinnig nennt er Glasunows Haltung gegenüber der 1. Sinfonie eines jungen Komponisten, dessen Name ja fast unbekannt war.

»Ich war im Konzert und war Zeuge einer völlig grauenerregenden Aufführung dieses talentvollen Werkes: Die Sinfonie war unzureichend geprobt, das Orchester ›schwankte‹, es fehlte jede elementare Stabilität in den Tempi, viele Fehler in den Orchesterpartien schienen unverbessert, und die Hauptsache, es entsetzte eine leblose, äußerliche, formale Wiedergabe ohne Schimmer von Begeisterung, Aufschwung und Prägnanz des Orchesterklangs. Mit einem Wort, die Sinfonie fiel zu meinem größten Bedauern, mit Krach durch!

Man kann sich schwer vorstellen und noch schwerer umschreiben, was der arme Rachmaninoff erlitt! Ich sah ihn an diesem Abend nicht mehr, wenngleich wir uns nach dem Konzert verabredet hatten. Später erfuhr ich, daß er in offene Verzweiflung geraten war.

In Petersburg sprach man damals davon, daß er die Partitur seiner Sinfonie verbrannt habe.«[39]

Ähnliches berichtet Rachmaninoffs Cousine Ludmila Skalon, die mit Vera und Natalja und mit Cousine Natalja Satina aus Moskau ebenfalls der Probe beiwohnte: »Im Saal sitzen C. A. Cui, W. W. Stassow, E. F. Naprawnik sowie andere hervorragende Kritiker und Musiker und Mitrofan P. Beljajew. Serjosha verkroch sich auf die Wendeltreppe, die aus dem Saal heraus auf die Empore führte. Glasunow stand phlegmatisch am Dirigentenpult und führte ebenso phlegmatisch durch die Sinfonie. Er ließ sie durchfallen. Cui schüttelte die ganze Zeit den Kopf und zuckte die Achseln. Stassow und Beljajew warfen einander mißbilligende Blicke zu. Wir drei Schwestern aber und Natascha zürnten schweigend über Glasunow und das ganze Publikum, das nichts verstand. Und unser armer Serjosha krümmte sich auf der Treppe und mochte sich nicht verzeihen, daß er nicht selbst sein Werk dirigierte, sondern die Aufführung Glasunow überlassen hatte.«[40]

Am 17. Oktober 1945 – zwei Jahre nach Rachmaninoffs Tod – erlebt die 1. Sinfonie in Moskau ihre zweite Premiere. 1947 publiziert der sowjetische Staatsverlag eine vollständige Partitur, und am 19. März 1948 dirigiert Eugene Ormandy mit dem Philadelphia Orchestra die amerikanische Erstaufführung.

Im Jahre 1977 gibt der Staatsverlag in Moskau eine revidierte Fassung heraus: man hatte jetzt endgültig Glasunows »Verbesserungen« eliminiert.

Keine der späteren Aufführungen stiftet auch nur annähernd so viel Unruhe, wie sie die Uraufführung in St. Petersburg verursacht hat. Der junge Komponist ist am 15. März 1897 von blankem Entsetzen gepackt. Er flüchtet panikartig aus dem Konzertsaal und irrt für mehrere Stunden kopflos durch Petersburg. Erst Monate später ist er überhaupt in der Lage, das Geschehene zu erfassen und den Ursachen vorsichtig nachzuspüren. So schreibt er einem guten Bekannten, dem Komponisten und Volksliedforscher Alexander W. Zatajewitsch am 6. Mai 1897: »Für lange Zeit habe ich keine Briefe geschrieben, mein lieber Freund Alexander Wiktorowitsch, weder Ihnen, noch den anderen. Der Hauptgrund liegt in meiner Schwäche, welche mich die ganze Zeit zum Liegen zwingt. Das ist mein jährlicher Frühlingszustand. Ich liege auf dem Rücken und lese nur wenig. Komponieren kann ich auch nicht. So geht es mir gewöhnlich, bis ich aufs Land fahre, wo ich mich schnell erhole und zu arbeiten beginne ...

Ich berichtete Ihnen auch nicht von meinem Eindruck der Aufführung meiner ersten Sinfonie. Ich werde das jetzt tun, obwohl es mir noch schwerfällt, weil ich es bis jetzt noch nicht begreifen kann. Wahr ist nur, daß mich der Mißerfolg überhaupt nicht aufregt, daß mich die Schimpftiraden der Presse nicht entmutigen – aber dafür um so mehr bekümmert und schwer belastet, daß meine Sinfonie mir selbst – abgesehen davon, daß ich sie früher sehr liebte und auch noch jetzt liebe – nach der ersten Repetition überhaupt nicht mehr gefiel. Sie würden sagen, dann ist sie schlecht orchestriert. Aber ich bin überzeugt, daß gute Musik auch durch eine schlechte Orchestrierung ›durchscheint‹, und ich glaube auch gar nicht, daß die Orchestrierung völlig mißlungen ist. Das bedeutet, daß nur zwei Vermutungen übrigbleiben. Entweder bin ich, wie einige Komponisten, meinem Werk gegenüber voreingenommen, oder das Werk wurde schlecht aufgeführt. Und das war auch tatsächlich so. Ich bin überrascht, daß ein so hoch talentierter Mensch wie Glasunow so schlecht dirigieren kann? Ich spreche nicht von seiner Dirigiertechnik (sie ist nicht von ihm zu erwarten), ich spreche über seine Musikalität. Er fühlt nichts, wenn er dirigiert. Es scheint, als ob er nichts versteht! Als man einst Anton Rubinstein nach einem Abendessen fragte, wie ihm der Sänger N. gefiele, der die Partie des Dämon sang, griff Rubinstein anstelle einer Antwort zum Messer und hielt es dem Fragesteller senkrecht vor die Nase. Ich würde am liebsten dasselbe tun. Und so vermute ich, daß die Aufführung der Grund für das Versagen war. (Ich behaupte es nicht, aber ich nehme es an.) Wenn diese Sinfonie dem Publikum bekannt gewesen wäre, hätte man den Dirigenten beschuldigt. (Und ich nehme weiterhin an), wenn ein Stück unbekannt ist und schlecht aufgeführt wird, dann ist das Publikum geneigt, den Komponisten zu beschuldigen. Dies ist, so scheint es, ein glaubwürdiger Gesichtspunkt. Dies um so mehr, als diese Sinfonie – auch wenn sie nicht dekadent ist, wie man schreibt und dieses Wort versteht – so doch tatsächlich etwas ›Neues‹ enthält. Dies bedeutet, daß man sie in der Tat nach den genauesten Angaben des Komponisten spielen muß, der dadurch dann vielleicht mit dem Publikum ausgesöhnt würde und das Publikum mit dem Werk. (D.h. das Werk wäre in diesem Falle für das Publikum verständlicher.) Waren daher nicht auch meine Bekannten, die nach Petersburg angereist waren, von der Sinfonie enttäuscht, obwohl sie, als ich sie ihnen selbst vorgespielt hatte, anders sprachen? Wie Sie sehen, zur gegenwärtigen Minute bin ich geneigt, zu glauben, daß die Schuld in der Aufführung liegt. Morgen wahrscheinlich ändere ich auch diese Meinung. Von der Sinfonie werde ich mich dennoch nicht lossagen. Nach einem halben Jahr Abstand werde ich sie durchsehen, vielleicht werde ich sie korrigieren und vielleicht publizieren. Aber vielleicht ist dann meine Begeisterung auch verflogen. Dann werde ich sie zerreißen ...«[41]

Rachmaninoff tut weder das eine noch das andere. Ein Jahr später fertigt er eine vierhändige Klavierfassung an, gibt aber die Sinfonie zu Lebzeiten nicht mehr für eine Publikation frei. Als ihn 20 Jahre später der Musikwissenschaftler Boris Asafjew um einige erläuternde Angaben zum Werkverzeichnis bittet, antwortet Rachmaninoff am 13. April 1917 aus Iwanowka:

»Jetzt zur Sinfonie op. 13. Was ist über sie zu sagen. 1895 wurde sie komponiert. Aufgeführt 1897. Sie fiel durch, was übrigens nichts beweist. Gute Sachen sind mehrfach durchgefallen, und noch häufiger haben schlechte Gefallen gefunden. Bis zur Aufführung der Sinfonie hatte man von ihr eine übersteigert hohe Meinung. Nach dem ersten Anhören – änderte sich die Meinung radikal. Die Wahrheit, wie sie mir erst jetzt erscheint, lag in der Mitte. Es gibt dort hie und da nicht üble Musik, aber es gibt auch viel Schwaches, Kindliches, Gespreiztes, Übertriebenes ... Die Sinfonie ist sehr schlecht instrumentiert, und ebenso schlecht wurde sie aufgeführt! (Dirigent Glasunow). Nach dieser Sinfonie komponierte ich ungefähr drei Jahre nichts. Ich glich einem Menschen, den der Schlag getroffen hatte und dem für lange Zeit Kopf und Hände gelähmt waren ... Die Sinfonie werde ich nicht zeigen und im Testament werde ich ein Verbot ihrer Ansicht niederlegen ...«[42]

Das Verhältnis zwischen Rachmaninoff und Glasunow bleibt ein Leben lang kühl und frostig. Glasunow mag Rachmaninoffs Musik nicht. Nach seiner Meinung enthält sie viel Gefühl, aber wenig Sinn.

Als er einige Jahre später Rachmaninoff in die Prüfungskommission des Petersburger Konservatoriums einlädt, ist er zudem enttäuscht von der schroffen und in seinen Augen hochmütigen Haltung des Komponisten. Denn Rachmaninoff ist in der Benotung der Studenten zu keinerlei Kompromissen bereit, die Glasunow gern den Prüflingen gewährt hätte. Als die beiden Komponisten im Pariser Exil 1932 erneut aufeinandertreffen, revanchiert sich Glasunow. Rachmaninoff schenkt ihm die Partitur seines 4. Klavierkonzerts, und Glasunow läßt sie ohne Bedauern im Taxi liegen.

Rachmaninoffs erste Zuflucht nach dem unseligen 15. März 1897 gilt seiner Großmutter Butakowa in Nowgorod. Das notwendige Fahrgeld erhält er von den Skalon-Schwestern, die ihm schon aus mancher Notlage geholfen hatten. Im Dankesschreiben an Natalja Skalon gesteht Rachmaninoff, daß er es nicht über sich gebracht hätte, Glasunow um einen Vorschuß zu bitten. Es hätte ihm die Kehle zugeschnürt. Rachmaninoffs finanzielle Situation ist jetzt tatsächlich prekär. Auf eine Position als Klavierdozent am Moskauer Konservatorium kann er nicht hoffen. Denn die alte Fehde zwischen Safonow und Siloti warf ihre Schatten auch auf die Angehörigen. Safonows Feindseligkeit macht jede Hoffnung auf ein Engagement als Solist in den Konzerten der Russischen Musikgesellschaft zunichte. Die Einnahmen aus sonstigen gelegentlichen Konzertauftritten, aus Klavierstunden und dem musiktheoretischen Unterricht am Mariinski-Institut reichen kaum noch für den einfachsten Lebensunterhalt. Und so nimmt er nur zu gern das neuerliche Angebot seiner Tante Warwara Satina an, wieder in ihrem Haus zu wohnen. Doch trotz liebevoller Umsorgung durch die Verwandtschaft gerät Rachmaninoff in immer tiefere seelische Depressionen. Der fatale Mißerfolg seiner Sinfonie hatte sein Selbstwertgefühl zutiefst verletzt und das Vertrauen in seine kompositorischen Qualitäten schwer erschüttert. Auch spricht in seiner näheren Umgebung niemand offen aus, was ohnehin alle wissen: Der eklatante Durchfall der 1. Sinfonie trifft ihn besonders hart, da fast zur gleichen Zeit auch seine erste leidenschaftliche Liebesbeziehung ein überstürztes Ende findet. Anna Lodyshenskaja hatte Rachmaninoff endgültig zurückgewiesen und ihn aufgefordert, ihr Haus künftig nicht mehr aufzusuchen. Die biographischen Notizen der folgenden Monate fallen äußerst spärlich aus, und es hat den Anschein, daß im nachhinein ein Mantel des Schweigens über Rachmaninoffs haltlos exzessive Lebensführung ausgebreitet wurde. Es gibt Spekulationen über Alkoholmißbrauch und Drogenkonsum, die jedoch nicht bewiesen werden können.

Die engsten Angehörigen versuchen nun helfend einzugreifen: Warwara Satina sieht einen letzten Ausweg in ihrer Idee, dem jungen Künstler eine Begegnung mit dem großen Schriftsteller und Moralisten Lew Tolstoi zu ermöglichen. Nur Tolstoi konnte Rachmaninoff noch psychisch aufrichten! Und so nutzt sie geschickt ihre gesellschaftlichen Kontakte zur Gräfin Alexandra Lieven, um ein Treffen zwischen den beiden zu arrangieren.

Rachmaninoff schildert dieses denkwürdige Treffen in zwei Versionen, wobei die frühere die positivere ist:

»In der schwierigsten und kritischsten Periode meines Lebens, als ich dachte, daß alles verloren war, und daß es nutzlos war, sich länger zu quälen, traf ich einen Mann, der sich die Mühe machte, zu mir zu sprechen. Dieser Mann war Graf Tolstoi. Ich war 24 Jahre alt, als ich ihm vorgestellt wurde ...

Junger Mann – sagte er zu mir –, glauben Sie, daß alles in meinem Leben glatt geht? Denken Sie, ich habe keine Sorgen, nie Zweifel und verliere nie das Vertrauen zu mir? Glauben Sie wirklich, daß das Vertrauen immer gleich stark ist? Alle von uns haben schwere Augenblicke; aber das ist das Leben. Halten Sie Ihren Kopf hoch und halten Sie fest an Ihrem eingeschlagenen Pfad.«[43]

Später erzählt Rachmaninoff Alfred Swan:

»Es endete alles sehr unerfreulich ... Als ich ihn zum erstenmal besuchte, spielte er Schach mit Goldenweiser. Ich verehrte damals Tolstoi. Als ich mich ihm näherte; zitterten meine Knie. Er ließ mich neben sich Platz nehmen und strich mir über die Knie. Er sah, wie nervös ich war. Und dann sagte er am Tisch zu mir: ›Sie müssen arbeiten. Denken Sie, daß ich mit mir zufrieden bin? Arbeit. Ich arbeite jeden Tag‹ und ähnlich stereotype Phrasen.«[44]

Krisenjahre

1897–1900

So endet die erste Begegnung zwischen Tolstoi und Rachmaninoff eher ambivalent, und der große Schriftsteller trägt kaum zur seelischen Gesundung des jungen Musikers bei. Die entscheidende Hilfe kommt von anderer Seite.

Als der Moskauer Kritiker Semjon Kruglikow – auch er ein Schüler Rimski-Korsakows – zum neuen Fachberater der »Mamontow-Oper«, eines privaten Moskauer Theaters, ernannt wird, macht er den Chef des Unternehmens, Sawwa Mamontow, auf den stellungslosen Rachmaninoff aufmerksam. Im Herbst 1897 erhält er den Posten des 2. Dirigenten. Für den 24jährigen Rachmaninoff beginnt ein neuer Lebensabschnitt.

Sawwa Iwanowitsch Mamontow ist ein kunstliebender russischer Industrieller, der ähnlich Tschaikowskis Gönnerin Nadjeshda von Meck aus dem Eisenbahnbau Rußlands ein Riesenvermögen erwirtschaftet hat. In den Jahren 1855–1902 wächst das Eisenbahnnetz in Rußland von 1000 auf 53000 Werst an. Die Gewinne aus dem Bau der ersten durchgehenden Bahnstrecke vom Weißen Meer ins Donezbecken steckt Sawwa Mamontow in ein Projekt, das er seit langem geplant hat, und das ihm ganz besonders am Herzen liegt: Er gründet im Jahre 1870 auf dem ehemaligen Familiensitz der Grafen Aksakow – Abramzewo – eine Künstlerkolonie. Diese Künstlerkolonie Abramzewo soll nicht nur Arbeitsstätte, sondern echte Lebensgemeinschaft sein. Und so wirken in ihr zahlreiche namhafte Maler, Bühnenbildner und Bildhauer wie Walentin Serow – der Sohn des Opernkomponisten Alexander Serow –, Ilja Repin, W. D. Polenow, dessen begabte Schüler Isaak Lewitan – er wird später Rußlands berühmtester Landschaftsmaler – und Konstantin Korowin, sowie die Brüder Viktor und Apollinarij Wasnezow,

Michail Wrubel und Sergej Maljutin. Zur Reputation dieser Künstler ist hinzuzufügen, daß 1882 Polenow zum Professor der Moskauer Kunstakademie ernannt wird, und Korowin 1901 einen Lehrauftrag für Genre- und Porträtmalerei an der Moskauer Schule für Malerei, Bildhauerei und Architektur erhält. Wasnezow wird Leiter einer Meisterklasse am selbigen Institut.

Der Künstlerkreis in Abramzewo entfaltete ungeheure Aktivitäten in Malerei, Kunsthandwerk und Architektur. Nach Plänen von Apollinarij Wasnezow wird im Jahre 1880 eine kleine Kirche im Nowgoroder Stil nachgebaut. Die Innenausstattung besorgen Polenow, dessen Schwester Jelena Polenowa, die besondere Stickereien entwirft, die Malerin M. Jakuntschikowa – eine Kusine Mamontows –, Ilja Repin und der Maler Viktor Wasnezow. Man entdeckt die Volkskunst, richtet ein Museum für bäuerliches Kunsthandwerk ein und sammelt Schnitzereien und Stickereien im traditionellen Stil. Das reichverzierte Holzhaus, in dem das Museum von Abramzewo untergebracht ist, sieht aus wie eine »Kreuzung zwischen Schweizer Chalet und siamesischem Tempel«.[1] Aber auch ein Krankenhaus und eine Schule werden gebaut.

Es ist das Verdienst des Mamontow-Kreises, daß die Ikone als Kunstwerk entdeckt und die Ikonenmalerei ernsthaft erforscht wird. Außerdem veranstalten die Künstler regelmäßige Lesungen und Theaterabende. Sie sind durchdrungen von einem kulturellen Sendungsbewußtsein, das sie zu Gralshütern des russischen Volkstums erhebt. Nationalromantische, slawophile Tendenzen vermischen sich mit folkloristisch-poetischem Gedankengut und sozialem Engagement in einen Romantizismus, der bisweilen symbolistische Züge trägt.

Serow und Korowin, die aktivsten Mitglieder der Kolonie, formulieren apodiktisch den Gedanken von der »Notwendigkeit des Ergötzlichen in der Kunst«.[2] Polenow schreibt im Januar 1888: »Ich glaube, daß die Kunst Glück und Freude spenden muß, sonst ist sie nichts wert. Das Leben enthält so viel Leid, so viel Gemeinheit und Schmutz, daß es zur Qual werden muß, wenn die Kunst einen nur mit Schrecken und Grausamkeiten überschüttet.«[3]

In der kreativen, geistigen Atmosphäre von Abramzewo bilden sich nicht nur neue Tendenzen der russischen Kunst heraus, sondern es entwickelt sich auch ein neuer Künstlertypus, der über die Grenzen seiner Profession hinweg nach Universalität strebt. Dieser Kult der Kunstfertigkeit, des Artifiziellen überdeckt auch für geraume Zeit die unterschwellige intellektuelle Spannung und die drohenden Kollisionen radikaler Kulturtheorien.

Mamontow ist Mittler und Verbindungsglied zwischen den sozial engagierten Peredwishniki und den »modernen« Moskauer Malern. Er führt die »Wandermaler«, die in den sechziger Jahren aus Protest gegen die Salonkunst aus der Petersburger Akademie ausgezogen waren und mit ihrer Losung »Kunst fürs Volk« die »Naturalnaja Schkola« (»Natürliche Schule«) der Malerei repräsentierten, auf einen gemeinsamen Weg mit den Moskauer »Modernen«, die für Rußland die gleiche Bedeutung spielten wie für Frankreich die französischen Impressionisten.

Und so ist es nicht verwunderlich, daß Mamontows Ruf später sogar bis zu Sergej Djaghilew, dem aufstrebenden Kunstunternehmer in St. Petersburg dringt. Im Sommer 1898 besucht Djaghilew Abramzewo, um die Künstlerkolonie aus der Nähe zu betrachten, und zugleich – was für ihn noch wichtiger war – um Mamontow als finanziellen Förderer seines ehrgeizigen Projektes, der Kulturzeitschrift *Mir Iskusstwa* (Welt der Kunst) zu gewinnen.

Zu Beginn der achtziger Jahre inszenierte Mamontow sein erstes großes Drama, »Schneeflöckchen« von A. N. Ostrowski. Er ließ zu diesem Zweck eine ganze Expertenkommission in die Dörfer des Gouvernements Tula ausschwärmen, um direkt bei den Bauern originale Ausstattungsstücke wie bestickte Hemden und Kaftane, Wollröcke, Kopfputz, Bastschuhe und Galoschen aufzukaufen.

1883 eröffnete Mamontow dann offiziell in Moskau seine »Privatoper«. Die erste festliche Musiktheaterinszenierung war 1885 Rimski-Korsakows »Snegurotschka« (Schneeflöckchen), deren Libretto der Komponist nach dem Ostrowski-Stück gefertigt hatte. Mamontow verwendete für die Dekoration die bereits anläßlich der Sprechtheateraufführung von Viktor Wasnezow gemalten Bühnenbilder und natürlich auch die gesamten übrigen Tulaer Requisiten. Diese Aufführung gilt in Rußland als eines der ersten Beispiele, wie sich ein Bühnenbildner in seiner Arbeit eng am Charakter der Musik orientierte. Es war für die russische Oper im allgemeinen wie für die

Opern Rimski-Korsakows und die seiner Mitstreiter im »Mächtigen Häuflein« im besonderen, ein Umstand von richtungweisender Bedeutung.

Die bahnbrechende Entwicklung der russischen Bühnenmalerei hat hier ihren Ursprung, und es ist Mamontows Verdienst, daß die »Neurussische Schule« der Malerei allgemein bekannt und populär wird. Nicht zufällig dominiert in der ersten Hälfte der neunziger Jahre auf dem Ausstellungssektor die Moskauer Metropole. Alle Moskauer Werke, die nicht auf Wanderausstellungen zu sehen waren, gerieten nur zufällig nach St. Petersburg. Erst durch die Petersburger *Mir Iskusstwa* und die Aktivitäten des rührigen Sergej Djaghilew ändert sich dies, und St. Petersburg übernimmt die Vormachtstellung.

Auch in den Folgejahren führt das Mamontow-Theater Rimski-Korsakows Opern am häufigsten auf und fördert damit entscheidend sein Ansehen als Opernkomponist. Im Jahre 1896 gastiert die Mamontow-Oper erstmalig in St. Petersburg. Sie macht die Petersburger mit den besten Leistungen der russischen Bühnenbildner bekannt. In diesem Jahr wird auch der Bassist Fjodor Schaljapin engagiert. Er war während der sommerlichen Auftritte auf der Nishegorodsker Ausstellung von Mamontow entdeckt worden. Maxim Gorki sagte einmal über Mamontow: »Er hatte ein Gespür für begabte Menschen und war selbst beneidenswert begabt.«[4] Die in der Mamontow-Oper auftretenden Sänger waren zumeist noch sehr jung und entsprechend unerfahren. Aber gerade das Fehlen jeglicher Routine schloß ein Absinken in den konventionellen Opernbetrieb von vornherein aus. Der Nachteil lag eher in der mangelnden Homogenität des Ensembles, einer Ansammlung talentvoller Individualisten.

Als Rachmaninoff im Herbst 1897 zur Mamontow-Truppe stößt, wird er sogleich mit den Ränken und Intrigen des Opernlebens konfrontiert. Sein Vorgesetzter, Chefdirigent Michele Esposito, verspürt kaum Interesse, einem möglichen Rivalen besondere Unterstützung in seiner ersten Bewährungsprobe zukommen zu lassen. Rachmaninoff soll als Debüt Glinkas »Ein Leben für den Zaren« dirigieren. Da er Gesangspartien und Orchesterstimmen gleichermaßen gut zu kennen meint, sieht er der von Esposito angesetzten Gesamtprobe mit Gelassenheit und Zuversicht entgegen. Doch der Verlauf der Probe verunsichert ihn völlig! Sobald das Orchester allein spielt, gibt es keine Probleme. Bei Einsetzen des Gesangs hingegen entsteht eine heillose Verwirrung. Rachmaninoff ist ratlos, und da ihm der unbarmherzige Esposito keine weitere Probe gestattet, muß er schweren Herzens die abendliche Aufführung an den älteren Kollegen abgeben. Aber Rachmaninoff nimmt sich vor, jede Dirigierbewegung Espositos genau zu beobachten. Und der Grund seines Versagens wird ihm sehr schnell klar: Esposito gibt jedem einzelnen Sänger deutlich das Zeichen zum Einsatz – ein technisches Detail, was Rachmaninoff während der Probe gänzlich außer acht gelassen hatte.

Sawwa Mamontow ist jedoch nicht der Impresario, der wegen einer ersten Fehlleistung die einmal gefaßte Meinung über einen Künstler sogleich ändert. Er gibt Rachmaninoff eine zweite Chance und beauftragt ihn mit dem Dirigat der Saint-Saëns-Oper »Samson und Delila«, die überwiegend ein positives Echo findet.

Rachmaninoff selbst bewertet seine dirigentischen Leistungen eher als durchschnittlich. Allerdings sind seine Möglichkeiten als 2. Dirigent ohnehin relativ begrenzt. Erschwerend kommt hinzu, daß Esposito alle unpopulären Aufträge an ihn weiterdelegiert, so daß er ungeliebte Wiederaufnahmen alter Repertoireopern dirigieren muß, die turbulenten Sonntagsmatineen für Kinder und zusätzlich noch gelegentliche Abendvertretungen für Esposito übernehmen darf. Dies alles erfordert großen Zeit- und Kraftaufwand und führt ihn bis an den Rand der Erschöpfung.

An seine Cousine Ludmila Skalon schreibt Rachmaninoff am 22. November 1897 entnervt: »Den Dirigentenrubikon habe ich überschritten, und ich brauche jetzt nur die bedingungslose Aufmerksamkeit und Unterordnung des Orchesters, was ich als zweiter Dirigent niemals erwarten kann ... Bei uns herrscht im Theater tatsächlich das echte Chaos. Keiner weiß, was übermorgen, was morgen sein wird, geschweige denn, was heute ist ... Das Theater erreicht nichts, weder künstlerisch noch kommerziell ... Ein Problem ist, daß unser Hauptgeschäftsführer nicht gerade glänzend musikalisch ist. Es ist zu bedauern, daß wir nicht von einem, sondern von zehn Leuten beaufsichtigt werden. Und jeder hat etwas eigenes zu sagen, das wiederum mit den anderen kollidiert. Am schlimmsten von allem aber ist, daß Mamontow selbst unentschlossen ist und jeder Meinung erliegt … Insgesamt geht alles so schlecht, daß ich fürchte, wieder in die Stimmung dunkler Melancholie zu fallen.«[5]

Viele Jahre später überdenkt Rachmaninoff in kritischer Distanz seine Erlebnisse am Mamontow-Theater:

»Mamontow war ein geborener Theaterdirektor, und dies erklärt vielleicht, warum seine Hauptaufmerksamkeit auf das gerichtet war, was auf der Bühne stattfand. Ich habe ihn sogar gehört, wie er Schaljapin Ratschläge erteilte, gewöhnlich mit einem kurzen Satz oder einer gelegentlichen Bemerkung, aber immer mit einem untrüglichen Gefühl für das Theater, so daß Schaljapin die Bedeutung unmittelbar erfassen konnte und dann den Ratschlag umsetzen und mit seinem eigenen, außergewöhnlichen Talent umformen konnte.

Was die rein musikalische Seite seines Unternehmens betraf, Orchester und Chor, war dies für Mamontow von weniger Interesse. Tatsächlich hatte er nie etwas über unsere Arbeit zu sagen, es sei denn, daß der erste Dirigent Esposito oder ich um eine Extraprobe baten. Oft wies er solche Bitten zurück.

Noch weniger Aufmerksamkeit zollte Mamontow dem rein geschäftlichen Aspekt seines Unternehmens. Solche Dinge langweilten ihn, und im Endergebnis ermangelte es unserem Operntheater immer an einem fähigen und erfahrenen Geschäftsmann. All diese Charakteristika, die Mamontows Haltung und Interesse zeigten, wurden nahezu bei jeder öffentlichen Aufführung offenkundig: Die Bühneninszenierungen waren stets sehr interessant, und sie und die Kostüme zeigten mit Sicherheit Frische und Originalität, während das Orchester unzureichend geprobt hatte und der Chor armselig trainiert war. Es gab viele kleinere Fehler im Management, wie z.B. Verzögerungen im Beginn, überlange Unterbrechungen etc. Ein Beispiel für die wenigen Gedanken, die man an Details verwandte: Wenn die Szene ohne reguläre Unterbrechung wechselte, und Orchester und Zuhörer an ihren Plätzen blieben, pflegte der Bühneninspizient heftig den Vorhang zu schlagen und kündigte damit an, daß die Bühne für die nächste Szene fertig war. Als ich zum erstenmal dieses ungewöhnliche Signal erhielt, war ich schockiert, aber es nahm viele Tage und Überredungskünste in Anspruch, bevor der Bühneninspizient einwilligte, mir schweigend von der Seite der Bühne ein Zeichen zu geben. Ich war dankbar für sein Zugeständnis, aber jedesmal, wenn ich das Signal versäumte, wurde wieder auf den Vorhang gedonnert.

Wenn immer in der Produktion Komplikationen auftraten, zeigte sich die Schwäche des Managements. Ich kann mich noch an die Probleme erinnern, die wir mit der ersten Wiedergabe von ›Sadko‹ hatten, den Rimski-Korsakow gerade fertiggestellt hatte. Die Inszenierung, Kostüme und Aufmachungen in der Mamontow-Produktion waren exzellent, aber das Orchester war schwach und der Chor ziemlich schlecht. Die Chorsänger waren so unvorbereitet, daß sie ständig in ihre gedruckten Stimmen blicken mußten, wobei sie gleichzeitig mit wenig Erfolg versuchten, die Seiten in den weiten Ärmeln ihrer Kostüme zu verbergen. Der Komponist mußte verschiedene andere Mißgeschicke in dieser ersten Aufführung seiner Oper ertragen: Als ein Brett aus Sadkos Schiff in den ›See‹ geworfen wurde, schlug es auf dem Bühnenboden mit ungeheurem ›trockenen‹ Knall auf; einer der Monsterfische in der famosen Unterseeszene kreuzte die Bühne mit der falschen Seite zum Publikum. Trotz allem war der Erfolg von Rimski-Korsakows neuer Oper enorm. Aufgrund der Anwesenheit des Komponisten sind sogar die Nebenrollen den besten Sängern anvertraut worden, und Schaljapin in der Rolle des Wikinger-Gastes gab ein unvergeßliches Porträt. Ja, Mamontow war ein bedeutender Mann, mit entscheidendem Einfluß auf die Entwicklung der russischen Oper. In einiger Hinsicht war Mamontows Einfluß vergleichbar dem Stanislawskis auf das Drama.«[6]

Im Januar 1898, am 18. des Monats, bricht im Solodownikow-Theater ein Brand aus, und nur durch den Schutz des eisernen Vorhangs bleiben die Bühnendekorationen und Requisiten unversehrt. Die für den 30. Januar angesetzte Premiere von Rimski-Korsakows Oper »Mainacht« scheint gefährdet. Hinzu kommt, daß die Proben schon begonnen haben, obwohl nicht einmal die Sänger ihre Partien beherrschen. Das Orchester hört kaum auf Rachmaninoff, und die Musiker benehmen sich eher wie ungezo-

Fjodor Schaljapin und Sergej Rachmaninoff um 1900

gene Schuljungen. Sie versuchen, ihren finster blickenden und sehr verschlossenen Dirigenten mit Provokationen aus der Fassung zu bringen. Schaljapin mimt auf der Bühne den Hanswurst und zwingt das Publikum auch an unangemessenen Stellen zum Lachen.[7]

In dieser strapaziösen Saison schließen sich die beiden grundverschiedenen Persönlichkeiten – der Sänger Schaljapin und der Dirigent und Pianist Rachmaninoff – dennoch eng zu einer künstlerischen Arbeitsgemeinschaft zusammen. In den Folgejahren entwickelt sich daraus eine tiefe und lebenslange Freundschaft. Schaljapin schreibt in seinen Memoiren:

»Das Schicksal sandte mir auf dem künstlerischen Weg viele große, bedeutende Männer. Mein Treffen mit Sergej Rachmaninoff gehört zu den ersten emotionalen Erinnerungen meiner Jugendfreundschaften in Moskau. Während meiner ersten Saison bei Mamontow wurde ein sehr junger Mann ins Theater aufgenommen ... Ich war sehr beeindruckt von Rachmaninoff. Eine warme Freundschaft begann, und wir gingen oft in Tjestows Restaurant, um Fischpastete zu essen und über das Theater, Musik und alle möglichen Dinge zu reden.«[8]

Den Sommer 1898 verbringen Rachmaninoff, Schaljapin und weitere Sänger der Mamontow-Truppe bei der Sängerin Tatjana Ljubatowitsch auf ihrem Landgut Putjatino in der Nähe von Moskau. Der Rest des Ensembles kommt allabendlich aus der Stadt angereist. Laut Vertrag soll Rachmaninoff die Inszenierung von Mussorgskis »Boris Godunow« vorbereiten. Gemeinsam mit der befreundeten Pianistin A. J. Strachowa – seiner Tutorin aus der Konservatoriumszeit – trainiert er täglich die Sänger. Mamontow hält Singproben und Repetitionen ab, und Korowin fertigt erste Skizzen für die Bühnendekorationen. Mit Schaljapin studiert Rachmaninoff in diesen Wochen besonders ausführlich die Partie des »Boris Godunow«. Schaljapin erinnert sich noch viele Jahre später dankbar: »Als ausgezeichneter Künstler, hervorragender Musiker und Schüler Tschaikowskis spornte er mich an, mich vor allem mit Mussorgski und Rimski-Korsakow zu beschäftigen. Er brachte mir die Elementarbegriffe der Musik und sogar ein wenig Harmonielehre bei und war überhaupt um meine musikalische Bildung bemüht.«[9]

Im September organisierte Mamontow eine Konzertreise mit der Künstlertruppe durch den Süden Rußlands. Die Tournee führt unter anderem durch die Städte Charkow, Kiew, Odessa und findet ihren Abschluß auf der Krim.

Die Krim – besonders ihre Hauptstadt Jalta – schickt sich in diesen Jahren an, »für die Russen Meran, San Remo und Nizza zu ersetzen«, wie man in einem »Praktischen Reiseführer für die Krim« aus dem Jahre 1894 lesen kann. Die Zahl der Gäste beträgt an die 30 000 pro Jahr. Als die Zarenfamilie im Jahre 1861 den Sommersitz Livadia bei Jalta erworben hatte, war das Prestige der Insel bei den wohlhabenden Gutsbesitzern, Beamten und neureichen Unternehmern sprunghaft gestiegen. Die moderne Gasbeleuchtung in Jalta und der prachtvolle Pavillon, in dem man kostenlos die Tagespresse lesen konnte, erhöhte um ein weiteres den Reiz der Insel.

Anläßlich eines Liederabends, den Schaljapin mit seinem Klavierbegleiter Rachmaninoff in Jalta gibt, lernt Rachmaninoff Anton Tschechow kennen. Berichten Dritter zufolge begrüßt Tschechow die beiden Musiker im Künstlerzimmer und bemerkt zu Rachmaninoff »Die ganze Zeit habe ich auf Sie geschaut, junger Mann. Sie haben ein wunderbares Gesicht – Sie werden einmal ein berühmter Mann.«[10] Rachmaninoff erstarrt vor Ehrfurcht und erinnert sich tief bewegt und voller Stolz ein Leben lang an diese wenigen Worte des verehrten Dichters. In der Tschechow-Chronik sind diese Sätze nicht verbürgt. Zum Jahr 1898 ist nur kurz vermerkt: »18. September. Tschechow trifft in Jalta ein, steigt ab im Haus Buschew. Begegnungen mit V. S. Miroljubow, S. Ja. Elpatewski, dem Sänger F. I. Schaljapin, dem Lyriker K. D. Balmont, lernt den Komponisten S. W. Rachmaninoff kennen.«[11]

Eine weitere Tschechow-Biographie läßt Stanislawski zu Wort kommen, der sich an den jungen Mann etwas genauer erinnert:

»Von Sewastopol fuhren wir nach Jalta, wo uns fast die ganze Elite der russischen Literatur erwartete. Außer den Schriftstellern weilten unten auf der Krim viele Schauspieler und Musiker, unter denen der junge Rachmaninoff besonders hervorragte. Täglich um die gleiche Stunde trafen sich alle Schauspieler und Schriftsteller in der Villa Tschechows, bei dem wir zum Frühstück eingeladen waren.«[12]

Von seiner ersten Begegnung mit Tschechow begeistert, übersendet Rachmaninoff dem Dichter im November eine Partitur seines sinfonischen Poems »Fels« aus dem Jahre 1893 mit einem persönlichen Vermerk.

Die fruchtbare Zusammenarbeit mit Schaljapin weckt in Rachmaninoff auch erstmals wieder den Gedanken an Komposition.

Er wendet sich an den Librettisten Modest Tschaikowski, einen Bruder des Komponisten, mit der Frage, ob er ein Libretto für Shakespeares »Richard II.« fertigen könnte. Als Antwort sendet ihm Tschaikowski den Szenarienentwurf einer vollständigen Oper über das Dante-Sujet »Francesca da Rimini« zu. Rachmaninoff dankt begeistert und beginnt sofort mit der Arbeit am Prolog.

Im Oktober 1898 sind Rachmaninoffs Kräfte durch die anstrengenden und zermürbenden Theateraufführungen, die Proben, Konzerte und Tourneen offensichtlich so geschwächt, daß er der Mamontow-Truppe seinen Abschied erklärt. Zwar hält er seinen Kontakt zu Schaljapin weiter aufrecht und berät ihn auch im Studium verschiedener Gesangspartien, aber seine dirigentischen Verpflichtungen am Mamontow-Theater nimmt er nicht wieder auf.

Ein Jahr später, am 12. September 1899 wird Sawwa Mamontow unter dem Vorwurf finanzieller Manipulationen beim Bau der Archangelsk-Bahn verhaftet und zu mehreren Jahren Gefängnis verurteilt. Im Jahr der verhängnisvollen Wirtschaftskrise Rußlands steht Mamontow vor dem Bankrott. Er ist Opfer der russischen Gründerjahre geworden. Durch Fehlspekulationen landen zu dieser Zeit viele der neuen russischen Kapitalisten in Gefängnissen, und so plötzlich, wie sie sich aus den unteren Schichten erhoben hatten, fallen sie auch wieder in die graue Masse der Mittellosen zurück. Bei 18 Millionen Städtern im russischen Reich – die Gesamtbevölkerung beläuft sich auf ca. 144 Millionen – schätzt man die Zahl der vagabundierenden Arbeitssuchenden, die Landstraßen, Häfen und Nachtasyle bevölkern, zur Jahrhundertwende bereits auf 5 Millionen Menschen. Der gefährliche Konflikt zwischen absolut rückständiger Landwirtschaft und Industrie ist nicht gelöst, und jede Mißernte stürzt den Staat in eine neue Katastrophe. Die Unfähigkeit der zaristischen Verwaltungsspitze, die Versorgung im

Lande zu sichern und die vorhandenen Vorräte zu erfassen, führt teilweise zu chaotischen Zuständen. Hungersnöte sind fast an der Tagesordnung. Die permanente Landflucht der bäuerlichen Bevölkerung vergrößert nur das Elend in den Städten, das durch Polizeiapparat, Verbannung und Zwangsarbeit gewaltsam niedergedrückt wird.

Mamontow kann sich im Jahre 1899 nicht mehr aus den Fängen der Justiz befreien. Hoffnungslos hatte er sich in einem Netz von Falschaussagen, Intrigen und hochbrisanten Spekulationen verstrickt. Doch noch aus dem Gefängnis heraus dirigiert er sein Unternehmen zunächst weiter. Das Opernensemble – bisher von ihm privat finanziert – löst sich nicht auf. Da aber das private Geld nicht weiter fließt, wird das Unternehmen in eine Gesellschaft umgewandelt, die sich »Vereinigte Russische Privatoper« nennt. Die musikalische Leitung übernimmt Michail M. Ippolitow-Iwanow. Zwar war zwischenzeitlich Schaljapin an das Bolschoj-Theater übergewechselt, aber auch ohne ihn kann das Theater in Moskau noch recht ansehnliche Erfolge verbuchen.

Der Gründer des Unternehmens gerät allerdings zusehends in Vergessenheit.

Rachmaninoff zieht aus der kurzen, aber intensiven Mitarbeit am Mamontow-Theater unschätzbaren Gewinn. Als er die Truppe verläßt, ist er im Besitz einer Dirigierpraxis, die ihm noch später am Bolschoj-Theater von großem Nutzen sein wird. Das Spektrum seiner kulturellen Erfahrungen ist wesentlich breiter geworden. Aus der engen Konservatoriumswelt war er in einen Kreis von Malern, Bildhauern, Schriftstellern, Schauspielern und Bohemiens gestoßen, die seinen Blick für die Vielfalt künstlerischer Ausdrucksformen schärften und ihn für die kulturellen Strömungen der Zeit sensibilisierten. Der Sänger Schaljapin erschloß dem Pianisten und Komponisten Rachmaninoff die Geheimnisse stimmlicher Intonation, sprecherischer Deklamation und einer ausdrucksstarken Kantilene, die Rachmaninoffs Klavierstil – im Satz wie in der Interpretation – unvergleichlich prägen.

Herbst und Winter des Jahres 1898 verbringt Rachmaninoff auf dem Landgut der Tatjana Ljubatowitsch. Seinem Bekannten Zatajewitsch berichtet er im Brief vom 26. Oktober, daß er dem großstädtischen Trubel für einige Monate entsagen und sich in Ruhe wieder seiner Kompositionsarbeit widmen wolle. Einmal in der Woche besuche er die Verwandtschaft in Moskau und erteile bei dieser Gelegenheit auch einige Unterrichtsstunden.

Daß Rachmaninoff dieses relativ beschauliche Leben auf dem Lande führen kann, verdankt er der großzügigen finanziellen Unterstützung seines Cousins Siloti, der – wie schon manches Mal zuvor – die schützende Hand über Rachmaninoff hält.

Im September startet der Pianist Alexander Siloti eine Klaviertournee quer durch Europa und die USA. Auf seine Programme hatte er Kompositionen Rachmaninoffs plaziert, die überall mit Begeisterung aufgenommen werden. Besonders das cis-moll-Prélude erobert die Herzen des Publikums, so daß pfiffige Verleger in Windeseile Kopien drucken. Erwartungsgemäß wird das Prélude der Bestseller der Saison – für die Verleger, nur nicht für den permanent in Geldnöten schwebenden Komponisten. Kein Copyright schützt das Prélude, und den Verkaufserfolg genießen die englischen und amerikanischen Verleger. Vielleicht aber – so tröstet sich Rachmaninoff viele Jahre später – hätte ein Copyright die breite Popularitätswelle von vornherein gebremst.

Siloti jedenfalls kann an dieser bedauerlichen Situation des Jahres 1898 nichts ändern. Zumindest nutzt er geschickt den Erfolg der Stunde und arrangiert für den Cousin im folgenden Frühjahr einen Londoner Auftritt als Pianist und Dirigent. Und so erhält Rachmaninoff sein erstes England-Engagement.

Auch in seiner Heimat kann der junge Komponist wieder einen kleinen Erfolg verbuchen. Am 28. November spielt der Pianist Goldenweiser in einem »Quartett-Abend« der Moskauer Abteilung der Russischen Musikgesellschaft den Klavierpart des »Trio Elégiaque«. Es ist die zweite Aufführung des Trios nach fünf Jahren, und der Rezensent Julij Engel lobt den jungen Pianisten Goldenweiser für die Wiederbelebung und sorgfältige Interpretation dieses viel zu wenig bekannten, hochinteressanten Werkes.

In den ersten Monaten des neuen Jahres stellt Rachmaninoff nach langer Pause wieder zwei Klavierstücke fertig: am 11. Januar 1899 ein »Morceau de Fantasie«, Allegro g-moll und am 4. Februar eine

»Fughetta«, Moderato F-Dur, das einzige bis heute nicht veröffentlichte Werk. Dann trifft er allmählich Vorbereitungen für sein erstes Londoner Debüt.

Ende März schon verläßt Rachmaninoff Moskau, und in London trifft er fast zwei Wochen vor dem angesetzten Konzerttermin ein. Er hat genügend Zeit, um sich in der Stadt umzusehen. Music Halls, kleine Vaudeville-Theater, prächtige Bankhäuser, die Londoner Pubs, Reklametafeln, schreiende Zeitungsjungen und Straßenhändler prägen das aufregende Stadtbild. Rachmaninoff lernt das London des Prince of Wales, des späteren König Edward VII. kennen. Das London des Jahres 1899 ist eine Stadt der Backenbärte, wie sich Charlie Chaplin seiner Kindheitstage erinnert. Könige, Soldaten, Matrosen und Kricketspieler tragen Backenbärte. Aber neben unvorstellbarer Prachtentfaltung breitet sich eine ebenso große Armut aus, die den aufmerksamen Betrachter nur wenige Schritte abseits der großen Prachtstraßen frösteln läßt.

In Rachmaninoff hinterläßt die Stadt keinen nachhaltigen Eindruck. Ihn betrüben die nebligen Tage, und die kühle englische Konvention irritiert den unruhigen jungen Russen.

Am 19. April dirigiert Rachmaninoff im Londoner Philharmonischen Konzert eine Arie aus »Prinz Igor« von Borodin – bis dato in London nicht aufgeführt –, seine eigene Orchesterfantasie der »Fels«, und er spielt zwei Stücke aus op. 3, wobei er das mittlerweile berühmt-berüchtigte cis-moll-Prélude an den Schluß setzt. Bei den Musikkritikern hinterläßt Rachmaninoff als Komponist keinen besonders nachhaltigen Eindruck. Sie sind eher von seinen dirigentischen Qualitäten und von seinem Klavierspiel angetan. *Musical Opinion, The Monthly Musical Record, Musical Times* und die *London Times* kritisieren an seinen Werken fast einstimmig den Mangel an inhaltlicher Substanz, der auch nicht durch eine hervorragende Orchestrierung verdeckt werden könne. In keinem der Werke gäbe es Größe in der Stimmung oder Erfindung, die Themen seien klein und unterernährt. Nahezu alles krieche in reumütigen Halbtonschritten umher. Seine Orchestration sei überragend und originell, aber das, was er orchestrierte, sei nicht immer eine Orchestration wert.

Nur als Dirigent zeige der russische Musiker beachtliche Qualitäten, die sich auch in seinem Klavierspiel auffällig widerspiegelten. Diese Interpreteneigenschaften geben letztendlich auch den Ausschlag, daß Rachmaninoff eine erneute Einladung für die nächste Konzertsaison erhält. Als sein 1. Klavierkonzert als Programmpunkt zur Diskussion steht, verspricht er dem Sekretär der Philharmonischen Gesellschaft, für diesen Anlaß ein besseres Werk zu schreiben.

Bei seiner Rückkehr aus England wird Rachmaninoff von der Nachricht überrascht, daß seine Oper »Aleko« in das Festprogramm der unmittelbar bevorstehenden Puschkin-Feierlichkeiten in St. Petersburg aufgenommen worden ist. Diese Entscheidung hatte ein Organisationskomitee getroffen, das aus Mitgliedern verschiedener literarischer und künstlerischer Gesellschaften Petersburgs bestand. Rachmaninoff schreibt seinem Lehrer Arenski aufgeregt, daß er für diese Veranstaltung so gern ein würdigeres Werk komponiert hätte, wenn er von dieser Ehre früher erfahren hätte. Aber er ist hocherfreut, daß die Hauptpartien mit Schaljapin und der Sängerin Dejscha-Sionitzkaja – die auch in der Premiere gesungen hatte – besetzt worden sind.

Rachmaninoff wird fortwährend von Zweifeln an der Qualität seiner Arbeit geplagt. Nicht nur die geschilderten Reaktionen auf sein 1. Klavierkonzert und die Oper »Aleko«, sondern auch viele spätere Briefe an seinen Studienkollegen und engen Freund Nikita Morosow belegen dies mit einer fast beängstigenden Eindringlichkeit. Dieser Mangel an Selbstwertgefühl treibt Rachmaninoff immer wieder in Phasen der Verzweiflung und Untätigkeit, aus denen er sich nur schwer ohne die Hilfe seiner engsten Angehörigen und Freunde lösen kann.

»Was die Qualität meiner Arbeit angeht, ist es immer dasselbe bei mir. Während der Arbeit denkst du, daß es gut ist, manchmal sogar anscheinend sehr gut, aber sobald ein wenig Zeit verstreicht, denkst du, daß fast nichts paßt und daß es das beste wäre, alles umzuarbeiten, wenngleich ich auch nicht weiß, wie ich's besser machen soll.«[13]

Elena Kreutzer-Shukowskaja, seine Freundin und Schülerin der frühen Jahre, erinnert sich: »Wenn Sergej Wassiljewitsch die Meinung über sein Werk änderte, das wir schon liebgewonnen hatten, kränkte uns dies sehr, aber wir hatten wenig Mittel für seine Verteidigung. Damals dachten sich Sonja und Wolodja, beide Cousins, die jüngsten von uns und sehr ideenreich, folgendes aus: Wenn S. W. mit seinem neuen Werk zufrieden war und sich positiv darüber äußerte, veranlaßten sie ihn, folgendes, von ihnen entworfenes Dokument zu unterschreiben: am soundsovielten (Jahr und Tag) äußerte sich Sergej Rachmaninoff in Gegenwart folgender Personen (es folgte eine Aufzählung der Personen) über sein neues Werk (es folgte die Bezeichnung des Stückes), daß es ›gut‹ oder ›recht gelungen‹ sei. Adjektive im Superlativ in bezug auf seine Werke gebrauchte er nie.

Unter dieser Bescheinigung folgte die eigenhändige Unterschrift Sergej Wassiljewitschs. Wenn er jedoch einige Zeit später in diesem Werke einige Unzulänglichkeiten zu finden begann, lasen Sonja und Wolodja festlich das bei ihnen befindliche ›Dokument‹ mit seiner Unterschrift vor. In diesen Fällen lachte S. W., hatte Nachsicht mit ›seinen Kindern‹ und gab sich geschlagen.«[14]

Außerdem gibt die Shukowskaja einen ausführlichen Bericht über Rachmaninoffs Arbeitsweise während der Sommermonate auf Iwanowka: Von 9 bis 11 Uhr übt er gewöhnlich Klavier. Er spielt Tonleitern – in Doppelterzen, Sexten, Oktaven und Arpeggien in verschiedenen Kombinationen, das übliche Exerzitium. Stets beginnt er im langsamen Tempo und endet oftmals sehr schnell. Nach einer Reihe von Übungsetüden wechselt er dann zu Chopin-Etüden über, von denen er täglich die Etüden in Doppelterzen, Sexten und Oktaven exerziert. Am Ende seiner Übungen steht grundsätzlich die c-moll-Etüde. Auch die Etüden Chopins spielt er regelmäßig zuerst in einem extrem langsamen Tempo, um dann in höchster Schnelligkeit zu enden. Die Zeit von 11 Uhr bis mittags ist dann nur noch der Komposition gewidmet. Der größte Teil dieser Kompositionsarbeit vollzieht sich offensichtlich im inneren Gehör. Denn Rachmaninoff spielt während dieser Stunden nur sehr selten Klavier. »Rachmaninoff äußerte einmal«, so Shukowskaja, »daß die von ihm zu schaffende Musik nur dann im Kopf zu klingen aufhörte, wenn sie auf das Notenpapier aufgeschrieben sei. Möglicherweise strömte aus diesem Grunde das Werk erst nach einem langen schöpferischen Prozeß scheinbar wie plötzlich heraus. In der Jugend war bei mir daher der Eindruck entstanden, daß der schöpferische Prozeß bei ihm mit ungewöhnlicher Schnelligkeit vonstatten geht, und zweifellos waren dies solche Fälle.«[15]

Elena Kreutzer-Shukowskajas Beobachtungen erschließen den äußeren, sichtbaren Teilbereich des Schaffensprozesses. Die inneren Kämpfe, die Rachmaninoff durchleidet, werden erst in den Geständnissen der späteren Jahre deutlich, wo sich der mühevolle, beschwerliche Weg klar abzeichnet. Rachmaninoff schreibt an Morosow am 29. August 1906, daß er nie in der Lage sei, etwas allein zu tun, sondern immer einen äußeren Anstoß erhalten müsse. Er arbeite wie gewöhnlich viel, und wie immer ginge es ihm nur schwer von der Hand.[16]

Klagen, Zweifel und Selbstanschuldigungen durchziehen denn auch wie ein Basso Continuo Rachmaninoffs gesamten Lebensweg. Sie verdichten sich zur fast neurotischen Zwangsvorstellung und bleiben bis zum Lebensende ein ungelöstes Problem.

Seine permanent geäußerten Zweifel an der Güte seiner Werke und die vielzähligen Umformungen, Zweit- und Drittfassungen verraten einen verbissenen Kampf um Originalität seiner schöpferischen Aussagen. So vermerkt im Jahre 1899 die Moskauer Presse mit Bedauern, daß der junge Komponist seit längerem keine neuen Werke vorstellte. Er zeigt sich in der Öffentlichkeit tatsächlich fast ausschließlich als Klavierbegleiter von Schaljapin oder tritt gelegentlich in Duoabenden mit Goldenweiser auf. Elena Kreutzer-Shukowskaja entsinnt sich, daß Rachmaninoff gerade zu dieser Zeit intensiv in einem Buch über Erziehung und Stärkung der Willenskraft liest. Auch in Gesprächen und Diskussionen mit anderen Sommergästen umkreist er beharrlich und eigensinnig diesen Themenbereich. Rachmaninoff ist offenbar ängstlich bemüht, die wieder zaghaft keimenden kompositorischen Neigungen in seine Gewalt zu bekommen. Ungefähr in dieselbe Zeit fällt auch die Komposition des Chorwerkes »Pantelej der Heiler«. Die Shukowskaja beschreibt anschaulich, mit welcher Begeisterung die Jugendlichen gleich nach Fertigstellung mit der Einstudierung der Stimmen beginnen. Der Sommer 1899 bei den Kreutzers ist vor allem dem Chorsingen im Freien gewidmet. Chordirigent ist Rachmaninoff, der gleichzeitig auch die Baßstimme übernimmt. Es hat den Anschein, als ob sich Rachmaninoffs Gemütszustand wieder zusehends stabilisiert.

Ebenso schildert Shukowskaja, wie aus Rachmaninoffs Zimmer fortwährend das Schicksalsmotiv der 5. Sinfonie Beethovens dringt. Darüber hinaus habe es ihm ganz besonders ein Gedichtband mit Werken Alexej Apuchtins angetan, dessen Seite mit dem Gedicht »Schicksal« zum Schluß regelrecht von der Sonne ausgeblichen sei. Resultat der Anstrengungen sei zweifelsfrei die Romanze »Schicksal«, auch wenn auf dem Autograph der 18. Februar 1900 als Datum der Fertigstellung vermerkt ist. Die Eingangstakte zitieren im übrigen wörtlich das legendäre Beethoven-Motiv!

Im selben Sommer schreibt Rachmaninoff wieder seine ersten Lieder. Das eine, ein Scherzlied mit dem Titel »Hattest du einen Schluckauf, Natascha?«, basiert auf einem Gedicht des Fürsten P. A. Wjasemski. Rachmaninoff wandelt das Gedicht in einen humoristischen, musikalischen Brief an seine Cousine Natalja Satina ab. Der Phrase »Natascha liebend« unterlegt er ein Motiv der Arie des Fürsten Lenski aus Tschaikowskis Oper »Eugen Onegin«. Rachmaninoff widmet das Lied Natalja Satina und fügt in offenkundiger Freude über die wiederkehrenden kreativen Kräfte hinzu: »Nein! Meine Muse ist nicht gestorben, liebe Natascha. Ich widme mein neues Lied Dir!«

Am 9. Januar 1900 kommt es zum zweiten Treffen zwischen Rachmaninoff und dem alten Lew Tolstoi. Ist es nun Ironie des Schicksals, oder sucht der junge Rachmaninoff tatsächlich des Geschickes Mächte zu überlisten, als er ausgerechnet sein neues Lied »Schicksal« mit sich führt, um es Tolstoi vorzustellen? Schaljapin, der gemeinsam mit Rachmaninoff der Einladung Tolstois Folge leistet, schildert die Begegnung in seinen Erinnerungen »Maske und Seele«:

»Tolstoi lebte damals mit seiner Familie im Distrikt Chamowniki in Moskau (südwestlicher Bezirk Moskaus; M. B.). Rachmaninoff und ich erhielten eine Einladung, ihn zu besuchen. Wir erklommen die hölzerne Treppe zum 2. Stock eines sehr bezaubernden Hauses, bescheiden und intim im Charakter, teilweise aus Holz gefertigt, wenn ich mich recht entsinne. Wir wurden herzlich begrüßt von

Sofija Andrejewna und ihren Söhnen ... Uns wurde Tee angeboten, aber ich spürte keine Lust, Tee zu trinken. Ich war sehr aufgeregt ... Bis damals hatte ich nur Porträts von Tolstoi gesehen, und nun erschien er selbst. Er stand an einem kleinen Schachtisch und sprach zum jungen Goldenweiser ... Sergej Rachmaninoff erschien tapferer als ich, aber auch er war bewegt, und seine Hände waren kalt. ›Wenn ich gebeten werde, zu spielen‹, flüsterte er mir zu, ›weiß ich nicht, wie ich es soll – meine Hände sind eiskalt.‹ Im nächsten Moment fragte ihn Tolstoi, ob er spielen würde. Ich kann mich nicht erinnern, was er spielte. Ich war zu aufgeregt bei dem Gedanken, daß ich als nächster an der Reihe sein würde. Meine Aufregung wuchs an, als Tolstoi Rachmaninoff glattheraus fragte: ›Sagen Sie mir, braucht irgendjemand solche Musik?‹ Ich wurde gebeten, zu singen. Ich entsinne mich, daß ich ›Schicksal‹ sang, ein Lied, das Rachmaninoff gerade komponiert hatte ... Rachmaninoff begleitete mich. Wir gaben unser Bestes, dieses Werk so gut wie möglich vorzuführen. Er sagte nichts. Dann, wie vorher, fragte er: ›Welche Art von Musik ist für die Leute am notwendigsten – gelehrte Musik oder Volksmusik?‹«[17]

In Rachmaninoffs Erinnerung trägt die Begegnung wesentlich unerfreulichere Züge: Als beide mit ihrem Vortrag enden, haben sie das sichere Gefühl, daß eigentlich alle erfreut sind. Plötzlich aber erstirbt der enthusiastische Beifall und alle schweigen. Tolstoi schaut trübe und verdrießlich. Er geht auf Rachmaninoff zu und erklärt aufgeregt: »Ich muß Sie sprechen. Ich muß Ihnen sagen, wie mir das alles mißfällt! Beethoven ist Unsinn, Puschkin und Lermontow auch.« Erst als er gewahr wird, mit welchem Entsetzen ihn der junge Komponist anstarrt, murmelt er entschuldigend: »Es tut mir leid. Ich bin ein alter Mann, ich wollte Sie nicht verletzen.«[18]

Der arme Rachmaninoff ahnt am 9. Januar 1900 nicht im geringsten – oder ist über aktuelle, ideologische Wortgefechte und modische Kunsttheorien erstaunlich schlecht informiert – daß er soeben das Opfer Tolstoischen Kulturfanatismus' geworden ist, und daß der Zorn des Meisters nicht so sehr seiner Person als dem »Musiklieferanten der reichen Klassen« gilt.

Der große, wortgewaltige Theoretiker Tolstoi versagt als einfühlsamer Psychologe kläglich. Er geißelt den »entlohnten Berufsmusiker« und spürt nicht, daß er einen jungen, unsicher tastenden Künstler demütigt und jeglicher Motivation beraubt.

Tolstois Unverständnis und seine kaum verhohlene Verachtung üben eine vernichtende Wirkung auf Rachmaninoff aus. Das gerade erst mühselig wiedergewonnene Selbstvertrauen schwindet binnen weniger Stunden, und der junge Künstler verläßt den großen Dichter als verwundeter, verzweifelter Künstler, zum zweiten Mal vor den Scherben seines Berufsbildes stehend.

Der »Baron im Bauernkittel« Lew Tolstoi ist der Prophet einer neuen christlichen Religion, gereinigt von Dogmen und Mystik der orthodoxen Staatskirche. Er predigt Brüderlichkeit und Liebe, nicht künftiges Heil im Jenseits, sondern Heil auf dieser Erden. Er lehnt Gewalt und Gewaltanwendung ab, und sein machtvolles Plädoyer für das einfache Leben in der Gemeinschaft bei nützlicher menschlicher Arbeit erhebt ihn zum moralischen Gewissen Europas. Die Intellektuellen der westlichen Welt unternehmen Pilgerfahrten zum Schriftsteller und Philosophen des Ostens. Tolstois Größe ist allerdings nicht frei von Widerspruch: »Er selbst hat es nie vermocht, nach seiner Lehre zu leben: er wurde weder zum abgeklärten Asketen noch zum friedlichen Mitmenschen; trotz ›Tolstovka‹, selbstgefertigten Stiefeln und gemeinsamem Holzhakken mit den Bauern auf den Moskauer Sperlingsbergen hat er nie seine Lebensweise als gebildeter Aristokrat in der Familie aufgegeben.«[19]

In seiner kompromißlosen, radikalen Theorie vom einfachen Leben mit nützlicher Arbeit verstrickt sich Tolstoi auf dem Terrain der Kulturkritik in gefährliche, ästhetische Spekulationen. Als terrible simplificateur und Kulturpopulist leistet er damit den späteren stalinistischen Kulturtheorien des »nützlichen Dichters als Ingenieurs der Seele« Vorschub. Weit vor 1917 prägt er den Nützlichkeits- und Schädlichkeitsbegriff in der Kunst. Er veröffentlicht 1899 seine ästhetische Streitschrift »Was ist Kunst« und entfacht in der Kulturszene einen ungeheuren Aufruhr.

Als Rimski-Korsakow ebenfalls im Jahre 1900 Tolstoi aufsucht, scheidet auch er von dem alten Grafen im Streit. Zwar ist über dieses Zusammentreffen nichts Genaueres bekannt, aber eine Parallele zum Rachmaninoff-Eklat liegt nahe.

Tolstois Ideen kulminieren in drei Thesen. Erstens: Eine Volkskunst entsteht nur dann, wenn irgendein Mensch aus dem Volke ein starkes Gefühl empfunden hat und das Bedürfnis hegt, es den Menschen mitzuteilen. Die Kunst der reichen Klassen entsteht, weil sie Zerstreuungen verlangen, die sie gut bezahlen. Zweitens: In dieser Berufsmäßigkeit der Kunst durch Entlohnung der Künstler, Einflüsse der Kritik und der Schulen liegt die erste Bedingung für die Verbreitung von falsifizierter Afterkunst. Drittens: Musik ist die Kunst, die ihrer Eigenschaft nach eine unmittelbare physiologische Wirkung auf die Nerven hat. Anstatt in der Melodie die Gefühle, die der Autor empfunden hat, wiederzugeben, sammelt sie der moderne Musiker und verzwickt die Töne, bald verstärkt, bald schwächt er sie ab und erzeugt bei dem Publikum eine physiologische Wirkung, die es für eine Wirkung der Kunst ansieht. Diese Gefühle sind »schlecht«, und deshalb sind so viele Werke insbesondere der Musik »schädlich«.[20]

Als erster aus den Reihen der Musiker reagiert der Petersburger Kapellmeister und Musikschriftsteller Wiktor G. Walter. In seiner Gegenpolemik »Zur Verteidigung der Kunst. Gedanken eines Musikers anläßlich des Tolstoischen Aufsatzes ›Was ist Kunst‹. St. Petersburg 1899« wirft er Tolstoi sinngemäß vor, in unzulässiger Weise einem volkstümlichen, banal-vereinfachten Kunstverständnis Vorschub zu leisten. Das Problem einer elitären Klassenkunst sei nicht mit dem Rückgriff auf Primitivmittel zu lösen, sondern könne nur durch soziale Maßnahmen bewältigt werden.

»Aber Tolstoi muß uns erst beweisen, daß alle unsere Kunst mit geringfügigen Ausnahmen, schädlich ist und daß sie vernichtet werden muß.«[21]

In der Theorie der christlichen Volkskultur zeige sich eher persönlicher Fanatismus wie in seiner Theorie der Ehe ohne geschlechtliche Liebe und jetzt in seiner Theorie von der Kunst ohne Schönheit und Genuß. Auch der Petersburger Komponist Anatolij K. Ljadow ist über Tolstois Theorien entsetzt: »Ein genialer Lehrer in seinen dichterischen Werken, aber in seinen Belehrungen ist er bisweilen einfach ein Schwachkopf.«[22]

Der Ästhetenstreit um Lew Tolstoi ist hier nur ein ausgewählter ideologischer Kriegsschauplatz der russischen Kulturszenerie der

Jahrhundertwende. Das Rußland der neunziger Jahre bis hin zum Ausbruch des 1. Weltkrieges trägt die Züge eines Januskopfes: Ein bisher nicht gekannter wirtschaftlicher und kultureller Aufschwung zeigt auf seiner Schattenseite die Narben verschärfter, sozialer Gegensätze. Auf der einen Seite akkumulieren die Unternehmer der Gründerjahre, die Morosows, Mamontows oder Lopachins ungeheure Reichtümer – auf der anderen Seite stürzen die Bauern zu Hunderttausenden in ein städtisches Fabrikarbeitermilieu ab, oder versinken gar ins Lumpenproletariat. Im Jahre 1898 konstituiert sich die sozialdemokratische Partei Rußlands. Die zaristische Außenpolitik verfolgt in den nordwestlichen Randgebieten des Reiches einen hartnäckigen Russifizierungskurs und schürt gleichzeitig die Unruhen auf dem Balkan, indem sie in den dortigen Kleinstaaten Serbien, Montenegro und Bulgarien Ideen des Panslawismus verbreitet. Die aggressive Kolonialpolitik der Großmächte Frankreich, England und die forcierte Flotten- und Rüstungspolitik Deutschlands beunruhigen zunehmend den russischen Zeitungsleser und erzeugen in ihm ein Gefühl der Krise und der unabwendbar bevorstehenden Katastrophe.

Die russische Kulturlandschaft reflektiert all diese Erschütterungen in einer schillernden Farbenpracht heterogener Stilrichtungen: Spätromantik, Fin de siècle oder aus der Bildenden Kunst entlehnte Begriffe wie Impressionismus, Expressionismus oder Jugendstil erfassen nur Teilaspekte dieses »Silbernen Zeitalters« der russischen Kultur. Es gibt keine Stileinheit.

Popularisiert und diskutiert werden die vielfältigen Ideologien und Kunstschöpfungen in den zahlreichen Zeitschriften, Ausstellungen, Konzerten und in den musikalisch-literarischen Zirkeln. In der Zeit zwischen 1890 und 1917 gibt es allein für den Bereich der Musik fünfzehn Fachzeitschriften, nicht mitgerechnet die großen Tageszeitungen mit ihren speziellen Feuilletons.

Als Gegenbewegung zu den nationalen, konservativen Strömungen im Lande entwickeln die Jünger des Symbolismus' stark kosmopolitische, aber auch germanophile Aktivitäten. Kunstzeitschriften des Symbolismus sind Valerij Brjusows französisch-orientierte *Waage*, die Petersburger *Mir Iskusstwa* und Emil Medtners *Musagetes*. Die Symbolisten sind es auch, die als erste Richard

Wagner für Rußland entdecken. Wagners Idee des Gesamtkunstwerks beeindruckt nicht nur Djaghilew und den Theaterregisseur Stanislawski, sondern formt auch nachhaltig Skrjabins synästhetische Konzeptionen. Das 1913/14 mit Meyerhold in dessen Petersburger Experimentalstudio erprobte Mystère findet großen Anklang bei der symbolistischen Intellektuellengemeinde. Aus dieser intensiven Öffnung nach Westen, die ihre stärkste Ausprägung in St. Petersburg findet, entwickeln sich später die Extrempositionen des Modernismus in der abstrakten Malerei, in der atonalen Musik und im Futurismus.

Der russische Konservativismus hingegen zeigt in den Zentren Moskau und St. Petersburg gänzlich abweichende Bilder. Das Petersburger »Mächtige Häuflein« und seine Nachfolgeorganisation, der »Beljajew-Kreis« um Rimski-Korsakow, Alexander Glasunow, Ljadow, die Brüder Blumenfeld, Wladimir Stassow und andere suchen den eigenen »russischen« Weg. Sie stellen russisches Volkstum und den Folklorismus des russischen Ostens bewußt in einen Kontrast zur westlichen, akademischen Formwelt. Sie propagieren Nonkonformismus vor Konservatoriumsmusik.

»Konservatoriumsmusik« und »Nonkonformismus« – diese Schlagwörter werden in der Regel mit den Komponisten Tschaikowski und Mussorgski assoziiert, mit den wetteifernden Zentren Moskau und St. Petersburg. Während St. Petersburg als Sitz des zaristischen Hofes, der Flotte und des Gardecorps die Beamtenstadt auf westlichem Vorposten ist, ruht Moskau als Hort der Slawophilen und des Panslawismus, als Refugium des ultra-konservativen Landadels und einer reichen orthodoxen Kaufmannschaft in rückwärtsgewandter Beschaulichkeit. In diesem Sinne sind sowohl das Moskauer Konservatorium, die Mamontow-Oper als auch die Moskauer »Kersin-Konzerte« und die Moskauer Synodalschule für Kirchengesang in der Tat traditionsbewußte, konservative Kulturorgane.

Das Moskauer Konservatorium zeigt denn auch unter Safonow fast schon reaktionäre Tendenzen, wenn es den Studenten Komponisten wie Wagner, Strauss, Debussy, Ravel vorenthält, oder autoritäre Übergriffe – wie sie in der »Affäre Konjus« bekannt werden – schweigend duldet. Der Theorieprofessor Georgij Konjus erhält 1899 die fristlose Kündigung, als er es wagt, öffentlich die Wiedereinführung einer Rechtsordnung im Konservatorium zu fordern.

Der »Kersin-Kreis« – am 4. Mai 1896 vom Moskauer Rechtsanwalt A. M. Kersin und seiner Ehefrau, einer Pianistin, gegründet – und die von ihm initiierte Veranstaltungsreihe verfolgen inhaltlich ähnliche Ziele wie die Mamontow-Oper. Es geht um die Förderung russischer Musik mit russischen Künstlern. Hauptanliegen des Kreises ist nach Berichten des Moskauer Musikkritikers Julij Engel die Propaganda russischer Kammer- und Vokalmusik, von denen viele Werke nur einem sehr kleinen Kreis bekannt sind. In den ab 1901 regelmäßig veranstalteten öffentlichen Konzerten spielen Rachmaninoff und Tanejew eine wichtige Rolle, da sie nicht nur eigene Werke aufführen, sondern auch viele Novitäten aus der Moskauer und Petersburger Komponistenschule vorstellen.

Nicht zufällig wird auch gerade in Moskau um 1900 die Synodalschule für Kirchengesang eröffnet. Denn die konservative reiche Kaufmannschaft zählt hier viele Liebhaber des Kirchengesanges, die sich in Chören zusammenfinden, aber leider nicht sehr wählerisch in ihrem Repertoire sind. Mit Inbrunst pflegen sie den süßtönenden, berauschenden Gesang, der die russische Kirchenmusik des 19. Jahrhunderts in unmittelbare Nähe zur italienischen Oper rückt. Und diesem bunten Stilgemisch soll der Chor der Synodalschule jetzt ein Ende setzen.

Um die Jahrhundertwende wird das russische Musikleben von drei konservativ-staatstragenden Kronstiftungen kontrolliert und reglementiert. Es sind die Kaiserlichen Theater in Moskau und St. Petersburg, die Kaiserlich-Russische Musikgesellschaft RMO und die kirchlichen Institutionen Kaiserliche Singkapelle St. Petersburg sowie die Moskauer Synodalschule.

Die kaiserlichen Bühnen, das St. Petersburger Mariinski-Theater und das Moskauer Bolschoj- sowie das Maly-Theater sind die ältesten zaristischen Kultureinrichtungen. Sie wurden um 1750 gegründet, blicken also auf eine lange Tradition zurück. In beiden Städten finden jährlich mehr als hundert Veranstaltungen statt. Die Kaiserlich-Russische Musikgesellschaft umfaßt im Jahre 1900 genau 21 Sektionen. Unter ihrer Aufsicht stehen die Konservatorien

Moskaus und St. Petersburgs sowie die 12 Musikschulen des Landes. Neben ihren Haupteinkünften durch die Krone erhalten die Ausbildungsinstitute laufende Zuwendungen von privaten Sponsoren. Um 1900 verfügt die RMO noch über keine eigenen Orchester, so daß für die Konzerte Orchestermusiker aus den Theatern entliehen werden. Präsidenten der RMO sind ausnahmslos Mitglieder des Hochadels.

Neben dem offiziellen Musikleben wird in Privatzirkeln eine intensive alternative Musikpflege betrieben, wie zum Beispiel in Moskau der Kreis um den Pianisten Goldenweiser.

Im Jahre 1900 veranstaltet der Dichter N. D. Teleschow erstmals seine Literarischen Mittwochabende. Als hier Gorki im September 1902 sein neues Stück »Nachtasyl« liest, ist die gesamte Moskauer Intelligenz versammelt. Drei Monate später hat das Stück Premiere am Moskauer Künstlertheater. Rachmaninoff und Schaljapin sind gern gesehene Gäste an diesen Mittwochabenden, die sie mit Lied- und Romanzenvorträgen musikalisch umrahmen.

In St. Petersburg wiederum entwickelt der Beljajew-Kreis mit Rimski-Korsakow, Glasunow, Ljadow, den Brüdern Blumenfeld und dem alten Wladimir Stassow eine rege Betriebsamkeit. Die Musiker veranstalten unter anderem Freitagabende mit ausschließlich neuer russischer Musik. Die radikalen Modernisten in St. Petersburg gehen sogar noch einen Schritt weiter: Der Kreis um Iwan Kryshanowski – ein Schüler Rimski-Korsakow, Komponist und approbierter Mediziner – und Wjatscheslaw Karatygin – ebenfalls Komponist und Lehrer – provoziert die Zuhörerschaft mit dem dernier cri aus In- und Ausland.

Auf dem Theatersektor ist um 1900 Moskau die interessantere Stadt. In dem von ihnen gegründeten Moskauer Künstlertheater führen Stanislawski und Nemirowitsch-Dantschenko die neuesten Dramen von Hauptmann und Tschechow auf. Die Tschechowschen Bilder einer untergehenden patriarchalischen Gesellschaft und absterbenden dörflichen Lebensform verwandeln sich in Stanislawskis Regie zu einem kunstvoll verdichteten Zeitpanorama.

Unter dem Druck der eskalierenden Spannungen der russischen Gesellschaft flüchten sich hypersensitive Künstler in Heilslehren wie Skrjabins Traum vom erlösenden Gesamtkunstwerk oder verlieren sich in spekulative Theorien über das menschliche Unterbewußtsein. Sigmund Freud veröffentlicht 1900 sein wichtigstes Werk »Traumdeutung«. Ein Jahr später erscheint seine Schrift »Zur Psychopathologie des Alltagslebens«. Die Lehren der Psychiatrie und Psychoanalyse erreichen auch Rußland und erfüllen den unruhigen Zeitgeist mit Hoffnung und wissenschaftlicher Neugier. Skrjabin konsultiert bereits 1895 mehrfach während einer von Beljajew finanzierten Europareise den berühmten Heidelberger Neurologen Wilhelm Erb. Der Moskauer Nervenarzt G. I. Rossolimo – Privatdozent der Moskauer Universität – hält im Jahre 1900 einen viel beachteten Vortrag über die Psychologie des künstlerischen Schaffensprozesses. Er referiert detailliert über die Methode der objektiven Erforschung des schöpferischen Prozesses.

Die Figur Rachmaninoffs bleibt in dieser wildwogenden Kulturlandschaft seltsam blaß und konturenlos. Auf die drängenden Tagesfragen nach Nützlichkeit oder Schädlichkeit, Dekadenz, sozialer Verantwortung oder gesellschaftlicher Loslösung der Kunst gibt er keine Antwort. Tolstoi bleibt er die Rechtfertigung und Verteidigung seiner Kunstüberzeugung schuldig. Er verfällt in den passiven Zustand beklemmender Depressionen. Trotz der sorglosen, unbeschwerten Sommerferien bei den Kreutzers auf Krasnenkoje, umgeben von den engsten Angehörigen und Freunden, trotz erzwungener Selbstdisziplin und eiserner Schulung seiner Willenskraft sind Rachmaninoffs seelische Kräfte erschöpft. Erneut muß er sich die Frage nach seiner Begabung und Eignung zum Komponisten stellen. Tolstois Satz »Braucht man solche Musik?« hatte ihn mit ungeheurer Wucht getroffen.

Auf Drängen seiner erschreckten Verwandtschaft erklärt er sich bereit, einen Arzt aufzusuchen.

Ein Bekannter der Familie vermittelt Rachmaninoff den Kontakt zu Nikolaj Dahl, einem angesehenen Facharzt für Innere Medizin, der sich in Moskau einen besonderen Ruf durch Hypnosebehandlung erworben hatte. Die Methode der Heilung durch Hypnose übt in jenen Jahren gerade auf psychisch-gefährdete und suchtkranke Menschen eine starke Anziehungskraft aus, und Dr. Dahl hatte mit dieser Behandlung etlichen Hilfesuchenden dauerhaft geholfen.

Der Patient Rachmaninoff faßt sehr schnell Vertrauen zu dem Mediziner, zumal Dahl auch ein vielseitig gebildeter Musikliebhaber ist, der den jungen Komponisten gleich zu Beginn der täglichen Sitzungen intensiv und zielgerichtet für eine Wiederaufnahme der kompositorischen Arbeit zu motivieren sucht. Der Psychotherapeut Dahl forscht in ausführlichen Gesprächen nach den Ursachen der seelischen Notlage seines Patienten, seiner panischen Angst, zu versagen und nicht mehr komponieren zu können. Und er erfaßt sehr schnell die in dieser Künstlernatur gegenwärtig unlösbaren Widersprüche. In Rachmaninoff bricht heftiger als je zuvor der alte Konflikt zwischen Leistungszwang und Laissez faire aus. Er steigert sich in Zwangsvorstellungen mütterlicher, unerfüllbarer Forderungen und in den Wahn der väterlichen Lebensflucht. Mit bewunderungswürdiger Geduld und allen ihm zur Verfügung stehenden Mitteln der Suggestion lenkt Dahl die Aufmerksamkeit seines Patienten immer wieder auf den einen Punkt: die befreiende Lösung liegt im Komponieren des neuen Klavierkonzertes, das Rachmaninoff nun schon seit Wochen unablässig in Gedanken umkreist.

Tatsächlich vollbringt Dahl innerhalb weniger Monate das Wunder, den Komponisten Rachmaninoff wieder vom Wert seiner selbst und von der Qualität seiner Arbeit überzeugt zu haben. Rachmaninoff wagt sich wieder unter Menschen.

Die treuen Freunde Goldenweiser und Schaljapin bewegen ihn sogar zur Teilnahme an einem Konzertabend, so daß Rachmaninoff am 9. März im Großen Adelssaal einmal als Duopartner von Goldenweiser und zum anderen als Klavierbegleiter von Schaljapin auftritt. Das Programm beinhaltet die Totentänze von Saint-Saëns für zwei Klaviere, einige kleinere Stücke von Anton Rubinstein sowie das bedeutungsschwere Lied »Schicksal« von Rachmaninoff. Der Presse zufolge absolviert Rachmaninoff die Programmpunkte glänzend, und das Konzert erweist sich für alle Beteiligten als voller Erfolg. Zumindest finanziell ist das Lied »Schicksal« ein Glückstreffer: Der großzügige Verleger Gutheil zahlt Rachmaninoff für das Lied ein Honorar in Höhe von 250 Rubel. Eine stattliche Summe, wenn man bedenkt, daß Beljajew für ähnliche Produkte jeweils nur die Festsumme von 100 Rubel zahlt.

Im April reisen Schaljapin und Rachmaninoff auf die Krim, wo sich zur selben Zeit auch die Schauspieler des Moskauer Künstlertheaters aufhalten. Das Theater gibt diese Gastspiele in Sewastopol und Jalta zu Ehren Tschechows, da der lungenkranke Dichter jetzt schon nicht mehr in den Norden reisen kann, um in Moskau die populären Inszenierungen zu erleben.

Jalta ist auch Zufluchtsort des erst 34jährigen, ebenfalls an Tuberkolose leidenden Komponisten Wassilij S. Kalinnikow, der zu dieser Zeit kaum noch Kontakte zur Musikwelt hat. Rachmaninoffs Besuche bereiten ihm eine ungeheure Freude, zumal er dadurch die neuesten Kompositionen von Tanejew, Glasunow und Arenski kennenlernt, die Rachmaninoff ihm am Klavier vorspielt. Außerdem verspricht ihm Rachmaninoff, bei dem Verleger Jürgensohn ein gutes Wort einzulegen. Und tatsächlich erhält der überglückliche Kalinnikow auch bald ein Honorar von Jürgensohn: 170 Rubel für die 2. Sinfonie und drei Lieder. Der Arme ahnt nicht im geringsten, daß in Wirklichkeit Rachmaninoff mit den Freunden Kruglikow und Julij Engel zusammengelegt hatte, um dem Todkranken noch eine letzte Freude zu bereiten.

Denn der Verleger Jürgensohn ist zwar auf Drängen Julij Engels bereit, die beiden Sinfonien Kalinnikows in Partitur und Klavierauszug zu veröffentlichen, aber ein Honorar will er dafür im voraus nicht zahlen.[23]

Als Kalinnikow Ende des Jahres stirbt, kann die Witwe kaum das Geld für die Beerdigung aufbringen, geschweige denn, einen Grabstein setzen. In ihrer Not wendet sie sich wieder an Rachmaninoff und übergibt ihm einige Kompositionen aus dem Nachlaß, in der Hoffnung, damit wenigstens ein Darlehen zu erwirken. Rachmaninoff legt die Stücke Jürgensohn vor, der jetzt überraschenderweise ohne Zögern eine Summe bietet, die das erwartete Darlehen um ein Zehnfaches übersteigt. Noch viele Jahre später erinnert sich Rachmaninoff an des Verlegers lakonischen Kommentar: »Glauben Sie nicht, daß ich diese enorme Summe ohne einen triftigen Grund zahle; ich zahle sie, weil der Tod des Komponisten den Wert seiner Werke um Zehn multipliziert hat.«[24]

Die »Kunst der Stimmung« und die Revolution von 1905

1900–1906

Im Juni des Jahres 1900 reist Rachmaninoff mit Schaljapin nach Italien. Die Vorgeschichte und den Verlauf der Reise beschreibt der Sänger in seinen Erinnerungen: Im Frühjahr erhält er ein Telegramm vom Mailänder Theater La Scala, in dem man ihm die Rolle des Mephisto in Arrigo Boitos »Mefistofele« anbietet. Zuerst meint Schaljapin, jemand habe sich einen üblen Scherz mit ihm erlaubt, denn er singt nicht italienisch und kennt Boitos Oper nicht. Seine Frau hingegen ist von der Echtheit des Telegramms überzeugt. So telegrafiert er nach Mailand zurück und bittet um Wiederholung des Textes. Als ein zweites Telegramm eintrifft, begreift Schaljapin, daß es sich um keinen Scherz handelt. Es wird ihm unbehaglich zumute. Eine Zusage wäre Größenwahn oder absoluter Leichtsinn. Erst nach zwei Tagen offenbart er sich Rachmaninoff, der wiederum erstaunlich sorglos reagiert. Für Rachmaninoff steht außer Frage, daß Schaljapin nach Mailand reist, denn er bietet sich sofort als Reisebegleiter und Korrepetitor an. Für ihn käme es sehr gelegen, da er dort komponieren könne und in seiner freien Zeit Schaljapin beim Rollenstudium unterstützen würde. Also fahren sie nach Varezze, einem kleinen Ort zwischen Genua und Savona, und rüsten sich dort für den großen Auftritt Schaljapins in der Mailänder Scala. Domizil der beiden ist die Villa des italienischen Ingenieurs Vittorio Lunelli – ein beliebtes Refugium für Maler und Schriftsteller, die sich hier alljährlich für mehrere Wochen einmieten, um in angenehmer Atmosphäre ungestört arbeiten zu können.

Schaljapin scheint sich recht wohlzufühlen, wohingegen Rachmaninoffs erste Begeisterung rasch schwindet. Seine Stimmung klingt gedämpft. Fast bedauert er seinen Entschluß, mit Schaljapin nach Italien gefahren zu sein, zumal der Sänger auch noch für mehrere Tage nach Paris entweicht und dort die kostbare Zeit mit galanten Abenteuern verbringt.

Am 14. Juni schreibt Rachmaninoff seinem Freund Nikita Morosow: »Ich kam hier am 11. an. Ich hätte sofort eine Antwort geschickt, wenn in unserem Haus nicht ein so totales Durcheinander gewesen wäre. Heute jedoch kenne ich endlich meinen Raum, und ich habe Papier und Tinte und preise Gott dafür! Aber sie rennen immer noch umher, räumen auf, machen sauber, wischen Staub – und zu allem noch die Hitze. Ich kann mich nicht an solche Unordnung gewöhnen! ... Zwei Dinge muß ich dir berichten. Zuerst, daß ich gründlich bedaure, hier zu sein, anstatt mit dir zu reisen. Zweitens, daß ich nicht nach Paris fahren werde, denn diese Fahrt hat mehr als geplant gekostet. So wird alles zusammen zur Qual.«[1]

Und acht Tage später: »... Diese Art häuslicher Lebensweise hier ist nichts für mich, paßt mir überhaupt nicht. Obwohl ich sogar einen abgeschlossenen Raum habe, ist manchmal nebenan solch ein Gekreisch und Krach, wie es nur in einem Haushalt wie dem unseren geschehen kann ...«[2]

Mitte Juli steht Rachmaninoffs Entschluß fest: Er reist ab und schreibt Morosow einen letzten Brief aus Mailand:

»... Das Leben hier hat mich bis zum Überdruß gelangweilt, und Arbeiten hier ist unmöglich gewesen, schon allein der Hitze wegen. Ich reise ... mit der festen Absicht ab, eine Menge zu komponieren, wenn ich zu Hause bin.«[3]

Ganz so unproduktiv und unerfreulich – wie Rachmaninoff ihn schildert – kann der Italienaufenthalt aber letztlich doch nicht gewesen sein. Denn Rachmaninoff tritt die Rückreise immerhin mit einigen Entwürfen, Skizzen und kompositorischen Fragmenten an: »Francesca da Rimini« erhält eine erste Fassung, und die Grundideen für das 2. Klavierkonzert und die 2. Klaviersuite sind bereits in Ansätzen fixiert. Der letzte Satz der Suite – Tarantella – ist ein strahlendes Beispiel italienischer Impressionen!

Als Rachmaninoff wieder in seiner geliebten Heimat eintrifft, zieht er sich für den Rest des Sommers auf das idyllische Gut der Kreutzers in Krasnenkoje zurück. Hier schreibt er den 2. und 3. Satz seines 2. Klavierkonzerts nieder.

Am 2. Dezember 1900 führt er beide Sätze des Konzerts im Rahmen einer Wohltätigkeitsveranstaltung öffentlich auf. Dirigent ist Siloti. Zum Konzert hatte ein Komitee unter Vorsitz der Fürstin Lieven und Warwara Satinas geladen.

Dieses neue, noch nicht vollendete Klavierkonzert ruft beim Publikum einhellige Begeisterung hervor. Der Kritiker Lipajew schreibt in der *Russischen Musikzeitung:*

»Siloti, Schaljapin, Rachmaninoff konnten sich nicht über ein gleichgültiges Publikum beklagen. Es ist sehr lange her, daß ich in einem Konzert solch eine große Zuhörerschaft gesehen habe – seit Rubinsteins Historischen Konzerten ... Rachmaninoff trat als Pianist und als Komponist auf. Am interessantesten waren zwei Sätze aus einem noch nicht fertiggestellten 2. Klavierkonzert. Dies Werk ist sehr poetisch, voll Schönheit, Wärme, reicher Orchestration, mit gesunder und gespannter schöpferischer Macht. Rachmaninoffs Talent ist durchwegs hervorragend.«[4]

Am 21. April 1901 ist schließlich auch der noch fehlende 1. Satz niedergeschrieben. Drei Tage darauf spielt Rachmaninoff das vollständige Konzert – zunächst inoffiziell – im Goldenweiser-Kreis, am 27. Oktober ist die offizielle Premiere in einem Moskauer Philharmonischen Konzert unter Leitung Silotis.

Mit dem 2. Klavierkonzert op. 18 gelingt Rachmaninoff der erste große Wurf im Sujet der Solistenkonzerte. Das Konzert begründet Rachmaninoffs weltweiten Ruhm – leider allzu einseitig in Anbetracht seines breitgefächerten Œuvres. Und es erobert sich einen bis heute unumstrittenen Platz im Repertoire der Klaviervirtuosen. Melodischer Reichtum und überquellende Harmonik erweisen sich bald auch als schier unerschöpflicher Fundus für die Unterhaltungsbranche des 20. Jahrhunderts. Bereits 1932 erklingen dezente Hintergrundpassagen aus dem 1. Satz des Konzerts im Tonfilm »Menschen im Hotel« mit Greta Garbo. Das Hauptthema des 1. Satzes wird 1946 zum Schlager »Full Moon and Empty Arms«. Weitere Anleihen des Konzerts entnehmen das Orchester Tommy Dorsey und Frank Sinatra. »If This is Good-Bye« und »This is My Kind of Love« sind die Hits des Musicals »Anja«, einem abenteuerlichen Konglomerat aus Rachmaninoffs 1. und 2. Klavierkonzert, der 2. Suite und anderen Werken. Dem Musical ist allerdings kein

Erfolg beschieden. Es wird bald nach der Erstaufführung vom Programm abgesetzt. Die Filmfassung von Noel Cowards Einakter »Brief Encounter« – Regie: David Lean, in den Hauptrollen: Celia Johnson und Trevor Howard – ist durchgehend mit Rachmaninoffs 2. Klavierkonzert untermalt. Auf den 1. Filmfestspielen 1946 in Cannes erhält der Film sogar den »Grand Prix de la Critique«. Unwillkürlich erinnert das Sujet an Tschechows Erzählungen.

Viele Filme – Billy Wilders »Das verflixte 7. Jahr« mit Marilyn Monroe ist nur einer von ihnen – bedienen sich ebenfalls in den folgenden Jahren des 2. Klavierkonzerts und leisten damit einen höchst fragwürdigen Beitrag zur Popularisierung des Komponisten – nahezu ausnahmslos führen sie zur heillosen Verflachung seiner Musik.

In seinem Erscheinungsjahr 1901 erfaßt das Konzert vollkommen die Stimmung der Zeit. Erregung, Aufschwung, Hoffnung und Angst vor etwas Neuem, Unerwartetem und eine irrationale, resignative Wehmut packen unmittelbar den russischen Hörer. Gorki schreibt in jenen Jahren an Tschechow: »Es ist wahrhaft an der Zeit, wo man etwas Heroisches braucht: Alle wollen etwas Anregendes, Markantes, solcher Art, wissen Sie, daß es nicht dem Leben ähnlich ist, sondern höher, besser und schöner.«[5]

Rachmaninoff stillt dieses Bedürfnis. Gleichzeitig markiert das Konzert aber auch in seiner persönlichen kompositorischen Stilentwicklung einen sichtlich veränderten Stand: Der eigensinnige jugendliche Impetus der Sinfonie weicht einer Fülle farbiger, ineinanderfließender Harmonien und zarter Melodien. Die grelle Orchestration verschwindet, und die Klangfarben erscheinen weicher und raffinierter. Das konzertierende Element – der Wettstreit zwischen Orchester und Solist – fehlt dem Konzert fast völlig. Es gibt nur selten im 2. und 3. Satz klavieristische Solopartien. Das Konzert ist eine Synthese zwischen dreiteiligem Zyklus und der permanenten Entwicklung einer einzigen Grundidee – ein lyrisches Poem. Die Melodik wurzelt im russischen Volkslied, obwohl keine unmittelbare Ähnlichkeit mit bestimmten Volksliedtypen besteht. Charakteristisch ist eine »Pendel«-Melodik, die einen Stützton umkreist und nach pathetischem Aufschwung wieder in die ursprüngliche Ruhelage zurückkehrt.

In der Harmonik überschreitet Rachmaninoff kaum die Grenzen des spätromantischen Spektrums, wenngleich er Alterationen und Dur-moll-Einfärbungen in unzähligen Varianten einarbeitet. Er steht bisweilen der Auflösung von Tonalität sehr nahe. Im Orchesterklang dominieren Streicher und Holzbläser. Das schwere Blech bleibt ausschließlich den Höhepunkten des musikalischen Geschehens vorbehalten. Rachmaninoff meidet jetzt schroffe Brüche und gibt eher geschmeidigen Übergängen den Vorzug.

Das Konzert beginnt mit schweren, düsteren Glockenschlägen im Orchesterpart. Ein markantes Viertonmotiv, das deutlich an das cis-moll-Prélude erinnert, führt zum Hauptthema des 1. Satzes. Und dieses Hauptthema trägt wieder alle Anzeichen der russischen, gedehnten Volksmelodik. Aus einem kleinen Motiv entspinnt sie eine weitschweifige Kantilene, die eine enorme räumliche Tiefe suggeriert. Riesige dynamische Wellen und eine überquellende lyrische Melodik überdecken Rachmaninoffs kontrapunktische Künste, die er besonders in den durchführenden Teilen des Konzerts entfaltet.

Der langsame Satz wird im Klavierpart mit demselben ruhig fließenden Kreuzrhythmus eingeleitet, den Rachmaninoff bereits in der »Romanze« aus den zwei Stücken für sechs Hände – 1891 für die Skalon-Schwestern komponiert – als Introduktion verwendete.

Im letzten Satz werden die lyrischen Bilder schließlich in hymnischen Jubel umgewandelt. Der schöpferische Willen siegt über die dunklen Kräfte des Chaos – ein Schlußsatz, wie er dreißig Jahre später idealtypisch schablonisiert der sowjetischen Sinfonie zum Vorbild gereicht.

Schon unmittelbar nach der Fertigstellung des Konzerts ist Rachmaninoff wieder von Panik ergriffen. Er schreibt am 22. Oktober 1901 an seinen Freund Nikita Morosow: »Du hast recht, Nikita Semjonowitsch! Ich habe gerade den ersten Satz meines Konzerts durchgespielt, und erst jetzt ist mir klar geworden, daß der Übergang vom ersten Thema zum zweiten nicht gut ist, und daß in dieser Form das erste Thema nicht mehr als eine Introduktion ist – und daß, wenn ich das 2. Thema beginne, kein Narr glauben würde, daß es das 2. Thema ist. Jeder würde denken, daß dies der Beginn des Konzerts ist. Ich betrachte den ganzen Satz als mißglückt, und von dieser Minute an ist er unverändert gräßlich für mich geworden. Ich bin einfach verzweifelt. Und warum erschrecktest du mich mit deiner Analyse fünf Tage vor der Wiedergabe!«[6]

Doch als er gemeinsam mit Siloti sein jüngstes Werk am 27. Oktober aus der Taufe hebt, befreit ihn die breite Woge der Zustimmung vom weiteren Verharren in selbstzerstörerischen Zweifeln.

Fast zeitgleich mit dem 2. Klavierkonzert entsteht die 2. Suite für zwei Klaviere op. 17, ein virtuoser Zyklus aus vier szenischen Bildern: Einleitung, Walzer, Romanze und Tarantella. Die Suite birgt viele Gemeinsamkeiten mit dem Klavierkonzert. Lyrische Partien kontrastieren volkstümliche Elemente, und schwelgerische Kantilenen überlagern den harmonisch-rhythmischen Mikrokosmos. Der 1. Satz, die »Introduktion« Alla Marcia, erstrahlt als festlicher Volksaufzug in C-Dur. Ein Vergleich mit dem zögerlich-elegischen 1. Satz der 1. Suite op. 5 zeigt, wie sehr Rachmaninoff jetzt die kraftvoll willensstarken Töne bevorzugt. Der 2. Satz »Valse« eilt in schnellen, kreisenden Bewegungen parallel geführter Stimmen dahin, wobei der Walzerrhythmus in Polymetrien verwoben ist. Dieser Satz ist ein kleines Kunststück in rhythmisch-metrischer Raffinesse, denn über dem raschen ¾-Takt entfaltet sich alla breve eine elegante Walzermelodie im $3/2$-Takt. Im 2. Klavier kommt es dabei zu reizvollen Off-beat-Effekten! Die poetische »Romance«, der 3. Satz der Suite, lebt – wie auch das Adagio des 2. Klavierkonzerts – aus einem einzigen lyrischen Thema. Dieses Thema erinnert deutlich an das dramatische Thema des 1. Satzes der Suite und ist ein anschauliches Beispiel für Rachmaninoffs melodische Verwandlungskünste. Es ist Ausgangspunkt für Sequenzen, Varianten, Figurationen und Modulationen, die schließlich die gesamte Struktur verschwenderisch durchdringen. Die Ausläufer des Themas besingen auch hier immer wieder den Terzton der Tonart. Er ist – typisch für Rachmaninoff – Zentrum der melodischen Anziehungskraft. Analogien zu melodischen Wendungen der Romanze »Siren«, Flieder, tauchen auf, noch unterstrichen durch die gemeinsame Tonart As-Dur.

Auch in diesem Satz verdichtet Rachmaninoff das rhythmische Gewebe durch Diminuitionen. Der Effekt ist wachsende Beunruhigung, das Thema wird in Oktaven gestrafft, und zum Schluß bleibt nur noch die Steigerung in gestochene Akkorde.

Der letzte Satz, die »Tarantella«, wird von einem energisch akzentuierten Rhythmus bestimmt, der nur noch wenig Ähnlichkeit mit dem süditalienischen Tanz zeigt. Das Hauptthema der Tarantella ist einer italienischen Volksliedsammlung entnommen. Das Seitenthema scheint hingegen eine orientalisch eingefärbte Metamorphose der ersten Liedhälfte zu sein. Die Tonrepetitionen zaubern die Klangfarbe der italienischen Mandoline ebenso wie des kaukasischen Tar.

Rachmaninoff, der im Oktober mit Siloti die Suite in einem Petersburger Konzert erstmals öffentlich vorstellt, erhält durchwegs positive Kritiken. Seine Musik wird verstanden und von breiten Schichten des russischen Publikums als ihre Tonsprache akzeptiert.

Rachmaninoffs große Zyklen sind von jener sensiblen »Kunst der Stimmung« geprägt, die man in Werken der Literatur, des Theaters und der Malerei längst entdeckt und auch historisch präzisiert hat. In Malerei und Literatur wird der Begriff »Stimmung« um 1900 in die Nähe des »Impressionismus« gerückt. So schreibt ein Moskauer Literaturkritiker in einer Abhandlung über Leonid Andrejew: Der Impressionismus sei nur eine neue Form, eine neue Methode des literarischen Ausdrucks, die vom Tempo des zu gestaltenden Lebens, das sich grundlegend geändert hat, initiiert wurde. Das Leben der Gegenwart sei von dissonierenden Kontrasten, erbittertem Kampf und heftiger, rebellischer Unruhe erfüllt. Es verlange äußerste Anspannung, Beweglichkeit und ständige Bereitschaft zur Verteidigung und zum Angriff. In diesem bunten Kaleidoskop gewinne jede Bagatelle Hunderte von Nuancen. Eine geschmeidige und bildhafte Sprache, ein besonderer Spürsinn für Gestaltung und klar erkennbare Formen seien vonnöten, um in jedem Ereignis dessen sich entziehenden Sinn aufzuspüren und ihm die Beleuchtung zuteil werden zu lassen, bei der seine verborgene Kehrseite am deutlichsten hervortrete. Darin besteht auch das Wesen des Impressionismus … Und in diesem Sinne, im Sinne lebendiger Farben und des augenfälligen Spiels der Stimmungen, seien die heutigen Künstler alle Impressionisten. Das sei ... die Charakteristik einer ganzen Richtung, der literarische Gradmesser der Epoche.[7]

Herausragende kulturelle Ereignisse des Jahres 1901 sind die aufregende Gemäldeausstellung der *Mir Iskusstwa* in St. Petersburg und vor allem die Uraufführung von Tschechows »Drei Schwestern« am 31. Januar im Moskauer Künstlertheater. Ob Rachmaninoff der Aufführung beiwohnt, ist nicht überliefert, aber seine aufrichtige Bewunderung für Tschechow müßte ihn eigentlich zum Theaterbesuch veranlaßt haben. Gorki, Alexander Blok und Ilja Repin sind wie alle Moskauer von der Inszenierung begeistert, und an Tschechow entzünden sich auch sofort leidenschaftliche Dispute um den gesellschaftlichen Standort des russischen Intellektuellen. In den Aufführungskritiken des neuen Stückes taucht bezeichnenderweise am häufigsten der Begriff »Stimmung« auf. Mit ihm umschreiben die Rezensenten den emotionalen, psychologischen Gehalt der Tschechowschen Bühnenwerke, der eine so starke Faszination auf das russische Publikum ausübt. Wenn Stanislawski über Tschechow äußert, daß er Impressionist, Symbolist, Realist und zuweilen sogar ein wenig Naturalist sei, dann verbirgt sich hinter dieser Polemik nur die komplexe Ästhetik der russischen Kunst jener Jahre.

Im Februar 1901 gastiert das Moskauer Künstlertheater mit den »Drei Schwestern« auch in St. Petersburg. Im selben Monat sammeln sich dort auf dem Platz vor der Kasaner Kathedrale Studenten zur offenen Demonstration. Die überwiegend jungen Menschen – unter ihnen auch viele Künstler – fordern lautstark mehr Recht auf Freiheit und Demokratie. Sie werden von Polizei und Kosakeneinheiten des Zaren gewaltsam auseinandergetrieben. Besucher einer Gemäldeausstellung in St. Petersburg schicken dem Schriftsteller Tolstoi ein Solidaritätstelegramm mit 398 Unterschriften. Sie protestieren gegen den Kirchenausschluß Tolstois, den der Allerheiligste Synod kurz zuvor auf Betreiben der zaristischen Bürokratie verkündet hatte.

In Rußland gärt und brodelt es, Künstler wie Intellektuelle können gar nicht mehr vor den innenpolitischen Tagesereignissen die Augen verschließen. Ob sie nun ihre Ängste, ihre Vorahnungen, ihre Hoffnungen auf eine bessere Zukunft in Worte, Verse oder philosophische Programme kleiden, oder ob sie die innere Unruhe in Klänge und Bilder bannen – ihre künstlerischen Ausdrucksformen drängen nach Entladung und Flucht in Heilslehren.

Im Oktober 1901 feiert der Moskauer Literarisch-Künstlerische Kreis im neuen Raum des Jelisejewschen Hauses auf der Twerskaja seine offizielle Eröffnung. Einen Monat später liest hier Iwan Bunin einen von Sergej Glagol verfaßten Essay über den im selben Jahr verstorbenen Schweizer Maler Arnold Böcklin. Böcklins düstere mystische Bilder ziehen die russischen Künstler in ihren Bann. Auch Rachmaninoff kann sich ihnen noch Jahre später nicht entziehen.

Rachmaninoffs 2. Klavierkonzert op. 18, die Cellosonate op. 19, die Kantate »Frühling« op. 20, die elf Lieder aus dem Zyklus op 21, die »Chopin-Variationen« op. 22 und schließlich die Préludes op. 23 entstehen dicht um die Jahrhundertwende. Sie sind Rachmaninoffs schöpferische Reaktion auf die individuellen und gesellschaftlichen Bewegungen Rußlands, die von Resignation bis zur Rebellion reichen. Wie sehr Rachmaninoff von den Wirrnissen der Zeit auch persönlich betroffen ist, verrät sein Brief vom 11. Februar 1902 an Tanejew. Im Auftrage der Fürstin Lieven teilt er Tanejew mit, daß sich Tanejews Neffe gegenwärtig im Butyrka-Gefängnis in Untersuchungshaft befände. Die Fürstin wolle auf jeden Fall noch die näheren Umstände ermitteln, und er selbst würde dann Tanejew unverzüglich benachrichtigen. Auch Rachmaninoffs Cousin – ein Bruder Natalja Satinas – ist inhaftiert. Die jungen Leute wurden bei einer Demonstration von der Polizei willkürlich ergriffen, mußten stundenlang im Schmutz und Schlamm stehen und erfuhren schließlich im Gefängnis, daß man sie zur Zwangsarbeit deportieren würde. Rachmaninoffs Cousin wird erst durch die hartnäckigen Eingaben seiner Mutter an die Gefängnisleitung und durch persönliche Fürsprache ihrer Freundin, der Fürstin Lieven, freigelassen.

In der Cellosonate op. 19 treten dieselben Wesenszüge wie expressive Gesanglichkeit, rhythmische Energie und eine ausladende dynamische Entwicklung hervor, die schon das 2. Klavierkonzert auszeichneten. Eine rhythmische Figur – der von Rachmaninoff besonders geliebte Anapäst – wird zur Leitfigur des gesamten 1. Satzes der Sonate. Der 2. Satz – ein Allegretto scherzando – verkörpert den Typus des romantischen Scherzos: Unruhige Stimmungsbilder wechseln mit lyrischen Episoden. Und im folgenden Andante erwächst aus dem Besingen zweier Töne im Quintabstand eine ruhige Melodie, die sich im weiten Bogen und mit wachsender Spannung über den dreiteiligen Satz ausdehnt. Das Finale gemahnt an die epischen Schlußsätze der Kutschkisten – im Seitenthema leuchtet eine russische Volksweise auf. Rachmaninoff führt die Sonate mit dem Cellisten Brandukow am 2. Dezember 1901 in einem Wohltätigkeitskonzert erstmals auf.

Das g-moll-Prélude – 1903 in den Zyklus op. 23 aufgenommen – zwingt wieder stark zu bildhaften Vergleichen. Neben dem cis-moll-Prélude ist es als einziges mit einem schmückenden Beinamen bedacht: »Die Kosakenkavallerie-Patrouille«. Natürlich bedient sich auch der Film des Préludes! »Sein letzter Befehl« heißt der amerikanische Stummfilm aus dem Jahre 1928 (Regie: J. v. Sternberg, Hauptdarsteller: E. Jannings, William Powell u. a.), dessen Begleitmusik – als Klavierauszug erhalten – sämtliche dramatisch-revolutionären Szenen mit Rachmaninoffs g-moll-Prélude untermalt. Rachmaninoff selbst gibt den entscheidenden Anstoß zur kämpferischen Interpretation dieses Klavierstückes. Soja A. Pribytkowa, die Tochter eines Rachmaninoff-Cousins, berichtet:

»Rachmaninoff begann still, bedrohlich still. Dann wuchs das crescendo mit solch ungeheurer Kraft an, daß es schien – eine Lawine schrecklicher Töne stürzte auf uns herein mit Macht und Zorn ... wie eine reißende Talsperre.«[8]

Frühlingshafte Bilder eines leidenschaftlichen Aufbruchs durchziehen auch die Kantate für Bariton, Chor und Orchester »Frühling«, op. 20, der ein Gedicht N. A. Nekrassows, »Das grüne Rauschen«, zugrunde liegt. Überhaupt ist der Frühling und die mit ihm verknüpfte Symbolik ein beliebtes Sujet für Dichter und Maler jener Zeit. Gorki schreibt »Frühlingsmelodien« (1901), Leonid Andrejew veröffentlicht Erzählungen wie »Frühling« und »Frühlingshafte Versprechen« (1903), und Lewitan malt die berühmten russischen Landschaftsbilder. Nach Leonid Andrejew war das Leben erfüllt von frühlingshaften unklaren Versprechungen.

Als Vorläufer und Vorstudie dramatischer Vokaldeklamation kommt der Kantate »Frühling« richtungweisende Bedeutung zu.

Die Moskauer Erstaufführung am 11. März 1902 unter Leitung Rachmaninoffs mit dem Bolschoj-Solisten A. W. Smirnow in der Baritonpartie bringt jedoch nicht den erhofften Erfolg. Erst die mit dreijähriger Verspätung in St. Petersburg stattfindende Aufführung unter Leitung Silotis mit dem meisterhaften Schaljapin in der Baritonpartie verhilft dem Werk zum Durchbruch. Schaljapins eindringliche Interpretation trägt wesentlich zum Gelingen bei.

Rachmaninoffs Wertschätzung in St. Petersburg ist hart erkämpft. Denn viele Jahre leidet er unter den massiven Vorurteilen der Petersburger gegenüber allem, was aus Moskau kommt – sei es nun Theater, Malerei oder Musik. Am 3. März 1902 – eine Woche vor der Moskauer Premiere der Kantate »Frühling« trägt er mit dem Cellisten Sergej E. Butkewitsch im Rahmen der Abende zeitgenössischer Musik seine neue Cellosonate vor. Ein Rezensent der *St. Petersburger Nachrichten* verurteilt prompt die angeblich fehlende melodische Deutlichkeit und die Weitschweifigkeiten des Notentextes. Lediglich die Instrumentierung entgeht der harschen Kritik. Die Musik sei regelrecht »schädlich für die musikalische Erziehung der heranwachsenden Generation«.[9]

Aber Rachmaninoff ist jetzt nicht mehr so schnell aus dem seelischen Gleichgewicht zu bringen. Am 26. März 1902 dirigiert er in einem Konzert der Moskauer Philharmonischen Gesellschaft sein 2. Klavierkonzert. Solist ist Alexander Siloti. Vermutlich spielt Siloti das Konzert effektvoller und bravouröser als der mit emotionaler Zurschaustellung oft sehr geizende Autor, denn die Kritiker loben diesmal besonders den virtuosen Glanz des Klavierparts. Interessant ist hier wiederum, daß Rachmaninoff gerade für seine dirigentischen Leistungen große Anerkennung findet. Seit Nikisch habe man keinen solchen Dirigenten erlebt, meint der *Kurier* vom 27.3.1902. Zwei Tage später spielt Siloti unter Nikisch das Konzert in St. Petersburg. Bald darauf führen beide Künstler das Konzert im Leipziger Gewandhaus auf.

Im April 1902 schreibt Rachmaninoff unter Zeitdruck und zweifellos aus finanziellen Gründen seinen Liederzyklus op. 21. Denn er beabsichtigt, seine Cousine und langjährige Jugendfreundin Natalja Satina zu heiraten. Und für dieses Vorhaben benötigt er dringend Geld. So berichtet er am 1. April den Skalon-Schwestern: »Ende des Monats werde ich die Sorglosigkeit haben zu heiraten ... Wenn ich nach Moskau komme, werde ich verschiedene Tage damit verbringen müssen, mit den Priestern zu zanken, und dann fahre ich sofort aufs Land, um schließlich vor der Hochzeit 12 Lieder zu schreiben, um genug Geld zu verdienen, damit ich den Priester bezahlen und wir ins Ausland fahren können. Und sogar dann wird keine Ruhe sein, weil ich den Sommer hindurch werde schreiben müssen: schreiben, schreiben wie ein Besessener, um nicht Bankrott zu machen.«[10]

Die äußeren Umstände ändern jedoch nichts an der Tatsache, daß die Lieder op. 21 eine ungeheure Popularität erlangen. Auch der Verleger Gutheil zahlt ein großzügiges Honorar von 3000 Rubel.

Mit Sicherheit erreicht keiner der Rachmaninoffschen Romanzenzyklen einen solchen Grad an Spontaneität und Ideenreichtum wie der Liederzyklus op. 21. Vom lyrischen Landschaftsbild bis hin zum dramatischen Monolog sind alle Sparten vokalen Ausdrucks vertreten. Die schönsten Romanzen sind zweifellos die Fünfte, »Flieder«, die Rachmaninoff später für Klavier solo umschreibt, die Achte, »Auf den Tod eines Hänflings« und die Siebente, »Hier ist es schön«. Obwohl die Liedtexte nicht gerade Perlen dichterischer Lyrik sind, gelangen sie doch durch Rachmaninoffs Vertonung in den Rang kleiner Kunstwerke. Die intensive klangliche Schilderung eines seelischen Zustandes, die sensible Nuancierung eines ausgewählten Augenblicks – jenseits naturalistischer Klangmalerei – führen gelegentlich fast in die Nähe der Symbolisten.

Auch die Klavierbegleitung ist wesentlich feinsinniger als zuvor ausgeformt. In Nr. 2 »Am frischen Grab« unterstreicht Rachmaninoff die Morbidität des Textes nicht nur durch den deklamatorischen Vokalpart, sondern gerade durch abrupte chromatische Figuren im Klaviersatz.

Die Romanze »Siren« ist wieder ein Beitrag Rachmaninoffs zur »frühlingshaften« Lyrik. Er bedient sich hier des volksgesanglichen Prinzips der Motivvariierung. Ausgangspunkt ist eine gleichmäßig fließende Klavierfiguration, woraus die Vokallinie entspringt und in ihren ersten Phrasen reine Pentatonik vorführt. Ein kurzes Ausweichen in die Molltonart zu Beginn der zweiten Liedhälfte trübt den Klang und wirft Schatten auf das lichte Bild. Volksgesangliche Prinzipien wendet Rachmaninoff auch in der Romanze »Hier ist es schön« an. Die Melodik setzt im oberen Register ein, zum Hauptmotiv gesellt sich der terrassenförmige Abstieg, Varianten werden gebildet, und schon ist die schönste Melodie erfunden. Gelegentlich werden die Motive verändert, im Taktgefüge verschiebt sich ihr Standort, die Motive erhalten neue Bedeutung. »Rachmaninoff gab hier keine Stilisierung eines russischen Liedes, er dachte einfach russisch.«[11]

»Auf den Tod eines Hänflings« ist ein Beispiel für Rachmaninoffs kontrapunktische Satzweise, denn der Klavierpart ist fast durchgehend polyphon geschrieben. Kontrapunkttechnik bestimmt auch Teile der Romanze »Melodija«. Der Klavierpart erscheint wie ein selbständiges Klavierstück. In der Reprise übernimmt das Klavier die führende Stimme, und der Vokalpart kontrapunktiert das Thema. Im großen Schlußabschnitt erzählt das Klavier – wie so oft bei Rachmaninoff – das, was durch Worte unausgesprochen blieb.

Am 29. April 1902 heiratet Rachmaninoff seine Cousine Natalja Alexandrowna Satina. Für Natalja geht ein Wunschtraum in Erfüllung. Seit Jahren hatte sie zu ihrem innig verehrten Cousin eine tiefe Zuneigung gefaßt, die schließlich auch den anderen nicht verborgen blieb. Schon die Verlobung hatte für erhebliches Aufsehen in der Öffentlichkeit gesorgt. Eine Verwandte beschreibt die näheren Umstände:

»Für viele kam die Neuigkeit der Verlobung wie eine Bombenexplosion. Alle von uns wußten von den vielen Widerständen dieser Ehe gegenüber – Familie, bürgerliche, klerikale Widerstände –, aber irgendwie wurden sie alle überwunden. Zuerst einmal war Sergej Wassiljewitsch kein regelmäßiger Kirchengänger und ging auch nicht zur Beichte, und kein Priester hätte ihn getraut ohne Nachweis, daß er diese beiden Dinge befolgte. Aber Sergej widersetzte sich sogar, der Beichte beizuwohnen. Meine Mutter (eine Tante Rachmaninoffs; M.B.) kam auf die rettende Idee mit einem Bekannten, Amfiteatrow, einem Priester der Archangelski-Kathedrale. Er versprach, sich der Sache anzunehmen, wenn Sergej ihn aufsuchen würde ... Die letzte und höchste Barriere war die Erlaubnis des Zaren für eine Heirat von Cousins ersten Grades. Die Petition dafür mußte während der Hochzeitszeremonie selbst gesendet werden, denn wenn der Zar ablehnen sollte, würde kein Priester die Trauung vornehmen.«[12]

Aber die guten Beziehungen des Familienclans und eine stattliche Kirchenspende sorgen schließlich für einen glücklichen Ausgang des Unternehmens, und eine Moskauer Urkunde vom 29.4.1902 dokumentiert die Hochzeit in einer Moskauer Militärkapelle:

»Der Erbadlige Sergej Wassiljewitsch Rachmaninow, 29 J., kirchlich getraut im 6. Grenadier-Tawritscheski-Regiment mit der Tochter des Staatsrates Natalja A. Satina, 25 J. alt, rechtgläubig. Moskau, 29.4.1902.«

Natalja Alexandrowna beschreibt ausführlich ihren Hochzeitstag: »Ich fuhr in einer Kutsche im Hochzeitskleid, es goß in Strömen und um in die Kirche zu gelangen, mußte man durch lange Kasernen gehen. Auf den Pritschen lagen Soldaten, die uns verwundert anstarrten. Chauffeure waren Siloti und Brandukow. Als man uns das dritte Mal um das Predigerpult herumführte, scherzte Siloti: ›Du kannst es dir nochmal überlegen. Es ist noch nicht zu spät.‹ Sergej Wassiljewitsch war im Frack sehr ernst, und ich natürlich schrecklich aufgeregt. Aus der Kirche fuhren wir direkt zu Siloti, wo ein Essen mit Champagner angerichtet war. Danach zogen wir uns schnell um und fuhren direkt zum Bahnhof mit den Billetten Richtung Wien.«[13]

Nach der Hochzeitsfeier suchen die Rachmaninoffs noch kurz ihr neues Domizil am Strastnoj-Boulevard im Zentrum Moskaus auf. Dann reisen sie ins Ausland. Die Hochzeitsreise führt sie unter anderem nach Wien, Venedig und Rom. In Luzern mieten sie sich in einer Pension mit Klavier ein, und Rachmaninoff nimmt wieder seine kompositorische Arbeit auf.

»Allmählich habe ich mit der Arbeit begonnen«, schreibt er seinem Freund Morosow, »und ich sitze noch an den Liedern (op. 21): Sie waren zu hastig geschrieben, und daher sind sie ziemlich unvollständig und ziemlich unschön ... Aber fast werde ich sie in diesem Zustand belassen müssen – ich habe keine Zeit, mich mit ihnen herumzuplagen! Es wäre schön, diesen ganzen Mist bis zum

1. Juli loszuwerden (die Lieder und die Kantate), dann könnte ich etwas Neues beginnen.«[14] Von Luzern aus verabreden die Rachmaninoffs mit Morosow, der inzwischen Kompositionsprofessor am Moskauer Konservatorium ist, ihre Auslandsreise mit einem gemeinsamen Besuch der Bayreuther Festspiele abzuschließen. Die Eintrittskarten für Bayreuth sind ein Hochzeitsgeschenk von Siloti, dem sehr am Herzen lag, daß der Cousin die berühmten Wagner-Opern »Fliegender Holländer«, »Parsifal« und den »Ring der Nibelungen« einmal in Bayreuth erlebte.

Als Rachmaninoff im Juli nach Rußland heimkehrt, zieht er sich sofort auf das Familiengut Iwanowka zurück und beginnt dort im August mit der Arbeit an den »Variationen über ein Thema von Chopin« op. 22. Der Zyklus ist im Februar 1903 fertiggestellt. Inspirationsquelle ist offenkundig die gleichzeitige pianistische Beschäftigung mit Chopins Klavierwerk. Rachmaninoff nimmt das c-moll-Prélude op. 28 Nr. 20 – in einer auf acht Takte verkürzten Form – als Vorlage für eine ausgedehnte Laboratoriumsarbeit, die noch weit in die nachfolgende Préludes-Sammlung op. 23 hineinwirkt.

Die Moskauer Herbstsaison des Jahres 1902 bietet so vielfältige kulturelle Anregungen und Aktivitäten, daß der soeben aus den Sommerferien nach Moskau zurückgekehrte und außerdem noch frisch verheiratete Rachmaninoff wahrscheinlich nicht die Ruhe findet, die er zur Fertigstellung seines auf Iwanowka begonnenen Variationszyklus' eigentlich benötigte. Das Moskauer Kulturbürgertum ist eine noch recht überschaubare Gruppe, die sich auch zu den verschiedensten Veranstaltungen immer wieder trifft, und Rachmaninoff ist mit Sicherheit vom regen Kulturleben seiner Stadt angesteckt. Sergej Djaghilew berichtet über die Theater- und Ausstellungssaison 1902:

»In Moskau ist das Kunstleben, wie seit langem bekannt, immer intensiver als in Petersburg, aber bei meiner letzten Reise dorthin war ich dennoch überrascht: Ich glaubte, nicht nach Moskau, sondern nach London gekommen zu sein. Die Eröffnung der Architekturausstellung, die Eröffnung der Ausstellung bei den ›36‹, die Jubiläumsausstellung in der Lehranstalt für Malerei, Bildhauerei und Architektur, die Periodische Ausstellung im Historischen

Museum, die Ausstellung der ›Welt der Kunst‹, die Premiere von Rimski-Korsakows ›Der Unsterbliche Kastschej‹ in der Privatoper, Gorkis Triumph im Stanislawski-Theater – kurz: eine ungewöhnliche Betriebsamkeit.«[15]

Nachdem Rachmaninoff im September 1901 seine mehrjährige Tätigkeit am Mariinski-Institut aufgekündigt hatte, nimmt er jetzt im Dezember 1902 die lukrativeren Posten eines Musikinspektors am Jekaterinski- und am Jelisawetinski-Institut in Moskau an. Beide Institute sind Schulen mit Internatsbetrieb, der Musikunterricht hat einen wichtigen Stellenwert im Stundenplan der Schüler. Diese beiden Funktionen übt Rachmaninoff bis zum September 1906 aus, sie bilden seine Hauptverdienstquellen. Im Jekaterinski-Institut unterrichten neben Rachmaninoff auch seine ehemaligen Studienkollegen Lew Konjus und Alexander Goldenweiser, die sich mittlerweile in Moskau einen guten künstlerischen Ruf erworben hatten. Allerdings hinterläßt Rachmaninoff als Lehrer keine unauslöschlichen Spuren, denn die Erinnerungen der Klavierschülerinnen schwelgen eher in idealisierter Verehrung des Musikinspektors, als daß sie den Eindruck nachhaltiger pädagogischer Prägung vermitteln.

Von einer besonderen Vorliebe Rachmaninoffs in jenen Jahren berichtet der Pianist und Komponist Alexander Goedicke, ebenfalls Lehrer am Jelisawetinski-Institut und späterer Professor des Moskauer Konservatoriums:

»Er liebte sehr den Kirchengesang, und ziemlich häufig, sogar im Winter, stand er um 7 Uhr morgens auf und mietete in der Dunkelheit einen Kutscher und fuhr in den meisten Fällen in die Taganka, ins Andronjew-Kloster, wo er im Halbdunkel in der großen Kirche den ganzen Gottesdienst über ausharrte und sich die alten, strengen Kirchengesänge aus dem Oktoechos anhörte, die von den Mönchen in parallelen Quinten gesungen wurden.

Oft kam es vor, daß er am selben Abend in den Großen Adelssaal zum Sinfoniekonzert fuhr. Nach dem Konzert fuhr er nicht selten zum Essen ins Restaurant Jara oder ins Streljna, wo er sich bis in die tiefe Nacht aufhielt, um mit großer Begeisterung den Zigeunergesang zu hören. Offensichtlich, diese krassen Gegensätze: das halbdunkle Kloster mit seinem strengen Gesang aus dem Oktoechos, das sinfonische Konzert und dann die Gesellschaft der Zigeuner im Jara, mit ihrem originellen Liedrepertoire und noch originellerer Darbietungsmanier, waren für Sergej Wassiljewitsch ein Bedürfnis, und ohne diese Eindrücke mochte er nicht leben, so daß diese seltsamen Reisen recht häufig wiederholt wurden. Aber er liebte es nicht, sie in Begleitung zu machen, sondern allein.

Da sie nicht den echten Grund der Fahrten Rachmaninoffs ins Jara oder Streljna begriffen, hielten viele Moskauer ihn für einen Zecher, der schlaflose Nächte mit Zigeunern verbringt. Da ich Sergej Wassiljewitsch seit vielen Jahren kenne, kann ich sagen, daß all diese Redereien und Klatsch keine Begründung hatten.«[16]

Cousin Siloti ist währenddessen weiterhin eifriger Propagandist Rachmaninoffs im Ausland. Ende Dezember 1902 spielt er das 2. Klavierkonzert unter Leitung Safonows in Wien. 1903 folgen Aufführungen in England, Berlin, Antwerpen, Brüssel und Paris. Rachmaninoff selbst erhält zum Frühjahr 1903 ebenfalls aus Wien eine Einladung, sein 2. Klavierkonzert zu spielen – allerdings unter Safonow, wozu Rachmaninoff erst nach eingehender Beratung mit Tanejew schließlich einwilligt.

Im Jahre 1903 komponiert Rachmaninoff die 10 Préludes op. 23. Da er einige der Préludes bereits vor Fertigstellung des gesamten Zyklus' öffentlich vorträgt – so z. B. die Préludes fis, D, g am 10. Februar 1903 –, scheint eine zyklische Zusammenfassung zunächst nicht geplant. Erst die späteren 13 Préludes op. 32 komplettieren die Sammlung mit dem frühen cis-moll-Prelude zum großen Prélude-Zyklus in allen Dur- und Molltonarten.

In Opus 23 wechseln dramatische, bis ins Orchestrale gesteigerte Akkordklänge, heroische Marschintonationen mit einfacher volkstümlicher Melodik und introvertierten, stillen Stimmungsbildern.

Ein leuchtendes Beispiel »frühlingshafter Lyrik« ist das D-Dur-Prélude, »ein See im Frühlingshochwasser«.[17] Hingegen zeigen die motorischen Préludes c-moll, As-Dur und es-moll fast Etüdencharakter, wobei für ersteres Chopins c-moll-Etüde und für letzteres Liszts »Feux follets« Pate gestanden haben könnten.

Die erste Préludes-Sammlung Rachmaninoffs ist eine Fundgrube für pianistisches Training in Doppelgriffen, Akkordtechnik und polyphonem Spiel, und sie bietet eine breite Auswahl an Klangstudien für sensible Stimmungsbilder einer untergehenden Kulturlandschaft, wenn man die Zeichen der Zeit in ihnen hören will.

Am 14. Mai 1903 wird Rachmaninoffs erste Tochter Irina auf Iwanowka geboren. »Sergej Wassiljewitsch liebte Kinder über alles«, erinnert sich Natalja Alexandrowna. »Beim Spaziergang konnte er nicht an einem Kind im Kinderwagen vorbeigehen, ohne es zu betrachten, und wenn möglich, seine Hände zu streicheln. Als Irina geboren wurde, hatte seine Aufregung kein Ende. Und er machte sich solche Sorgen um sie, daß es ihm schien, er müßte ihr unbedingt helfen. Unruhig und hilflos ging er um ihre Wiege herum und wußte nicht, wie er sie anfassen sollte. Genau dasselbe geschah dann bei der Geburt unserer zweiten Tochter Tanja, vier Jahre später. Diese rührende Fürsorge um seine Kinder und seine Zärtlichkeit ihnen gegenüber setzte sich bis an sein Lebensende fort. Er war ein bemerkenswerter Vater. Unsere Kinder beteten ihn an, hatten aber trotzdem auch ein wenig Angst vor ihm, oder besser, fürchteten, ihn irgendwie zu beleidigen und zu erzürnen.«[18]

Trotz beträchtlicher Unruhen auf Iwanowka arbeitet Rachmaninoff in dieser Zeit an seiner zweiten Oper, dem »Geizigen Ritter«. Als Sujet dient wörtlich und ohne jegliche Textabänderung Puschkins gleichnamige Dichtung. Die Werke Puschkins haben seit jeher russische Komponisten zur Vertonung inspiriert, so daß auch Rachmaninoff den Ehrgeiz verspürt, Puschkins Originalverse in seine Klangsprache umzusetzen.

Im selben Jahr 1903 lernt Rachmaninoff den Moskauer Rechtsanwalt Arkadij M. Kersin und dessen Ehefrau, die Pianistin Maria S. Kersina, persönlich kennen. Beide sind rührige Propagandisten russischer Musik und entwickeln beachtliches organisatorisches Talent in der Durchführung eigener »Konzerte Russischer Musik«. Zu Beginn des Jahres 1904 tritt Rachmaninoff erstmals in einem »Kersin-Konzert« auf. Mit Brandukow spielt er seine Cellosonate op. 19. Außerdem motiviert er die Kersins, doch auch sinfonische Konzerte in ihr Abonnement mitaufzunehmen. Und schon im März 1904 wird das erste sinfonische »Kersin-Konzert« unter Leitung Rachmaninoffs angekündigt. Zur Freude der Kersins verkaufen sich die Abonnements gut, und Rachmaninoff erntet allseits

Dank und Anerkennung. Kernstücke seines Dirigentenrepertoires in der Kersinschen Saison 1904/05 sind Tschaikowskis 5. Sinfonie, Rimski-Korsakows »Sadko«, Tschaikowskis Fantasie für Klavier und Orchester und Glinkas »Kamarinskaja«.

Sogar in den USA erweckt Rachmaninoffs Musik allmählich Aufmerksamkeit. Am 28. Januar 1904 führt der nach Amerika ausgewanderte russische Cellist und Dirigent Modest Altschuler in einem der von ihm organisierten New Yorker »Russischen Sinfonischen Konzerte« den »Fels« auf, und ein amerikanischer Kritiker schreibt in *Hespers Weekly* emphatisch:

»Derjenige, welcher geneigt ist, an der Bedeutung der neuen russischen Musik als Faktor im zeitgenössischen, gesamteuropäischen musikalischen Schaffen zu zweifeln, möge sich beeilen, die Partitur des ›Fels‹, der Orchesterfantasie Rachmaninoffs, kennenzulernen ... Das Werk übersteigt nicht nur unsere Erwartungen, sondern unterstreicht auch die Forderungen jener Personen, die der modernen russischen Musik einen großen und eigenständigen Platz zuweisen wollen ...

Von einem Poeten beseelt, gab uns Rachmaninoff ein Werk, welches ohne Übertreibung das ausdrucksvollste szenische Bild nach Wagner genannt werden kann ...«[19]

Altschuler hatte erst kurz zuvor – im Jahre 1903 – in New York die »Russische Sinfonische Gesellschaft« gegründet. Das Eröffnungskonzert der Gesellschaft fand am 7. Januar 1904 statt. Es ist Altschulers unumstrittenes Verdienst, als einer der ersten Rachmaninoff in Amerika eingeführt zu haben.

Nach vielen Jahren der stillschweigenden Ablehnung verleiht endlich das Kuratorium der Beljajew-Stiftung in St. Petersburg im Jahre 1904 auch dem 31jährigen Rachmaninoff einen Glinka-Preis. Die Auszeichnung gilt dem 2. Klavierkonzert und ist mit 500 Rubel dotiert. Weitere Preise erhalten Arenski, Skrjabin und Tanejew. Alexander Ossowski, der in den Jahren 1907 bis 1914 Stellvertretender Vorsitzender des Glinka-Preis-Komitees ist, schreibt über das Verhältnis der Petersburger Komponisten zu Rachmaninoff:

»Der Beljajew-Kreis ignorierte die große schöpferische Individualität Rachmaninoffs und sah ihn eher als Tschaikowski-Epigonen. Beljajew zeigte kein Interesse, Rachmaninoff zu verlegen – im

Gegensatz zu Skrjabin. Erst nach Beljajews Tod am 10. Januar 1904 und dem Zerfall des Kreises wurde das Kuratorium, das die musikalischen Geschäfte weiterführte, Rachmaninoff gegenüber objektiv und verlieh ihm dreimal für seine Werke den Glinka-Preis: 1904 für das 2. Klavierkonzert, 1906 für die Kantate ›Frühling‹, 1908 für die 2. Sinfonie.«[20]

Als Rachmaninoff im Frühjahr 1904 das Vertragsangebot für einen Dirigentenposten am Moskauer Bolschoj-Theater erhält, stehen die Zeichen der Zeit bereits auf Sturm. Außenpolitische Niederlagen des Zarenreiches verschärfen die ohnehin kaum noch lösbaren innenpolitischen Konflikte, und auch Rachmaninoffs Arbeit am Theater gerät in das Räderwerk politischer und bürokratischer Widrigkeiten.

Die bisher in Rußland recht undurchschaubare Parteienlandschaft gerät in Bewegung und gewinnt schärfere Konturen. Bereits 1903 hatten sich auf dem Londoner Exilparteitag die im Inland verbotenen russischen Sozialisten endgültig in zwei unversöhnliche Lager gespalten: Lenin führt die radikalen Bolschewiki, Plechanow die gemäßigteren Menschewiki. Ebenfalls im Jahre 1903 kommt es zum Zusammenschluß russischer Linksliberaler in die beiden großen Interessenverbände »Semstwo-Konstitutionalisten« und »Befreiungsbund«. Der »Befreiungsbund« umfaßt nahezu die gesamte liberale Opposition.

Die Ermordung des Innenministers Plehwe im Juli 1904 versetzt dem zaristischen Regime einen weiteren empfindlichen Schlag. Im Herbst 1904 rufen acht oppositionelle Exilorganisationen in Paris zur Gründung einer gemeinsamen »Volksfront« auf. Der Petersburger Kongreß der Semstwo-Abgeordneten vom 6. bis 9. November 1904 verabschiedet als politisches Programm die Forderung nach einer Volksvertretung mit gesetzgebender Gewalt, nach bürgerlichen Freiheiten, nach Gleichberechtigung aller gesellschaftlichen Stände und nach einer umfassenden örtlichen Selbstverwaltung. Die Semstwo-Resolutionen haben zwar angesichts der starren und uneinsichtigen Haltung des Zaren zum gegenwärtigen Zeitpunkt keine Chance zur Verwirklichung, bergen aber so viel Zündstoff, daß es nur noch eines winzigen Funkens bedarf, um in Rußland einen verheerenden Flächenbrand auszulösen.

Als Rachmaninoff im Frühjahr 1904 seinen Vertrag für die bevorstehende Saison am Bolschoj-Theater unterzeichnet, gibt es wilde Spekulationen, auch ob der überraschenden Kürze der Vertragsdauer. Denn der Vertrag ist auf fünf Monate befristet. Die einen munkeln, daß der erst seit kurzem amtierende Direktor der Kaiserlichen Theater – Oberst der Reitergarde a.D. V. A. Teljakowski – letztlich nur auf Drängen der Fürstin Lieven und des Zarenbruders Großfürst Michail zum Engagement Rachmaninoffs bewegt worden war. Die anderen wiederum argwöhnen, daß Rachmaninoff aufgrund der ungewissen politischen Situation von vornherein einen längerfristigen Vertrag scheute.

Rachmaninoff scheint insgesamt eher beunruhigt als erfreut über die neue Position. Er fühlt sich unter Zeitdruck gesetzt, da erst im Frühjahr seine Oper »Der geizige Ritter« fertiggeworden war, und die noch nicht abgeschlossene Oper »Francesca da Rimini« unbedingt noch vor Dienstantritt im Bolschoj beendet sein mußte. Im Sommer ist Rachmaninoff fast schon entschlossen, vom Vertrag zurückzutreten.

Vermutlich spürt Teljakowski die Konfliktsituation seines Vertragspartners und nimmt sie zum Anlaß, den Vertrag zunächst auf wenige Monate zu befristen. Offensichtlich setzt er aber doch Vertrauen in die künftige Arbeit des Dirigenten, denn er trifft schon vor Saisonbeginn einige bedeutsame Personalentscheidungen: Auf Anraten Rachmaninoffs, der starke Bedenken gegenüber der mangelhaften Qualität vieler Orchestermitglieder anmeldet, entläßt er etliche zweitklassige Musiker. In das Ensemble der Gesangssolisten hingegen engagiert er Schaljapin, obwohl gerade diesem der Ruf eines Unruhestifters am Theater vorauseilt. Schaljapins Jahresgage beträgt 10000 Rubel – auch für jene Zeit ein ansehnliches Honorar.

Teljakowski leitet die Neuerungen zur rechten Zeit ein: Denn seit Jahren dämmert das Kaiserliche Theater in selbstzufriedener Beschaulichkeit dahin, und auch Chefdirigent Ippolit Altani – wenngleich ein unbestechlicher und präziser Orchesterleiter – war in eingefahrener Routine steckengeblieben. Er zeigt kein Interesse und wohl auch kein Verständnis mehr für irgendwelche Neuerungen. Seine Dirigierattitüden sind veraltet und lassen jedes inspirative Moment vermissen. In der Reihe der Orchestermusiker sitzt übrigens auch der virtuose Kontrabassist Sergej Kussewitski, den Rachmaninoff hier erstmals persönlich kennenlernt, und der im russischen und später im amerikanischen Musikleben noch eine bedeutende Rolle spielen soll.

Rachmaninoffs Vertrag hat folgende Aufführungen zum Inhalt: Dargomyschskis »Rusalka«, Borodins »Fürst Igor«, Tschaikowskis »Pique Dame« und »Eugen Onegin«, A. Rubinsteins »Demon«, Mussorgskis »Boris Godunow«, Rimski-Korsakows »Pan Wojewoda«, Rachmaninoffs eigene Opern »Aleko«, »Der geizige Ritter« und »Francesca da Rimini« und Glinkas »Ein Leben für den Zaren«.

Am 3. September 1904 gibt Rachmaninoff sein Debüt als Dirigent des Bolschoj mit der Oper »Rusalka«. Die Presse ist begeistert. Kaschkin und Sachnowski loben den ausgefeilten Orchesterklang und die Vielzahl der bisher im Notentext verborgen gebliebenen Nuancen und Schattierungen. »Wir können sagen«, schreibt Kaschkin in den *Moskauer Nachrichten* vom 5.9.1904, »daß mit Eintritt Rachmaninoffs in die Orchesterleitung des Bolschoj-Theaters sofort ein neuer Geist wehte, und das, wovon wir in unseren Aufsätzen nur träumen konnten, ist offensichtlich der Verwirklichung nahe ... Wir werden natürlich mit größtem Interesse alle neuen Schritte des Herrn Rachmaninoff auf dem Gebiet des Opernkapellmeisters verfolgen, denn seine Tätigkeit verspricht unserer Bühne viel Gutes.«[21]

Und tatsächlich hatte Rachmaninoff einige Theaterpraktiken modernisiert: Zunächst einmal ändert er den Standort des Dirigentenpultes, indem er dieses direkt an die Barriere des Orchestergrabens postiert, um so einen genauen Überblick über das Bühnengeschehen und gleichzeitig auch über die Orchestermusiker zu haben. Vorher stand das Pult direkt vor der Bühne, und der Dirigent kehrte dem Orchester den Rücken zu. Die neue Aufstellung war im übrigen seit langem in ausländischen Opernhäusern üblich. In der Probenarbeit widmet er sich den Musikern mit der Aufmerksamkeit eines Konzertmeisters, der üblicherweise viel Detailarbeit mit den einzelnen Instrumentalisten leistet. Ebenso hält Rachmaninoff mit den Sängern Einzelproben ab, die von den glänzenden Begleiterfähigkeiten ihres Dirigenten außerordentlich profitieren. Rachmaninoff festigt die Sänger so in ihren Partien, daß er sich während der Gesamtproben vollends auf Chor und Orchester konzentrieren kann. Er probt mit dem Opernorchester in der gleichen Sorgfalt, wie er sie einem Sinfonieorchester zur Einstudierung rein sinfonischer Werke angedeihen läßt. Und dies war bisher in russischen Opernhäusern überhaupt nicht die Regel.

Die nächste Operninszenierung ist ein brisantes Unterfangen: Gleich zu Beginn seines Engagements hatte man Rachmaninoff die verantwortungsvolle Aufgabe einer Neueinstudierung der Glinka-Oper »Ein Leben für den Zaren« übertragen. Anlaß war die bevorstehende 100-Jahr-Feier von Glinkas Geburtstag. Die Oper sollte möglichst vollständig, wort- und notengetreu rekonstruiert und von allen eingeschliffenen Veränderungen gereinigt werden. Für die notwendigen Vorarbeiten war eigens eine Fachkommission aus Theater- und Musikexperten berufen worden, der das Recherchieren aller historischer Fakten oblag. Auch Kaschkin war Mitglied dieser Kommission; er hatte bereits lautstark in der Presse eine Revision des Werkes verlangt.

Daß man allerdings für dieses aufwendige Projekt einen Bolschoj-Neuling – und nicht den verdienten Altani – auserwählt hatte, ist vielen Musikern unverständlich. Sogar Semjon Kruglikow entrüstet sich in *Neues vom Tage* vom 5.9.1904: »Herr Rachmaninoff ist ein Talent. Aber er ist ein Dirigent, der noch keine vielseitigen Erfahrungen sammeln konnte ... Von der Jubiläumsaufführung der Oper ›Ein Leben für den Zaren‹ denjenigen abzuziehen, der fast 25 Jahre diese Oper leitete, wenn auch vielleicht mit Fehlschlägen, aber trotzdem tüchtig, wirkungsvoll und mit Liebe, und ihn durch einen vergleichsweise wenig erfahrenen Dirigenten zu ersetzen, auch wenn er ein sehr begabter und gebildeter Musiker ist – dies ist ein grundlegender Fehler, eine nicht zu entschuldigende Härte.«[22]

Allen pessimistischen Prophezeiungen zum Trotz findet die Premiere termingerecht am 21. September 1904 statt. Die spannend erwartete Neufassung ist gleichzeitig die 478. (!) Aufführung der Glinka-Oper in Moskau. Für die Inszenierung hatte man die Elite der Gesangskunst und der Bildenden Künste Moskaus aufgeboten. Schaljapin und Neshdanowa singen die Titelpartien. Das Bühnenbild, die Landschaftsdekorationen des 1. und 4. Aktes und das Interieur der dörflichen Hütte im 3. Akt hatte Konstantin A.

Korowin entworfen. A. M. Wasnezow zeichnet verantwortlich für die Dekorationen der Alten Moskauer Straße im 1. Bild/5. Akt, und die russischen Kostüme hatten Skizzen Korowins zur Vorlage, der die Bauerntrachten – wie zu Zeiten Mamontows – in Kostroma gründlich studiert hatte. Das Theater ist überfüllt. Die gesamte Moskauer Musikprominenz ist anwesend. Julij Engel berichtet:

»Gestern im Bolschoj-Theater wurde ›Ein Leben für den Zaren‹ wieder neu aufgeführt. Die Aufführung erwies sich als sehr interessant. Wenn es auch keine ideale Aufführung war, dann trotzdem eine, die Moskau lange nicht gehört hatte. Neue Dekorationen, neue Kostüme, und die Hauptsache – ein neuer begabter Dirigent mit neuem, frischem Feuer (Herr Rachmaninoff), und vielleicht rühren auch von daher die neuen Kräfte bei allen Künstlern, beginnend bei den ersten Sängern und endend bei Chor und Orchester ... Der allgemeine Eindruck war offenkundig der, daß nicht nur Herr Schaljapin, Frau Neshdanowa oder die Mazurka gut waren, sondern daß das ganze Stück zu gelingen beginnt. Und dies ist doch die Hauptsache. Besonderes Interesse verlieh dem Spektakel die Aufführung einiger Episoden (nicht aller, übrigens), die gewöhnlich ausgelassen wurden. Ihretwegen dehnte sich das Spektakel bis Mitternacht aus. In den folgenden Aufführungen wird man sie nicht mehr spielen.«[23]

In den Ausführungen Engels sind besonders jene Passagen interessant, die die Frage des Tempos berühren. Und hier reinigt Rachmaninoff offensichtlich die Oper von einigen schlechten Sitten: »Irgendjemand behauptete, daß ebenso wie das Andante als maßvolles Tempo charakteristisch für die deutsche Musik sei, die extremen Tempi Presto und Adagio typisch für die russische seien. Von diesem paradoxen Standpunkt aus war das frühere Spiel von ›Ein Leben für den Zaren‹ im Bolschoj-Theater besser als das jetzige: Dort wurden gewöhnlich die langen Tempi noch länger ausgezogen und lebhafte wurden beschleunigt. Und auf diese Weise erwies sich das ganze Spiel angeblich als ›typisch russisch‹. Aber jeder Musiker und überhaupt jeder Mensch, der nicht von Gewohnheit geblendet ist, kommt nicht umhin zu sagen, daß das neue ›Ein Leben für den Zaren‹ stärker, markanter, ausdrucksvoller und gleichzeitig in vielem einfacher und wahrheitsgemäßer als das alte ist.«[24]

Obwohl sich Rachmaninoff nach außen recht spektakulär in sein neues Amt eingeführt hatte, kämpft er doch im internen Theaterbereich gegen Vorurteile, Ignoranz und Bürokratismus. Er ist ein Feind des schon zu dieser Zeit antiquierten Primadonnenkults, er lehnt jede Günstlings- und Vetternwirtschaft ab, und er ist frustriert von der Arbeitseinstellung der Orchestermusiker, die bei längeren Pausen plötzlich mitten im Stück hinter der Bühne verschwinden, um dort irgendwelche Späße zu treiben. Als er schließlich diesbezügliche Sanktionen verhängt, hagelt es Protestresolutionen, die im Jahre 1905 überdies noch einen politischen Akzent erhalten.

Über den Verwaltungsapparat und seine schwerfälligen Mechanismen bemerkt Rachmaninoff später: »Die enorme Kompanie von Tänzern, Musikern, Choristen und Solisten in der Bolschoj-Oper stand unter der Leitung der Kaiserlichen Theater, deren Moskauer Büros ein großes Gebäude besetzten, nicht weit entfernt vom Theater, offen gesagt, diese Verwaltung bereitete mir wenig Vergnügen im Umgang mit ihr – zu viel Bürokratismus und endlose amtliche, schriftliche Verfügungen wurden verlangt. Sogar eine kleinere Bitte verwickelte einen in einen riesigen Apparat von Meldungen. Als ich ›Ein Leben für den Zaren‹ probte, wollte ich einen der Tänze in der polnischen Szene pianissimo spielen, aber da alle männlichen Tänzer in der Szene Sporen trugen, überdröhnte das Klirren dieser 60 Paar Sporen vollständig das Orchester. Ich stoppte und bat den Bühneninspizienten, mir das störende Geräusch zu ersparen. Er antwortete, daß er das nicht tun könne, da alle polnischen Offiziere Sporen tragen müßten. Ich blieb hartnäkkig, und schließlich, nach einem Austausch von verschiedenen schriftlichen Berichten über diese Angelegenheit zwischen Bühneninspizient und Direktorat, erließ letzteres eine Verfügung: Während dieser besonderen Nummer wurde den polnischen Offizieren gestattet, die Sporen abzulegen. Jedoch muß ich feststellen, daß das Direktorat in anderer Hinsicht sehr generös war und kein Geld sparte, obwohl manchmal hohe Summen benötigt wurden, um eine Oper auf stattlichste Art zu produzieren. Und alles, bis ins kleinste Detail, war gut organisiert und vorbereitet. Die an der Mamontows-Oper üblichen Vorfälle ereigneten sich hier während meiner Dirigentenzeit nicht.«[25]

Im Herbst 1904 ist Rachmaninoff häufiger Gast bei dem Moskauer Schriftsteller Nikolaj Teleschow. Die Mittwochabende im Hause Teleschows erfreuen sich in jenen Tagen großer Beliebtheit bei Künstlern und Literaten, erhaschte man hier doch die neuesten Nachrichten und Trends aus der politischen und kulturellen Szene. Und gesellten sich noch Schauspieler oder Musiker unter die Gäste, konnte man meistens in den Genuß eines spontanen Konzerts oder einer improvisierten szenischen Darbietung kommen. An jenem Abend, als Rachmaninoff und Schaljapin bei Teleschow musizieren, weilt auch Gorki – ein alter Freund Schaljapins – unter den Gästen. Teleschow erinnert sich, daß Schaljapin gleich beim Eintritt sagte: »›Brüder, ich will singen.‹ Er rief Rachmaninoff an und bat: ›Serjosha, ich sterbe danach zu singen. Nimm eine Droschke und komm schnell vorbei. Wir werden die ganze Nacht singen.‹ Rachmaninoff war bald da. Schaljapin ließ ihm nicht einmal Zeit für einen Tee. Er setzte ihn an's Klavier, und etwas sehr Schönes begann. Das war auf der Höhe von Schaljapins Ruhm und Kräften, er war außergewöhnlich guter Stimmung. ... Er war inspiriert. Niemals sonst zu irgendeiner Zeit war er so magisch wie in dieser Nacht. Er selbst sagte verschiedene Male: ›Das ist es, wo ihr mich hören solltet, – nicht am Bolschoj.‹«[26]

Am 2. Januar 1905 fällt Port Arthur. Der Krieg hatte ein Jahr zuvor – in der Nacht zum 27. Januar 1904 – mit dem überraschenden Angriff der Japaner auf Port Arthur und das dort auf Reede liegende russische pazifische Geschwader begonnen. Das Leid über die Verluste, die der plötzliche Überfall der Japaner verursacht hat, erfaßt ganz Rußland. Die Menschen sind zornig und erbittert. Empört sind sie aber auch über die eigene Regierung, über ihr Abenteurertum und Raubgier, über ihre Blindheit, Verknöcherung und Unfähigkeit, die das Land angesichts einer äußeren Bedrohung so schwach hatte werden lassen. Die Nachricht von der Katastrophe auf der Reede von Port Arthur deprimiert die Bevölkerung. In jenen Tagen bemühen sich die Behörden und die Schwarzhunderter* auch

* Die »Schwarzhunderter« sind eine paramilitärische Einrichtung mit stark panslawistischen und antisemitischen Tendenzen, die aus Reptilienfonds, Zuwendungen der Wirtschaft und des Hochadels, finanziert werden.

vergeblich, promonarchistische Kundgebungen zustande zu bringen – fast niemand kommt. Es gibt keinen Enthusiasmus auf den Straßen, und auch im Palast ist davon sehr wenig zu spüren.

Im Zeitraum vom April 1904 bis Juli 1905 erhält Japan von Deutschland, England und den USA vier Anleihen in Gesamthöhe einer halben Milliarde Dollar, womit fast die Hälfte der Kriegskosten gedeckt werden kann. Eine ebenso wichtige Rolle spielen die deutschen und englischen Waffenlieferungen und die westlichen Militärberater. Mindestens zehn Jahre vor Port Arthur hatte das Deutsche Reich damit begonnen, den Japanern Militärhilfe zu gewähren. Beim Bau und bei der Ausrüstung der japanischen Armada, die am 14. Mai 1905 in der Tsushima-Straße aufkreuzt, um das zum Einsatz von Port Arthur entsandte baltische Geschwader Admiral Roshdestwenskis zu erwarten, hatten deutsche und englische Schiffbauer und Admirale geholfen. Als der Krieg im Fernen Osten ausbricht, stehen den neunundsechzig altgedienten Schiffen des russischen Pazifikgeschwaders hundertachtundsechzig japanische Kriegsschiffe neuester Bauart gegenüber.[27]

Das russische Riesenreich ist in Bewegung geraten. Es kommt zu Aufständen in Polen, den baltischen Provinzen und im Kaukasus. Vor Odessa meutert im Juni 1905 die Besatzung des Panzerkreuzers »Potemkin«. Die katastophale Niederlage der Russen raubt auch dem gläubigsten Untertanen das noch verbliebene Vertrauen in die Alleinherrschaft des Zaren. Die Intellektuellen fühlen sich in ihrer feindseligen Haltung gegenüber dem verhaßten Regime bestätigt. Immer lauter und unversöhnlicher werden die Rufe nach bürgerlichen Freiheiten.

Die erste Protestnote im Jahr 1905 verabschieden die Maler St. Petersburgs. Anläßlich einer Ausstellungseröffnung des Verbandes Russischer Künstler am 5. Januar 1905 erklären sie:

»Zu einem gemeinsamen Essen zusammengekommen, können die Teilnehmer der Ausstellung des Verbandes Russischer Künstler nicht umhin, auf jenen Aufruf zur Befreiung zu reagieren, der durch ganz Rußland gedrungen ist, und sind zu folgendem Schluß gekommen: Lebensnah ist allein eine freie Kunst, Freude bereitet allein das freie Schaffen, und wenn unser an Begabungen so reiches Land es noch nicht vermocht hat, in der Kunst sein gewichtiges Wort zu sagen und die in ihm verborgenen großen künstlerischen Potenzen freizulegen, wenn unsere Kunst die lebendige Verbindung zum russischen Volk verloren hat, dann ist der Hauptgrund dafür – und das ist unsere tiefe Überzeugung – in dem Druck zu sehen, der auf das Schaffen ausgeübt wird und der nicht nur die Kunst, sondern auch andere schöpferische Intentionen der russischen Gesellschaft tötet. In diesem Sinne erklären wir uns mit den Vertretern der Russischen Gesellschaft solidarisch, die mutig und standhaft für die Befreiung Rußlands kämpfen, und schließen uns den bekannten Semstwo-Resolutionen an. I. Bilibin, Jewgeni Lanceray, Wassili Milioti, Jan Zionglinski, L. Bakst, Igor Grabar, W. Perepljotschikow, Alexander Benois, Walentin Serow, Konstantin Somow, Wiktor Mussatow, O. Bras, P. Stscherbow, Konstantin Perwuchin, Mstislaw Dobushinski.«[28]

Nur vier Tage nach dieser Presseveröffentlichung in *Unser Leben* ereignet sich in St. Petersburg jenes tragische Massaker, das unter dem Namen »Blutsonntag« der Zarenherrschaft ein grausiges Denkmal setzt. Unbewaffnete Demonstranten versammeln sich unter Führung des Priesters Gapon – eines agent provokateur des Zaren, wie sich später herausstellt – und werden zum Marsch auf das Winterpalais mobilisiert. Die Absicht der Demonstranten besteht zunächst nur darin, dem Zaren eine Bittschrift zu überreichen und ihm die Augen für das Elend seines Volkes zu öffnen. Die Stimmung des aufmarschierten Militärs ist aufgeheizt und hochexplosiv, und plötzlich eröffnen die Truppen des Zaren auf die wehrlose Menge das Feuer. Über tausend Menschen kommen auf qualvolle Weise zu Tode. Der Maler Serow ist Augenzeuge dieses tragischen Unglücks, und er äußert gegenüber seinem Kollegen Repin, daß er niemals vergessen werde, was er am 9. Januar von den Fenstern der Akademie aus mitansehen mußte. »Als Oberkommandierender der Petersburger Truppen trägt für dieses unschuldig vergossene Blut auch der Präsident der Akademie der Künste (Großfürst Wladimir Alexandrowitsch) ... die Verantwortung ... Ich habe das unwillkürliche Gefühl, einfach weglaufen zu müssen.«[29]

Am 11. Januar 1905 – nur zwei Tage später – treffen sich Julij Engel und Alexander Gretschaninow in der Moskauer Wohnung Tanejews. Erinnerungen der Frau Julij Engels und eine Tagebuchnotiz Tanejews bestätigen den Zeitpunkt des Treffens. Julij Engel hatte den Text für eine Protestresolution der Moskauer Musiker vorbereitet, und er will ihn nur noch im Detail mit Tanejew und Gretschaninow abstimmen. Er trägt eine Liste mit den Anschriften von 29 Moskauer Musikern bei sich, deren Unterstützung er sich ziemlich sicher ist.

Aber erst am 3. Februar 1905 erscheint dann überraschenderweise in der Petersburger Zeitung *Unsere Tage* – und nicht in einer Moskauer Tageszeitung! – die von Engel telefonisch nach St. Petersburg übermittelte Resolution der Moskauer Komponisten:

»Lebenswichtig ist nur eine freie Kunst, erfreulich nur ein freies Schaffen. – Diesen ausgezeichneten Worten von Künstlerkollegen schließen wir Musiker uns vollkommen an. Durch nichts anderes in der Welt außer dem inneren Selbstbestimmungsrecht des Künstlers und wesentlichen Forderungen des gemeinschaftlichen Lebens sollte die Freiheit der Kunst begrenzt sein, wenn sie nur echt stark sein will, wahrhaft heilig, wahrhaft frei, um auf die tiefsten Bedürfnisse des menschlichen Geistes zu reagieren. Aber wenn das Leben an Händen und Füßen gebunden ist – kann auch die Kunst nicht frei sein, denn die Kunst ist nur ein Teil des Lebens. Wenn es in einem Land weder Freiheit des Gedankens oder Gewissens gibt, noch Freiheit des Wortes oder der Presse, wenn gegenüber allen lebendigen schöpferischen Unternehmungen des Volkes Hindernisse aufgestellt werden – schwindet auch die künstlerische Schaffenskraft. Mit bitterem Spott klingt dann der Beruf des ›Freien Künstlers‹ (so lautet der offizielle Titel; M.B.). Wir sind nicht freie Künstler, sondern dieselben rechtlosen Opfer der gegenwärtigen anormalen öffentlich-rechtlichen Verhältnisse, wie auch die übrigen russischen Bürger, und es gibt nach unserer Überzeugung nur einen Ausweg aus diesen Verhältnissen: Rußland sollte endlich den Weg grundlegender Reformen einschlagen, festgelegt in den bekannten elf Punkten der Resolution des Semstwo-Kongresses, denen wir uns ebenfalls anschließen.«[30] Unterschrieben ist der Aufruf von A. Gretschaninow, S. Tanejew, J. Engel, S. Rachmaninoff, A. Goldenweiser, F. Schaljapin, A. Kastalski, G. Glier, L. Nikolajew, A. Gedike, K. Igumnow, J. Sachnowski, S. Kruglikow, K. Kipp, N. Kaschkin, D. Schor, E. Linewa, A. Engel, G. Katoire u.a.

Der erste prompt in St. Petersburg reagierende Musiker ist Rimski-Korsakow. Zwei Tage später veröffentlicht er – ebenfalls in *Unsere Tage* – einen Offenen Brief, in dem er seine Solidarität mit den Moskauern bekundet:

»Mit ganzem Herzen die Resolution der Moskauer Komponisten und Musiker mitempfindend, die in der Nr. 37 der Zeitung *Unsere Tage* abgedruckt war, bitte ich über Ihre verehrte Zeitung der Resolution die Unterschrift eines Petersburger Musikers hinzuzufügen. N. Rimski-Korsakow.«[31]

Das ist der Regierung zu viel. Über die Hauptpresseverwaltung als Zensurbehörde wird ab sofort das Erscheinen von *Unsere Tage* ›wegen schädlicher Tendenzen‹ eingestellt.

Am 6. Februar können endlich auch die Moskauer die Resolution ihrer Musiker lesen. Die *Russischen Nachrichten* plazieren sie am äußersten Rand, kleingedruckt, mit Hinweis auf die Petersburger Quelle.

Julij Engel schreibt in seinen Erinnerungen, daß der Beschluß der Moskauer Komponisten und Musiker alle progressiven Musiker vereinte – von den radikalen wie Schaljapin, Engel, Dershanowski zu den gemäßigten oder weit von der Politik entfernten wie Medtner und Rachmaninoff. Er wurde in der Geschichte der russischen Öffentlichkeit der erste politische Auftritt von Musikern.

Mitte Februar senden die Maler W. Serow und W. Polenow eine offizielle Protestnote an die Vollversammlung der Kaiserlichen Akademie der Künste. Hierin heißt es: »Die furchtbaren Ereignisse des 9. Januar haben uns erschüttert. Einige von uns haben gesehen, wie Truppen auf den Straßen Petersburgs wehrlose Menschen töteten, und das Bild der entsetzlichen Bluttat hat sich uns tief eingeprägt. Wir Künstler sind betroffen, daß die Persönlichkeit, die die oberste Befehlsgewalt über diese Truppen innehat, die das Blut unserer Brüder vergossen haben, gleichzeitig der Akademie der Künste vorsteht, deren Bestimmung es ist, die Ideen der Menschlichkeit und der höchsten Ideale zu verbreiten. W. Polenow. W. Serow.«[32] Das Dokument wird allerdings nicht an die zuständige Regierungsstelle weitergeleitet, sondern verschwindet im Dickicht der Dienstwege. Im März verläßt Polenow die Akademie.

Inzwischen wächst auch der Aufruhr in der Studentenschaft des St. Petersburger Konservatoriums. Auf studentischen Versammlungen wird die zeitweilige Schließung des Konservatoriums gefordert. Man ist empört und entsetzt über einen Kommilitonen aus dem Fachbereich Militärmusik, der sich noch der eigenhändigen Erschießung demonstrierender Arbeiter brüstet. Die Versammlung fordert den Ausschluß des Studenten, aber Direktor Bernhard zögert und weigert sich, eine klare Entscheidung zu treffen. Mißstände im Unterrichts- und Verwaltungsbereich des Konservatoriums werden scharf angeprangert. Unübersehbar ist die zunehmende Radikalisierung der Studenten. Es bilden sich Revolutionskomitees – Drahtzieher sind studentische Kontaktpersonen der Bolschewiki –, und man arrangiert konspirative Treffen in Privatwohnungen, die sich zu Zentren des Widerstandes entwickeln. Ziel ist ein Proteststreik aller Studenten.

Die zaristischen Behörden beobachten die Entwicklung mit Argwohn und verweigern aufrührerischen Studenten den Zutritt zum Konservatoriumsgebäude. Als 600 Studenten das Haus stürmen wollen, greifen berittene Polizisten ein, reiten die Studenten nieder und prügeln blind auf die tobende Menge ein. Rimski-Korsakow und Glasunow, die Augenzeugen dieses Vorfalls werden, eilen ihren Studenten erschrocken zu Hilfe und versuchen, die Polizei zurückzudrängen. Dieses Erlebnis bewirkt, daß beide Professoren sich jetzt voll auf die Seite der Studenten stellen und eine Resolution der Studentenschaft unterschreiben, in der die endgültige Schließung des Konservatoriums gefordert wird. Der Beschluß der Studenten erscheint einen Tag darauf – am 11. Februar – in der Zeitschrift *Rußland.* Von Direktor Bernhard, Großfürst Konstantin Romanow, dem Vizepräsidenten der RMO, und dem staatstreuen Teil der Professorenschaft wird er jedoch ignoriert: Am 16. März soll der Unterrichtsbetrieb wieder voll aufgenommen werden, aber es kommt erneut zu Tumulten und Polizeieinsätzen am Theaterplatz. Rimski-Korsakow, der mit Schlichtungsabsichten zu den Studenten spricht, wird von Polizeispitzeln denunziert, und man unterstellt ihm Aufwiegelung der Studentenschaft. Empört schreibt Rimski-Korsakow daraufhin einen Offenen Brief an Direktor Bernhard, fordert ihn letztmalig zur Aussetzung des

Unterrichtsbetriebes bis September auf und nennt die Direktion der RMO »dilettantische Amateure«. Die Petersburger Presse wagt keine Veröffentlichung, aber Moskaus *Russische Nachrichten* übernehmen den Abdruck. Jetzt zieht auch St. Petersburgs *Rußland* nach und informiert ihre Leser. Wie nicht anders zu erwarten ist, erhält Rimski-Korsakow am 21. März 1905 die fristlose Kündigung – ausgehändigt durch den Großfürsten Konstantin.

Die Folge ist eine riesige Solidaritätswelle für Rimski-Korsakow. Das Verdikt des Zaren hatte jetzt eine noch breitere Öffentlichkeit alarmiert. Glasunow, Ljadow, A. Jessipowa, die Lehrerin Prokofjews, und Felix Blumenfeld geben ihre Professuren zurück. Siloti annulliert seinen Konzertvertrag bei der RMO. 150 Studenten melden sich unter Protest vom Studium ab. Zum Höhepunkt der Sympathiebekundungen gestaltet sich am 27. März die Aufführung der Rimski-Oper »Der unsterbliche Kastschej« unter Mitwirkung von Glasunow und den streikenden Konservatoriumsstudenten. Grußadressen werden verlesen, Ilja Repin schickt ein Solidaritätstelegramm – aber die auf Geheiß der Regierung aufmarschierte Polizei bricht die Veranstaltung rigoros ab und räumt gewaltsam den Saal.

Im April berichtet Maria G. Prokofjewa – die Mutter Sergej Prokofjews – ihrem Mann aus St. Petersburg:

»Aus der Ferne sieht alles anders aus, aber wenn man den Dingen näher ist, läßt man sich von den realistischsten Erwägungen leiten. Ich werde mir die Unterlagen im Konservatorium nicht aushändigen lassen! Im Augenblick ist es völlig verlassen; nur die Türschließer sind loyal geblieben. Sich mit ihnen zusammenzutun, ist wirklich keine brillante Idee. Ljadow wie Winkler kennen Serjoshas Absicht: das Konservatorium zu verlassen, wenn es die besten Lehrer verlassen.«[33]

Im Sommer beschließen Rimski-Korsakow, Glasunow, Ljadow und Siloti die Neugründung einer eigenen Schule, einer »Nationalen Musikakademie«. Die RMO weiß, daß durch diese Aktion dem Petersburger Konservatorium endgültig die besten Lehrer verlorengehen und lenkt vorsichtig ein, indem sie gewisse Reformen in Aussicht stellt. Das gefährliche Konkurrenzprojekt ist damit zunächst gestoppt.

In Moskau schürt währenddessen Julij Engel beharrlich die Flammen der Empörung. Von jeher waren die *Russischen Nachrichten* ein liberales Blatt, in welchem Tolstoi, Schtschedrin, Brjusow ebenso wie bekannte Revolutionäre publizieren konnten, und bezeichnenderweise waren es auch die *Russischen Nachrichten,* die als erste legale Zeitung am 14.10.1904 die Einberufung einer Volksvertretung gefordert hatten. Als im Sommer 1905 der Semstwo-Kongreß tagt, und die Überwachungsorgane des Staates angesichts des sprießenden Zeitungsblätterwaldes ihre Kontrollaufgaben nicht mehr in vollem Umfang wahrnehmen können, drucken die *Russischen Nachrichten* in breiter Ausführlichkeit Gesetzes- und Verfassungsentwürfe der linksliberalen Opposition wörtlich ab.

Engel läßt in der Redaktion eine Flut von Protestleserbriefen los: Musiker, Juristen, Maler, Professoren, Ärzte, Kunstliebhaber verfassen geharnischte Protestschreiben für Rimski-Korsakow.

Und auch am Moskauer Konservatorium brechen jetzt die alten, ungelösten Konflikte mit voller Wucht hervor, die bisher nur durch Safonow, den ›Kosaken mit der Peitsche‹, unterdrückt worden waren. Tanejew schreibt im März einen Offenen Brief – abgedruckt in den *Russischen Nachrichten* – worin er Safonows Despotie hart verurteilt und ihn der Ämterhäufung und des Amtsmißbrauchs bezichtigt. Zu Recht – denn Safonow war in Personalunion Direktor des Konservatoriums und Chef der Moskauer RMO zugleich. Dies widersprach eindeutig den Statuten des Konservatoriums.

Unerfreuliche, in der Öffentlichkeit ausgetragene Dispute und die uneinsichtige, egoistische Haltung Safonows veranlassen Tanejew im Herbst, das Konservatorium zu verlassen. Er nimmt seinen Abschied mit Aplomb: Am 4. September fährt er in den *Russischen Nachrichten* ein letztes rhetorisches Geschütz gegen Safonow auf.

Maria Prokofjewa berichtet am 7. September ihrem Mann: »Tanejew hat das Moskauer Konservatorium wegen Safonows Unverschämtheit und Tyrannei verlassen. Er will eine einjährige Pause einlegen und hat Ippolitow-Iwanow als Nachfolger benannt. Tanejew hat deutlich gemacht, daß die Professoren selbständig den Direktor wählen sollten. Safonow sagte einige große Dinge zu Tanejew, der erwiderte, er habe das alles bereits von Droschkenkutschern gehört. Überall gehen die Dinge aus den Fugen! Was für eine Zeit ist das!«[34]

Den vielleicht ausführlichsten sozialen und kulturpolitischen Appell des Jahres 1905 enthält eine »Erklärung der russischen Künstler«, die in der Zeitschrift *Das Recht* am 8. Mai veröffentlicht wird und von mehr als einhundert Künstlern unterzeichnet ist:

»Können wir Künstler gegenwärtig unbeteiligte Zeugen all dessen sein, was um uns vorgeht, können wir das tragische Bild der Wirklichkeit ignorieren und uns vom Leben abkapseln, indem wir uns allein den technischen Aufgaben der Kunst widmen, dem einzigen Gebiet, das frei ist von Repressionen durch die Zensur?

Nein, wir Künstler, die wie von Natur her empfänglich sind für die Eindrücke vom Leben in allen seinen Erscheinungsformen, sehen besonders deutlich die furchtbaren Leiden, die die Heimat erduldet, und spüren sehr stark die Gefahr, die uns mit unvergleichlich größerem Unheil droht, wenn die Administration die Aufgabe der Reform hinauszögern und sich auf Repressionen beschränken wird. Deshalb soll unsere leidenschaftliche Stimme in dem allgemeinen Chor unserer aufrichtigen und mutigen Intelligenz aufgehen, die einen friedlichen Ausweg aus der verhängnisvollen gegenwärtigen Lage allein in der unverzüglichen und vollständigen Erneuerung unserer Staatsordnung auf dem Wege des Appells an die legislative und administrative Arbeit frei gewählter Vertreter des ganzen Volkes sieht. Die Verwirklichung dieser Aufgabe ist nur möglich bei völliger Gewährleistung der Freiheit des Gewissenes, des Wortes und der Presse, der Freiheit der Verbände, der Versammlungsfreiheit und der Unantastbarkeit der Persönlichkeit.«[35]

Weniger politischen Appell als vielmehr persönliches Bekenntnis eines künstlerisch-sensiblen Menschen birgt der Artikel Djaghilews, der in Walerij Brjusows *Waage* die »Kunsthistorische Ausstellung russischer Porträts«, Anfang März im Taurischen Palais, kommentiert.

Die fast museale Präsentation russischer Porträtmalerei gewinnt im Jahr 1905 einen stark sozialen und gegenwartsbezogenen Aspekt, und Djaghilew, der Initiator der Ausstellung, beschwört sehr früh die beklemmende Vision einer zum Untergang verurteilten Adelsgesellschaft:

»Spüren Sie nicht, daß die lange Galerie von Porträts bedeutender und weniger bedeutender Menschen ... lediglich die grandiose und beeindruckende Bilanz ist, die aus der glänzenden, doch leider dahingegangenen Periode unserer Geschichte gezogen wird? ... Ich habe mir das Recht verdient, das laut und deutlich zu sagen, weil ich mit dem letzten Hauch des Sommerwindes meine ausgedehnten Reisen kreuz und quer durch unser unermeßliches Rußland beendet habe. Ich habe mich gerade nach diesen existentiellen Fahrten besonders davon überzeugt, daß die Zeit gekommen ist, Bilanz zu ziehen ...

Verödet sind die Majorate, furchtgebietend in ihrer erstorbenen Pracht die Paläste, die seltsam bevölkert werden von den heutigen kleinen und mittleren Leuten, die die Bürde einstiger Paraden nicht ertragen. Hier leben nicht die Menschen, hier lebt die Lebensart weiter. Und von Stund an war ich davon überzeugt, daß wir in einer furchterregenden Zeit des Umbruchs leben; wir sind zum Sterben verurteilt, um einer neuen Kultur zum Auferstehen zu verhelfen, die von uns das übernehmen wird, was von unserer müden Weisheit übrigbleibt. Jetzt, da ich mich tief in die Geschichte der künstlerischen Gestalten begeben habe und dadurch immun gegen die Vorwürfe extremen künstlerischen Radikalismus geworden bin, kann ich kühn und überzeugt sagen, daß derjenige nicht irrt, der daran glaubt, daß wir Zeugen des größten historischen Augenblicks der Bestandsaufnahme im Namen einer neuen, unbekannten Kultur sind, die durch uns entsteht, uns jedoch hinwegfegt.«[36]

Im Sommer 1905 entzieht sich Rachmaninoff durch die Flucht nach Iwanowka der unruhigen städtischen Atmosphäre Moskaus. Noch vor Beginn der Herbstsaison will er die Instrumentierung der Oper »Francesca« abgeschlossen haben, denn beide neuen Opern stehen auf dem Spielplan der kommenden Saison. Und wieder schreibt er Briefe an Morosow, in denen er dem Freund Unsicherheiten und Zweifel an seiner Arbeit beichtet. Auch verhehlt er nicht, daß der Theaterbetrieb ihn zusehends ängstigt, da die allgemeinen Unruhen mittlerweile schon den internen Probenablauf bedrohen. Sänger, Musiker, Schauspieler, Techniker und Bühnenarbeiter schwimmen auf den Wogen einer riesigen Befreiungseuphorie, wobei es nicht mehr allein um die brennenden sozialen Fragen der Gesellschaft geht, sondern oft auch schlicht nur um kleine Kompetenzrangeleien, die im Jahre 1905 ein ungeheures politisches Gewicht erehalten.

Die Aufführung von Rimski-Korsakows Oper »Pan Wojewoda« am 27. September 1905 – ein halbes Jahr nach der Entlassung des Komponisten – wird von der Öffentlichkeit als demonstrative Solidaritätsbekundung Rachmaninoffs für den geschmähten Petersburger gewertet. Mit Schreiben vom 17. September lädt Rachmaninoff ihn sogar offiziell zur Aufführung nach Moskau ein:

»Hochverehrter Nikolaj Andrejewitsch, die Premiere Ihrer Oper ›Pan Wojewoda‹ ist für den 27. September angesetzt; Generalprobe Sonnabend, 24. September. Ich weiß nicht, ob die Verwaltung Sie von diesen Daten in Kenntnis gesetzt hat. Ich habe sie wiederholt gefragt, ohne eine definitive Antwort zu erhalten. Daher nehme ich mir die Freiheit, Sie zu fragen, ob Sie kommen werden? Es ist nicht nötig, Ihnen zu sagen, wie glücklich ich wäre, wenn Sie kämen und mir meine Fehler zeigten. Es wäre sehr schön, wenn Sie am Morgen des 23. eintreffen könnten. An diesem Tag ist eine Klavierprobe angesetzt, gefolgt am nächsten Tag von der Generalprobe. Der 26. September sollte in Reserve gehalten werden, um so viel wie möglich zu korrigieren, alles, was Ihnen nicht gefällt. Diese Probe kann mit Orchester veranstaltet werden. Mit aufrichtigem und tiefem Respekt für Sie, S. Rachmaninoff.«[37]

Rimski-Korsakow nimmt die Einladung an und trifft pünktlich in Moskau ein. Durch die Proben und viele persönliche Gespräche übt der Petersburger Komponist einen nachhaltigen Eindruck auf Rachmaninoff aus, und noch viele Jahre später äußert Rachmaninoff sein Bedauern, daß er nie in den Genuß des Unterrichts bei Rimski-Korsakow gekommen sei. Über das Zusammentreffen im Jahre 1905 berichtet er:

»Als Pan Wojewoda geprobt wurde, lernten Rimski-Korsakow und ich uns näher kennen. Als ob ich aus einem Alptraum aufgewacht wäre, schüttelte ich alle meine Moskauer Vorurteile gegen den großen Petersburger Dirigenten ab. Ich erkannte die künstlerische Aufrichtigkeit und Integrität, welche Rimski-Korsakow inspirierte und ihn hoch über alle Kleinigkeiten erhob. Seine bewundernswerte technische Meisterschaft der Komposition, besonders seine Instrumentationsfertigkeit und seine sensitive Kontrolle von orchestraler Tonfarbe konnte mich nur noch mit aufrichtiger Bewunderung erfüllen. Ich begeisterte mich richtig für ihn, und dieses Gefühl vertiefte sich von Tag zu Tag ... Meine Zusammenarbeit mit Rimski-Korsakow lehrte mich eine Menge. Ich erhielt mehr als eine Gelegenheit, sein unglaublich feines Gehör für Orchesterdetails zu erkennen ...«[38]

Auch Rimski-Korsakow erwähnt den Moskauer Aufenthalt in seiner Chronik: »Zu Beginn des Herbstes wurde ich aufgefordert, zur Aufführung meines ›Pan Wojewoda‹ im Großen Theater nach Moskau zu kommen. Der talentvolle Rachmaninoff dirigierte. Es erwies sich, daß die Oper gut einstudiert war. Chöre und Orchester klangen ausgezeichnet. Ich war zufrieden mit der Wirkung der Singstimmen und der Instrumentierung ... Die Zeit der Aufführung des ›Pan Wojewoda‹ in Moskau war eine sehr unruhige. Einige Tage vor der Vorstellung setzte der Buchdruckerstreik ein. Es konnten keine Anzeigen erlassen werden, und das Theater war längst nicht vollbesetzt. Immerhin war ein Achtungserfolg zu verzeichnen. Die Studentenstreiks, die politische Gärung und endlich der Moskauer Dezemberaufstand führten dazu, daß ›Pan Wojewoda‹ nach einigen Aufführungen vom Spielplan verschwand.«[39]

Die innenpolitische Situation ist unverändert verworren und gefährlich explosiv. Zwar hatte bereits im Februar Innenminister Bulygin auf Anforderung des Zaren einen Gesetzesentwurf für eine »Duma«, eine Volksvertretung, erarbeitet, und dieser Entwurf war auch am 6. August formell verabschiedet worden, aber die russische Öffentlichkeit lehnt die Bulyginsche Duma als Farce ab. Konnte doch ein Dekret vom August 1881 »Zum Schutze der bestehenden Staatsordnung« de facto wieder alle von der Duma verabschiedeten Gesetze außer Kraft setzen! Außerdem waren die bürgerlichen Vertreter in den ersten beiden Dumen ohnehin verschwindend gering vertreten: Unter den 500 Abgeordneten der 1. Duma saßen nur zwei Unternehmer und 24 Kaufleute! Der Rest bestand aus Adeligen.

Das »Oktobermanifest« des Zaren vom 17. 10. 1905, in welchem er die konstitutionelle Monarchie und die Reichsduma offiziell anerkennt, kann nicht mehr dem enormen Vertrauensschwund Einhalt gebieten, den das Regime jetzt in breiten Kreisen der Bevölkerung hinnehmen muß. Im Oktober formiert sich die KaDettenpartei, die »Konstitutionell-Demokratische Partei« Rußlands. Sie ist eine bürgerliche Partei, deren Mitglieder das russische Bildungsbürgertum repräsentieren. Ihr Gründungskongreß tagt im Oktober 1905 auf dem Höhepunkt der Revolution, inmitten des ersten allrussischen Generalstreiks. Einen Tag nach dem überraschenden Erlaß des Zarenmanifests geht der Kongreß jedoch ohne Beschlußfassung auseinander, ohne auch nur den Ansatz einer Diskussion über die neue Staatsform zu zeigen, und ohne die Frage nach den künftigen Strategien zu klären. Er vergibt seine große historische Chance, indem er es versäumt, auf die Schlüsselpositionen des Zaren im Heer, in der Verwaltung und in der Polizei Einfluß zu nehmen und sich in einen ideologischen Scheinliberalismus flüchtet. Es ist bezeichnend, daß viele KaDetten der wohlhabenden Kaufmannschaft oder dem aufstrebenden Unternehmertum angehören, diese Bürger es aber dennoch nicht schaffen, ihren zweifellos vorhandenen ökonomischen Einfluß politisch geltend zu machen.

Die Petersburger Akademie der Künste und die Moskauer Lehranstalt für Malerei, Bildhauerei und Architektur bleiben von Oktober bis Dezember 1905 geschlossen. Bei den Musikern in den Konservatorien kehrt jedoch schon bald wieder Beruhigung ein. Rimski-Korsakow und Glasunow erhalten von der RMO eine offizielle Einladung, ihre Tätigkeit wieder aufzunehmen, wobei sogar leichte Reformen in Aussicht gestellt werden. Glasunow wird zum Nachfolger Bernhards ernannt, der von der RMO in Pension geschickt wird. Safonow verläßt das Moskauer Konservatorium, da seine reaktionäre Haltung jetzt sogar den zaristischen Behörden allmählich unbequem wird. Er geht nach New York und übernimmt dort die Leitung der Philharmoniker, die nur an seinen fachlichen Qualitäten interessiert sind. Safonows politische Vergangenheit ist bald vergessen.

Im November 1905 druckt die Moskauer Tageszeitung das *Russische Wort* nochmals eine Erklärung vieler namhafter Künstler ab, die den Zusammenschluß aller Künstler in einem Verband fordern:

»Der Kampf für eine bessere Zukunft nimmt zu und erstarkt. In allen gesellschaftlichen Gruppen wird energische Arbeit zur Gründung von Verbänden als machtvollere Faktoren des Kampfes geleistet. Natürlich müssen die Menschen die Notwendigkeit einer solchen Organisationsform besonders tief empfinden, die das Banner einer freien Kunst tragen. Wir brauchen einen Verband, in dem sich die Diener aller schönen Künste zu gemeinsamer Tätigkeit vereinigen. In der Organisation besteht unsere Stärke. Die Zeit drängt. Im Namen gemeinsamer Berufsinteressen und der Interessen jener Kunst, der jeder dient, rufen wir unsere Berufskollegen auf, sich zusammenzuschließen und einen gemeinsamen Verband zu bilden – den ›Allrussischen Verband der Vertreter der schönen Künste‹.«[40]

Unterzeichnet ist die Resolution von mehr als 50 Künstlern, darunter K. Korowin, S. Winogradow, Sawwa Mamontow, R. Glier, A. Goldenweiser und Sergej Rachmaninoff. In den folgenden Nummern der Zeitung schließen sich Leonid Andrejew, Stanislawski und Nemirowitsch-Dantschenko dem Aufruf an.

»Jeder weiß«, schreibt als Zeitzeuge Oskar v. Riesemann, »daß im Herbst 1905, direkt nach dem Japanischen Krieg, der so katastrophal für Rußland endete, und als Resultat auf Graf Wittes Oktobermanifest, das des Zaren Absage an die absolute Alleinherrschaft verkündete, – daß in St. Petersburg und Moskau eine Revolution ausbrach. Unglücklicherweise wurde dies vom Staat nicht ernst genug genommen und verfehlte die Lektion für die Zukunft. Diese revolutionäre Erhebung wurde ›agrarische Unruhe‹ genannt und nur mit Schwierigkeit von den sogenannten ›Strafexpeditionen‹ unterdrückt.

Sie wirkte auch auf die Landdistrikte und verbreitete ihren Terror von Zerstörung und Mord durch ganze Provinzen. Die Lage in Moskau während der Monate November und Dezember dieses Jahres war problematisch. Es begann mit einem Generalstreik. Die Beleuchtung, die Wasserwerke, der Post- und Telegraphendienst und die elektrischen Bahnen hörten auf zu funktionieren. Die Bewohner waren gezwungen, in endlosen Schlangen zu stehen (›Polonaisen‹ oder ›Schwänze‹, wie sie in Moskau genannt wurden), mit Eimern und Krügen bewaffnet, um zu warten, bis sie an der

Reihe waren, genug Wasser für den täglichen Gebrauch aus den wenigen Brunnen in der Stadt zu ziehen. Nach 5 Uhr am Abend wurde die Stadt in undurchdringliches Dunkel getaucht. Auf den Straßen liefen Polizeipatrouillen, Streikposten und private Diebes-Gangs, die als Beschützer posierten und jeden, der ihnen begegnete, durchsuchten mit dem Resultat, daß die unglücklichen Opfer mit leeren Taschen nach Hause gingen. Kaum jemand wagte auf die Straße zu gehen. Zuerst blieben die Theater geöffnet und spielten vor leeren Häusern; aber später mußten auch sie geschlossen werden, weil sich die Musiker, die Bühnenarbeiter und alle Angestellten dem Streik anschlossen. Im Dezember gab es Straßenkämpfe; Barrikaden wurden errichtet und niedergeschossen, und sogar die Garde und Kosaken – aus St. Petersburg herbeigerufen – hatten Mühe, die Situation zu meistern und das Leben in einigermaßen normale Zustände zu bringen. Das zaristische Regime war zu dieser Zeit weniger denn je geneigt, nachzugeben.

Die Umstände waren nicht gerade günstig für die Entwicklung einer erfolgreichen Operndirigentenkarriere an einem Theater, dessen Name ›Kaiserliches Theater‹ ausreichte, um den gedankenlosen Mob in Ausbrüche grenzenloser Wut zu bringen.

Diese Ereignisse, besonders die Greueltaten, die aus blinder Zerstörungswut in den ländlichen Distrikten verübt wurden, machten auf Rachmaninoff einen tiefen Eindruck. Sie beeinflußten wesentlich seine Haltung gegenüber der ›Großen‹ Russischen Revolution zwölf Jahre später und trieben ihn über die Grenzen seines Heimatlandes. Er verabscheute nichts mehr als den plebejischen Mißbrauch des schönsten der menschlichen Ideale, den der persönlichen Freiheit. Weil er selbst die strengste Selbstdisziplin übte und größte Bewunderung für jede Errungenschaft empfand, die durch harte Arbeit gewonnen wurde, konnte er keine Toleranz für das aufbringen, was er als ›Mangel an Disziplin‹ ansah.«[41]

Die Streiks und Unruhen in Moskau, die das normale Leben in jeder Beziehung lähmen, führen im Theater zu massiven Protestbewegungen. Die Theaterdirektoren erhalten laufend Petitionen, in denen sich die Unterzeichnenden über die Verwaltung, ihre Lehrer, Professoren, Chormeister, Dirigenten und Bühnendirektoren beschweren. Ballettmitglieder, Choristen, Orchestermusiker, Bühnenarbeiter, Maler, Zimmerleute, Schneider und Näherinnen fordern Gehaltserhöhung, Reduzierung ihrer täglichen Arbeitszeit und mehr Mitspracherecht. Fast jede Petition endet mit der Androhung, die Arbeit niederzulegen, falls ihren Forderungen nicht entsprochen würde. Der Militärgouverneur von Moskau, Admiral Dubasow, gerät in helle Aufregung. Als leidenschaftlicher Ballettverehrer muß er mehrfache Ausfälle von Veranstaltungen hinnehmen. In aller Öffentlichkeit macht er dem Zaren zum Vorwurf, daß er nur 18000–20000 Soldaten und Kosaken habe, um endlich die Moskauer zu unterwerfen. Durch die Stadt geistern Gerüchte, daß die Revolutionäre die Uspenski-Kathedrale in die Luft sprengen würden und danach gleich die Staatsbank und das Bolschoj-Theater an die Reihe kämen. Glinkas »Ein Leben für den Zaren« wird zum Tummelplatz für politische Meinungskundgebung. Wenn der Sänger die Strophe singt, in der er sein Leben für den Zaren gibt, brüllt die Galerie. Ruft ein Theaterbesucher in die Menge »Nieder mit dem Zaren«, verwandelt sich der Saal in einen Hexenkessel. Schaljapin erhält Drohbriefe, wenn er singen würde, und Drohbriefe, wenn er nicht singen würde. Schließlich bittet er die Theaterdirektoren um Genesungsurlaub, obwohl er äußerlich kerngesund wirkt.

Sergej Kussewitski kündigt seine Stellung als Kontrabassist am Theater und veröffentlicht in der Moskauer Tageszeitung *Russisches Wort* ein Pamphlet gegen die schlechte Bezahlung der Theater. Die Musiker wären gezwungen, wie Sklaven zu leben. Man nimmt ihn aber nicht recht ernst, da er ohnehin erst kürzlich eine Millionärstochter geheiratet hatte. Obwohl Teljakowski kontert, daß der Lebensstandard der Musiker dem Mittelstand entspräche, bemängelt auch Rachmaninoff – zwar nicht so lautstark wie Kussewitski, aber nicht weniger hartnäckig – die Unterbezahlung der Künstler. Auch er droht mit Rücktritt. Offensichtlich ist das Verhältnis zwischen oberstem Theaterchef und Dirigent zu diesem Zeitpunkt schon recht abgekühlt, denn Teljakowski schreibt später in seinen Erinnerungen: »Der Kapellmeister des Bolschoj-Theaters, S. W. Rachmaninoff, war einer von den Menschen, von denen man unmöglich erhoffen konnte, daß sie bereit waren, den Aufstand abzuwehren: im Gegenteil, er würde sofort auf der Seite der

Unzufriedenen stehen – so hat er auch schon mehrfach die Meinung vertreten, daß man den Musikern zu wenig bezahlt.«[42]

In fachlicher Hinsicht jedoch ist Rachmaninoff unumstritten. Er liefert nicht nur an Bolschoj hervorragende Einstudierungen, sondern er beeindruckt auch als Dirigent der Kersin-Konzerte und der Moskauer Philharmonischen Reihen.

In den Kersin-Konzerten leitet er ausschließlich russische Programme, so Tschaikowskis 5. Sinfonie und Klavierfantasie, Rimski-Korsakows Orchesterfantasie »Sadko« und Glinkas »Kamarinskaja«. Fast einstimmig registrieren die Kritiker eine klare, logische Konzeption und eine wohltuende klangliche Ausgewogenheit der Orchestergruppen. »Rachmaninoff verfügte nicht«, erinnert sich der Dirigent N. A. Malko, »über eine virtuose Dirigiertechnik oder kapellmeisterliche Eloquenz. Aber es war ihm etwas anderes zu eigen – in seinem Dirigieren war alles logisch: tiefe Musikalität, Kultur und künstlerisches ›Ethos‹, d. h. eine ethische künstlerische Begründung. Dies alles machte im Übermaß die technischen Mängel wett. Er stand ruhig, leicht gebeugt, die Bewegungen der Hände waren ökonomisch und durchdacht, niemals verlor er die Kontrolle über den Orchesterklang.

Rachmaninoffs Interpretation der 5. Sinfonie Tschaikowskis wird von den Zeitgenossen als etwas völlig Neues aufgenommen. Durch den Bruch mit der Tradition erzwingt er ein neues Verständnis der Partitur, und die Hörer erleben überrascht eine andersartige, aber eben doch überzeugende Version. »Das Finale packte er ungewöhnlich schnell und heftig«, so Kaschkin, »und der Satz, der gewöhnlich weniger als die anderen gefällt, ergriff diesmal mehr als alles die Hörer«.[43]

Nikolaj Medtner – neben Rachmaninoff und Skrjabin der dritte profilierte Komponist der Moskauer Schule – schreibt 30 Jahre später im Exil:

»Es ist traurig, daß man sich an solche Dirigenten nur erinnern kann, und daß es nur wenige dieser Generation gibt, mit denen man solche Erinnerungen teilen kann. Ich werde niemals Rachmaninoffs Interpretation von Tschaikowskis 5. Sinfonie vergessen. Bevor er sie leitete, hörten wir sie nur in der Version von Nikisch und seinen Epigonen. In der Tat, Nikisch hatte diese Sinfonie vor einem kompletten Fiasko bewahrt, als sie von ihrem Komponisten geleitet wurde, aber dann wurde seine pathetische Verlangsamung der Tempi Gesetz für alle Wiedergaben von Tschaikowski-Werken, noch verstärkt duch Dirigenten, die ihm blind folgten. Unter Rachmaninoff fiel plötzlich all diese imitierende Tradition von der Komposition weg, und wir hörten sie wie zum ersten Mal; besonders erstaunlich war die völlig veränderte Stoßkraft des Finales, ein Gegenstück zum Pathos von Nikisch, das diesem Satz immer geschadet hatte.

Noch unerwarteter – in einer späteren Saison – war der Eindruck von Mozarts g-moll-Sinfonie, die lange Zeit als langweilig abgestempelt war – ein Stück im Rokokostil. Ich werde niemals diese Sinfonie vergessen, wie sie von Rachmaninoff dirigiert wurde; sie kam uns plötzlich entgegen, pulsierend voll Leben und Eindringlichkeit.«[44]

Für Julij Engel ist Rachmaninoff schon im Jahre 1905 ein »Dirigent von Gottes Gnaden«, aus dem sich bei genügender Praxis ein auf diesem Gebiet erstklassiger Künstler entwickeln müßte.

Doch die hehren Konservatoriumskreise sehen dies anders. Hier walten eigene, hochschulinterne Gesetze. Als Ippolitow-Iwanow nach Weggang Safonows die Leitung des Moskauer Konservatoriums übernimmt, steht ein Professor für Instrumentation zur Disposition. Und obwohl eine Gruppe von Ratsmitgliedern – unter ihnen Goldenweiser, Nikita Morosow, Kaschkin und noch zwei weitere Professoren –, für die Besetzung dieser Stelle nachdrücklich Rachmaninoff nominieren, weiß Ippolitow-Iwanow dessen Wahl mit Ranküne zu verhindern.

Er lanciert seinen Favoriten Sergej N. Wassilenko auf den Posten. Rachmaninoff trifft die neuerliche Abfuhr seitens der Konservatoriumsclique hart. Eine persönliche Stellungnahme ist nicht bekannt. Aber als kurze Zeit später die Moskauer Direktion der RMO ihn aufgrund seiner großen Popularität beim Moskauer Konzertpublikum für ihre Konzertreihe gewinnen will, erteilt er der Gesellschaft eine schroffe Abfuhr. Die von der RMO beauftragten Verhandlungspartner Margarita K. Morosowa – eine sehr wohlhabende Moskauer Kunstmäzenatin – Jurij Sachnowski und A. Goldenweiser müssen sich mit Rachmaninoffs knapper Auskunft zufrieden geben, daß für ihn jetzt Komposition vordringlich sei und er außerdem bald ins Ausland reisen würde.

Im Januar 1906 haben zwei neue Opern Rachmaninoffs am Moskauer Bolschoj-Theater ihre Premiere: »Der Geizige Ritter«, ein Einakter in drei Bildern zur gleichnamigen Tragödie von Puschkin, in der Zeit von August 1903 bis Juni 1905 komponiert, und »Francesca da Rimini«, Oper in zwei Bildern mit Prolog und Epilog, Libretto nach einem Dante-Sujet von Modest Tschaikowski, entstanden in der Zeit vom Sommer 1904 bis August 1905.

Die Idee, ein poetisches Drama in seiner Originalgestalt zu vertonen, ist nicht neu: Dargomyschski vertonte Puschkins »Don Juan« wortgetreu und ohne Auslassungen, Rimski-Korsakow wählte für diese Art der Darstellung Puschkins »Salieri«, und Mussorgski nahm sich der Gogolschen »Hochzeit« an. Hierzu schrieb Mussorgski seinerzeit an Rimski-Korsakow:

»Wenn man sich von Operntraditionen überhaupt lossagt und sich musikalisch ein Gespräch auf der Bühne vorstellt, ein Gespräch, so wie es tatsächlich verläuft, dann ist die ›Heirat‹ eine Oper. Ich will sagen: Wenn der klangliche Ausdruck menschlichen Denkens und Fühlens in natürlicher Redeweise richtig in meiner Musik wiedergegeben ist und diese Wiedergabe musikalisch künstlerischen Ansprüchen gerecht wird, dann ist die Sache geglückt ...«[45]

Auch Rachmaninoff vertont Puschkins kleine Tragödie Wort für Wort, aber bei ihm sind es nicht die Sänger, die als Hauptträger der musikalischen Dramaturgie agieren, sondern alle bedeutsamen Leitmotive oder thematischen Verflechtungen sind dem Orchester übertragen. Im Zentrum des Geschehens steht nicht so sehr die Aktion, als vielmehr ein emotionaler Zustand. Der »Geizige Ritter« demonstriert die Macht des Goldes über den Menschen, der zum Sklaven seines Reichtums wird und alle zwischenmenschlichen Beziehungen abstreift. Fünf Personen – durch Leitmotive gezeichnet – bestimmen den Verlauf der Handlung: Der Ritter, sein Sohn Albert, Wucherer, Diener und Herzog. Albert erwartet von seinem reichen Vater Unterstützung für die Teilnahme an einem Ritterturnier, er verhandelt mit einem Wucherer über einen Kredit, denn der Vater verweigert ihm die Unterstützung, der Herzog will schlichtend eingreifen, der Vater denunziert schließlich böswillig den Sohn, und in der Hitze des rhetorischen Gefechts gibt der Vater sein Leben auf. Höhepunkt der Tragödie ist das 2. Bild mit dem unheilvollen Porträt des Geizkragens. Der Monolog des Ritters, der in den Keller hinabsteigt, um im Glanz seiner erbeuteten Schätze zu schwelgen, überstrahlt alle sonstigen Aktionen der Oper.

Die schon in der langen Orchestereinleitung vorgeführte Thematik des Ritters gelangt hier zur vollen Entfaltung. Eine abrupte chromatische Figur, die den Worten »Ich herrsche« unterlegt ist, hat ihre Parallelen im Lied op. 21, 2 »Am frischen Grab« und im Schlußsatz der »Glocken« op. 35.

Drei Hauptmotive charakterisieren die Person des Ritters: Das »Gold«-Motiv mit einer flimmernden Chromatik, ein Leitmotiv der »dunklen Besessenheit« und das Motiv der »Trauer und Tränen«, verwandt mit dem »Tränen«-Thema aus dem gleichnamigen 3. Satz der Fantasie für zwei Klaviere op. 5 – eine weitere Reminiszenz an die vier Glocken der Nowgoroder Sophienkathedrale.

Das »Gold«-Motiv durchläuft die reichhaltigsten Veränderungen. Als Höhepunkt des 2. Bildes gestaltet Rachmaninoff das Auffluten des Lichtes und das Erstrahlen des Goldes in einer großen sinfonischen Episode, die das »Gold«-Thema schließlich in ein strahlendes D-Dur taucht.

Rachmaninoff lehnt sich hier zweifellos an Rimski-Korsakow an, der im 4. Bild seines »Sadko« zur gleichen Tonart Fische in Goldbarren verwandelt.

Aufschlußreich sind in diesem Zusammenhang auch Rachmaninoffs Erinnerungen an ein Zusammentreffen mit Rimski-Korsakow und Skrjabin anläßlich der Djaghilewschen »Saison Russe« 1907 in Paris:

»Ich erinnere mich an eine Diskussion, welche zwischen Rimski-Korsakow, Skrjabin und mir stattfand, während wir an einem der kleinen Tische im Café de la Paix saßen. Eine von Skrjabins neuen Entdeckungen beschäftigte sich mit der Beziehung, die zwischen musikalischem Klang, d.h. bestimmten Harmonien und Tonarten, und dem Sonnenspektrum existiert. Wenn ich mich nicht irre, arbeitete er gerade den Plan einer großen sinfonischen Komposition aus, in der er diese Beziehung verwenden würde, und in der zusammen mit den musikalischen Ereignissen ein Spiel von Licht und Farbe sein sollte. Er hatte nie über die praktischen Möglichkeiten dieser Idee nachgedacht, aber diese Seite der Frage interessierte ihn nicht sehr. Er sagte, er würde sich darauf beschränken, seine Partitur mit einem Spezialsystem von Licht- und Farbwirkungen zu markieren. (Das ›Clavier à lumière [luce] in der Partitur der Sinfonischen Dichtung ›Prometheus‹ für Orchester und Klavier. O.v.R.) Zu meinem Erstaunen stimmte Rimski-Korsakow mit Skrjabin grundsätzlich in der Frage dieser Verbindung zwischen musikalischen Tonarten und Farbe überein. Ich, der ich die Ähnlichkeit nicht empfinde, widersprach ihnen erhitzt. Die Tatsache, daß Rimski-Korsakow und Skrjabin in den Kontaktpunkten zwischen der Klang- und Farbskala differierten, schien zu erweisen, daß ich recht hatte. So z.B. sah Rimski-Korsakow F-Dur als blau an, während diese Tonart für Skrjabin purpurrot war. In anderen Tonarten freilich stimmten sie überein, wie z.B. in D-Dur (goldbraun); ›Schauen Sie hier‹, rief plötzlich Rimski-Korsakow, an mich gewandt, ›ich will Ihnen beweisen, daß wir recht haben, indem ich Ihr eigenes Werk zitiere. Nehmen Sie z.B. die Passage im ›Geizigen Ritter‹, wo der alte Baron seine Kisten öffnet und seine Truhen, und im Licht der Fackel Gold und Juwelen leuchten und glitzern ...?

Ich mußte zugeben, daß die Passage in D-Dur geschrieben war. ›Du siehst‹, sagte Skrjabin, ›deine Intuition ist unbewußt den Gesetzen gefolgt, deren Existenz du vergeblich zu leugnen versucht hast.‹

Ich hatte eine viel einfachere Erklärung für diesen Sachverhalt. Während ich diese spezielle Passage schrieb, muß ich unbewußt die Szene in Rimski-Korsakows Oper ›Sadko‹ im Kopf gehabt haben, wo das Volk auf Sadkos Kommando die große Beute des Goldfisches aus dem Ilmensee zog und in den Jubelschrei ›Gold, Gold!‹ ausbrach. Dieser Schrei ist in D-Dur geschrieben. Aber ich konnte nicht verhindern, daß meine zwei Kollegen das Café mit dem Gefühl von Siegern verließen, die überzeugt waren, daß sie gänzlich meine Ansicht widerlegt hatten.«[46]

Der Einakter »Francesca da Rimini« hat ein wesentlich schwächeres Libretto zur Vorlage. Aus Dantes »Göttlicher Komödie« wählte Modest Tschaikowski das bekannte Sujet Francescas und kürzte es zur melodramatischen Szene. Hierin unterscheidet sich auch Rachmaninoffs Oper von den ungefähr zwanzig gleichnamigen Vorgängern desselben Sujets. Zusätzlich streicht Rachmaninoff aus Tschaikowskis Libretto noch sämtliche vordergründigen Aktionen und konzentriert seine Klangmittel allein auf die Darstellung von Emotion und Leidenschaft.

Vor der Premiere am 11. Januar 1906 in Moskau findet die private Uraufführung der beiden Opern bei Rimski-Korsakow statt. Felix Blumenfeld spielt den Orchesterpart, und Schaljapin singt die Hauptpartien: den »Geizigen Ritter« und den Lanceotto Malatesta. Doch Rachmaninoffs Wunschinterpret äußert herbe Kritik. Er bemängelt die fehlende organische Verbindung zwischen Wort und Vokalmelodie. Die Phrasierung sei außerdem an einigen Stellen fehlerhaft. Schaljapins Vorwurf, daß die Puschkin-Worte stärker als das seien, was Rachmaninoff geschrieben habe, führt zur ernstlichen Verstimmung zwischen beiden Freunden. Schließlich sagt Schaljapin seine Teilnahme an der öffentlichen Premiere ab. An seiner Stelle singt jetzt Georgij Baklanow, den Rachmaninoff kurzfristig auf die Rollen vorbereiten muß. Durch Schaljapin beträchtlich verunsichert, engagiert Rachmaninoff zur Kontrolle der angeblich fehlerhaften Phrasierung den Staatsschauspieler Lenski, der mit Baklanow nochmals im Detail die Rollen durchexerziert.

Über die Premiere gibt es einen ausführlichen Bericht Julij Engels, der die Vorzüge und Schwächen der beiden Einakter wägt und eigentlich schon in Ansätzen die Kriterien erkennen läßt, die den Werken den Eingang ins Stammrepertoire der Opernhäuser letztendlich verwehren. Nicht berücksichtigt bleiben dabei allerdings die Idiomatik der russischen Sprache und die Problematik der Übersetzbarkeit eines Textes, dem hier ja ein Klang auf den Leib geschneidert wurde.

Zum »Geizigen Ritter« meint Engel: Fast alle übrigen dramatischen Werke Puschkins seien schon von anderen Komponisten verwendet worden, und daß gerade der »Geizige Ritter« bis heute keine musikalische Illustration erfahren hätte, sei natürlich kein Zufall. Man habe ihn vermutlich auch deswegen umgangen, weil er für die Umgestaltung in eine Oper vergleichsweise wenig brauchbar ist. Ein Übermaß an gedanklichen Reflexionen, ein zäher Gang der Entwicklung – all dies komplizierte eher Rachmaninoffs Aufgabe und bestimmte gleichzeitig den Typus des Opernstils. Und dieser sei durchwegs rezitativisch-deklamatorisch, mit der Tendenz, jeden logischen Akzent der Rede musikalisch zu stilisieren, ihn zu erhöhen bis zu stärkster Ausdruckskraft und Erhabenheit. Bei solcher Stilisierung böte sich für den Opernkomponisten nur die Möglichkeit, zwischen zwei Hauptwegen zu lavieren: Er könne entweder das Gewicht auf den Gesang verlagern, indem er das Orchester nur auf eine zweitrangige Stelle setzt wie Dargomyschski im »Steinernen Gast«, oder umgekehrt, die Kraft des musikalischen Ausdrucks im Orchester konzentrieren, indem er den Sängern überwiegend die Rolle von Antriebskräften und Kommentatoren der Handlung zukommen läßt. Rachmaninoff neige zu letzterem, allerdings mit der Einschränkung, daß er das bei Wagner dominierende und außerordentlich bedeutsame System der Leitmotive nur in sehr allgemeinen Zügen anwende.

Als interessanteste Szene der Oper empfindet Julij Engel den Monolog des Ritters. Hier gäbe es einzelne Momente von großer Kraft. Das Talent des Komponisten offenbare sich übrigens in der gesamten Oper sowohl durch die Orchesterfarben, den harmonischen Reichtum und die geschmeidige, genaue Deklamation. Trotzdem sei der »Geizige Ritter« keine Oper für ein großes Publikum. Sie gleiche eher einem Kabinettstück für Liebhaber, die die filigranartige Arbeit des Komponisten einschätzen könnten. Denselben Eindruck erweckte bei ihrem Erscheinen die stilistisch ein wenig ähnliche Oper Rimski-Korsakows »Mozart und Salieri«, die seitdem jedoch einen breiten Popularitätsgrad erlangt habe. Aber das läge daran, daß dort in der Hauptrolle Schaljapin aufgetreten war, der es genial verstanden habe, die feine Musik der Oper in den Dienst seines Hauptanliegens zu stellen: der Schaffung eines geschlossenen und lebendigen dramatischen Bildes. Vielleicht würde man mit Schaljapin in der Hauptrolle dasselbe erstaunliche Resultat erzielen? Der »Geizige Ritter« würde die Schattierung von Kälte und geistiger Spekulation verlieren.

Wesentlich stärker als der »Geizige Ritter« kann nach Einschätzung Julij Engels »Francesca da Rimini« auf die Aufmerksamkeit breiter Publikumsschichten rechnen. Über das berühmte Sujet waren fast zwanzig Opern geschrieben worden, darunter auch eine russische Variante von Naprawnik, die nur drei Jahre zuvor erstmals in Petersburg aufgeführt worden war. Die »Francesca« Rachmaninoffs unterscheide sich jedoch von ihnen allen darin, daß sie nicht als selbständiges Drama konzipiert sei, sondern nur als Episode der Danteschen Hölle: In zwei Bildern sei die Liebesgeschichte Francescas und Paolos eingeschlossen, genau eingerahmt in die Bilder der Hölle von Prolog und Epilog. Hier sei auch die enge Verwandtschaft zur gleichnamigen Sinfonischen Fantasie Tschaikowskis unübersehbar. Trotz Tschaikowskis bekannter Darstellung des Höllensujets habe sich Rachmaninoff an das gleiche Thema gewagt und diese schwierige Aufgabe sogar erfolgreich gelöst. Dies sei ihm zum Teil auch dank der Mittel gelungen, die Tschaikowski nicht zur Verfügung standen: Szene und Chormassen. Die Orchestereinleitung, wo Rachmaninoff auf beides verzichten muß, sei denn auch vergleichsweise schwächer. Bisweilen käme sogar im Verlauf der wehklagenden Chromatik durch die fehlende rhythmische Straffung Monotonie auf. Wo sich aber in die dunklen Harmonien allmählich Stimmen eines unsichtbaren Chores einmischten, habe der Komponist diese Stimmen meisterhaft und sehr originell gesetzt.

Insgesamt sei die »Francesca« ebenso ernsthaft wie der »Geizige Ritter« einzuschätzen. Vom Publikum würde sie sogar noch lebendiger und wärmer aufgenommen werden.

Heute wirken beide Opern Rachmaninoffs – vor allem, wenn man sie in bezug zu ihrer doch äußerst bewegten Entstehungszeit setzt – seltsam blaß und abgehoben. Die tragischen Konflikte der Handlung sind so allgemein und grundsätzlich, daß sie sich schlichtweg jeder näheren Zuordnung in die dramatischen Jahre um 1905 entziehen.

Rachmaninoffs Opern gleichen eher dem russischen Stummfilm des vorrevolutionären Kinos. Hier beherrschen morbide Dramen voll Leidenschaft und Melancholie die Szene. Tragische Liebesromanzen kompensieren gesellschaftliche Widersprüche, und die Grundstimmung ist durchzogen von Pessimismus, Weltschmerz und Dekadenz.

Dresden – Paris – New York – Moskau

1906–1910

Anfang des Jahres 1906 reicht Rachmaninoff seine vorzeitige Kündigung am Bolschoj-Theater ein. Für die Theaterintendanz und auch viele Kollegen kommt dieser Schritt nicht überraschend. Denn allzu oft hatte Rachmaninoff in den letzten Monaten des Jahres 1905 verbittert mit Rücktritt gedroht. Im März nun unternimmt er mit der Familie die seit längerem geplante Italienreise. Korrekturbögen des »Geizigen Ritters« und das Projekt einer neuen Oper sind im Reisegepäck.

Schon Anfang April erreicht Nikita Morosow in Moskau ein glühender Brief aus Italien. »Salammbo« heißt Rachmaninoffs jüngste Opernidee nach einem Roman von Flaubert, der bereits bei seinem Erscheinen im Jahre 1862 Mussorgski, Turgenjew und Schewtschenko in Begeisterung versetzt hatte.

Mussorgski war damals so angetan von dem Stoff, daß er innerhalb von zwei Monaten einen ersten Opernakt fertiggestellt hatte, mit genauen Details für Bühnenbild, Kostüme, Regieanweisungen und Beleuchtung. Die Oper blieb jedoch unvollendet.

Rührend sind Rachmaninoffs Bemühungen zu lesen, mit denen er Freund Morosow und den Dichter M. P. Swobodin für die Fertigung eines Librettos zu gewinnen sucht. Liebe, Leidenschaft und Mord im antiken Gewand beflügeln Rachmaninoffs musikdramatische Fantasie, und ausführlich breitet er vor Morosow ein Szenarium pathetischer Handlungsstränge aus. Der Freund reagiert zurückhaltend.

Im folgenden Brief bittet Rachmaninoff erneut eindringlich um Textvorschläge oder wenigstens eine einzige Textszene. Aber anscheinend hatte Morosow Rachmaninoffs Brief nicht genau gelesen, oder er war nicht überzeugt von den neuen Ideen des

Freundes, denn Rachmaninoff muß weiterhin auf das Libretto warten. Als nun auch noch der Dichter Swobodin aus dem Projekt aussteigt, wähnt Rachmaninoff in Michail Slonow seine letzte Rettung. Bereitwillig macht sich der Jugendfreund und Konservatoriumskommilitone an die Arbeit. Doch Rachmaninoffs Freude währt nicht lange. Am 8. Mai/21. Mai 1906 schreibt er Slonow: »... Ich warne dich: es wird mich nicht erfreuen, wenn du nicht dicht Flaubert folgst. Ich habe angegeben, daß buchstäblich alle Teile der Novelle verwendet werden müssen. Zum hundertsten und letzten Mal bitte ich dich: je dichter du Flaubert folgst, desto besser wird es sein.«[1]

Doch der gutmütige Slonow ist vom dichterischen Fieber gepackt: Er faßt die gesamte Flaubertsche Prosa in Reime, und Rachmaninoff schreibt am 16./29. Mai verzweifelt an Slonow: »Lieber Freund Michail Akimowitsch! Gestern sandte ich an dich eine Analyse der 2. Szene, und gestern versuchte ich, mich ihr anzupassen. Aber ich hatte keinen Erfolg – etwas in deinen Versen irritierte mich. Schließlich war ich überzeugt, daß deine Reime mir Schwierigkeiten machten. Lieber Freund, ich brauche sie nicht! Ich verabscheue sie – ich kann keinen Weg finden, sie der Musik natürlich anzupassen, und ich bleibe bei dem Wunsch, zu glätten und zu ersetzen und diese monotone Endung zu verbergen. Das ist es, warum ich die Introduktion von Matho mag – ungereimt ...

Reime sind so widerlich, wenn du deklamatorische Musik schreibst. Nur wenn du irgendwelche Ähnlichkeit an eine Arie oder an eine Ensemblenummer siehst, laß uns reimen, sonst nicht! ... Das ist es, was ich dir berichten wollte – suche nicht nach Reimen, sondern suche natürlichere Arrangements und Worte.«[2]

Eine Woche später resigniert Rachmaninoff. »Ich habe bisher nichts von Salammbo komponiert.«[3] Und dies sind auch seine letzten Worte über ein vormals ehrgeiziges Theaterprojekt. Aufzeichnungen, Skizzen oder irgendwelche Entwürfe sind nicht erhalten.

Ungeachtet aller kompositorischen Probleme muß Rachmaninoff auch für die Existenzsicherung seiner Familie Sorge tragen. Im Brief vom 27. April 1906 teilt er Morosow mit, daß seine Ersparnisse gerade bis zum 1. September reichen würden, und bis dahin müßte er in jedem Falle eines der Vertragsangebote unterzeichnen, die ihm zur Zeit vorlägen. In seiner Unentschlossenheit bittet er den Freund um Rat, welches Angebot er annehmen solle: 1. einen Theaterkontrakt vom 1.9.1906–1.2.1907 für 8000 Rubel, 2. einen Vertrag für 10 Sinfonische Konzerte der RMO, Gage 4500 Rubel oder 3. das Angebot dreier Kersin-Konzerte für 900 Rubel? Das 4. Angebot für zwei Wohltätigkeitskonzerte – ohne Honorar – sei ohnehin für die Entscheidungsfindung bedeutungslos. Als letztes teilt Rachmaninoff dem Freund dann noch mit, daß er ein Angebot aus Amerika erhalten habe, und zwar genau zu den Bedingungen, die er seinerzeit mit dem amerikanischen Impresario ausgehandelt hatte.

Nach ausführlicher Korrespondenz mit Morosow unterzeichnet Rachmaninoff schließlich im Sommer den RMO-Vertrag. Über die innenpolitische Situation Rußlands läßt er aus Italien nur verlauten, daß ihn der Bericht über die Reden im russischen Parlament vom 28.4. in den *Russischen Nachrichten* enttäuscht habe. Die erste Rede des Abgeordneten Petrunkewitsch vor dem ersten gewählten russischen Parlament sei doch recht karg und wenig informativ gewesen. Sie hätte wesentlich mehr Aufklärung bringen müssen und sicherlich dann auch mehr Überzeugung ausgestrahlt. Bedauerlich sei auch, daß sich die Mitglieder der Duma nur auf Applaus beschränkt und sonst so gar keine Initiative gezeigt hätten. Rachmaninoffs reizbarer Gemütszustand verfinstert sich zusehends, als auch noch Frau und Tochter schwer erkranken. Die falsche Behandlung der Ärzte macht einen überstürzten Umzug von Pisa nach Florenz notwendig, und Rachmaninoff ist froh, als er endlich die Heimreise nach Rußland antreten kann. Es ist ein Wunder, daß in dieser bewegten Zeit überhaupt noch eine Komposition das Licht der Welt erblickt – aber Rachmaninoffs Cousine Anna Trubnikowa erinnert sich immerhin doch ganz lebhaft an ihren Besuch bei den Rachmaninoffs in Florenz und besonders an die Vorgeschichte zur »Polka italienne«. Sie schildert, wie dort jeden Abend nach der großen Hitze Wandermusikanten auftauchen und die winkligen Gassen mit musikalischem Leben füllen. Ein armselig gekleideter junger Mann mit seidenem Zylinderhut und Stock schmettert im Belcanto populäre Balladen, begleitet wird er dabei von einer farbenprächtig gekleideten Frau, die ein mechanisches Klavier kurbelt. Unvergeßlich ist Anna Trubnikowa der Anblick dieser kleinen Karawane, zu der noch ein Kleinkind in einer Wiege gehört, die auf dem Klavier festgebunden ist, und ein Esel, der das Klavier langsam über die Straßen zieht. Die Rachmaninoffs sind so begeistert von der kleinen Nachtmusik, daß sie jeden Abend den Freiluftdarbietungen lauschen und ganz besonders eine kleine Polka in ihr Herz schließen. Es ist Rachmaninoffs spätere »Polka italienne«. Die »Polka italienne« für Klavierduett erlangt solche Popularität, daß sie im Jahre 1910 sogar für die Kaiserliche Marinekapelle arrangiert wird, wobei Rachmaninoff der Bearbeitung des Kapellmeisters noch einige Fanfaren hinzufügt.

Im Sommer 1906 finden sich die Rachmaninoffs und ihre zahlreiche Verwandtschaft endlich wieder auf Iwanowka ein. Dort erreicht Rachmaninoff auch ein Schreiben der Kersins, die ihn um Vertonung eines Liederzyklus' ihrer Wahl bitten. Die Thematik der Liedtexte ist zu Rachmaninoffs Leidwesen sehr düster. Und er klagt den Kersins: »Alle Werke dieses Bandes verlangen die Molltonart. Wäre es nicht möglich, einige Verse mit ein wenig mehr Dur in der Tonart zu finden? Ich werde sonst noch völlig versauern.«[4]

Kurz vor Ablauf der Sommerferien sind die gewünschten Lieder aber auftragsgemäß fertiggestellt. Die Nähe der 15 Romanzen op. 26 zu Rachmaninoffs Opernschaffen ist offenkundig. Denn die meisten Lieder des Zyklus' verraten eine auffällige Hinwendung zur Vokaldeklamation. Einige tragen sogar den Charakter eines dramatischen Monologs, wie z.B. die Romanze »Wir ruhen aus« auf Worte des Schlußmonologs der Sonja aus Tschechows Theaterstück »Onkel Wanja«. Daß hier ein Prosatext vertont wurde, ist für das Genre der russischen Romanze schon recht ungewohnt. Die Gesangsstimme entwickelt aus dem anfänglichen Rezitativ nur sehr allmählich kantable Züge. Aber den verklärt-traurigen Ton der Abschlußszene im Tschechowschen Stück trifft Rachmaninoff nicht. Ihm gerät der Liedschluß eher dunkel und schwer. »Christus ist auferstanden«, nach einer Dichtung von D. S. Mereschkowski, lehnt sich an alte russische Volksweisen an, während die Romanzen »Den Kindern« und »Gestern trafen wir uns« wieder den deklamatorischen Typus bevorzugen. Fast wie eine in Romanzenform gepreßte Opernszene wirkt der Dialog für Bariton und Sopran »Zwei Abschiede«: Ein ruhiger, rezitativer Part kontrastiert mit einer emotional bewegten Sopranstimme. Bereits bekannte, lyrische Töne erklingen in der Romanze »An meinem Fenster«, die den »frühlingshaften« Werken Rachmaninoffs sehr nahekommt. Zu den schönsten Romanzen des Zyklus' op. 26 aber gehört ohne Zweifel »Die Nacht ist traurig«, nach einem Gedicht von Iwan Bunin. Das Bild eines einsamen Reisenden in endlos weiter Steppe zeichnet Rachmaninoff mit gleichmäßig fließenden Quintolen in der Klavierbegleitung, die nur durch Rezitativeinwürfe des Sängers unterbrochen werden. Das Klavier malt eine ausdrucksvolle Melodiestimme, die einen lebendigen Dialog mit der Gesangsstimme entfacht.

Der Zyklus op. 26 hat zwar kein übergeordnetes Programm, aber er ist immerhin von zwei bekenntnishaften Romanzen eingerahmt. Die erste – »Es gibt viele Klänge«, nach einem Text von Alexej Tolstoi – erhebt die Kunst in höhere Sphären, fernab von den Unbilden des Alltags, und auch die Musik trägt einen entsprechend würdigen, feierlichen Charakter. Die letzte Romanze wiederum – »Alles geht vorüber«, nach einem Text von D. Rathaus – stürzt den Künstler in die Untiefen der Verzweiflung. »Ich kann keine fröhlichen Lieder singen« – sind die letzten Zeilen dieses pessimistisch-schwermütigen Liedes.

Im Sommer erfährt Rachmaninoff durch den Verleger Jürgensohn von den beklagenswerten Zuständen der Russischen Musikgesellschaft. Auch Rachmaninoffs Konzertvertrag war in Moskau noch nicht endgültig gesichert. Er nimmt diese Nachricht zum Anlaß, sofort alle Konzertverpflichtungen abzusagen und auch seine Posten im Jekaterinski- und Jelisawetinski-Institut aufzukündigen. Der Entschluß der Familie steht endgültig fest: Im Herbst würde man nach Deutschland reisen. Rachmaninoff schreibt an Morosow: »Lieber Freund Nikita Semjonowitsch, nur ein paar Worte: ich erhielt Deinen Brief gestern und bin sehr dankbar dafür. Er unterstützte und stärkte mich. Was kann ich machen, wenn alle meine Wünsche aus meiner Unentschlossenheit heraus eines Anstoßes bedürfen, und zwar seitens der Menschen, die mich umgeben, die ich liebe und denen ich vertraue. Menschen wie ich sind nie in der Lage, etwas von allein zu tun, sie lieben es, angestoßen zu werden. Und so bin ich Dir sehr dankbar für Deinen Anstoß. Jetzt kann ich Dir offen sagen, daß ich mich von allem losgesagt habe, was mich in Moskau bindet, und ich reise für den ganzen Winter ins Ausland. Sehr froh bin ich darüber, daß Du meinen Plan billigst. Wie gewöhnlich arbeite ich viel, und wie gewöhnlich gelingt mir alles sehr schwer. Sehr oft fühle ich mich äußerst unglücklich ...«[5]

Ende November 1906 treffen die Rachmaninoffs in Dresden ein, das ihnen mit einigen Unterbrechungen für zweieinhalb Jahre ein neues Domizil sein wird. Die damalige Hauptstadt des Königreiches Sachsen gilt vielen kulturbeflissenen Bürgern als höchst attraktives Reiseziel. Die berühmte Semper-Oper – einstige Wirkungsstätte Richard Wagners und nach dem Brand im Jahre 1869 als Prachtbau im Stile der Hochrenaissance wieder aufgebaut – übt mit ihrer prunkhaften Ausstattung und ihrem strahlenden Lichterglanz eine starke Faszination auf die Opernbesucher aus. Bis zu seinem Tode im Jahre 1914 ist Ernst von Schuch Generalmusikdirektor des Hauses. In der »Ära Schuch« erlebt Dresden 51 Uraufführungen und mehr als 120 Erstaufführungen. Schuch ist ein erstklassiger Wagner-Interpret. Ihm kommt auch das Verdienst zu, die italienischen Veristen und Verdis Spätwerke dem deutschen Publikum in ihrer ganzen Bedeutung entdeckt zu haben. Bis heute ist sein Name vor allem mit der Entdeckung Richard Strauss' für die Opernbühne verknüpft. 1901 leitet er die Uraufführung der »Feuersnot«, 1905 findet unter seiner Stabführung die glanzvolle Uraufführung der »Salomé« statt, über deren Aufführung Rachmaninoff noch 1906 in seinen Briefen sichtlich beeindruckt berichtet. 1909 folgt als dritte Uraufführung »Elektra«. Zum Welterfolg verhilft Schuch schließlich 1911 dem »Rosenkavalier«, der populärsten Strauss-Oper.

Aber auch Malerei und Dichtkunst finden ihre Heimstätte in Dresden. 1905 schließen sich Architekturstudenten und Maler in der Künstlervereinigung die »Brücke« zusammen. Ernst Ludwig Kirchner, Erich Heckel, Karl Schmidt-Rotluff, Max Pechstein und Emil Nolde werden Wegbereiter des Expressionismus. 1885 wohnt der Dichter Gerhart Hauptmann in Dresden. Er ist einer der bevorzugten Autoren des Moskauer Künstlertheaters, so daß Rachmaninoff mit Sicherheit seine Theaterstücke in russischer Bearbeitung kennt. Hauptmann bleibt ständiger Gast in Dresden. Er residiert entweder im Hotel Bellevue oder als Erholungssuchender in einem der renommierten Sanatorien des Nobelvororts »Weißer Hirsch«.

Ein berühmter Sohn der Stadt ist der 1899 in Dresden geborene Dichter Erich Kästner. Er schildert in seiner Erzählung »Als ich ein kleiner Junge war« sehr anschaulich die Dresdener Vorkriegsjahre – also auch Rachmaninoffs Dresdener Zeit. Der Schriftsteller Ludwig Renn hingegen – ehemaliger Gardegrenadieroffizier Vieth von Golssenau – beschreibt die Schattenseiten der Adelsgesellschaft in seinem Roman »Adel im Untergang«.

Weltberühmte Kunstsammlungen, zukunftsweisende Ausstellungen – so die viel beachtete 3. deutsche Kunstgewerbeausstellung von 1906 – und eine einflußreiche Kulturzeitschrift »Der Kunstwart« ergänzen das breite Kulturangebot der Stadt Dresden.

Aber auch das Stadtbild und die landschaftliche Umgebung Dresdens bergen ihre Reize. Die älteste Ansicht der Stadt, ein von Heinrich van Cleef im Jahre 1553 gedruckter Stich, zeigt bereits den berühmten Blick über die Elbbrücke auf die Silhouettte der Stadt, die bis heute repräsentativ für Dresden blieb. Das Auge des Betrachters schweift von der mächtigen Brühlschen Terrassenfront über die Hofkirche, den Zwinger bis hin zum Opernhaus.

Gern fährt der Dresdner wie auch der Besucher mit der Elbschifffahrt von der Brühlschen Terrasse stromauf zum nahen Lustschloß Pillnitz und weiter in die Sächsische Schweiz. Dabei streift er am linken Ufer die eleganten Villenvororte »Weißer Hirsch«, Wachwitz und Loschwitz, deren Häuser sich eng an die Elbhügel anschmiegen und eine herrliche Aussicht auf die Windungen des Flusses bieten. An manchen sonnigen Tagen des frühen Herbstes sind Hügel und Häuser in leuchtende Ockertöne getaucht, und Dresden wandelt sich in ein beeindruckendes Barock-Szenarium. Auch Rachmaninoff hält sich mehrfach zur Erholung in den Sanatorien auf dem »Weißen Hirsch« auf.

Zu den städtischen Sehenswürdigkeiten Dresdens zählen das Rathaus, die Kreuzkirche, der Zwinger, das Schloß und natürlich der »Große Garten«, der Volkspark der Stadt. Diesen großzügig angelegten Park mitten im Zentrum Dresdens zieren ein vielhundertjähriger Baumbestand, ein Botanischer und ein Zoologischer Garten, Mosaikbrunnen und mehrere Parktheater.

Ganz in der Nähe des »Großen Gartens«, zwischen Altstadt und Hauptbahnhof, mieten die Rachmaninoffs die komfortable, 6-Zimmer-Villa in der Sidonienstraße 6. Unmittelbar nach ihrem Einzug schreibt Rachmaninoff seinem Freund Morosow in Moskau:

»Lieber Freund Nikita Semjonowitsch, heute sind wir endlich in unsere Wohnung eingezogen. Vor allem sage ich, daß diese Wohnung oder wie sie sie hier nennen, Gartenvilla, einfach zauberhaft ist. Keine einzige Wohnung gefiel mir so sehr wie diese. Das Haus steht in der Mitte eines Gartens. Es hat sechs Zimmer: drei unten, drei oben (alle zur Sonnenseite). Auf diese Weise begünstigt die Lage der Zimmer auch meine Arbeit. Die Schlafräume sind oben, aber mein Arbeitszimmer und das Eßzimmer sind unten. Ich bin unten allein und kann ganz herrschaftlich residieren. Das bedeutet, daß das Wichtigste für mich ausgezeichnet geregelt ist. Das Haus kostet 2200 Mark. Alle übrigen Details und Abenteuer sind bei weitem unangenehmer. Ich hatte viel Scherereien mit dem Mobiliar. In ganz Dresden gibt es nur zwei Geschäfte, die Möbel vermieten. Das eine verlangte 1500 Mark jährlich, das andere war noch teurer. Ich entschied mich daraufhin, alle Möbel selbst zu kaufen, aber natürlich nicht für alle Zimmer, sondern nur für vier Zimmer. Ein Zimmer oben sowie ein Zimmer unten bleibt leer. Das gilt auch für das ganze Geschirr für Küche und Eßzimmer, mit anderen Worten, tausend Kleinigkeiten, und dabei nur die notwendigsten. So ist es auch geschehen. Die Kosten beliefen sich vermutlich auf ungefähr 1200 Mark.«

Rachmaninoff schildert ausführlich seinen Händel mit einem Dresdener Möbellieferanten und berichtet über die Lebenshaltungskosten: »Das Leben hier ist sehr teuer. Glaube künftig nicht, wenn sie Dir erzählen, daß es hier billiger sei. Ich gebe Dir einige Beispiele: 1 Pfd. Suppenfleisch kostet 1 Mark. 1 Pfd. Schinken 2 Mark. 1 Huhn oder Ente – 3 Mark ... 6 Kerzen kosten 75 Pfennige, 1 Flasche Milch 22 Pfennige usw. Teuer ist hier auch die Musik. Ein schlechter Platz im zweiten Logenrang kostet 6 Mark. Übrigens hörte ich hier Richard Strauss' Oper ›Salomé‹ und geriet in völlige Aufregung. Am meisten über das Orchester natürlich, aber es gefiel mir auch vieles in der Musik, allerdings nur dann, wenn es nicht mehr so falsch klang. Und dennoch ist Strauss ein sehr begabter Mensch. Und seine Instrumentierung ist unglaublich. Wenn ich, im Theater sitzend, mir vorstellte, daß sie hier plötzlich und sofort zum Beispiel meine Oper anfangen würden zu spielen, wäre das für mich peinlich und beschämend. Es wäre ein solches Gefühl, als ob ich vor das Publikum entblößt treten würde. Sehr viel mehr versteht es Strauss, sich zu kleiden. Ich war hier auch im Sinfoniekonzert. Wiederum ein erstklassiges Orchester, und die Begleitung zum Violinkonzert Beethovens (Solist Hubermann) war ausgezeichnet. Heute brachten sie mir auch das Klavier. Morgen beginne ich mit der Arbeit. Ich muß meinen Brief an Dich beenden, denn jetzt werfen mich die Tapezierer aus dem Zimmer, die bei mir Gardinen aufhängen wollen. Die Meinen sind gesund und lassen Euch grüßen. Schreib! Dein S. R.«[6]

Neun Tage später schickt Rachmaninoff einen weiteren umfangreichen Bericht an die Kersins. In diesem Brief vom 5./18. November 1906 schildert er nochmals in allen Einzelheiten seine Dresdner »Sessel-Affäre«:

»Wir leben hier still und bescheiden ... Wir sehen keinen und kennen niemanden. Und auch selbst lassen wir uns nirgends sehen und wollen auch niemanden kennenlernen. Alle Russen, scheint es, leben jenseits der Grenze.« Im nun folgenden listet er wiederum akribisch die Kosten für Neuanschaffungen auf und fährt dann fort: »Ungeachtet dieser Armut in der Einrichtung geht es mir wahrhaftig sehr angenehm und gut, und ich fühle mich ganz wie zu Hause. Beim Kauf der Möbel ereignete sich ein kleiner Vorfall, der mich beinahe auf die Anklagebank gebracht hätte. Die Sache war so. In einem Möbelgeschäft hatte ich auf einen Sessel ein Auge geworfen. Der Sessel sollte 45 Mark kosten und war sehr häßlich. Mir war es dennoch irgendwie peinlich, von ihm wieder Abstand zu nehmen, und ich gab meine Karte mit Adresse und erteilte den Auftrag, den Sessel in zwei Tagen mir ins Haus zu liefern. Zu Hause angekommen, erzähle ich voller Kummer Natascha, daß ich in meiner Dummheit ein ekelhaftes Ding gekauft habe und nicht davon

Abstand nehmen konnte. Beschämt vor Natascha, wandte ich mich am nächsten Tag wieder an das Geschäft und versuchte, den Sessel wieder loszuwerden. Der Geschäftsinhaber versteht offensichtlich meine Absage nicht und sagt, daß der Sessel schon von mir gekauft sei. Ich antworte nein! Er antwortet ja. Wir stritten lange, aber ohne Ergebnis. Am folgenden Morgen, sehe ich, wie sie mir meinen gräßlichen Sessel in die Wohnung schleppen: Ich weise ihn wiederum zurück, und sie nehmen ihn wieder weg, aber nicht für lange. Nach einer Woche erhalte ich einen Brief vom Rechtsanwalt, mit der Forderung, innerhalb von drei Tagen 45 Mark zu zahlen, für den gekauften Sessel. Ich gehe zu einem anderen Rechtsanwalt. Dieser sagt, daß ich, wenn ich das Wort ›ich kaufe‹ ausgesprochen habe, auch verpflichtet sei, das Gekaufte zu nehmen. Übrigens zweifle ich sehr, daß ich richtig verstanden habe, was der Anwalt gesagt hat, und auch, daß der Anwalt verstanden hat, was ich ihm gesagt habe. Wenn ich verlegen bin (wenn mir etwas peinlich ist) dann habe ich die Begabung, nicht nur auf Deutsch, sondern auch auf Russisch so zu sprechen, daß mich niemand verstehen kann. Und so machte ich mich schuldbewußt zum Anwalt der Gegenseite auf und zahlte 45 Mark für den Sessel und 2 Mark 45 Pfg. an ihn, für irgend etwas. Wenn dies die Bezahlung für die Mühen war, dann stimmt der Preis. Die Mühe war nicht groß. Mit diesem Sessel hielt in unserer Wohnung das erste Polstermöbel Einzug, und jetzt schätzen wir diesen Sessel sehr. Für unser ganzes Leben hier war die Geschichte mit dem Sessel das herausragendste Ereignis ...

Dann ging alles glatt und das Leben nahm seinen gewohnten Gang. Die Stadt selbst gefällt mir sehr: sehr sauber, sympathisch und viel Grün in den Gärten. Wer es braucht, findet großartige Geschäfte, und ihre Vitrinen sind verführerisch und raffiniert angerichtet. Besonders ergötzlich sind hier die Wurstgeschäfte. Wenn Sie nur sehen würden, was hier aufgestapelt ist. Tausend Sorten Wurst und Würstchen liegen eine auf der anderen im Fenster und bilden eine richtige Zeichnung, und was die Hauptsache ist, sie stürzen nicht zusammen. Wer nur beschäftigt sich damit, und wem nutzt dies!

Und noch etwas zu den Leuten hier. Stellen Sie sich vor, Arkadij Michailowitsch, daß Herrenschuhe hier nur junge Damen verkaufen und anprobieren. Ich ging hinein, um mir Stiefel zu kaufen und wußte nicht, wie ich nur wieder entrinnen könnte. Eine junge Dame probierte an, und die anderen, wie absichtlich frei, stehen auf der Stelle und kichern. Ich kaufte mir enge Stiefel und beschloß, von nun an Stiefel nur noch in Rußland zu kaufen.«[7]

Bald läßt die Heimat wieder von sich hören. Das Petersburger Glinka-Preis-Komitee erkennt Rachmaninoff zum zweitenmal den Glinka-Preis zu, in diesem Jahr für die Kantate »Frühling«. Der Komponist ist dadurch so motiviert, daß er in Dresden wieder systematisch und ausdauernd zu arbeiten beginnt. Aus seiner Korrespondenz mit Michail Slonow geht hervor, daß ihn erneut ein Opernstoff bewegt. »Lieber Freund Michail Akimowitsch, keine einzige Seele darf wissen, was ich Dir jetzt schreibe. Sei so freundlich, Maeterlincks ›Monna Vanna‹ zu öffnen – in der Übersetzung von Mattern und Worotnikow – auf Seite 27 (Eintritt Vanna) und versuche, diese Szene bis zum Ende des Aktes, 6 Seiten, ohne dabei irgend etwas auszulassen, für mich in Verse zu setzen. Reime sind nicht notwendig. Die Zeile sollte nicht lang sein, und alle Aufmerksamkeit sollte darauf gerichtet sein, den Sprachfluß natürlich, wie in Prosa, zu gestalten. Ich wollte es selbst tun, aber nichts kam dabei heraus. Wenn du nur irgendeine freie Zeit hast, tu das für mich, schnell. Ich werde dir sehr dankbar sein ... Aber es ist sehr wichtig, daß du darüber zu keiner einzigen Seele sprichst, sonst würde diese Neuigkeit mit überraschender Eile herumwandern. Es ist währenddessen nicht mehr als ein Versuch, und so gibt es nichts darüber zu reden. Vielleicht wird auch nichts daraus.«[8] Am 15. April 1907 ist der 1. Akt fertiggestellt. Rachmaninoff schaltet sogar Stanislawski und das Moskauer Künstlertheater in seinen Bemühungen um Kontaktaufnahme mit dem Dichter Maeterlinck ein. Wie Riesemann berichtet, besucht Stanislawski persönlich den Dichter in Belgien, um Rachmaninoff eine Genehmigung für die Vertonung des Librettos zu besorgen. Zwischen dem Moskauer Künstlertheater und Maeterlinck bestehen damals die besten Beziehungen, zumal Maeterlincks exklusiv für das Künstlertheater geschriebene »Bachstelze« einer der größten Theatererfolge wurde. Bedauerlicherweise existiert jedoch zu dieser Zeit schon ein Vertrag zwischen Maeterlinck und dem Musikverleger Heugel, der dem Komponisten Henri Février das ausschließliche Recht für sämtliche Vertonungen Maeterlincks zusichert. Vermutlich ist hier auch der Grund zu sehen, warum letztendlich Rachmaninoffs Oper unvollendet bleibt. Das von Rachmaninoff zu Lebzeiten sorgsam gehütete Opernfragment erlebt erst im August 1984 mit dem Philadelphia Orchestra unter Leitung Igor Buketoffs am Institut of Performing Arts, Saratoga/New York seine Weltpremiere. Man hatte das Manuskript im Rachmaninoff-Archiv der Washington-Congress-Bibliothek gefunden.

Wichtige Kompositionserträge des Dresdener Aufenthalts sind die 1. Klaviersonate und die 2. Sinfonie. Wie gewöhnlich hüllt sich Rachmaninoff während der Arbeit in ängstliches Schweigen, und sogar die besten Freunde erhalten nur vage Auskünfte und Andeutungen. In Moskau währenddessen planen die Kersins, einige der ihnen gewidmeten Lieder op. 26 im »Russischen Konzert« am 12. Februar 1907 aufzuführen. Rachmaninoff, der sich als Interpreten den lyrischen Tenor des Bolschoj-Theaters, Leonid Sobinow wünscht, schreibt ihnen:

»Keines der Lieder ist besonders einnehmend, jedoch bitte ich ihn ernsthaft, das Singen der Lieder nicht zurückzuweisen. Besonders das Lied ›Die Nacht ist traurig‹ Nr. 12, in welchem nicht er, sondern das Klavier singen muß ... Nun zum Begleiter. Ich muß zugeben, daß in diesen Liedern sein Part schwieriger als der der Sänger ist. Wer wird es sein? Ich persönlich wäre sehr erfreut, wenn Sie Goldenweiser bitten würden, denn als er mich hier besuchte, bot er mir an, diese Lieder zu begleiten. Ich war über sein Angebot sehr erfreut.«[9]

Als das Konzert dann mit Goldenweiser stattfindet – allerdings ohne Sobinow – klingt die Kritik in den *Russischen Nachrichten* vom 13. Februar eher enttäuscht: »Die neuen 15 Romanzen bedeuten nicht gerade einen Schritt vorwärts im Vergleich zu den früheren Romanzen des Komponisten, und sie riefen einen wesentlich schwächeren Eindruck hervor als sein altes Trio, das den Abend beschloß. Woran teilweise auch schuld war, daß der Große Saal der Adelsversammlung für solche intimen Stücke, wie sie die Mehrzahl der neuen Romanzen darstellen, nicht geeignet war.«[10]

Im Dezember 1906, als Rachmaninoffs 1. Klaviersonate allmählich konkrete Formen annimmt, erhält Morosow einen ausführlichen Brief aus Dresden. Allerdings kann er den Zeilen nicht entnehmen, welches größere Werk Rachmaninoff eigentlich fertigstellt. Es ist just die Zeit, wo Rachmaninoff kurz mit dem Gedanken spielt, die Sonate in eine Sinfonie umzuformen. »Lieber Freund Nikita Semjonowitsch, bitte löse dieses Problem für mich, oder hilf mir, es selbst zu lösen. Es geht darum: Stell' dir Thema I vor, welches ich das Hauptthema nenne. Dann Thema II, nicht lang, welches zum Hauptthema zurückkehrt, in dessen Originaltonart, aber in einer komprimierten Form dargestellt. Dieses Hauptthema wird wieder in derselben Haupttonart abgeschlossen. Thema III ist im Detail ausgefeilt, in etwa vollständig und komplett, und es beginnt und endet in derselben Tonart. Danach kommt eine Art Ausarbeitung oder Entwicklung des Hauptthemas, und diese führt wieder zum Hauptthema. Dann beginnt eine Art Reprise. Wieder Thema I, dann Thema II (natürlich in einer anderen Tonart als zuvor) und wieder eine Rückkehr zur Haupttonart und zum Hauptthema. Nun zu meiner Frage: Was muß ich als nächstes tun? Was für eine Form ist das, in der ich schreibe? ... Natürlich, dies ist eine von den verfluchten Rondoformen, von denen ich keine einzige kenne. Sei so freundlich und schreib mir unverzüglich eine Antwort auf diese Frage. Und dann, ich bitte dich, zeig mir alle fünf verdammten Rondoformen in den Klaviersonaten Beethovens. Ich werde sie alle kaufen und werde sie hier selbst vergleichen. Nur tu dies schnell, weil dies mich beunruhigt und behindert ...«[11]

Morosow antwortet prompt, und Rachmaninoff dankt ihm überschwenglich: »... ich erhielt deine beiden Briefe und ich danke dir zweimal. Deinen zweiten Brief über die Rondoformen werde ich hüten und bewahren. Er kann für mich in der Zukunft nützlich sein, wenn ich wieder in etwas Unverständliches hineinrenne; und ich werde diesen Brief hüten als Souvenir meiner ersten Lektion in Formenlehre, die ich erst im hohen Alter erhielt. Mit den Beethoven-Sonaten klärte er eine Frage auf, die mich quälte.«[12]

Anfang des Jahres 1907 besorgt Rachmaninoff auch noch letzte Korrekturen an den Vokalpartien seiner beiden Opern. Denn Siloti bereitet eine konzertante Aufführung mit Schaljapin in St. Petersburg vor, die einiger Änderungen des Komponisten bedarf. Außerdem revidiert Rachmaninoff sein Trio op. 9 und einige der Lieder op. 26.

Die Ereignisse in Rußland lassen ihn nicht unberührt, wie ein Brief an die Kersins deutlich kundtut. Denn im Nachsatz zum Brief vom 3. März 1907 vermerkt Rachmaninoff: »Welch guten Brief schrieb Skerbski in den *Russischen Nachrichten* über Schmidt – auch wenn mich Arkadij Michailowitsch vielleicht wegen dieser Erklärung beschimpfen wird.«[13] Professor Wladimir P. Skerbski ist ein prominenter Vertreter der Moskauer Psychiatrie. Mehrfach protestierte er schon in der Öffentlichkeit gegen die willkürlichen Akte der Regierung. Als jetzt der 23jährige Student und Eigentümer einer Möbelfabrik N. P. Schmidt im berüchtigten Butyrka-Gefängnis auf tragische Weise Selbstmord verübt – er war im Dezember 1905 wegen Teilnahme am bewaffneten Aufstand verhaftet worden und saß seither im Durchgangsgefängnis in Isolationshaft – richtet Skerbski empört einen Offenen Brief an die Redaktion der *Russischen Nachrichten.* Rachmaninoffs spontane Reaktion nach der Lektüre des Briefes läßt recht klar seinen politischen Standort erkennen, auch wenn er nur sehr selten spektakuläre Statements abgibt. Skerbskis Protestnote hat folgenden Wortlaut:

»Der tragische Tod des Fabrikanten N. Schmidt, der durch Selbstmord in der Einzelzelle des Butyrka-Gefängnisses starb, zwingt mich, den Moskauer Gerichtshof um einige Aufklärung zu ersuchen. N. Schmidt wurde mehrfach einer medizinischen Sachverständigenexpertise unterzogen ... Die Experten (es folgt eine Aufzählung prominenter Mediziner; M. B.) erklärten ihn einstimmig für psychisch krank ... Die Krankheit N. Schmidts war so charakteristisch und scharf ausgeprägt, ... daß ich ihn gern in die psychiatrische Klinik aufgenommen hätte ... Ich würde gern eine Antwort darauf erhalten, warum das Gericht medizinische Experten herbeiruft, wenn sich die Justiz in der Entscheidung dieser rein medizinischen Frage für kompetenter hält. Und wäre es in einem solchen Falle nicht nur konsequent, wenn das Justizministerium ein Gesuch nach Austausch aller Ärzte in den Psychiatrischen Kliniken durch Justizverwaltungspersonal einreichte, die die Erfahreneren in der Erkennung seelischer Erkrankungen sind? Insbesondere würde ich gern vom Moskauer Gerichtshof eine Antwort darauf erhalten, mit welcher Begründung (natürlich nicht juristisch, sondern moralisch) er trotz kategorisch erklärter Meinung der Ärzte N. Schmidt nicht ins Krankenhaus beförderte, sondern ihn erneut der Einzelhaft aussetzte, und ob er sich nicht für unmittelbar schuldig (wiederum natürlich nur moralisch) an diesem schrecklichen Tod hält? Wl. D. Skerbski.«[14]

Das bedauernswerte Schicksal dieses jungen Mannes aus der Moskauer Kaufmannschaft schürt in weiten Kreisen einen abgrundtiefen Haß gegen den Zaren, und viele bisher eher unpolitische Menschen werden jetzt förmlich gedrängt, politisch Stellung zu beziehen.

In St. Petersburg kandidiert im Februar 1907 als erster Musiker Alexander Glasunow für die Duma. Er ist als Vertreter der KaDetenpartei nominiert.

Rachmaninoff hingegen in Deutschland – vertieft in die Produktion zweier großer Werke – verliert sich erneut in seinen schöpferischen, depressiven Gemütszustand. Über seine kompositorischen Probleme und Zweifel äußert er sich am freimütigsten und auch am häufigsten gegenüber Morosow. In unzähligen Briefen stimmt er sein trauriges Klagelied an, das so oft in dunklem Kontrast zum klingenden Ergebnis der inneren Kämpfe steht. Während der Korrekturarbeiten am Trio op. 9, den Vokalpartien der Opern und den Liedern op. 26 bekennt er Morosow aus Dresden: »Bei intensivem Schreiben oder Lesen vernebelt sich der Blick und starke Kopfschmerzen treten auf. Ich weiß nicht, ob ich Dir geschrieben habe, daß ich schon auf Rat des Arztes hin eine Brille trage ... Überhaupt begann ich irgendwie zu kränkeln. Mal schmerzt es hier, mal dort. Größtenteils schlafe ich schlecht. Wegen dieses Korrekturlesens hatte ich mich für zwei Wochen überhaupt nicht meinem eigenen Werk zugewandt. Vielleicht ist das gerade ebenso gut, denn vor zwei Wochen fiel ich in einen bestimmten Gemütszustand – etwas, das mir während der Arbeit oft passiert; ein Gefühl der Ängstlichkeit, Apathie und des Widerwillens gegenüber dem, was ich in meiner Arbeit getan habe, und dies bedeutet ebenso Widerwillen gegenüber allem anderen. Morgen gehe ich zurück an die

Arbeit, aber soweit finde ich keinen Geschmack an diesem Gedanken. Ich werde sehen, was passiert.

Gerade habe ich von Slonow erfahren, daß er in irgendeiner Zeitung gelesen hat, daß ich eine Sinfonie beendet hätte. Wenn auch du etwas darüber gehört haben solltest, möchte ich ein paar Worte zu der Angelegenheit sagen. Einen Monat zuvor, oder länger, beendete ich tatsächlich eine Sinfonie, aber dazu muß die Phrase ›im Entwurf‹ hinzugefügt werden. Ich habe es nicht ›der Welt‹ verkündet, weil ich zuerst ihre endgültige Niederschrift vollenden möchte. Während ich sie in eine ›reine‹ Form zu bringen plante, wurde sie schrecklich langweilig und abstoßend für mich. So warf ich sie beiseite und nahm etwas anderes auf. Die ›Welt‹ hätte es nicht erfahren – wenn es nicht Siloti gewesen wäre, der hierher kam und alles aus mir herauszog. Ich sagte ihm, daß ich eine Sinfonie ›haben werde‹. Das ist es, warum ich schon eine Einladung erhalten habe, sie in der nächsten Saison zu dirigieren! – Und die Neuigkeiten von der Sinfonie sind überall hingeflogen. Ich kann dir im Vertrauen sagen, daß ich nicht erfreut darüber bin, aber daß es tatsächlich ›sein wird‹, obwohl nicht vor Herbst, da ich die Orchestration nicht vor dem Sommer beginnen werde …

Nun zu unseren häuslichen Angelegenheiten. Wir haben beschlossen, wenn in Rußland Ruhe einkehrt, den ganzen Sommer auf Iwanowka zu verbringen. Sogar das Datum unserer Abreise steht fest. Natascha reist hier am 10. Mai nach Moskau ab, und ich wahrscheinlich nach Paris, wo ich ein Konzert gebe, dem ich nicht gerade entgegenfiebere. Darüber später. Das wird mich dort für ungefähr zehn Tage festhalten, und dann fahre ich auch nach Moskau und Iwanowka. Dieses Jahr wird unser Sommerleben nicht so ruhig wie gewöhnlich sein. Natascha ist schwanger, und sie wird im Juni entbinden. Wo sich dies ereignen wird, ist noch nicht entschieden. Aber auf jeden Fall ist klar, daß viel Unruhe, Sorgen und Aufregung bevorstehen.

Im Herbst werden wir dann wieder hierherfahren, aber nunmehr zu sechst. Ich bin sehr froh, noch ein Kind zu haben, wenn nur diese verdammte Prozedur gut und schnell vorüberginge. Und eins noch, daß das zukünftige Kind nicht der gegenwärtigen Irina ähnlich würde, denn zwei von solcher Sorte hältst Du nicht aus. Irina ist ein

Räuber und eine große Kanaille. Wir Eltern sind oft den Tränen nahe ... Kürzlich war ich in Leipzig (zum zweiten Mal). Am Abend war ich auch im Dirigierkurs bei Nikisch im Konservatorium. Es war sehr langweilig, wenn mich auch dieser Kurs sehr interessierte. Ich sah drei Dirigentenschüler. Armer Nikisch! Alle drei müßte man meiner Meinung nach zu Stolypin schicken, damit er sie für ihre verbrecherischen Gedanken über die Dirigierkunst nach Kriegsrecht erhängt. Ein Schüler, unverschämt und dumm, erdreistete sich nach der Bemerkung Nikischs, daß man diese Stelle auf sechs dirigieren muß (5. Sinfonie Tschaikowskis), ihm zu widersprechen und begann zu beweisen, daß dies auch auf zwei geht. Und gleich begann er auf zwei zu dirigieren. Natürlich kam bei dem Esel nichts heraus. Einer von den Schülern war noch recht angenehm. Am Tage war ich in der Lithographie Breitkopfs und besichtigte den ganzen Notendruck von Anfang bis Ende. Ich verbrachte dort zwei Stunden. Es war sehr interessant. Aber der Gipfel des Ganzen war am Abend ein Konzert des Gewandhausorchesters. Nikisch war überwältigend – in Stimmung und in seiner Schlagtechnik. Das Programm bestand nur aus zwei Sinfonien ohne Solisten. Die 1. Brahms', die 6. Tschaikowskis. Du mußt wissen, daß das im reinen Sinn des Wortes genial war. Darüber hinaus zu gehen ist unmöglich, das Publikum brach in rasende Ovationen aus.«[15]

Am 8. Mai 1907 teilt Rachmaninoff Morosow mit, daß die Klaviersonate fertig sei. Sie sei sehr lang und sehr schwer und inhaltlich der Faust-Thematik verpflichtet. Die 2. Sinfonie ist ebenfalls vollendet. Die zwischen Oktober 1906 und April 1907 in Dresden komponierte Sinfonie harrt nur noch der Orchestrierung auf Iwanowka. Doch bevor Rachmaninoff die Klaviersonate im Freundeskreis vorstellt, und die Sinfonie ihre feierliche Premiere erlebt, unternimmt er im Mai einen Abstecher nach Paris zur »Saison Russe« Djaghilews.

Djaghilews Pariser »Saison Russe«, dieses Festival der russischen Musik in der Großen Pariser Oper ist das ehrgeizige Projekt eines enorm begabten russischen Kunstmanagers, der Westeuropa mit der russischen Malerei und Musik in ihrer ganzen Prachtentfaltung bekannt machen will.

Als Djaghilew 1906 in Paris eine Bilderausstellung, *Exposition de l'Art Russe*, durchführt, lernt er den französischen Musikverleger Gabriel Astruc kennen, einen progressiven und stets neuen Ideen gegenüber aufgeschlossenen Mann. Zur Förderung der neuen Musik hatte Astruc bereits im selben Jahr die Société Musicale gegründet und eine höchst einflußreiche Dame der Pariser Gesellschaft, die Comtesse Greffulhe, als Vorsitzende gewonnen.

Durch Astruc lernt Djaghilew diese Comtesse kennen. Zuerst hält die Dame den Russen für einen Snob oder zweifelhaften Abenteurer. Als sie aber spürt, daß er erstaunlich gut informiert ist und sehr konkrete künstlerische Vorstellungen entwickelt, ist sie von ihm zunehmend angetan. »Als er sich dann aber an den Flügel setzte und Stücke von russischen Komponisten spielte, von denen ich nicht einmal gehört hatte, begann ich ihn zu begreifen und zu verstehen, warum er gekommen war. Er spielte ausgezeichnet, und die Musik war so frisch, so absolut schön und köstlich, daß ich auf seine Bemerkung, er wolle nächstes Jahr ein Festival russischer Musik organisieren, sofort den Vorschlag machte, alles in meiner Macht Stehende zu tun, um zum Erfolg beizutragen.«[16]

Die Konzerte müßten in der Oper stattfinden, und Astruc sollte sich als Mittelsmann und Agent betätigen. Djaghilew ist fest entschlossen, den Franzosen nicht nur die beste russische Musik zu bieten, sondern auch die prominentesten Sänger, Instrumentalisten und Dirigenten vorzustellen. Möglichst viele Komponisten sollten ihre eigenen Werke dirigieren, auch mit dem Risiko, daß die Mehrzahl der Komponisten nicht gerade begabte Dirigenten sind. Mit Rachmaninoff und Glasunow würde es keine Schwierigkeiten geben, aber Rimski-Korsakow dürfte aufgrund seines Eigensinns zum Problem werden. Außerdem müßte im Programm unbedingt Alexander Tanejew berücksichtigt werden, ein zwar höchst uninteressanter Komponist, der aber als Leiter der Kaiserlichen Kanzlei für Djaghilew von unschätzbarem Wert war, gerade im Hinblick auf die begehrte staatliche Subventionierung. Weitere Kompromisse sind für Djaghilew die Einladung Ljapunows, den er nicht sonderlich schätzt, den angeblich aber wiederum die Franzosen mögen, und schließlich ein Stück des neuesten Publikumslieblings Skrjabin, den er auf den Tod nicht ausstehen kann.

Der Musikkritiker des *Figaro*, Robert Brussel, übernimmt die »Public-Relation«, und der Musikwissenschaftler M. D. Calvocoressi avanciert zu Djaghilews persönlichem Berater in allen fachspezifischen Fragen. Über die finanzielle Basis der Konzerte ist lediglich bekannt, daß der reiche Petersburger Kunstliebhaber Gilse van der Pals 10000 Rubel gestiftet hatte.

Am 30. März 1907 kabelt Djaghilew aus Petersburg nach Paris: »Soeben endgültig beschlossen, fünf Konzerte zu veranstalten. Das erste am Abend des 16. Mai, der ursprünglich für Generalprobe vorgesehen war. Generalprobe jetzt am Nachmittag desselben Tages. Brussel wird Einzelheiten mitteilen. Arrangieren Sie alles mit der Opéra.«[17]

Neben der äußerst arbeitsintensiven Vorbereitung und Organisation muß Djaghilew noch unendliche Geduld und Überzeugungskraft aufbieten, um die kapriziösen Allüren seiner Stars, ihre Ressentiments und egozentrischen Marotten zu besänftigen. Rimski-Korsakow zeigt wenig Interesse, in Paris aufzutreten. Fortwährend beteuert er seinem Schüler Djaghilew, »er habe keinerlei Verlangen, in einer Stadt aufzutreten, wo man unseren geliebten Tschaikowski beschimpft«.[18] Erst nach unzähligen Bitten und Flehen Djaghilews willigt der Meister endlich ein. Auch mit den Sängern hat Djaghilew seine Nöte. Zusagen, Absagen und wieder erneute Zusagen beuteln sein Projekt gewaltig. Skrjabin, der gerade in den USA gespielt hatte, trifft mit seiner Freundin Tatjana Schloezer und 30 Franc in der Tasche gerade noch rechtzeitig zu den Konzerten ein. Er nutzt gleich die Gelegenheit, um Djaghilew, Rimski-Korsakow, Rachmaninoff und weiteren russischen Bekannten sein »Poème de l'exstase« am Klavier vorzuspielen. Rimski-Korsakow hält ihn für halb-irre, Djaghilew sieht seine alten Vorurteile bestätigt, und Rachmaninoff verstummt erschrocken.

Das Eröffnungskonzert der *Saison Russe* am 16. Mai 1907 beginnt in der Pariser Opéra mit Rimski-Korsakows »Weihnachtsabend«. Erste Reaktion von Richard Strauss, der in der Loge Djaghilews sitzt: »Warum lassen Sie bloß diese Zirkusmusik spielen?«[19] Dann folgen Tschaikowskis 2. Sinfonie, Glinkas »Ruslan und Ludmila«, deren 1. Akt aber Nikisch so langsam dirigiert, daß Djaghilew fast schon bereut, ihn engagiert zu haben. Schaljapin und die Sängerin Litwin erhalten in Borodins »Fürst Igor« so viel Beifall, daß Nikisch, der nach Blumenfeld aufs Podium tritt, um den letzten Programmpunkt, Glinkas »Kamarinskaja« zu dirigieren, schwer beleidigt ist.

Das zweite Pariser Konzert am 19. Mai stellt den Parisern A. Tanejews 2. Sinfonie, die Suite aus Rimskis »Märchen vom Zaren Saltan«, Lieder aus Rimskis »Schneeflöckchen« und den gesamten 2. Akt aus Mussorgskis »Boris Godunow« mit Schaljapin vor. Im dritten Konzert schließlich erklingt Skrjabins Klavierkonzert mit Josef Hofmann als Solisten und Nikisch am Dirigentenpult. Weitere Programmpunkte sind eine Sinfonische Dichtung von Rimski-Korsakow, Tschaikowskis »Francesca da Rimini«, Lieder aus Mussorgskis »Lieder und Tänze des Todes« sowie das Duett aus dem 4. Akt von Borodins »Fürst Igor«.

Am Sonntag, den 26. Mai endlich spielt Rachmaninoff unter dem Dirigenten Chevillard in der Opéra sein 2. Klavierkonzert. Und er dirigiert die Kantate »Frühling« mit Schaljapin in der Solopartie. Robert Brussel plaziert geschickt am Konzerttag im *Figaro* eine ausführliche Vorankündigung.

Unter der Überschrift »M. Rachmaninoff et les jeunes musiciens russes« schreibt Brussel: »Neben Rimski-Korsakow, Balakirew, Glasunow, die ich sah und denen ich applaudierte, lernte ich in Rußland auch eine ganze Plejade jüngerer Musiker kennen. Sie sind zu viel, um sie hier alle aufzählen und charakterisieren zu können. Einer von ihnen zieht besondere Aufmerksamkeit auf sich durch die Kraft seiner Begabung, die berechtigte Hoffnungen erweckt: das ist Rachmaninoff, dessen Kantate ›Frühling‹ und dessen Klavierkonzert heute abend in der Oper gespielt werden.«[20] Brussel lobt Rachmaninoffs bemerkenswertes Dirigiertalent, das er selbst am Bolschoj erlebt habe, und er verweilt insbesondere auf Rachmaninoffs Opern, deren einzelne Szenen er im Petersburger Siloti-Konzert kennengelernt hatte. »Mit diesen Opern erscheinen neue Tendenzen in der russischen Musik. Sie zeichnen sich aus durch vollendete Form, durch Feinheit des Satzes, Farbenreichtum und gleichzeitig eine zurückhaltende Instrumentierung, durch immer gerechtfertigte dramatische Akzente. Wie auch seine anderen Kollegen der Moskauer Schule, die sich in dieser Beziehung von der

Gruppe der Petersburger Schüler Rimski-Korsakows unterscheiden, sucht Rachmaninoff, der sich voller Achtung gegenüber den Verteidigern des nationalen Dramas verhält, einen anderen Weg.«[21] Trotz innerer Vorbehalte gegenüber dem Pariser Projekt erfüllt Rachmaninoff die Erwartungen des Pariser Publikums voll und ganz. Sein Auftritt in der Pariser Opéra wird ein großer Erfolg. Arthur Rubinstein schreibt in seinen »Erinnerungen«: »Rachmaninoff entfesselte wahre Beifallsstürme mit einer herrlichen Wiedergabe seines 2. Klavierkonzertes, das zum ersten Mal außerhalb Rußlands aufgeführt wurde.«[22] Und auch Brussel teilt im *Figaro* vom 27. 5. mit, daß Rachmaninoff vom Publikum begeistert gefeiert wurde, und zwar gleichermaßen als Pianist, Komponist und Dirigent.

Das letzte Konzert der »Saison Russe« findet am 30. Mai statt. Rimski-Korsakows »Sadko«, Skrjabins 2. Sinfonie unter Nikisch, Ljapunows Klavierkonzert mit Josef Hofmann, Arien aus Cesar Cuis »William Ratcliff« und Tschaikowskis »Zauberin«, Ljadows »Baba Jaga« und Glasunows »Poème symphonique« unter der Leitung des Komponisten bilden den Ausklang des 1. großen russischen Musikfestivals in Paris. Djaghilew hatte den russischen Musikern das Tor zum Westen geöffnet, und alle, die dabei waren, profitierten von der starken Ausstrahlungskraft eines Unternehmens, das schon deutliche Anzeichen einer modernen Vermarktung aufwies.

Wieder nach Moskau heimgekehrt, spielt Rachmaninoff seine neue Klaviersonate erstmals im Freundeskreis vor. Beim Pianisten Wladimir Wilshau hatten sich zu diesem Anlaß Georgij Katoire, Lew Konjus, Nikolaj Medtner und Konstantin Igumnow eingefunden. Über den ersten Eindruck der Freunde ist nichts Näheres bekannt. Lediglich aus späterer Korrespondenz zwischen Rachmaninoff und Igumnow geht hervor, daß letzterer sich nach dem Druck der Sonate erkundigt und Rachmaninoff ihm daraufhin mitteilt, daß die Sonate noch nicht veröffentlicht sei, und er aufgrund der Überlänge noch Kürzungen und Änderungen beabsichtige. August sei der früheste Erscheinungstermin.

Am 21. Juni 1907 kommt auf Iwanowka Rachmaninoffs zweite Tochter Tatjana zur Welt. Erleichtert berichtet der glückliche Vater am 24. Juni seinem Freund Morosow: »Mein lieber Nikita Semjonowitsch, endlich am 21. Juni kam meine Tochter zur Welt. Alles verlief Gott sei Dank unkompliziert und ungewöhnlich schnell. Die Geburt begann bei Natascha um 6.30 Uhr morgens, und schon um 9.05 Uhr war alles beendet. D.h. alles in allem dauerte es 2½ Stunden. Das Mädchen ist äußerst kräftig (es wiegt 12 Pfund). Sie verhält sich die ersten drei Tage ihres Lebens recht erträglich. Sie schläft wesentlich mehr als Irina anfänglich und weint weniger – aber wenn sie schon weint, dann mit donnernder Stimme. Überhaupt haben meine Töchter kräftige Stimmen. Natascha fühlt sich jetzt ganz gut. Das Mädchen nennen wir Tatjana. Wir sind außerordentlich froh, daß alles schon vorüber ist.«[23]

Rachmaninoff kann sich jetzt wieder in Ruhe an seine Arbeit setzen, und er orchestriert im Verlauf der Sommermonate seine 2. Sinfonie. Am 2. August teilt er Nikita Morosow mit:

»Ich war von Herzen froh, zu erfahren, daß Dir meine Sonate gefiel, auch wenn ich innerlich denke, daß sie Dir besser gefiel, als sie es verdient. Behalte die Sonate bei Dir – ich brauche sie im Augenblick überhaupt nicht. Wenn ich Mitte September nach Moskau komme, hole ich sie mir bei Dir ab. Jetzt bin ich schon seit zwei Wochen mit der Instrumentierung der Sinfonie beschäftigt. Die Arbeit geht erschreckend schwer und mühselig vonstatten. Der Grund liegt neben der Instrumentierung, die mir gewöhnlich mit Mühe gelingt, in dem Umstand, daß ich die Sinfonie erst im Rohbau fertiggestellt habe und daher noch einige Verläufe ausarbeiten muß. Wie peinlich, erkennen zu müssen, daß ich in zwei Wochen nur die Einleitung und das erste Thema mit weiterem Verlauf, d.h. 25 Seiten geschafft habe. Wenn ich nicht mein Tempo beschleunige (worauf ich hoffe!), beende ich die Sinfonie nicht vor einem halben Jahr.«[24]

Im November meldet sich Rachmaninoff bei Morosow aus Warschau. Am 7. November führt er dort erstmalig sein 2. Klavierkonzert auf. Dirigent ist der Österreicher Emil N. von Reznicek, der zu dieser Zeit die Warschauer Oper leitet. Rachmaninoff ist wenig angetan von einem Partner, der ihn mehr schlecht als recht durch die Sätze des Konzerts geleitet. Auch zieht sein Auftritt in Warschau nicht gerade die Massen an, immerhin aber hat sich im

Saal doch fast vollständig die Warschauer Musikprominenz eingefunden. Der Rezensent des *Warschauer Tagebuchs*, Alexander W. Zatajewitsch, ein guter Bekannter Rachmaninoffs, konstatiert, daß Rachmaninoffs Spiel die Zuhörer zwar nicht elektrisiert habe, aber dies sei von einem Künstler, der so jeden äußeren Effekt und virtuosen Putz ausspare, auch kaum zu erwarten gewesen. Seine ernste, über das Klavier gebeugte Figur strahle eher eine ungewöhnliche Konzentration aus, und man möchte kaum glauben, daß derselbe Künstler die vertracktesten Godowsky-Transkriptionen mit verblüffender Leichtigkeit überfliegt. »Mit dem Auftritt auf der Bühne aber vergißt unser Künstler seine virtuosen Unartigkeiten und beginnt nur als Musiker zu spielen.«[25]

Den Winter 1907 verbringt Rachmaninoff wieder mit der Familie in Dresden. Von dort reist er im Januar 1908 nach Berlin, wo er Sergej Kussewitskis Berliner Dirigentendebüt unterstützt. Kussewitski bereitet sich jetzt – nachdem er durch seine finanzkräftige Heirat aller materiellen Sorgen enthoben war – auf eine Dirigentenkarriere vor. Für die Durchführung des Praktikums und für seinen ersten öffentlichen Auftritt am 10. Januar 1908 hatte er die Berliner Philharmoniker engagiert. Reinhold Glier, ein Studienfreund aus Moskauer Zeiten, der sich ebenfalls zu Ausbildungszwecken in Berlin aufhält, und Rachmaninoff sind mit Kompositionen am Konzerttag beteiligt: Kussewitski dirigiert Gliers 2. Sinfonie und Rachmaninoffs 2. Klavierkonzert mit dem Komponisten am Klavier. Glier in seinen Erinnerungen: »Rachmaninoff spielte selbst, damals in Deutschland noch wenig bekannt. Kussewitski führte das Orchester völlig unsicher, und nur das hohe professionelle Können der Orchestermusiker rettete die Sache. Rachmaninoff am Klavier half dem Dirigenten mit dem Kopf und führte das Orchester hinter sich mit seinem ungewöhnlich energischen, rhythmisch genauen Spiel.«[26]

Offensichtlich hatte Rachmaninoff jede freie Minute in Deutschland genutzt. Denn seine 2. Sinfonie ist jetzt endlich fertiggestellt. Am 26. Januar 1908 soll die Petersburger Erstaufführung im Rahmen eines Siloti-Konzerts stattfinden.

Die 2. Sinfonie Rachmaninoffs entfaltet vor dem Hörer ein Panorama endloser Melodiebögen, weitschweifender Harmonien und eine filigranartige Rhythmik. Die üppigen Klangfarben und ein überquellender Schatz an melodischen Einfällen assoziieren fließende Bildfolgen und erwecken Stimmungen, die gelegentlich pauschal in der Presse als »Mütterchen Rußlands gesammelter Weltschmerz in e-moll« abqualifiziert werden, was jedoch nur wenig über den tatsächlichen Wertgehalt des Werkes aussagt. Die monumentale, epische Breite der 2. Sinfonie verlangte schon dem Petersburger Premierenpublikum ein gerüttelt Maß an Ausdauer ab, und auch damals bemängelte man Rachmaninoffs Hang zu ausufernder Rhetorik. Rachmaninoff konzedierte daraufhin Kürzungen im letzten Satz. Die übrigen jedoch wünschte er im Original belassen. Die beim ersten Anhören filmisch bewegten und ineinander fließenden Klangbilder gewinnen bei genauer Betrachtung scharfe Konturen und ein reich differenziertes Eigenleben. Ihre Dimensionen sind dem großen Atem und der epischen Breite spätromantischer russischer Sinfonik angemessen. Die Sinfonie Rachmaninoffs ist ein Meisterwerk in polyphoner Raffinesse und in der Aufzucht von Melodien aus einem winzigen Motiv. Unzählige Varianten, Imitationen, Reminiszenzen und unerschöpfliche Metamorphosen umkreisen eine einzige, russisch-volkstümliche Idee, die so deutlich in der Bylinen-Melodik vorgeformt ist.

Rachmaninoff gesteht Morosow, daß der 1. Satz der Sinfonie in Rußland komponiert wurde. Die nationale Eigenart ist unverkennbar.

Im 2. Satz der Sinfonie tauchen überraschend skurrile Dreiklangsfiguren in den Holzbläserstimmen auf, die sich als kapriziöse

2. Sinfonie op. 27 / Motto

Vorboten des ganz ähnlichen Rufmotivs im ersten der »Sinfonischen Tänze« ankündigen. Rachmaninoff zeichnet mit diesem prägnant motorischen Satz schon die Umrisse seines Spätstils, der in manchem dem ironisch-witzigen und sarkastischen Prokofjews nicht weit entfernt scheint. Nach einem lyrischen 3. Satz verdeutlicht der letzte Satz wieder die Problematik des synthetischen Schlußsatzes. Er präsentiert sich als Resümée der Sinfonie. Rachmaninoff nähert sich mit dieser Finalekonzeption dem Petersburger Glasunow. Er sucht sowohl Synthese als auch Umgestaltung seiner Themen. Es gibt viele Assoziationen und Reminiszenzen an Themen und Motive der drei übrigen Sätze. Dabei kommt es auch zu häufigen Wiederholungen, die bisweilen recht vordergründig und plakativ gesetzt sind. Offensichtlich gerät das Finale nicht erst der sowjetischen Sinfonik der fünfziger Jahre zum Problem. Seine Unstimmigkeiten sind bereits bei den russischen Sinfonikern der Petersburger und Moskauer Schule vorgebildet.

Nach der Erstaufführung in St. Petersburg dirigiert Rachmaninoff sein Werk in Moskau am 2. Februar, wo er in einem Sinfoniekonzert der Philharmonischen Gesellschaft außerdem noch unter Leitung Brandukows sein 2. Klavierkonzert spielt. Die neue Sinfonie findet sowohl in St. Petersburg als auch in Moskau überwiegend positive Resonanz. Julij Engel schreibt in den *Russischen Nachrichten:* »Gespielt wurde die Sinfonie wunderbar – mit diesem kraftvollen Temperament und dieser gleichzeitig sicheren Selbstdisziplin, die die gesamte künstlerische Persönlichkeit Rachmaninoffs charakterisieren. Keine überflüssige Geste beim Dirigieren, keine überflüssige Eitelkeit im Orchester.«[27] Und Engel stellt die Frage, warum die Russische Musikgesellschaft eigentlich nicht solche anerkannten Künstler wie Rachmaninoff zum Chefdirigenten beruft, sondern immer wieder auf Ausländer zurückgreift. »Warum sehen wir ihn nicht unter den Professoren des Moskauer Konservatoriums? Aber dies sind alles Fragen, die man nur nach genauer Analyse beantworten kann, und nicht beiläufig, anläßlich eines Philharmonischen Konzerts.«[28]

Im Mai 1908 spielt Rachmaninoff sein 2. Klavierkonzert in London. Dann zieht er sich zum Herbst wieder nach Dresden zurück. Von hier aus gratuliert er auch auf recht originelle Weise dem Stanislawski-Theater zum 10jährigen Jubiläum. Fjodor Schaljapin trägt am 14. Oktober der gerührten Geburtstagsgesellschaft in Moskau ein musikalisches Ständchen vor, das Rachmaninoff eigens zu diesem Anlaß komponiert hatte.

Nur drei Tage später spielt Konstantin Igumnow in Moskau die Uraufführung der 1. Klaviersonate. Rachmaninoff hatte ihm die revidierte Fassung geschickt, die jetzt im 1. und letzten Satz erhebliche Kürzungen erfahren hatte.

Bereits während der Kompositionsarbeit hatten Rachmaninoff wieder Zweifel an dem Wert seiner Sonate gepackt. Denn er schrieb im April 1907 an Morosow: »Vorgestern spielte ich die Sonate Riesemann vor, und anscheinend hat sie ihm nicht gefallen. Überhaupt bemerke ich allmählich, daß alles, was ich in letzter Zeit schreibe, niemandem gefällt. Und auch mich selbst beschleichen häufig Zweifel, ob dies nicht alles Unsinn ist. Die Sonate ist zweifellos seltsam und endlos lang. Ich denke, fast 45 Minuten. Zu diesen Ausmaßen verführte mich das Programm, d.h. eher eine Leitidee. Es handelt sich um drei kontrastierende Typen aus einem Werk der Weltliteratur ... Das Werk wird nie jemand wegen der Schwierigkeit und Länge spielen, und vielleicht noch, was das Wichtigste ist, aufgrund seiner zweifelhaften musikalischen Qualitäten. Einige Zeit wollte ich diese Sonate in eine Sinfonie umformen, aber dies erwies sich als unmöglich wegen des reinen Klavierstils, worin sie geschrieben ist.«[29]

Igumnow ist noch etwas genauer in die inhaltlichen Details der Sonate eingeweiht: Rachmaninoff hatte den Goetheschen Faust im Sinn, als er die drei Sätze komponierte. Faust, Gretchen, Mephisto – sind die grundlegenden Charakterstudien der Sonatensätze. Die Übertragung dieses philosophischen Konzeptes in Klangstrukturen verursacht Rachmaninoff beträchtliche Schwierigkeiten. Denn sowohl die Überlänge der Sätze als auch das recht unterschiedliche musikalische Material bereiten ihm Unbehagen. Merkwürdig, daß Rachmaninoff nicht – wie einige Jahre später Busoni – seine Faust-Ideen in ein Bühnenwerk umsetzte.

Auch die Kritik reagiert zurückhaltend. »Schon um es für sich selbst am Klavier durchzuspielen, dieses Gewirr von Passagen, Rhythmen, Harmonien, polyphonen Verflechtungen zu entknoten, ist es keine einfache Angelegenheit«, meint Julij Engel in den *Russischen Nachrichten* vom 19.10.1908, »auch nicht für einen ausgebildeten Pianisten. Um so mehr Ehre für Herrn Igumnow, für seine energische, bedachte Wiedergabe ... Aber sogar in dieser Wiedergabe war es für den Hörer schwierig, sich vom Eindruck der Trockenheit zu befreien. Die neue Sonate besticht mit ihrer Meisterschaft der Form, ihrem Überfluß an interessanten Details ebenso wie das Klavierkonzert und die Cellosonate, aber es hat nicht ihre frische Phantasie und auch keine vergleichbare thematische Inspiration.«[30]

Als Rachmaninoff ein Jahr später die Sonate selbst spielt, erscheint sie nach einhelliger Meinung der Kritik markanter und auch formal verständlicher. Engel sieht als Ursache dieses geänderten Höreindrucks die freiere und eher rhapsodische Konzeption des Komponisten, der rhythmisch sehr exakt, im Tempo aber noch forcierter, kontrastreicher und dabei mit äußerst transparenter Stimmführung spielte. Die Faszination des Interpreten bestätigt auch der junge Arthur Rubinstein: »Spielte Rachmaninoff seine eigenen Kompositionen, war er unübertrefflich. Hörte man ihn seine Konzerte spielen, war man überzeugt, niemals sei Großartigeres komponiert worden; wurden sie von anderen Pianisten gespielt, erwiesen sie sich als das, was sie in Wahrheit sind: brillante Stücke von orientalischer Schwüle, beim Publikum ungeheuer beliebt.«[31]

Den Rest des Jahres 1908 konzertiert Rachmaninoff in Antwerpen, Amsterdam, Den Haag, Berlin und Frankfurt am Main.

Das Glinka-Preiskomitee in Petersburg verleiht ihm jetzt eine erneute Auszeichnung. Rachmaninoff erhält im Dezember für die Komposition der 2. Sinfonie den 1. Preis in Höhe von 1000 Rubel. Der 2. Preis wird Skrjabin für das »Poème de l'exstase« zuerkannt. Die Nachricht stimmt Rachmaninoff jedoch eher depressiv, da sie ihm seine gegenwärtige schöpferische Untätigkeit kraß vor Augen führt. Ebenso kränkt ihn auch ein wenig die Meldung, daß Nikisch seine 2. Sinfonie in letzter Minute aus dem Berliner Konzertprogramm gestrichen hatte. Vermutlich war die Widmung an Tanejew der auslösende Faktor, denn Nikisch hatte sich zuvor mehrfach bei

Rachmaninoff nach »seiner« Sinfonie erkundigt. Jetzt war er wohl endgültig verstimmt.

Rachmaninoff führt zu dieser Zeit bereits intensive Verhandlungen mit Amerika. Die Veranstalter bieten ihm jetzt eine Festgarantie für 25 Konzerte mit Option auf mehr und zahlen ihm pro Konzert 1000 Rubel. Aber Rachmaninoff zögert. Am 19. Dezember 1908/1. Januar 1909 schreibt er aus Dresden an seinen Freund Michail Slonow:

»Lieber Freund Michail Akimowitsch, zwei Stunden zuvor erhielt ich Deinen Brief, in dem Du mich bittest, Dir 600 Rubel zu leihen. Weil Du sicherlich auf das Geld wartest und hoffst, setzte ich mich gleich daran, Dir zu schreiben, um Dir mitzuteilen, daß ich Dir dieses Geld nicht geben kann. Nicht nur diese Summe nicht, sondern überhaupt keine, weil ich, entgegen Deiner Überzeugung, gar keine ›freien Gelder‹ habe. Wenn ich welches hätte, würde ich es Dir unverzüglich geben, wie ich auch früher schon zusagte ...

Erstens – wiederum im Gegensatz zu Deiner Meinung, daß ich selbst in früheren Jahren Geld hatte und auch jetzt Geld habe – nahm ich gerade erst im Mai 3500 Rubel Schulden bei Kussewitski auf, in der Hoffnung, sie zurückzugeben nach dem Gewinn aus der Angelegenheit (auf welche Du gerechnet hast!). Zweitens, mein Rechtsanwalt (aber das im Vertrauen, weil ich ihn bei meiner Ankunft in Moskau ›überführen‹ will) hat mich betrogen und sandte mir 1100 Rubel weniger, als ich veranschlagt hatte, und schickt eine Rechnung für ›Rekonvaleszenz‹, wie er schreibt. Wie Du siehst, kam aus dieser Angelegenheit bisher nichts Glänzendes heraus. In Wahrheit hatte ich bis jetzt in meinem ganzen Leben mit Ausnahme vielleicht der zwei Jahre Dienst am Theater, keine freien Gelder, und ich gräme mich sehr oft darüber, und sehr häufig mache ich mir Gedanken um meine Kinder, was sie ohne mich machen werden. Ich bin erschreckend gealtert, sehr müde geworden, und ich fürchte mich schrecklich, schnell zum Teufel zu gehen. Ehrenwort! Auf Wiedersehen! Zürne nicht auf mich wegen meiner Absage und streiche mich aus der Liste Deiner ›wohlhabenden‹ Freunde, weil dieser ›Stellenwert‹ meine Kräfte übersteigt. Dein S. R.«[32]

Im Januar 1909 ist Rachmaninoff wieder in verschiedenen Konzerten der Moskauer RMO und der Petersburger Siloti-Reihe vertreten. Von seinen Werken erklingen die 2. Sinfonie, das 2. Klavierkonzert, die 2. Suite, die Cellosonate und die 1. Klaviersonate. Rachmaninoff zählt mittlerweise in Rußland zu den führenden Vertretern der jüngeren Musikergeneration. Aber immer noch vereinigt er in seiner Person drei Professionen: Dirigent–Komponist–Pianist. Seine wachsende Bedeutung im russischen Musikleben veranlaßt Nikolaj Kaschkin zur gründlichen Würdigung seiner Künstlerpersönlichkeit im *Russischen Wort* vom 9.1.1909: Rachmaninoff sei einer der großen Vertreter der russischen Musikbewegung. Bei aller Neuartigkeit und Originalität seines Schaffens sei er Erbe und Fortsetzer der großen klassischen Traditionen. Aus diesem Grunde müsse er in seine Heimat zurückkehren, »denn nur hier wird er in seiner echten Umgebung sein, und hier findet er den zuverlässigen Boden für seine künstlerische Entwicklung. Das russische Musikleben braucht im höchsten Grade einen solchen Musikschaffenden.«[33]

Auch Julij Engel formuliert ähnliche Gedanken. Anläßlich der Moskauer Konzerte am 3. und 4. Januar schreibt er: »Stürmische, einmütige Ovationen der vielzähligen Zuhörer zeigten deutlich, wie sie den Autoren des 2. Klavierkonzerts und der 2. Sinfonie schätzen ... Und wenn man diese Macht des Rachmaninoffschen Dirigentenstabes sieht, ihre Fähigkeit, allseitig über das Orchester zu gebieten, drängt sich immer wieder der Gedanke auf: Gibt es wirklich in Moskau für diesen Dirigentenstab keine ständige und seiner würdige Aufgabe?«[34]

Die Mahnrufe der Presse verfehlen ihre Wirkung nicht. Im Frühjahr 1909 wird Rachmaninoff von der neuen Präsidentin der Russischen Musikgesellschaft, Prinzessin Helene von Sachsen-Altenburg, zum Vizepräsidenten ernannt. Er übt diese Funktion – die eine fachliche Beaufsichtigung der einzelnen Unterorganisationen zur Aufgabe hat – insgesamt 4 Jahre aus.

Während der ersten Monate des Jahres 1909 vollendet Rachmaninoff in Dresden noch ein weiteres großes sinfonisches Werk, die »Toteninsel«. Inspiriert hatte ihn zu dieser sinfonischen Dichtung das gleichnamige Gemälde Böcklins, das Rachmaninoff allerdings erstmals während seines Pariser Aufenthalts als Schwarz-Weiß-Reproduktion kennengelernt hatte. Er gesteht später Freunden, daß ihn diese Fassung weit mehr fasziniert hätte als die farbigen Versionen des Bildes in Berlin und Leipzig. Das Bild übt offensichtlich eine magische Kraft auf Tonschöpfer aus. Denn nur vier Jahre später schreibt Max Reger eine Sinfonische Suite, »Vier Tonpoeme nach Böcklin« op. 128, deren 3. Satz »Die Toteninsel« ebenfalls vom Böcklinschen Gemälde angeregt ist.

Rachmaninoff gerät mitten in den Kompositionsarbeiten wieder in den Zustand der Unsicherheit und Angst. Am 8. März schreibt er aus Dresden an Morosow: »Meine Meinung über die neuen Werke ist dieselbe, d.h. sie gelingen mir schwer, und ständig bin ich unzufrieden mit ihnen. Es ist eine einzige Qual.«[35]

Erst viele Jahre später im amerikanischen Exil verklärt er diesen Zustand: »Beim Komponieren finde ich es von großer Hilfe, ein Buch im Sinn zu haben, ein schönes Bild oder ein Poem ... Und sie kommen: alle Stimmen zugleich. Nicht ein Stück hier, ein Stück da. Alles. Das Ganze entsteht. So die ›Toteninsel‹. Im April und Mai war alles getan. Wann es kam, wie es begann – wie kann ich es sagen. Es entstand in mir, wurde gehütet und niedergeschrieben.«[36]

Am 17. April 1909 ist die »Toteninsel« fertiggestellt. Die wesentlichen Bausteine dieses Orchesterpoems sind eine ständig wiederkehrende rhythmische Begleitfigur im $5/8$-Takt, die das Schaukeln von Boot und Wellen malt, und ein Sekundmotiv, das später in Rachmaninoffs Schicksalswendung *Dies Irae* ausgeweitet wird.

Die »Toteninsel« findet anläßlich ihrer Erstaufführung am 18. April 1909 bei Publikum und Presse eine positive Resonanz, wenngleich Julij Engel die »unergründliche Tiefe des Böcklinschen Bildes« vermißt. Rachmaninoffs »Toteninsel« wirft ihre Schatten auch auf Sergej Prokofjews »Herbstskizzen« op. 8, die im Jahre 1910 entstehen. Prokofjew äußert dazu: »Auch die ›Herbstliche Skizze‹ ist ihrer Haltung nach grüblerisch, viel düsterer als die ›Träume‹. In der Stimmung erinnert sie manchmal an Rachmaninoff, insbesondere an seine ›Toteninsel‹ und an die 2. Sinfonie, die auch in der gleichen Tonart steht.«[37]

Im April 1909 verlassen die Rachmaninoffs endgültig Dresden. Dem Künstler fällt der Abschied nicht leicht. Er schreibt am 18. Februar/3. März 1909 an Tanejew: »Wenn ich auch wiederum nicht nach Amerika fahre, so unterschreibe ich aber schon den anderen Kontrakt in Berlin (für Konzerte in Europa), und ich muß mich mit diesem Berliner Agenten treffen, um die Zeit für das kommende Jahr einzuteilen ... Wie schön ist es hier in Dresden, Sergej Iwanowitsch! Und wenn Sie wüßten, wie mich die Trauer packt, daß ich hier den letzten Winter verlebe! Wenn Sie mich fragen, warum ich nicht auch weiterhin hierbleibe, dann antworte ich Ihnen darauf erstens, daß die Aufgaben der Musikgesellschaft (Direktionsmitglied) und die Konzerte der Musikgesellschaft (Dirigent) mich nach Moskau rufen, und zweitens, daß ich auch bezüglich Dresdens einen Kontrakt abgeschlossen habe – diesmal nicht mehr mit einem Agenten – sondern mit meiner Frau, kraft dessen ich versprach, nicht länger als drei Jahre im Ausland zu leben. Und diese Jahre sind schon vergangen ...«[38] Eine äußerst kreative Phase hatte ihren vorläufigen Abschluß gefunden.

In Rußland erwarten Rachmaninoff neue Aufgaben. Am 15. und 18. April vertritt er in Moskau den Dirigenten Nikisch. Dieser hatte aufgrund der kursierenden Choleragerüchte kurzfristig alle Konzerttermine abgesagt. Und so dirigiert Rachmaninoff ein Programm mit Strauss-, Liszt- und Wagner-Werken sowie eine Reihe eigener Kompositionen.

Wenn man Julij Engels Jahresberichten folgt, so nimmt das Jahr 1909 eine gewisse Sonderstellung im russischen Musikleben ein. 1909 – zum 50. Jahrestag ihrer Gründung – erhält die Russische Musikgesellschaft ein eigenes Orchester. Damit realisiert man nach vielen Jahren endlich den Traum des Gesellschaftgründers Anton Rubinstein. In Moskau und St. Petersburg werden die ersten Lehrstühle für Musikwissenschaft eingerichtet, und in den Provinzen kann man jetzt regelmäßig Vorträge und Lektionen über Musik und Musikgeschichte besuchen. Unter der Ägidie des Petersburger Musikwissenschaftlers und Herausgebers der *Russischen Musikzeitung*, Nikolaj Findeisen, und Alexander Silotis etabliert sich die Gesellschaft der Musikfreunde, und ebenfalls im Jahre 1909 kündigt der rührige Sergej Kussewitski seine neue Reihe »Sinfonischer Konzerte« an. Dies bleibt nicht Kussewitskis einzige Initiative. Im selben Jahr gründet er den Russischen Musikverlag, ursprünglich als Selbstverlag der Komponisten konzipiert. Seit Beljajews Tod im

Jahre 1904 hatten die russischen Komponisten keinen engagierten Mäzen mehr, und so beabsichtigt Kussewitski, diese Lücke durch ein neues Unternehmen zu schließen.

Der Musikwissenschaftler Alexander W. Ossowski, ein Fachberater des Verlages, der seinerzeit auf Empfehlung Rachmaninoffs in das Verlagsgremium berufen worden war, ist mit der Entstehungsgeschichte und der Arbeit des Verlages bestens vertraut. Nach seinen Erinnerungen faßten Rachmaninoff und Kussewitski gemeinsam in Deutschland den Plan einer Gesellschaftsgründung »Selbstverlag der Komponisten«. Kussewitski sollte unter bestimmten Bedingungen das Betriebskapital in den Fonds der Gesellschaft einbringen, und Rachmaninoff wollte sich um die Organisation kümmern. Die noch zu gewinnenden Komponisten würden als Gesellschaftsmitglieder ihre Angelegenheiten selbst beaufsichtigen, und der Reinertrag würde ihnen zufließen. Ziel war die Befreiung der Komponisten vom Druck der Verlagskaufleute. Rachmaninoff und Kussewitski waren von ihrer Idee begeistert und betrieben eifrige Propaganda für ihr neues Projekt.

Als jedoch das Vorhaben allmählich konkrete Gestalt annimmt, stellen sich erhebliche Schwierigkeiten ein. Organisationsform, Kooptation der Mitglieder, Kriterien der Werkauswahl für die Edition, Verhältnis der Gesellschaft zu ihrem Kapitaleigner – alle diese Fragen bedurften einer genauen Prüfung und juristischen Absicherung. Auch tauchen Zweifel an den geschäftlichen, praktischen Fähigkeiten der Komponisten auf, die durch diese zusätzlichen Aufgaben unter Umständen überfordert sein könnten. Man kommt schließlich überein, den ursprünglich als Selbstverlag der Komponisten geplanten Verbund in den Russischen Musikverlag umzuformen, dessen Rechte bei Natalja und Sergej Kussewitski liegen sollen. Die Gründung und Registereintragung erfolgt am 25. März 1909 in Berlin. Damit sind gleichzeitig die Autoren- und Verlagsrechte für Westeuropa und Amerika gesichert, da Rußland in jenen Jahren noch kein Copyright-Abkommen mit dem Ausland kennt. Die russischen literarischen und musikalischen Werke können immer noch ungehindert von ausländischen Verlagen nachgedruckt werden, während Deutschland in der ganzen Welt die Rechte am literarischen und musikalischen Eigentum gewährleistet.

Und in dieser Hinsicht folgen die Kussewitskis dem Vorbild ihres Vorgängers Beljajew, der seinen Musikverlag aus denselben Gründen in Leipzig hatte eintragen lassen.

Die administrative und organisatorische Leitung und die finanzielle Führung des Russischen Musikverlages obliegt den Kussewitskis als Geschäftsinhabern – die künstlerischen und ideologischen Fragen werden jedoch von einem Verlagsrat entschieden. Vor allem in der Einschätzung und Auswahl der angebotenen Kompositionen agiert der Verlagsrat selbstbestimmt und unabhängig von der Meinung der Verlagseigner.

Jedes einlaufende Manuskript wird der Reihe nach von allen Ratsmitgliedern durchgesehen. Es gibt zu diesem Zweck Fragebögen mit einem Katalog künstlerischer, musikalisch-technischer und intellektueller Anforderungen, denen das zu prüfende Werk zunächst einmal Genüge leisten muß, um die Gesamtbeurteilung zu stützen. Die Entscheidung über Annahme oder Ablehnung zeichnet der Gutachter mit den deutschen Buchstaben F (Für) und G (Gegen). Zum Schluß werden die Abstimmungsergebnisse von den Geschäftsführern zusammengerechnet, und die Mehrheit der Stimmen entscheidet über Zulassung oder Ablehnung. Werke der großen Form oder besonders komplizierte Produkte spart man für die Plenarsitzung des Rates auf, und Kompositionen der Ratsmitglieder Skrjabin, Medtner und Tanejews sind von vornherein von der Abstimmung befreit. Sie haben das Privileg der uneingeschränkten Drucklegung!

Die übrigen für die Drucklegung bestimmten Manuskripte werden in den Verlagsapparat weitergeleitet, und für den Autoren wird ein individuelles Konto eröffnet. Darin sind folgende Daten vermerkt: Höhe des Honorars gemäß Tarif nach Genre und Werkumfang, wobei es die Qualitätsabstufungen 1, 2 und 3 gibt, Kosten für die Edition, Umfang und Auflagenhöhe, und schließlich die Anzahl der im laufenden Geschäftsjahr verkauften Exemplare und die erzielte Kaufsumme. Am Ende des Geschäftsjahres zieht die Buchhaltung auf jedem Konto eine Bilanz, und der Autor wird nach Abzug der Druckkosten am Verkaufsgewinn beteiligt. Darüber hinaus erhält er einen bestimmten Prozentsatz von jedem weiteren verkauften Exemplar seines Werkes.

Ossowski, der selbst die wissenschaftliche Betreuung der Editionen übernimmt und auch die im Verlagsprogramm geplanten musikwissenschaftlichen Publikationen prüft, beschreibt recht ausführlich sein illustres Kollegium:

»Vorsitzender im Rat war Kussewitski. Er führte die Sitzung einfach, sachlich, war äußerst korrekt, gewährte den Ratsmitgliedern volle Redefreiheit, drängte seine Meinung nicht auf und trug der Autorität der Ratsversammlung Rechnung. Neben ihm saß seine Frau Natalja Konstantinowna. Sie war nicht sehr angenehm, eher ein wenig hochmütig. Obwohl sie kein Mitbestimmungsrecht hatte, wirkte sie zweifellos auf ihren Mann ein. Die bedeutendste Stellung im Rat nahm Rachmaninoff ein. Er genoß bei Kussewitski höchste Autorität, und auch die anderen Ratsmitglieder – vor allem Struwe und Ossowski – hörten immer aufmerksam auf seine gewichtige Meinung. Sergej Wassiljewitsch setzte im Rat eine deutliche Linie des Kampfes gegen Modernismus und Dekadenz durch.

Auf den Sitzungen sprach er knapp, klar sachlich. Seine eigenen Werke stellte Rachmaninoff im Russischen Musikverlag nicht vor, da er sich auch moralisch an Gutheil gebunden fühlte, der schon am Schaffensbeginn Rachmaninoffs Bedeutung erkannt hatte und seine Werke überdurchschnittlich honorierte. Im Gegensatz zu Rachmaninoff regten Skrjabin die Geschäfte des Russischen Musikverlages eigentlich wenig auf. Überhaupt war er in jenen Jahren fremder Musik gegenüber gleichgültig, und die Verpflichtung, eingesandte Manuskripte durchzusehen, belastete ihn schwer, zumal Skrjabin ein schwacher Vom-Blatt-Leser war. Vermutlich akzeptierte oder lehnte er viele Manuskripte nur aufgrund von Schätzungen ab, ohne eingehende Analyse. Nach dem heftigen Zerwürfnis mit Kussewitski im Frühjahr 1911 verließ Skrjabin den Russischen Musikverlag.

Mit pedantischer Gewissenhaftigkeit erfüllte N. K. Medtner seine Ratsmitgliedverpflichtungen. Als Persönlichkeit war er ungewöhnlich anziehend, äußerst bescheiden, ruhig, schüchtern. Er war wie von einer anderen Welt, ungeeignet für das praktische Leben. Die einfachsten Dinge schienen ihm kompliziert, und er verlor sich in ihrer philosophischen Begründung. Rachmaninoff liebte Medtner und schätzte ihn außergewöhnlich hoch als Komponisten, auch wenn er seine Werke sehr selten spielte.

Ein weiteres Ratsmitglied war Alexander Goedicke. Rachmaninoff behandelte ihn mit Sympathie, schätzte ihn als Komponisten und Interpreten. Eine Reihe seiner Werke wurde im Russischen Musikverlag verlegt, aber nachdem der Rat mehrheitlich die Edition eines der von ihm vorgestellten Werke abgelehnt hatte, erklärte Goedicke seinen Austritt mit der Begründung, er könne nicht länger Richter über fremde Werke sein, nachdem sein eigenes Werk vom Rat abgelehnt worden sei.

Aktivstes Ratsmitglied war Nikolaj Struwe. Als Geschäftsführer des Russischen Musikverlages war er seine Seele. Die Ergebenheit Struwes dem neuen Unternehmen und sein glühendes Interesse am Verlag waren grenzenlos. Aus einer vor langer Zeit russifizierten Familie abstammend, mit der Tochter eines reichen Moskauer Geschäftsmannes verheiratet, war er ein kulturvoller Mann mit Weitblick. Struwe hatte am Dresdener Konservatorium in der Kompositionsklasse des berühmten deutschen Theoretikers und Komponisten Felix Draeseke studiert. Er war ein ausgezeichneter Musiker, hatte in Deutschland Kompositionen veröffentlicht, bot aber aus Taktgefühl dem Russischen Musikverlag kein eigenes Manuskript an. Auf Struwe lasteten neben der Ratstätigkeit alle administrativen, organisatorischen, wirtschaftlichen und finanziellen Angelegenheiten des Russischen Musikverlages, der Schriftverkehr, persönliche Auseinandersetzungen mit den Komponisten und die Leitung der Notengeschäfte des Verlages in Moskau und Petersburg. Mit festem Wohnsitz in Moskau befand er sich ständig zwischen Moskau, Petersburg, Berlin und Leipzig unterwegs, wobei im vorbildlichen Leipziger Notendruck C. G. Röders alle Ausgaben des Russischen Musikverlages gedruckt wurden. Rachmaninoff und Kussewitski schätzten die geschäftlichen und moralischen Qualitäten Struwes sehr hoch ein. Sergej Wassiljewitsch verkehrte mit ihm freundschaftlich und widmete ihm sein Poem die »Toteninsel«.[39]

In seiner Funktion als Vizepräsident der Russischen Musikgesellschaft inspiziert Rachmaninoff erstmals im Mai 1909 die Musikschule von Tambow. Der Leiter der dortigen Schule, Solomon M.

Starikow, ein Kommilitone Rachmaninoffs aus der Studienzeit bei Siloti, wird seit einiger Zeit vom Gouverneur des Regierungsbezirks heftig attackiert. In Beschwerdebriefen an die RMO bemängelt der Gouverneur mit kaum verhohlenen antisemitischen Ausfällen die schlechte Führung der Schule und fordert von der Fürstin eine Überprüfung. Diese beordert daraufhin ihren neuen Inspizienten nach Tambow, um die Vorwürfe aufzuklären. Nachdem Rachmaninoff die Musikschule besichtigt und Schüler sowie Lehrer in kurzfristig anberaumten Konzerten gehört hatte, stellt er kategorisch fest, daß die Verleumdungen des Gouverneurs jeder Grundlage entbehrten. Das Ausbildungsniveau sei gut, lediglich die Ausstattung des Orchesters mit geeigneten Instrumenten ließe noch zu wünschen übrig. Das sei aber nicht dem Leiter anzulasten, sondern dem knappen Etat der Schule.

Auftragsgemäß berichtet Rachmaninoff der Fürstin, daß in der Schule von insgesamt 12 Lehrern fünf Juden unterrichten würden, und daß die Anzahl der jüdischen Studierenden bei einer Gesamtzahl von 212 Personen zwanzig junge Menschen ausmachte. Am 9. Mai 1909 erscheint im *Tambower Boten* ein Bericht, der nochmals offiziell die tadellose Führung der Schule bestätigt. Rachmaninoff hatte ein öffentliches Statement abgegeben, ohne vorher bei der RMO die Genehmigung für ein Pressegespräch einzuholen. Der Gouverneur von Tambow reagiert dementsprechend wütend und bombardiert die Russische Musikgesellschaft in Petersburg mit bösen Briefen, aber letztlich ohne Erfolg. Man schenkt dem Fachmann doch mehr Vertrauen. Der Gouverneur rächt sich auf seine Weise, indem er anläßlich eines späteren Künstlergastspiels in Tambow kurzweg eine Rachmaninoff-Arie aus dem Programm streichen läßt. Auch die Musikschule von Kiew verdankt Rachmaninoff sehr viel. Nach unzähligen Petitionen und Eingaben erreicht die Institution endlich im Jahre 1909, daß sie in den Rang eines Konservatoriums erhoben wird.

Immer wieder hatte Rachmaninoff auf das hervorragende Niveau der Schule hingewiesen und die Bestrebungen der Kiewer maßgeblich und an entscheidender Stelle unterstützt. Die Gründe der Ablehnung waren bisher rein politischer Natur, denn die Ukraine wurde wegen ihrer separatistischen Tendenzen seit jeher vom Zaren mit Argwohn beobachtet, und jedes administrative Änderungsbegehren stieß grundsätzlich erst einmal auf Widerstand.

Im Juni schreibt Rachmaninoff – immer noch unsicher ob der geplanten Amerikatournee – erneut an seine amerikanischen Vertragspartner. Da sein bisheriger Interessensvertreter unerwartet verstorben war, retourniert er den Vertrag an die Erben, mit der Bitte, ihn entweder zu bestätigen oder andernfalls zu vernichten. Aber das Unerwartete geschieht: Die Amerikaner senden den Vertrag unterzeichnet zurück und hinterlegen in einer New Yorker Bank 2500 Dollar als Garantie für die letzten fünf Konzerte der Tournee. Damit ist die erste Amerikatournee Rachmaninoffs für die Saison 1909/10 definitiv vertraglich abgeschlossen.

Für die jetzt folgenden Sommermonate zieht sich Rachmaninoff wieder in seine Kompositionswerkstatt zurück. Es ist die Entstehungszeit seines 3. Klavierkonzerts.

Am 8. August 1909 eröffnet der »Kaiserlich« Russische Musikverlag – so wie ihn Rachmaninoff scherzhaft-ironisch nennt – sein Moskauer Notengeschäft mit Stehempfang und Champagner. Geschäftsführer ist Fjodor I. Grischin, vormals Hauptverkäufer bei Jürgensohn. Auch ihn hatte Rachmaninoff diplomatisch für die guten Zwecke des neuen Hauses abgeworben.

Im Oktober 1909 tritt Rachmaninoff schweren Herzens und voll Ungewißheit der zu erwartenden Überraschungen seine erste Konzertreise nach Amerika an. Der Vertrag garantiert ihm 20 Auftritte als Pianist und als Dirigent. Mit dem Bostoner Sinfonieorchester unter Max Fiedler sind ebenfalls mehrere Konzerte terminiert. Noch auf der Überfahrt trainiert Rachmaninoff mit Hilfe einer stummen Klaviatur etliche Passagen seines neuen Klavierkonzerts, das er eben erst fertiggestellt hatte. Als erster begrüßt ihn auf dem neuen Kontinent der Moskauer Modest Altschuler. Er war noch vor Safonow nach Amerika ausgewandert. Rachmaninoffs Debüt – nach amerikanischem Muster ein Testkonzert in der Provinz – ist für den 4. November in Northampton angesetzt.

Weitere Tourneestädte sind Philadelphia, Baltimore, New York, Boston, Toronto, Chicago, Pittsburgh, Cincinatti, Buffalo. Die Amerikaner empfangen den Russen durchaus nicht mit offenen

Armen. Verwöhnt durch alljährliche Tourneen erstklassiger Künstler sind die Erwartungen entsprechend hoch und die Kritik ungeschminkt direkt. Nach dem Recital in Northampton spielt Rachmaninoff am 8. November in Philadelphia sein 2. Klavierkonzert mit den Bostoner Sinfonikern unter Fiedler. Es folgen Baltimore und erstmals am 13. November New York.

Richard Aldrich, der Kritiker der *New York Times*, schreibt: »Mr. Rachmaninoff ist vielleicht einer der bekanntesten Pianisten, einer der jüngsten aus der modernen russischen Komponistenschule, obwohl er jetzt in Dresden lebt. Sein 2. Klavierkonzert ist in den letzten wenigen Jahren in einer Anzahl von Konzerten aufgeführt worden, die in keinem Verhältnis zu seinem inneren Wert steht. Er ist ein Pianist von hoch entwickelter Technik ... und er hat weitreichende Ausdrucksmöglichkeiten auf dem Instrument, obwohl ein schöner und facettenreicher Ton nicht erkennbar ist.« Bereits der Rezensent der ersten Aufführung in Philadelphia hatte zum 2. Klavierkonzert wenig freundlich bemerkt: ›Das Konzert ist von ungleichem Wert. Der erste Satz ist schwerfällig und hat wenig auffallenden Charakter. Es könnte von irgendeinem Deutschen geschrieben sein, der – technisch gut trainiert – die Musik von Tschaikowski kennengelernt hatte.‹«

Als Rachmaninoff am 20. November in New York schließlich ein Recital eigener Werke gibt, sieht sich der Kritiker der *New York Times* hilflos Rachmaninoffscher Melancholie ausgeliefert: »Durch alle seine Musik wanderte eine klagende russische Note. Tatsächlich wurden viele Hörer gegen Ende des Programms von dem Gefühl gepackt, sie wären Gefangene auf dem Weg nach Sibirien.«[40]

Solcherart schon vorbelastet, führt Rachmaninoff am 28. November erstmals – gleichsam als Welturaufführung – sein neues, 3. Klavierkonzert im Neuen Theater von New York unter Leitung des Dirigenten Walter Damrosch auf. Eine Wiederholung des Konzerts findet zwei Tage später, am 30. November statt. Die Kritik akzeptiert es als »annehmbare Musik«, aber keine denkwürdige Verkündigung. Ein Rezensent der New Yorker *Sun* schreibt: »Das Konzert war zu lang, und ihm fehlte rhythmischer und harmonischer Kontrast zwischen dem 1. Satz und dem Rest des Konzerts. Das Eingangsthema in d-moll ist mit Melancholie gefärbt, von einer Art, die für die späteren Jahre einer beträchtlichen Menge russischer Musik typisch ist. Dies ist die Melancholie der Untätigkeit, von der die Resignation oder Unterwerfung oder auch das Mißtrauen der eigenen Kraft gegenüber herstammen mag. Sie erhebt sich nicht wie bei Tschaikowski auf den Gipfel der brandenden Leidenschaft oder hohen Tragödie. Rußlands gegenwärtige Komponisten sind bis jetzt damit belastet worden, daß sie unter dem Druck wiederkehrender Perioden der politischen und sozialen Unruhe versagten. Rachmaninoff ist unter den jüngeren Komponisten als derjenige erachtet worden, der nach Glasunow für das Ausland am ehesten nationale Idee und Ausdruck verkörpert. In diesem Konzert kommt das nicht zum Ausdruck, es sei denn, die Außenwelt befindet sich im Irrtum über Rußland. Das neue Konzert mag denn als rein persönliche Äußerung des Komponisten genommen werden. Es hat zuweilen den Charakter eines Impromptus, so natürlich und formlos ist sein Redefluß, wobei es allerdings auch zur Wiederholung tendiert.«[41]

Am 16. Januar 1910 spielt Rachmaninoff sein 3. Klavierkonzert wiederum in New York, aber diesmal mit den New Yorker Philharmonikern unter Leitung Gustav Mahlers, der Safonows Nachfolge in der Orchesterleitung angetreten hatte. Rachmaninoff ist von Mahlers Arbeitsenergie und seinem Willen zur Präzision begeistert. »Er bewegte sofort mein Komponistenherz«, erinnert sich Rachmaninoff, »da er sich meinem Konzert widmete, bis die Begleitung, welche ziemlich kompliziert ist, bis zur Perfektion geübt war, obwohl er bereits eine andere lange Probe durchlaufen hatte. Für Mahler war jedes Detail der Partitur wichtig – eine Einstellung, die unglückseligerweise unter Dirigenten selten ist.«[42]

Die Kritik nimmt das Konzert jetzt wesentlich freundlicher auf. Nur »ein verständiges Kürzen würde der langen Lebensdauer des Werkes durchaus zugute kommen«, schränkt die New York *Daily Tribune* vom 17.1.1910 ein.

Der 27. Januar ist Rachmaninoffs letzter Konzerttermin. Er dirigiert in New York die Russische Sinfonische Gesellschaft und spielt selbst unter Leitung Modest Altschulers noch einmal sein 2. Klavierkonzert. Für sein letztes Dirigat war die »Toteninsel« ausgewählt worden. Richard Aldrich zieht eine kritische Bilanz:

»Russische Musik ist im allgemeinen, und Rachmaninoffs Musik im besonderen mit einer Melancholie belastet, die in ihrer Beständigkeit rassisch bedingt zu sein scheint. Es ist nur allzu natürlich, daß sich dieser Komponist mit einer Art schauerlichen Vergnügens einem so kongenialen Sujet (wie der ›Toteninsel‹) inspirativ zuwendet. Der melodische Umriß ist kaum erkennbar, und es gibt weder seltene harmonische Kombinationen noch interessante Instrumentaleffekte. Es war vermutlich die Absicht des Komponisten, zu zeigen, daß der Tod ebenso leer wie das Leben ist. Unter der Inspiration des Dirigentenstabs des Komponisten entwickelte das Orchester Qualitäten in Klang und Präzision, welche es bislang wenig gezeigt hatte.«[43]

Überraschenderweise sind es in der 1. Amerikatournee vor allem die kapellmeisterlichen Qualitäten, die Rachmaninoff zu echtem Ansehen verhelfen. Immerhin bieten ihm die Bostoner Sinfoniker noch vor der Abreise den Posten des Chefdirigenten als Nachfolger Fiedlers an. Aber Rachmaninoff lehnt alle Angebote und Einladungen für das kommende Jahr zunächst einmal kategorisch ab. Er ist völlig erschöpft und benommen vom harten amerikanischen Konzertgeschäft, das so gar nichts vom russisch-bürokratischen Laissez-faire an sich hat.

Kurz nach seiner Ankunft in der Heimat gibt er einer Moskauer Fachzeitschrift folgendes Interview: »Amerika war eine Anstrengung. Stellen Sie sich vor, für drei ganze Monate fast jeden Tag ein Konzert zu geben. Ich spielte nur meine eigenen Werke. Der Erfolg war groß. Sie zwangen mich bis zu sieben Zugaben, was ziemlich viel für diese Zuhörerschaft ist. Die Zuhörer sind erstaunlich kühl, verdorben durch die Tourneen erstklassiger Künstler, und immer nach Novitäten Ausschau haltend, nach etwas, was sie nie zuvor gehört hatten. Lokalzeitungen sind verpflichtet, die Anzahl der Vorhänge zu zählen, und die Öffentlichkeit betrachtet dies als Maßstab Ihres Talentes.«[44]

Mit dem 3. Klavierkonzert präsentiert Rachmaninoff ein pianistisches Bravourstück, das an Kraft und Ausdrucksvielfalt das 2. Klavierkonzert noch übertrifft. Aus einer schlichten Anfangsmelodie in d-moll erwächst allmählich ein Klangkörper, der im letzten

Satz gewaltige Ausmaße annimmt. Rachmaninoffs Variantenmöglichkeiten in Melodik und Rhythmik scheinen unbegrenzt, seine harmonischen Ressourcen schaffen selbst dort noch Raum, wo man fast die Grenzen zu erreichen wähnt. Das Konzert ist ein Musterbeispiel für die zyklische Form. Wenige Grundformeln liefern reiches Material für die Ausgestaltung von drei kompakten Sätzen.

Das Hauptthema des 1. Satzes hat zu einigen Spekulationen Anlaß gegeben. So verwies der russisch-amerikanische Musikwissenschaftler Joseph Yasser auf die verblüffende Ähnlichkeit mit einem alten orthodoxen Kiewer Kirchengesang. Rachmaninoff – von ihm darauf angesprochen – verneinte eine direkte Ableitung seines Themas von dieser Kirchenweise: »1. Das erste Thema meines 3. Konzerts ist weder Volksliedformen noch kirchlichen Quellen entliehen. Es ›schrieb sich einfach selbst‹! Sie werden das sicherlich auf das ›Unbewußte‹ beziehen. Wenn ich irgendeinen Plan beim Komponieren dieses Themas hatte, dann dachte ich nur an Klang. Ich wollte die Melodie am Klavier ›singen‹, so wie ein Sänger sie singen würde, und eine passende Orchesterbegleitung finden, oder vielmehr eine, die diesen Gesang nicht dämpfen würde. Das ist alles! 2. Und so wollte ich diesem Thema weder einen Volkslied- noch einen liturgischen Charakter verleihen. Wäre es so gewesen, hätte ich zweifellos ›bewußt‹ den Modus beibehalten, nicht das Cis zugelassen, sondern durchgehend das C gehalten. Gleichzeitig bin ich mir bewußt, daß dieses Thema unwillkürlich einen volkstümlichen oder rituellen Charakter übernommen hat. Ich habe einen solchen möglichen Einfluß oben erwähnt ... und schließlich 3. Ich kann mich nicht an irgendwelche Varianten erinnern, die meine Zweifel bei der Auswahl der melodischen Wendungen dieses Themas belegen würden. Wie ich sagte: das Thema ›schrieb sich selbst‹, leicht und einfach! Das schließt die Möglichkeit einer ›Entstehungsgeschichte‹ für das Thema aus. Sprachen Sie nicht selbst von dem ›Unbewußten‹?«[45]

Die Gegenüberstellung beider Themen zeigt in der Tat deutliche Parallelen. Für die Darstellung der Kirchenweise wählte Yasser offensichtlich eine Fassung aus dem 19. Jahrhundert. Denn die ursprünglich modalen Wendungen sind hier bereits harmonisch »geglättet«, so wie es dem offiziellen Kirchenstil der Zeit entsprach.

Für das Verständnis des Werkes ist letztendlich nicht von primärer Bedeutung, ob Rachmaninoff nun bewußt oder unbewußt in liturgischen Wendungen schreibt – denn seine Vorliebe für Stufenmelodik und Sekundumspielungen ist hinreichend bekannt – bemerkenswert ist vielmehr, daß gerade zu dieser Zeit in Rußland ein großes Interesse an archaischen, liturgischen Weisen erwacht. Die intensive Beschäftigung mit der orthodoxen Kirchenmusik ist Ausdruck einer breiten Reformbewegung, die das reiche Liedgut vom falschen Putz der italienischen Oper und deutschen Harmonisierung freizulegen sucht.

3. Klavierkonzert / Hauptthema 1. Satz

Am Moskauer Konservatorium bildet sich um die renommierten Kirchenmusiker und Historiker Stepan Smolenski und Alexander Kastalski eine Forschungsgruppe, deren Aktivitäten stark auf das Schaffen der Moskauer Komponisten ausstrahlen. Die Préludes op. 32 sind Rachmaninoffs Experimentierfeld für rauhe, kantige Intervallkombinationen, für sperrige Quart- und Quintparallelen der alten authentischen Kirchengesänge. Und die beiden liturgischen Kompositionen der Jahre 1910 und 1915 dokumentieren abschließend im großen Stil die fruchtbare Auseinandersetzung Rachmaninoffs mit orthodoxer Kirchenmusik.

Mit dem Hinweis auf das russisch-orientalische, speziell kaukasische Element liefert Yasser einen weiteren interessanten Beitrag zur Analyse der Rachmaninoffschen Melodik im 3. Klavierkonzert. Er nimmt als Beispiel eine Orchestervariante des Hauptthemas im Anschluß an die große Klavierkadenz, in der die absteigende Melodielinie chromatische Windungen umschreibt. Diese Melodieführung ist äußerst häufig bei Rachmaninoff anzutreffen. Sie gehört zu den charakteristischen Zeichen seiner Handschrift.

Neben den typisch Rachmaninoffschen Melodien, seiner in Septimen-, Nonenakkorden und übermäßigen Dreiklängen schwelgenden Harmonik und einer ungeheuren eruptiven Spannung birgt auch dieses Konzert Vorboten der sowjetischen Sinfonik. Die Fanfarenklänge des letzten Satzes erhalten durch die Kombination massiver Klavierakkorde mit den Blechbläsern plötzlich einen strahlend-aggressiven Schostakowitsch-Akzent.

Zum strahlenden Höhepunkt des Konzerts bestimmt Rachmaninoff den Schlußabsatz »Vivacissimo«. Die einleitende Klavierkadenz ist vielleicht die einzige Stelle des Konzerts, die ein wenig konventionell und schablonenhaft anmutet, da sie allzu bekannte Vorbilder hat. Dies ist um so bedauerlicher, als alle übrigen Passagen außerordentlich erfindungsreich und originär gesetzt sind, ein filigranartiges Netzwerk, in dem es keine Schlinge gibt, die nicht wesentlicher Bestandteil des Ganzen wäre.

Die demonstrative Siegeshymne des Schlußsatzes ist eine Synthese aus den Seitenthemen des 1. und des 3. Satzes. Sie beschreibt ein letztes Mal – fortissimo, molto marcato und hochdramatisch – den verschlungenen Weg Rachmaninoffscher Melodik. Das aus einer schlichten d-moll-Melodie entwickelte Konzert gipfelt im Klangrausch strahlender Dur-Akkorde. Per aspera ad astra.

Am 4. April 1910 erlebt das 3. Klavierkonzert in Moskau seine russische Erstaufführung. Aber auch in der Heimat sind die Meinungen geteilt. Während die *Moskauer* – und die *Russischen Nachrichten* einen bedeutsamen Inhalt loben, wenngleich mit der Einschränkung, daß Rachmaninoffs Inspiration nicht nach der Entdeckung neuer Pfade trachtet, erteilt der Rezensent des *Der Morgen Rußlands* Rachmaninoff eine schroffe Abfuhr. G. A. Krejn, der zur Gruppe der russischen Modernisten zählt, findet »nichts außer farblosen Themen mit monotonem Umherschweifen pianistischer Passagen, die auf wenig origineller Harmonik beruhen«.[46] Kaschkin im *Russischen Wort* bezieht eine Zwischenposition. Er hält das 3. Klavierkonzert zwar für weniger bemerkenswert als das 2., aber er lobt zumindest die dominierende Rolle des Klavierparts.

Rachmaninoff nimmt im Frühjahr den Posten des ständigen Dirigenten bei der Moskauer Philharmonischen Gesellschaft an. Damit unterstreicht er seinen Entschluß, sich jetzt fest in Moskau niederzulassen. Pro Auftritt erhält er vertraglich 3000 Rubel. Direktoren der Philharmonie sind der Verleger Gutheil und der Moskauer Kritiker Semjon Kruglikow. Letzterer hatte sich schon einmal für den jungen Rachmaninoff verwendet, als es seinerzeit um die Besetzung der zweiten Dirigentenstelle an der Mamontow-Oper ging. Zunächst dirigiert Rachmaninoff überwiegend russische Werke, bald aber erweitert er sein Repertoire um Kompositionen von Mozart, Beethoven, Wagner, Liszt und Richard Strauss.

In diese Zeit fällt der Beginn einer kleinen Episode, die sich mit pünktlicher Regelmäßigkeit bis in die letzten Tage vor Rachmaninoffs Emigration im Jahre 1917 wiederholt: Fast als ob seiner Vita bisher der sentimentale Anstrich fehlte, erhält der ahnungslose Künstler zu jedem Auftritt ein Blumenpräsent aus weißem Flieder. Das Blumengebinde – eine Anspielung auf die Romanze »Flieder« aus op. 21 – verfolgt ihn in den eigenwilligsten Arrangements bis in den kleinsten Tourneeort. Erst im Jahre 1918 entdeckt Rachmaninoffs Schwägerin den anonymen Absender. Es war eine Dame der gehobenen Gesellschaft, die sich für viele Jahre eine kostspielige Kaprice leistete.

Der Dirigent und Pianist als Moskauer Idol

1910–1914

Im Sommer 1910 überschreiben die Satins das Familiengut Iwanowka de jure ihren drei Kindern auf Leibrentenbasis. De facto führt jetzt Rachmaninoff gemeinsam mit seinem Schwager Wladimir Satin die laufenden Geschäfte des Gutes. Väterlicherseits vorbelastet, widmet sich Rachmaninoff dabei mit besonderem Interesse der Pferdezucht, während der Schwager den landwirtschaftlichen Anbau überwacht. Im ersten Jahr der Übernahme kann Rachmaninoff über die Ertragslage des Gutes kaum Positives berichten. »Die Ernte läuft bei uns sehr, sehr schlecht. Regen, nochmals Regen und Stürme«, schreibt er Morosow. »Das Einbringen der Ernte ist sehr teuer, aber die Preise fürs Brot liegen sehr niedrig.«[1] Ein weiterer Grund für die schlechte Wirtschaftslage ist natürlich auch im unzureichenden Bestand an landwirtschaftlichen Maschinen zu sehen, der für viele russische Güter dieser Zeit symptomatisch ist. Der russische Großgrundbesitzer vertraute immer noch auf die billigen Arbeitskräfte und versäumte dabei zum eigenen Nachteil die Anbindung an den technischen Fortschritt der Zeit. So muß Rachmaninoff im Laufe der Jahre noch erhebliche Investitionen leisten, um die rückständige Wirtschaftsführung der Satins auszugleichen. Ein Großteil seiner Gagen fließt in das Familiengut. Dennoch bleibt es immer ein defizitäres Unternehmen.

Inmitten der prosaischen, landwirtschaftlichen Arbeiten auf Iwanowka komponiert Rachmaninoff sein erstes großes religiöses Werk, die »Liturgie des Heiligen Johannes Chrysostomus« für vierstimmigen Chor op. 31. Fast parallel dazu entstehen auch die 13 Préludes op. 32.

Am 31. Juli teilt er Morosow mit: »Du fragst mich, was ich geschrieben habe ... Ich arbeite ziemlich viel, eigentlich sogar sehr viel, aber beendet habe ich – recht wenig, oder eigentlich sehr wenig. Ich stellte nur eine Liturgie fertig – zu Deiner großen Überraschung vermutlich. An eine Liturgie habe ich seit langem gedacht, und schon lange fühlte ich mich zu ihr hingezogen. Irgendwie setzte ich mich zufällig an die Arbeit und war sofort begeistert. Und dann wurde ich auch sehr schnell fertig. Lange schrieb ich nichts – seit ›Monna Vanna‹ – mit solchem Vergnügen. Das ist alles …

Aber schlechter als alles andere geht die Sache mit den kleinen Klavierstücken. Ich mag diese Beschäftigung überhaupt nicht, und sie fällt mir schwer. Keine Schönheit, keine Freude.«[2]

Rachmaninoffs Vorbild für die »Liturgie« ist Tschaikowskis »Liturgie« op. 41 aus dem Jahre 1878. In einem Brief an Nadjeshda von Meck hatte sich Tschaikowski seinerzeit über das Monopol der Kirche beklagt, die das alleinige Recht für die Herstellung liturgischer Musik beanspruchte. Da Tschaikowski unbedingt, auch notfalls gegen den Willen der Heiligen Synode die populäre Liturgie des Heiligen Chrysostomus vertonen wollte, vereinbarte er mit seinem Verleger Jürgensohn, die »Liturgie« im Ausland zu publizieren. Da das Werk sofort nach Fertigstellung im Inland verboten wurde, entschloß sich Jürgensohn zur Klage gegen die Synode. Jürgensohn gewann den Prozeß am St. Petersburger Bezirksgericht und beförderte damit Tschaikowskis »Liturgie« in den Rang der ersten freien, religiösen Komposition in Rußland. Am 30. Dezember 1880 wurde Tschaikowskis »Liturgie« in einem Konzert der RMO in Moskau erstaufgeführt. Die kirchliche Musikzensur setzte sie dennoch weiterhin auf ihren Index. Die »Liturgie« durfte nicht in Kirchen aufgeführt werden, und auch nach Tschaikowskis Ableben wurde sie nur am Todestag in einer der Kirchen des Alexander-Newski-Klosters gesungen. Dabei hatte Tschaikowski nicht einmal das musikalische Material der Kirchengesänge angetastet, geschweige denn revolutioniert. Er wählte für seine Gesänge ausschließlich Vorlagen aus dem Obychod, dem Ordinarium der Synodalen Kirchenbücher, die er nur wesentlich schlichter und rein diatonisch setzte. Die alten Melodien, die er sehr gern verwendet hätte, erschienen ihm in ihren Skalen so ungewöhnlich, daß er sie einfach nicht handhaben konnte. Im Jahre 1888 schrieb er noch, daß es in der Tat eines Messias bedurfte, der einen gänzlich neuen Weg beschreiten müßte. Der Schlüssel zur Lösung läge in der Rückkehr zum ehrwürdigen Altertum und zu den alten Gesängen in ihrer eigenen Harmonisation. Als Tschaikowski diese Gedanken zu Papier brachte, war die offiziell praktizierte, russische Kirchenmusik bereits hoffnungslos erstarrt und entseelt.

Über ihren Ursprung gibt es mehr Spekulationen als Fakten. Ein gemeinsamer byzantinisch-slawischer Ritus wird bis weit ins 16. Jahrhundert hinein vermutet. Erst gegen Ende des 16. Jahrhunderts bildeten sich allmählich griechische, serbische und bulgarische Varianten heraus. Die Melodien der »Kiewer Art« waren vereinfachte Neumengesänge. Der sogenannte *Znamennyj raspew*, der in Zeichen notierte Gesang, wurde erstmals im 17. Jahrhundert von dem Theoretiker Alexander Mezenez systematisiert. Dieser Kirchenmusiker verwendete ein russisches Alphabetsystem, allerdings unter strikter Ablehnung des westlichen Notenliniensystems.

Im Jahre 1772 veröffentlichte die Heilige Synode dann erstmals ein aus fünf Büchern bestehendes Kompendium der wichtigsten *Znamennyje Raspewy* (Kirchengesänge). Diese streng diatonischen Melodien waren untrennbar mit dem liturgischen Text verbunden, so daß auch der rhythmische Fluß entsprechend flexibel verlief. Der Sänger konnte Pausen und Ritardandi nach Belieben setzen. Ihrem Charakter nach waren diese Gesänge sehr eng dem russischen Volksgesang verbunden. Besonders der *Protjashnaja pesnja* (der gedehnte Gesang) unterschied sich kaum von seinen religiösen Varianten. Im mehrstimmigen Gesang, der russischen Polyphonie, strotzten diese Lieder vor harten Dissonanzen, wie parallelen Sekunden oder Quinten. Im Jahre 1846 wurde daher der offizielle Hofgesang auf Order der Heiligen Synode in St. Petersburg nochmals revidiert und zur gefälligen Handhabung mit deutschen Harmonisierungen versehen. Damit hatte man den ursprünglichen, alten slawischen Kirchengesang endgültig getilgt. Da auch der Komponistenkreis um Balakirew in St. Petersburg wenig Interesse an Kirchenmusik zeigte, war kaum auf eine Neubelebung der versunkenen Kulturgüter zu rechnen. Die ersten Reformationsbestrebungen rührten sich erst gegen Ende des 19. Jahrhunderts in der Moskauer Synodalschule. Fernab vom strengen Reglement der

Kaiserlichen Kapelle in St. Petersburg sammelte Stepan Smolenski – seit 1889 Professor für Kirchenmusik am Moskauer Konservatorium und Direktor der Moskauer Synodalschule – die begabtesten Kirchenmusikkomponisten um sich. 1888 edierte er eine Neuauflage der Mezenez-Sammlung, aber im westlichen Notenliniensystem notiert! Seine Schüler – unter ihnen auch Rachmaninoff und Skrjabin – motivierte er zugleich, die alten Gesänge aus den Neumen zu entziffern. Smolenski gründete einen Kirchenchor, der alsbald zu überregionalem Ansehen gelangte. Sein engster Mitarbeiter wurde der Tschaikowski-Schüler Alexander Kastalski, der systematisch Stilisierungen der alten Gesänge vornahm und sie mit melodischen Wendungen alter russischer Volkslieder kombinierte. Damit war die völlige Abkehr vom offiziellen Stil der St. Petersburger vollzogen. Kastalskis Hauptwerk »Grundlagen der Volkspolyphonie« wird zum Lehrbuch der Kirchenmusiker.

Offenkundig von Kastalski inspiriert, schreibt auch Alexander Gretschaninow eine Liturgie, die in ihrer radikalen Absage an religiöse Konventionen sogar noch Kastalski übertrifft. Gretschaninow scheut sich nicht, Instrumente in seine konzertante Partitur einzuarbeiten, obwohl er weiß, daß damit jede Aufführung in einer Kirche von vornherein ausgeschlossen ist.

Mit Kastalski tritt jetzt auch Rachmaninoff in Kontakt. Rat sucht er vordringlich in Fragen des Textes und der Besetzung des Chores. Aber Kastalski ist nicht mit allen Teilen der Rachmaninoffschen »Liturgie« einverstanden. Besonders mißfallen ihm die Partien, die zur Operndramatik tendieren und durch eine extensive Chromatik allzu weltliches Gedankengut in religiöse Abgeschiedenheit tragen. Rachmaninoff aber verharrt auf seiner Position. Er weicht keinen Deut von seinen harmonischen Vorstellungen ab.

Die »Liturgie« ist als geschlossenes Chororatorium konzipiert, ohne verfügbare Freiräume für religiöse Handlungen während des Gottesdienstes. Dadurch scheidet die Kirche als Aufführungsort von vornherein aus. Es bleibt die konzertante Aufführung im Saal.

Formal gliedert Rachmaninoff die »Liturgie« in zwei Teile mit jeweils zehn Gesängen. Während im ersten Teil die Gesänge von der zentralen Tonart B-Dur in die Dominanttonarten modulieren, bewegt sich der zweite Teil in die Subdominantregion. Die einzelnen Gesänge sind durch modulierende Übergangspartien miteinander verbunden. Auch thematische Reminiszenzen verstärken die innere Zusammengehörigkeit der Gesangsfolgen. Beispiele hierfür sind der 2. und 4. Gesang, sowie der 3. und 5. Gesang. Für Rachmaninoffs Klangfarbenkunst ist besonders der 16. Gesang beispielhaft, die Vokalisierung eines feiertäglichen Glockenläutens.

Rachmaninoff verwendet keine Originalmelodien aus dem *Znamennyj raspew,* sondern arbeitet ausschließlich mit melodisch-harmonischen Wendungen, die dem volkstümlich-religiösen Charakter nachempfunden sind und der ursprünglichen Einheit Volkslied – *Znamennyj raspew* recht nahe kommen.

Am 25. November 1910 findet die Erstaufführung der »Liturgie« in Moskau mit dem Chor der Synodalschule unter Leitung Nikolaj M. Danilins statt. Das Knabensolo in »Wir singen dein Lob o Herr« singt Serge Jaroff, der spätere Leiter der »Donkosaken«. Fast zur gleichen Zeit erlebt auch Skrjabins »Prometheus« unter Kussewitski seine Uraufführung. Während dieses Werk der Superproportionen für Riesenorchester, Orgel, Chor, Farbenklavier und Soloklavier eine Sensation hervorruft, wird die karge, unbegleitete, vierstimmige »Liturgie« Rachmaninoffs im altrussischen Stil von der Öffentlichkeit kaum wahrgenommen. Auch die kirchlichen Kreise Moskaus sind konsterniert. Rachmaninoffs »Liturgie« findet in den Gottesdienst keinen Eingang.

Die zur gleichen Zeit komponierten Préludes op. 32 verursachen Rachmaninoff – wie er selbst eingesteht – beträchtliche Mühen. Während die »Liturgie« ihm noch mit Leichtigkeit von der Feder fließt, werden die Préludes fast qualvolle Prüfsteine seiner Kreativität. Und kein Werk im näheren Umfeld wirkt derart zwiespältig – rigoros und larmoyant zugleich – wie diese Sammlung, die vordergründig eigentlich nur eine Ansammlung von Miniaturen zu sein scheint, die sich der Konzertpianist Rachmaninoff zur Erweiterung seines Repertoires schreibt.

Noch im Dezember 1941 äußert Rachmaninoff in einem Interview, daß ein kurzes Klavierstück zu schreiben, präzise und deutlich etwas zu sagen, das schwierigste Problem für einen schöpferischen Künstler sei.

Und doch verbirgt sich in den Préludes op. 32 einiges mehr als nur das publikumswirksame Salonstück. Denn neben den bekannten Rachmaninoffschen Techniken sind bemerkenswert neue Ideen enthalten. Zum rhythmischen oder melodischen Modell, der liturgischen Vorlage, dem lyrischen Gesang kommen jetzt noch die Technik des Ausblendens, das »Perdendo«, Bevorzugung der Diatonik, Rufintonationen und Martellato-Technik.

Einige der neuen Préludes führt Rachmaninoff erstmals am 5. Dezember 1911 in St. Petersburg und am 13. Dezember in Moskau auf. Er spielt sie in einem Recital mit ausschließlich eigenen Werken. Julij Engel übt recht scharfe Kritik an den neuen Klavierstücken: »Anstelle einer Seite, zwei Seiten – und manchmal auch einer halben Seite – wie gewöhnlich bei Chopin, wächst das Rachmaninoff-Prélude bis zu vier, sechs, sogar acht Seiten aus. Diesen Wachstum kann man nur dann freudig begrüßen, wenn er einem natürlichen Bestreben des musikalischen Gedankens entspringt, sich in möglichst großer Fülle darzustellen, wie z.B. im wunderschönen Marsch-Prélude g-moll op. 23. Aber wenn sich das thematische Embryo bis zu einer nicht angemessenen Wichtigkeit aufbläht – ein Embryo, das nur als knapper Entwurf von Interesse sein könnte, wie z.B. im langen h-moll-Prélude, dann wird es sowohl für das Stück selbst bedauerlich als auch für den Komponisten ...«[3]

Die Reaktion der Presse ist verständlich. Hatte sie gerade ihren Frieden mit dem 3. Klavierkonzert geschlossen, so brüskiert der Komponist sie jetzt mit diesen so gar nicht gefälligen Stücken.

Während eines Konzertaufenthalts in Wien interviewt ihn ein Korrespondent der Boulevardzeitung *Der Morgen Rußlands,* jener Zeitung, die erst kürzlich sein 3. Klavierkonzert so vernichtend rezensiert hatte. Befragt zu den jüngsten Skandalgeschichten am Moskauer Bolschoj-Theater, äußert sich Rachmaninoff freimütiger, als es seiner zurückhaltenden Art entspricht. Und der Korrespondent der Zeitschrift – seinerseits nicht zimperlich, wenn es darum geht, Fakten pressewirksam aufzubereiten – liefert den Lesern eine brisante Story. Er, Rachmaninoff, würde niemals ans Bolschoj zurückkehren, auch nicht für viel Geld. Schaljapin, der neue Opernregisseur, sei zänkisch und streitlustig und scheue sich nicht, gelegentlich auch mal die Faust zu gebrauchen. Es ginge hinter der Bühne wie im Wirtshaus zu. Schreien, Trinken und Fluchen im übelsten Jargon. Vielleicht sei Schaljapin als Streitsüchtiger genau der Richtige, vor dem sich alle in die Ecke verdrückten. In jedem Falle sei unter solchen Bedingungen keine konstruktive Arbeit möglich.

Als der Artikel am 3. November 1910 in *Der Morgen Rußlands* erscheint, sind die Moskauer und besonders der betroffene Personenkreis am Bolschoj entsetzt. Rachmaninoff – inzwischen nach Berlin weitergereist – mißt der Aufregung in der Heimat zunächst keine besondere Bedeutung bei. Zwar hält auch er den Artikel für reichlich übertrieben, konzediert aber der Presse gewisse journalistische Eigenmächtigkeiten. Erst als eine empörte Theaterdelegation den Direktor Teljakowski auffordert, Rachmaninoff im Ausland persönlich zur Rede zu stellen – was übrigens Teljakowski strikt ablehnt – entschließt sich Rachmaninoff zur Stellungnahme. Für die *Russischen Nachrichten* formuliert er einen Offenen Brief, der die strittigen Punkte entschärfen und den Aufruhr besänftigen soll. Er bedaure außerordentlich, schreibt Rachmaninoff, daß man offensichtlich die taktlosen Bemerkungen über Schaljapin und das Theater als seine wörtlichen Äußerungen aufgefaßt habe und ihm derart wenig Zurückhaltung zutraue. In einem Punkt allerdings halte er seine Kritik aufrecht: »Ich sagte, daß wir hinter der Bühne des Bolschoj-Theaters oft bedauerlichen Aufruhr haben. Es herrscht weder Ruhe noch das, was im Ausland so beeindruckt: Dort trägt jeder zum Nutzen der gemeinsamen Sache sein möglichst Bestes bei, und wenn man während der Aufführung sprechen muß, dann flüstert man, und wenn man laufen muß, dann geht man auf Zehenspitzen. In der Tat herrscht hinter der Bühne des Bolschoj-Theaters Unruhe. Und während ich dort dirigierte, verursachte mir die dortige Haltung beträchtliche Mühe. Ich sagte auch, Gerüchte gehört zu haben, daß seit Schaljapins Ernennung zum Regisseur … dort mehr Ruhe hinter der Bühne sei. Das ist alles, was ich gesagt habe.« Sergej Rachmaninoff am 8./21. November 1910[4]

Damit ist für ihn die Angelegenheit erledigt. Die Verstimmung in Moskau hält jedoch noch eine Weile an.

In der Saison 1910/11 entwickelt Rachmaninoff eine äußerst intensive Konzerttätigkeit. Zurückgekehrt nach Rußland, dirigiert er am 29. November anläßlich des 50jährigen Bestehens der Moskauer RMO ein Festkonzert mit Werken von Tanejew, Skrjabin und dem eigenen 3. Klavierkonzert. Am darauffolgenden Tag dirigiert er die 100. Jubiläumsveranstaltung der »Kersin-Konzerte«, die ausschließlich seinem Werk gewidmet ist. Es folgen weitere Auftritte in Moskau, Petersburg, Kiew, Odessa und Warschau, sowie ein Auslandsabstecher nach Holland. Neben seinen eigenen Kompositionen führt er Werke von Brahms, Glasunow und Tschaikowski auf.

Während dieser zeitaufwendigen und anstrengenden Konzerttätigkeit nimmt Rachmaninoff weiterhin korrekt seine Pflichten als Musikinspektor der RMO wahr. Im Dezember 1910 reist er auf Anordnung der RMO nach Saratow. Grund für die Reise ist ein Gesuch der dortigen Musikschule um Beförderung in den Rang eines Konservatoriums. Rachmaninoff befindet sich diesmal in einer recht mißlichen Lage. Denn das Niveau der Musikschule überzeugt ihn überhaupt nicht, und sein Gutachten fällt dementsprechend negativ aus. Er berichtet der Fürstin Sachsen-Altenburg:

»Eure Hoheit! Erst gestern kehrte ich nach Moskau zurück. Ich mußte nach Saratow noch in eigenen Angelegenheiten Kasan und Nishnij-Nowgorod aufsuchen. Von der Saratower Musikschule gewann ich keinen besonders günstigen Eindruck, und wenn ihr Gesuch nach einem Konservatorium Berücksichtigung gefunden hat – ich hörte, daß eine entsprechende Anweisung anscheinend schon die Duma durchlaufen hat – dann ist mein Gewissen nicht völlig ruhig und rein.

Als wichtigstes und fast einziges Argument dafür – im Text des Gesuches ist es auch vermerkt – dient ihr Gebäude, ein tatsächliches gutes! Aber ich erlaube mir auch jetzt die Bemerkung, daß dieses Argument wenig überzeugt. Und vielleicht noch die Persönlichkeit des Direktors als Verwaltungsleiter. Was die Persönlichkeit des Direktors als Lehrer angeht, und auch fast aller übrigen Lehrer, so machten sie auf mich einen recht starken, aber negativen Eindruck. Am 4. Januar fahre ich nach Petersburg, und mit Erlaubnis Eurer Hoheit teile ich dann meine Eindrücke ausführlicher mit. Mit tiefer

Hochachtung Eurer Hoheit. S. Rachmaninoff. 26. Dezember 1910.«[5]

Eine zusätzliche Anfrage der Fürstin Sachsen-Altenburg bei den Direktoren der Konservatorien in Moskau und Petersburg zeitigt dasselbe negative Urteil über die Saratower Musikschule. Glasunow und Ippolitow-Iwanow erklären übereinstimmend, daß bei Aufnahmeprüfungen die Bewerber aus Saratow stets durch erhebliche Ausbildungslücken auffielen.

Im Januar 1911 inspiziert Rachmaninoff die Musikschule von Rostow nördlich von Moskau. Direktor der dortigen Musikschule ist sein ehemaliger Kommilitone Nikolaj Avierino, den neun Jahre später die Wirren der Revolution in ein Athener Hotelorchester vertreiben.

Avierino erinnert sich recht deutlich an die Umstände der Musikschulinspektion: »Ich erwartete ungeduldig seine Ankunft, denn ich konnte es kaum erwarten, meinem alten Freund hier voller Stolz meine Errungenschaften vorzuzeigen. Wenn er Rostow besuchte, wohnte er gewöhnlich in meiner Wohnung, und wie gewöhnlich ging ich zum Zug, um ihn abzuholen. Aber zu meiner Überraschung sagte er mit, daß er nicht bei mir wohnen könne, denn er wäre in der Funktion eines Inspektors gekommen – es schiene ihm nicht angemessen, bei dem Direktor zu wohnen, dessen Schule er inspizieren würde ...

Am folgenden Morgen kam er zum Konservatorium zur Inspektion. Allgemeine Aufregung im Büro unter Lehrern und Studenten. Die Inspektion begann: Sergej Wassiljewitsch war sehr gewissenhaft. Er prüfte die Buchhaltung und brachte unsere Buchhalterin mit Fragen nach verschiedenen Posten in schreckliche Verlegenheit. Dann, nachdem er das gesamte Inventar überprüft hatte, besuchte er die Klassen. Manchmal blieb er im Klassenraum des Lehrers für eine halbe Stunde, und seine Gegenwart nervte Lehrer und Studenten beträchtlich. Schließlich am dritten Tag endete sein Aufenthalt mit einem Konzert der Studenten, mit Chor und Orchester unter meiner Leitung ... Es verlief sehr gut. Am Ende des Programms kam Rachmaninoff auf das Podium, streckte seine Hände aus und sagte ziemlich laut, was für ihn ungewöhnlich war: ›Ich danke dir, Nikolaj Konstantinowitsch, alles, was ich hier gesehen und gehört habe, auch hinsichtlich der Ordnung und Disziplin, überstieg alle meine Erwartungen!‹ Ich war im siebenten Himmel. Als danach Rachmaninoff und ich allein waren, erzählte er mir, ›weißt du – ich hatte Angst, deine Schule zu inspizieren. Es ist schwer, einen alten Freund zu überprüfen, und ich war mir deiner nicht sicher. Ich überlegte, was für ein Direktor kann Avierino sein? Gott weiß, was dort vor sich geht! Ich dachte schon ernsthaft daran, daß es vielleicht besser gewesen wäre, überhaupt nicht nach Rostow zu fahren.‹«[6]

Das politische Klima in Moskau um 1911 zeigt gegenüber den Vorjahren keine wesentlichen Veränderungen. Hatten schon die ersten beiden Dumen, die Volksvertretungen, kaum Bürger in ihren Reihen, so sieht das Bild der sozialen Schichtungen auch jetzt nicht anders aus. Von fünfhundert Abgeordneten der 1. Duma gehörten zwei dem Unternehmertum an und vierundzwanzig der Kaufmannschaft. Auch zum gegenwärtigen Zeitpunkt ist das Bürgertum immer noch nicht in der Lage, eine starke Interessenvertretung zu organisieren. Im Januar 1911 relegiert das Volksbildungsministerium eine Anzahl von Studenten und stattet die Polizei auf dem Gelände der Moskauer Universität mit Sondervollmacht aus. Daraufhin richten im Februar mehr als sechzig prominente Vertreter der Moskauer Industrie- und Handelskreise einen Offenen Brief an die Regierung. Zwar bedauern auch sie die permanenten Studentenstreiks und die radikalen Ausschreitungen, aber sie betonen nachdrücklich, daß sie nicht die Maßnahmen akzeptierten, die jetzt von der Regierung ergriffen werden. Als im Herbst 1911 Ministerpräsident Stolypin auf mysteriöse Weise ermordet wird – wie sich später herausstellt, durch einen Doppelagenten der *Ochrana* (*ochrannoje otdelenije*, Sicherheitsabteilung des Polizeidepartements im Innenministerium zur Überwachung politischer Aktivitäten) – nimmt der Zar das Attentat zum willkommenen Anlaß, die Stolypinschen »Agrarreformen« zu stoppen. Wirtschaft und Industrie, die sich von diesen Bodenreformen eine Beruhigung der innenpolitischen Lage erhofft hatten, richten jetzt noch schärfere Angriffe gegen die Regierung. Ein Höhepunkt ist auf dem Festbankett der Firma Konowalow und Söhne anläßlich des 100jährigen Bestehens der Firma im September 1911 erreicht. Einem Agentenbericht der

Ochrana zufolge hält Alexander Konowalow jr., der Vertreter der jungen Kaufmannschaft und präsumptive Dumakandidat für 1912, die Eröffnungsrede. Der engagierte Sprecher des Wirtschaftsliberalismus', der im übrigen zu den wenigen »verbürgten« Rachmaninoff-Schülern zählt, warnt eindringlich: Ohne bürgerliche Grundrechte, ohne Freiheit und Bildung ist in Rußland keinerlei wirtschaftliche Blüte möglich.

Die Jahre 1911–1914 sind in Rußland die »Jahre der Grenzüberschreitung in den Künsten«. Wo politische Opposition und aktive Kräfte in Bürgertum und Kaufmannschaft massiv an den Grundfesten des zaristischen Machtgebäudes rütteln, schwingen sich die Künste, beflügelt von Fantasie und Vision, über alle Grenzen überlebter Ideologien hinweg in einen Traumzustand künstlerischer Heilslehren. Kandinski schreibt seine Oper »Der gelbe Klang«. Der Maler Malewitsch, der Komponist Matjuschin und der futuristische Dichter Krutschonnych produzieren gemeinsam eine futuristische Oper mit dem Titel »Der Sieg über die Sonne«, und Skrjabin veröffentlicht im Russischen Musikverlag seine »Prometheischen Phantasien«.

Rachmaninoff wird von den Wogen dieser stürmischen Entwicklung kaum erfaßt. Ihn lassen die exaltierten Projekte und Experimente seiner schöpferischen Kollegen relativ unberührt. Bezeichnend dafür ist eine Episode, die Alexander Ossowski aus den Interna des Russischen Musikverlages schildert. Kurz vor Drucklegung 1911 lernt Rachmaninoff Skrjabins »Prometheus« kenne. Er erspäht die Partitur auf Kussewitskis Schreibtisch, der sie gerade für die Erstaufführung aufbereitet. »Sergej Wassiljewitsch setzte sich an den Flügel, um die Partitur vom Blatt zu lesen; Der berühmte erste Akkord des ›Prometheus‹ überraschte ihn, entzückte ihn sogar. Aber dann folgten beißende Anmerkungen, verständnisloses Achselzucken und Lächeln. ›Von welcher Farbe ist hier die Musik?‹ ironisierte S.W. anläßlich des ›tastiera per luce‹. ›Nicht die Musik, S.W., sondern die Atmosphäre hüllt den Hörer ein. Die Atmosphäre ist violett‹ – antwortete Skrjabin. ›Dieser Akkord wird nicht klingen, die Orchesterstimmen sind unlogisch verteilt‹ – wirft Rachmaninoff unterdessen ein. ›Aber ich muß ihn so setzen, damit er tatsächlich so klingt‹, pariert Skrjabin. Und Rachmaninoff fuhr fort, Kübel kalten Wassers auf den Kopf des Komponisten zu gießen. Skrjabin ertrug es nicht, schlug erzürnt die Partitur zu, brach das Spiel ab und bot denen, die Interesse hatten, an, abends zu ihm zu kommen, um das ›Poem des Feuers‹ zu hören, das er selbst mit einer eigens in seinem Zimmer installierten Farbklaviatur spielte.«[7]

Um Gerechtigkeit walten zu lassen, muß man allerdings ergänzen, daß sich auch Skrjabin herzlich wenig für Rachmaninoffs Musik interessiert. Er schätzt ihn zwar als Pianisten hoch ein, bemäkelt aber die Qualität seines Tones. »Obwohl er mit einem schönen Ton spielt, spielt er alles mit derselben lyrischen Qualität seiner eigenen Musik. In seinem Klang ist so viel Materialismus, so viel Fleisch ... fast eine Art gekochter Schinken.«[8]

Das aufgrund künstlerischer Divergenzen gespannte Verhältnis zwischen Skrjabin und Rachmaninoff wird alsbald von geschäftstüchtigen Konzertveranstaltern zum grundsätzlichen Konflikt hochstilisiert, obwohl beide Künstler privat nie Animositäten gegeneinander hegten. Rachmaninoff und Skrjabin werden zu Protagonisten von Konservativismus und Modernismus. Es dauert nicht lange, und Moskau spaltet sich in zwei feindliche Lager. Als der Armenier Konstantin S. Saradshew (alias Saradshjan), ein Dirigentenschüler von Arthur Nikisch und Veranstalter populärer Sommerkonzerte, in Moskau Frühwerke von Rachmaninoff und Skrjabin aufführt, schreibt der Modernist und Skrjabin-Anhänger Leonid Sabanejew: »Skrjabin und Rachmaninoff sind die zwei Sachwalter musikalischen Gedankenguts in der modernen russischen Musikwelt ... Es wäre höchst ungerecht, Rachmaninoff die gewaltige Begabung abzusprechen, wie dies einige, vorzugsweise Petersburger Kritiker tun.«[9] Gemeint ist offenkundig der Petersburger Kollege Wjatscheslaw Karatygin, der wesentlich schärfere Geschütze gegen Rachmaninoff auffährt: »Soll man sich ärgern oder freuen darüber, daß man sich ein überflüssiges Mal von den glühenden Sympathien des breiten Publikums für Rachmaninoffs Schaffen überzeugen mußte? Eigentlich gibt es keine Gründe, sich den einen oder den anderen Gefühlen hinzugeben. Man kann sich ärgern, wenn das Publikum vom Zigeunertum begeistert ist. Man kann sich freuen, wenn man bemerkt, daß im Publikum das

Interesse für Bach, Beethoven, Reger, Debussy, Skrjabin, Strawinsky wächst. Aber das Publikum, das Rachmaninoff Beifall klatscht, entdeckt dadurch weder die äußersten Niederungen, noch die äußersten Höhen des Geschmacks, zu denen herabzusinken oder sich zu erheben einzelne seiner Schichten in der Lage sind. Die Musik Rachmaninoffs entspricht sozusagen dem arithmetisch-durchschnittlichen Geschmack des breiten Publikums. Es vergöttert ihn, weil Rachmaninoff mit seiner Musik irgendwie den Punkt des durchschnittlichen musikalischen Spießergeschmacks traf ... Es ist bedauerlich, daß sich die außergewöhnliche musikalische Begabung Rachmaninoffs immer an einer gewissen Berührungslinie entlang der Kunst bewegt, nur ihre Sphäre streift, aber nie in ihr Innerstes vordringt.«[10]

Im Moskauer Parteienstreit zwischen den Modernisten um Alexander Krejn, Leonid Sabanejew, Wladimir Dershanowski und Konstantin Saradshew auf der einen Seite und den Konservativen um Tanejew, Nikolaj Kaschkin, Semjon Kruglikow und Jurij Sachnowski auf der anderen Seite – landet der Komponist Rachmaninoff bald im Abseits. Seine Musik – ehedem noch als dekadent goutiert – wird jetzt als Kunst von Gestern geschmäht. Die Apologeten der Moskauer Moderne veranstalten eigene »Abende zeitgenössischer Musik«, in denen sie linke, novatorische Werke aufführen und der vermeintlichen Volkstümlichkeit in den Werken Tschaikowskis, Kalinnikows und Rachmaninoffs den Kampf ansagen.

Vorbild sind die gleichnamigen Petersburger »Abende zeitgenössischer Musik«, die von dem Mediziner und Komponisten Iwan I. Kryshanowski, einem Rimski-Korsakow-Schüler, und dem Naturwissenschaftler und Komponisten Wjatscheslaw Karatygin ins Leben gerufen worden waren. Die Petersburger »Abende« kreieren Reger, Schönberg, Strauss und Wolf, sowie die Franzosen Debussy, Dukas, Fauré und d'Indy. Von den zeitgenössischen Russen führen sie Skrjabin, Strawinsky, Tscherepnin, Prokofjew, Mjaskowski, ein wenig Medtner und kaum Rachmaninoff auf. Unterstützt werden die Petersburger auch vom Kreis um Djaghilew: Alexander Benois und Konstantin Somow gestalten die Plakate und Programmhefte der Konzertreihen. Einer der Initiatoren der Moskauer »Abende«, der Journalist Dershanowski, publiziert als ideologisches Sprachrohr der Modernisten die Zeitschrift *Musyka.* Ablehnung jedes volkstümlichen Realismus' und Negation jeder nationalen Tradition bestimmen die Redaktionslinie. Chefredakteur Dershanowski hatte sich bereits im Jahre 1905 als Verleger versucht. Für seinen Notenverlag »Vorwärts«, der vorrangig Revolutionslieder in der Harmonisation renommierter Komponisten veröffentlichen sollte, hatte er immerhin Rimski-Korsakow, Glasunow und Ljadow gewinnen können. Aber das idealistisch motivierte Projekt wurde bald von der traurigen Realität der Verkaufslage eingeholt. Die Noten fanden keine Abnehmer, und das Unternehmen verschwand von der Bildfläche. In Dershanowskis neuem Publikationsorgan *Musyka* schreiben von 1911 bis 1914 regelmäßig der Komponist und Kritiker Mjaskowski und ab 1914 dann auch der Musikwissenschaftler Boris Asafjew.

Ein weiteres Zentrum modernistischer Musik in Moskau sind die »Musikalischen Ausstellungen«, organisiert von der ehemaligen Sopranistin des Bolschoj-Theaters, Maria A. Dejscha-Sionitskaja und dem Musiktheoretiker Boleslaw Jaworski. Zur Aufführung gelangen hier ebenfalls die neuesten Werke aus dem In- und Ausland. In der 13. »Ausstellung« am 21. Februar 1910 spielt erstmals Prokofjew aus seinen »Vier Etüden für Klavier« op. 2, die er ein Jahr zuvor fertiggestellt hatte.

Die Jahre um 1910 – oft als »Knotenpunkt« in der Kunst Rußlands bezeichnet, signalisieren eine hoch empfindsame, kritische Phase. Im Todesjahr der viel zu früh verstorbenen, bekannten Schauspielerin Kommissarshewskaja, des Malers Wrubel und des Dichters Tolstoi stürzt der alte kulturelle Überbau des Reiches zusammen. Die ohnehin vielen als überspannt geltenden Symbolisten zerstreiten und zersplittern sich in feindliche Gruppierungen wie Akmeisten, religiöse Spiritualisten, Egofuturisten und konservative Futuristen. Russische Tonschöpfer rüsten sich zum Frontalangriff auf die Diktatur von Dur und Moll. Arthur Lourié entwirft 12-Tonkomplexe in einer Miniatur für Klavier, Nikolaj Obuchow experimentiert mit 12-Tonreihen, und Skrjabin konstruiert in seinem »Acte préalable« reine 12-Ton-Akkorde.[11]

Einen stark germanophil geprägten und in seiner nationalengstirnigen Sicht auch gefährlichen Gegenakzent setzt der Philosoph und Schriftsteller Emil Medtner, ein Bruder des Komponisten Nikolaj Medtner. In seinem 1912 unter dem Pseudonym »Wolfing« veröffentlichten Sammelband »Modernismus und Musik« geißelt der Chefideologe des Medtner-Kreises – Kultvereinigung von Goethe- und Beethoven-Anhängern – die »Formlosigkeit« der Modernisten: »Man muß nicht germanophil sein, um die deutsche Musikhegemonie anzuerkennen. Was würde die Musik sein ohne die Reihe der Deutschen von Bach bis Wagner ... Die Abhängigkeit der ganzen Musik von der deutschen ist genau so groß wie die Abhängigkeit aller neuen Philosophie von Kant« – und »die 5. Sinfonie Beethovens ist das aristokratischste Werk aller musikalischen Literatur. Die Mehrzahl der Komponisten und Modernisten beziehen sich auf ihre verachteten ›Klassiker‹ wie ein Parvenü auf echte Aristokraten«.[12]

Merkwürdigerweise nimmt Medtner Alexander Skrjabin von dieser pauschalen Abqualifizierung aller Modernen aus. Ihm überreicht er sogar ein Exemplar seiner Streitschrift mit der Widmung: »Dem großen Künstler Alexander N. Skrjabin, mit Gefühlen der Liebe und Begeisterung und um jenen Höheren Willens, der uns Andersdenkende verbindet. Emil Medtner. Moskau 1912.«

Skrjabin ist für Medtner der Novator, der nur teilweise mit der Tradition bricht und eben nur auf einer neuen Stufe die alte klassische Harmonie zwischen Inhalt und Form aufrechterhält. Rachmaninoff hingegen erscheint ihm als Komponist weniger bedeutsam. Seine Verdienste liegen in der Einschätzung Medtners eher auf dem pianistischen Sektor. Daraus läßt sich auch leicht Rachmaninoffs reservierte Haltung gegenüber dem Medtner-Kreis erklären.

Es ist schon von schicksalhafter Bedeutung sowohl für Skrjabin als auch für Rachmaninoff, daß Sergej Kussewitski nach vier Jahren Auslandsaufenthalt wieder von Moskau Besitz ergreift. Skrjabin – 1910 von Kussewitski aus Lausanne nach Moskau zurückgerufen – erfährt durch die Protektion des dynamischen Dirigenten eine ungeahnte Förderung. Kussewitski proklamiert Skrjabin zum Genius von Rußland, finanziert seine phantastisch anmutenden Projekte und zahlt ihm eine jährliche Apanage in Höhe von 5000 Rubel. Für jeden solistischen Auftritt als Konzertpianist sind

Skrjabin zusätzliche 1000 Rubel garantiert. Der von Kussewitski verlangte Preis für die großzügige Förderung ist das exklusive Publikationsrecht aller Skrjabin-Werke.

Rachmaninoff gerät durch Kussewitskis dominierende Präsenz auf dem Veranstaltungssektor auch als Dirigent in harte Bedrängnis. Als Chef des Moskauer RMO-Orchesters macht Kussewitski ihm – dem Dirigenten der Moskauer Philharmonischen Konzerte – jetzt unzweideutig die Rechte eines Propagandisten russischer Komponisten und russischer Musik streitig. Kussewitski verkauft seine Konzerte spektakulärer und werbewirksamer als Rachmaninoff, indem er sie mit einem attraktiven Starkult würzt und diese Idee sogar noch im Verlagsbereich verfolgt, wo er mit unterschiedlichen Wert- und Preiskategorien operiert. Weiterhin gründet er im Jahre 1912 noch ein eigenes Orchester mit 85 Musikern, und er führt in seinen Konzerten immerhin als erster Studentenermäßigungen ein. Musikfestivals, die ausschließlich dem Werk eines Komponisten gewidmet sind, werden in Rußland erstmals von Kussewitski organisiert. 1912 ein Tschaikowski-Festival, 1913 ein Bach-Zyklus, 1915 ein Skrjabin-Festival. Populäre Sonntagskonzerte und die unerhört aufwendigen »Wolga-Konzertreisen« mit Orchester und Solisten in den Jahren 1910–1914 zeugen von Kussewitskis unermüdlichem Unternehmergeist und seiner Leidenschaft für Kunstmanagement in bisher unterentwickelten Kulturlandschaften des großen russischen Reiches.

Rachmaninoff ist begreiflicherweise über Kussewitskis steile Karriere wenig erfreut. Zudem bedrückt ihn die steigende Anerkennung seines Komponistenkollegen Skrjabin. Führt sie ihm doch allzu kraß die gegenwärtig spärliche, eigene Produktivität vor Augen. Aber er wehrt sich entschieden gegen die von Kussewitski künstlich hochgetriebene Rivalität zu Skrjabin. Demonstrativ engagiert er daher den alten Studienkollegen als Solisten für ein eigenes Konzert mit der Philharmonischen Gesellschaft. Das Verhältnis zwischen Rachmaninoff und Kussewitski hingegen kühlt zusehends ab. Als fast dreißig Jahre später der inzwischen zum Chef der Bostoner Sinfoniker avancierte Kussewitski den sowjetischen Komponisten Schostakowitsch als neuen Beethoven ankündigt, winkt Rachmaninoff nur noch widerwillig ab: »Es ist nicht zum erstenmal, daß er einen zweiten Beethoven entdeckt hat. Er tat das schon einmal. Mit Skrjabin.«[13]

Mit dem Abstand der Zeit muß Kussewitski jedoch bewundernd zugestanden werden, daß er über ein sehr ausgeprägtes Gespür für große Begabungen seiner Zeit verfügte. Sein Engagement für junge Komponisten in Rußland und später in den USA, sein persönlicher Einsatz für den Dirigentennachwuchs und für die Förderung neuer Musik ist beispielhaft. In vieler Hinsicht gleicht er dem dynamischen Djaghilew. Wenig Gemeinsames verbindet ihn hingegen mit Rachmaninoff, dem Verletzlichen, im Selbstwertgefühl Schwankenden, dem Sanguiniker, der sich mit regelmäßig wiederkehrenden Phasen lethargischer, schöpferischer Untätigkeit quält. Starke und egozentrische Persönlichkeiten wie Kussewitski oder Skrjabin erschrecken Rachmaninoff, treiben ihn in die Defensive. Alles deutet darauf hin, daß Rachmaninoff alsbald erneut die Flucht aus Moskau ergreifen wird.

Im Sommer 1911 komponiert Rachmaninoff auf Iwanowka die »Etudes tableaux« op. 33. Mit dem Titel »Bilder-Etüden« gestattet Rachmaninoff einen genaueren Einblick in das Sujet seiner neuen Sammlung. Die pianistische, hochvirtuose Studie ist motiviert durch bildhafte Impressionen. Vollends ausgeschöpft werden jetzt alle dynamischen und perkussiven Ressourcen des Klaviers. Rachmaninoff forciert extensiv die Register des Instrumentes, wobei er – in genauer Kenntnis der Klangmöglichkeiten des Klaviers – die tragenden Melodiestimmen in die Mittellage versetzt.

In ihrer tonalharmonischen Konzeption spiegeln die »Etudes tableaux op. 33« noch intensiver Rachmaninoffs fieberhaft suchenden Zustand. Die Sammlung scheint zerrissen zwischen traditioneller Konvention und vergrübeltem Experiment.

Während ein Teil der Etüden demonstrativ tonale und rhythmische Eindeutigkeit suggeriert, irritieren andere wiederum durch verbohrte Dissonanzen und Akzente. Und dennoch wagt es Rachmaninoff nicht, die Ungereimtheiten im Klangraum stehen zu lassen. Er resigniert und schließt in der notierten Grundtonart. Der radikale Sprung aus den bekannten Regionen in unbekannte Gefilde findet nicht statt. Auch die Etüde cis-moll bleibt nach Sabanejew nur ein »diatonisierter Skrjabin«. Für den formalen Aufbau der »Etudes tableaux« gibt es eine interessante Hypothese, wonach Rachmaninoff erstmals in ihnen das ästhetische Prinzip des »goldenen Schnitts« praktisch anwendet.[14] Dieses aus der Antike überlieferte und in der Renaissance wiederbelebte Formgesetz ist Gegenstand ausführlicher Untersuchungen und Vortragsreihen des russischen Theoretikers Emilij Rosenow, eines Mitglieds der Moskauer Musikwissenschaftlichen Gesellschaft.

Da Rachmaninoff seit jeher die Arbeiten des Musikwissenschaftlichen Instituts mit Interesse verfolgt und auch stets seine Publikationen im Russischen Musikverlag befürwortet, sind ihm mit Sicherheit Rosenows Theorien bekannt. Aber ähnlich wie Bela Bartok hüllt auch er sich diesbezüglich in Schweigen.[15]

Die kreative Auseinandersetzung mit der Kunsttheorie des »goldenen Schnitts« ist jedoch nur von episodenhafter Bedeutung. In den Werken nach 1911 sind kaum noch Spuren erkennbar.

Die Resonanz auf Rachmaninoffs neue Etüdensammlung ist nicht groß. In Moskau und St. Petersburg konzentriert man sich auf andere, spektakuläre Ereignisse nicht nur der inländischen, sondern auch der westeuropäischen Musikszene. Kaum vergessen sind Strawinskys Pariser Triumphe, die prachtvolle Inszenierung des »Feuervogels«, als Richard Strauss die Musikwelt mit der Dresdener Uraufführung des »Rosenkavaliers« aufhorchen läßt. Die Wiener Universaledition publiziert Arnold Schönbergs »Harmonielehre«, Strawinsky schreibt bereits sein nächstes Bühnenwerk »Petruschka«, und der junge Sergej Prokofjew präsentiert voller Stolz sein erstes Klavierkonzert.

In der Herbstsaison 1911 konzentriert sich Rachmaninoff auf die beträchtlich angewachsenen Konzertverpflichtungen. Er spielt im Oktober in London unter Willem Mengelberg das 3. Klavierkonzert, wofür er als Pianist und als Repräsentant der Liszt-Schule bei der Londoner *Times* großes Lob erntet. Und er unternimmt nach langer Zeit wieder eine Konzertreise durch die russische Provinz. Die Auftritte in Kiew, Charkow, Rostow am Don, Baku, Tiflis und Odessa werden von ausführlichen Vorankündigungen und hervorragenden Kritiken flankiert. Am 18. November 1911 spielt Rachmaninoff zum ersten Mal in Tiflis. Der Vorsitzende der Tifliser

Dependence der Russischen Musikgesellschaft – ein wohlhabender Kaufmann und aufrichtiger Bewunderer Rachmaninoffs – nutzt die Gelegenheit und überredet Rachmaninoff zum Verkauf seines Bechstein-Klavieres, das der Künstler auf jeder Konzertreise mit sich geführt hatte. Rachmaninoff willigt ein und überläßt dem Tifliser sein Instrument. Später geht das Klavier in den Besitz des Konservatoriums von Tiflis über. Nach weiteren Konzerten in Wilna und Riga spielt Rachmaninoff im Dezember 1911 ein Recital für die Studenten des Petersburger Konservatoriums. Das Auditorium ist überfüllt, und Glasunow, der die Begeisterung der Studenten für Rachmaninoffs mitreißendes Klavierspiel teilt, gibt zur Feier des Tages allen Dozenten und Schülern des Instituts unterrichtsfrei.

Es folgen mehrere Konzerte in Moskau, darunter auch der aufsehenerregende gemeinsame Auftritt mit Skrjabin als Solist des eigenen Klavierkonzerts. Rachmaninoff erweist sich hier als exzellenter Dirigent und Begleiter, zumal er Skrjabins hochgradige Nervosität und seine berüchtigten, unkalkulierbaren Tempobeschleunigungen durch eine geschickte Führung des Orchesters glänzend auffängt. Als Rachmaninoff am 18. Dezember unter Silotis Orchesterleitung Tschaikowskis b-moll-Klavierkonzert spielt, sind Publikum und Kritik gleichermaßen gespannt. Bisher hatte man Rachmaninoff fast ausschließlich nur mit eigenen Klavierwerken gehört.

Wie würde er das Konzert des großen Meisters spielen? Das Resultat übertrifft offensichtlich alle Erwartungen, denn die Moskauer Presse reagiert überraschend einmütig. Noch nie habe man das Tschaikowski-Konzert so ausdrucksstark und dennoch kontrolliert und sorgsam ausgefeilt gehört. Auch als Dirigent der Moskauer Philharmonischen Konzerte im Januar 1912 erhält Rachmaninoff ausnahmslos positive Kritiken. Der Korrespondent der *Russischen Musikzeitung,* G. Prokofjew resümiert: »Beim Publikum hat Rachmaninoff in all seinen Auftritten ungeheuren Erfolg. Er verwandelt sich wahrhaftig in einen Moskauer Halbgott.«[16]

Im Rahmen der Kersin-Konzerte spielt Rachmaninoff wiederum sein 2. Klavierkonzert, und im Februar dirigiert er einige Aufführungen der »Pique Dame« am Petersburger Mariinski-Theater. Die Presse spricht von einer »Generalreinigung« der Tschaikowski-

S. Rachmaninoff mit seinem Auto 1912

Oper: Rachmaninoff habe viele verborgene Nuancen freigelegt und dem Petersburger Publikum die »Pique Dame« erstmals als musikalische Tragödie vorgeführt. Als ausgesprochen ungewöhnlich konstatiert man jedoch, daß Rachmaninoff die Oper stehend dirigiert. Aber so ungewöhnlich sind diese Neuerungen nicht, wenn man Rachmaninoffs Leidenschaft für Perfektion berücksichtigt. Sein angeborener Hang zur Präzision in künstlerischen Dingen korrespondiert mit einem fast kindlichen Faible für die neuesten Errungenschaften der modernen Technik. Als gut verdienender Pianist und Dirigent kauft sich Rachmaninoff bereits im Jahre 1912 sein erstes Automobil bei der Moskauer Firma Krylow und Co. Über Iwanowka bricht damit eine technische Revolution herein.

Rachmaninoff steht auf dem Höhepunkt seiner Karriere als nachschöpfender Interpret. Aber er ist zugleich von bedrückenden Inferioritätsgefühlen als Komponist geplagt, zumal auch seine jüngsten Kompositionen kaum erwähnenswerte Resonanz finden. In dieser psychisch labilen Situation begegnet er einer jungen Intellektuellen, die ihn mit schwärmerischer Begeisterung zur Weiterführung der Kompositionstätigkeit motiviert. Die Schriftstellerin und Dichterin Marietta Schaginjan – eine gebürtige Armenierin, die später unter Stalin zu zweifelhaften Auszeichnungen gelangt – ist wohl außerhalb des abgeschirmten Familienkreises die einzige Vertraute Rachmaninoffs, die in den Jahren ihrer Bekanntschaft von 1912 bis 1917 einen prägenden Einfluß auf seine literarische Geschmacksbildung und auch die Wahl seiner Sujets ausübt. Als Tochter eines Moskauer Universitätsdozenten und Privatgelehrten studierte sie Philosophie und Literatur und entwickelte sich zur fanatischen Goethe-Anhängerin, die sogar eine Bildungsreise nach Weimar antrat. Zum Zeitpunkt ihrer Bekanntschaft mit Rachmaninoff publiziert sie schöngeistige Artikel über Kunst, Literatur und Musik, und sie bereitet die Herausgabe ihres ersten Gedichtbandes vor. Rachmaninoff wird auf sie aufmerksam durch einen phantasievollen Brief, den sie ihm anonym – signiert mit der musikalischen Note Re – anläßlich eines Konzertes nach Petersburg übermittelt.

Er ist gerührt von ihrer impulsiven Bewunderung seiner Musik und beeindruckt von der dichterischen Ausstrahlungskraft des Briefes. Seine spontane Antwort ist der Beginn eines kontinuierlichen, bewegten Briefwechsels und einer künstlerischen Freundschaft, die erst mit Rachmaninoffs Emigration im Jahre 1917 abbricht. Als Marietta Schaginjan im Jahre 1912 ihren ersten Brief an Rachmaninoff schreibt, übt er – wenn man ihren Erinnerungen Glauben schenkt – eine fast suggestive Faszination auf junge Menschen aus. »Rachmaninoff war ein großer Komponist, aber als Pianist war er der größte, und stärker, großartiger in der Kunst des Klavierspiels als ihn kennt unsere Epoche keinen Virtuosen. Sein Spiel war absolut, dämonisch. Saß er am Klavier, konnte er uns von allem überzeugen, davon zum Beispiel, daß sein es-moll-*Moment musical* nicht seinesgleichen kennt in der gesamten Musikliteratur – so stark, so kategorisch war seine Wirkung auf den Hörer.« Das 2. Klavierkonzert in der Interpretation des Komponisten mobilisiert gewaltige Emotionen, und es setzt Gefühle frei, die in ihren leidenschaftlichen Ausbrüchen symptomatisch für den Gemütszustand der sensiblen, entflammbaren Jugend Rußlands sind. »Die Zeit schien stehengeblieben zu sein, schien sich außerhalb der Geschichte bewegt zu haben«, schreibt die Schaginjan dreißig Jahre später, »sogar in der Luft, in der Stimmung der Menschen gab es

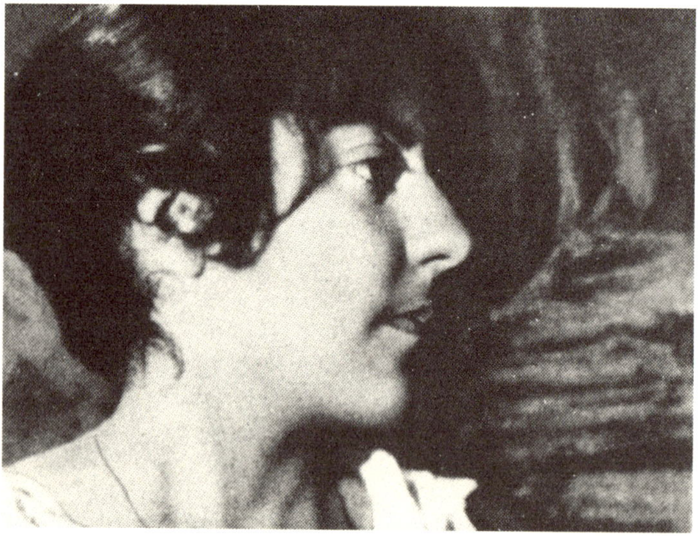

Die armenische Schriftstellerin und enge Vertraute des Künstlers, Marietta Schaginjan

eine Erwartung – das anscheinend leidenschaftliche Verlangen nach etwas, das geschehen sollte, um Rhythmus und Bewegung von Historie wieder begreifbar zu machen ... Die Künstler und Studenten wurden nervenschwach, litten an einer tiefen inneren Krise und suchten Hilfe und Aufklärung für ihre Probleme bei denen, die ebenso von Zweifel erfüllt und hilflos wie sie selbst waren.«[18]

In Moskauer Kreisen ist es bald kein Geheimnis mehr, daß Rachmaninoff in einer solchen Krise steckt. Die familiären Verpflichtungen und ein enormes Arbeitspensum rütteln an seinen Nerven. Sie fordern ihren Tribut. Im März bittet Rachmaninoff »Re« – so wie er die Schaginjan stets in den Briefen nennt – um Liedtexte im Original: »Es kann ein zeitgenössischer oder ein verstorbener Autor sein – egal – nur muß das Stück im Original sein, nicht übersetzt und nicht mehr als maximal 18 Zeilen. Und noch etwas: Die Stimmung sollte eher traurig als fröhlich sein. Helle Töne gelingen mir schlecht. Für die Erfüllung meiner Bitte werde ich Ihnen grenzenlos dankbar sein!«[19] Und er bekennt freimütig, daß er wieder an starken Depressionen leide, kein Vertrauen zu sich habe und wahrscheinlich im Spießbürgertum enden würde. Vielleicht sollte er die Komposition ganz aufgeben, Berufspianist werden, Dirigent, Landwirt oder Automobilist. Die Werte, die Marietta Schaginjan in ihm sehen würde, seien in Wahrheit Medtner zu eigen. Er sei der begabteste unter den zeitgenössischen Komponisten. Doch Marietta Schaginjan begegnet diesen düsteren Prophezeiungen mit einem energischen und aufmunternden Antwortschreiben und übersendet Rachmaninoff die gewünschten Gedichtsammlungen. Im Juni setzt sich der Meister wieder an die Arbeit. Es entstehen die 13 Lieder op. 34. Die berühmte »Vokalise« wird als Nr. 14 nachträglich in den Band aufgenommen. Fast die Hälfte der Textvorlagen entstammt den ausgewählten Sammlungen, die Rachmaninoff von der Schaginjan erhalten hatte. Mit Ausnahme der zwei zeitgenössischen Dichter Balmont und Korinfski finden vorzugsweise Repräsentanten der russischen Romantik Rachmaninoffs Interesse. »Mit allen Romanzen bin ich recht zufrieden und grenzenlos froh, daß sie mir leicht glückten, ohne große Leiden. Gebe Gott, daß ich auch weiterhin so arbeiten kann«, teilt er am 19. Juni erleichtert seiner Briefpartnerin mit.[20] Rachmaninoff bevorzugt im neuen Romanzenzyklus dunkle, dramatische Bilder und leidenschaftliche Poeme über Lebensphilosophie und Bedeutung der Kunst.

Die dem Zyklus später hinzugefügte »Vokalise« gehört zu den wohl bekanntesten lyrischen Melodien Rachmaninoffs im Stile des *Protjashnaja pesnja,* des gedehnten Gesanges. Ihre unzähligen Bearbeitungen unterstreichen dies eindrucksvoll. Mit wortlosen Vokalisen beschäftigen sich auch andere Komponisten. So schreibt der Pianist und Komponist Wladimir Rebikow ungefähr zur selben Zeit die expressionistischen »Melomimiques« für Stimme und Klavier, Nikolaj Medtner komponiert in den Jahren 1922 bis 1926 die »Sonata Vocalise« op. 41, 1 und die »Suite Vocalise« op. 41, 2, und Alexander Gretschaninow präsentiert im Jahre 1933 die »Polka Vocalise«. Der erste auf diesem Gebiet ist allerdings Igor Strawinsky, der bereits 1908 eine wortlose »Pastorale« komponiert, wenn man von Rachmaninoffs unselbständigen Chorvokalisen in »Francesca« absieht.

Der Romanzenzyklus op. 34 als neue Liedersammlung Rachmaninoffs bewegt sich nach wie vor in der russischen Tradition der klassischen Romanze. Auf der einen Seite verbreitert Rachmaninoff die Romanzen in Vokal-Poeme und expressive Klangbilder mit orchestralem Klaviersatz, auf der anderen Seite überraschen dann wieder kurze Aphorismen mit karger Klavierbegleitung. Bei aller expressiven Klanggestaltung fehlt dem Zyklus ein wenig die innere Ausgewogenheit. Aber Rachmaninoff demonstriert durchgehend, daß er auf dem Gebiet der Vokalmusik kompromißlos an der Priorität der Melodie festzuhalten gewillt ist. Er bekennt im Jahre 1919:

»Große Komponisten lenkten immer vorrangig ihre Aufmerksamkeit auf die Melodie als das führende Element in der Musik. Melodie – das ist die Musik, die Hauptgrundlage der ganzen Musik, da ja einer vollkommenen Melodie bereits die eigene harmonische Formgebung innewohnt. Der melodische Erfindungsreichtum im höchsten Sinne des Wortes ist das Hauptlebensziel des Komponisten. Wenn er nicht in der Lage ist, Melodien zu schaffen, die das Recht auf dauernden Bestand haben, hat er wenig Chancen auf eine erfolgreiche Beherrschung der kompositorischen Meisterschaft ... Die Futuristen dagegen erklären offen ihren Haß gegenüber allem, was auch nur entfernt an eine Melodie erinnert. Sie fordern ›Farben‹, ›Atmosphären‹, und indem sie alle Regeln des normalen Aufbaus von Musik ignorieren, schaffen sie formlose Werke, wie Nebel und ebenso kurzlebig.«[21] Fast ähnlich formuliert es Busoni, dessen musikphilosophisches Gedankengut so manche Assoziation zur Moskauer Komponistenschule weckt. Er schreibt 1922 in einem Offenen Musikbrief an die Zeitschrift *Melos:*

»Ich habe bereits einige Male angedeutet und betont, daß in unserer Kunst der Geist, das Können und der Gehalt für die Schätzung und das Bestehen des Werkes maßgebend sind. Heute ist unter den Kritikern fortschrittlicher Haltung eine Verwechslung großgezogen worden, die nicht nach dem Werte eines Stückes, sondern nach dessen Richtung unterscheidet; gute Sachen älterer Richtung verwirft, schlechte Erzeugnisse neuesten Gebahrens verkündet ... Die Unterscheidung dieser Kritiker betrifft die Lebenden, unter diesen wird messerscharf Gealtertes und Gegenwärtiges getrennt, jenes abgelehnt, dieses proklamiert. Nun ist ein Stück nicht deshalb gut, weil es neu ist, und (dies ist das Lustige) es ist nicht deshalb neu, weil es ohne Form und Schönheit auftritt … Die neue Harmonik aber könnte nur aufgrund einer äußerst kultivierten Polyphonie natürlich (d. h. vollends absichtslos) entstehen und eine Berechtigung ihres Erscheinens dokumentieren: dieses fordert eine strenge Schulung und eine überlegene Beherrschung der Melodik. Dieses System schlösse nicht aus, daß man die überlieferten harmonischen Wendungen beibehielte, wo sie am Platze stünden, wo sie einen Kontrast hervorrufen könnten; schlösse nicht aus, daß man für einfache Gedanken einfache Formeln benützte … Im Widerspruch zu eingewurzelten Gesichtspunkten muß hier behauptet werden, daß die Melodie fortwährend sich entfaltet hat, daß sie an Linie und Ausdrucksfähigkeit gewachsen ist und daß sie dazu gelangen muß, die Universalherrschaft in der Komposition zu erreichen.«[22] Busonis Kunstverständnis ist dem Rachmaninoffschen gar nicht so weit entfernt, und wie wenig beider Theorien mit dem Etikett Klassizismus archiviert werden können, beweisen die Überlegungen eines Komponisten der achtziger Jahre, dessen Ambiente kaum Gemeinsamkeit mit Rachmaninoff oder Busoni aufweist. Der Grieche Mikis Theodorakis bekennt in einem Interview: »Während meines langen Musikstudiums in den Konservatorien beobachtete ich, daß wir uns immer mehr von dem grundlegenden, elementaren Rhythmus entfernen, der ein Widerhall der Volksrhythmen im jeweiligen Volk ist und der auch die Grundlage aller großen sinfonischen Werke der Klassik und Romantik darstellt. Dieser Rhythmus wird in den Konservatorien nicht gelehrt. Darum bin ich auch der Meinung, daß selbst die ganz großen Orchester die klassischen Werke falsch interpretieren. Das zweite Element ist die Melodie. Das melodische Motiv ist wie eine Geburt und bringt Leben in jedes Werk hinein, es ist so persönlich wie ein Fingerabdruck. Das ist die Genesis, die Schöpfung. Meine Kritik am zeitgenössischen Musikschaffen ist, daß sie sich von der Genesis entfernt hat. Sie ist vor allem Konstruktion.«[23]

Wenn Rachmaninoff im Jahre 1912 allmählich an die Grenzen seiner Belastbarkeit gelangt, sind die Ursachen nicht allein in den zahlreichen Konzertverpflichtungen zu suchen; auch nicht in den zermürbenden Attacken der Modernisten oder in den psychischen Ängsten, in die er sich durch den selbst auferlegten Zwang zum Komponieren manövriert. Es belasten ihn zunehmend die Verpflichtungen für die Russische Musikgesellschaft. Nach den zum Teil recht nervenaufreibenden Inspektionen der Musikschulen in Tambow, Saratow und Rostow nördlich von Moskau gibt es nun die Affäre Presman in Rostow am Don. Rachmaninoffs Jugendfreund Matwej L. Presman hatte im Jahre 1896 im Auftrage der RMO die dortige Musikschule gegründet. Die Institution gewinnt in wenigen Jahren einen so guten Ruf, daß sogar Nikolaj Findeisen sie 1910 in der Zeitschrift der Internationalen Musikgesellschaft lobend erwähnt:

»Rostow am Don hat eine Sektion der Kaiserlichen Musikgesellschaft und eine Musikschule unter der energischen Leitung des Herrn M. L. Presman, der sich als Pianist und Administrator vorteilhaft bewährt hat ... Im März gab die Sektion unter Leitung ihres Musikdirektors, Herrn Presman, 3 Opernaufführungen ... Das Stück und seine Darstellung fanden so viel Beifall, daß der Magistrat des benachbarten Nachitschewan die Sektion zur Wiederholung der Oper in dieser Stadt einlud.«[24] Im Jahre 1906 feiert die RMO noch mit Festakt und Grußreden das 10jährige Bestehen der Schule. Der Leiter erfährt von allen Seiten Worte des Dankes und der Anerkennung für die geleistete Arbeit. Doch sechs Jahre später kommt es zum harten Zusammenstoß zwischen Presman und der RMO-Regionaldirektion. Anlaß ist ein Disziplinarverweis, den Presman einem der Lehrer in der Zweigstelle Nachitschewan erteilt. Der relegierte Musiklehrer setzt sich zur Wehr und schürt innerhalb des Kollegiums und bestimmter Kreise der Rostower RMO-Sektion die antisemitischen Ressentiments gegen den jüdischen Musikschulleiter. Presman setzt sich massiv zur Wehr, verstrickt sich aber nur noch tiefer in die örtlichen Intrigen. In seiner Not wendet er sich an den Vizepräsidenten und Inspektoren der RMO Rachmaninoff. Rachmaninoff nimmt daraufhin unverzüglich Kontakt mit der Präsidentin Fürstin Sachsen-Altenburg auf und bittet sie um sofortige Genehmigung für eine gründliche Prüfung vor Ort. Doch Rachmaninoffs Intervention und auch die anschließenden tadellosen Prüfungsergebnisse bleiben ohne Erfolg. Am 11. Januar 1912 erhält Presman von der RMO-Regionaldirektion die Entlassungsurkunde. Einen Tag später teilt Rachmaninoff Presman in einem Telegramm mit, daß er mit gleicher Post eine Protestnote nach St. Petersburg gesandt habe. Doch die Fürstin Sachsen-Altenburg zieht sich auf eine unverbindliche, neutrale Position zurück und bedauert in einem Schreiben an Presman, daß sie leider nichts mehr für ihn ausrichten könne, zumal die Regionaldirektion einstimmig gegen seinen Verbleib entschieden habe. Als Rachmaninoff dies erfährt, schickt er am 22. Januar 1912 Presman ein Telegramm, in welchem er den Freund über seine Rücktrittsabsichten vom Posten des Inspektors der RMO in Kenntnis setzt. Wie sehr Rachmaninoff von der Angelegenheit betroffen ist, bezeugt auch ein Brief Skrjabins an Presman. Skrjabin schreibt am 19. Januar 1912: »Mein lieber Freund Matwej Leontjewitsch. Gestern war ich bei Rachmaninoff und erzählte ihm alles, was ich von Deinen Unannehmlichkeiten mit der Direktion wußte, und vor allem, in welcher nervlichen Verfassung Du bist. Rachmaninoff nimmt sich das alles sehr zu Herzen und bekräftigte noch einmal seine Absicht, alles, was nur möglich ist, zu tun, um Deinen Wünschen gerecht zu werden.«[25]

Unbestätigten Meldungen zufolge soll Rachmaninoff sein Rücktrittsgesuch als stärkstes Druckmittel eingesetzt haben, es aber noch einmal am 18. März zurückgezogen haben. Als Presman jedoch endgültig resigniert und nach Saratow geht, wiederholt Rachmaninoff am 28. Mai 1912 sein Rücktrittsgesuch und scheidet im Juni offiziell aus den Diensten der Russischen Musikgesellschaft aus. Zu viele Intrigen und eine in solchen Situationen immer wieder passiv reagierende Präsidentin hatten sein Interesse an einer weiteren Mitwirkung in der RMO erschöpft. Außerdem fehlte ihm mittlerweile auch der Glauben daran, daß er kraft seiner fachlichen Autorität überhaupt noch irgendwelche Veränderungen bewirken könne. Mehrfache Entschuldigungsschreiben für sein Fernbleiben von den Sitzungen der RMO dokumentieren nur seine ablehnende Haltung. Sogar als die Jahreshauptversammlung in St. Petersburg vom 29. März bis zum 1. April 1912 grundlegende Reformen in den Statuten der Musikschulen auf ihre Tagesordnung plaziert hatte, erscheint Rachmaninoff nicht. Die permanenten Konflikte zwischen den übermächtigen Regionaldirektoren und den fast kompetenzlosen Musikschulleitern paralysierten allmählich jede konstruktive Arbeit und führten zu fast schon jährlichen Leiterwechseln in den Schulen. Der Fall Presman war nur einer unter vielen. Rachmaninoff aber sieht keine Chancen mehr für eine Änderung der Kräfteverhältnisse im Musikschulbereich, zumal die politische Lage im Zarenreich ohnehin eher weitere Restriktionen als Reformen verhieß. Auf jeden Versuch, die Position des Zaren zu schmälern, reagiert die Administration nur noch mit Gewalt. Massenstreiks werden von zaristischen Truppen rücksichtslos zusammengeschossen. Und der Zar selbst gerät zunehmend in den dunklen Einflußbereich einer Hofkamarilla, die ihre Intrigen zwischen Rasputin und deutschen Machtinteressen spinnt.

Seinen offiziellen Rücktritt von den Diensten in der RMO verbindet Rachmaninoff mit einem pressewirksamen Eklat. Alexander Ossowski berichtet darüber: »Als Stellvertretender Vorsitzender der Russischen Musikgesellschaft war Rachmaninoff 1912 gezwungen, seinen Rücktritt einzureichen. Der Grund war folgender: Die Hauptdirektion mit der Fürstin E. G. Sachsen-Altenburg an der Spitze respektierte nicht Rachmaninoffs Autorität und unterstützte nicht sein Gutachten bei einer genauen Untersuchung des scharfen Konfliktes zwischen dem Direktor der RMO-Musikschule Rostow am Don, M. L. Presman und der antisemitisch gestimmten Regionaldirektion der RMO, die nach der Absetzung des ihr unliebsamen Presman trachtete, ungeachtet seines hohen Wertes als Pädagoge, den ihm Rachmaninoff bescheinigte, und seiner Verdienste als Musikschaffender in Rostow. Sehr wohl in Erinnerung sind mir die erregten Diskussionen dieser in ihrer Zeit aufsehenerregenden Angelegenheit, die sich mit Rachmaninoff und Presman im Hause Silotis zutrugen. Am 12. Juni 1912 sandte mir Siloti folgende Postkarte: ›Soeben erhielt ich von Sonja Satina im Auftrage Serjosha Rachmaninoffs die Nachricht, daß er nach dem skandalösen Ende der Presman-Geschichte das Entlassungsgesuch eingereicht habe. Bitte Karatygin, dies in Korpusschrift in der *Rede* (eine der KaDettenpartei nahestehende Zeitung; M. B.) loszulassen. Dem Verteidiger der Modernisten, Wjatscheslaw G. Karatygin, der im allgemeinen Rachmaninoffs Werke in der Presse scharf kritisierte, gereicht es zur Ehre, daß er auf den Seiten der *Rede* Nr. 148,

1912 der Direktion der RMO eine verdiente, harte Abfuhr erteilte.‹«[26]

Als die RMO nach Ausscheiden Rachmaninoffs einen geeigneten Nachfolger sucht, stößt sie bei ihren vier Wunschkandidaten gleichermaßen auf Ablehnung. Naprawnik, Tanejew, Glasunow und Glier lehnen eine Nachfolge Rachmaninoffs ab. Das Amt des Vizepräsidenten wird daraufhin ersatzlos gestrichen.

Im Herbst 1912 beginnt für Rachmaninoff zunächst die Konzertsaison wie gewohnt: Er dirigiert am 6. Oktober die Moskauer Philharmoniker mit Berlioz' Symphonie fantastique, am 20. Oktober Tschaikowski- und Liszt-Klavierkonzerte mit Josef Hofmann als Solist und Werke von Grieg. Besonders das Grieg-Programm verführt Julij Engel zum begeisterten Ausspruch: »Rachmaninoff ist wahrlich ein gottbegnadeter Dirigent, der sowohl Publikum als auch Orchester inspiriert. Er ist der einzige russische Dirigent, den wir mit Persönlichkeiten im Westen wie Nikisch, Colonne, Mahler vergleichen können.«[27] Rachmaninoffs Repertoire hat sich mittlerweile auch stattlich erweitert. Es umfaßt Berlioz' Symphonie fantastique, Tschaikowskis 5. Sinfonie, Borodins 2. Sinfonie, Werke von Rimski-Korsakow und Arenski, Glasunow, Webers »Oberon«-Ouvertüre, Mendelssohns »Schottische« Sinfonie, Liszts »Mazeppa« und die beiden Klavierkonzerte, Griegs Klavierkonzert, »Peer Gynt« und die »Lyrische Luite«, Wagners »Walküre«, Mozarts g-moll-Sinfonie und Strauss' »Eulenspiegel«.

Im November bereiten die Moskauer Philharmoniker ein Gedenkkonzert für den verstorbenen Theaterkomponisten Ilja Satz vor. Der Komponist Reinhold Glier erstellt unter Aufsicht Rachmaninoffs eine Orchesterbearbeitung diverser Bühnenmusiken. Er erinnert sich in diesem Zusammenhang besonders an einen Ausspruch Rachmaninoffs: »In der Instrumentierung braucht man ein wenig Arithmetik.«[28] Rachmaninoff erklärt ihm mit fast mathematischer Präzision die exakte Stimmenverteilung, und Glier ist von Rachmaninoffs Pedanterie stark beeindruckt.

Im November jedoch ist Rachmaninoff am Ende seiner Kräfte. Bedrohliche Anzeichen einer Handversteifung kündigen sich an, und er muß einen pianistischen Auftritt mit dem Tschaikowski-Konzert in St. Petersburg kurzfristig absagen. Am 12. November schreibt er an Marietta Schaginjan: »Nein, ich habe keine Tuberkulose. Ich bin einfach erschöpft, sehr erschöpft! Ich lebe aus meinen letzten Kraftreserven. Gestern, im Konzert vergaß ich zum ersten Mal in meinem Leben auf einer Fermate, wie es weitergeht, und zum großen Entsetzen des Orchesters dachte ich qualvoll lange darüber nach und überlegte, was und wie weiterzudirigieren sei. Gebe Gott, daß ich bald von hier wegfahre. Meine Romanzen gehen ungefähr in einem Monat in Druck. ›Musa‹ ist ›Re‹ gewidmet.«[29]

Nach dem 5. Konzert mit den Moskauer Philharmonikern ist Rachmaninoff gezwungen, seine Verpflichtungen vorzeitig abzubrechen. Der Vertrag hatte eigentlich insgesamt sechs Konzerte vorgesehen. Aber völlig erschöpft ist er kräftemäßig nicht mehr in der Lage, die nervliche Belastung der Proben und Konzerte durchzustehen. Er reist im Dezember mit der Familie überstürzt ins Ausland. Reiseziele sind Berlin, die Schweiz und Italien. In Rom eingetroffen, mietet sich Rachmaninoff neben den Pensionszimmern noch eine separate Wohnung, in der er ungestört arbeiten kann. Es ist die Wohnung auf der Piazza di Spagna, in der auch regelmäßig die Tschaikowski-Brüder residierten, wenn sie in Rom Station machten. »Nichts hilft mir so sehr wie Einsamkeit«, bekennt Rachmaninoff. »Nach meiner Meinung kann man nur komponieren, wenn man allein ist und keine äußeren Störungen den ruhigen Fluß der Ideen behindern.«[30] In dieser römischen Wohnung auf der Piazza di Spagna schreibt Rachmaninoff seine Chorsinfonie »Die Glocken« und die 2. Klaviersonate. Die Anregung zur Vertonung des Gedichtes »Glocken« von Edgar Allen Poe in der Übersetzung von Konstantin Balmont stammt von einer Schülerin des Celloprofessors Bukinik, Maria Danilowa. Die Cellistin hatte Rachmaninoff anonym den Text übersandt und ihn in einem Begleitschreiben beschworen, diese Verse zu vertonen, die so ideal seinem Kompositionsstil entsprächen. Rachmaninoff sagt dazu viele Jahre später: »Ich las die beigefügten Verse und beschloß sofort, sie für eine Chorsinfonie zu verwenden. Die Struktur der Dichtung verlangte eine Sinfonie in vier Sätzen. Seit Tschaikowskis Beispiel enthielt die Idee eines traurigen und langsamen Finales nichts Seltsames. Diese Komposition, an der ich mit fieberhaftem Eifer arbeitete, ist noch die einzige, die ich am meisten von all meinen Werken mag; danach kommt meine Vespermesse. Dann ist eine große Kluft zwischen ihr und dem Rest ... Ich widmete die ›Glocken‹ Willem Mengelberg und seinem wunderbaren Concertgebouw-Orchester in Amsterdam. In diesen Konzerten hatte ich immer mit besonderem Vergnügen mitgespielt. Zur selben Zeit schrieb ich meine 2. Klaviersonate, welche ich revidieren möchte, da ich mit dem Satz nicht zufrieden bin, wie ich ihn damals konzipiert hatte. Dieses Werk widmete ich meinem Jugendfreund Presman.«[31]

In dieser »Glocken«-Sinfonie für Chor, Solisten und Orchester, die aufgrund ihres fehlenden Kopfsatzes nicht so recht eine Sinfonie im klassischen Sinne ist, gelingt Rachmaninoff eine beeindruckend farbenreiche Darstellung von Glockenklängen. Orchester, Chor und Solisten stehen ausschließlich im Dienste dieser uralten, symbolträchtigen Selbstklinger. Es ist schwer zu entscheiden, ob nun dem Orchester oder dem Chor, aus dem sich die Solisten zeitweise herauslösen, die führende Rolle obliegt. Denn Rachmaninoff formt gleichermaßen mit beiden Klangkörpern lautmalerisch die Schläge und das Schwingen der Glocken. Edgar Allan Poes vier Episoden der übermütigen Schlittenglöckchen, der Hochzeitsglocken, des dämonischen, unheilvollen Sturmläutens und der Trauerglocken transponiert Rachmaninoff in die Klangbilder von jugendlicher Begeisterung, Glück, Angst, Schrecken und schließlich hoffnungsloser Trauer und fatalistischer Ergebenheit. Obwohl es keine direkten Leitmotive gibt, ist der innere Zusammenhalt des Zyklus' durch motivische Querverbindungen und Klangassoziationen intendiert.

Der 1. Satz »Allegro ma non tanto«-As-Dur entwickelt in der Orchestereinleitung aus einem zarten Glockentriller der Flöten durch Anhäufung der Stimmen mit Klarinetten, Harfe, Klavier allmählich einen fulminanten Orchester-»Glocken«-Klang, in dem sich zuletzt Klavier, Harfe, Celesta, Glöckchen, Triangel mit Holzbläsern und Streichern im Flageolett mischen. Der Effekt ist ein aufgeregt silbriger Klang. Einen scharfen Akzent in dieser schwingenden Klangmasse setzen die Waldhörner mit ihrem Rufmotiv, das später vom tiefen Blech aufgegriffen wird. Wie eine zauberhafte Vision, ein jäher Schatten, unterbricht der Mittelteil das freudig erregte Treiben: Mit geschlossenem Mund intoniert der Chor eine wiegende, elegische Phrase. Diese Melodie ist ein typisches Rachmaninoff-Produkt. Auf ihrem schaukelnden Klang hört man Glockenklänge in Klavier und Harfe, gefolgt von gedämpften Posaunen. Ein seltsamer Zustand von Verzauberung und Erstarrung tritt ein.

Auch der 2. Satz in der Tonart des »goldenen Klanges«-D-Dur erschöpft sich in einer Aneinanderreihung permanenter »Glocken«-Bilder. Wiederum eindringliches Beispiel der faszinierenden Klangmalerei Rachmaninoffs ist die in Stufen verlaufende Kantilene des Sopransolos in den Partiturziffern 47 bis 49.

Im 3. Satz malt Rachmaninoff Bilder des Schreckens, der Katastrophe. Pfeifende Holzbläserfiguren, ununterbrochen pendelnde Streicherfigurationen, dröhnende Waldhörner und scharfe Posaunenrufe steigern sich in ein dramatisches Sturmläuten.

Einer der fesselndsten Teile der Komposition ist Ziffer 77 der »Gesang des Feuers«: Kontinuierlich und lautstark tremolierende Streicher, angeheizt vom Schlaginstrumentarium und grellen Flötentrillern erzeugen einen bedrohlichen und aufgeregten Klang, den der Chor mit diatonischen Beschwörungsformeln immer weiter vorantreibt. Rachmaninoff nähert sich mit dieser schon fast expressionistischen Schilderung gewaltiger Naturelemente Strawinskys heidnischen Beschwörungsformeln. Das Katastrophenbild bricht durch einen abrupten Aufschrei plötzlich und unerwartet ab. Pause – Fermate – Bildschnitt. Dann kündigen sich wieder die ersten Takte des Pendelmotivs an, gleichlautend auch den ersten Tönen des Dies Irae, bis der Chor deutlich vernehmbar das Pendelthema übernimmt. Der Satz endet in rasant auseinanderstrebenden Bläser- und Streicherpassagen.

Im 4. Satz »Lento lugubre« cis-moll erhebt sich über einem dunklen Glockenklang der Streicher, Harfe und Hörner ein klagendes Rezitativ, ausgeführt vom Englisch-Horn. Das Glockenostinato erinnert unwillkürlich an die düstere Einleitung zur »Toteninsel« und ihre magischen Begleitformeln. Wie eine Kirchenpsalmodie klingen die Phrasen des Chores »Man hört die Trauerglokken«. Der Bariton singt überwiegend absteigende Melodielinien, die vom Rezitativ des Englisch-Horns vorgegeben sind.

Die »Glocken« sind ein Meisterwerk in polyphoner Satztechnik, in der Mischung von Instrumental- und Vokalfarben und in einer ausdrucksstarken Klangmalerei, die zarte Pastelltöne ebenso intensiv zu beschwören vermag wie grelle Geräuschflecken. Nicht nur durch ihre ungefähr gleiche Entstehungszeit rücken die »Glocken«, Skrjabins »Prometheus« und Strawinskys »Sacre du printemps« so nahe. Es ist auch die Rückbesinnung auf antike Mythen und heidnisch-sakrale Symbolik, die diese grundverschiedenen Werke der russischen Avantgarde letztlich doch eint. Allerdings steht Rachmaninoff auf verlorenem Posten. Seine zurückhaltend tastenden Experimente auf tonalem, harmonischem und rhythmischem Terrain verblassen angesichts der sensationell kompromißlosen Archaismen und der provokant exaltierten Höhenflüge Strawinskys und Skrjabins.

Am 30. November 1913 findet in einem Petersburger Siloti-Konzert mit dem Chor des Mariinski-Theaters die Erstaufführung der »Glocken« statt. Die Leitung hat der Komponist, der seinem italienischen Intermezzo wieder eine ausgedehnte Tournee durch verschiedene Städte Polens und Rußlands folgen ließ. Die Moskauer Premiere schließt sich am 8. Februar 1914 an. Erwartungsgemäß schreibt Mjaskowski in der *Musik* einen totalen Verriß, während Rezensent Tjunejew als Sprecher der Konservativen in der *Russischen Musikzeitung* von einem Gedenktag für alle Bewunderer des Rachmaninoffschen Talents spricht. Jurij Sachnowski, der seit Anbeginn die kompositorische Entwicklung des Freundes mit aufmerksamer Anteilnahme verfolgt, vermerkt als einziger sine ira et studio in seiner Kritik: »Es ist Zeit, zu erkennen, daß die geistige Verbindung des Rachmaninoffschen Werks mit dem Tschaikowskischen endgültig abgerissen ist, und daß vor uns in seiner ganzen Größe etwas Neues, Unabhängiges entsteht.«[32]

Mit dem Abstand der Zeit ist den »Glocken« zweifellos die Bedeutung eines Grenzsteins für Rachmaninoffs Schaffen zuzuerkennen. Einerseits bieten sie in komprimierter Form alle dem Komponisten verfügbaren Kunstgriffe, andererseits aber kristallisieren sich in einer bizarren Thematik und schroffen Harmonik glasklar die streng rationalen Wesenszüge heraus, die dann im weiteren Werk konsequent verfolgt werden.

Fast zeitgleich entsteht die 2. Klaviersonate. Aber Rachmaninoff hadert mit seinem Produkt. Erst 1931 ergreift er die Initiative zur gründlichen Revision: 120 Takte der Sonate fallen dem Schnitt zum Opfer. Seinem Biographen Alfred Swan gesteht Rachmaninoff:

»In dieser Sonate bewegen sich so viele Stimmen gleichzeitig, und sie ist zu lang. Chopins Sonate dauert 19 Minuten, und alles ist gesagt.«[33]

Bis heute wird die Sonate in verschiedenen Fassungen und Bearbeitungen aufgeführt. So spielte beispielsweise Horowitz eine noch vom Komponisten autorisierte Kombination aus Erstschrift, Revision von 1931 und eigener Bearbeitung auf Schallplatte ein. Urfassung, Spätfassung oder Kompromißfassung – die 2. Sonate balanciert zwischen Harmoniebedürfnis und Modernitätszwang. Ein widersprüchliches, schillerndes Werk.

Auf verlorenem Posten

1914–1917

Das Jahr 1914 stürzt Rachmaninoff in familiäre und ökonomische Schwierigkeiten. Am 22. Juli schreibt er nach ausführlicher Auflistung seiner Probleme an Siloti:

»... Schließlich am dritten Tag die Apotheose meiner Qualen! Man ließ mich wissen, daß man mich als Soldaten einzuziehen beabsichtige, und daß ich zur Musterung erscheinen sollte. Um ehrlich zu sein, mußte ich im ersten Augenblick richtig lachen. Ich gäbe einen schlechten Krieger ab! Wie auch immer, ich setzte mich ins Auto und fuhr nach Tambow zur Musterung. Zu Hause hatte man mich schon fast aus der Liste der Lebenden gestrichen, und alle fingen an zu weinen. Allmählich verging auch mir die Lust am Lachen, und als ich nach Tambow fuhr, mußte ich fast alle 100 Werst Wagenkolonnen mit Reservisten überholen – sie waren alle sinnlos betrunken; irgendwie mit tierischen, rohen Schnauzen, die meine Vorbeifahrt mit Geschrei, Pfiffen und Mützenwerfen begrüßten; mit Rufen, ihnen Geld zu geben usw., so daß mich Entsetzen ergriff und gleichzeitig die bedrückende Erkenntnis, daß – egal, mit wem wir Krieg führen – wir auf keinen Fall die Sieger sein werden. Die Nachricht über die Einberufung von Reservisten erwies sich als verfrüht, und man gestattete mir, zurückzukehren. Auf wie lange? Ich weiß es nicht. Ich glaube, nicht lange, und sie werden sich bald wieder melden.«[1]

Als im August 1914 der 1. Weltkrieg ausbricht, rüsten sich die Rachmaninoffs zur Reise in den Ural. Ein Treffen mit Schwager Wladimir Satin auf dessen Gut Pokrowskoje ist vereinbart. Rußland ist zu dieser Zeit von Europa schon völlig isoliert. Während der ersten Kriegsmonate verstärkt der 41jährige Rachmaninoff seine Konzerttätigkeit merklich. Trotz seiner Vorbehalte ist er wie viele seiner Landsleute von der großen Woge patriotischer Gefühle und Opferbereitschaft mitgerissen, so daß er den überwiegenden Konzerterlös der Soldatenhilfe, den Armeeverwundeten und Flüchtlingskomitees zukommen läßt. Gemeinsam mit Kussewitski gastiert er in Moskau, Charkow, Kiew und vielen anderen Städten Rußlands. Obwohl die Philharmonische Gesellschaft durch einschneidende Etatkürzungen gezwungen ist, ihren Konzertbetrieb fast völlig einzustellen, und auch die RMO ihre jährliche Konzertreihe aussetzt, führt Kussewitski seine Aktivitäten ungeschmälert weiter. Als Chefdirigent verzichtet er verständlicherweise nicht auf die Orchesterleitung, und Rachmaninoff muß sich auf pianistische Auftritte beschränken. Immerhin aber präsentiert Kussewitski zur Herbstsaison den Moskauern ein reines Rachmaninoff-Programm: Zur Aufführung gelangen die 2. Sinfonie, das 2. Klavierkonzert und die »Toteninsel«.

Im November wendet sich Rachmaninoff mit einer besonderen Bitte an Cousin Siloti. Er möge doch mit Fokine oder mit einem anderen Choreographen Kontakt aufnehmen und ihm auf der Suche nach einem geeigneten Ballettsujet behilflich sein. Offensichtlich bahnt sich auch bald eine Zusammenarbeit mit den Choreographen Gorski und Golejsowski an, denn beide erklären später übereinstimmend, daß Rachmaninoff überraschend schnell Teile zu einem Ballett »Die Skythen« fertiggestellt hatte. Die Suche nach urrussischen Sagen und Mythen beschäftigt zur selben Zeit übrigens auch Prokofjew und den Dichter Gorodetski, die ebenfalls hartnäckig an einem skythischen Sujet basteln. Die Zeichen der Zeit stehen auf nationaler und slawophiler Besinnung. Dichter, Maler und Bildhauer vertiefen sich in das Studium der russischen Kultur, sie erforschen ihre heidnische, archaische Symbolik und erwecken vergessene Sagengestalten und volkskundliche Ikonographie zu neuem Leben. Während Prokofjew sein Ballett nach dem alten Sagenstoff »Ala und Lolli« vollendet und später dann sogar eine »Skythische Suite« daraus formt, verwirft Rachmaninoff das Projekt. Ausschnitte der fertigen Teile übernimmt er erst viele Jahre später modifiziert in sein Alterswerk, die »Sinfonischen Tänze«.

Nachdem ihm die Inszenierung altrussischer Mythologie fehlgeschlagen war, besinnt er sich wieder seiner bereits bewährten liturgischen Begabung und komponiert binnen zweier Monate – im Januar und Februar 1915 – ein Meisterwerk russischer Kirchenmusik: »Wsenoschtschnoje Bdenije« op. 37 für gemischten Chor ohne Begleitung. Das »Ganznächtliche Wachen« ist ein feierlicher Abendgottesdienst, der gewöhnlich am Vorabend von Sonntagen oder auch von mittleren und höheren Feiertagen während der Abendstunden von 18.00–21.00 Uhr zelebriert wird. Rachmaninoff widmet das Werk dem Gedenken des Meisters russischer Kirchenmusik, Stepan W. Smolenski.

Da er die liturgischen Vorlagen äußerst kunstvoll und geschickt mit volkstümlichen Wendungen und Podgoloski anreichert, und sich auch in seinen Neuschöpfungen an ihrem Vorbild orientiert, sind die liturgischen Vorlagen von den Eigenkompositionen kaum zu trennen. Sie bilden eine Intonationseinheit. Das tonale Vokabular wirkt allzu vertraut, viele Motive und Themen seiner populären Werke scheinen lediglich in ein chorisches Gewand geschlüpft. So erweckt die Stufenmelodik des Invitatoriums starke Assoziationen an das »liturgische« Hauptthema des 3. Klavierkonzerts. Und gerade die paradoxerweise von Rachmaninoff als nichtliturgisch apostrophierte Chromatik des Themas findet sich fast wörtlich im Eingangsrezitativ wieder.

Die Erstaufführung mit dem Chor der Moskauer Synodalschule unter Leitung Nikolaj M. Danilins im Rahmen eines Wohltätigkeitskonzertes zugunsten der russischen Kriegsopfer wird ein großer Erfolg. Und auch die weiteren Aufführungen am 12. und 27. März, sowie am 3. und 9. April hinterlassen bei den Hörern einen nachhaltigen Eindruck. Sogar der prätentiöse Dershanowski spricht von der Evolution eines starken Talentes.

»Wsenoschtschnoje« erlebt ein kurzes Aufblühen zu Beginn des Weltkrieges. Dann gerät sie jedoch allmählich in Vergessenheit, zumal auch die Kirche sie schließlich doch nicht in ihr Zeremoniell aufnimmt. Das generelle Aufführungsverbot aller liturgischen Kompositionen nach 1917 vertreibt sie endgültig an die kulturelle Randzone kleiner Emigrantenzirkel.

Im Frühjahr 1915 verliert die russische Musikwelt im Abstand von nur wenigen Monaten zwei ihrer bedeutendsten Musiker. Am 14. April stirbt Skrjabin im Alter von nur 43 Jahren an den Folgen einer Blutvergiftung, und am 6. Juni folgt ihm Tanejew, der sich bei den Beerdigungsfeierlichkeiten Skrjabins eine heftige Erkältung zugezogen hatte, deren schwerwiegenden Komplikationen er schließlich erliegt. Da Skrjabins Familie nahezu mittellos ist, entschließen sich seine Moskauer Freunde – darunter auch Rachmaninoff – zur spontanen Hilfsaktion. Sie veranstalten in den Folgemonaten eine Vielzahl von Wohltätigkeitskonzerten zugunsten der Hinterbliebenen. Rachmaninoff führt gemeinsam mit Kussewitski Skrjabins Klavierkonzert auf, er spielt seine Sonaten, und er gibt erstmals ausschließliche Skrjabin-Recitals, die allerdings bald auch für beträchtliches Aufsehen sorgen.

Der Tod seines alten Lehrers Tanejew trifft Rachmaninoff unerwartet und hart. Hatte er doch mit ihm einen seiner besten Ratgeber und Freunde verloren. Da ihn die Todesnachricht zu spät erreicht – er hält sich derzeit gerade in Finnland auf – sendet er ein Telegramm an die *Russischen Nachrichten.* Am 26. Juni 1915 veröffentlicht er in derselben Zeitung einen offiziellen Nachruf: »Tanejew war eine Persönlichkeit von bemerkenswerter Unabhängigkeit, Eigenständigkeit und edler Gesinnung ... Für alle, die sich an ihn wandten, war er der höchste Richter, weise, rechtschaffen, zugänglich und einfach. In allen seinen Handlungen war er Vorbild. Durch sein persönliches Beispiel lehrte er uns zu leben, zu arbeiten, zu sprechen. Er äußerte sich stets kurz, treffend, prägnant. Tanejew lebte ein einfaches, bescheidenes Leben, sogar vielleicht ein armes Leben, das ihn aber völlig zufriedenstellte. In seinem Haus, das jedem in Moskau gut bekannt war, versammelten sich Menschen aller Art und völlig verschiedenen Charakters – eine seltsame Gemeinschaft von Anfängern, Schülern und größten Meistern des russischen Reiches. Aber alle fühlten sich dort wohl, waren glücklich und nahmen einen Vorrat an Lebensfreude und Hoffnung mit auf den Heimweg. Nach einem Besuch bei Tanejew schien es mir immer, daß wir alle besser und glücklicher arbeiteten ...«[2]

Doch die Kriegswirren lassen den Menschen kaum Zeit, Trauer zu tragen und sich des soeben erlittenen Verlustes in seinem ganzen Ausmaß bewußt zu werden. Schon zertrümmert der nationalistisch aufgepeitschte Pöbel im Zentrum Moskaus deutsche Geschäfte und Büros. Auf der Petrowka, der Kusnetski-Brücke und der Bolschaja

Ljubjanka werden die Musikalien- und Notengeschäfte Zimmermanns, Gutheils, Bessels, Ebergs, die Notendruckerei Grosse und viele andere deutsche Niederlassungen geplündert und sinnlos zerstört. Der Verleger Gutheil sieht keinen anderen Ausweg, als im Sommer 1915 seinen Verlag Kussewitski zum Kauf anzubieten. Nach ausführlicher Beratung mit dem Komponistengremium des Russischen Musikverlages erwirbt Kussewitski den Gutheil-Verlag für einen Preis von 200000 Rubel. Zum Verlagsbestand gehören: Russische Salon- und Zigeunermusik, Märsche, Tänze, Volkslieder, die russischen Klassiker Glinka, Dargomyschski, Serow, Balakirew, Opern Werstowski, Werke von Arenski, Gretschaninow, Koreschtschenko und natürlich die meisten Werke Rachmaninoffs.

Kussewitski – schon jetzt fast ein russischer Musikmonopolist – gibt mit seinem Orchester gerade zu dieser Zeit mehr Konzerte in Moskau und Petrograd (seit 1914 der neue Name Petersburgs) als jede andere Organisation. Es ist ein Tanz auf dem Vulkan.

Innenpolitisch sieht es im Sommer 1915 vorübergehend so aus, als ob sich in Kreisen der liberalen Bürgerschaft und Kaufmannschaft eine Tendenz zur Verständigung und nationalen Sammlung abzeichnet. Die KaDettenpartei sucht Annäherung an die Zentrumsparteien, und gemeinsam mit Progressisten, Oktobristen, Progressiven Nationalisten und Teilen des Reichsrates schließt man sich zum »Progressiven Block« zusammen. Außerhalb der Duma übernehmen KaDetten vermehrt leitende Funktionen in gesellschaftlichen Hilfsorganisationen und Kriegskomitees, um der beängstigenden Radikalisierung abzuwehren und die unausweichliche Kriegskatastrophe zu verhindern. Aber die zaristische Regierung reagiert nicht mehr auf diese letzten demokratischen Überlebensanstrengungen, sie steuert geradewegs in das Chaos.

»Krieg oder nicht Krieg« – schreibt Prokofjew in seinen Erinnerungen –, »Djaghilew bereitete die nächste Saison vor.«[3] Und Prokofjew reicht im Herbst 1915 beim Russischen Musikverlag seine »Skythische Suite« ein. Gewidmet ist sie den Gründern der »Abende zeitgenössischer Musik« Karatygin, Kryshanowski, Nuwel und Nurok. Rachmaninoff als Sprecher des Verlagsrates lehnt das Werk nach Durchsicht kategorisch ab. Kussewitski hingegen stimmt für den jungen Petrograder Komponisten, nimmt

S. Rachmaninoff, Zeichnung von Leonid Pasternak

aber das Werk aus taktischen Gründen für den Russischen Musikverlag nicht an, sondern publiziert es im neu erworbenen Gutheil-Verlag. Hier war er ja nicht an die Regeln des Musikverlages gebunden.

Rachmaninoff startet neuerlich zu einer großen Inlandstournee. Im Terminkalender stehen über 28 Auftrittsorte, darunter Rostow am Don, Kasan, Kiew, Charkow, Saratow, Tiflis und schließlich wieder Moskau und Petrograd. Neu im Programm sind die ausführlichen Skrjabin-Recitals, von denen das Moskauer Konzert am 18. November und die Petrograder Recitals am 24. November, 16. Dezember 1915 und 28. Januar 1916 besondere Denkwürdigkeit genießen. Denn der Proteststurm der Skrjabinisten gegen die vermeintlich falsche Darstellung ihres Idols durch Rachmaninoff entfacht hier wilde Auseinandersetzungen.

Der russische Komponist Nicolas Nabokov – in den sechziger Jahren Leiter der Westberliner »Festwochen« – erlebt diesen Eklat als Jugendlicher selbst mit und schildert die Episode später in seinen Erinnerungen:

»Das erste Mal hatte ich ihn gesehen, als ich ein Junge von dreizehn Jahren war. 1915 oder 1916, nach Alexander Skrjabins Tod, war Sergej Rachmaninoff nach St. Petersburg gekommen, um zugunsten der Witwe des Verstorbenen ein Wohltätigkeitskonzert zu geben. Es fand im Saal des Konservatoriums statt, und mein Hauslehrer nahm mich dorthin mit. Es war natürlich eine sehr aufregende Angelegenheit: mein erstes Konzert mit Rachmaninoff, dem berühmten Pianisten und Komponisten, von dem ich seit meiner frühesten Kindheit hatte sprechen hören. Was die Aufregung noch vermehrte, war der Umstand, daß Rachmaninoff ein komplettes Programm von Skrjabin spielte, in dessen Bann ich damals stand.«[4] Irritiert beobachtet Nabokov von seinem Platz aus eine kuriose Gruppe, die sich während des Klavierabends ununterbrochen flüsternd unterhält. Unter ihnen befindet sich auch der junge Sergej Prokofjew, der Rachmaninoffs Skrjabin-Programm in Petersburg als eine Art Provokation empfindet. Rachmaninoff spielt die Stücke mit Präzision, Sorgfalt und betont sachlich. Um so mehr Anlaß für die Skrjabinisten, in böse Mißfallensbekundungen auszubrechen. Nur Prokofjew reagiert zurückhaltend. Er akzeptiert die ungewohnte, aber durchaus originelle Interpretation Skrjabins durch Rachmaninoff. Daher macht er sich nach Konzertschluß auf den Weg ins Künstlerzimmer und verkündet dem Moskauer Idol auf seine übliche direkte und rauhe Art, daß der Abend »nicht schlecht, gar nicht schlecht« gewesen sei. »Was meinen Sie, nicht schlecht?«, fragte Rachmaninoff und wandte sich abrupt ab.[5]

Anlaß für seine Verstimmung ist aber nicht – wie man vermuten könnte – Prokofjews grobschlächtige Art der Meinungsbekundung, sondern vor allem eine generelle Unzufriedenheit mit seinem Spiel. Er hatte in der streng geplanten Architektonik der Vortragswerke den »Kulminationspunkt« verfehlt. »Die Aufnahme Rachmaninoffs war so stürmisch«, schreibt die Schaginjan, »daß es schwer für uns war, den Weg durch die Menge zu finden. Wir erreichten endlich das Künstlerzimmer, wo wir sofort am Ausdruck in Rachmaninoffs Gesicht sahen, daß er in einer schrecklichen Verfassung war: er biß sich wütend auf die Lippen, seine Gesichtsfarbe war gelb. Als wir unseren Mund öffneten, um zu gratulieren, explodierte er in Klagen – er müsse seinen Verstand verlieren, er würde altersschwach, es wäre besser, alles hinzuwerfen, besser, seinen Nachruf vorzubereiten. ›Haben Sie bemerkt, daß ich den Punkt versäumt habe? Verstehen Sie, ich ließ den Punkt entgleiten!‹«[6]

Und erst zu späterer Gelegenheit erläutert er der Schaginjan, daß jedes Stück in seiner Interpretation um einen Höhepunkt gestaltet sei. Die Gesamtzahl der Klänge müsse so bemessen sein, ihre Tiefe und Kraft müsse so klar abgestuft werden, daß dieser Höhepunkt mit größter Natürlichkeit erreicht werde. Dieser Augenblick der höchsten Erfüllung käme der Wirkung eines Zielbandes gleich, das am Ende eines Wettlaufs reißt – es ist die Befreiung vom letzten materiellen Hindernis auf dem Wege zur künstlerischen Wahrheit. Die Komposition selbst bestimme diesen Höhepunkt. Er könne in der Mitte oder auch am Ende des Stückes verborgen sein, er könne lautstark oder gänzlich zurückgenommen erklingen. Der Musiker müsse jedoch immer in der Lage sein, ihn absolut sicher auszukalkulieren. Verfehlte er ihn, so würde die ganze Struktur der Komposition zerbröckeln, und die wesentliche Aussage des Werkes bliebe dem Zuhörer vorenthalten.

Rachmaninoff steht hier in der Tradition dcr Liszt-Schule. Denn »einzig dem Interpreten Liszt erscheint ... die Kunst, den Hörer auf die Pointe hin zu spannen, die nie ausbleibt, und, wie sie eintrifft, nie enttäuscht. Unnachahmlich der Aufbau und die Gliederung in seinen Fantasien, die Verteilung der Kontraste, die treffsichere Wahl der bezeichnenden Momente und Motive.«[7]

Als Rachmaninoff trotz der lautstarken Proteste seine Skrjabin-Memorials in Petrograd fortsetzt, bricht ein offener Pressekrieg aus. Siloti weigert sich, jetzt noch Freikarten zu verteilen, wohingegen Rachmaninoff die Gemüter zu beschwichtigen sucht. Er appelliert an das Gewissen der Rezensenten und warnt vor unsachlicher und irreführender Meinungsmanipulation. Der einzige einflußreiche Musiker, der immerhin in dieser wilden Zeit Rachmaninoff stützt, ist Sergej Kussewitski. Demonstrativ lädt der Maestro zum Rachmaninoff-Abend ein und führt am 30. November in Moskau die Kantate »Frühling«, die »Glocken« und das 3. Klavierkonzert mit dem Komponisten am Klavier auf. Aber auch die Skrjabinisten beruhigen sich allmählich, und für einen neuen Konzerteklat sorgt erst wieder der provokante Prokofjew. Die großen Konzertunternehmer Siloti, Kussewitski oder die RMO hatten es bisher tunlichst vermieden, Werke des jungen »Revoluzzers« aufzuführen. Siloti hatte sogar vor gar nicht langer Zeit in der Öffentlichkeit gespottet, von Prokofjews Musik ginge ein permanenter Gestank aus. Aber die beharrliche Propagandaarbeit der Modernisten um Mjaskowski und die Zeitschrift *Musik* erreicht schließlich doch ihr Ziel: Am 16. Januar 1916 erlebt die »Skythische Suite« Prokofjews in einem Siloti-Konzert ihre Premiere. Empörung und Begeisterung kennzeichnen die turbulente Stimmung im Saal des Petrograder Marinski-Theaters. Prokofjew steht am Dirigentenpult, und die gesamte Petrograder musikalische Elite ist anwesend. Prokofjew erinnert sich: »Glasunow, den ich persönlich eingeladen hatte, verlor die Fassung und verließ, da er das Sonnenaufgangsfinale nicht aushalten konnte, den Saal acht Takte vor Schluß.«[8]

Die Zeitung berichtet später, daß der Direktor des Konservatoriums nicht gerade in gewählten Worten von dem neuen Werk sprach. Rachmaninoff, der ebenfalls Zeuge der Aufführung ist, wirkt ungewöhnlich aufgeregt. »Bei allem musikalischen Unsinn, bei aller novatorischer Kakophonie, ist dies dennoch talentvoll – man muß es zugestehen. Nur wenige haben solch stählernen Rhythmus, einen solch elementaren Willensdrang, solch dreiste Prägnanz. Der letzte Satz – der Sonnenaufgang – ist die Grenze der Kakophonie, aber er verblüfft durch Kraft und Glanz im Klang.«[9] Der Paukenschläger zertrümmert sein Fell, und ein Cellist, der durch die unmittelbar hinter ihm blasende Posaune fast ertaubt, jammert: »Wenn ich nicht eine kranke Frau und drei Kinder zu ernähren hätte, würde ich das nicht durchhalten.«

Veranstalter Siloti aber genießt den allgemeinen Aufruhr, macht er doch seine Konzertreihe zum Tagesgespräch. Und die *Musik* frohlockt über einen »Skandal in der guten Gesellschaft«.[10]

Am 29. Oktober 1916 führt Siloti die »Skythische Suite« außerhalb der Abonnementreihe ein zweites Mal in Petrograd auf, und in diesem Konzert spielt Rachmaninoff sogar sein 2. Klavierkonzert. Karatygin zufolge haben sich jetzt die Verhältnisse gegenüber der vergangenen Saison geändert. Die Zahl der zustimmenden Hörer dominiert. Aber auch an diesem Abend geht es nicht ohne Kampf zwischen Anhängern und Gegnern Prokofjews ab. »Die Schlacht endete zugunsten Prokofjews«, berichtet Boris Asafjew im *Musikalischen Zeitgenossen,* »weil immerhin die Mehrheit den kühnen Komponisten ungeachtet des vorangegangenen Spiels des Herrn Rachmaninoff unterstützte.«[11]

Die »Skythische Suite« hat im übrigen noch ein peinliches Nachspiel für den Kritiker Sabanejew. Als die für den 12. Dezember 1916 festgesetzte erste Moskauer Aufführung kurzfristig abgesetzt wird, erscheint dennoch, prompt am nächsten Tag, eine ausführliche Kritik Sabanejews in der Zeitschrift *Neues der Saison.* Sabanejew beschreibt in breiter Ausführlichkeit Details des Konzerts, geißelt die »Kakophonie« Prokofjews und schildert schließlich eindringlich, mit welch barbarischer Begeisterung der Komponist dirigiert habe. Dieser Fauxpas zwingt Sabanejew, vorübergehend seine Mitarbeit im *Musikalischen Zeitgenossen* und auch einigen anderen Presseorganen einzustellen.

Im November 1916 veranstaltet Siloti einen weiteren Kammermusikabend mit einem reinen Prokofjew-Programm. Im Kleinen Saal des Petersburger Konservatoriums erklingen unter anderem die neuen Romanzen op. 27 nach Gedichten Anna Achmatowas. Und wieder ist Rachmaninoff unter den Zuhörern. »Er saß den ganzen Abend lang regungslos wie ein Ölgötze«, erinnert sich Prokofjew, »und die Moskauer Musikfreunde, die mir mehr oder weniger günstig gesinnt waren, warfen ängstliche Blicke auf ihr Idol.«[12]

Der Rachmaninoff-Freund Nikolaj Medtner jedoch reagiert weniger zurückhaltend: »Wenn das Musik ist, bin ich kein Musiker.«

Aber nicht nur Ossowski, sondern auch der Musikwissenschaftler Asafjew berichtet, daß sich Rachmaninoff gerade zu dieser Zeit sehr eingehend mit der Musik Sergej Prokofjews auseinanderzusetzen beginnt, und er trotz aller Vorbehalte ein großes Talent in dem hochnäsigen jungen Mann zu erkennen wähnt. Gegenüber seiner Cousine Ludmila Skalon äußert Rachmaninoff nach einem kurzen Zusammentreffen mit Prokofjew knapp, daß man Prokofjew nur ein wenig in die Schranken weisen müsse. Obwohl auch in späteren Emigrationsjahren der Kontakt zwischen beiden Komponisten immer sporadisch bleibt, gesteht Prokofjew in seinen Erinnerungen, daß er Rachmaninoffs Talent für Melodien immer bewundert habe.

Eine genauere, vergleichende Untersuchung vieler Werke beider Meister würde mit Sicherheit überraschende Gemeinsamkeiten aufdecken, und zwar nicht nur in der rasanten Motorik, der prägnanten Rhythmik und den schroffen Stimmungswechseln, sondern gerade auch in etlichen melodischen Linien, die Prokofjew nur weniger schwelgerisch, eher vergrübelt und spröde zeichnet.

Im Sommer 1916 unternimmt Rachmaninoff noch eine Tournee in südliche Regionen, die ihn unter anderem auch nach Rostow führt. Da Marietta Schaginjan zu dieser Zeit im armenischen Nachitschewan bei ihrer Mutter wohnt, entschließt er sich zu einem kurzen Abstecher dorthin. Bei seiner Ankunft wirkt Rachmaninoff merkwürdig ängstlich, und erst im späteren Gespräch gesteht er beiden Damen, daß er zur Zeit unter einer unerklärlichen Todesfurcht leide. Und er bittet Mariettas Mutter flehentlich, ihm die Zukunft aus den Karten zu lesen. Rachmaninoffs beklemmende Zwangsvorstellungen sind zum einen die Schockreaktion auf den plötzlichen Tod zweier ihm nahestehender Musiker und Freunde, aber zum anderen auch die Folgen seiner rastlosen Konzerttätigkeit in einem vom Krieg gezeichneten Lande. Er muß stundenlang auf Bahnanschlüsse warten, in ungeheizten Räumen proben, und er sieht auf seinen Fahrten viel Elend, verwundete Soldaten, herumstreunende Kinder, abgerissene alte Menschen, die um Brot betteln. Sein Rußland hat nur noch wenige Inseln des Wohlstandes und der friedlichen Idylle.

Als er alle Konzerte der Saison absolviert hat, zieht sich Rachmaninoff auf Iwanowka zurück. Doch bald darauf plagt ihn wieder ein hartnäckiger Kopfschmerz, so daß der behandelnde Arzt ihm dringend einen Kuraufenthalt im Kaukasus anrät.

Im Kaukasus kommt Rachmaninoff erst recht nicht zur Ruhe. Denn dort weilen bereits die Schauspielertruppe des Stanislawski-Theaters und die Sängerin Nina Koschits. Diese junge Sopranistin vom privaten Theater S. I. Simins zieht in Kammermusikabenden zunehmend die Aufmerksamkeit der Fachleute auf sich. Sie singt Romanzen Tschaikowskis und Rachmaninoffs und überzeugt durch eine enorme Musikalität und Gesangskultur, wie ihr die Moskauer Kritiker mit seltener Einstimmigkeit bescheinigen. Am 10. März übernahm Rachmaninoff selbst den Klavierpart in einem Romanzenabend der Koschits. Ihrem künstlerischen Temperament und ihrer Begabung entsprechend entwickelt sich die junge Künstlerin mit Rachmaninoffs Unterstützung zur idealen Rachmaninoff-Interpretin. Asafjew vergleicht ihre Gesangskunst und Ausstrahlungskraft sogar mit der Schaljapins. Und unzweifelhaft gebührt ihr ein nicht zu unterschätzendes Verdienst an der Popularisierung vieler Romanzen Rachmaninoffs. Leider beendet die Revolution allzu früh die kreative Zusammenarbeit beider Künstler, und in den späteren Jahren der Emigration kommt es nur noch selten zu gemeinsamen Auftritten.

Die temperamentvolle Nina Koschits animiert Rachmaninoff eigensinnig und hartnäckig zu allerlei kurzweiligen Treffen, und das Künstlervolk treibt seine übermütigen Späße mit den soignierten Kurgästen und Sommerfrischlern. Stanislawski bemerkt in einem Brief vom 30. Juni 1916:

»Gestern ist Rachmaninoff aus Jessentuki nach Kislowodsk abgereist, und vor einer Woche ist Schaljapin auf die Krim gefahren,

Wir haben mit ihnen eine sehr schöne Zeit verlebt. Sind spazieren gegangen, haben Trinkkur gemacht. Zu uns gesellten sich Kussewitski, Koschits (von Simin), Sofja Fjodorowa und die Sanins. Diese ganze Gesellschaft erregte Aufmerksamkeit, was Rachmaninoff ärgerte und Schaljapin erfreute. Dieser war in guter Verfassung und darum sehr gesellig und nett.«[13]

Die eifrige Sommerkorrespondenz zwischen Nina Koschits und Rachmaninoff läßt auf eine herzliche Vertrautheit schließen, und der gegenüber Marietta Schaginjan eher väterliche, belehrende Ton weicht einer enthusiastischen, fast verliebten Stimmung.

Doch Mitte August findet der Sommerflirt ein jähes Ende. Aus Iwanowka dringt traurige Botschaft. Rachmaninoffs Vater, der zu einem kurzen Besuch seines Sohnes auf Iwanowka eingetroffen war, erleidet eine plötzliche Herzattacke und stirbt, bevor er den Sohn noch ein letztes Mal sehen kann. Obwohl der Vater durch seinen leichtfertigen Lebenswandel vielleicht wesentlich mehr zur Trennung der Familie beigetragen hatte, bewahrt Rachmaninoff sein Leben lang eine anhängliche und liebevolle Erinnerung an ihn. Das Verhältnis zur Mutter hingegen bleibt distanziert und kühl, wenngleich Rachmaninoff auch ihr bis zu ihrem Tode im Jahre 1929 eine regelmäßige Unterstützung zukommen läßt.

Im Herbst verschlechtert sich die Lage vieler russischer Musiker. Durch die allgemeine Konzertverknappung und drastische Kürzungen im Kulturetat geraten die Künstler in echte Existenznot, zumal auch diverse Engagements für die bevorstehende Herbstsaison nicht verlängert werden. Nur ein unbürokratisches und schnelles Eingreifen kann die Musiker und ihre Familien jetzt vor dem Schlimmsten bewahren. Und so kommt Alexander Siloti auf die rettende Idee, einen Hilfsfonds für bedürftige Musiker ins Leben zu rufen. Gemeinsam mit dem Schriftsteller Maxim Gorki, den er 1914 kennengelernt hatte, gründet Siloti eine »Gesellschaft zur Unterstützung bedürftiger Musiker und ihrer Familien« und veranlaßt eine Reihe befreundeter Industrieller, Kaufleute, Juristen und derzeit noch gut verdienende Künstler zum Beitritt in diesen privaten Hilfsfonds. Auf der Organisationsversammlung am 25. September 1916 in Gorkis Petrograder Wohnung treffen sich

Glasunow, Ossowski, Schaljapin, der Dirigent Albert Coates, Modest Tschaikowski, der Kiewer Zuckerfabrikant M. I. Tereschtschenko, der Klavierfabrikant Diederichs, der Direktor der Asowski-Donskoj-Bank B. Kamenka und weitere Kulturbürger zur ersten konstituierenden Sitzung. Siloti wird zum Vorsitzenden, Gorki zum Ehrenvorsitzenden gewählt, das Sekretariat übernimmt der in organisatorischen Fragen versierte Ossowski, und Schatzmeister wird der Bankier Kamenka. Einstimmig votiert man für die Aufnahme Rachmaninoffs als Ehrenmitglied in den Verband, denn seine Spendenfreudigkeit ist allseits bekannt, und bald fließen aus dem Erlös seiner Konzerte auch erhebliche Summen in den Fonds.

Im September 1916 komponiert Rachmaninoff die beiden letzten großen Zyklen vor der Emigration: 6 Romanzen op. 38 und die Etudes tableaux op. 39. Der Liederzyklus ist auf Verse der Symbolisten Blok, Sologub, Balmont, Belyj, Sewerjanin und Brjusow geschrieben, obwohl Rachmaninoff noch 1912 gegenüber Marietta Schaginjan geäußert hatte, daß ihm diese modernen russischen Dichter nicht besonders gefielen. »Ich bin erschrocken über die meisten von ihnen.«[14] Die von Rachmaninoff hier ausgewählten Verse sind in der Mehrzeit lyrische Miniaturen – raffiniert in der Form und launenhaft in Versbildung und Rhythmik.

Die fast gleichzeitig entstandenen, hochvirtuosen Etudes tableaux op. 39 lassen die ruhigen, lyrischen Momente gänzlich in den Hintergrund treten. Rachmaninoff beschwört eindringlich dunkle und erregende Klangbilder, die er in monumentale »Klavierdramen« ausweitet. Während die 1. Etüde den Hörer durch ihr rasantes pianistisches Figurenwerk im Klangrausch zu ersticken droht, und Rachmaninoffs Vorstellung der Böcklinschen »Wellen« sich wie eine Sturmflut ergießt, soll die 2. Etüde – so der Komponist – Meer und Möwen versinnbildlichen. Hier kommt es auch zu deutlichen Anklängen an die »Toteninsel«. Reminiszenzen an Skrjabins Etüde dis-moll op. 8 Nr. 12 enthält die heroische 5. Etüde, kirchentonale Gesänge und Glockengeläut wiederum durchziehen die 7., 8. und 9. Etüde.

Der letzte Etüdenzyklus ist nicht homogen. Erstaunlich moderne Techniken wechseln mit konventionellem Handwerk. In ihrem elegischen Stimmungsgehalt sind sicherlich die 2. und 8.

Etüde am eindrucksvollsten, während die 4. Etüde, das intellektuelle Kabinettstück à la Prokofjew, bemerkenswert neue Tendenzen verrät. Zunächst beginnt diese Etüde als graziöser Tanz. Dann aber rücken permanente Taktwechsel, metrische Verschiebungen, harmonische Verfremdungen und harte Tokkatenschläge das Stück in die Nähe der geistreich-ironischen Musik Prokofjews.

Einer der ersten Hörer der neuen Etudes tableaux, Oskar v. Riesemann, bemerkt daher folgerichtig, daß Rachmaninoff in dem zuweilen geforderten Klangvolumen die Möglichkeiten sogar der besten Konzertflügel überschätze, und man den Eindruck bekäme, daß der Komponist ungeduldig durch die vom Instrument auferlegten Begrenzungen sei.[15] Sergej Kussewitski zieht in den dreißiger Jahren die Konsequenz, indem er als Chefdirigent der Bostoner Sinfoniker den Italiener Respighi mit der Orchestration von 6 Etudes tableaux aus op. 39 beauftragt. So wie er Ravel zur Orchestrierung von Mussorgskis »Bildern einer Ausstellung« bewogen hatte, drängten ihn auch Rachmaninoffs Etudes tableaux zur Umsetzung in Orchesterfarben. Die Grenzen der Ausdrucksmöglichkeiten am Klavier sind für Rachmaninoff gegenwärtig erreicht.

Als er den neuen Zyklus Ende 1916 erstmals in Moskau und Petrograd spielt, spürt auch die Kritik diese Grenzsituation. Der Petrograder Musikkritiker A. Koptjajew meldet in den *Börsennachrichten* vom 1.12.1916: »Hier wird der Rachmaninoffsche Rhythmus noch mehr verschärft, wird herausfordernd, fast dreist. Die Ausdruckskraft geht bis an die für Rachmaninoff erreichbaren Grenzen.«[16] Und Sabanejew schreibt im *Musikalischen Zeitgenossen:* »Dieses große Talent befindet sich jetzt in einer Periode der Suche. Offensichtlich stellt aus irgendeinem Grunde die ursprüngliche Originalität den Komponisten nicht mehr zufrieden. Obwohl ich persönlich Rachmaninoff nicht als musikalisches Phänomen höchster Rangordnung betrachten kann, fühlt man in ihm eine ungeheure innere Kraft, ein Potential, das irgendeine Barriere vom Herausbrechen zurückhält. Seine künstlerische Persönlichkeit enthält das Versprechen zu Größerem, als was er uns bisher gegeben hat.«[17]

Rachmaninoff ist am Wendepunkt seiner kompositorischen Entwicklung angelangt. Unausweichlich stellt sich für ihn die Frage nach der Zukunft seiner Musik. Sollte er weiterhin aus dem alten russischen Kulturgut schöpfen, das sich bedrohlich seiner Auflösung näherte, oder sollte er endlich in musikalisches Neuland stoßen, zumal er dieses Neuland gerade in seinen letzten Werken immer wieder vorsichtig betreten hatte?

Doch Rachmaninoff hat nicht die Ruhe, Kritiken zu überdenken oder seinen Standort kritisch zu analysieren. Schon übernimmt er neue Konzertverpflichtungen, um die unsichere Einkommenslage der Familie aufzubessern und startet am 9. Januar 1917 wieder eine dreiwöchige Inlandstournee, die ihn durch Kiew, Charkow, Rostow am Don und Taganrog führt. Am 26. Januar kommt es in der Rostower Musikschule zu einem letzten privaten Treffen mit Marietta Schaginjan. Rachmaninoff gibt dort einen Klavierabend, und er schreibt in seinem letzten Brief an die Schaginjan: »Liebe Re, erst heute kam ich mit großer Verspätung in Rostow an. Morgen abend werde ich abreisen, um nicht mehr hierher zurückzukehren. Ich möchte Sie sehr gern sehen, aber ich kann nicht zu Ihnen kommen. Würden Sie einwilligen, zu mir hierher zu kommen, vor dem Konzert, in die Musikschule!? Wir werden allein sein, verspreche ich Ihnen. So gegen ½7. Wir können 1½ Stunden zusammen sein. Ich werde spielen, und Sie werden mir etwas erzählen! Gut? Ich sende Ihnen meine Romanzen. Ihnen aufrichtig ergeben! S. Rachmaninoff.«[18]

Über die Beziehung Rachmaninoffs zur Schaginjan ist von seiten der nächsten Angehörigen Rachmaninoffs ein Mantel des Schweigens gebreitet worden. Während Marietta Schaginjan alle Briefe Rachmaninoffs bis zu ihrem Lebensende aufbewahrte, sind ihre Briefe an Rachmaninoff nicht erhalten. Eine spekulative Legende zu ranken oder gar über die Intensität dieser Liaison zu fabulieren, würde kaum der sensiblen Problematik gerecht werden. Denn die Beziehung beider – so wie sie sich aus den Briefen Rachmaninoffs kundtut – lebt zweifellos aus der Bewunderung der jungen Intellektuellen für den großen Künstler und aus der hochgradigen Empfänglichkeit des schöpferischen Menschen für diese uneingeschränkte Zuwendung und leidenschaftliche Begeisterung. Marietta Schaginjan verkörpert für Rachmaninoff die junge, vorwärtsstürmende Generation der Weltverbesserer, und mit Sicherheit erweckt sie in ihm eine Vorahnung jener neuen, »freien« russischen Gesellschaft, von der sie träumt, die den Künstler aber befremdet und erschreckt.

Rachmaninoff und Schaginjan gleichen jenen Tschechowschen Helden, die schweigend auseinandergehen, bevor sie ihre Gedanken und Gefühle einander offenbaren konnten. Das Ambiente ihrer Verbindung spiegelt sich in Rachmaninoffscher Musik wider, die ihre emotionalen Grenzen, Konventionen ebenfalls nie überschreitet. Die Kritiker seiner Musik bemängeln daher auch stets, daß Rachmaninoffs Musik zwar nie den erlesenen Geschmack verletze und immer Noblesse ausstrahle, dafür aber auch nie den radikalen Bruch mit der Tradition riskierte.

Doch die historische Entwicklung wälzt sich wie eine Lawine über Einzelschicksale hinweg. Im Februar 1917 führen gefährliche Unruhen, Demonstrationen und unzählige Streiks im ganzen Land endlich zum Sturz des abgenutzten und verhaßten Regimes. Am 15. März 1917 dankt der Zar zugunsten seines Bruders, des Großfürsten Michail, offiziell ab, und die 1. Provisorische Regierung wird ausgerufen. Von den insgesamt elf Ministern der neuen Regierung gehören fünf der KaDettenpartei an. Neuer Kriegsminister wird Alexander Gutschkow, der ehemalige Präsident der 3. Duma, ein Schwager Alexander Silotis. Siloti selbst wird von der Provisorischen Regierung zum neuen Direktor der Theater ernannt. Er tritt damit die Nachfolge Teljakowskis an. Der weitverzweigte Rachmaninoff-Clan steht den neuen Regierungskreisen sehr nahe. Und so nimmt es nicht wunder, daß auch Rachmaninoff die bürgerliche Regierung und ihre sozialen Hilfsorganisationen nach Kräften unterstützt. Bereits am 21. Februar – als er in Petrograd einen Klavierabend gibt – stiftet er die Hälfte seines Honorars Silotis Russischem Musikfonds. Seine Bedingungen sind: je 200 Rubel sollten dem Pianisten Romanowski, dem Cellisten Loganowski und seinem alten Bekannten Michail Gnessin, dem Begründer des gleichnamigen Musikinstituts, zukommen. Denn die finanzielle Lage der drei Musiker ist äußerst prekär. Am 26. Februar – dem Tage des Generalstreiks in Petrograd – gibt Rachmaninoff unter denkbar widrigen Umständen ein Recital in Moskau. Auch hier stiftet er die Hälfte seiner Einnahmen der Allrussischen Städteunion zur Hilfe Kranker und Verwundeter. Und endlich am 13. März 1917, in einem Sonderkonzert Kussewitskis, dem ersten öffentlichen Konzert nach der Februarrevolution, stiftet er spontan sein gesamtes Honorar in Höhe von 1000 Rubel zugunsten der freigelassenen politischen Gefangenen. In der am 15.3. von den *Russischen Nachrichten* abgedruckten offiziellen Erklärung heißt es:

»Sein Honorar vom ersten Auftritt in einem von nun an freien Land stiftet für eine freie Armee der freie Künstler S. Rachmaninoff.«[19]

Auch die folgenden Konzerte sind überwiegend wohltätigen Zwecken gewidmet. Am 20. März spielt Rachmaninoff ohne Gage in einem Kussewitski-Konzert Liszts Es-Dur-Klavierkonzert und die 12. Rhapsodie. Am 25. März führt er mit dem Bolschoj-Orchester unter Leitung Coopers gleich zwei große Klavierkonzerte auf: Tschaikowskis b-moll- und Liszts Es-Dur-Konzert. Den Reinerlös in Höhe von 5785 Rubel stiftet Rachmaninoff dem Kriegsminister Gutschkow zugunsten der Armee. Eine genaue Auflistung von Einnahmen und Ausgaben des Konzerts übermittelt er ebenfalls den *Russischen Nachrichten* im Schreiben vom 6. April 1917. Den letzten Klavierabend der Saison gibt Rachmaninoff am 21. April in Petrograd. Wieder spielt er seinen neuen Zyklus »Etudes tableaux«, und auch dieser Konzerterlös fließt zur Hälfte in den Russischen Musikfonds.

Im Frühjahr reisen die Rachmaninoffs nach Iwanowka. Sie folgen damit dem Aufruf der Provisorischen Regierung, auf dem Land planmäßig die Aussaat zu bestellen und Erntevorbereitungen zu treffen. Bereits bei ihrer Ankunft werden sie von den älteren Dorfbewohnern vor einem längeren Aufenthalt gewarnt. In letzter Zeit kämen häufig Fremde ins Dorf, die das Volk betrunken machten und dann gegen die Gutsbesitzer aufhetzten. Die Rachmaninoffs seien hier ihres Lebens nicht mehr sicher. Im Gouvernement Tambow herrschen in der Tat schwere Bauernunruhen. Denn die Pläne der Sozialrevolutionäre, die eine Unterstellung aller Adelsgüter unter die Kontrolle von Landesausschüssen vorsahen, scheitern hier am massiven Widerstand der Gutsbesitzer und einflußreicher Mitglieder der KaDettenpartei. Die KaDetten votieren hartnäckig für die unveräußerlichen Rechte des Privateigentums und ermutigen durch ihre unflexible Haltung sogar Kosakenformationen und das Offizierskorps zum Eingreifen. Die Folgen sind Radikalisierung der Bauern und Zunahme anarchistischer Gewalttaten. In Koslow wütet Ende September ein regelrechter Pogrom: Gehöfte werden niedergebrannt, und es kommt zu sinnlosen Gewalttaten an unschuldigen Zivilisten und Gutsbesitzerfamilien. Allerdings sind alle diese Aktionen gegenwärtig noch spontan, eher willkürlich und von keiner politischen Partei gelenkt. Die Bolschewiki können auf dem Lande überhaupt noch keinen Einfluß gewinnen. Außerhalb der Städte kennt man sie kaum.

Trotz der ungewissen Lage ist Rachmaninoff fest entschlossen, die anfallenden Arbeiten auf dem Gut – gewohnheitsmäßig wie in jedem Frühjahr – zu verrichten und sich nicht durch wilde Gerüchte verunsichern zu lassen. Es kommt dabei zu wiederholten Auseinandersetzungen mit der Familie, die ihm gefährliche Sorglosigkeit vorwirft und auf eine sofortige Abreise aus Iwanowka drängt.

Nach zwei Monaten Aufenthalt auf Iwanowka sind die Rachmaninoffs durch das unkalkulierbare Verhalten ihres dörflichen Personals und durch die bedrohlich zunehmenden Schreckensmeldungen aus Nachbargütern dennoch derart verängstigt und entnervt, daß sie abreisen und Zuflucht auf der Krim suchen. Die zögerliche und inaktive Haltung der Provisorischen Regierung versetzt Rachmaninoff in äußerste Unruhe, und im Juni teilt er Siloti aus Jessentuki mit, daß er nicht mehr nach Iwanowka zurückkehren werde. Das Gut sei zwar 120000 Rubel wert, in bar besäße er zur Zeit aber nur noch 30000 Rubel. Sein einziger Wunsch sei dennoch, mit Hilfe des Außenministers Tereschtschenko möglichst bald ein Ausreisevisum in eines der neutralen Länder Norwegen, Dänemark oder Schweiz zu erlangen. Siloti möge ihm dabei behilflich sein. Sicherlich spielt für Rachmaninoffs plötzlichen Ausreisewunsch auch der Umstand eine entscheidende Rolle, daß er sich auf der Krim in gesellschaftlichen Kreisen bewegt, die der revolutionären Aufbruchstimmung in Rußland entweder unbeteiligt oder sogar feindlich gegenüberstehen. Schauermärchen und wilde Gerüchte von Neuankömmlingen aus Moskau und Petrograd werden als willkommene Bestätigung der eigenen Vorurteile aufgegriffen und weiter kolportiert. Aber Rachmaninoffs Bittschrift an Siloti ist ohnehin vergeblich. Der stets hilfsbereite Siloti kann jetzt nicht mehr eingreifen. Die Ministerien erstarren in Untätigkeit, Entscheidungen und Dekrete versickern in einer undurchdringlichen Verwaltungsmaschinerie.

Am 27. Juli 1917 sieht Marietta Schaginjan in Kislowodsk Rachmaninoff zum letzten Mal aus der Ferne, als er in einem Wohltätigkeitskonzert Nina Koschits begleitet. Die Veranstaltung ist vom Offizierskorps organisiert. Offensichtlich hatte man Rachmaninoffs Beitrag erst zum Schluß eingeschoben, da die Vorankündigung seine Teilnahme nicht avisiert. Zu Beginn des Vortragsabends hält der Schriftsteller und Historiker Mereschkowski eine Einführungsrede, in deren Verlauf er die Bolschewiki immer wieder als Antichrist beschimpft. Und seine Frau, die stark kurzsichtige Dichterin Sinaida Hippius, liest im Anschluß an seine feurigen Polemiken aus ihren neuesten Gedichten. Marietta Schaginjan, die alle Darbietungen mit äußerster Anspannung verfolgt, schreibt in ihren Erinnerungen: »Mir schien, daß ich durch die umgekehrten Gläser eines Fernrohres auf eine verkleinerte, endlos weit entfernte, entschwindende Vergangenheit blickte. Am Juliabend 1917 erschienen mir diese Menschen als Anachronismus und das kurzsichtige Umherirren der Hippius war fast wie ein Symbol.«

Sein letztes Konzert in der Heimat gibt Rachmaninoff am 30. August in Jalta. Als er die Krim verläßt, um mit seiner Familie die Heimreise nach Moskau anzutreten, rüstet sich just zur selben Zeit Prokofjew in Petrograd für den umgekehrten Weg. Prokofjews Mutter, die zur Kur im Kaukasus weilt, ist über die Berichte aus Petrograd so verstört, daß sie ihren Sohn sofort nach Jessentuki beordert. Die Tage der Revolution erlebt Prokofjew in Kislowodsk, dem Sammelbecken der Weißen. Züge mit zerschossenen Fensterscheiben treffen ein, aufgeregte Bürger berichten von wilden Schießereien in Moskau und Petrograd. Durch die Kaledin-Front – die Gegenoffensive des Kosakengenerals – ist jetzt der Kaukasus vom übrigen Rußland abgeschnitten, und Kislowodsk wird zur Falle, der auch Prokofjew erst im März des folgenden Jahres entrinnen kann.

Inzwischen hungern und sterben an der Front die Soldaten, der Eisenbahnverkehr bricht zusammen, Lebensmittel werden knapp, Fabriken werden geschlossen. Die KaDettenpartei sucht verzweifelt durch Sabotage des öffentlichen Lebens die Revolution zu diskreditieren. Kohlebergwerke in der Nähe Charkows werden von ihren Besitzern in Brand gesteckt, Ingenieure von Textilfabriken zerstören vor ihrer Flucht sämtliche Maschinen, Eisenbahnbeamte demolieren Lokomotiven. Ein Heer von Spekulanten wiederum setzt am Vorabend der Revolution zum abenteuerlichen Ausverkauf Rußlands an. Lebensmittel, Kleidung, Brennmaterial werden zu astronomischen Preisen gehandelt. Die Inflation des Rubels ist nicht mehr zu bremsen: Ein Paar Herrenschuhe, das 1914 für 12 Rubel zu erwerben war, kostet jetzt 144 Rubel! Seife für ehemals 4,5 Rubel wird jetzt zu 40 Rubel gehandelt, und für ein Pfund Schwarzbrot, das 1914 2 Kopeken kostete, muß der Käufer jetzt 12 Kopeken entrichten. Die Preise übersteigen die Löhne – soweit sie überhaupt noch gezahlt werden – um mehr als das Doppelte. Die Differenz wandert in die Taschen der Kaufleute und Spekulanten.

Im Oktober brechen in Petrograd und Moskau die Stadtverwaltungen zusammen. Die Elektrizität wird rationiert. Einbrüche, Überfälle häufen sich. Tagelang stehen die Menschen Schlange nach Milch, Brot, Zucker, Tabak. Die Regierung Kerenski besitzt in den sich überstürzenden Tagesereignissen keine Autorität mehr. Gelenkt vom organisatorischen Genie Trotzkis und dem intellektuellen Charisma Lenins, nutzt die kleine Kaderpartei der Bolschewiki die Gunst der Stunde: In der Nacht vom 25. zum 26. Oktober 1917 übernehmen die Bolschewiki die Regierungsgewalt. Zunächst auf die Schwerpunktzentren Rußlands begrenzt, fassen sie auf dem Lande nur sehr langsam Fuß.

Der amerikanische Journalist John Reed – ein Augenzeuge der Oktoberereignisse – beschreibt den denkwürdigen 7. November (neuer Zeitrechnung) im Petrograder Winterpalais: Die alten Palastdiener in ihren blauen und roten, goldgestickten Uniformen standen nervös herum, gewohnheitsmäßig den Zutritt zum Sitzungssaal abweisend. »Wir gelangten endlich zu dem Saal, in dem die Minister vor kurzem noch den ganzen Tag und die ganze Nacht getagt und die Diener sie an die Rotgardisten verraten hatten. Die lange, mit grünem Tuch überzogene Tafel war noch so, wie sie sie verlassen hatten, als man sie verhaftete. Vor jedem jetzt leeren Sitz Feder, Tinte und Papier; die Blätter bekritzelt mit den Anfängen von

Aktionsplänen, flüchtigen Skizzen von Proklamationen und Manifesten, die meisten davon wieder ausgestrichen, nachdem ihre Zwecklosigkeit sich herausgestellt hatte; der Rest des Blattes mit verstreuten geometrischen Zeichnungen bedeckt, von den Schreibern hingemalt, während sie verzweifelt hörten, wie Minister nach Minister ihre zwecklosen Pläne entwickelten. Ich nahm eines dieser bekritzelten Blätter, auf dem ich die Handschrift Konowalows erkannte, das folgendermaßen begann: Die Provisorische Regierung fordert alle Klassen auf, die Provisorische Regierung zu unterstützen ...«[21]

Am folgenden Donnerstag, den 8. November 1917 verkündet ein Plakat des »Gesamtrussischen Sowjet-Kongresses« den Petrogradern: Die Exminister Konowalow, Kischkin, Tereschtschenko, Maljantowitsch, Nikitin und andere befinden sich in der Gewalt des Revolutionären Militärkomitees. Kerenski ist geflohen. Alle Armeeorganisationen haben Anweisungen, die notwendigen Maßnahmen für die sofortige Verhaftung Kerenskis und seine Überführung nach Petrograd zu treffen. Jede Kerenski erwiesene Unterstützung wird als schweres Staatsverbrechen bestraft werden.

In Petrograd ist äußerlich alles ruhig. Die Straßenbahnen fahren, Warenhäuser und Restaurants nehmen wieder ihren Betrieb auf, und die Theater laden zu Abendveranstaltungen ein. Sogar eine Gemäldeausstellung ist angekündigt. »Der Alltag – langweilig selbst in Kriegszeiten – ging seinen gewohnten Trott. Nichts ist erstaunlicher als die Lebenskraft des sozialen Organismus – wie er beharrt, sich nährend, sich kleidend, sich amüsierend, dem allerschrecklichsten Elend zum Trotz ...«[22]

Rachmaninoff erlebt den Machtwechsel in seiner Moskauer Wohnung am Strastnoj Boulevard. Er nimmt die Maschinengewehrsalven und die nächtlichen Explosionen des 25. Oktober kaum wahr, da er tief versunken an der Revision seines 1. Klavierkonzerts arbeitet. Und die ersten Erlasse der neuen Regierung sind ihm eigentlich zunächst nur deswegen unangenehm, weil sie ihn empfindlich am Fortgang der Arbeit hindern. Der Wohnraum wird drastisch eingeschränkt, wobei die Rachmaninoffs sogar noch rücksichtsvoll behandelt werden. Aber Rachmaninoff muß wie jeder Bürger an den Sitzungen des neu gegründeten Hauskomitees teilnehmen und mit den Mietern des Hauses abwechselnd Nachtwache halten, da Brandanschläge, Plündereien und Raubüberfälle zum neuen Moskauer Alltag gehören.

Für die Beamten und Angestellten der öffentlichen Institutionen und Verwaltungen ändert sich zunächst gar nicht so sehr viel. Sie werden aufgefordert, auf ihren Posten zu bleiben und die gewohnten Arbeiten zu verrichten. Rachmaninoffs Freunde Goldenweiser und Morosow behalten ihre Professuren am Moskauer Konservatorium, und ihr Existenzminimum scheint damit erst einmal gesichert.

Rachmaninoff hingegen – der sich ja mehrfach vergeblich um eine Professur am Moskauer Konservatorium bemüht hatte – ist jetzt tatsächlich arbeitslos und ohne Einkommen. Keine Engagements, keine Verträge, keine Konzerte. Wenn auch später mehrfach geäußert wurde, daß für Rachmaninoff in Anbetracht seines künstlerischen Ansehens eine Professur zu dieser Zeit kaum mehr von Interesse gewesen wäre, so verkennt man die äußeren Umstände. Welche Rolle spielte hier der künstlerische Stellenwert, wo die Überlebensfrage alle Entscheidungen diktierte? Und die Rachmaninoffs stehen 1917 vor dem Nichts.

Am 10. November ist die Revision von op. 1 abgeschlossen. Seine stärksten Veränderungen hat das 1. Klavierkonzert im Finale erfahren, wo Rachmaninoff eine nahezu ideale Illustration seiner rhythmisch-metrischen Perfektion liefert. Der Satz ist ein Labyrinth von rhythmischen Spitzfindigkeiten, metrischen Wechseln und Multirhythmen. Auch die Kontrapunkttechnik grenzt hier ans Unglaubliche. Rachmaninoff führt acht bis neun Stimmen gegeneinander und setzt sogar zum Schluß Klavier- und Orchesterpart als zwei harmonische Gruppen kontrapunktisch gegeneinander.[23] Mitte November folgen noch eine »Orientalische Skizze«, ein Prélude d-moll – posthum veröffentlicht – und die »Fragmente«, die erstmals 1919 in der amerikanischen Fachzeitschrift *The Etude* abgedruckt werden. Dann sind Rachmaninoffs letzte schöpferische Quellen versiegt. Verständnislos gegenüber den radikalen Veränderungen, die sich Tag für Tag in seiner nächsten Umgebung vollziehen und verzweifelt über seine hoffnungslose Lage als Komponist und Interpret, übt Rachmaninoff jetzt nur noch Klavier. Die

Dichterin Marina Zwetajewa ist eines Nachts zufälliger Ohrenzeuge: »Ich lebte, wie ein schüchterner Bettler, von zufälligen Gaben, wie dann, zur Zeit der Revolution, von Musikalmosen auf der Straße, nachts, unter fremden Fenstern. So wurde mir einmal aus einem nächtlichen Fenster am Arbat Rachmaninoff ›gegeben‹ – von Rachmaninoff selbst.«[24]

Völlig unerwartet – für Rachmaninoff ein Geschenk des Himmels – trifft Ende November ein Telegramm aus Schweden ein. Inhalt des Schreibens ist die Einladung für einen Konzertauftritt in Stockholm. Es ist seit Kriegsbeginn das erste Angebot aus dem Ausland. Rachmaninoff reagiert sofort und schickt noch am gleichen Tage seine Zusage nach Stockholm. Der nächste Schritt gilt Petrograd, um für die Familie schnell die notwendigen Ausreisevisa zu besorgen. Da die Banken geschlossen sind, leiht sich Rachmaninoff von Freunden 2000 Rubel, die Höchstsumme, die einer vierköpfigen Familie von der neuen Regierung bei Grenzübertritt zur Mitnahme gestattet war.

An einem regnerischen Abend im November fährt Rachmaninoff mit seiner Schwägerin Sofija Satina in einer klapprigen, alten Straßenbahn über die unbeleuchteten, trostlosen Straßen Moskaus zum Nikolajewski-Bahnhof, um dort den Zug nach Petrograd zu besteigen. Im kleinen Handgepäck führt er den 1. Akt seines Opernentwurfs »Monna Vanna«, Skizzenbücher der neuen Klavierstücke und die Partitur von Rimski-Korsakows »Goldenem Hahn« bei sich. Die revidierte Fassung seines 1. Klavierkonzerts hatte er noch kurz zuvor dem Kussewitski-Verlag übersandt. Am Nikolajewski-Bahnhof wird Rachmaninoff schon von einem Angestellten der Klavierfirma Diederichs erwartet, der ihm Fahrkarte und Sitzplatz für den überfüllten Nachtzug nach Petrograd organisiert hatte. Glücklicherweise schöpft im neuen Kommissariat für Auslandsangelegenheiten in Petrograd niemand Verdacht, daß der Pianist Rachmaninoff die Auslandstournee in Begleitung seiner Frau und der beiden Kinder antreten will. Er erhält die gewünschten Ausreisepapiere, und am 23. Dezember 1917 verlassen die Rachmaninoffs Petrograd. Mit ihnen reist ein enger Freund der Familie, der bisherige Geschäftsführer des Kussewitski-Verlages, Nikolaj Struwe. Als der Zug langsam aus dem Petrograder Bahnhof rollt, empfindet Rachmaninoff Erleichterung und Angst zugleich. Würden sie die Grenze überhaupt erreichen? War es ein Abschied für immer, oder würde man bald wieder in eine vom Krieg befreite Heimat zurückkehren können? Rachmaninoff blickt fast hilfesuchend auf das kleine Abschiedsgeschenk, das ihm Schaljapin noch in letzter Minute zugesteckt hatte: Kaviar und selbstgemachtes Weißbrot – eine Kostbarkeit in jener unwirklichen Welt.

Die Reise verläuft wider Erwarten ohne große Komplikationen. Der Zollbeamte an der finnischen Grenze widmet sich lediglich mit besonderer Aufmerksamkeit den russischen Schulbüchern der Mädchen und wünscht Rachmaninoff dann zuvorkommend und höflich eine erfolgreiche Konzerttournee. Rachmaninoff ahnt in diesem Moment nicht, daß dies ein endgültiger Abschied von seiner Heimat Rußland ist.

Teil 2

Amerika

Karriere im Exil

1917–1922

Die Fahrt von Finnland nach Schweden müssen die Rachmaninoffs im offenen Schlitten zurücklegen. Völlig erschöpft erreichen sie an der schwedischen Grenze endlich den Zug nach Stockholm. Als sie am Nachmittag des 24. Dezember 1917 in der schwedischen Hauptstadt eintreffen, sind sie wie benommen vom sorglos-festtäglichen Treiben der Innenstadt. Nikolaj Struwe begleitet sie noch vom Bahnhof zum Hotel. Dann sind die Rachmaninoffs allein. Sie verleben ihren wohl einsamsten Weihnachtsabend in einem kargen Stockholmer Hotelzimmer. Die Freiheit hatten sie erlangt, aber zu welchem Preis?

Rachmaninoff verfügt über einige Auslandskontakte, aber welchen Wert hatten sie noch in der gegenwärtigen Situation?

Unzählige Menschen wagen in diesen Jahren den Sprung ins Ungewisse. Fast verschwinden die Rachmaninoffs in der Flut russischer Emigranten, die nach der Niederlage der Weißen Armee und in den Wirren des Bürgerkrieges ihre Heimat verlassen. Die »erste Emigration« – wie sie in der Geschichtsschreibung genannt wird – umfaßt nicht nur Anhänger des Zarismus oder Gegner des neuen Regimes. Ein Großteil der Emigranten gehört liberalen, sozialdemokratischen, ja sogar sozialistischen Parteien und Gruppierungen an. Rußland verliert binnen kürzester Zeit einen wesentlichen Teil seiner intellektuellen und künstlerischen Elite, unter ihnen Marina Zwetajewa, Iwan Bunin, Wladimir Nabokow, Mereschkowski, Strawinsky, Kussewitski, die Tänzerin Anna Pawlowa und später auch Fjodor Schaljapin, um nur einige wenige zu nennen. Für den »Abfallhaufen der Geschichte« – wie Trotzki das Heer der Emigranten haßerfüllt schmäht – werden erste Anlaufzentren Prag, Berlin und Paris. Aber die Russen entweichen auch nach China, in die Mandschurei, in die skandinavischen Länder und in die USA. Und alle kämpfen verzweifelt um einen kleinen Platz in der neuen Welt. Viele von ihnen sind sich noch gar nicht recht bewußt, wie endgültig ihr Trennungsschritt war. Zu frisch ist die schmerzliche Erinnerung an eine vertraute Umgebung, Verwandte, Freunde, und allzu stark noch die Hoffnung auf baldige Rückkehr. Manch einer verliert sich in den Zustand wartender, passiver Orientierungslosigkeit.

Es gehört zu den erstaunlichen Momenten in Rachmaninoffs Biographie, daß der oft so zögerliche und labile Künstler in dieser entscheidenden Situation nicht zaudert. Bestärkt von seiner praktisch und realistisch ausgerichteten Frau Natalja Alexandrowna, trifft Rachmaninoff die für das Überleben der Familie notwendige Entscheidung: Das westliche Ausland sollte ihn fortan nur noch als Interpreten, als Konzertpianisten erleben. Für einen Dirigenten war sein Repertoire zu schmal und mit russischen Werken überlastet, als Komponist wiederum konnte er nie mit einem festen Einkommen rechnen, abgesehen davon, daß seine Werke ohnehin nicht dem avantgardistischen Trend entsprachen. Und zur Lehrtätigkeit mangelte es ihm an jeglicher Neigung und auch an positiver Erfahrung. So blieb ihm nur das Berufsbild des reisenden Virtuosen.

Rachmaninoff zeigt sich als würdiger Sohn seiner wenig geliebten Mutter, die ihn schon als kleines Kind mit einem unerbittlich auf die Minute geregelten Tagesplan drangsalierte. Er entwirft jetzt eine bis ins Detail auskalkulierte Strategie seiner künftigen pianistischen Studien. Eine exakte Zeiteinteilung wird wesentlicher Bestandteil seiner pianistischen Arbeit, was ihm später den Vorwurf Medtners einträgt, daß bei seiner minutiösen Planung kein Freiraum für kreative Höhenflüge bleibe. Aber Rachmaninoffs Perfektionismus ist in jeder Beziehung der Schlüssel zum Erfolg. Sein erster Schritt gilt dem zielstrebigen Ausbau des verhältnismäßig kleinen Repertoires.

Da die Familie zunächst noch von den letzten Ressourcen zehren kann, bittet Rachmaninoff die schwedischen Veranstalter um Aufschub der vereinbarten Konzerte. Er will Zeit gewinnen, da er sich für den harten Konkurrenzkampf in der westlichen Konzertbranche noch nicht ausreichend gerüstet fühlt. Er war ja nicht mehr der

Chefdirigent der Moskauer Philharmoniker oder der Repräsentant einer neuen Moskauer Komponistenschule, der Erbadlige Sergej Wassiljewitsch Rachmaninoff, der einer gelegentlichen Auslandseinladung gefolgt war und sich dann wieder in sein russisches Familiendomizil zurückziehen konnte. Jetzt war er nur noch einer unter vielen reisenden Interpreten, die um internationale Anerkennung und einen festen Marktwert im Konzertgeschäft stritten.

Die Rachmaninoffs reisen daher zwei Tage vor Silvester 1917 mit Struwe nach Dänemark, da dort Angehörige Struwes leben, die den Russen weitere Unterstützung zugesagt hatten. Am Stadtrand von Kopenhagen finden die Rachmaninoffs endlich nach langer Suche eine Parterrewohnung mit Klavier, so daß die wichtigste Voraussetzung – die Möglichkeit zum täglichen Üben – sichergestellt ist. Natalja Alexandrowna paßt sich sehr schnell ihrer neuen, bescheidenen Umgebung an. Ohne wehmütige, retardierende Gedanken konzentriert sie sich auf die wesentlichen Dinge des Alltags und ebnet damit ihrem Mann den mühsamen Weg in die Interpretenexistenz. Sie besorgt den Haushalt, bringt die Mädchen zur Schule und bewältigt mit mühselig erworbenen Sprachkenntnissen etliche organisatorische Probleme. Erst als sie auf einem ihrer täglichen Besorgungsgänge stürzt und einen Armbruch erleidet, muß Rachmaninoff eingreifen und neben seinen pianistischen Studien jetzt den Haushalt allein verrichten. Das morgendliche Ofenheizen raubt ihm dabei so manche wertvolle Übungsstunde. Rachmaninoff führt in diesem Jahr alles andere als ein großbürgerliches Leben. Sein Schicksal unterscheidet sich nur gering von dem Los jener russischen Adligen und Offiziere, die sich in Paris als Taxichauffeure, Croupiers oder Dienstpersonal verdingen, oder auf Berliner Schwarzmärkten Pelze, Schmuck und Kunstgegenstände gegen Lebensmittel eintauschen.

Das erste Konzert im Exil gibt Rachmaninoff am 15. Februar 1918 in Kopenhagen. Unter Leitung des Dirigenten Hoberg spielt er mit den Kopenhagener Sinfonikern sein 2. Klavierkonzert. Eine Woche später folgt ein Recital mit eigenen Werken. Und am 12. März erfüllt er schließlich auch seinen Stockholmer Vertrag, indem er dort sein 2. Klavierkonzert und das 1. Klavierkonzert von Liszt aufführt. Am 14. März spielt Rachmaninoff in Stockholm das

Tschaikowski-Konzert, woran sich vier Tage später noch ein Klavierrecital mit eigenen Werken anschließt. Die Konzerte sind gut besucht, die Presse reagiert nicht überschwenglich, aber freundlich. Weitere Konzerte in Malmö, Oslo und wieder Kopenhagen mit dem 2. Klavierkonzert und den Virtuosenkonzerten von Liszt und Tschaikowski festigen allmählich Rachmaninoffs Vertrauen in die wiedergewonnenen Kräfte und stimmen ihn zuversichtlich für die kommende Saison. Er ist außerdem sehr froh, mit den Einnahmen der insgesamt zwölf Konzerte endlich wieder die Schulden und Rückstände der vergangenen Monate ausgleichen zu können. Jetzt mußte er nur noch die richtige Entscheidung für die Zukunft treffen. Bereits im Januar hatte Rachmaninoff von Kopenhagen aus mit seinem alten Freund Modest Altschuler in New York Kontakt aufgenommen und ihm im Brief vom 12. Januar mitgeteilt, daß er schon im vergangenen Herbst in Moskau an eine Ausreise nach Amerika gedacht hatte. Nur die Warnung des amerikanischen Konsuls, daß man sich in den Staaten eher mit dem Krieg als mit Konzerten beschäftige, hatte ihn damals von seinem ursprünglichen Vorhaben abgeschreckt. Altschuler muß auf dieses Schreiben hin unverzüglich seinen New Yorker Bekanntenkreis mobilisiert und auch etliche Geschäftsverbindungen aktiviert haben, denn am 26. März sendet Rachmaninoff ein ausführliches Dankschreiben an Altschuler. Bei der Rückkehr von seiner kleinen Skandinavientournee – so schreibt er Altschuler – habe er in Kopenhagen zwei Telegramme vorgefunden: das eine vom New Yorker Metropolitan-Konzertbüro mit einem Vertragsangebot über 25 Klavierrecitals, das andere – ein Zweijahresvertrag als Dirigent beim Cincinatti-Orchester, Absender Büro Wolfsohn. Vom dritten Angebot schreibt Rachmaninoff nichts. Es ist eine Einladung des Präsidenten der Bostoner Sinfonischen Gesellschaft an Rachmaninoff, die Nachfolge des bisherigen Chefdirigenten Karl Muck anzutreten. Mit einer gezielten Falschmeldung hatte ein örtliches Presseorgan – beflügelt von kriegerischem Patriotismus – den renommierten deutschen Dirigenten als illoyal diffamiert. Angeblich sei er nicht bereit gewesen, zu Beginn eines Konzerts in Providence »The Star Spangled Banner« zu dirigieren. Obwohl sich das ganze bald als üble Hetzkampagne herausstellte, wurde der Dirigent arretiert und für den Rest des Krieges in ein Internierungslager eingewiesen. Der Manager und Konzertagent der Bostoner Sinfonischen Gesellschaft, Charles Ellis, mußte wohl oder übel einen Nachfolger suchen. Zuerst wandte er sich an den russischen Pianisten und Dirigenten Ossip Gabrilowitsch. Der aber lehnte dankend ab und verwies ihn weiter an Rachmaninoff.

Von Charles Ellis erhält Rachmaninoff in Kopenhagen das imposante Vertragsangebot, innerhalb von 30 Wochen 110 Konzerte der Bostoner Sinfoniker zu dirigieren. Obwohl ihm jetzt drei lukrative Angebote vorliegen, trifft Rachmaninoff keinen übereilten Entschluß. Die überraschenden Konzertaussichten reizen ihn zwar, aber er weiß andererseits genau, daß er sich gerade zu Beginn seiner neuen Pianistenkarriere kein Risiko und vor allem keinen Mißerfolg leisten darf. Und so erteilt er allen drei amerikanischen Vertragspartnern zunächst einen abschlägigen Bescheid. Nur Modest Altschuler nennt er vorsorglich seine Vertragsbedingungen, um für die Zukunft von vornherein Mißverständnissen vorzubeugen. Rachmaninoff ist sich aufgrund der Angebotslage ziemlich sicher, daß sein künftiger Tätigkeitsbereich auf jeden Fall in Amerika liegen würde. Der für ihn wichtigste Vertragspunkt – und das sollte Altschuler wissen – sei das Instrument. Hier würde er sich ausschließlich einen Konzertflügel der Firma Steinway ausbedingen. Seine Orchesterfavoriten seien die Bostoner und die Chikagoer Sinfoniker, mit denen er auch gern gemeinsame Konzerttourneen unternehmen würde. Für zwei Klavierkonzerte pro Abend, wobei er ein eigenes und eines der Klassikerkonzerte spielen würde, hätte er die Preisvorstellung von 600 Dollar. Das seien nur 100 Dollar Preissteigerung gegenüber seiner ersten Amerikagage im Jahre 1909. Soloabende hingegen würden ihn gegenwärtig nicht so sehr reizen, für sie würde er 900 Dollar als Gage ansetzen. Bei größerer Anzahl von Konzerten sei er aber bereit, den Preis entsprechend zu senken. Fahrten 1. Klasse, Klavierstimmer und eine Begleitperson müßten garantiert sein. Zum Abschluß seines Briefes erkundigt sich Rachmaninoff noch eingehend nach den Lebenshaltungskosten in Amerika. Offenkundig schätzt er seine gegenwärtige berufliche Situation recht realistisch ein. Die drei Amerikaangebote stärken sein Selbstwertgefühl, und er rechnet sich langfristig durchaus gute

Chancen auf dem amerikanischen Konzertsektor aus. Aber er ist selbstkritisch genug, um zu wissen, daß er zum augenblicklichen Zeitpunkt keine 110 Konzertprogramme als Dirigent füllen kann. Auch würden seine mangelhaften Englischkenntnisse vermutlich nicht ausreichen, um den vielfältigen Ansprüchen gerecht zu werden, die gewöhnlich an das Amt eines Orchesterleiters gestellt werden. Neben der Dirigententätigkeit waren Verhandlungen mit der Trägergesellschaft, mit Orchestervorstand, Orchestergewerkschaften, Agenturen und örtlichen Veranstaltern zu führen, die nicht nur Verhandlungsgeschick, sondern auch tadellose Sprachkenntnisse voraussetzten. Auch 25 Recitals, die er ja nicht nur mit eigenen Werken bestreiten kann, sind mit dem derzeitigen Repertoire an Soloklavierwerken kaum zu realisieren.

Rachmaninoff arbeitet daher um so intensiver am raschen Ausbau seines Repertoires. Nach den letzten Konzerten der Frühjahrssaison in Stockholm und Kopenhagen, die noch einmal das 2. Klavierkonzert und einige seiner Lieder auf dem Programm hatten, vertieft er sich in das Studium der klassischen Standardliteratur. Die ersten Konzerte der Herbstsaison am 18. und 19. September 1918 in Lund und Malmö werden zum Prüfstein seiner pianistischen Karriere. Bis zum 18. Oktober gibt Rachmaninoff insgesamt 14 Konzerte, die neben eigenen Werken jetzt neu einstudierte Werke von Mozart, Schubert, Beethoven und Chopin beinhalten. Die Konzertabende tragen ihm nicht nur gute Kritiken ein, sondern sie bestätigen ihn auch in der Richtigkeit des gewählten Weges. Der 45jährige Pianist stürzt sich jetzt noch intensiver in die Arbeit am Klavier. Nach eingehender Beratung mit Natalja Alexandrowna stellt er für die Familie einen Antrag auf Einreise in die USA. Dänemark und Schweden hatten die russischen Emigranten zwar gastlich aufgenommen, für einen Konzertpianisten jedoch, der fortan seinen Lebensunterhalt durch ausgedehnte und regelmäßige Konzertreisen zu finanzieren gedachte, reichten die wenigen Veranstaltungsorte langfristig nicht aus. Die übrigen westeuropäischen Länder waren durch den Krieg derart ökonomisch ausgeblutet, daß Sergej Wassiljewitsch sich nur begrenzte Auftrittsmöglichkeiten ausrechnen konnte. Der Pianist erstrebte für seine Aktivitäten ein größeres Terrain, und er suchte die international hochkarätige

Konkurrenz, die er vor allem in den Vereinigten Staaten und Lateinamerika antreffen konnte.

Trotz der angespannten politischen Situation gelingt es Rachmaninoff, den amerikanischen Konsul in Kopenhagen von der Dringlichkeit seines Einreiseantrages zu überzeugen. Die drei vorgelegten Konzertangebote aus New York tun ihr Übriges, und so erhält er endlich die begehrten Einreisepapiere für die Familie. Als die Rachmaninoffs am 1. November 1918 in Oslo den kleinen Dampfer »Bergensfjord« besteigen und erneut Abschied nehmen, ist es wieder ein Freund aus der russischen Heimat, der im entscheidenden Moment hilft. Ein naher Verwandter des vormaligen Direktors der Asowski-Donskoi-Bank und Schatzmeister des »Siloti-Fonds«, der Bankier Alexander Kamenka, steckt ihnen kurz vor Ablegen des Dampfers eine größere Geldsumme als Starthilfe für Amerika zu. Auch er war aus Rußland geflüchtet und hatte dabei einiges vom Vermögen der Bank ins westliche Ausland hinübergerettet. Während ihrer Überfahrt erlebt die Familie mehrere unruhige Tage und Nächte, denn der Atlantik ist immer noch Kriegsschauplatz der englischen und deutschen Flotte. Schiffe werden torpediert, und die kleine »Bergensfjord« muß sich nachts mit abgedunkelten Lichtern durch die feindlichen Zonen manövrieren. Aber die Insassen des Schiffes haben Glück. Wohlbehalten landen alle am 10. November im Hafen von New York.

Die Rachmaninoffs werden bereits am Kai von russischen Freunden Altschulers erwartet. Man geleitet die Neuankömmlinge ins Sherry-Netherland-Hotel, 29./Ecke 5. Avenue, damit sie sich erst einmal von den Strapazen der letzten Tage erholten. Doch die ersehnte Ruhe ist nur von kurzer Dauer. Denn schon um Mitternacht werden die Rachmaninoffs unsanft aus dem Schlaf gerissen. Von den Straßen dringt ohrenbetäubender Lärm in die Hotelzimmer, und die Russen wähnen sich entsetzt inmitten einer neuerlichen Revolution. Aber es ist lediglich die überraschende Nachricht vom Waffenstillstand, die ein solches Spektakel auslöst. »Der Feind hat kapituliert«, schreibt Upton Sinclair, »hat seine Kapitulation unterzeichnet! Freilich handelte es sich diesmal noch um einen falschen Alarm. Die amerikanische Presse war, ihrer Gewohnheit gemäß, den Ereignissen vorausgeeilt. Jede Zeitung will die andere übertrumpfen, deshalb hält jede stets alles in Bereitschaft: Reden, die noch gar nicht gehalten worden sind, Zeremonien, die noch gar nicht stattgefunden haben. Irgendeinem nervösen Reporter war die Feder ausgerutscht, und so entstand die Nachricht, die ganz Amerika außer Rand und Band brachte.

Ein derartiges Schauspiel hatte es seit der Erschaffung der Welt nicht gegeben. Alles, was Lärm machen konnte, wurde losgelassen. Männer, Frauen und Kinder strömten auf die Straße, tanzten, sangen, brüllten, bis sie völlig erschöpft waren. Schüsse wurden abgegeben, Autos rasten daher, die Konservenbüchsen hinter sich herschleiften. Zeitungsjungen und Börsenmakler fielen einander weinend in die Arme, ältliche, unnahbare Bankdirektoren tanzten Can-Can mit Stenotypistinnen und Telephonistinnen.«[1]

Amerika befindet sich im Friedenstaumel, und Rachmaninoff sondiert in diesen ersten Tagen vorsichtig die auf ihn einstürmenden Nachrichten, die vielen Briefe, Telegramme, Besuche und guten Ratschläge, um seinen Start in Amerika sorgfältig vorzubereiten und durch keinen unbedachten Schritt zu gefährden. Er erhält im Hotel Besuch von Hofmann, Kreisler, Zimbalist, von Mischa Elman, Eugene Isaye und Sergej Prokofjew. Prokofjew war bereits im September in New York eingetroffen. Er hatte den entgegengesetzten Weg über Wladiwostok und Chabarowsk zur Ausreise aus der entstehenden Sowjetunion gewählt, und nach Aufenthalten in Tokio, Yokohama, Honolulu und San Francisco war auch sein Reiseziel New York. Alle geben Rachmaninoff wohlmeinende Tips, aber das beste Angebot kommt von einer musikliebenden New Yorker Dame, die ihm ihr Musikstudio und ihren Konzertflügel zum ungestörten Üben zur Verfügung stellt. Ein sehr leidiges und äußerst wichtiges Problem ist damit gelöst.

Am 20. November – nur zehn Tage nach Rachmaninoffs Ankunft in New York – gibt Sergej Prokofjew seinen ersten Klavierabend in der New Yorker Aeolian Hall. Auch Rachmaninoff weilt unter den Zuhörern und verfolgt aufmerksam das Spiel des jungen Kollegen und die Reaktionen des Publikums. Prokofjew schreibt später, daß er erwartet hatte, seine musikalische Laufbahn würde in Amerika ganz glatt verlaufen. Aber er habe sich gründlich getäuscht. Denn er befand sich in einer musikalischen Welt, in der alles ausgezeichnet organisiert war, aber vollkommen verschieden von dem, was er bisher gewohnt war. In Rußland waren es die Komponisten, die mit neuen Werken für Gesprächsstoff im Publikum sorgten und häufig auch hitzige Debatten auslösten. In Amerika hingegen führt man mit Vorliebe anerkannte, unumstrittene Komponisten auf und legt den größten Wert auf die Wiedergabe der Musik. Hier allerdings ist das Niveau sehr hoch, und die Nachlässigkeiten, die man in Moskau überhörte, werden in Amerika absolut nicht geduldet.

Prokofjew spielt in seinem ersten New Yorker Konzert überwiegend eigene Kompositionen. Die Etüden von Skrjabin und die Préludes von Rachmaninoff hatte er weniger letzterem zu Ehren als auf dringendes Anraten seines Impresarios in das Programm nachgeschoben. Die Veranstalter wünschten eingängige Melodien und keine vertrackten Experimente. Die Kritiken fallen entsprechend aus: »Russisches Chaos in der Musik, Vulkanausbruch auf der Klaviatur, Karneval der Kakophonie, das gottlose Rußland« und »Bolschewismus in der Kunst«[2], ein amerikanisches Schreckensgespenst! Trotz des Presselärms und durchaus positiver Resonanz in Fachkreisen kann Prokofjew mit den Konzerteinnahmen kaum die Spesen decken. »Auf das Drängen meines Impresarios«, schreibt Prokofjew später, »fügte ich meinem Programm einige Stücke von Skrjabin und Rachmaninoff ein, denn ein ganzes Programm neuer Musik wäre zu anstrengend für das Publikum. Aber ich hatte offenbar zu wenig getan. Rachmaninoff, der zu dieser Zeit in New York ankam, war klüger: er fügte zwei oder drei seiner eigenen Präludien in ein ganz klassisches Programm ein.«[3]

Prokofjew ahnt nicht, daß Rachmaninoff einfach seine Lehren aus dem Recital des Kollegen gezogen hatte.

Sergej Rachmaninoff schließt jetzt einen Vertrag mit dem seriösen und einflußreichen Bostoner Konzertagenten Charles Ellis, der ihn bereits wegen der Bostoner Sinfoniker kontaktiert hatte. Ellis war viele Jahre der Agent Ignaz Paderewskis. Nach dem Überwechseln des polnischen Meisterpianisten in die Politikerlaufbahn avanciert nun Rachmaninoff in die Equipe des amerikanischen Konzertmanagers.

Er läßt sich auf ein hartes Geschäft ein. Arthur Rubinstein beschreibt seine erste amerikanische Tournee im Jahre 1906 als »tour de force«, denn in weniger als drei Monaten mußte er vierzig Klavierabende geben, also etwa jeden zweiten Tag ein Konzert.

Vom Agenten wird er belehrt: »Musikalisches Interesse hat hierzulande eigentlich nur die Bevölkerung von New York, und die wiederum interessiert sich fast ausschließlich für die Metropolitan Opera mit ihren hochbezahlten Sängern und Dirigenten. Mit Ausnahme von Boston schließen sich in Dingen der Kunst alle übrigen Städte New York an. Das Konzertleben wird bei uns durch die Werbung bestimmt – mit dem traurigen Ergebnis, daß weniger das Musikverständnis als die reine Sensationslust gefördert wird. Pianisten werden, das sehen Sie an Ihrem eigenen Fall, von Klavierfabrikanten hergeholt, um für ihre Produkte zu werben.«[4]

Rachmaninoff geht eine langjährige Geschäftsverbindung mit der Firma Steinway & Sons ein. Korrespondenz und Geschäftspost des Russen führt die Amerikanerin Dagmar Rybner, Tochter eines Musikprofessors der Columbia University. Ihre umfangreichen Fremdsprachenkenntnisse sind Rachmaninoff in seinen ersten amerikanischen Jahren von unschätzbarem Wert. Auch seinen ersten Vorvertrag mit der Edison Company unterzeichnet Rachmaninoff noch vor Ablauf des Jahres 1918.

Eine plötzliche, schwere Grippeerkrankung droht den perfekten Start zu gefährden. Aber Rachmaninoff ignoriert alle Warnungen der Ärzte und gibt sein amerikanisches Debüt als Emigrant termingerecht am 8. Dezember 1918 in Providence, der Hauptstadt von Rhodes-Island. Der Künstler ist von Ellis gut beraten, als er zur Einführung seine eigene Bearbeitung des »Star Spangled Banner« spielt, die vom Publikum mit Begeisterung aufgenommen wird. Dann folgen Mozarts A-Dur-Sonate KV 331, Beethovens D-Dur-Sonate op. 10 und die c-moll-Variationen, sowie Nocturnes, Walzer und Polonaisen von Chopin. Am 15. Dezember spielt Rachmaninoff in Boston. Die Kritik des *Boston Evening Transcript* vom 16.12. hat gerade zu Beginn seiner amerikanischen Karriere ein nicht zu unterschätzendes Gewicht: »Keine eindrucksvollere Person als Mr. Rachmaninoff hat in diesen vielen Jahren die Bühne der

Symphony Hall gekreuzt … Neun Jahre der Abwesenheit hatten die Erinnerung an sein Aussehen getrübt, vielleicht verändert. Seine Größe überragte beinahe den Türeingang, durch welchen er eintrat. Offensichtlich ruht Mr. Rachmaninoff in sich selbst, trägt keine oberflächlichen Stimmungen oder Emotionen zur Schau, kultiviert keine Manieren für die Zuhörerschaft, schließt sich selbst von der Welt ab, mit der Ausnahme, so weit wie seine Musik und sein Spiel ihn öffnen kann … Mit den Händen, mit dem Körper produziert er keinen Trick physischer oder technischer Zurschaustellung. Da sitzt er, gänzlich vertieft in seine Aufgabe, völlig konzentriert. Das Stück endet, mit ernster Höflichkeit begegnet Mr. Rachmaninoff dem Beifall, mit welchem die Zuhörerschaft ihn überhäuft. Er versucht ihn weder zu bestärken, noch zu verlängern. Er kehrt ebenso ruhig wie bald zurück, zum nächsten Programmpunkt … Ähnlich mit den unvermeidlichen Zugaben. Der Pianist wartet nicht damit, sie zu spielen. Er geht sogleich an sie heran, spielt sie freigebig. Er weiß, daß er früher oder später vor englischer oder amerikanischer Zuhörerschaft sein Prélude in cis-moll spielen muß. Mit ernstem gutem Willen erfüllt er seinen Hörern gegenüber jede Verpflichtung – und verschwindet.«[5]

Als Rachmaninoff am 21. Dezember erstmals nach der Emigration in New York auftritt, ereilt ihn die scharfzüngige Kritik James Hunekers. Der Musikologe und Essayist James Gibbons Huneker – ein Freund George Bernard Shaws – gilt als Autorität auf dem Sektor der Klaviermusik. Nach pianistischen Studien in Philadelphia und am Pariser Konservatorium unterrichtete er am New Yorker Nationalkonservatorium bis 1889, um schließlich die Kulturkolumnen der *New York Times* zu übernehmen. Huneker veröffentlichte Bücher über Chopin und Liszt, und er machte Amerika mit den Komponisten Brahms, Wagner, Strauss und Debussy bekannt. Seine Favoriten sind Chopin, Liszt, MacDowell. Über Rachmaninoffs Interpretation der Beethoven-Sonate schreibt er nun: »Die alten Knaben wurden an von Bülow erinnert. Dasselbe kalte, weiße Licht der Analyse, der scharfe Anschlag, die fest markierten Rhythmen, das intellektuelle Begreifen von musikalischen Ideen, und das Gefühl von der relativen Wichtigkeit in Tonsatzgruppierungen verkündete, daß Rachmaninoff ein Gehirnkünstler, nicht ein emotionaler Künstler ist. Nicht einmal Woodrow Wilson selbst hätte die akademische Balance so leidenschaftslos halten können. Sogar der staccato Princeton-Touch fehlte nicht.«[6]

Immerhin – selbst der gefürchtete Huneker kann Rachmaninoff keiner Nachlässigkeit bezichtigen. Als Solist hat er die erste Feuerprobe glänzend bestanden.

In seiner ersten Amerikasaison 1918/19 – vom 8. Dezember bis zum 27. April – gibt Rachmaninoff insgesamt 36 Konzerte. Neben den bereits genannten Werken spielt er in dieser Saison Scarlatti- und Strauss-Werke in der Bearbeitung von Tausig, die 2. und 12. Rhapsodie von Liszt sowie Godowsky-Stücke. Als einziges rein russisches Programm hat er im Repertoire die eigenen Chopin-Variationen op. 22, 6 Etudes Tableaux, Skrjabins 2. Klaviersonate op. 19 sowie Etüden aus op. 42 und Medtners Klavierwerke op. 7, op. 20 und 26. Mit den Dirigenten Stokowski, Damrosch und Altschuler führt er außerdem im Januar 1919 sein 1. und 2. Klavierkonzert auf.

Das russische Recital mit Skrjabin, Medtner und eigenen Werken stellt Rachmaninoff den Bostonern am 22. Februar vor. Und in überraschender Kontinuität zur Rezeption Rachmaninoffscher Werke in Rußland setzt sich nun auch in Amerika die Frontenbildung fort. Die Geister scheiden sich an Rachmaninoffs Musik. Stellvertretend für Amerikas Intellektuelle und Apologeten Neuer Musik schreibt der Kunstkritiker Paul Rosenfeld, Bachelor of Arts der Yale University, in *The New Republic* vom 15.3.1919:

»Es gibt etwas Wesentliches, was dieser Musik fehlt. Ihr fehlt die Prägung einer entschiedenen und bedeutenden Individualität ... Auch ist die Musik von Mr. Rachmaninoff nie ganz neu gestaltet. Hat sie eine melodische Linie, die ganz eigentümlich seine eigene ist? Man bezweifelt es ... Auch kann man in dieser Musik keinen ausgesprochen neuen Sinn weder für Rhythmus, noch für Harmonie oder Tonfarbe entdecken ... In der ganzen Musik von Mr. Rachmaninoff gibt es etwas seltsam Abgedroschenes.«[7]

Ein hartes Urteil, das sich einige Jahre später in England wiederholt. Edward Sackville West schreibt über die Aufführung der 2. Sinfonie Rachmaninoffs in *The Spectator* vom 20.9.1924:

»Wenige Künstler haben sich schließlich in einem so großen Maße als nebensächlich erwiesen wie Rachmaninoff ... Bildlich gesprochen, schloß sich Rachmaninoff selbst in einen dunklen Raum ein, erschrak selbst zu Tode und übertrug dann seinen Seelensturm in die Sprache der Musik ... Ich warte auf den Tag, da die Menschen sich darüber schämen werden, Skrjabin, Tschaikowski, Rachmaninoff, ›Tod und Verklärung‹ und die Sinfonien von Gustav Mahler zu hören.«[8]

Aber Rachmaninoffs Hauptaugenmerk gilt nicht mehr seinen eigenen Kompositionen, so daß ihn auch die Negativkritiken nur noch beiläufig berühren. Er ist viel zu sehr mit der Vorbereitung weiterer Konzerte beschäftigt, die seine Reputation als Virtuose und auch seine Einkommenslage entscheidend verbessern sollten. Aus dem Hotel Sherry-Netherland war er mit der Familie zwischenzeitlich in ein Haus an der 95. Straße in der Nähe der Fifth Avenue übergesiedelt, das einem Russen namens Sachnowski gehört. Es ist noch keine große, luxuriöse Wohnung, aber die Rachmaninoffs haben endlich wieder ein eigenes Domizil, und sogar in der City von New York. Rachmaninoff gewinnt jetzt sehr schnell an Popularität, indem er mehrfach in den spektakulären Wohltätigkeitskonzerten mitwirkt, die gegenwärtig zugunsten amerikanischer Kriegsheimkehrer und zur Deckung der Kriegsanleihen veranstaltet werden. Am 14. April 1919 begleitet er in einem Wohltätigkeitskonzert Pablo Casals, der unter anderem Rachmaninoffs Cellosonate vorträgt. Und das für den 27. April mit einer riesigen Vorwerbung plazierte Wohltätigkeitskonzert zugunsten der Siegesanleihe kündigt Jascha Heifetz und Sergej Rachmaninoff als Stars des Abends an. Rachmaninoffs Beitrag sind seine eigene Version des »Star Spangled Banner« und die 2. Liszt-Rhapsodie mit eigener Kadenz. An der Ausgestaltung des Konzerts sind verschiedene Organisationen und Spezialkomitees beteiligt, und als Höhepunkt des Abends haben sich die rührigen Veranstalter etwas ganz Besonderes ausgedacht: Die zwei Zugaben der Solisten – Heifetz' »Ave Maria« und Rachmaninoffs Prélude cis-moll – werden meistbietend versteigert. Nachdem Heifetz' Zugabe bereits eine Rekordsumme von mehreren hunderttausend Dollar erzielt hatte, wagt Rachmaninoff kaum noch an eine Überbietung dieser Summe zu denken. Doch das Unerwartete geschieht: Die Firma der mechanischen Klaviere »Ampico« ersteigert das Prélude für eine Million Dollar! Wenige Tage zuvor noch hatte Rachmaninoff durch Vermittlung Charles Ellis' mit derselben Firma einen Kontrakt abgeschlossen, der die Einspielung einiger Rachmaninoff-Stücke auf mechanischen Rollen vorsah. Für die Charles Fuller Stoddard's Ampico Company nimmt Rachmaninoff neben der »Polka de W. R.« und dem Prélude g-moll nun noch das cis-moll-Prélude auf. Die enorme Geldsumme für die Siegesanleihe rentiert sich für die Firma »Ampico« sehr bald. Denn die Rachmaninoff-Rollen erreichen hohe Verkaufszahlen. Die Zusammenarbeit zwischen Ampico und Rachmaninoff währt bis 1929. In dieser Zeit werden regelmäßig kleine Stücke Rachmaninoffs auf Rollen eingespielt. Neben dem Abkommen schließt Rachmaninoff ebenfalls im Frühjahr 1919 seinen ersten Schallplattenvertrag mit der Thomas Edison Company. Vom 18. bis zum 23. April 1919 nimmt er für die Company folgende Werke auf: den As-Dur-Walzer von Chopin op. 42, den 1. Satz aus Mozarts A-Dur-Sonate KV 331, seine Kadenz der 2. Liszt-Rhapsodie, das cis-moll-Prélude, die Barcarole g-moll aus op. 10, die »Polka de W. R.« und eine Scarlatti-Sonate in der Bearbeitung von Tausig.

Für die Amerikaner vielleicht weniger spürbar, für die Russen aber, die Rachmaninoff noch vor der Revolution kannten, schon sehr deutlich wahrnehmbar, hat sich Rachmaninoffs pianistischer Stil merklich gewandelt. Der frühere lyrische Charakterzug, den er ja besonders wirkungsvoll in seinen eigenen Werken hervorheben konnte, ist jetzt – zumal er überwiegend Fremdkompositionen spielt – einer stählernen Kraft und einem eisernen Rhythmus gewichen. Kirena Siloti, der Tochter Alexander Silotis zufolge kreiert Rachmaninoff in den USA einen neuen Interpretationsstil. Die Komposition als monumentale, feingemeißelte Skulptur.

Nach Abschluß der überaus erfolgreichen, ersten amerikanischen Saison reist Rachmaninoff mit der Familie zunächst einmal nach Kalifornien, um sich dort von den Strapazen der vergangenen Monate zu erholen. Er mietet in der Nähe von San Francisco ein Haus, setzt sich aber auch dort bald wieder an das Instrument, um die nächste große Tournee, die Herbst- und Wintersaison 1919/20 vorzubereiten. Manager Ellis konnte aufgrund der positiven Resonanz die Zahl der Verträge erheblich steigern, so daß die kommende Saison für Rachmaninoff insgesamt 69 Auftritte – davon 42 Recitals – vorsieht. Konzertagent, Veranstalter und Schallplattenfirma investieren während der ersten Jahre der Konzerttätigkeit Rachmaninoffs enorme Summen in die Werbung und Imagepflege. Rachmaninoffs Name, sein Porträt des kurzgeschorenen, asketischen Russen, ausführliche Konzertbesprechungen und breite Vorankündigungen füllen fast täglich die Spalten der amerikanischen Presse. Als der Künstler im Herbst nach New York zurückkehrt, ist ihm bereits die Oktoberausgabe der Zeitschrift *The Etude* exklusiv reserviert. In ihrer Sonderausgabe »Rachmaninoff« begrüßt ihn die Zeitschrift als »Amerikas neuen Künstler«. Neben Würdigungen und Beiträgen renommierter Musikerkollegen druckt die Zeitschrift auch ein handschriftliches Manuskript Rachmaninoffs ab. Es sind die »Fragmente« aus den letzten Moskauer Tagen. Im selben Heft äußert sich Rachmaninoff auch erstmals über Komposition, und er hält die bereits andernorts zitierte Eloge über die »Volkskunst als Grundlage musikalischer Komposition«. Eine Theorie, die später in der sowjetischen Musikwissenschaft große Wertschätzung findet und auch entsprechende Verbreitung erfährt.

Für die neue Saison hat Rachmaninoff sein Repertoire wieder um einige Werke erweitert. Mendelssohns »Rondo capriccioso« und »Lieder ohne Worte«, Chopins Ballade f-moll op. 52, Liszts »Spanische Rhapsodie« und Faust-Walzer und neue Mozart-Sonaten schmücken seine Programme. Am 31. Oktober spielt Rachmaninoff unter Leitung Pierre Monteux' mit den Bostoner Sinfonikern sein 3. Klavierkonzert, und am 6. Februar 1920 wiederholt er das Konzert mit dem Philadelphia-Orchester unter Leitung Stokowskis. Auf dem Programm stehen außerdem die »Glocken«. Als dieselben Werke nochmals in New York aufgeführt werden, widerfährt den »Glocken« in der Kritik allerdings keine Gnade. Pitts Sanborn schreibt am 11.2.1920 im *Telegram:* »Dieser Musik fehlt es offensichtlich an Einfall, sowohl in rhythmischer als auch in melodischer Hinsicht. Die angewandten Mittel sind gigantisch. Die Resultate banal. Ein großer Lärm über ausgesprochen wenig, und man argwöhnt, daß ein zweites Anhören unbeschreiblich langweilig wäre. Um so mehr bedauert man die Zeit und Mühe, die an die Komposition dieser Sinfonie verloren wurde, welche so weit unter den Fähigkeiten des Autoren liegt.«[9]

Rachmaninoffs Reaktion auf diesen scharfen Angriff ist nicht bekannt. Aber er gewöhnt sich allmählich an derlei Kritikerschelte, denn ungeachtet aller Negativeinschätzungen erfreuen sich seine Werke eines wachsenden Publikumszuspruchs. Das 1920 gegründete Cleveland-Orchester nimmt Rachmaninoffs 2. Sinfonie sogleich in sein Repertoire auf, und Chefdirigent Nikolaj Sokoloff dirigiert sogar die erste Schallplattenaufnahme dieser Sinfonie.

Im April 1920 kündigt der Dirigent Walter Damrosch ein großes New Yorker Musikfestival an. Auf dem Programm steht ein dreifacher Rachmaninoff: Komponist, Dirigent und Pianist. Aber Rachmaninoff kann das Versprechen dieses ehrgeizigen Projektes nicht einlösen. Das Programm – ursprünglich mit den »Glocken« und dem 2. Klavierkonzert geplant – wird kurzfristig abgeändert. In der Presse erscheint eine kleine Notiz, daß Rachmaninoff aufgrund einer Nervenentzündung im Oberarm nicht in der Lage sei, gleichzeitig zu dirigieren und Klavier zu spielen. Damrosch übernimmt selbst die Leitung des Orchesters. Und auf dem Festival erklingen die Kantate »Frühling«, die »Vokalise« für Orchester, ein Satz aus »Wsenoschtschnoje«, drei Lieder und das 2. Klavierkonzert mit dem Komponisten als Solist.

Gegen Ende der zweiten amerikanischen Saison 1920 unterzeichnet Rachmaninoff einen Exklusivschallplattenvertrag mit der Victor Talking Machine, da die Edison Company an einer Fortsetzung des Vertragsverhältnisses nicht interessiert ist. Der Künstler verpflichtet sich, über den Zeitraum von fünf Jahren mindestens 25 Titel aufzunehmen. Jährlich garantierter Vorschuß 15000 Dollar. Die Lizenz für weitere Piano-Rollen-Aufnahmen bleibt vom Vertrag unberührt. Im Juni startet bereits die erste Aufnahme: Rachmaninoff spielt die Préludes in G-Dur und g-moll sowie Tschaikowskis »Troika« aus den »Jahreszeiten« auf Schallplatten ein. Die ersten Victor-Aufnahmen verkaufen sich so gut, daß schon im Herbst weitere Aufnahmen arrangiert werden: Stücke von Chopin und Mendelssohn. Im Januar 1921 nimmt Rachmaninoff dann Teile aus

Debussys »Children's Corner« auf, um die Platte geschickt noch vor Saisonbeginn auf dem Markt zu plazieren. Debussy ist der neue Programmpunkt in seinen Recitals.

Das Konzertgeschäft läuft exzellent. Rachmaninoff leistet sich jetzt bereits einen Mitarbeiterstab. Vom Konzertbüro Charles Ellis wird auf alle Konzertreisen Charles Foley als Tourneebegleiter und persönlicher Manager abdelegiert. Die Firma Steinway & Sons stellt einen Klavierstimmer und pro Saison drei Konzertflügel. Außerdem erhält Rachmaninoff von der Firma Steinway zwei Flügel zum privaten Gebrauch in seiner Stadtwohnung und in der jeweiligen Sommerwohnung.

Prokofjew hingegen hat weniger Fortune. Er schreibt enttäuscht an ein Moskauer Magazin: »Das Publikum hier ist nicht gewohnt, einen ganzen Abend lang den Kompositionen eines Komponisten zuzuhören. Sie verlangen ein vielfarbiges Programm, aus dem populäre Stücke zum Vorschein kommen. Rachmaninoff akzeptierte diesen Kompromiß. Ich könnte nicht einmal träumen von seinen ungeheuren Konzerterfolgen. In meiner Enttäuschung habe ich eine neue 5-Akte-Oper begonnen.«[10]

Den Sommer 1920 verbringen die Rachmaninoffs in Goshen bei New York. Der Pianist unternimmt – wie ehemals auf Iwanowka – ausgedehnte Autofahrten durch die ländliche Umgebung, und erstmals verspürt er wieder Neigung zur Komposition. Er arrangiert ein russisches Volkslied für den Sänger John McCormack. Doch die Stunden der Besinnung und inneren Einkehr fliegen schnell vorüber, und Rachmaninoff rüstet sich für die nächste Herbst-/Frühjahrstournee 1920/21. Sie beginnt am 11. November 1920 in Ann Arbor/Michigan. Auf dem Terminkalender stehen insgesamt 41 Recitals und 13 Auftritte als Solist in Orchesterkonzerten. Neu im Programm sind eine Bach-Chaconne in der Bearbeitung Busonis, Bach-Präludien, Schumanns Papillons, Beethovens Opus 90 und eine Serie russischer Kompositionen. Zum letzteren gehören Rachmaninoffs 2. Sonate, zwei Etudes tableaux sowie Werke von Rubinstein, Tschaikowski, Mussorgski, Skrjabin und Medtner.

Im Herbst 1920 wird Rachmaninoff auch eine erste öffentliche Ehrung in der westlichen Welt zuteil. Gemeinsam mit Paul Dukas und Henri Rabaud verleiht ihm die königliche Academia di Santa Cecilia die Ehrenmitgliedschaft.

Im engen Freundeskreis erleidet Rachmaninoff einen schweren Verlust durch den plötzlichen Tod eines seiner besten Freunde. Nikolaj Struwe verunglückt am 3. November 1920 auf tragische Weise in einem Pariser Fahrstuhl. Da Rachmaninoff die Nachricht kurz vor Tourneebeginn erfährt, kann er selbst nicht mehr nach Paris fahren, um den Angehörigen persönlich beizustehen. In einem bewegten, herzlichen Brief an den Sohn des Verstorbenen bietet er der Familie jede erdenkliche Hilfe an, die in seinen Kräften steht.

Aber nicht nur ihnen hilft Rachmaninoff, auch dem früheren Studienkollegen Nikolaj Avierino überweist er umgehend Geld, als er einen unerwarteten Hilferuf aus Athen erhält. Avierino spielt in einem Hotelorchester und bemüht sich verzweifelt um eine Einreisemöglichkeit in die USA. Rachmaninoff warnt den Freund vor Amerika. Auf jeden Musikerposten gäbe es zehn Bewerber. Und die Einreisebedingungen seien jetzt durch den ungeheuren Zustrom von Ausländern derart erschwert, daß Avierino gegenwärtig kaum mit einem positiven Bescheid auf seinen Antrag rechnen könnte. Er solle nach Paris, London oder sonstwohin in Europa reisen, aber um Himmels willen die »Dollarprinzessin« vergessen.[11]

Ungefähr zur selben Zeit lernt Rachmaninoff den amerikanischen Musikologen Alfred J. Swan kennen. Als Engländer in St. Petersburg geboren, studierte Swan Jura in Oxford und Musik am Petersburger Konservatorium. Während der Kriegsjahre arbeitete er in Hilfsorganisationen für Flüchtlingskinder in Sibirien, ging dann aber 1919 in die USA. Gegenwärtig lehrt Swan an der Universität von Virginia. Seine Spezialgebiete sind russische Musik, orthodoxe Liturgie, und über beide Sachgebiete veröffentlichte er bereits eine Reihe von Spezialuntersuchungen. Seiner Feder entstammen Monographien über Skrjabin, Medtner, Rachmaninoff und Mussorgski. Mit Rachmaninoff tritt er in Kontakt, als er einen Sammelband »Lieder aus vielen Ländern« vorbereitet und den Komponisten um die Harmonisierung des russischen Volksliedes »Apfelbaum, Apfelbaum« bittet.

Rachmaninoff fertigt den gewünschten Satz an, und Swans Sammelband erscheint drei Jahre später unter dem Titel »Songs

From Many Lands«. Über die geschäftlichen Kontakte hinaus verbindet beide die intensive Hinwendung zur russischen Heimat. Swan organisiert an der Universität von Virginia ein Komitee für die Unterstützung notleidender russischer Musiker. Und Rachmaninoff kann seinerseits endlich über eine Londoner Bank erste Kontakte zu Familienangehörigen in Rußland aufnehmen. Mit derselben Bank handelt er auch ein Arrangement aus, wodurch er den Satins in Moskau, seiner Mutter in Nowgorod und etlichen Musikerkollegen Geld überweisen kann.

Die Zustände in der Sowjetunion sind teilweise erschütternd. Villen und Wohnungen werden enteignet oder zwangsgeräumt, bürgerliche Haushalte müssen sich mit Einquartierungen abfinden. Die Aneignung des Wohnraums durch sogenannte »Hauskomitees der Armen« geht willkürlich und zuweilen abstoßend vor sich. Sogar Gorki warnt vor »Zwangsbelegungen« von Wissenschaftlerwohnungen in deren Abwesenheit. Es kam vor, daß Wohnungen gewaltsam geöffnet, Bibliotheken zerstört und Manuskripte gestohlen wurden.[12] Die Dichterin Marina Zwetajewa schreibt über eine Moskauer Verwandte: »Nachdem sie alle verloren hatte (die letzte Tochter war im Ausland), blieb A. A. allein, hineingezwängt mit allen ihren Möbeln und Truhen in ein einziges Zimmer, jenes, im Souterrain, mit dem Gewölbe, ehemals Nadjas, mit den Fenstern zum Garten. Ringsum war eine neue Welt, von dem ersten engen Kreis der ins Haus gesetzten Mieter – bis zum Gesichtskreis der neuen Ideen – bis zu dem gewaltigen Horizont der Revolution mit seinen ununterbrochenen Morgenröten. Wie kam sie zurecht mit dieser Welt? Das erste ist, sie kämpfte mit ihr. Sie war geblieben, aber zum Schutz. Wessen? Ihrer Habe. Und sie hielt diese Stellung.«[13]

Viele Erinnerungsstücke und persönliche Unterlagen Rachmaninoffs aus seiner alten Moskauer Wohnung am Strastnoj Boulevard bleiben nur durch die aufopferungsvolle Anhänglichkeit des alten Dienstmädchens der Familie unangetastet. Mit zäher Hartnäckigkeit wacht Maria A. Iwanowna über Hab und Gut ihrer alten Herrschaft, und obwohl sie selbst in dürftigsten Verhältnissen lebt, weigert sie sich strikt, Familienbesitz der Rachmaninoffs für Lebensmittel einzutauschen. Natalja Alexandrowna schreibt ihr mehrmals und fordert sie immer wieder auf, alles zu verkaufen, was ihr Geld bringen könnte. Aber Maria Iwanowna ist nicht umzustimmen. Sie hofft unbeirrt auf die Rückkehr der Rachmaninoffs.

Zu Beginn des Jahres 1921 stellt Rachmaninoff ein offizielles Einreisegesuch an die Regierung der Sowjetunion. Nach mehreren Wochen Wartezeit erhält er auch die notwendigen Einreisepapiere. Doch ein Krankenhausaufenthalt vereitelt seinen Plan. Ein permanenter Kopfschmerz in der rechten Schläfe hatte eine klinische Überwachung und Behandlung unumgänglich gemacht. Und als Rachmaninoff zwar geheilt, aber um einige Wochen verspätet aus dem Krankenhaus entlassen wird, ist die Gültigkeit des Einreisevisums erloschen. Eine erneute Beantragung würde wieder erhebliche Zeit erfordern, und Rachmaninoff muß bereits sein Augenmerk auf die nächste Konzertsaison richten.

In Moskau löst die Ungewißheit seiner Erkrankung große Aufregung aus. Der unergründliche postalische Übermittlungsweg hatte die Krankheit in ein plötzliches Ableben gewandelt. Anlaß für die Satins, unverzüglich die Genehmigung zur Ausreise zu nutzen und Rußland zu verlassen. In Deutschland erhalten sie endlich die befreiende Nachricht, daß Rachmaninoff am Leben und wohlbehalten ist. Die Schwiegereltern lassen sich für immer in Dresden nieder, und nur Cousine Sofija Satina, die bisher in Moskau an einem Naturwissenschaftlichen Institut als Biologin gearbeitet hatte, reist weiter zu den Rachmaninoffs nach Amerika.

Nachdem nun die Rußlandfahrt auf unbestimmte Zeit verschoben ist, nimmt Rachmaninoff im Frühjahr 1921 ein Haus am Riverside Drive 33 in Besitz. Dieses fünfstöckige Haus im New Yorker Nobelviertel am Hudson River wird im Laufe der nächsten Jahre Treffpunkt für viele russische Künstler und Intellektuelle. Anna Medtner, die sich mit ihrem Mann, dem Komponisten Nikolaj Medtner, drei Jahre später in New York aufhält, schildert die Gegend in ihrem Tagebuch unter dem Datum des 12. November 1924:

»Heute verbrachten wir den ganzen Tag allein. Den halben Tag war ich auf Quartiersuche (mit mir ging die Ehefrau Swans), und Kolja arbeitete allein zu Haus. Wir aßen, ruhten ein wenig aus und gingen spazieren. In der Nähe unseres Hotels setzten wir uns in einen Autobus, und nachdem wir zehn Cent pro Person gezahlt hatten, befanden wir uns plötzlich innerhalb von nur zehn Minuten in einer ganz bemerkenswerten Gegend. Sie nennt sich Riverside Drive (dort ist auch das Haus Sergej Wassiljewitschs). Auf der einen Seite Häuser, aber auf der anderen Seite der Hudson-Fluß, ein breiter Fluß, breit mit fantastisch fernen Umrissen am gegenüberliegenden Ufer. Und an dieser Seite zwischen städtischer Straße und Fluß zieht sich der ganzen Länge nach (wir gelangten nicht einmal bis an die Grenzen der Stadt) ein Park in einigen Alleen, auf verschiedenen Ebenen verlaufend, weil das Ufer hoch ist. Ein wunderbarer Spaziergang, und in diesen Alleen ist überhaupt kein städtisches Geräusch zu hören, auch wenn die Straße hier ganz in der Nähe ist. In dieser Hinsicht ist dies eine wirklich einzigartige Stadt.«[14]

Die Sommerferien verbringt die Familie in Locust Point, New Jersey. Und auch dort schart Rachmaninoff seine russischen Freunde um sich. Hausnachbar ist der Ingenieur Jewgenij Somow, ein Absolvent der Moskauer Universität. Rachmaninoffs Chauffeur ist ein ehemaliger russischer Offizier. Und auch sonst gibt man sich im Tagesablauf und in Tischsitten betont russisch. So ist es nicht verwunderlich, daß Rachmaninoff noch immer nicht der englischen Sprache mächtig ist. Seine geliebten Autofahrten muß er weiterhin in Begleitung unternehmen, weil er die amerikanische Fahrprüfung mangels Englischkenntnissen bisher nicht erfolgreich absolvieren konnte.

Schon meldet sich der nächste Freund aus Rußland. Nikolaj Medtner teilt Rachmaninoff Anfang Oktober mit, daß er einen Monat zuvor aus Moskau abgereist sei und sich jetzt von Reval aus in Richtung Grenze begebe. In der ihm eigenen komplizierten Denkweise bestürmt Medtner den Freund mit Fragen, Zweifeln und Bedenken, so daß Rachmaninoff den Reisenden mit sehr viel Einfühlungsvermögen und Überzeugungskraft beruhigen muß. Er – Medtner – würde auf keinen Fall der Einladung der Firma Steinway nach Amerika Folge leisten, wenn nicht zu gleicher Zeit auch Rachmaninoff dort weilte. Außerdem hätte er sowieso nicht die Absicht, Rußland für viele Jahre zu verlassen, und daher könne er auch keine längeren Verträge unterzeichnen. Er hätte Ängste, er beherrschte nicht die englische Sprache, seine Muse könnte womöglich im Fiasko enden, oder sie würde nicht die Strapazen einer Tournee aushalten. Seien nicht die Bedingungen der Firma Steinway hart und unannehmbar? Sollte man mit dem Konzertieren womöglich schon in Europa beginnen? Würde man seine Kompositionen im Ausland drucken? Kurzum, es gibt keine Imponderabilie, die Medtner nicht in ein grundsätzliches Problem verwandelt hätte.

Rachmaninoff antwortet mit bewundernswürdiger Geduld und viel Verständnis. Freund Medtner ahnt nicht im geringsten, wieviel Überzeugungskraft es Rachmaninoff gekostet hatte, die Firma Steinway überhaupt näher für den Russen mit deutschem Namen zu interessieren. Er habe gemeinsam den Vertrag mit Steinway ausgearbeitet, teilt Rachmaninoff dem Freund mit. Für die diesjährige Saison sei es einfach zu spät, da Reklame und Werbung wesentlich früher einsetzen müßten. Außerdem habe er für Medtner noch einen Kontrakt mit der Firma DUO-ART ausgehandelt, die seine Stücke auf ein mechanisches Klavier in der Art von WELTE-MIGNON einspielen wollten. Für fünf Aufnahmen bekäme er 1500 Dollar auf die Hand. Er – Rachmaninoff – täte wirklich alles, was in seinen Möglichkeiten stünde, aber Medtner müsse auch wissen, daß sich die Zeiten für Künstler sogar in Amerika geändert hätten, und daß er hier immerhin zum ersten Mal aufträte. Er würde ihm raten, auf jeden Fall mit dem Konzertieren schon in Deutschland zu beginnen. Was seine Werke beträfe, so sollte er Kussewitski benachrichtigen, denn die Bedingungen für Komponisten in den USA seien grauenvoll. Auch sollte er das gesamte Notenmaterial seines Klavierkonzerts zum Druck freigeben, da er in Amerika bestimmt zum Spiel seines Konzerts aufgefordert würde. Er müßte auf jeden Fall darauf vorbereitet sein. Sofija Satina habe ihm Medtners vier Hefte neuer Stücke mitgebracht. »Sie gefielen mir natürlich alle, und ganz besonders einige Stücke. Den Walzer f-moll halte ich für vollends genial. Sie bereiteten mir große Freude mit diesen neuen Werken, und ich wiederhole das, was ich Ihnen noch in Rußland sagte: Sie sind, meiner Meinung nach, der größte Komponist unserer Zeit.«[15]

Der nächste Brief Medtners kommt aus Berlin. Jetzt beklagt der Komponist die vagen Auskünfte des Kussewitski-Verlages aus

Paris. Er hätte so große Hoffnungen auf eine Zusammenarbeit mit Kussewitski gesetzt, sowohl im Veranstaltungsbereich als auch im Verlagswesen. Aber stattdessen seien ihm kommentarlos 25000 Deutsche Mark überwiesen worden, nicht einmal amerikanische Dollars, die zumindest Wertbestand garantiert hätten. Auf seine erneute Anfrage habe ihm Natalja Kussewitski nur ausweichende Antworten erteilt. Zu alledem läge ihm jetzt noch ein Angebot der Firma Zimmermann vor, die eine Reihe seiner kleineren Stücke zu drucken gedächten. Rachmaninoff rät Medtner, in jedem Falle mit Zimmermann zu verhandeln. Aber »mich interessiert, was Sie zu meinem anderen Plan sagen«, fragt Rachmaninoff, »die von Kussewitski übersandten 25000 Mark mit großem Dank für seine Hilfe retournieren, aber ihm gleichzeitig erklären, daß Sie es vorzögen, dieses Geld im Russischen Musikverlag zu belassen, damit Ihre Werke dort gedruckt würden. Dieser letzte Plan gefällt mir ausnehmend gut, besser als alle anderen, und für diesen Fall sende ich Ihnen 50000 Mark und bitte Sie von ganzem Herzen, mir dies nicht abzuschlagen. Diese Summe gibt Ihnen die Möglichkeit, für einige Monate in Deutschland bequem zu leben, ohne finanzielle Sorgen, und in Ruhe zu komponieren ... Was Ihren Kontrakt hier betrifft, so kann ich noch nichts Endgültiges sagen, aber ich arbeite daran und bemühe mich, für Sie alles zu tun, was in meinen Kräften steht. Aber, offen gesprochen, es ist schwer in unseren Tagen zu den gegenwärtigen Bedingungen ... Was dieses Fremdheitsgefühl angeht, das Sie empfinden, so muß ich sagen, auch ich empfinde es hier ... Wie wenig echte und aufrichtige Musiker sehe ich ringsum!«[16]

Als Rachmaninoff diese Zeilen schreibt, befindet er sich schon wieder inmitten seiner neuen Konzertsaison. Sein Vertrag enthält insgesamt 64 Konzerte in Amerika. Die Saison dauert vom 10. November 1921 bis zum 21. April 1922. Erweitert ist sein Programmangebot um Chopins As-Dur-Ballade op. 47, das Scherzo cis-moll und einige Nocturnes. Etüden von Dohnany, eine Tarantella und Ballade von Liszt, Griegs 2. Ballade und eine eigene Bearbeitung des »Liebesleids« von Kreisler schließen den Reigen. Nach dem Saisonstart in St. Paul am 10. November spielt er am 7. Dezember in Boston einen Balladenabend mit Werken von Chopin,

Liszt und Grieg. Die Kritik lobt Klarheit und Lebendigkeit der Struktur.

Ein großes Ereignis kündigt sich an: Am 24. Januar 1922 wird Rachmaninoff die Ehrendoktorwürde der Universität von Nebraska verliehen. Und wieder wirkt er in zwei großen Wohltätigkeitskonzerten mit: Am 2. April führt er in New York unter Damrosch sein 2. und 3. Klavierkonzert auf. Den Reinerlös in Höhe von 7500 Dollar spendet er laut *New York Tribune* Professoren, Lehrern, Künstlern, Wissenschaftlern und Schriftstellern in der UdSSR. Vermittelnde Organisation ist hierbei die ARA, The American Relief Administration. Einen zweiten wohltätigen Klavierabend gibt er am 21. April für notleidende russische Studenten in Amerika.

Rachmaninoff verstärkt jetzt zunehmend seine Aktivitäten für Rußland. Die elende Versorgungslage in seiner Heimat veranlaßt ihn zu massenhaften Sendungen von Paketen und Hilfsgütern an Verwandte, Bekannte, Künstler und Intellektuelle in Moskau, Petrograd, Kiew, Charkow und anderen Städten der Sowjetunion. Die Reaktion der Russen ist überwältigend. Eine Flut von Dankesbriefen erreicht den Absender. Rachmaninoff steht jetzt im Briefkontakt mit seiner Mutter, seinem Bruder und anderen Verwandten. Von den Freunden korrespondiert er mit Wladimir Wilshau und Nikita Morosow. Felix Blumenfeld schreibt ihm aus Kiew, daß er vom August 1918 bis zum Frühjahr 1921 einen unwahrscheinlich begabten Jugendlichen unterrichtet habe. Sein Name sei Wladimir Horowitz, und graduiert habe er am Konservatorium mit Rachmaninoffs 3. Klavierkonzert. Sollte auch er emigrieren, so möge sich Rachmaninoff unbedingt des jungen Mannes annehmen!

Am 26. Mai teilt Stanislawski aus Moskau mit, daß die Künstler regelrecht verhungerten. Es sei eine große Sache, die Rachmaninoff für die Menschen hier täte. Das Kiewer Konservatorium – im Zentrum der großen Hungersnot – schreibt einen fast verzweifelten Dankesbrief, und der Chor des Petrograder Mariinski-Theaters schickt ein Dankesschreiben mit 70 Unterschriften.

Mit Beginn der zwanziger Jahre normalisiert sich wieder das kulturelle Leben in Westeuropa.

Im Frühjahr 1922 weitet Rachmaninoff seine Konzerttätigkeit daher auch auf Europa aus. Auf der »Mauretania« überquert er den Ozean und gibt am 6. und 20. Mai seine ersten Nachkriegsrecitals in London. Für die Londoner ist er immer noch der Komponist des »Préludes«, und dieser Komposition schreiben sie es zugute, daß Rachmaninoff im Gegensatz zu Hofmann und Busoni die Queens Hall problemlos füllt. Am Konzertabend müssen sogar Interessenten wegen Überfüllung des Saales abgewiesen werden.

Im Brief an seine New Yorker Sekretärin Dagmar Rybner teilt Rachmaninoff kurz mit, daß das Konzert erfolgreich verlaufen sei und er gut gespielt habe. Beschimpfungen gäbe es immer irgendwelche in der Presse, ansonsten langweile er sich sehr und dächte oft an Amerika. Rachmaninoff vermißt seine Familie. Denn seine Frau war wegen schulischer Verpflichtungen der Kinder nicht mitgereist. Und er sehnt sich nach den russischen Freunden in Amerika. London ist ihm – obwohl er ja 1899 hier schon einmal gastierte – sehr fremd geblieben. Die Aufnahme neuer Kontakte scheitert an seinen mangelhaften Fremdsprachekenntnissen. Zwar geht er gern in die Music Halls und amüsiert sich auch über die musikalischen Späße des Volkstheaterentertainments. Aber so manche witzige Pointe auf der Bühne bleibt ihm letztlich doch unverständlich. Die neuen Stummfilmkinos bieten vielleicht eine gewisse Attraktion. Aber gemessen am kulturellen Leben der übrigen europäischen Metropolen wirkt London um 1922 ein wenig blaß.

Blick nach Europa

1922–1930

Fünf Jahre intensiver Konzerttätigkeit sind an Rachmaninoff nicht spurlos vorübergezogen. Immer intensiver und herzlicher gestalten sich die Kontakte zu den alten Freunden in Rußland. Sie beschwören Erinnerungen herauf, die Rachmaninoff längst vergessen oder verdrängt hatte.

Briefe und Gespräche mit Kollegen stimmen ihn nachdenklich, und er weiß, daß seine Podiumserfolge und der gegenwärtige wirtschaftliche Wohlstand nur sehr oberflächlich ein künstlerisches Gewissen beruhigen können. In einem Brief vom 9. September 1922 an seinen Moskauer Bekannten, den Konservatoriumsprofessor Wilshau, schreibt er freimütig über Sorgen und Gewissenskonflikte: »... Über mich und meine Familie kann ich nur wenige Worte sagen. Äußerst wenig liebe ich meine derzeitige Tätigkeit! Während der ganzen Zeit habe ich keine einzige Zeile komponiert. Ich spiele nur Klavier und gebe viele Konzerte. Jetzt sind es schon vier Jahre, daß ich ständig übe. Ich mache Fortschritte, aber die Wahrheit ist – je mehr ich spiele, um so mehr sehe ich meine Unzulänglichkeiten. Wahrscheinlich werde ich nie auslernen, und wenn ich ausgelernt habe, dann vielleicht am Vorabend meines Todes.

Materiell lebe ich völlig sorgenfrei. Burshuj! Dafür leidet die Gesundheit, aber ich kann schwerlich Umgekehrtes erwarten, wenn ich daran denke, daß ich aufgrund meiner Selbstunzufriedenheit fast mein ganzes Leben keine Ruhe empfunden habe. Früher, wenn ich komponierte, quälte ich mich damit, daß ich schlecht komponiere, jetzt quäle ich mich damit, daß ich schlecht spiele. Im Inneren spüre ich die feste Überzeugung, daß ich beides besser kann. Und damit muß ich leben.«[1]

Knapp einen Monat später wendet sich Rachmaninoff erstmals an die Öffentlichkeit und bittet in einem Brief an die Zeitschrift *Musical America* um Unterstützung des Staatlichen Instituts für Musikwissenschaft in Moskau. Auslösender Faktor war eine flehentliche Bittschrift der Moskauer Musikologen Georgij E. Konjus, Emilij K. Rosenow, Alexander D. Kastalski, Julij Engel und Alexander Goldenweiser an Rachmaninoff, er möge in Amerika unbedingt auf ihr Institut aufmerksam machen. Die gesamte Arbeit des im November vergangenen Jahres mit über hundert Mitarbeitern gegründeten Forschungsinstituts[2] drohe jetzt am eklatanten Mangel jeglicher Druckmaterialien zu scheitern. Diverse Publikationen seien fertiggestellt, so unter anderem Beiträge der Musikwissenschaftler Sabanejew, Jaworski und Beljajew. Als zweifellos wichtigste Veröffentlichung des Instituts sei aber ein Projekt gefährdet, das unter dem Gesamttitel »Geschichte der Russischen Musik in Forschungsbeiträgen und Materialsammlungen« eine vierbändige Aufbereitung der gesamten Musikkultur Rußlands zum Inhalt hat: 1. Themen altrussischer Kirchenmusik bis hin zu Prokofjew, 2. Leben und Werk Tanejews, 3. Glinka und Zeitgenossen, 4. Ein russisches Beethoven-Buch.

Rachmaninoffs Aufruf in *Musical America* findet Gehör. Das Moskauer Institut erhält bald von verschiedenen privaten Geldgebern und auch aus den Fonds einiger Universitäten Zuwendungen, so daß die geplanten Publikationen dann schließlich doch noch ab 1924 in den Druck gehen können.

Die Konzertsaison 1922/23 bedeutet für Rachmaninoff jetzt noch mehr Arbeit. Für den Zeitraum vom 10. November bis zum 31. März sind 71 Konzerte anberaumt, und Charles Ellis – der dynamische Konzertagent – hat Verträge bis nach Kanada und Kuba abgeschlossen. Erstmals mietet Rachmaninoff einen luxuriösen Eisenbahnwaggon, den er mit einem Klavier und den notwendigen persönlichen Dingen ausstattet, um auf diese Weise dem lästigen Ein- und Auspacken in den Hotels zu entgehen. Aber auch der Daueraufenthalt im eigenen Coupé bringt ihm nicht die ersehnte Erleichterung. Rachmaninoff kann schließlich die fortwährend vorbeifliegende Eisenbahnaussicht und die monotonen Fahrtgeräusche nicht länger ertragen. Schweren Herzens entschließt er sich zum Rückzug in die wechselnden Hotelsuiten. Bewundernswert sind dabei Rachmaninoffs Fleiß und die Härte gegen sich selbst. Bei den oftmals zeitaufreibenden Gefälligkeiten und einer fast rührenden Fürsorge, die er für seinen Freundeskreis in Rußland aufwendet, erweitert er zielstrebig Jahr für Jahr sein Konzertrepertoire. Neben den bereits aufgelisteten Werken sind jetzt neu im Programm: Medtners Improvisationen op. 31, Beethovens op. 57, kleinere Stücke von Strauss und Moszkowsky, Webers Rondo brillant und Chopins Sonate b-moll. Mit der Aufführung der Chopinschen b-moll-Sonate setzt Rachmaninoff neue Maßstäbe. Bis heute gilt seine Interpretation als höchst eigenwillig, aber ungeheuer imaginativ. Der Pianist Hubert Giesen berichtet in seinen Lebenserinnerungen von dem unauslöschlichen Eindruck, den Rachmaninoff mit dieser Sonate in ihm hinterlassen hat. »Bei einem dieser ›Schulkonzerte‹, die im Institut (die New Yorker Juilliard School; M.B.) stattfanden, hörte ich zum erstenmal den damals neunundfünfzigjährigen Sergej Rachmaninoff. Er spielte zuerst eine Uraufführung: eigene Variationen über ›La Follia‹ von Corelli, ein langes Stück, das mich als Komposition nicht beeindruckte, technisch und musikalisch aber eine pianistische Meisterleistung darstellte. Dann aber hörten wir von ihm die b-moll-Sonate von Chopin, wie ich sie nie gehört habe und nie wieder hören werde, nicht einmal von Horowitz, dessen Interpretation ich kannte und bewunderte. Den Trauermarsch dieser Sonate kann ich nicht vergessen. Hier zeigte sich, daß Rachmaninoff ein schöpferischer Interpret war. Er begann den Marsch im zartesten Pianissimo, als höre man Soldaten aus weiter Ferne langsam näherkommen und steigerte ihn dann bis zum brüllenden Fortissimo. Plötzlich brach er ab und ließ im zarten Silberklang das versöhnende Trio ertönen, nahm dann wieder, jetzt dröhnend, das erste Thema auf, den Marsch, um ihn diesmal zarter und zarter in der Ferne verklingen zu lassen. So habe ich dieses Stück nie wieder gehört. Es war eigenartig und, wenn man will, eigenwillig; nicht von Chopin so vorgeschrieben, doch von überwältigender Wirkung. Der letzte Satz zog in einem beängstigenden Tempo, wie ein Hauch, wie ein verblassender Wind vorüber und war aus, ehe man zu atmen wagte. Ich bin dankbar, daß ich das erleben durfte.«[3]

Auch Arthur Rubinstein ist begeistert. Rachmaninoffs Interpretationsgewalt beeindruckt ihn sehr, und dies, obwohl Rubinstein in manchen Details durchaus abweichende Ansichten vertritt.

Aber allein kraft seiner Persönlichkeit sei Rachmaninoff der faszinierendste Pianist seit Busoni – gesteht Rubinstein neidlos zu.

Sergej Rachmaninoff wirkt zu Beginn des Jahres 1923 jedoch eher unzufrieden und gereizt. Aus Dallas schreibt er am 27. Januar an Jewgenij Somow:

»Ich ächze und stöhne allmählich, und mit Vergnügen zähle ich die vorübergehenden Tage. Genugtuung habe ich durch die Konzerte in materieller und auch in moralischer Hinsicht nur begrenzt. Aber in finanzieller Hinsicht laufen die Geschäfte ja bei allen nicht besonders gut, und von daher bin ich keine Ausnahme. Was die moralische Seite der Angelegenheit betrifft, so spreche ich darüber besser nicht. Ich bin als Pechvogel geboren und trage daher die Lasten, die mit diesem Beruf untrennbar verknüpft sind. Fünf Jahre zuvor, als ich zu spielen begann, dachte ich, daß ich aus dem Klaviergeschäft Genugtuung ziehen könnte. Jetzt habe ich mich überzeugt, daß das nicht zu erreichen ist.«[4]

Der Ingenieur Jewgenij Somow – Hausnachbar in Locust Point – ist Rachmaninoffs neuer Privatsekretär. Dagmar Rybner war aufgrund ihrer Heirat zum Bedauern der Rachmaninoffs aus den Diensten ausgeschieden. Somow kommt diese Betätigungsmöglichkeit sehr gelegen, denn die finanzielle Lage vieler Russen ist auch in Amerika prekär. Auf der Suche nach einem regelmäßigen Salär beschäftigte sich Somow bereits mit allen möglichen Handelsgeschäften.

Als er Rachmaninoffs Sekretariatsarbeiten übernimmt, hatte er gerade eine neue Firma gegründet. Und Rachmaninoff stiftet auch hier ein kleines Startkapital. »Warum zum Teufel«, schreibt der Künstler im selben Brief an Somow, »nahmen Sie von mir das Geld, wenn Sie es nicht ausgeben? Mir ist allein wichtig, daß Sie und Ihre Kompagnons an die Qualität des Produktes glauben. Um das Übrige mache ich mir keine Sorgen. So tun Sie mir den Gefallen und fangen Sie endlich an, das Geld auszugeben.«[5]

Der amerikanische Starpianist Rachmaninoff ist in jenen Tagen aufgrund seiner außerordentlichen Hilfsbereitschaft Anlaufpunkt für unzählige Landsleute: Russen, die in der Sowjetunion geblieben sind, Russen, die emigriert sind, und Russen, die sich gerade auf der Flucht befinden. Alle wenden sich hilfesuchend an den erfolgreichen und gut verdienenden Reisevirtuosen.

Die Vereinigten Staaten von Amerika erleben zu Beginn der zwanziger Jahre eine echte Phase der Prosperität, und der wirtschaftliche Boom wird zusätzlich noch durch eine Politik des Isolationismus' verstärkt. Einfuhrzölle schützen die amerikanische Industrie. Verständlicherweise blickt Europa mit Bewunderung und Neid auf die USA. Und gerade die Russen, die kaum über politische Information verfügen, hören mit Erstaunen von der wundersamen Karriere ihres ehemaligen Kollegen. Sie machen sich daher ganz falsche Vorstellungen von ihren eigenen beruflichen Möglichkeiten in Amerika. Denn sie wissen ja nicht, daß die amerikanische Gesellschaft eher abwehrend gegenüber europäischen Einwanderern reagiert, und vor allem in jedem immigrierenden Russen zunächst einmal einen Bolschewiken argwöhnt. Die Chance, eine vergleichbare Karriere zu starten, ist gering. Der ausreisewillige Jugendfreund Matwej Presman ist dennoch der festen Überzeugung, daß Rachmaninoff ihm beim Aufbau einer solchen Karriere in Amerika helfen könnte, es aber nicht wollte. Seiner Meinung nach hätte nur ein einziges Wort genügt, ihm ein Visum und ein Engagement in Amerika zu verschaffen. Aber nichts dergleichen sei geschehen. Rachmaninoff kann seinen Studienfreund nicht einmal mit dem Hinweis auf die schwierige Lage Silotis beruhigen, der sogar als Liszt-Schüler mit besten Referenzen in Amerika Startschwierigkeiten habe. Und Presman gehöre doch nun wirklich zu den Musikern in der Sowjetunion, die im Gegensatz zu vielen Kollegen immerhin noch ihr Auskommen hätten.

Der fast 60jährige Siloti sah schon 1922 keinen anderen Ausweg mehr, als in den Westen zu gehen. Das neue, sowjetische Regime hatte für ihn keine Verwendung. Arthur Rubinstein begegnet Siloti 1923 in London, wo Siloti gerade seine Einreise in die USA vorbereitet. Rubinstein erinnert sich an die vielen, im Grunde genommen langweiligen Klavierbearbeitungen Bachscher Choräle und Toccaten durch Siloti. Und er erinnert sich an einen Brief, den er unbedingt zusammen mit den Noten Rachmaninoff aushändigen sollte. Inwieweit Rubinsteins Überlieferung der Wahrheit entspricht, die besagt, daß Rachmaninoff den Brief distanziert und kühl entgegennimmt, ist nicht mehr nachprüfbar. Immerhin erhält Siloti zwei Jahre später einen Lehrauftrag an der renommierten New Yorker Juilliard School. Er spiegelt zwar nicht Presmans Träume wider, aber er sichert ein geregeltes, monatliches Einkommen.

Schon kurz nach seiner Ankunft in New York übernimmt Siloti im Frühjahr 1923 die musikalische Leitung für das erste Amerikagastspiel des Moskauer Künstlertheaters. Und natürlich trifft sich die russische Kolonie in den Räumen der Rachmaninoffschen Villa am Riverside Drive. Zur Moskauer Truppe zählt auch der Direktionssekretär des Theaters, der spätere Rachmaninoff-Biograph Sergei Bertensson. Er ist der Sohn des Militärarztes Dr. Bertensson, der einst den schwerkranken Mussorgski im Militärhospital behandelt hatte. Bertensson schildert seine erste persönliche Begegnung mit Rachmaninoff: Er hat den Eindruck, daß Rachmaninoffs Haltung gegenüber Stanislawski von einer außergewöhnlichen Bewunderung geprägt ist. Der Pianist ist glücklich, daß seine geliebte Theatertruppe endlich in New York eingetroffen ist, und die Familie besucht ausnahmslos jede Aufführung des Theaters. Man schwelgt in Musik- und Theatererinnerungen und lauscht den amüsanten Anekdoten des Choreographen Michail Fokines. Auch Stanislawski und die Schauspieler Knipper-Tschechowa, Katschalow und Moskwin füllen die Abende bei Rachmaninoff mit ihren deftigen Geschichten vom Leben hinter der Bühne. Rachmaninoffs Gesicht, das gewöhnlich schwermütig und konzentriert wirkt, verändert sich völlig. Es scheint fast kindlich naiv, seine tiefen, eingegrabenen Falten verschwinden, und Rachmaninoff bricht in ein sorgenfreies, übermütiges Gelächter aus. Seit Jahren hatte man den Künstler nicht so unbeschwert erlebt.

Konstantin Stanislawski ist ein sehr genauer Beobachter der westlichen Welt. In seinem Brief an W. I. Nemirowitsch-Dantschenko – abgesandt im Februar 1923 aus New York – widmet er sich eingehend dem Kulturmanagement Amerikas. In Amerika Erfolg zu haben, meint Stanislawski, sei ein großes materielles Glück. 5700 Dollar Abendeinnahmen wären gleichbedeutend mit

11400 Goldrubel. Und welches Europa konnte sich in dieser Hinsicht mit Amerika messen? »Aber wer das Amerika der Manager, die Theatertrusts und die Gerichte gesehen hat, die alle auf das Wohl der Theaterbesitzer und der Unternehmer ausgerichtet sind, der weiß, wie schrecklich, was für eine Katastrophe es ist, wenn man hier keinen Erfolg hat.«[6]

Dennoch ist Stanislawski beeindruckt von der Spontaneität des amerikanischen Publikums. Seine New Yorker Impressionen reflektieren das ambivalente Verhältnis zwischen Russen und Amerikanern. »Irgendwo, in den Geschäftsvierteln der Stadt«, schreibt er Nemirowitsch-Dantschenko, »gibt es sicherlich große Häuser, dort herrscht der berühmte amerikanische Lebensrhythmus. Aber von alldem merken wir nichts. Was wir im Stadtzentrum sehen, erinnert mich eher an ein großes Moskau. Das Volk ist bezaubernd, freundlich, gutmütig, naiv, wißbegierig, gar nicht überheblich, ohne den europäischen Snobismus. Es schaut dir in die Augen und ist bereit, alles Neue und Echte anzunehmen. Es ist nicht wahr, daß der Amerikaner nur an Revuen Gefallen findet. Ebenso wie der Deutsche ist er eifrig bemüht, Tschechow zu verstehen, und die Frauen vergießen Tränen, wenn sie die ›Drei Schwestern‹ sehen. Es stimmt nicht, daß um 11 Uhr alle aufstehen und weggehen. Kommissarshewski beendete die öffentliche Generalprobe zum ›Peer Gynt‹ nachts um halb zwei, alle blieben auf ihren Plätzen und sagten: Wegen einer Revue verzichten wir nicht auf die Nacht, aber wegen eines echten Stückes tun wir es. Und nicht nur die mittlere Gesellschaft, sogar die Aristokraten sind ungewöhnlich nett ... Es steht außer Zweifel, daß die Amerikaner Rußland aufrichtig lieben. Unlängst las ich einen Brief, den O. Kahn nach irgendeinem Vortrag über Rußland geschrieben hatte. Darin bekennt er, daß Amerika sich außerordentlich stark zu Rußland hingezogen fühlt, mit dem es eine geistige Gemeinschaft oder Verwandtschaft verspürt, und folgert daraus, daß das Künstlertheater historisch und politisch eine nationale Aufgabe erfüllt hat. Wir seien die ersten und zugleich die eindrucksvollsten und überzeugendsten Sendboten Rußlands, die den Amerikanern nicht die trockenen Paragraphen eines Handelsabkommens gebracht haben, sondern die lebendige russische Seele.«[7] Von Otto Kahn stammt auch der anläßlich einer

Kulturansprache getätigte Satz: »Rußland schuldet uns soundsoviele Milliarden, aber es hat uns Rachmaninoff, Schaljapin, Djagilew, eine ganze Reihe von Malern und schließlich das Künstlertheater geschickt. Es hat all seine Schulden bezahlt. Wir sind quitt.«[8] Für das sowjetische Finanzkommissariat zu schön, um wahr zu sein.

Durch Vermittlung Wladimir Wilshaus kann Rachmaninoff endlich im Jahre 1923 auch wieder Verbindung mit seinem langjährigen Freund Nikita Morosow aufnehmen. Morosow bestürmt Rachmaninoff sofort mit unzähligen Fragen nach seiner Kompositionstätigkeit. Warum er nichts Neues schreibe, warum er so wenige eigene Kompositionen in seinen Klavierabenden vortrüge? Mit allen Varianten und Überredungskünsten versucht Morosow den Freund zum Komponieren zu bewegen. In seinen ausführlichen Briefen entwirft er die farbigsten Sujets und Themen. Aber er ist verwundert, daß seitens Rachmaninoff jegliche Reaktion ausbleibt. »Mir scheint«, so Morosow, »daß für dich die beste Medizin wäre, nach Hause zu kommen. Aber ich kann es mir nicht vorstellen, wann und wie dies möglich sein sollte. Manchmal kommt mir ein Gedanke, bei dem sich mir das Herz zusammenkrampft: du hast dich dort eingelebt, du willst deine Wohnung nicht aufgeben, du kehrst nicht mehr zurück.«[9]

Rachmaninoff antwortet am 15. April 1923 aus New York, daß er Morosows Briefe der Reihe nach erhalten habe und nur deswegen nicht antworten konnte, da er bis April auf Reisen gewesen sei. »Ich spielte und spielte. Jetzt bin ich zurückgekehrt, bleibe für den ganzen Sommer hier und muß mich wieder erholen. Ich bin sehr erschöpft, und die Hände schmerzen. Im Verlauf der letzten vier Monate gab ich ungefähr 75 Konzerte. Jede überflüssige Bewegung der Hände schmerzt mich, daher schreibe ich dir per Diktat. Aufgrund dieser Erschöpfung annullierte ich auch meine australische Tournee, wohin ich hätte am 20. April aufbrechen müssen ... Aus Übermüdung oder aus der Ungewohntheit heraus, zu komponieren (ich habe mich nun schon fünf Jahre nicht mehr mit Komposition beschäftigt) zieht es mich nicht zu dieser Tätigkeit, zumindest verspüre ich selten Lust dazu. Das letztere ist nur der Fall, wenn ich an meine zwei großen Werke denke, die ich kurz vor meiner Ausreise aus Rußland begonnen hatte. Wenn ich über sie nachdenke, dann will ich sie fertigstellen. Das ist wahrscheinlich die einzige Möglichkeit, mich vom toten Punkt wegzubewegen. Etwas Neues zu beginnen, erscheint mir als unüberwindliche Schwierigkeit. Wenn ich mich ein wenig erhole und ausruhe, werde ich mich in diesem Sommer an die Arbeit setzen. Daher müssen deine Ratschläge und neuen Sujets noch eine Weile zu den Akten gelegt werden und dort bis zu meinem ›Erwachen‹ oder zu meiner Wiedergeburt ruhen.«[10]

Im Sommer endet die Tournee des Moskauer Künstlertheaters. Vor ihrer Abreise besuchen die Schauspieler noch ein letztes Mal Rachmaninoff in seinem Feriendomizil Locust Point. Nach dem Abendessen wird der Salon des Hauses in eine Bühne mit Auditorium umgewandelt, und jeder Künstler gibt dem Hausherrn zu Ehren eine kleine Abschiedsvorstellung. Schaljapin erheitert die Anwesenden mit den äußerst komischen Parodien eines betrunkenen Akkordeonspielers, der auf die Polizeistation geschleppt wird, und einer Dame, die vor dem Spiegel umständlich ihren Schleier zurechtputzt. Nicht einmal das Bild einer alten Frau ist ihm heilig, die in der Kirche betet. Sogar der in Glaubensdingen recht empfindsame Rachmaninoff kann sein Lachen kaum verbergen. Die Zuschauer amüsieren sich köstlich.

Gegen Morgen endlich rüstet man sich zum Aufbruch. Doch Schaljapin ist jetzt erst richtig in Stimmung geraten. »Wo wollt ihr hin«, ruft er den Freunden zu und versperrt ihnen den Weg. »Sergej Wassiljewitsch und ich werden euch jetzt erst mal was Richtiges zeigen.« Und dann erleben die Gäste ein Spektakel, wie sie es zuvor nie auf der Bühne gesehen oder gehört hatten. Rachmaninoff und Schaljapin feuern sich gegenseitig mit Bauernliedern, Zigeunerliedern und dramatischen Opernarien an, wie sie es nie mit solchem Spaß und spontanem Feuer auf dem öffentlichen Podium dargeboten hätten. Krönender Höhepunkt der Vorstellung ist Rachmaninoffs Lieblingslied »Otschi tschornyje«, Schwarze Augen. Bis an sein Lebensende bewahrt Rachmaninoff eine Schaljapin-Aufnahme dieses Liedes, das er so sehr in der Interpretation des Freundes liebt.

Auch für die Erben Nikolaj Rimski-Korsakows setzt sich Rachmaninoff nachdrücklich ein. So erkundigt sich Michail Rimski-Korsakow, ein Sohn des Komponisten, in einem Brief an Rachmaninoff, ob man in Amerika eigentlich die Werke des Vaters aufführe. Wenn dies der Fall sei – so Rimski-Korsakow – könnte man dann nicht Autorenrechte geltend machen? Rachmaninoff reagiert prompt. Es habe gar keiner besonderen Anstrengung bedurft, denn vom Regisseur der Metropolitan Oper, Edward Ziegler, seien bereits 600 Dollar eingesammelt und nach Rußland überwiesen worden. Auch die Direktion der Philharmonischen Gesellschaft in New York habe 2340 Dollar abgerechnet und sie an Ziegler weitergeleitet. Das Orchester in der Philharmonie habe ebenfalls eine Summe zusammengestellt, deren genaue Höhe ihm aber nicht bekannt sei. Auch sie soll an Ziegler weitergereicht werden. Ziegler habe jetzt nur nicht ganz unbegründete Bedenken, die Summen nach Rußland zu überweisen, da er bisher von den Erben Rimski-Korsakows keinerlei Reaktion auf die bereits übersandte Geldsumme erfahren habe. Immerhin sei der Geldtransfer nach Rußland überhaupt noch nicht geregelt. Rachmaninoff bittet Michail Rimski-Korsakow eindringlich, möglichst umgehend ein Lebenszeichen von sich zu geben, damit der Absender über die ordnungsgemäße Ankunft des Geldes Gewißheit habe. Rachmaninoff beendet den Brief mit folgenden Zeilen: »Zum Schluß will ich Ihnen von meiner Seite aus versichern, wie hoch hier das Werk Nikolaj Andrejewitschs geschätzt wird, wie sehr man ihn hier verehrt. Solche Stücke wie ›Der goldene Hahn‹, ›Scheherazade‹, ›Osterfest‹, ›Spanisches Capriccio‹ werden hier von allen Gesellschaften jährlich gespielt und rufen unverändert Begeisterung hervor. Mich persönlich jedoch berühren besonders die drei ersten Werke schmerzlich. Von der Sentimentalität herrührend, die mir wahrscheinlich zu eigen ist, von meinem fortgeschrittenen Alter oder vom Verlust der Heimat her, mit welcher die Musik Nikolaj Andrejewitschs so verknüpft ist (nur Rußland kann einen solchen Künstler erschaffen), ruft das Spiel dieser Stücke bei mir ständig Tränen hervor ...«[11]

Im Herbst 1923 treten bei Rachmaninoff ernste Anzeichen einer körperlichen Erschöpfung auf. Schon nach wenigen Stunden Übens befallen ihn heftige Kopfschmerzen. Einzelne Finger zeigen überraschende Ermüdungserscheinungen, und Rachmaninoff wehrt sich verzweifelt gegen Konzentrationsschwächen, die urplötzlich mitten in der täglichen Repetition der neuen Programme auftreten.

Natalja Alexandrowna beobachtet mit Besorgnis den steigenden Zigarettenkonsum ihres Mannes. Der leidenschaftliche Raucher läßt sich von Privatsekretär Somow immer häufiger neue Zigarettenspitzen und Mundstücke besorgen, da er sie aus Hektik und Nervosität ständig abbricht. Als Agent Charles Ellis sein Konzertbüro aus Altersgründen dem langjährigen Mitarbeiter Charles Foley übergibt, kürzt Rachmaninoff erstmalig radikal die bevorstehende Konzertsaison 1923/24. Die diesjährige Tournee ist für den Zeitraum vom 13. November bis zum 10. März auf 35 Auftritte begrenzt. Ein für Rachmaninoffs Reputation sehr wichtiger Termin wird allerdings wahrgenommen. Er spielt am 10. März 1924 zum ersten Mal im Weißen Haus vor Calvin Coolidge, dem Präsidenten der USA. Diese ehrenvollen Einladungen erhält er nochmals in den Jahren 1925 und 1927.

Neu im Saisonprogramm ist eine Transkription von Mussorgskis »Hopak«, die Rachmaninoff gleichzeitig für die Ampico Piano Rolls einspielt. Auch die Victor Company macht ihre Vertragsansprüche geltend. Rachmaninoff nimmt mit Stokowski und dem Philadelphia Orchester den 2. und 3. Satz seines 2. Klavierkonzerts auf. Den 1. Satz spielt er im folgenden Jahr für die Schallplatte ein.

Am 12. Februar 1924 dirigiert Paul Whiteman in der New Yorker Aeolian Hall die legendäre Uraufführung der »Rhapsody in Blue« von George Gershwin im Arrangement für Jazzorchester und Pianoforte von Ferde Grofé. Unter den Premierengästen finden sich neben Damrosch, Godowsky, Heifetz, Kreisler, Elman und Strawinsky auch Rachmaninoff, der sogar die Schirmherrschaft dieses Konzerts mit übernommen hatte. Rachmaninoff ist – was leider wenig bekannt ist – ein begeisterter Jazzfan. Der Tenor John McCormack erinnert sich, daß der Pianist gelegentlich im privaten Kreis vergnüglich und glänzend Jazz improvisierte. Die Grofé-Bearbeitung des cis-moll-Préludes findet daher auch Rachmaninoffs uneingeschränkte Zustimmung.

Seinem Freund Morosow teilt der Pianist auf Anfrage mit, daß die Gerüchte über seine Foxtrottkompositionen zwar nicht der Wahrheit entsprächen. Aber er hätte sie tatsächlich gern geschrieben, zumal ihm der originelle und unnachahmliche Rhythmus dieses Tanzes außerordentlich gut gefiele.

Rachmaninoff mit seinen Töchtern Irina Wolkonskaja (1903–1961) und Tatjana Konjus (1907–1961) in Dresden 1924

Die berufsmäßige Beschäftigung mit Jazz paßt jedoch nicht zu Rachmaninoffs Image in der Öffentlichkeit. Sein Marktwert wird bestimmt durch die vorbildliche Reproduktion klassischer Werke, und Rachmaninoffs beruflicher Erfolg beruht nicht zuletzt darauf, daß er diese ungeschriebenen Gesetze nie überschreitet.

Als in Amerika Mitte der zwanziger Jahre die Fremdenfeindlichkeit nachläßt und die Skepsis der Amerikaner gegenüber Europa einer eher neutralen Haltung weicht, wagen sich auch die Rachmaninoffs wieder für längere Zeit nach Europa. Ab 1924 überqueren sie bis zum Jahr 1939 alljährlich mit Steinway-Pianino und Automobil den Atlantik und verbringen ihre Sommerferien in Europa. Im April 1924 reisen sie zunächst nach Italien, besuchen in Florenz die russische Kolonie und feiern im Kreise ihrer Landsleute das traditionelle, prachtvolle russische Osterfest. Über Zürich fahren sie dann weiter nach Dresden zu ihren Verwandten, wo sie auch Medtner treffen. Zu einem rührenden Wiedersehen kommt es in der Dresdner Emser Allee. Nach sieben Jahren schließen die Rachmaninoffs ihre treue Hausangestellte Maria Iwanowna in die Arme, die bereits als Kind bei den Satins auf Iwanowka gelebt hatte. Mit einer befristeten Ausreisegenehmigung war es Maria Iwanowna gelungen, die Familie in Dresden aufzusuchen und ein letztes Mal zu sehen. Denn ein Jahr darauf stirbt sie an schwerer Krankheit in Moskau.

Der 24. September 1924 hat für Rachmaninoff eine besondere persönliche Bedeutung. Seine ältere Tochter Irina heiratet in Dresden den russischen Fürsten Pjotr Wolkonski, einen Sproß des berühmten russischen Hochadels. Diese Hochzeit ist auch der Grund dafür, daß Rachmaninoff einen Freund aus Jugendtagen, den Dichter Iwan Bunin, Anfang September in Paris nicht sehen kann. Iwan Bunin hatte aus Frankreich einen verzweifelten Brief an Rachmaninoff geschrieben: »Lieber Freund – Sie gestatten, daß ich Sie so dank der alten Erinnerung und kraft der besten Empfindungen, die ich Ihnen gegenüber unverändert hege, nenne – ich wende mich an Sie mit einer sonderbaren Bitte, die Sie hoffentlich verstehen und mit Rücksicht auf die Ausweglosigkeit meiner alten Emigrantenexistenz verzeihen. Haben Sie irgendeine Möglichkeit, auf einen Ihrer reichen amerikanischen Freunde einzuwirken, mir zu helfen? Wie viele Menschen, so besitze ich überhaupt nichts. Mein Einkommen ist geringfügig. Anerkennung erwarb ich in den besten Kreisen Europas genug (so sehr, daß ich mich sogar unter den Kandidaten für den Nobelpreis befinde), aber die Ausländer, die mich übersetzen oder verlegen, zahlen entweder nichts (sie berufen sich auf unseren rechtlosen Zustand), oder sie zahlen Groschen. Ich fasse mich kurz, Sie verstehen mich auch ohne Worte: Armut. Mit Freude höre ich von Ihren Erfolgen. Gebe Gott Ihnen das Beste. Herzlich Ihr Iwan Bunin.«[12]

Rachmaninoff schickt Bunin sofort Geld, aber er kann ihn nicht mehr in Frankreich besuchen, da er nach der Hochzeit Irinas sofort zur Englandtournee aufbrechen muß. Bunin dankt Rachmaninoff mit sehr bewegten Worten und erklärt, daß er bei der ersten Gelegenheit das Geld »mit tiefer Verbeugung« zurückreichen wolle.

In der Zeit vom 2. bis 18. Oktober 1924 gibt Rachmaninoff in England acht Konzerte. Dann reist die Familie ohne Irina zurück nach Amerika, und Rachmaninoff absolviert dort vom 12. November bis zum 18. April 1925 insgesamt 61 Konzerttermine, von Kanada bis Kalifornien. Am 16. Januar spielt Rachmaninoff sein zweites Recital vor Präsident Coolidge im Weißen Haus in Washington. Der stilvolle Vortrag des russischen Aristokraten gefällt dem Präsidenten, so daß er Rachmaninoff mit einer neuerlichen Einladung auszeichnet.

Das Programm dieser Saison ist erweitert um: Mendelssohns »Variations sérieuses«, Liszts Sonett »Petrarca« und Bachs Englische Suiten. Außerdem macht Rachmaninoff wieder Aufnahmen für den Phonographen.

Sein gesundheitliches Befinden hat sich nicht gebessert. Ständig klagt er über heftige Kopfschmerzen, die ihn in immer kürzeren Abständen befallen. Und er nimmt sich zum Vorsatz, für die Zukunft seine Arbeitsweise radikal zu ändern. Die Rahmenbedingungen für einen reisenden Künstler sind auch in Amerika nicht die besten. In Stockton, Kalifornien spielt Rachmaninoff auf der Bühne des High School Auditoriums, die sogar der lokale Rezensent als armselig und unattraktiv einstuft. Ein Notheizaggregat stört die

Konzertveranstaltung mit lauten Heulgeräuschen, und hinter der Bühne laufen die Ratten durch die Requisitenkammer. Natalja Alexandrowna, die nach Schulabschluß der Töchter ihren Mann jetzt wieder auf allen Konzertreisen begleitet, beschreibt die oftmals unwürdigen Begleitumstände des Konzertierens. Häufig finden die Klavierabende in entlegenen Colleges statt, die mehr als 40 Meilen von der nächsten größeren Stadt entfernt sind. Keiner der örtlichen Veranstalter kommt aber auf die Idee, dem Künstler bei seiner Ankunft eine Tasse Kaffee zu reichen. Die Künstlerzimmer in der amerikanischen Provinz sind irgendwelche schmutzigen Winkel mit unausgekehrten Fußböden und zerbrochenen Stühlen. Und fast immer eilt der Tourneebegleiter durch die Räume, um für Rachmaninoff eine halbwegs bequeme Sitzgelegenheit zu organisieren. Der Tagesablauf ist immer gleich und von einer unbeschreiblichen Hektik geprägt. Nach dem Konzert zurück ins Hotel, Packen der Koffer und Aufbruch zum nächsten Zug. Am kommenden Morgen wieder Ankunft in einer neuen Stadt. Frühstück im Hotel. Drei Stunden Üben, Spaziergang, Essen und wieder Üben. Am späten Nachmittag behandelt Rachmaninoff gewöhnlich seine Hände. Mit einer heilenden Tinktur bestreicht er die Risse auf seinen Fingerkuppen, die immer im Verlauf von strapaziösen Klaviertourneen aufbrechen. Oft treffen ihn diese äußerst schmerzhaften Verletzungen mitten im Konzertgeschehen, und Rachmaninoff fürchtet nichts so sehr wie diese Augenblicke, die ihn für Sekunden jeder Spielfähigkeit berauben.

Das amerikanische Publikum kennt jedoch nur die »Hände, die Millionen wert sind«. Ein pfiffiger Pressefotograf aus Minneapolis kreiert diesen Slogan, als er Rachmaninoff gegen seinen Willen und infolgedessen mit abwehrenden Händen vor dem Gesicht fotographiert.

Eine weitere unliebsame Begleiterscheinung von Tourneen sind in Amerika die professionellen Erpressertouren. Anna Medtner vertraut ihrem Tagebuch einige Anekdoten an, die ihr Rachmaninoff von seinen regelmäßigen Reisen erzählt hatte: Es gibt ein Gesetz in Amerika, wonach die Anwesenheit einer Frau im Hotelzimmer eines Mannes immer letzteren kompromittiert und ihn zur Zahlung einer hohen Entschädigung an die Dame verurteilt. Dieses

Gesetz und die wirtschaftliche Not im Lande begünstigt unweigerlich professionelle Betrügerpärchen, denen eines Tages auch Rachmaninoff nur mit Mühe und Not entkommt. Seit Monaten verfolgt ihn eine Frau mit leidenschaftlichen Briefen, die jedoch Rachmaninoff stets ungeöffnet zurückwies. Eines Abends steht besagte Dame vor der Zimmertür des Hotels, und Rachmaninoff rettet sich geistesgegenwärtig nur durch den Zuruf, sie möge sich an die Nebentür wenden. Dort aber nächtigt der treue Tourneebegleiter, der die Tür öffnet, lauthals nach dem Hoteldiener ruft und die Festnahme der Frau fordert. Das nächtliche Spektakel endet mit dem Hinauswurf der Frau. Für einen Künstlerkollegen jedoch, den Anna Medtner nicht näher nennt, endet ähnliches Betrugsmanöver katastrophal. Der Ärmste läßt die Erpresserin in seine Hotelsuite ein, sie schreit, der Compagnon eilt zu Hilfe, und der düpierte Künstler wird durch eine Gerichtsverhandlung zur jährlichen Zahlung von zehntausend Dollar verurteilt. Und dies für die Dauer von zehn Jahren![13] Rachmaninoff war durchaus kein Frauenverächter und zog auf seinen Tourneen stets einen Schwarm von Anhängerinnen hinter sich her. Dem russischen Geiger Nathan Milstein vertraute er einmal an, daß er eine Vorliebe für Frauen in schwarzen Strümpfen habe. Zu Hause jedoch dominierte Natalja Alexandrowna, sie schirmte ihn ab und wachte über ihn, tat dies allerdings mit großer Zurückhaltung und Einfühlungsvermögen.

Nach Abschluß der Tournee 1924/25 verkauft Rachmaninoff schweren Herzens sein New Yorker Haus am Riverside Drive. Hohe Hypotheken belasten die Immobilie, und obwohl sich die Familie für einige Jahre in diesem Domizil sehr wohl gefühlt hat, kann Rachmaninoff als einziger Verdiener die Kosten für das Haus nicht länger mit den Ausgaben für seinen aufwendigen, großzügigen Lebensstil vereinbaren. Er mietet stattdessen eine kleinere Wohnung in der noblen 505 West End Avenue, die er dann auch mit Unterbrechungen bis zu seinem Tode innehat.

Im Sommer 1925 kann sich Rachmaninoff – von drückender Last befreit – wieder Europa zuwenden. Nach einem Sanatoriumsaufenthalt in Dresden verlebt er einen sorgenfreien Sommer mit der Familie in Corbeville, Frankreich. Hier porträtiert ihn auch erstmalig der Maler Konstantin A. Somow, ein Onkel seines Privatsekretärs und ein angesehener Maler der Mir Iskusstwa Djaghilews. Das Porträt geht später in den Besitz der Firma Steinway & Sons, New York über.

Aber schon im August ereilt die Familie ein tragischer Schicksalsschlag. Völlig unerwartet stirbt Rachmaninoffs Schwiegersohn Pjotr Wolkonski. Die verwitwete Irina Sergejewna ist hochschwanger. Da Irinas Einkommenssituation ungeklärt ist – auch ihr Mann hatte sich als russischer Adliger ohne Heimat den Schönen Künsten zugewandt und außer einem glanzvollen Namen kaum etwas hinterlassen – beschließt Rachmaninoff, den Töchtern in Paris eine Existenzgrundlage zu schaffen. Tatjana möchte zunächst bei ihrer Schwester und dem kleinen Kind in Paris bleiben.

Der Notenverlag TAIR – benannt nach den Insignien der Töchter Tatjana, Irina – soll den Töchtern Rachmaninoffs ein Einkommensminimum garantieren. Als europäische Edition für Rachmaninoffs neu erscheinende Werke und Transkriptionen soll er außerdem die Rechte des Komponisten in Europa wahrnehmen. Der Zeitpunkt für die Einrichtung einer neuen Interessensvertretung russischer Musik in Europa ist günstig, denn Kussewitski hatte soeben die Leitung der Bostoner Sinfoniker übernommen. Eine Einschränkung seiner Verlagsaktivitäten in Paris war unausweichlich.

Die Hinwendung nach Europa und vor allem nach Paris hat viele gute Gründe. Paris ist in den zwanziger Jahren das kulturelle Zentrum Europas. Alles, was entweder schon Rang und Namen hat oder noch gewinnen möchte, trifft sich in der französischen Metropole. Die amerikanische Literatur ist vertreten durch Hemingway, Faulkner, Scott-Fitzgerald, Gertrude Stein, Ezra Pound und James Joyce, die Welt der Maler und Bildenden Künstler durch Picasso, Paul Klee, Le Corbusier, die der Musiker durch Prokofjew, Strawinsky, Boris Schloezer, die wiederum mit den Komponisten der »Group de Six«, Milhaud, Honegger, Auric, Poulenc, Durey und Tailleferre in einen Dialog treten. Gershwin unterwirft sich der strengen Kompositionsschule Madame Nadja Boulangers, und Djaghilew steckt voller neuer Ideen.

Während Natalja Alexandrowna und ihre Töchter in Paris schnell neue Bekanntschaften schließen, findet Rachmaninoff kaum

Zugang zu den avantgardistischen Kreisen der Pariser Kulturszene. Ihm fehlt jedes gesellschaftliche Talent der geschickten Eigendarstellung, das ihn befähigte, die Künstlercliquen der zwanziger Jahre zu erobern. Weder vertritt er provokante Kunsttheorien, noch schockiert er seine Mitmenschen durch politisch brisante Thesen.

In Gesellschaft Fremder wirkt Rachmaninoff eher einsilbig, unzugänglich und fast schon menschenscheu. Seine Pariser Freunde sind die alten Freunde aus Moskau, die sich jetzt in Emigrantenzirkeln abkapseln und eifersüchtig untereinander rivalisieren. Hier wiederum hat Rachmaninoff die erstaunliche Gabe, Russen der verschiedensten Interessengruppen in seinem gastfreundlichen Hause friedlich zu vereinen.

Allerdings setzt sein enormes tägliches Arbeitspensum am Klavier von vornherein allzu aufwendigen gesellschaftlichen Aktivitäten eine natürliche Grenze.

Im Herbst kehrt Rachmaninoff mit seiner Frau, aber ohne Töchter, nach Amerika zurück. Seine Saison 1925/26 beginnt am 29. Oktober und endet bereits am 11. Dezember. Neu im Repertoire sind Schubert-Transkriptionen der »Forelle« und des Fantasiestücks »Wohin«. Diese raffinierten Salon-Piècen gefallen dem amerikanischen Konzertpublikum ungemein, und sogar die Konzertkritik gesteht den chromatisch verfremdeten Klassikern die Originalität einer schöpferischen Hand zu. In der Bearbeitung von Kreislers »Liebesfreud« argwöhnt der spitzfindige Rezensent gar Ansätze einer Parodie. Rachmaninoff hat bemerkenswert realistische Vorstellungen vom Verkaufswert einer Komposition. Er warnt daher auch immer wieder seinen weltfremden Kollegen Medtner vor übersteigerten Erwartungen. »Es gibt drei Kategorien von Komponisten«, schreibt er am 14. Januar 1926 an Medtner, »1. Verfasser populärer Musik, der sogenannten ›Markt‹-Musik, 2. modischer Musik, der sogenannten ›modernen‹ Musik und schließlich 3. ernster, der sogenannten ›seriösen‹ Musik.

Die Verleger drucken sehr gern Werke der ersten beiden Kategorien, weil diese Ware leicht geht! Und sehr ungern die letzte Kategorie – Ware, die schwer geht. Die ersten beiden sind für die

Brieftasche. Die letzte eher für die Seele! Manchmal übrigens hat der Verleger ernster Musik eine ganz winzige Hoffnung auf die Zukunft, d.h. daß der Komponist ernster Musik hundert Jahre alt wird oder, noch besser, wenn er stirbt, daß dann seine Werke in die erste Kategorie gelangen, d.h. populär werden. Aber diese Hoffnung hegt er niemals ernsthaft.

Es gibt auf der Welt viele Verleger nur einer der beiden ersten Kategorien, d.h. entweder Verleger nur populärer Musik oder nur moderner Musik. Aber es gibt auf der Welt keinen einzigen Verleger, der nur ›ernste‹ Musik druckt. Eine Ausnahme stellte Beljajew dar, aber das kostete ihn sein gesamtes Vermögen. Was die Unternehmungen Kussewitskis angeht, so müssen wir darüber nicht reden ... Wenn die zeitgenössische ›ernste‹ Musik das Licht der Welt erblickt, dann nur dank des von den Verlegern praktizierten Melanges, d.h. zwischen 75% Popularmusik oder modischer Musik riskieren sie 25% für die Herausgabe der dritten Kategorie, oder ›unserer‹.

Der verstorbene Gutheil, der eine große Menge von Musik meiner Erfindung ertrug, starb nur deswegen eines natürlichen Todes, weil er zusammen mit meinen Werken tausende populärer Stücke druckte. Anders hätte er bankrott gemacht oder sich aufgehängt!«[14]

Rachmaninoff hatte in seinem amerikanischen Exil sehr schnell begriffen, daß er von den eigenen Kompositionen nicht leben kann. Publikumswirksam und gut verkäuflich sind höchstens kunstvolle Bearbeitungen bereits bewährter »Klassiker«. Und auf diesem Gebiet entfaltet Rachmaninoff in seinen amerikanischen Jahren eine eifrige Betriebsamkeit. 1918 bearbeitet er Smiths »The Star Spangled Banner«, 1924 Mussorgskis »Hopak«, 1925 Schuberts »Forelle« und Kreislers »Liebesfreud«, 1929 Rimski-Korsakows »Hummelflug«, 1933 Mendelssohns Scherzo aus dem »Sommernachtstraum«, Bachs E-Dur-Partita und 1941 Tschaikowskis »Wiegenlied«.

Im Januar 1926 wendet sich erstmals die New Yorker »Liga für Amerikanisierung« an Rachmaninoff und ersucht den Künstler um Unterstützung in ihrer patriotischen Pressekampagne, die sie ab Februar bundesweit starten will. Der Vorsitzende der Liga, Nathaniel Philipps, ist offensichtlich der irrtümlichen Meinung, daß Rachmaninoff bereits die amerikanische Staatsbürgerschaft besitzt. Daher bittet er den Künstler in einem höflichen Anschreiben, eine entsprechende offizielle Presseerklärung über die Vorzüge der Einbürgerung abzugeben. Rachmaninoff klärt den Irrtum auf und teilt gleichzeitig Philipps mit, daß er die amerikanische Nation, ihre Regierung und die öffentlichen Einrichtungen sehr hoch schätze und den Bürgern der Vereinigten Staaten sehr dankbar für alles sei, was es für seine Landsleute getan habe. »Aber ich halte es für unmöglich, mich von meiner Heimat loszusagen und bei der augenblicklichen Weltlage Bürger der Vereinigten Staaten zu werden.«[15]

Abschließend bittet Rachmaninoff den Vorsitzenden Philipps um Verständnis, daß er unter den aufgeführten Umständen keine staatsbürgerliche Erklärung abgeben könne. Damit hat der Künstler zunächst einmal die Frage seiner Einbürgerung auf unbestimmte Zeit hinausgeschoben. »Ich habe mich an dieses Land gewöhnt und liebe es«, schreibt er später einmal an Wilshau, »aber es gibt eine Sache, die es nicht hat – Ruhe.«[16]

Schallplattenaufnahmen der Chopin-Ballade As-Dur op. 47, der c-moll-Variationen Beethovens und eines russischen Volksliedes mit der Zigeunersängerin Nadeshda Plewitskaja erfüllen den Februar mit anstrengender Arbeit. Rachmaninoff pflegt gefährlichen Umgang. Denn die in Emigrantenkreisen so beliebte Zigeunersängerin, die 1926 mehrfach auch privat bei den Rachmaninoffs zu Gast war, ist als NKWD-Agentin tätig. Sie und ihr Mann, der weiße General Skoblin, arbeiten auf direkte Anweisung des Moskauer NKWD-Chefs Felix Dzierzynski. Ein Theatermann erinnert sich viele Jahre später, daß die Sängerin Mitte der zwanziger Jahre über ihren alten Impresario um die Genehmigung zur Rückkehr in die Heimat gebeten hatte. Aber Dzierzynski untersagte der Plewitskaja strikt, ihre Stelle aufzugeben. Sie sollte ihre gesellschaftlichen Kontakte weiter ausbauen und auch künftig die leidenschaftlichen Lieder ihrer Heimat singen, die den von Sehnsucht gequälten Emigranten das Herz zerrissen. Nadeshda Plewitskaja wird in den dreißiger Jahren verhaftet und stirbt 1941 in einem französischen Gefängnis.[17]

Nadeshda Plewitzkaja (1884–1941?), Sängerin

Nach Beendigung der Plattenaufnahmen und Bewältigung diverser gesellschaftlicher Aufgaben in New York zieht sich Rachmaninoff für ein Jahr von allen Konzertverpflichtungen zurück und widmet sich erstmalig wieder der Komposition. Er schreibt das 4. Klavierkonzert op. 40 und die »Drei Russischen Lieder« op. 41. Die ersten Ideen zu einem neuen Klavierkonzert lassen sich bis 1914 zurückverfolgen, aber konkrete Gestalt nimmt das Konzert erst jetzt im Jahre 1926 an.

Rachmaninoff reist wieder nach Europa. Zunächst besucht er seine Töchter und das Enkelkind Sofija in Paris und danach seine Schwiegereltern in Dresden. Eine unliebsame Unterbrechung widerfährt der Kompositionstätigkeit durch eine unaufschiebbare Handoperation. Eine Schwellung auf der Handoberfläche hatte einen operativen Eingriff unumgänglich gemacht, und Rachmaninoff muß für einige Wochen seinen Arm in einer Bandage tragen. Im September schließlich reist die Familie nach Südfrankreich und mietet sich in Cannes für den Rest der Sommerferien eine luxuriöse Rothschild-Villa.

Die Villa sei imposant, ebenso der Preis, berichtet Rachmaninoff seinem New Yorker Sekretär. Und fast unerträglich die Hitze, deren Qual nur noch in der Nacht durch Moskitoinvasionen überboten würde. Eine weit bewegtere Schilderung der nächtlichen Moskitoschlachten erhält Medtner, der allerdings auch im selben Brief eine erste detaillierte Beschreibung des neuen, ihm gewidmeten 4. Klavierkonzerts erfährt. »Lieber Nikolaj Karlowitsch«, schreibt Rachmaninoff am 9. September 1926 aus der Villa St. Honoré, rue de Frejus, Cannes, »vorgestern kam ich hier aus Dresden an. Ich fuhr wiederum mit dem Automobil, mein Weg führte mich nicht über Paris. Von daher hatte ich nicht das Vergnügen, Sie zu treffen und mit Ihnen zu reden. Aus der obigen Adresse können Sie ersehen, wo wir uns befinden. Hier ist es schön! Ich würde sogar den Text meiner Romanze abändern und es so ausdrücken: ›Hier ist es sehr schön!‹ Die Minuspunkte sind die tropische Hitze und der Moskitoschurke! Vorgestern, schlief in der ersten Nacht keiner von uns bis 6 Uhr früh. Alle waren auf der Jagd. Viele Moskitoleichen lagen herum, aber mein Gesicht und meine Hände waren wie von Pocken zernarbt. Daher war der Ausgang des

Feldzuges unentschieden! In der zweiten Nacht ›verschanzten‹ wir uns alle, d. h. wir bedeckten uns mit Bettvorhängen. Mein Klavier wird aus Paris geliefert, ist aber noch nicht eingetroffen. In Dresden spielte ich überhaupt nicht. Übrigens hatte ich ein Furunkel an der Hand. Ich begann wieder am 1. August. Meine Hand war bis jetzt verbunden. Sie verheilt recht schlecht.

Vor der Abfahrt aus Dresden übersandte man mir den umgeschriebenen Klavierauszug meines neuen Konzertes. Als ich seinen Umfang sah (110 Seiten), geriet ich in Panik! Aus Kleinmut hatte ich bis jetzt nicht seine Zeit überprüft. Wahrscheinlich wird man es wie den ›Ring‹ aufführen, einige Abende nacheinander. Und hier fielen mir unsere Gespräche zum Thema Längen ein und die Notwendigkeit, sich kürzer zu fassen, einzuschränken und nicht redselig zu sein. Ich schämte mich! Offensichtlich liegt die ganze Ursache im dritten Satz. Was habe ich dort zusammengehäuft! In Gedanken begann ich schon nach Schnitten zu suchen. Den einen fand ich, aber nur acht Takte, im ersten Satz, der mich nun gerade wegen seiner Länge nicht erschreckte. Außerdem bemerkte ich mit meinen ›Augen‹, daß das Orchester fast überhaupt nicht schweigt, was ich für ein großes Gebrechen halte. Das bedeutet nicht Konzert für Klavier, sondern Konzert für Klavier und Orchester. Ich bemerkte außerdem, daß das Thema des 2. Satzes das Thema des 1. Satzes des Schumann-Konzerts ist. Warum haben Sie mir das nicht gesagt? Es gibt noch vieles, was ich bemerkte, aber alles kann man nicht aufschreiben. Ich werde Ende Oktober vor Ihnen Beichte ablegen. Und wie geht es Ihnen? Sind Sie fertig? Was macht Ihr gesundheitliches Befinden? Auf Wiedersehen! Ihr S. R.«[18]

Medtner, der zur selben Zeit ebenfalls an einem Klavierkonzert arbeitet – 2. Klavierkonzert c-moll op. 50, Rachmaninoff gewidmet –, beruhigt den Freund. Es sei nicht die Länge einer musikalischen Komposition, die den Eindruck von Langeweile hervorrufe, sondern vielmehr die Langeweile erwecke den Eindruck von Länge.

Nach etlichen Korrekturen ist das Konzert im Oktober 1926 fertiggestellt. Dem 4. Klavierkonzert ist ein wechselvolles Schicksal beschieden. Schon nach der Uraufführung mit dem Komponisten und dem Philadelphia Orchester unter Leitung Stokowskis nimmt Rachmaninoff wieder an einzelnen Sätzen Veränderungen vor. Der

1. und besonders der letzte Satz werden wesentlich verkürzt. Dann bittet Rachmaninoff seinen in Paris lebenden Freund, den Geiger Julij Konjus um Übertragung seiner Korrekturen in die Orchesterstimmen. 1928 gibt er das Konzert für den Druck in TAIR frei. Aber schon ein Jahr später ändert er wieder einzelne Partien, und 1941 unterwirft er dann ein letztes Mal das Konzert einer grundlegenden Revision.

Die melodischen Linien tragen zwar noch unverkennbar die Rachmaninoffsche Handschrift, aber dem Konzert fehlt die frühere, innere Ruhe. Unerwartete Brüche, hektische Rhythmik und dunkle Orchesterflecken verfremden den vertrauten Klang. Das Hauptthema erhält durch die pulsierenden Triolen in der Begleitfiguration einen neuartigen, motorischen Charakter, einen fast künstlichen Nachhall. Im langsamen Satz bewirken plötzlich dunkle Bläsereinwürfe expressive Kontraste. Die Melodik des letzten Satzes wird durch rasche Aufflüge von Figurationen und durch Sprünge synkopierter Nonen in kantige, eckige Wendungen verzerrt. Auch die Orchesterpartitur überrascht gegen Ende des Satzes durch grelle Farben.

Das Konzert entfesselt bei seiner Erstaufführung am 18. März 1927 keine Begeisterungsstürme. Die Rachmaninoff-Anhänger hatten vermutlich ein Prachtstück im Gewande des 2. oder 3. Klavierkonzerts erwartet. Stattdessen aber hören sie nur bruchstückhafte Episoden, viel Stimmengewirr und manch fremdartigen Bläsereffekt. Der Schlußakkord des Konzerts hinterläßt sie ein wenig ratlos.

Die Presserezensenten der *New York Herald Tribune*, *World* und *Telegram* verbergen kaum ihre Enttäuschung. Trotz Ganztonskalen und dissonanter Harmonien sei das Konzert ein Geschöpf des 19. Jahrhunderts. Es gäbe keine natürliche Verbindung zwischen den einzelnen Satzteilen. Neues musikalisches Material würde ohne zwingende Notwendigkeit eingeführt. Viel Worte und wenig Sinn – ein Vorwurf, den Rachmaninoff schon in seinen letzten Moskauer Jahren einstecken mußte. Pitts Sanborn im *Telegram* vom 23.3.1927 verfaßt eine sehr böse Kritik. Er nennt das Konzert langatmig, ermüdend und zeitweise geschmacklos. Es sei ein Gemisch aus Liszt, Puccini, Chopin, Tschaikowski mit einem

Schuß Mendelssohn. Der Klavierpart bestünde nur aus Tricks und Figurationen, eine sentimentale, schwülstige Supersalonmusik.

Rachmaninoff leidet sehr unter dem Verriß seines neuen Konzerts, und er zieht es schließlich von weiteren Aufführungen zurück. Das andere neue Werk, die »Drei Russischen Volkslieder für Chor und Orchester« op. 41 erhalten zwar wohlwollendere Besprechungen, aber dafür zeichnen sich für die Zukunft Aufführungsprobleme ab. Die Stücke sind ideal kurz, erfordern aber eine große und entsprechend kostspielige Besetzung. Das erste Lied »Über dem kleinen Fluß« ist für Bassisten geschrieben, das zweite Lied »O Wanka, du kühner Bursche« für Altstimmen und das dritte Lied »Puder und Schminke« für den gesamten Chor. Rachmaninoff nimmt an den Volksweisen und ihrem Text keine Änderungen vor. Er konzentriert seine kompositorischen Bemühungen allein auf den Orchesterpart. Die Idee zur Vertonung der Lieder hatten ihm Schaljapin und die Plewitskaja geliefert. Schaljapin hatte ihm vor längerer Zeit einmal das Lied »O Wanka« vorgesungen, und »Puder und Schminke« lernte Rachmaninoff in einem Liederabend der Plewitskaja kennen.

Vom Januar bis April 1927 gibt der Pianist wieder zur Aufbesserung der Familienfinanzen 34 Konzerte. Der fast 54jährige fühlt sich müde, und er gesteht im Brief vom 23. Dezember 1926 einer Moskauer Bekannten: »Ich bin noch zu Hause, und meine Saison hat noch nicht begonnen. Mit jedem Jahr kürze ich sie, und ich stelle fest, daß es mir mit jedem Jahr schwerer fällt, sie zu Ende zu führen. Bald werde ich die Arbeit niederlegen müssen! Ich beginne am 20. Januar und ende am 4. April. Diesmal fährt Natascha mit mir überall hin. Im April wollen wir dann wiederum nach Europa fahren ...«[19]

Zusätzlich übernimmt er weitere Schallplattenaufnahmen für die Victor Company. Der Chef der Victor Company, Eldridge Johnson, verkauft im selben Jahr sein Unternehmen für zwanzig Millionen Dollar an ein Bankenkonsortium. Die Bankiers treten kurze Zeit später in Verhandlungen mit der mächtigen Rundfunkgesellschaft Radio Corporation of America (RCA) und verkaufen schließlich das Unternehmen mit erheblichem Gewinn an RCA. Durch langjährige Verbindungen der Victor Company mit »His

Masters Voice« in Europa können Schallplatten sowohl in Amerika als auch gleichzeitig in Europa vermarktet werden. Im Zuge der Expansion der Rundfunk- und Schallplattengesellschaft RCA arrangiert Charles Foley – Manager von Rachmaninoff und Fritz Kreisler zugleich – die ersten gemeinsamen Schallplattenaufnahmen. Kurz vor Abschluß der Saison schreibt Rachmaninoff seiner Mutter aus New York: »Meine liebe Mama, ich erhielt Deinen Gratulationsbrief (über Tanjuscha) zu meinem Geburtstag. Mir verblieb noch eine Woche an Konzerten, die ich mit großer Mühe und Anstrengung zu Ende spielte. Ich fing an, stark nachzulassen. Nach dieser Woche steht mir eine Woche der Schallplattenaufnahmen und Einspielung mechanischer Rollen bevor. Dann fange ich an, mich für die Reise zu rüsten. Ich hoffe, am 27. April abzureisen. Ich fahre über London, wo ich mich mit einem Arzt beraten will. Aber ich bleibe dort mit Natascha nicht länger als zwei Tage, und dann fahren wir zu den Kindern nach Paris. Vielleicht ruhe ich mich dort bei ihnen aus, denn die Saison fiel mir sehr schwer. Wie geht es Deiner Gesundheit? Ich hoffe, daß es erträglich ist. Ich umarme und küsse Dich, Dein S. R.«[20]

Klingende Resultate der Zusammenarbeit Rachmaninoffs mit Kreisler sind Beethovens Violinsonate G-Dur op. 30, Nr. 3, die dritte Violinsonate von Grieg und das Grand Duo A-Dur von Franz Schubert. Bedauerlicherweise bleibt es die einzige gemeinsame Schallplattenproduktion dieser zwei so grundverschiedenen Künstler. Rachmaninoff ist Pedant und fordert immer wieder neue Aufnahmen, da er permanent irgendwelche Mängel in der Wiedergabe feststellt. Kreisler muß sehr viel Geduld und Zeit aufwenden, bis Rachmaninoff endlich mit den Schallplattenaufnahmen zufrieden ist. Am Ende der Aufnahmesitzungen wird ein Großteil der Probeaufnahmen vernichtet.

Für die Saison 1927/28 hat Rachmaninoff wieder einige neue Repertoirewerke erarbeitet: Beethovens Sonate cis-moll op. 27, Liszts »Fantasia quasi Sonata«, »Bei der Lektüre Dantes« und einige Etüden sowie Kompositionen von Chopin, Medtner und sogar »Präludium und Fuge« op. 29 von Tanejew.

4635 Dollar – den Erlös seines New Yorker Wohltätigkeitskonzertes vom 22. April 1928 – stiftet Rachmaninoff für russische

Kriegsopfer. Eine spezifizierte Aufrechnung können die Leser sieben Tage später der *New York Times* entnehmen.

Im selben Jahr gibt auch der 23jährige Wladimir Horowitz sein Amerika-Debüt. Seit 1921 konzertierte er in Rußland und erwarb sich schon dort einen hervorragenden Ruf als Solist und als Kammermusiker. Mit dem Tschaikowski-Konzert gewinnt Horowitz sofort die Herzen der Amerikaner. Rachmaninoff, der dieses Debüt miterlebt, ist äußerst gespannt auf den nächsten Konzerttermin. Am 23. Februar soll Horowitz mit den New Yorker Sinfonikern unter Damrosch sein 3. Klavierkonzert aufführen. Rachmaninoff arrangiert daher vorab ein Treffen mit Horowitz bei Steinway & Sons, um dort einmal mit ihm an zwei Konzertflügeln das Konzert durchzuspielen. Als die Nachricht an die Öffentlichkeit dringt, daß Rachmaninoff und Horowitz das 3. Klavierkonzert bei Steinway & Sons proben, bildet sich ein Menschenauflauf vor dem Steinway-Haus. Alle Klavierfans wollen die beiden Künstler sehen und hören. Horowitz berichtet später über das Treffen mit Rachmaninoff, daß der Komponist sich eher lakonisch gab und nur wenige Änderungsvorschläge anbot. Abram Chasins hingegen, ein amerikanischer Komponist, der zum näheren Bekanntenkreis Rachmaninoffs zählt, erinnert sich, daß Rachmaninoff von dem jungen Russen ausgesprochen angetan war. Er verschlang das Konzert mit der Furie und Gefräßigkeit eines Tigers, soll Rachmaninoff bewundernd geäußert haben.

Da er ja bereits von Blumenfeld auf den jungen Kiewer Pianisten aufmerksam gemacht worden war, steht er auch in den kommenden Jahren Wladimir Horowitz mit Rat und Unterstützung zur Seite. Rachmaninoff lädt den jungen Kollegen häufig in sein Haus, und beide Pianisten spielen fast regelmäßig die Konzerte und Suiten der klassischen Klavierliteratur. Unter der Ägidie Rachmaninoffs entwickelt sich Horowitz allmählich zum Spezialisten der russischen Klaviermusik und vor allem der Werke Rachmaninoffs.

Im Juni 1928 reist Rachmaninoff mit der Familie in die Normandie. Bei Villers sur Mer, nur ein Kilometer vom derzeitigen Wohnsitz der Medtners entfernt, versammelt er die vertrauten russischen Kulturbürger um sich. Die Familie fühlt sich in Villers sur Mer sehr wohl, und Rachmaninoff schickt den Somows nach New York einen begeisterten Brief. Auch die guten Nachrichten seines Agenten über die positiven Vertragsverhandlungen stimmen ihn zuversichtlich. »Liebe Elena K. und Jewgenij I.«, heißt es im Brief vom 17. Juni 1928, »es sind jetzt schon fünf Tage, seit wir hier wohnen, und uns allen gefällt die Gegend hier außerordentlich gut, sowohl die Luft als auch die Aussicht ringsum. Sehr sympathisch und komfortabel ist auch das Haus selbst. Wir haben vier Gästezimmer. Wir erwarten Foley, übermitteln Sie ihm dies, Jules Conus, vielleicht einen von den Satins. Hier gibt es Tennis zur Bewegung und einen Kilometer entfernt ein Meer zum Baden. Wenn mir auch scheint, daß dieses Meer eher als Dekoration dienen wird, denn es ist sehr kalt und frisch hier ... Ich jedoch bin mit dem Klima zufrieden. In den alten Tagen ist Hitze schwerer zu ertragen. Ich führe ein mustergültiges Leben: mache Gymnastik, gehe viel spazieren, lege mich rechtzeitig schlafen, trinke Milch und rauche ›stündlich‹, d.h. wenig oder zumindest beachtlich weniger, als ich früher rauchte. Ob mein Verstand reicht, dieses Leben auch weiterhin fortzusetzen, kann ich nicht mit Bestimmtheit sagen. Aber ich bemühe mich. Resultate gibt es. Ich schlafe besser, der Kopf schmerzt seltener und ich esse mehr.

Einen Kilometer von uns entfernt lebt Nikolaj Karlowitsch mit seiner Frau. Sie warteten liebenswürdigerweise, bis wir etwas fanden, um sich auch selbst dort einen Platz zu suchen. Wir sehen sie jeden Tag, was mich sehr freut und ablenkt.

Von den unangenehmen Fragen steht auf der Tagesordnung die Wohnungssuche für die Töchter zum Winter. Morgen fahren Natascha und Tanjuscha, nachdem sie hier alles in Ordnung gebracht haben, für unbestimmte Zeit nach Paris. Die Frage nach der Wohnung stellt sich sehr dringend. Alle Agenturen tun sich schwer, irgend etwas zu zeigen. Das Leben ist mit Sicherheit teurer geworden, und für 20000 Francs gibt es jetzt keine angemessene Wohnung. Es gibt ihrer viele ab 60000 Francs. Ich beging eine unverzeihliche Dummheit, daß ich nicht drei Jahre zuvor ein Haus kaufte, was damals wesentlich billiger war und außerdem für 15 Jahre steuerfrei. Jetzt ist dieses Gesetz – weil zeitlich begrenzt – annulliert. Und für Häuser, die drei Jahre zuvor ungefähr eine

Million Francs kosteten, verlangen sie zwei oder zweieinhalb Millionen plus Steuern. Alle Dummheiten aufzuzählen, die ich in meinem ganzen Leben machte, ist überhaupt nicht möglich ...«[21] Und er bittet noch den vertrauten Privatsekretär, er möge ihm über die Anschrift Paichadzes – des Pariser Geschäftsführers der Kussewitski-Edition – 1000 Zigaretten schicken.

Es wird dennoch ein sehr turbulenter Sommer, den Rachmaninoff hier verbringt. Im Haus treffen sich fast täglich die Medtners, die Swans, Julij Konjus mit Familie, der Maler Konstantin Somow und viele andere Emigranten aus dem weitverzweigten Bekanntenkreis. Rachmaninoffs Sommervilla zaubert die Aura eines russischen Landgutes im französischen Exil. Auch von seinem alten Moskauer Arzt, Nikolaj Dahl erhält er überraschend ein Lebenszeichen. Und Rachmaninoff antwortet: »Lieber Nikolaj Wladimirowitsch, ich war sehr erfreut, Ihren Brief zu erhalten und zu wissen, daß Sie am Leben sind und Ihrer Lieblingsbeschäftigung nachgehen. Ich habe selbstverständlich nichts dagegen, daß Sie meinen Namen im Brief an Ford erwähnten, aber ich fürchte, daß das wenig nützt. Ich kenne Ford nicht und erhielt auch von ihm nie Anfragen. Schade, daß Sie die Medizin beiseite legten, sonst wäre ich unverzüglich zu Ihnen gekommen, um meine Neuralgie auszukurieren, die mich schon seit zehn Jahren quält.«[22]

Am Ende des Sommers besucht der Künstler wie in jedem Jahr die Satins in Dresden. Dort erhält er endlich von Foley die ersehnte Nachricht über den voll besetzten neuen Tourneeplan für Europa. Im Herbst 1928 startet Rachmaninoff erstmals eine ausgedehnte Europa-Tournee. 26 Konzerte in Kopenhagen, Oslo, Bergen, Stockholm, Uppsala, Den Haag, Amsterdam, Rotterdam, Berlin, Hamburg, Köln, Frankfurt, Hannover, Dresden, Breslau, Mailand, Wien, Prag, Budapest und Paris stehen auf dem Terminplan.

Doch der Tourneebeginn wird von unangenehmen Zwischenfällen überschattet. Während die Startwoche in Kopenhagen noch gut verläuft, sorgt der Oslo-Termin für die erste böse Überraschung. Nach erfolgreich verlaufenem Konzertabend speist Rachmaninoff in gemütlicher Runde zu Abend. Man bricht rechtzeitig auf, um den Zug in Richtung Bergen zu erreichen. Auf der Bahnfahrt fühlt sich

Rachmaninoff zusehends unwohl. Er kann nicht schlafen und trifft völlig übernächtigt in Bergen ein. Den Konzertabend übersteht er mit Mühe und Not. Ins Hotel zurückgekehrt, verschlechtert sich sein Zustand derart, daß er noch in derselben Nacht einen Arzt aufsuchen muß. Der Mediziner stellt sofort eine akute Fischvergiftung fest. Doch Rachmaninoff kann und will sich keine zeitlichen Verzögerungen leisten und tritt gegen den Rat des Arztes am nächsten Tag die Rückreise nach Oslo an. Als er gerade wieder einigermaßen hergestellt ist und am 12. Oktober sein zweites Osloer Konzert geben will, ereilt ihn das nächste Unglück. Er verletzt sich durch einen ungeschickten Handgriff so heftig am Finger, daß ein Aderriß eintritt. Jetzt gibt es keinen anderen Ausweg mehr, als das Konzert abzusagen. Rachmaninoffs Tourneebegleiter muß vor ausverkauftem Saal die Erkrankung des Pianisten bekanntgeben. Fast, um den Reigen der Erkrankungen zu schließen, packt Rachmaninoff am folgenden Tage auch noch eine heftige Erkältung. In Stockholm angelangt, muß er jetzt endgültig zwei Tage seine Arbeit niederlegen und das Bett hüten. Aber pünktlich zum festgesetzten Termin am 16. Oktober 1928 sitzt Rachmaninoff dann doch auf dem Podium, um sein vertraglich vereinbartes Recital zu spielen.

Am 9. November konzertiert Rachmaninoff in Berlin, und das *8-Uhr-Abendblatt* konstatiert: Nur ein Poet könne ein Nocturne in solch langsamem Tempo wie Rachmaninoff nehmen und trotzdem so atemlose Spannung erzeugen. Am 11. und 12. November führt er dann noch mit den Berliner Philharmonikern unter Leitung Furtwänglers sein 3. Klavierkonzert auf. Adolf Weißmann lobt vieldeutig in der Zeitschrift *Die Musik* Rachmaninoffs vollendete Klavieristik der Vergangenheit.

Die Tournee endet am 2. Dezember in Paris. Und hier wie in Amerika sorgt Rachmaninoff für anregenden Gesprächsstoff. In einem Interview bekennt er freimütig, warum er keine Rundfunkaufnahmen tätige. Das Radio sei nicht perfekt genug, um guter Musik Gerechtigkeit widerfahren zu lassen. Außerdem mache es das Hören von Musik zu bequem. Und man sollte es nicht allzu bequem haben, wenn man guter Musik zuhört. Als das Interview am nächsten Tag in einer Pariser Zeitung erscheint, wettert einige

Tage später der Dirigent Walter Damrosch aus seinem amerikanischen Büro der National Broadcasting Company. Mister Rachmaninoff müsse ein schrecklicher Ignorant sein, schreibt Damrosch in der *New York Times* vom 23.12.1928, wenn er tatsächlich dieser Meinung sei, die er da so lauthals verkünde. Denn das Radio sei ein enormer Faktor für die Verbreitung guter Musik. Damroschs Behauptung läßt sich auch mit eindrucksvollen Zahlen der Industrie belegen: Der Verkauf von Rundfunkempfängern erbringt im Jahre 1922 einen Umsatz von 60 Millionen Dollar, während er im Jahre 1929 bereits auf 842 Millionen Dollar ansteigt.

Es zeugt eher von Rachmaninoffs Ignoranz, wenn er diese phänomenale technische Neuerung negiert. Einen mit Sicherheit näherliegenden Grund verschweigt Rachmaninoff. Schon bei Schallplattenaufnahmen ist der Künstler von ungeheurer Nervosität geplagt. Wie er selbst eingesteht, kämpft er jedesmal mit einer Verkrampfung seiner Hände, sobald der Signalton für Aufnahmebeginn ertönt. Rachmaninoff zuliebe installierte das Aufnahmeteam sogar eine lautlose Signallampe, um seine Panik zu mildern. Während Schallplattenaufnahmen letztlich beliebig wiederholt werden können, muß der Künstler bei Rundfunkübertragungen sofort präsent sein. Nachbesserungen sind nicht möglich. Und vermutlich stört Rachmaninoff am meisten die Gewißheit der Unwiederholbarkeit. Auch sein Argument der bequemen Hörhaltung überzeugt nicht. Denn eine Schallplatte, die ja Rachmaninoff jährlich produziert, kann der Konsument auch zu jeder passenden oder unpassenden Gelegenheit hören. In seiner öffentlichen Zurückweisung des Rundfunks spart Rachmaninoff allerdings ein Publikum aus, das die teuren Karten der Carnegie-Hall nicht bezahlen kann. Und dieses Publikum wächst Ende der zwanziger, Anfang der dreißiger Jahre in Amerika rapide an.

Rachmaninoff beendet seine erste große Europa-Tournee mit nachweislichem Erfolg. Sein Konzertbüro in New York schließt mit den meisten Einzelveranstaltern schon Folgeverträge für 1929 ab. In der ersten Jahreshälfte 1929 spielt Rachmaninoff wieder 31 Recitals in Amerika, und im Anschluß an diese Tournee findet er sich vertragsgemäß zu neuen Schallplattenaufnahmen im RCA-Studio ein.

Bevor Rachmaninoff wieder nach Europa abreist, erhält er ein interessantes Angebot von Steinway & Sons. Der leitende Geschäftsführer der Firma, Alexander Greiner, unterbreitet ihm den Vorschlag, in der nächsten Saison die New Yorker Philharmoniker mit eigenen Werken zu dirigieren. Aber Rachmaninoff hat sich noch nicht von der tiefen Enttäuschung erholt, die ihm der Mißerfolg seines 4. Klavierkonzerts vor zwei Jahren bereitet hatte. Er entgegnet Greiner, daß dem Publikum mit Sicherheit nichts an seinen Werken läge. Außerdem würde er zur Zeit auch nicht den geringsten Wunsch verspüren, zu dirigieren. Er würde überhaupt gerne aufhören zu spielen, aber zum gegenwärtigen Zeitpunkt könne er sich dies leider noch nicht leisten. Und so begibt sich Rachmaninoff – ohne der Firma Steinway eine Entscheidung mitzuteilen – wieder auf seine Europareise.

Am 21. Mai 1929 findet im Pariser Théâtre Sarah Bernardt die Uraufführung von Prokofjews »Verlorenem Sohn« statt. Die Leitung hat der Komponist. In derselben Veranstaltung dirigiert auch Strawinsky seinen »Renard«. Es sollte Djaghilews letzte Ballettinszenierung sein. Auch Rachmaninoff ist Zeuge dieses beeindrukkenden Ballettabends. Nach der Uraufführung sitzen die Künstler noch im »Restaurant des Capucines« zusammen und feiern in ausgelassener Stimmung den gelungenen Premierenabend. Rachmaninoff ist ein seltener und recht schweigsamer Gast in dieser Runde, denn das Künstlervolk um Djaghilew, Strawinsky, Prokofjew, Georges Balanchine alias Balanchivadse, Serge Lifar und die Kostümbildnerin Coco Chanel ist ihm im Grunde sehr fremd.

Ende Mai beziehen die Rachmaninoffs ihre diesjährige Sommerwohnung. Es ist die Villa »Le Pavillon« in Clairfontaine bei Paris. »Le Pavillon« liegt – vergleichbar alten russischen Landgütern – inmitten eines großen alten Parks, der direkt an »Rambouillet«, die Sommerresidenz des französischen Präsidenten, grenzt. Kiefernwälder säumen die Wiesen und Wege, und Rachmaninoff unternimmt lange Spaziergänge durch die verschlungenen Pfade des Anwesens. Koch und Chauffeur sind selbstverständlich Russen, und »Le Pavillon« zieht wie ehedem »Villers sur Mer« zahlreiche russische Bekannte und Freunde aus der Stadt zum Wochenendbesuch an. Jugendliche Freunde der Töchter, die in der Woche als Chauffeure, Maler oder in Schneiderateliers hart arbeiten, strömen an Samstagen und Sonntagen zu den Rachmaninoffs aufs Land. Wie im alten Rußland versammeln sich alle zu gegebener Zeit an der großen runden Tafel, und wie früher verstricken sie sich in weltanschauliche Diskussionen, persönliche Geschichten, Anekdoten und verklärte Erinnerungen.

Natalja Alexandrowna liebt diese Zusammenkünfte im Freundeskreis. Sie fühlt sich durch sie in turbulente Familientreffen auf Iwanowka zurückversetzt. In diesem Sommer 1929 begeistern sich die Jugendlichen – unter ihnen auch die Söhne Fjodor Schaljapins – besonders für einen Kinematographen, den Rachmaninoff zur Freude aller in Amerika gekauft hatte. »Le Pavillon« wird zum Drehort der Filmamateure. Bewohner und Gäste agieren mit der Leidenschaft enthusiastischer Laiendarsteller, während dem Statisten Rachmaninoff die Schlüsselrolle vorbehalten bleibt: Grandseigneur und Financier in einem grandiosen Familienspektakel. Das unbeschwerte Treiben der Jugend auf seinem Landsitz übt eine belebende Wirkung auf den depressiven Künstler aus. Sogar in gesundheitlicher Hinsicht verspürt Rachmaninoff wesentliche Erleichterung. Endlich findet er einen Arzt, der ihn von seiner jahrelangen quälenden Migräne befreit. Der Pariser Neurologe Kastritzky entdeckt nach einer Reihe von Einzeluntersuchungen den Krankheitsherd und heilt Rachmaninoff ohne operativen Eingriff.

Erst gegen Ende der Sommerferien fällt ein Schatten über »Le Pavillon«. Rachmaninoff erhält aus Nowgorod die Nachricht, daß am 19. September 1929 seine Mutter gestorben war. Eine Verwandte mütterlicherseits – Maria A. Litwinowa – teilt ihm mit, daß Ljubow P. Rachmaninowa am 22. September auf dem Nowgoroder-Roshdestwenski-Friedhof beigesetzt wurde und ihm einen letzten Brief hinterlassen habe.

Rachmaninoff hatte seine Mutter seit der Emigration nicht mehr gesehen. Der Kontakt mit ihr bestand in den letzten Jahren nur noch in Briefen und Geldsendungen, die er ihr monatlich nach Rußland überwies. In einem Antwortschreiben an die Litwinowa bittet Rachmaninoff, ihm alle Einzelheiten über das Ableben der Mutter mitzuteilen. Gleichzeitig beauftragt er Somow in New York, Frau Litwinowa 50 Dollar zu überweisen.

Schon bald richtet sich Rachmaninoffs ganze Aufmerksamkeit und Konzentration wieder auf die bevorstehende Europa-Tournee. Konzertbeginn ist der 19. Oktober in Den Haag mit einem Konzert unter Mengelberg. Charles Foley hatte insgesamt 30 Termine abgeschlossen, davon 13 in England, acht in Deutschland, fünf in Holland, die restlichen in Budapest, Zürich, Wien und Paris. Für den schon im September ausverkauften Berliner Klavierabend am 5. Dezember 1929 erbittet Rachmaninoff noch genauere Angaben aus New York.

Eine Rundfunkgesellschaft hatte die überraschende Absicht bekundet, das Recital direkt zu übertragen. Abgesehen von seinen Vorurteilen ist sich Rachmaninoff nicht sicher, welche Gage er fordern soll. Er bittet daher Somow, unbedingt schnell mit Foley Kontakt aufzunehmen. Im vergangenen Jahr habe sein Reingewinn 9000 Mark betragen, man sollte sich an diesem Richtwert orientieren. Ebenso bittet er um Mitteilung, ob die Schallplatte seines 2. Klavierkonzerts schon auf dem amerikanischen Markt erschienen sei. Wenn ja, dann sollten diese Platten unbedingt auf den europäischen Markt lanciert werden, da sie die beste flankierende Werbung für seine Konzerte abgäben.

Mit seinem Londoner Recital in der Albert Hall am 3. November ist Rachmaninoff außerordentlich zufrieden. Die Kritik in der *Sunday Times* bestätigt seinen eigenen Eindruck vom Konzertverlauf. In einer Welt, die nur so von guten Pianisten strotzt, wüßte er keinen besseren Pianisten als Rachmaninoff, schreibt der Rezensent. Und *Manchester Guardian* fügt in einer Besprechung des Recitals vom 23. November hinzu: Mit einem Programm, das in seiner Abgedroschenheit kaum einen Menschen von der Straße locken würde, dokumentierte Rachmaninoff eine erstaunliche Fähigkeit, Standardwerke vollkommen neu zu beleben. Er habe den Instinkt des Komponisten für die Proportionen eines Werkes.

Während Rachmaninoff durch Europa reist, steuert Amerika in eine schwere Wirtschaftskrise. Der 24. Oktober 1929, »The Black Thursday« oder »Der schwarze Freitag«, wie der Tag des Börsenkrachs aufgrund der Zeitverschiebung in Europa genannt wird, markiert ein verhängnisvolles Datum in der amerikanischen Geschichte. Der Zusammenbruch des Börsenmarktes ereignet sich ungeheuer rasch. In den ersten Tagen des September waren die Kurse zunächst gefallen, aber Spekulanten trieben sie durch Kurzgeschäfte noch einmal in die Höhe. Der Markt erholte sich vorübergehend. Anfang Oktober jedoch herrscht bereits wieder nervöse Stimmung. Aber kein Mensch ist in der Lage, das vorauszusehen, was dann geschieht. Am Mittwoch, den 23. Oktober wird eine Rekordzahl von 6,5 Millionen Aktien verkauft. Am folgenden Donnerstag ist die New Yorker Börse von Panik erfaßt. Chaos breitet sich aus. Kursgewinne von Monaten zerrinnen an diesem einen Vormittag zu nichts. Die Börse bricht zusammen, weil die Aktienkurse nicht mehr den Zustand der Wirtschaft widerspiegeln.

Die folgenden Jahre sind gezeichnet durch Konkurse und eine horrende Arbeitslosigkeit. 1931 ist bereits jede sechste Familie von Arbeitslosigkeit betroffen. Amerika zählt acht Millionen Arbeitslose. Es gibt keine Arbeitslosenversicherung. Die Löhne derer, die noch Arbeit haben, sinken um vierzig Prozent. Viele Hochschulen schließen. Der neue Präsident ist völlig ratlos. Tausende von Menschen stehen täglich nach einer warmen Mahlzeit an. Da die örtlichen Wohlfahrtseinrichtungen gänzlich unzureichend bestückt und auch personell dem Ansturm nicht gewachsen sind, bilden sich an den Rändern der Städte immer mehr Notlager und Obdachlosensiedlungen.

Auch Rachmaninoff verliert durch den Börsenkrach beträchtliches Vermögen. Das Konzertgeschäft wird härter, der Schallplattenumsatz zeigt rückläufige Tendenz. Während 1921 in den USA einhundert Millionen Schallplatten verkauft wurden, schrumpft diese Rekordzahl im Jahre 1932 auf fünf Millionen zusammen. Rachmaninoffs lukrative Einnahmequelle fließt ab 1930 spärlicher.

Die erste amerikanische Konzertserie im neuen Jahr 1930 verzeichnet von Januar bis April nur noch 24 Recitals. Im Februar spielt er erstmalig die b-moll-Sonate Chopins für RCA auf Schallplatte ein. Obwohl Rachmaninoff höchst ungern neue Geschäftsverbindungen mit Kussewitski eingeht, kommt ihm ein Angebot der Pariser Edition jetzt recht gelegen. Kussewitski trägt sich mit der Absicht, einige der Rachmaninoffschen Etudes tableaux von dem Rimski-Korsakow-Schüler Ottorino Respighi orchestrieren zu lassen und diese neuen Versionen dann mit seinem Bostoner Orchester uraufzuführen. Rachmaninoff willigt ein und schreibt am 2. Januar einen ausgesucht höflichen Brief an Respighi, in welchem er dem Italiener seine bildhaften Vorstellungen ausführlich erläutert. Etude a-moll op. 39, 2 schildere das Meer und die Möwen, a-moll op. 39, 6 das Rotkäppchen, Es-Dur op. 33, 4 eine Jahrmarktszene und D-Dur op. 39, 9 einen orientalischen Marsch. Für die Etude tableaux c-moll op. 39, 7 bietet Rachmaninoff ein längeres Szenarium: Das Eingangsthema sei ein Marsch, das zweite Thema ein Chorgesang. Die Sechzehntelbewegung in c-moll, später in es-moll, suggeriere einen feinen Regen, eine hoffnungslose Stimmung. Der Höhepunkt sei in c-moll erreicht, mit dem Glockenspiel einer Kirche. Dann erfolge die Rückkehr zum 1. Thema, dem Eingangsmarsch. Respighi dankt Rachmaninoff für die Auskünfte ebenso respektvoll und macht sich an die Arbeit.

Die 1931 von Respighi gefertigte Orchesterfassung der »Fünf Etudes Tableaux Rachmaninoffs« erreicht jedoch nicht annähernd die Popularität der Ravelschen Orchestration von Mussorgskis »Bildern einer Ausstellung«. Aber Kussewitski hatte einige weitere russische Orchesterstücke für seine Arbeit mit den Bostonern gewonnen, und Rachmaninoff wiederum konnte ein Autorenhonorar der Kussewitski-Edition auf sein Konto buchen.

Die amerikanischen Konzerte ziehen immer noch ein zahlkräftiges Publikum an, aber Rachmaninoff spürt instinktiv einen Wandel in der Rezeption seines Spiels. Besonders das Chicagoer Recital am 23. März 1930 weckt in ihm bohrende Zweifel. »Ich durchlitt einige bittere Minuten ...«, schreibt er Somow. »Ich spielte gut und war mit mir zufrieden. Nach dem Konzert erwartete ich ›Begeisterungsstürme‹. Als erste kam Natascha und – sagte nichts.

Dann kamen zwei vorsintflutliche Russen. Diese zwei bedankten sich dafür, daß ich ihnen meine ›bezaubernden Moskauer Glocken‹ spielte – mein Prélude. Dieses war die erste Resonanz auf ein Konzert mit Werken von Chopin und Liszt ... Mit Gewißheit gibt es etwas in meinem Spiel, das entweder nicht verstanden und nicht bemerkt wird, oder, was das Schlimmste von allem wäre, das so schlecht ist, daß ich es selbst vor mir nicht verantworten kann. Der äußere Erfolg war sehr groß, aber von den Musikern kam keiner zu mir.«[24]

Die Wahrheit ist, daß Rachmaninoff in letzter Zeit zu Freiheiten neigt, die in manchen Fällen arg die Werktreue strapazieren. Er negiert dynamische, agogische Angaben und forciert bisweilen die Tempi in extreme Stadien. Von den Kollegen wird dies nicht in allen Werken gutgeheißen oder als Vorbild genialer Interpretenkunst gewertet, so wie man es ihm im Beispiel der Chopin-Sonate zugebilligt hatte.

Nathan Milstein erinnert sich heute noch deutlich, daß jede Komposition unter Rachmaninoffs Händen zur Transkription geriet. Er änderte einfach zu viel vom ursprünglichen Notentext. Das klingende Resultat war zwar grandios, aber in Fachkreisen nicht unumstriten.

Der 57jährige Rachmaninoff stößt an die Grenzen seiner Pianistenexistenz. In ihm regt sich der schöpferische Geist, der Neues schaffen will und dabei Altes gewaltsam biegt. Er ist in einen Teufelskreis geraten. Denn die berufliche Verpflichtung, als Pianist der Spitzenklasse unaufhörlich Höchstleistungen zu erbringen, zwingt ihn zur Suche nach immer neuen Einfällen, nach Originalität. Und so beschwört er in manchen Konzertabenden Sternstunden der Pianistik, während er ein andermal nur Marotten produziert. Der permanente Druck zur Kreativität in den Werken anderer kollidiert mit seinem künstlerischen Gewissen. Er verspürt den Drang, sich loszureißen und endlich wieder selbst zu komponieren. Dieser Traum von einer schöpferischen Freiheit, die ihm aus ökonomischen Zwängen verwehrt ist, verklärt sich in eine grenzenlose Sehnsucht nach Rußland.

In einem Interview mit der *Musical Times* gesteht er resignativ: »Je älter man wird, desto mehr verliert man das göttliche Selbstvertrauen, welches ein Schatz der Jugend ist, und je weniger werden die Momente, in denen wir glauben, daß wir das, was wir getan haben, auch gut getan haben ... Es widerfährt mir sehr selten, aufrichtig zufrieden mit mir zu sein ... Und eine noch schwerere Last liegt auf meinen Schultern. Es ist das Bewußtsein, daß ich keine Heimat habe. Die ganze Welt steht mir offen, nur ein Platz ist mir verschlossen, und das ist mein eigenes Land, Rußland.«[25]

Nach Abschluß der diesjährigen Amerika-Tournee reist der ruhelose Künstler im April 1930 wieder nach Frankreich. Aus Paris gibt er ein erstes Lebenszeichen an Somow in New York. Er berichtet über ein interessantes Toscanini-Konzert und einen russischen Rezitationsabend. Anschließend habe er noch auf Drängen von Freunden eine der zahlreichen politischen Versammlungen besucht, auf der Russen wieder einmal den Versuch starteten, sich zu vereinigen. Eigentlich besuche er solche Veranstaltungen sonst nie, da sie nur in unendliche Diskussionen ausuferten.

Die Pariser Musikwelt der russischen Emigranten ist in den dreißiger Jahren ein großes Intrigengeflecht. Jeder ist mit jedem zerstritten, und alle sind durchdrungen von künstlerischem Sendungsbewußtsein. Man gründet eine Institution nach der anderen. Rachmaninoff vollbringt das Wunder, gleichzeitig Ehrenvorsitzender mehrerer miteinander verfeindeter Konservatorien zu sein. Die »Russische Musikgesellschaft im Ausland« mit ihrem Präsidenten Alexander I. Konowalow, dem ehemaligen Rachmaninoff-Schüler, gründet ein »Russisches Konservatorium«. Zum Ehrenvorsitzenden wählt man Rachmaninoff.

Die »Russische Volksuniversität in Paris« gründet ein »Volkskonservatorium«. Direktor wird J. N. Pomeranzew. Ehrenvorsitzender: ebenfalls Rachmaninoff. Eine dritte Pariser Emigrantengruppe gründet ein drittes Konservatorium, das »Russische Normalkonservatorium in Paris«. Direktor ist O. E. Gunst. Ehrenvorsitzender: Rachmaninoff.

Auch den Sommer 1930 verbringen die Rachmaninoffs in Clairfontaine. »Uns geht es blendend«, teilt Rachmaninoff seinem Privatsekretär mit, »halb Paris verbringt seine Wochenenden bei uns.« Der junge Fedja Schaljapin betätigt sich wieder als Hobbyfilmer, die Töchter spielen Tennis, und Rachmaninoff organisiert mit Swan und Medtner die beliebten Pokerrunden. Der bedauernswerte Medtner ist immer der Verlierer. In besonders ausgelassener Stimmung bestürmen die Töchter fast regelmäßig den Vater, ihnen »Bublitschki« vorzuspielen, den frisch aus Rußland importierten Gassenhauer. Zum Schluß singt die ganze Gesellschaft begeistert mit. Und dennoch, erinnert sich Medtner, habe er mit keinem Menschen so wenig über Musik gesprochen wie mit Rachmaninoff.

Obwohl sie viele Jahre hindurch ständig zusammenkamen und sich sehr oft gegenseitig ihre neuen Kompositionen vorspielten, ja sogar zueigneten, mied Rachmaninoff fast ängstlich jedes Grundsatzgespräch über Kunst. Das führte später zu herzerfrischenden Mißverständnissen und Fehldeutungen, die nur der gemeinsame Bekannte Alfred Swan aufhellen konnte.

Medtner beklagte sich über Rachmaninoff, daß er an Händen und Füßen durch Verpflichtungen gebunden sei und alles wie ein Geschäftsmann auf die Minute berechne. Ein schaffender Mensch sei ein Taugenichts. Rachmaninoff aber dächte viel zu vernünftig, um wieder komponieren zu können.

Rachmaninoff hingegen war fest überzeugt, daß Medtner sich erst einmal ordentlich betrinken müßte, um kreativ zu werden. Bei seinem monotonen und spießerhaften Lebensrhythmus in Montmorency (einem Pariser Vorort; M.B.) könnten ihm sowieso keine schöpferischen Gedanken kommen. Ein Künstler dürfe kein Moralist sein.

Die Vorwürfe der beiden Künstler sind verblüffend deckungsgleich. Jeder blickt in das Gesicht des anderen wie in das Spiegelbild seiner eigenen Muse.

Gegen Ende der Sommerzeit in Clairfontaine melden sich die ersten Interessenten für eine Rachmaninoff-Biographie. Zuerst fragt der russische Schriftsteller Mark Aldanow über eine Pariser Literaturagentur an. Rachmaninoff lehnt ab. Dann bekunden Oskar v. Riesemann und der Engländer Richard Holt dieselbe Absicht. Rachmaninoff akzeptiert die beiden Literaten, stellt aber die Bedingung, daß einzelne Daten mit seiner in Amerika lebenden Schwägerin Sofija Satina abgestimmt werden müßten, da sie über die Chronologie der Rachmaninoffs genaustens Buch führe. Er selbst könnte aus Zeitgründen nicht allzusehr mit Detailfragen belastet werden. Bereitwillig händigt Rachmaninoff den beiden Schriftstellern persönliche Materialien aus. Der in der Schweiz lebende Riesemann erhält eine zusätzliche Einladung nach Clairfontaine, um dort in aller Ruhe gemeinsam mit Rachmaninoff einzelne Stationen seines Lebens durchzusprechen. Später erinnert sich Rachmaninoff, daß Riesemann merkwürdigerweise in keinem der Gespräche ein Notizbuch oder einen Stift bei sich geführt hätte.

An einer wörtlichen Übertragung konnte ihm demnach schon damals kaum gelegen sein.

Als Holt in London überraschend stirbt, bleibt Riesemann als einziger Rachmaninoff-Biograph. Nach seinem Aufenthalt in Clairfontaine lädt er nun die Rachmaninoffs zum Gegenbesuch in die Schweiz ein. Und hier – am Vierwaldstätter See – fassen die Russen eine solche Zuneigung zur Schweizer Landschaft, daß sie sich spontan ein Grundstück am See kaufen.

Das erhabene Panorama der Schweizer Berge und die Stille des weitverschlungenen Vierwaldstätter Sees faszinieren den naturliebenden Künstler. Er spürt plötzlich und intuitiv, daß er hier endlich den inneren Frieden und die Ruhe finden könnte, die er seit Jahren ersehnt.

Der Bau eines Hauses in Hertenstein am Vierwaldstätter See, des neuen Rachmaninoffschen Landsitzes »SENAR« – nach den Initialen SErgej und NAtalja Rachmaninoff – ist beschlossen.

Doch bevor dieses kostspielige Bauprojekt konkrete Gestalt annimmt, muß Rachmaninoff noch eine anstrengende Konzertserie absolvieren.

Schweizer Refugium

1930–1939

Als der Leser der *New York Times* am 15. Januar 1931 die Zeitung aufschlägt, fällt sein Blick auf einen umfangreichen Offenen Brief, den der »Circle of Russian Culture« an die Sowjetunion adressiert. Dort heißt es in gekürztem Wortlaut:

»Die Circle of Russian Culture sieht sich gezwungen, zum kürzlichen Interview Rabindranath Tagores eine Stellungnahme abzugeben. Tagore besuchte Rußland, und zu unserer großen Überraschung hat er den Aktivitäten der Bolschewiki Lob gezollt. Er schien recht erfreut über ihre Errungenschaften auf dem Sektor der Volkserziehung. Seltsam, daß er kein Wort über die Schrecken des Sowjetstaates und insbesondere der OGPU äußerte. Angesichts des großen Mißverständnisses, das auf diese Art entstehen kann, möchten wir fragen, ob Tagore von der Tatsache weiß, daß ganz Rußland unter dem schrecklichen Joch einer zahlenmäßig verschwindenden, aber perfekt organisierten Bande von Kommunisten stöhnt, die mit den Mitteln des roten Terrors dem russischen Volk ihre Mißherrschaft aufzwängen?

Indem er vor der Welt die Wahrheit über Rußland verbarg, hat er – vielleicht unwissentlich – über die ganze Bevölkerung Rußlands großes Leid gebracht und möglicherweise der ganzen Welt geschadet; gezeichnet Iwan I. Ostromyslenski, Graf Ilja Tolstoi, Sergej Rachmaninoff.«[1]

Was war geschehen? Der indische Philosoph Rabindranath Tagore hatte 1930 als einer der zahlreichen fellow travellers der westlichen Welt die Sowjetunion besucht. In einem Interview nach seinen persönlichen Eindrücken befragt, sprach er sich lobend über das sowjetische Erziehungssystem aus; allerdings immer im Hinblick und mit der Einschränkung auf seine Heimat Indien. Seiner

Ansicht nach habe das sowjetische Volk während der letzten Jahre gegenüber dem indischen Volk eine enorme geistige Entwicklung durchlaufen. Das sowjetische Erziehungsprogramm wäre für Indien vorbildlich. Diese euphorischen Äußerungen Tagores dienen aber zweifellos nur als Vorwand für das antisowjetische Pamphlet, das amerikanischen Regierungskreisen gegenwärtig eine willkommene Stärkung in ihrer überdimensionierten Furcht vor scheinbaren und realen sozialistischen Bewegungen in Amerika bietet. Rachmaninoff, der im allgemeinen sehr zurückhaltend argumentiert und sich politischer Stellungnahmen in Amerika bisher immer enthalten hat, erklärt plötzlich seine Solidarität mit den streng konservativen Exilrussen. Freunde argwöhnen, daß Rachmaninoff seine Unterschrift nur als Freundschaftsgeste für den Chemieprofessor Ostromyslenski und den Sohn des Dichters Tolstoi geleistet habe. Denn derart radikale Beschimpfungen der Sowjetunion paßten einfach nicht zu Rachmaninoff.

Aber nur wenige Tage später unterzeichnet Rachmaninoff die zweite antisowjetische Protestnote. 210 prominente Exilrussen richten in der *New York Herald Tribune* vom 20. März 1931 einen offenen Appell an das Staatsministerium. Sie fordern den strengen Boykott sowjetischer Einfuhrgüter.

Die Erklärung, daß Rachmaninoff in einem russischen Ghetto verarmter Adliger lebt und ihrem destruktiven Einfluß kritiklos unterliegt, ist zu einfach. Denn Rachmaninoff hält ständigen Kontakt zu seinen Landsleuten in der Sowjetunion. Und die Neuigkeiten aus Moskau – auch wenn sie nur verschlüsselt oder in verborgenen Anspielungen nach Amerika gelangen – sind deprimierend.

Mit Auslauf der zwanziger Jahre endete in der Sowjetunion die Experimentalphase der Künste.

Diese kulturelle Öffnung nach Westen – ausgelöst durch Lenins vielbeachtete Rede von der »Neuen Ökonomischen Politik« auf dem 10. Parteitag der KPdSU – war gerade von den Emigranten mit außerordentlicher Aufmerksamkeit verfolgt worden: 1923 etablierte sich in Petrograd eine Gesellschaft für Vierteltonmusik. In einem Experimentalstudio futuristischer Richtung probte ein eigens gegründetes Vierteltonensemble. Der Theaterregisseur Wsewolod

Meyerhold eröffnete ein Experimentaltheater. Aus dem Ausland kamen Otto Klemperer, Artur Schnabel, Pierre Monteux und Andres Segovia. Die Russen erlebten Aufführungen von Alban Bergs »Wozzeck«, Kreneks »Sprung über den Schatten« und »Johnny spielt auf«. Sie sahen Strawinskys »Sacre« und Schönbergs »Verklärte Nacht«. Darius Milhaud dirigierte eigene Werke, und Hindemith spielte Bratsche in einem gastierenden Quartett. Der aus Charkow gebürtige Komponist und Theoretiker Joseph Schillinger, »Vater der Computermusik« und späterer Lehrer von George Gershwin, Benny Goodman und Oscar Levant, organisierte 1927 das erste Jazzorchester in Rußland. Anläßlich des 10. Jahrestages der Revolution komponierte Schillinger sogar im Auftrage der Partei eine symphonische Rhapsodie für Klavier und Orchester mit dem Titel »Oktober« op. 19, die sofort mit dem Prädikat »Bestes Sinfonisches Werk der Ersten Dekade« ausgezeichnet wurde. Doch nur ein Jahr später emigriert Schillinger desillusioniert in die USA. Dem sowjetischen Kulturfrühling weht ein eisiger Wind von oben entgegen.

Die parteikonforme RAPM, die »Russische Assoziation Proletarischer Musiker«, der zu Gründungszeiten neben Gelegenheitsmusikern immerhin so renommierte Fachleute wie Kastalski angehörten, treibt den proletarischen Trend der Musik gewaltsam voran. Kulturfunktionäre wettern in einem Atemzug gegen Traditionalismus, Modernismus und abstrakten Formalismus. Die Zukunft gehöre dem allgemein verständlichen Volkslied. Der bisherige Volkskommissar für Bildungswesen, Anatolij Lunatscharski, wird seines Postens enthoben. Glasunow kehrt von einer Konzerttournee durch Amerika nicht mehr nach Leningrad zurück. Auf die Posten der Konservatoriumsdirektoren werden verdiente Parteimitglieder gesetzt. Das Niveau der Ausbildungsstätten hat jetzt seinen absoluten Tiefpunkt erreicht.

Rachmaninoff verfolgt die Entwicklung in der Sowjetunion mit Bestürzung. Als professioneller Musiker ist er über so viel Dilettantismus in der Kunst entsetzt. Vermutlich mußten Ostromyslenski und Tolstoi keine großen Überredungskünste aufwenden, um Rachmaninoff zur Unterschrift zu motivieren.

Die sowjetische Resonanz auf Rachmaninoffs New Yorker Presseangriff läßt nicht lange auf sich warten. Anläßlich einer Konzertaufführung der »Glocken« im Saal des Moskauer Konservatoriums unter Leitung Albert Coates' im März 1931 beschimpft die *Prawda* das Werk als »Mysterium mißklingender Glocken«. Den Textautoren und Dichter Konstantin Balmont nennt sie einen »Halbidioten« und den Komponisten einen »Barden russischer Großkaufleute«. Der frühere Gutsbesitzer Sergej Wassiljewitsch Rachmaninoff sei ein Reaktionär und ein aktiver Feind des sowjetischen Staates.

Der Artikel gipfelt in der Forderung nach einem sofortigen Aufführungsstop für alle Rachmaninoff-Kompositionen. Nur wenige Tage später schließt sich das Leningrader Konservatorium dem Moskauer Verdikt an, und Rachmaninoff kann in den Pariser *Dernieres Nouvelles* folgende Resolution lesen: »Die Direktion des Leningrader Konservatoriums stimmt dem Moskauer Vorschlag zu, die Werke Rachmaninoffs komplett zu boykottieren. Sie verkörpern die dekadenten Ideen eines Bourgeois und sind besonders schädlich, weil der Klassenkampf auch an der musikalischen Front erbittert wütet. Ohne Kompromiß ist das Unterrichten Rachmaninoffscher Werke in den Höheren Schulen für Musik untersagt.«

Als dritte Institution veröffentlichen die »Vereinigten Ukrainischen Hochschulen« ihr Loyalitätsbekenntnis in den *Charkower Nachrichten:* »Rachmaninoff ist ein Werkzeug der Weltbourgeoisie und des Weltkapitalismus. Nieder mit Rachmaninoff! Nieder mit dem gesamten Rachmaninoff-Kult!«[2]

Sein letztes Konzert der amerikanischen Saison gibt der geächtete Russe mit sichtlich reduziertem Schwung. »Wenn er nicht in seiner besten Verfassung ist«, schreibt der Rezensent des *Brooklyn Daily Eagle* am 29. März 1931, »wie das letzten Abend der Fall war, kann er sehr empfindungslos sein. Er ist genügend Meister seines Instruments, um immer brillant zu spielen. Aber seine Pianistik wird geistig und emotional leer, eine bloße Wiederholung von Interpretationsformeln.«[3]

Auf dem Schallplattensektor entwickelt sich in diesem Jahr eine ernste Konkurrenz für Rachmaninoff. Wladimir Horowitz spielt im Juni 1931 das 3. Klavierkonzert des Komponisten mit den Londoner Sinfonikern unter Leitung Albert Coates ein. Den Auftrag hatte der EMI-Konzern erteilt, der Zusammenschluß der Firmen »His Masters Voice« und »Columbia«.

Nach seinem ersten und einzigen politischen Skandal und der nachfolgenden Schelte zieht sich Rachmaninoff tief gekränkt in sein französisches Schneckenhaus »Le Pavillon« zurück. Sogar die vielen unbeschwert ein- und ausgehenden Gäste reizen jetzt sein Gemüt, und er schreibt bissig an Somow: »Jetzt bleiben sie auch noch in der Mitte der Woche. Gut, daß der Kauf nicht glückte. Vor den Gästen rette ich mich nur durch Arbeit. Ich arbeite sehr viel.«[4]

Das Resultat seiner Arbeit, die »Variationen über ein Thema von Corelli« op. 42 für Klavier sind am 16. Juli 1931 fertiggestellt. Nach den »Chopin-Variationen« op. 22 aus dem Jahre 1903 ist es das zweite große Variationswerk für Klavier.

Corelli-Variationen op. 42 / Thema

Während sich jedoch die »Chopin-Variationen« noch in einer Abfolge kunstvoller Einzelnummern erschöpfen und die formale Geschlossenheit nicht überzeugend gelöst ist, zeichnet Rachmaninoff hier den großen dramaturgischen Bogen. Die »Corelli-Variationen« als Vorstudie zum letzten pianistischen Glanzwerk Rachmaninoffs – den »Paganini-Variationen« op. 43 – bieten eine gelungene Verschmelzung zwischen Variationsform und Sonatenhauptsatzform.

Das Thema stammt nicht von Corelli – wie Rachmaninoff zuerst irrtümlicherweise angibt, sondern ist einer alten spanischen Volksweise entlehnt. Es gilt als eines der bevorzugt bearbeiteten Themen der Musikgeschichte. Vivaldi, Bach und Liszt – um nur die größten Meister zu nennen – bedienten sich dieser einfachen Singweise. Corelli verarbeitete das Thema in der 12. Violinsonate op. 5, die er mit dem tänzerischen Gattungsbegriff »La Follia« überschrieb. In seiner engstufigen melodischen Zeichnung entspricht das Thema nahezu ideal den Rachmaninoffschen Melodietypen.

Es bietet aber auch die besten Voraussetzungen für Rachmaninoffs exzellente Satztechniken. Der Komponist spart keine melodische, harmonische oder rhythmische Variationsmöglichkeit aus, um das Thema von allen Seiten zu beleuchten, es zu zerlegen und zu verfremden. Aber Rachmaninoff strapaziert nicht mehr – wie vormals in seinen letzten, expressiven Etudes tableaux – die extremen klavieristischen Register. Er konzentriert und vereinfacht den Klaviersatz auf die wesentlichen Strukturelemente und erreicht dadurch erstmals klassizistische Transparenz.

Die Stürme des Tastengewitters vor der Emigration sind einer kontemplativen Ruhe gewichen.

Rachmaninoff widmet das Werk Fritz Kreisler, der ihn seinerzeit mit Corellis »La Follia« bekannt gemacht und ihm das Thema unvergeßlich eingeprägt hatte.

Im frühen August reisen Rachmaninoff und seine Frau in die Schweiz, um die ersten Bauarbeiten an ihrem neuen Haus »Senar« zu überwachen. Sie ziehen in den fertigen Teil des Gebäudes oberhalb der Garage ein, und Rachmaninoff berichtet seiner Schwägerin:

»Seit den vier Tagen, die wir hier leben, gab es zwei sehr heiße Tage und zwei mit endlosem Regen. Heute zum Beispiel, schüttet es seit dem Morgen, und jetzt ist es sieben Uhr abends. Nichtsdestotrotz fühle ich mich großartig. Ich gehe ein wenig spazieren ..., und ich arbeite viel ... Gestern hatten wir Gäste. Riesemann kam mit

Haus »Senar« am Vierwaldstätter See in Hertenstein/Schweiz

Im Garten von »Senar« 1938

dem Geiger Milstein, und sie blieben den ganzen Abend ... Was unser Gut betrifft, so bin ich sehr zufrieden. Wir haben ein feines Häuschen ... Seit Tagen warte ich auf den Gärtner, um mit ihm abzusprechen, welches Aussehen unser Garten annehmen soll. Bis jetzt kann ich von dem großen Haus nur träumen, für das ein großer Platz am Felsabhang über dem See geebnet worden ist. Ich stehe hier, freue mich an dem Anblick und stelle mir vor, welche Schönheit in meinem Zimmer mit dem großen Fenster herrschen wird. Ich fand in Gedanken sogar einen Ort, wo man mich, wenn es soweit sein sollte, auch beerdigen kann ... Man erschreckt uns mit Erzählungen über das schlechte Klima, woran ich aber vorläufig wenig glaube. Hier gibt es eben gerade diese Stille und Ruhe, derer ich so bedarf.«[5]

Doch auf diese Stille und Ruhe muß Rachmaninoff noch eine Weile warten. Jeden Morgen pünktlich um sechs Uhr erscheinen die Bauarbeiter, um am Bergabhang notwendige Sprengungen vorzunehmen. Das Krachen von Explosionen und Hämmern der Spitzhacken durchtönt die Schweizer Idylle. Natalja beschleichen allmählich herbe Zweifel, ob sie ihrem Mann mit der Zustimmung zum Hausbau in den Bergen einen guten Dienst erwiesen hatte. Aber Rachmaninoff ist nicht zu erschüttern. Voller Zuversicht und Glücksgefühlen blickt er der Auferstehung seines zweiten Iwanowka entgegen.

Die Arbeiten sind sehr aufwendig, und das Haus ist noch lange nicht fertig, als Rachmaninoff wieder Abschied nehmen muß. Der Tourneeplan für die Herbstsaison steht. Die Reiseroute ist abgesteckt.

Am 12. Oktober 1931 hat Rachmaninoff einen Konzertauftritt in Montreal. Hier spielt er auch zum erstenmal die neuen »Corelli-Variationen«. Das Publikum nimmt sein jüngstes Produkt eher gleichmütig entgegen. Die Kritik empfiehlt es lakonisch Pianisten zum Studium, die neue Probleme anpacken wollen. Bemängelt wird auch die Vielzahl der Variationen, die das Thema fast erdrückten. Nicht einmal Corelli hätte es am Ende noch herausgefunden! Nur der New Yorker Rezensent der russischsprachigen Zeitschrift *Das Neue Russische Wort,* der Musikologe Joseph Yasser, äußert sich begeistert über Rachmaninoffs »Variationen«. Er ist es auch, der den Komponisten auf den Ursprung des vermeintlichen Corelli-Themas aufmerksam macht und damit den Irrtum aufklärt.

Rachmaninoff ist durch den Artikel Yassers so angeregt, daß er den Musikwissenschaftler zu einem persönlichen Gespräch in sein Haus einlädt. Im Verlauf der Unterhaltung entspinnt sich zwischen beiden eine lebhafte Diskussion über das Dies-Irae-Thema, und Yasser ist überrascht, mit welcher Beharrlichkeit Rachmaninoff ihn über die Entstehungsgeschichte, die Bedeutung und verschiedenen Bearbeitungen der lateinischen Totensequenz ausfragt. Yasser verabschiedet sich von Rachmaninoff mit dem festen Versprechen, eine umfassende Abhandlung über die mittelalterliche, katholische Sequenz nachzuliefern.

Nachdem Rachmaninoff sein neues Klavierwerk in mehreren Klavierabenden ausprobiert hatte, schreibt er sichtlich irritiert an Medtner:

»Lieber Nikolaj Karlowitsch, ich sende Ihnen meine neuen Variationen. Ich spielte sie hier fünfzehnmal, aber von diesen fünfzehn Aufführungen war nur eine gut. Alles andere waren eher ›Schmierereien‹. Ich kann meine eigenen Stücke nicht spielen! Es ist auch zu langweilig! In ihrer vollständigen Gestalt habe ich sie auch nicht ein einziges Mal gespielt. Ich wurde vom Husten des Publikums gelenkt. Sobald sich der Husten verstärkte, ließ ich die folgende Variation aus. Wenn es keinen Husten gab, spielte ich in der Reihenfolge. In einem Konzert – ich erinnere mich nicht mehr wo – in einer Kleinstadt husteten sie so stark, daß ich von 20 nur 10 Variationen spielte. Der von mir aufgestellte Rekord waren 18 Variationen in New York. Ich hoffe trotzdem, daß Sie sie alle durchspielen werden und daß Sie dabei nicht husten ...«[6]

Bei der von Rachmaninoff geschilderten Vortragsweise ist der Mißerfolg der Variationen allerdings beinahe programmiert. Denn wie kann der Hörer überhaupt noch einer schlüssigen Form oder Konzeption gewahr werden, wenn der Komponist und Interpret selbst willkürliche Sprünge vollführt?

Es mangelt Rachmaninoff offenkundig an ausreichender innerer Überzeugung und auch an genügend Sendungsbewußtsein für sein neues Werk, daß er nicht die Energie aufbringt, auch notfalls gegen das Publikum zu spielen. So verschleudert und entstellt er selbst eine Komposition, die heute seiner schöpferischen Reifezeit zuzuordnen ist.

Im Herbst trifft Rachmaninoff nochmals mit Joseph Yasser zusammen. Der Vorsitzende des Musikwissenschaftlichen Komitees der »American Palestina Music Association« in New York hatte eine Theorie der Tonalitätsevolution, »Theory of Evolving Tonality«, entwickelt, die er Rachmaninoff jetzt unbedingt vorstellen möchte. Rachmaninoff nimmt Yassers Theorie aber alsbald zum Ausgangspunkt für die Darstellung seiner eigenen musikalischen Ansichten. Er sei sich nicht sicher – so erklärt er Yasser – ob er tatsächlich dessen 19-Tonskala hören könne. Er könne sich nur mit Schwierigkeit ein System vorstellen, das die 12-Ton-Grenze innerhalb einer Oktave übersteige. Außerdem veränderten sich tonale Systeme seiner Ansicht nach viel langsamer, als die Menschen allgemein glaubten. Und wie zur Bekräftigung seiner These setzt sich Rachmaninoff an den Flügel und demonstriert Yasser die Stadien der musikalischen Evolution – frei nach Tanejew. Für einen kurzen Augenblick weiß Yasser wirklich nicht, ob Rachmaninoff mit ihm einen musikalischen Spaß treibt. Denn der Pianist hatte in den drei Varianten seines Modellbeispiels, eines Wiener Walzers, keine einzige Note verändert. Und doch waren zwischen den Noten – wie Yasser verblüfft feststellt – erstaunliche Änderungen bewegt worden. Rachmaninoff hatte den »musikalischen Atem«, die nicht notierbare Agogik, von Variation zu Variation abgewandelt. Nach Ansicht des Komponisten lägen gerade hier die verborgenen Antriebskräfte für die Stadien der Musikentwicklung.

Zur gegenwärtigen zeitgenössischen Musik mag sich Rachmaninoff nicht äußern. Entgegen Yasser, der ihr im Strom der allgemeinen Musikentwicklung zwar nur intermediäre Bedeutung zuweist, fehlt Rachmaninoff jeglicher Glaube an eine Zukunft der Moderne. In Presseinterviews formuliert er seine Abneigung gegen die Zeitgenossen noch viel krasser. Er glaube nicht, daß aus ihr heraus irgend etwas Wesentliches erwachse.

Arthur Rubinstein erinnert sich, daß Rachmaninoff weder für Strawinsky noch für Ravel ein gutes Wort erübrigte. Über Szymanowski meinte er nur lakonisch: »Seine Musik ist Scheiße, aber als Mensch ist er ganz reizend.«[7]

Rachmaninoffs amerikanische Saison 1931/32 zeigt das bekannte konservative Gesicht: Beethoven, Chopin, Liszt, Grieg, Brahms und ein wenig Rachmaninoff. Als Lichtblick in der amerikanischen Rachmaninoff-Rezeption erscheinen die Kritiken der Konzerte Eugene Ormandys und Josef Stocks in Minneapolis und Chicago im Januar 1932. Die Presse registriert ein begeistertes Publikum, und Rachmaninoffs 2. Sinfonie, sein 2. und 3. Klavierkonzert, die »Vokalise« und die »Toteninsel« werden als unvergänglich schön gepriesen.

Als der Komponist im März 1932 sein 3. Klavierkonzert unter Leitung Sir Henry Woods in London spielt, wird ihm eine außergewöhnliche Ehrung zuteil. Die Herzogin von Athall zeichnet ihn mit der »Goldmedaille der Königlichen Philharmonischen Gesellschaft« aus und dankt dem Künstler im Namen des englischen Publikums für die wunderbaren Konzerterlebnisse, die er ihnen geschenkt habe.

Wenige Tage später trifft Rachmaninoff in Paris ein. Der Empfang durch das hiesige Konzertpublikum fällt wesentlich unfreundlicher aus. Über das Wohltätigkeitskonzert vom 16. März 1932, dessen Reinerlös in Höhe von 45872 Francs und 90 Centimes er russischen Arbeitslosen in Paris spendet, schreibt Rachmaninoff an Somow: »Solch ein kaltes Publikum wie diesmal in Paris hatte ich lange nicht, das noch dazu so oft und laut hustete. Es war eine Qual zu spielen.«[8]

Auch die russischsprachigen Pariser *Neuesten Nachrichten* finden nach einer kurzen positiven Bewertung der pianistischen Qualitäten Rachmaninoffs nur herablassende Worte. Seine »Corelli-Variationen« zeigten gediegenes Handwerk, aber nicht mehr. Sogar Prokofjew, der das Pariser Konzert miterlebt, teilt einem Bekannten mit, Rachmaninoff habe glänzend, aber trocken gespielt. Seine neuen Variationen seien für die oberen Konservatoriumsklassen geeignet. Den früheren Rachmaninoff des 2. und 3. Klavierkonzerts könne man in ihnen nicht mehr entdecken. Der Abstand zwischen Rachmaninoff und seinen komponierenden Kollegen ist groß und von gegenseitigem Unverständnis geprägt.

Wenigstens in privater Hinsicht fügen sich einige Angelegenheiten auf dem Kontinent positiv. Der Bau von »Senar«, dem neuen

Familiensitz in der Schweiz, schreitet trotz schlechter Witterungsverhältnisse gut voran. Dies tröstet Rachmaninoff sogar über den Tatbestand hinweg, daß er wesentlich mehr Geld in den Bau investieren muß, als er zunächst geplant hatte. Als die Rachmaninoffs auf »Senar« eintreffen, erstattet der Künstler unverzüglich seiner Schwägerin in Amerika Bericht: »Die meisten der Berge sind noch mit tiefem Schnee bedeckt. Heute war es sonnig, aber das Barometer und die Einheimischen sagen für morgen Regen voraus ... Das nützlichste Wissen ist, daß hier, wie überall, die ›regnerischen Leute‹ überwiegen – die sonnigen sind selten. Und wenn du nicht betrogen werden willst, dann mache alles selbst. Das bedeutet, Sonjetschka, daß ich die Leitung des Gutes selbst übernommen habe.«[9] Und Rachmaninoff schildert voller Begeisterung, wie er mit einer Hilfskraft, einem zweiendigen Pflug und mehreren Pferden das Land durchpflügt und die Anpflanzung der Bäume selbst vornimmt. Mit liebevoller Akribie zählt er sämtliche Sorten seines zukünftigen Botanischen Gartens auf: Zypressen, Lärchen, Silbertannen, Birken, Ahornbäume, Tulpenbaum, Pflaumenbäume, Rosenhecken, Trauerweiden und viele Sträucher, die er am Rande des Sees pflanzen will. Rachmaninoff genießt das Landleben, und er fühlt sich zurückversetzt in seine russische Vergangenheit, wo die Frühjahrsmonate von eifrigen Vorbereitungen für die Erntezeit erfüllt waren.

Im Mai 1932 heiratet Rachmaninoffs zweite Tochter Tatjana Sergejewna den Sohn seines Jugendfreundes, Boris Juljewitsch Konjus. Die Familie Konjus gehört zu den alteingesessenen Moskauer Musikerfamilien. Tatjanas Schwiegervater, der Geiger Julij Konjus, hatte bereits eine wechselvolle Karriere hinter sich: Konzertmeister in New York, Moskauer Professur, Pariser Exil. Rachmaninoff ist über die Ehe seiner Tochter mit Boris Konjus hocherfreut. Er kennt den Schwiegersohn aus Kindheitstagen und schätzt ihn als zuverlässigen und lebenstüchtigen jungen Mann. Bei Tatjana und Boris endet allerdings auch die musikalische Chronologie der Familien Rachmaninoff und Konjus. Beide üben nicht mehr den Musikerberuf aus.

Der Geiger Julij Konjus kehrt 1939 auf eigenen Wunsch in die Sowjetunion zurück. Er stirbt laut offizieller Mitteilung 1942 in

Moskau. Sohn Boris und Schwiegertochter Tatjana bleiben jedoch in Paris, wo sie sich eine neue Existenz aufbauen.

Aufgrund der finanziellen Depression in Amerika und der steigenden Ausgaben für Senar übernimmt Rachmaninoff zum Herbst 1932 jetzt insgesamt fünfzig Konzerte. Die Not in den Vereinigten Staaten hat ihren Höhepunkt erreicht. An den Rändern der Industriestädte drängen sich Notaufnahmelager und provisorische Wohnbehausungen aus Blech und Müll dicht aneinander. Im Volksmund werden sie sarkastisch »Hoovervilles« genannt. Zum offenen Aufruhr kommt es, als im Sommer 1932 etwa elftausend arbeitslose Kriegsveteranen, die sogenannte »Bonus-Armee«, zum Marsch auf das Weiße Haus in Washington ansetzt. Sie fordern in ihrer Verzweiflung eine vorzeitige Auszahlung der ihnen per Gesetz erst ab 1945 zustehenden Entschädigung (Bonus). Als der Kongreß die Auszahlung verweigert, schlagen etwa zweitausend Demonstranten am Ufer des Potomac Zelte auf und bauen sich notdürftige Unterkünfte. Sie wollen nicht eher weichen, bis man ihrer Forderung Gehör schenkt. Präsident Hoover reagiert nervös und erteilt den Befehl zur gewaltsamen Räumung des Lagers durch reguläre Truppeneinheiten. Amerikanische Wochenschauen zeigen in breiter Ausführlichkeit eine Kavallerie mit gezogenen Säbeln, Panzerwagen und Tränengaseinsätze. Lager werden in Brand gesteckt und Bewohner gewaltsam vertrieben. Der Präsident aber rechtfertigt den Einsatz als notwendige Maßnahme gegen Kriminelle und Kommunisten. Rachmaninoff erlebt in diesem Jahr einen spürbaren Rückgang des Konzertgeschäfts. Als er am 15. November in Shreveport Louisiana auftritt, ist der große Veranstaltungssaal fast leer.

»Lieber Freund Jewgenij Iwanowitsch« – berichtet er am 15. November 1932 aus Shreveport – »... Jetzt ist es schon eine Woche her, seit wir aus New York abfuhren, aber gestern war erst das zweite Konzert. Die Geschäfte laufen kläglich. Wir spielen im leeren, aber riesigen Saal, was sehr schwer ist ... Vom Wegbleiben des Publikums wird heute auch in der hiesigen Zeitung berichtet. Ansonsten näherten sich einige Leute und entschuldigten sich dafür, daß sie so wenige waren. Aber vorgestern fand hier ein Fußballspiel statt, und es versammelte sich eine Menge von 15000

Leuten. Nun, habe ich nicht recht, wenn ich hartnäckig darauf bestehe, daß man sich in unserer Zeit nur für Muskeln interessiert. In 5 oder 10 Jahren wird es keine Konzerte mehr geben. Denn dann wird nur noch Paderewski allein ein Volk um sich sammeln, als ehemaliger ›Premier‹, und eine Armee hungriger Künstler wird zum Marsch auf Washington ansetzen, und man wird sie dort mit Knüppeln auseinanderjagen. Was auch zu Recht geschieht! Spiele nicht Klavier und beschäftige dich nicht mit Unsinn!«[10]

Aber Rachmaninoff muß weiter Klavier spielen, denn sein Vermögen ist durch die Talfahrt der Aktienkurse merklich zusammengeschrumpft. Sogar starke Rückenschmerzen können ihn nicht zum vorzeitigen Abbruch der Tournee zwingen. Er durchsteht die körperlichen Qualen mit bewundernswürdiger Energie. Da er den Flügel nicht ohne fremde Unterstützung erreichen kann, betritt er das Podium bei geschlossenem Vorhang. Sobald er seinen Sitz vor dem Instrument eingenommen hat, gibt er das Zeichen zur Öffnung. Man mag ihm jetzt nicht mehr so recht Glauben schenken, wenn er Freunden gegenüber beteuert, die Konzerte seien seine einzige Freude und mit der ersten Berührung der Klaviertasten vergingen alle physischen Schmerzen.

Gezeichnet von den Strapazen der Konzertreisen, begeht der Künstler am 22. Dezember 1932 sein 40jähriges Pianistenjubiläum. Die russischen Freunde Somow und Ostromyslenski überreichen dem sichtlich gerührten Rachmaninoff anläßlich eines Konzertes mit den New Yorker Philharmonikern in der Carnegie-Hall eine Pergamentrolle mit Kreuz und gratulieren im Namen der Russischen Akademischen Gesellschaft der USA. Grußadressen veröffentlicht auch die russischsprachige Zeitschrift *Das Neue Russische Wort* mit Beiträgen Silotis, Glasunows, Schaljapins und vieler russischer Intellektueller. Rachmaninoff ist tief bewegt von der großen Anteilnahme und Aufmerksamkeit für seine Person.

Auch das neue Jahr birgt für Rachmaninoff freudige Überraschungen. Tatjana bringt in Paris ihren ersten Sohn Alexander Borisowitsch zur Welt. Es ist Rachmaninoffs zweites Enkelkind. Irinas Tochter Sofija Wolkonsky ist bereits acht Jahre alt und erfreut ihren Großvater schon durch beachtliche Fortschritte im Klavierspiel. Die Liebe und Aufmerksamkeit, die er einst seinen Töchtern entgegenbrachte, überträgt er auch auf seine Enkelkinder. Die Familie hat sich vergrößert, und der Künstler umsorgt sie mit unverminderter Großzügigkeit.

Am 1. April 1933 feiert man das nächste Fest. Rachmaninoff begeht in New York seinen 60. Geburtstag. Eine besondere Ehrung planen auch Vertreter der russischen Kolonie in Paris. Die Pariser Geburtstagsfeier wird am 7. Mai 1933 in der Salle Pleyel des Konservatoriums ausgerichtet. Alfred Cortot hält eine Laudatio, und der Kreis der Pariser Freunde trägt eine ganz persönliche Grußbotschaft vor. In diesem Monat erscheinen in den russischsprachigen Zeitschriften zahlreiche Aufsätze und literarische Beiträge über den Künstler und Menschen Sergej W. Rachmaninoff. Sein Freund Medtner widmet ihm die vielleicht einfühlsamsten Zeilen. Er schreibt in *Rußland und das Slawentum:* »Sein Wert und sein Gewicht als Pianist und als Dirigent ruhen in seiner imaginativen Kraft, in seiner inneren Projektion des musikalischen Bildes. Seine Wiedergabe ist immer kreativ, als wenn der Komponist selbst spielen würde – und immer, als wenn es zum ersten Mal wäre. Er scheint zu improvisieren und erweckt die Illusion, daß ein Lied noch nie zuvor gehört worden war.«[11]

Auch verschiedene englische und amerikanische Zeitungen nehmen Rachmaninoffs 60. Geburtstag zum Anlaß, den Künstler über seinen Beruf und seine persönliche Einstellung zur Konzerttätigkeit und Komposition zu befragen. Und Rachmaninoff gibt bereitwillig Auskunft: Noch nie in seinem Leben konnte er zwei Dinge zur gleichen Zeit tun. Entweder spielte er Klavier, dirigierte oder widmete sich ausschließlich der Komposition. Aber seit siebzehn Jahren, seit er seine Heimat verlor, fühle er sich unfähig, zu komponieren, gesteht der Künstler dem *The Daily Telegraph.* »Als ich auf meinem Landsitz in Rußland war, hatte ich Freude an meiner Arbeit. Sicherlich schreibe ich noch Musik – aber es bedeutet mir jetzt nicht mehr dasselbe.«[12]

Die vielen Glückwünsche seiner Freunde in der Sowjetunion und in den Emigrantenkreisen erfreuen ihn. Die Aufmerksamkeit, die ihm in der amerikanischen Presse zuteil wird, überrascht ihn und stimmt ihn zuversichtlich. Auch gesundheitlich fühlt er sich gestärkt. Sogar Gedanken an eine neue Komposition keimen auf.

Da stellt sich im August ein völlig unerwartetes Problem. Oskar v. Riesemann hatte nach längerer Vorbereitungszeit die erste Rachmaninoff-Biographie fertiggestellt. Doch was der Künstler im druckfertigen Manuskript liest, erfüllt ihn mit Entsetzen. »Rachmaninoff's Recollections told to Oskar von Riesemann« enthalten in ihrer ersten Fassung so viel Halbwahrheiten und unerträgliches Eigenlob, daß er seine Zustimmung zur Drucklegung verweigert. Riesemann, der sich in schweren Finanznöten befindet und seine ganze Hoffnung auf die Publikation des Buches gesetzt hatte, fleht Rachmaninoff in mehreren Briefen um Nachsicht an. Die Situation spitzt sich zu, als Riesemann jetzt auch noch persönlich zu Rachmaninoff eilt.

Als er auf »Senar« eintrifft, steckt die Familie gemeinsam mit Manager Foley in Vorbereitungen für die Abreise nach Bayreuth und verspürt wenig Lust, mit Riesemann weiter über die unerfreuliche Angelegenheit zu diskutieren. Foley betont nochmals mit Nachdruck, daß Rachmaninoff auf keinen Fall eine Veröffentlichung ohne einschneidende Veränderungen am Text genehmigen würde. Da greift Riesemann zum letzten Druckmittel. Der herzkranke Schriftsteller spritzt sich am Tage der Abreise eine hohe Dosis Morphium. Erst jetzt erkennt Rachmaninoff den Krankheitszustand und die verzweifelte Lage seines Biographen, und er entschließt sich zur einzigen Lösung, die ihm noch praktikabel erscheint. Er übernimmt selbst die Kosten für die gewünschten Änderungen im Manuskript, das Riesemann bereits zum Druck an den Verlag weitergereicht hatte, und läßt ein Kapitel komplett streichen.

Der Gesamtaufwand an Änderungen kostet Rachmaninoff mehrere hundert Dollar. 1934 schließlich wird das Buch in England und Amerika veröffentlicht. Seine erste Biographie nimmt Rachmaninoff mit sehr gemischten Gefühlen entgegen. Zeit seines Lebens flößt sie ihm Mißbehagen ein. Denn in der Ichform des Erzählers fühlt er nicht sich – wie es von Riesemann intendiert ist –, sondern eindeutig den Biographen Riesemann repräsentiert. Die Eloquenz der dargestellten Hauptperson ist ihm fremd, und die Wertung Rußlands entspricht seiner Ansicht nach nicht der Realität.

Und dennoch rätseln Zeitgenossen und Freunde Rachmaninoffs, welche konkreten Passagen des Textes ihn derart außer Fassung gebracht hatten, daß er mit aller Gewalt ihre Veröffentlichung verhindern mußte. Aller Wahrscheinlichkeit nach war nicht die bisweilen selbstgefällige Darstellung Rachmaninoffs Ursache der Aufregung, sondern Riesemanns verbitterte Schilderung der alten Heimat. Der Exilrusse Rachmaninoff ist äußerst besorgt um die Reaktion der Sowjetregierung auf das Buch. Erstens leben immer noch zahlreiche nahe Verwandte in der Sowjetunion, und zweitens wünscht Rachmaninoff nichts so sehnlichst wie die Rehabilitierung seiner Werke in der Sowjetunion. Das Riesemann-Buch konnte aufgrund seiner konservativen Sicht alle vagen Hoffnungen auf eine vorsichtige Annäherung wieder zunichte machen.

Nachdem er die »Affäre Riesemann« noch einigermaßen glimpflich beendet hatte, reist Rachmaninoff zur Konzertsaison 1933 zurück in die Vereinigten Staaten. Mit großer Freude erfährt er, daß Iwan Bunin, die verwandte Seele aus Jugendtagen, den Literaturnobelpreis erhalten hatte. Seine erste Bekanntschaft mit Bunin liegt weit zurück. Sie hatten sich im Frühjahr 1900 auf der Krim kennengelernt. In langen, nächtlichen Gesprächen am Ufer des Schwarzen Meeres entdeckten damals die beiden jungen Künstler ihre Seelenverwandtschaft, und sie schwuren einander dauerhafte Freundschaft. Doch die künftigen Lebensumstände trennten ihre Wege, und es kam nie mehr zu einer zweiten schicksalhaften Begegnung. Rachmaninoff hatte es sehr weh getan, daß der hochgeschätzte Dichter in solche Existenznot geraten war, die ihn einst demütig um finanzielle Unterstützung bitten ließ. Er ist einer der ersten, der Bunin überglücklich zur verdienten Ehrung gratuliert.

Planmäßig absolviert Rachmaninoff auch die zweite Tourneehälfte in Europa. Aber er muß sich erneut einer kleinen Operation unterziehen, bis er sich endlich im Sommer auf sein geliebtes »Schweizer Iwanowka« zurückziehen kann. In diesem Jahr hält er feierlichen Einzug in den fertiggestellten großen Neubau des Anwesens. »Wir fuhren durch das Tor von Senar an diesem Abend ...«, schreibt er den Somows. »Es war schon dunkel. Jedenfalls ging ich allein, um die Plätze in der Nähe des großen Hauses zu inspizieren ... Sogar in der Dunkelheit war der Eindruck ziemlich imposant. Dann ging ich durch den Garten, um alle Bäume zu prüfen.«[13] Am nächsten Morgen besichtigt Rachmaninoff gemeinsam mit seiner

Frau die Arbeit des Architekten: die neue Steinmauer am Wasser und die Gestalt des Felsens, auf dem das neue Haus steht. Am selben Tage wird auch der neue Flügel der Firma Steinway geliefert. Rachmaninoff lüftet vorsichtig den Deckel und intoniert »Gott erhalte den Zaren«. »Der Flügel gefällt mir großartig«, teilt er seinem Freund Greiner in New York mit, »ich wollte so gern sofort der Steinway-Firma in New York telegraphieren, um meiner Freude und Dankbarkeit über das Geschenk Ausdruck zu verleihen ... Und nur meine mangelhaften Englischkenntnisse hinderten mich. Ich bin gezwungen, einen russischen Text an meine Kinder in Paris zu senden, damit sie ihn als Übersetzung nach New York schicken können.«[14]

Endlich kann Rachmaninoff sein Kompositionsvorhaben des Vorjahres verwirklichen. Auf »Senar« beginnt er mit der Arbeit an der »Rhapsodie über ein Thema von Paganini« für Klavier und Orchester op. 43. Es ist sein letztes Werk für das Klavier als solistisches Instrument. Und gleichzeitig eine seiner schönsten Kompositionen, in der er ein letztes Mal Glanz, Perfektion und

Paganini-Rhapsodie op. 43 / Thema

Farbreichtum des Klavieres verschwenderisch darbietet. Wieder umkreist das Thema die kleine Terz, das magische Tonzentrum Rachmaninoffs. Es entstammt der 24. Caprice aus Paganinis 24 Caprici op. 1.

Und wiederum schreibt Rachmaninoff ein Mischgebilde aus Variations- und Sonatenform. Die Exposition gestaltet er höchst originell. Zuerst erklingt eine 9taktige Introduktion. Dann folgt bereits die 1. Variation, und erst im nachhinein stellt Rachmaninoff das eigentliche Thema vor. Eine der populärsten Melodien entwirft der Komponist in der 18. Variation. Die Eröffnungsphrase dieser schwelgerischen Kantilene gewinnt er aus der einfachen Umkehrung des Paganini-Motivs. Der kleine technische Kniff ist ein

Paganini-Rhapsodie / 18. Variante

leuchtender Beweis für Rachmaninoffs Erfindungsreichtum und seine Kunstfertigkeit im ständigen Variieren.

Die »Paganini-Variationen« gehören neben Liszts »Totentanz« und César Francks »Symphonischen Variationen« zu den wenigen Kompositionen für Klavier und Orchester, die in Variationsform geschrieben sind.

Stilistisch reihen sie sich in die reifen Alterswerke Rachmaninoffs ein. Die wenigen Variationen in der vertrauten kantablen, weitausgreifenden Melodik wirken eher wie wehmütige Rückblicke auf eine längst vergangene Zeit. Die übrigen Variationen sind lakonisch, knapp und episodenhaft kurz gesetzt.

Die »Rhapsodie über ein Thema von Paganini« wird am 18. August 1934 auf »Senar« fertig. Am 7. November 1934 findet die Uraufführung mit dem Komponisten und dem Philadelphia-Orchester unter Leitung Stokowskis in Baltimore statt. Die erste Plattenaufnahme startet RCA noch im Dezember desselben Jahres, nachdem sie seit fünf Jahren keine Aufnahmen mehr mit Rachmaninoff getätigt hatte. Diese Aufnahme wird zusammen mit der Aufzeichnung des 2. Klavierkonzerts aus dem Jahre 1929 von japanischen Tontechnikern der RCA im Jahre 1977 in allen Details rekonstruiert, in der sogar gelegentliche Fehler und Randbemerkungen Stokowskis und Rachmaninoffs wieder zu hören sind.

Nach vielen Jahren feiert erstmals ein neues Werk Rachmaninoffs seine uneingeschränkte Anerkennung bei Publikum und Kritik. Auch die Folgeaufführungen in Paris und Warschau bestätigen den Erfolg der Erstaufführung. Rachmaninoff hat sein letztes Meisterwerk für das Konzertrepertoire der Virtuosen geliefert.

Ein Jahr nach der offiziellen Anerkennung der UdSSR durch die USA rehabilitiert man auch den Moskauer Künstler im New Yorker Exil. Mit Erleichterung hört der Künstler von Freunden aus Moskau, daß der sowjetische Bann über seinen Werken aufgehoben ist. Die Deutung und Rechtfertigung Rachmaninoffscher Musik hat den sowjetischen Kulturideologen ohnehin zu keinem Zeitpunkt ernsthafte Probleme bereitet. Denn der überall nachweisliche Bezug zum russischen Volkstum, der üppige Melodienschatz und pathetische Schwung in Rachmaninoffs Werken lieferte eher Musterbeispiele für die Richtlinien des sozialistischen Realismus. In seiner konservativen Grundhaltung spricht Rachmaninoff den Architekten einer neuen sowjetischen Musikkultur weit mehr aus dem Herzen als die immer wieder sperrigen Komponisten Schostakowitsch und Prokofjew.

Als Nikolaj Medtner 1934 Rachmaninoff seine programmatische Schrift »Musa i Moda« (»Muse und Mode«)[15] vorlegt, ist Rachmaninoff restlos begeistert. Er beglückwünscht den Freund und verspricht sofort die Drucklegung in TAIR.

Die Schrift Medtners, die auch Rachmaninoffs Kunstansichten ohne Abweichung oder Einschränkung widerspiegelt, hätte 1935 in der Sowjetunion als Programm der Musikschaffenden für den sozialistischen Realismus erscheinen können. Unerhörte Formlosigkeit und Negation jeder Tradition – schreibt Medtner – seien Merkmale der Modernisten. Modernismus sei die schweigende Übereinstimmung einer Generation, die Muse – wofür früher einmal die Inspiration galt – zu vertreiben und die Mode als unbegrenzte Macht anzusehen. Der Verzicht auf ein musikalisches Thema bedeute entweder eine mangelhafte Arbeit des Gehirns oder einen bewußten Verstoß gegen alle Grundsätze von Kunst.

Medtner verurteilt die Manie der Modernisten, aus dem musikalischen Alphabet neue Wörter zu zitieren, ohne dabei irgendeinen inneren Zusammenhang zu beachten. Ebenso bedienten sie sich irgendwelcher alter Formen, die sie dann nur mit effektvoll zusammengewürfelten Bruchstücken füllten. Er wendet sich kategorisch gegen auffällige oder vermeintlich interessante Kniffe, die beim Publikum nur eine physiologische Wirkung erzeugten. Diese Wirkung der Kunst sei realiter schlecht und schädlich. Denn sie führte nicht zur Erkenntnis der Wahrheit, Medtners oberstem Postulat in der Fertigung musikalischer Kunstwerke. Medtners Streitschrift ist ein originelles Zeitdokument für konservativ-dogmatische Musikästhetik. In ihrer Wirkung bleibt sie auf den kleinen Insiderkreis um Rachmaninoff begrenzt. Denn die von Medtner befehdeten Komponisten Strauss, Strawinsky oder Schönberg nehmen sie nicht zur Kenntnis.

Im Verlauf der Konzertsaison 1934/35 absolviert Rachmaninoff 29 Termine in Amerika und 40 Termine in den europäischen

Ländern. Dabei besucht er im April 1935 erstmals Spanien. Natalja Alexandrowna hatte ihren Mann schon seit Jahren bedrängt, endlich auch Konzerte in Spanien zu geben. Doch wie groß ist ihre Enttäuschung, als sie mit der Wirklichkeit konfrontiert wird. Die Hotelunterkünfte entsprechen so gar nicht ihren Hygienevorstellungen, und vollends schockiert ist sie über das spanische Publikum, das während des gesamten Klavierabends ununterbrochen schwatzt. Begonnen hatte das Konzert – nach ortsüblichem Brauch ohnehin sehr spät – um 23 Uhr. Natalja und Sergej Rachmaninoff können dem mediterranen Lebensgefühl, das gerade inmitten kultureller Veranstaltungen temperamentvoll aufblüht, wenig Verständnis entgegenbringen. Sie beschließen, Spanien nie wieder aufzusuchen und flüchten in ihr Schweizer Paradies.

Am 18. Juni 1935 beginnt Rachmaninoff auf »Senar« mit der Komposition seiner letzten großen Sinfonie Nr. 3 in a-moll op. 44. Er schreibt seiner früheren Sekretärin Dagmar Rybner-Barclay, daß er sehr müde und erschöpft sei und ein Heilmittel gegen das Altern bräuchte. Während des Komponierens ist er mehrfach gezwungen, Pausen einzulegen, und am 3. Juli teilt er Somow mit, daß er wegen seines geschwächten Gesundheitszustandes für drei Wochen nach Baden-Baden fahren müsse. Nach seiner Rückkehr setzt er sich sofort wieder an die Arbeit und beendet am 22. August den 1. Satz der Sinfonie. Doch schon bald stellen sich Beschwerden ein, und Rachmaninoff entscheidet sich nach eingehender Beratung mit seinem Hausarzt für eine weitere, zeitraubende Bäderbehandlung. Als auch diese Prozedur überstanden ist, schreibt er in der Zeit vom 26. August bis 18. September den zweiten Satz der Sinfonie. Dann aber muß er die Komposition endgültig zur Seite legen, da die Vorbereitungen für die kommende Konzertsaison die ganze Kraft des nunmehr 62jährigen in Anspruch nehmen. Am 26. September 1935 schreibt Rachmaninoff seinem Moskauer Bekannten Wladimir Wilshau:

»Meine Arbeit habe ich noch nicht beendet. Nur zwei Drittel sind fast fertig. Ich muß sie aber zur Seite legen und mich ans Klavier setzen, womit ich mich in letzter Zeit nicht sehr intensiv beschäftigt habe. In vier Tagen reise ich nach Paris, und zwölf Tage später segle ich nach Amerika. Am 20. Oktober beginnen dort die Konzerte.

Und da die Konzerte bis zum 2. April andauern, kann ich mich an die Fertigstellung der Arbeit nicht früher als im kommenden Sommer setzen. Mein Gesundheitszustand ist erbärmlich. Ich löse mich rapide auf! Als ich gesund war – war ich außergewöhnlich faul. Seit die Gesundheit zu schwinden beginnt, denke ich nur über Arbeit nach. Das bedeutet, daß ich nicht zu den echten Talenten gehöre, denn ich glaube, daß abgesehen von den Fähigkeiten ein wirkliches Talent auch zur Arbeitsbereitschaft verpflichtet ist, vom ersten Tag an, wo es sich seines Talentes bewußt wird. In meiner Jugend tat ich alles, um es zu ersticken. Und im Alter kann man keine Wiedergeburt erwarten! Und von daher jetzt meine ganzen Aktivitäten zu steigern, ist schon sehr schwer. Die Gesundheit läßt es nicht zu. Das bedeutet, daß ich in meinem Leben nicht alles getan habe, was ich hätte tun können, und diese Gewißheit macht meine verbleibenden Tage nicht glücklich. Dein S. R.«[16]

Erneut muß Rachmaninoff eine anstrengende Konzertsaison bewältigen. 35 Konzerte sind für Amerika terminiert, und 24 Konzerte hat Manager Foley für Europa abgeschlossen, darunter Auftritte in der Schweiz, England, Polen, Paris, Wien, Straßburg und Monte Carlo. Seinen New Yorker Klavierabend am 2. November gibt Rachmaninoff mit gewohnter Noblesse und ungeminderter Perfektion. Er wäre sicherlich nicht als besonders denkwürdig in die Geschichte eingegangen, wenn nicht zwei russische Zeitgenossen über ihn berichtet hätten.

Zunächst unterrichtet der Kritiker der *New York Times*, Olin Downes, seine Leser über einen sehr großen, hageren, ernsten Gentleman im Nachmittagsanzug von untadliger Korrektheit und Schlichtheit, der ohne Lächeln die Bühne beschreitet. Während der ganzen Veranstaltung habe er kein einziges Mal gelächelt, weder gestikuliert noch geprotzt. Was Rachmaninoff mitteilt, sage er mit zwei Handgelenken und zehn Fingern, ohne das Zucken einer Augenbraue. Die Aufführung – so Olin Downes – sei eine Demonstration der Macht des Geistes über die Materie. Rachmaninoffs Konzerte zollten der Kunst einen großartigen Tribut.

Im Konzertpublikum sitzen aber auch zwei Sowjetrussen, die ein Jahr darauf eine treffende Charakterskizze veröffentlichen. Ilja Ilf und Jewgenij Petrow, die bekannten sowjetischen Humoristen und Karikaturisten Ilf und Petrow, schildern in ihrem kleinen Band »Little Golden America – zwei berühmte Sowjethumoristen erleben die Vereinigten Staaten« eben denselben Auftritt Rachmaninoffs: »The Best Musicians in The World – das reiche Amerika hat Besitz ergriffen von den besten Musikern der Welt. In New York in der Carnegie Hall hörten wir Rachmaninoff und Stokowski. Rachmaninoff sitzt den Berichten eines Komponisten zufolge vor seinem Auftritt im Künstlerzimmer und erzählt Anekdoten. Aber sobald die Glocke ertönt, erhebt er sich von seinem Stuhl, nimmt den Ausdruck des großen Kummers eines russischen Emigranten an und geht auf die Bühne.

An dem Abend, an dem wir ihn hörten, erschien er groß, gebeugt, und dünn, mit einem langen traurigen Gesicht und kurz geschnittenen Haaren; er setzte sich an das Klavier, teilte die Falten seines altmodischen schwarzen Schwalbenschwanzes, richtete mit seiner großen Hand eine seiner Manschetten und wandte sich an das Publikum. Sein Ausdruck schien zu sagen: ›Ja, ich bin ein unglücklicher Emigrant und gezwungen, vor Ihnen zu spielen für Ihre verachtenswerten Dollars, und für diese Demütigung erbitte ich sehr wenig – Schweigen.‹

Da war solch eine Totenstille, als ob tausend Hörer in der Galerie tot lagen, vergiftet durch ein neues, bisher unbekanntes musikalisches Gas. Rachmaninoff endete. Wir erwarteten eine Explosion. Aber im Orchester ertönte nur normaler Beifall. Wir trauten unseren Ohren nicht. Wir fühlten kalte Gleichgültigkeit – als ob das Publikum nicht gekommen war, bedeutende Musik bedeutend gespielt zu hören, sondern eher, um eine langweilige Verpflichtung zu absolvieren. Nur von der Galerie hörten wir verschiedene enthusiastische Ausrufe.«[17]

Rachmaninoff liest Ilf und Petrows Satire mit großem Vergnügen, und allen Bekannten, die mehr über Amerika wissen möchten, empfiehlt er das kleine Buch wärmstens zur Pflichtlektüre. Nur die Passagen über ihn entsprächen nicht der Wahrheit, versichert er den Freunden.

Im Sommer erreicht Rachmaninoff auf »Senar« ein Brief von Eugène Ormandy, der um Übersendung der »Glocken«-Partitur bittet, da er mit dem Philadelphia-Orchester ein »Rachmaninoff-Festival« plane. Rachmaninoff antwortet umgehend und teilt dem Dirigenten mit, daß er gerade an den »Glocken« einige Änderungen vorgenommen habe. Sir Henry Wood plane eine Aufführung der revidierten Fassung im Sheffield-Festival, Oktober 1936. Im gleichen Brief gibt er aber auch Ormandy bekannt, daß er noch in diesem Sommer ein neues sinfonisches Werk fertigstellen würde und gern Ormandy dieses Werk zur Uraufführung überließe. Rachmaninoff muß zwar erneut wegen einer Gelenkentzündung einen Kuraufenthalt in Aix le Bains auf sich nehmen – ein erstes Arthritissymptom zeigt sich –, aber er kehrt dennoch höchst motiviert an die Stätte seiner Arbeit zurück. Den letzten Satz seiner 3. Sinfonie beendet er am 30. Juni 1936. Die letzten Zeilen am unteren Rand der Partitur lauten: »Beendet. Ich danke Gott. Senar«.

Die 3. Sinfonie op. 44 steht ganz in der Tradition der 2. Sinfonie. Sie ist eine »russische« Sinfonie. Von allen sinfonischen Werken hat sie die subtilste Orchesterpartitur. Die Besetzung des Orchesters ist sehr aufwendig: dreifaches Holz, vier Hörner, drei Trompeten und Posaunen, Tuba, Pauken, Schlagzeug, Celesta, zwei Harfen und Streicher. Wie die übrigen Sinfonien empfängt auch die 3. Sinfonie ihre Lebensimpulse aus den einfachen Elementen der russischen Vokalmelodik. Ein kleines, volksliedhaftes Motiv wird zum programmatischen Motto, das alle drei Sätze der Sinfonie sowohl eröffnet als auch beschließt. Aber Rachmaninoff steht einer beschaulichen Idylle sehr fern, wie er mit dem überraschenden Einschub des grotesken Tanzes im langsamen Mittelsatz beweist. Wesentlich stärker als in den Sinfonien zuvor bestimmt jetzt der Rhythmus die Struktur der Komposition. Und besonders der unruhige Puls des Finales mit zackigen Dreiklangsfigurationen sendet Vorboten der »Sinfonischen Tänze«. Die Sinfonie endet mit einer fatalistischen Flucht in dunkle Dies-Irae-Klänge. Rachmaninoffs 3. Sinfonie steht mit ihren dichten Klangstrukturen, ihrer Kontrastfreudigkeit und dem ungestümen Finale der zeitgleichen 4. Sinfonie des jungen Schostakowitsch überraschend nahe. Wehmütige Erinnerungen an die Heimat werden von beklemmenden Visionen überschattet.

In einer Zeit, wo Reduktion, sachliche Verknappung und Konstruktion die zeitgenössische Komposition bestimmen und die Tonsetzer des sozialistischen Realismus mit ihren Kritikerpäpsten hadern, schreibt Rachmaninoff eine Sinfonie, die in der Vergangenheit schwelgt und nur wenig Bezug zur Gegenwart verrät. Ein wunderschönes, anachronistisches Werk.

Die Uraufführung mit dem Philadelphia Orchester am 6. November 1936 unter Leitung Stokowskis zeitigt dementsprechend widersprüchliche Kritiken. Sie reichen vom Vorwurf der Sterilität, der provokanten Melancholie bis hin zum Lob der raffinierten Satztechnik und Klangfarbenfantasie.

In New York ist man sich nach dem ersten Anhören ebenfalls nicht einig. Der eine Kritiker nennt das Werk bedeutungslos und keiner Diskussion wert, der andere rätselt über die »Blutsverwandtschaft der Themen«, und der dritte denkt öffentlich über die Vorzüge von Schnitten in der Partitur nach. Nur die russischen Emigranten verstehen sofort die Klangsprache ihrer Heimat, auch wenn Rachmaninoff hartnäckig jede »russische« oder »nationalistische« Attitüde zurückweist.

Aber die Musikwelt interessiert sich nicht für eine russische Welt von Gestern. Rachmaninoffs Zeitgenossen Strawinsky, Schostakowitsch und Prokofjew erzählen ihre Geschichte Rußlands überzeugender, zeitgemäßer und mit neuem musikalischen Vokabular.

In der Konzertsaison 1936/37 muß Rachmaninoff erstmals herbe Kritik einstecken. Körperliche Beschwerden, wiederholte Schwächeanfälle sind nicht mehr durch Kuraufenthalte oder Sommerferien auf »Senar« auszugleichen. Die Strapazen der unzähligen Reisen, des ständigen Klimawechsels untergraben systematisch seine Gesundheit. Streßsituationen kompensiert er mit steigendem Zigarettenkonsum.

Am 7. Juni 1937 schreibt der Künstler aus der Schweiz seinem Freund Wilshau in Moskau: »... seltsam ist das Leben geschaffen! Als ich jung und kräftig war und danach brannte, egal für welches heruntergekommene Konzert eine Einladung zu erhalten, gab es diese Einladungen entweder wenig oder überhaupt nicht. Jetzt, wo ich alt bin, müde, krank, gegen Schwäche ankämpfe – kann ich mich der Konzerte gar nicht erwehren. Ich habe einen Manager, einen russischen Impresario, mit dem ich in Amerika schon seit 19 Jahren arbeite. Wir wurden bereits Freunde. Und jetzt besteht unsere Arbeit darin, zu sichten, welche Konzerte aus den einlaufenden Angeboten wir annehmen und welche wir ablehnen. Ihm übergab ich auch die Generalvertretung für Europa. Auf diese Weise haben wir die kommende Saison so aufgestellt:

Vom 17. Oktober bis zum 20. Dezember 32 Konzerte in Amerika. Im Januar – Ruhepause. Februar – 12 Konzerte in Skandinavien, Holland (4) und Wien, Budapest, Paris und noch eins. März – 12 Konzerte in England, und schließlich am 10. April das letzte Konzert in Wien, wo ich nach langer Unterbrechung (seit 20 Jahren) einwilligte zu dirigieren. Das Programm: meine 3. Sinfonie und die Glocken. Was würde mir das für Freude bereiten, zu diesem Konzert zu fahren. Man muß nur die Ein- und Ausreisegenehmigung besorgen, und alles übrige nehme ich auf mich. Außer diesen Reisen habe ich noch zwei Auslandsfahrten, beide fallen in eine Zeit, die ich für die Ruhepausen geplant hatte. Am 5. September muß ich eine Schallplattenaufnahme meiner 3. Sinfonie in London absolvieren. Dafür geben sie mir das Philharmonische Orchester und drei Repetitionen – am 2., 3. und 4. Weil der Verkauf dieser großen Stücke schlecht geht, das Orchester aber teuer ist und die Gesellschaft darin Verluste macht, verlangten sie von mir als Gegenleistung, daß ich dafür mein 1. Klavierkonzert einspielen sollte. Da ich mir Sorgen um meine Hände mache, die vom Dirigieren gänzlich entwöhnt sind, kann ich diese Platte nicht sozusagen ›gleichzeitig‹ fertigstellen, sondern ich beschloß, nach Hause zu fahren und nach London erneut am 21. und 22. September zu kommen. Und schon am 1. Oktober geht mein Dampfer nach Amerika.

Ich sage Dir noch einige Worte zur neuen Sinfonie. Man spielte sie in New York, Philadelphia, Chicago usw. In den ersten zwei Aufführungen war ich selbst. Man spielte sie bemerkenswert (das Philadelphia Orchester, worüber ich Dir schon schrieb. Dirigent Stokowski). Die Aufnahme bei Publikum und Kritik war sauer. Ich prägte mir schmerzlich eine Parole ein: in mir, d.h. in Rachmaninoff, wird es mehr als die 3. Sinfonie nicht geben. Persönlich bin ich fest überzeugt, daß dieses Stück gut ist. Aber … manchmal irren auch Autoren! Wie dem auch sei, an meiner Meinung halte ich bis jetzt fest.

Die Sinfonie (nur die Partitur und die Stimmen) kam zwei Wochen zuvor aus dem Druck.

Seit dem heutigen Tage setze ich mich daran, mein 1. Konzert zu lernen. Dank dafür, daß es nicht sehr schwer ist! Angesichts dessen, daß im Winter die Platten dieses Konzerts herauskommen, sagte ich zu, es auch in meinem zweiten Konzert in London am 2. April zu spielen, was ich mit Orchester gebe. Programm: mein 1. Konzert, das 1. Beethovens (was für eine göttliche Musik!) und meine Rhapsodie. Genug von mir. Es war ein bißchen viel. Verzeih! Meine Natascha begann ebenfalls ein wenig zu kränkeln. Aber trotz allem

S. Rachmaninoff mit seinen Enkeln Sophie Wolkonsky und Alexander Konjus, 1938

ist sie von unserer ganzen Familie die vielleicht kräftigste, oder geduldigste – sie ist unsere Stütze und unser Trost! Ohne sie gehen wir alle unter! Gott gebe ihr Gesundheit! Irinotschka war fast den ganzen Winter krank. Sie hatte eine Nierenentzündung. Jetzt geht es ihr besser, aber sie sollte sehr vorsichtig sein. In diesen Tagen fährt sie für zwei Monate nach Italien, um sich auszukurieren. Auch Natascha und ich fahren zu ihr auf 2 bis 3 Wochen. Im kommenden Winter will sie nach New York umziehen, um Sofa dort aufzuziehen, d.h. sie in New York in die Schule zu geben. Tanjuscha bleibt im Winter weiterhin in Paris. Ihr Mann beendete mit bewunderns-würdiger Hartnäckigkeit und Fleiß in einem Jahr das Gymnasium und trat in die Hochschule ein. Jetzt macht er Examen und die Abschlußprüfungen in einem Jahr. Tanjuscha fährt häufig zu ihm von hier aus. Ihr Junge ist schon 4 Jahre alt. Er ist jetzt auch bei uns. Ein Schlauberger und ein Original, aber der Charakter recht schwierig (nach den Konjus wahrscheinlich), und er bereitet seiner Mutter viel Pein.«[18]

Die hektische Lebensweise des Künstlers hinterläßt ihre Spuren auch in den Klavierabenden. So heißt es in einer Besprechung des Washingtoner Konzerts vom Dezember 1936: Rachmaninoff war einmal ein großer Pianist. Aber sein Klavierspiel am letzten Abend sei das Spiel erfolgreicher Komponisten gewesen, die bekanntlicherweise selten gut spielten. Sie hätten wenig Zeit oder Neigung für Sorgfalt und bewußtes Nachschöpfen der Werke anderer Komponisten.

Und selbstkritisch schreibt Rachmaninoff im Januar 1937 an Somow, er fühle sich wie ein zweiter B-Läufer. Er hätte wie ein Stümper gespielt, und an manchen Tagen gäbe es keinen, der schlechter spielen könnte als er.

Auch die Saison 1937/38 ist vollgestopft mit Terminen. Von Oktober bis Dezember 32 Konzerte in Amerika, und ab Februar mehr als 30 Termine in Europa. Der 64jährige Rachmaninoff lebt jetzt von der Fama des legendären Virtuosen und zehrt von der wertvollen Substanz, die er als nachschöpfender Interpret, als Dirigent und als Komponist in vielen Jahren erworben hat. In manchen Konzerten erreicht er unter günstigen Begleitumständen durchaus noch seine Bestform, in anderen Konzerten aber ist es nur seine hochgeschätzte Reputation, die ihn über deutliche Konditionsschwächen hinwegrettet. Allerdings gleitet Rachmaninoff nie zum Routinier ab. Über Konzertbedingungen äußerte er einmal, ihm sei sehr bewußt, daß sein Spiel von Tag zu Tag variiere. Aber ein Pianist sei Sklave der Akustik. Erst wenn er sein erstes Stück gespielt habe, die Akustik des Saales getestet habe und die Atmosphäre im Saal fühle, dann wüßte er, in welcher Stimmung er sich befinden würde. Einerseits sei dies schon belastend für ihn, aber in künstlerischer Hinsicht sei es besser, niemals sicher zu sein. Ein unveränderlicher Grad der Wiedergabe könne sich leicht in eine rein mechanische Routine verwandeln.

Rachmaninoff ist ein Interpret im Sinne Stanislawskis. Der Schauspieler des Stanislawski-Theaters versenkt sich vollkommen in Persönlichkeit und Milieu jeder darzustellenden Figur. Er steigert seine sensitive Aufnahmefähigkeit bis zur Selbstverleugnung, nur um restlos in die Rolle des anderen zu schlüpfen, um wie er zu denken und zu fühlen. Aus dieser Imagination heraus schöpft er die Überzeugungskraft zur Darstellung und auch die Macht der Faszination. In die Musik übersetzt, bedeutet dies, daß der Interpret tief in das Wesen und die Strukturen einer Komposition eindringt, ihre geistige Substanz verinnerlicht und die Komposition dann gleichsam als eigene, persönliche Botschaft an das Publikum weitergibt. Dieser Akt künstlerischen Nachschöpfens beansprucht nicht nur alle verfügbaren technischen Ressourcen im Schauspieler oder Musiker, sondern er fordert darüber hinaus ein Höchstmaß an Konzentration und Autosuggestion. Er fordert den ganzen Menschen.

Während eines Konzertaufenthaltes in London erhält Rachmaninoff Anfang April 1938 die Nachricht, daß Schaljapin schwer erkrankt sei. Er reist sofort nach Paris und sucht den Freund im Krankenhaus auf. Erschüttert begegnet er einem Todkranken. Rachmaninoff besucht den Freund jetzt täglich, um ihn mit Zukunftsplänen oder auch mit Erinnerungen an die gemeinsame Moskauer Zeit ein wenig abzulenken. Als sich Schaljapins Zustand rapide verschlechtert, fühlt Rachmaninoff eine verzweifelte Ohnmacht. Schaljapin stirbt am 11. April 1938. Der Verlust des Freundes trifft ihn hart. Vorahnungen des eigenen Todes dämpfen seinen Lebensmut. Tagelang zieht er sich von allen Menschen zurück.

Für die Pariser *Letzten Nachrichten* schreibt er einen Nachruf auf den Freund, den er einen unsterblichen Genius nennt. Tot sei nur, wer vergessen ist. Aber Schaljapin würde nie vergessen werden. Die Beisetzung des großen russischen Sängers findet unter bemerkenswerter Anteilnahme der Bevölkerung in Paris statt. Erst 1984 kann der Sarg des Künstlers nach Leningrad überführt werden, so wie Schaljapin es im Testament als letzten Willen verfügt hatte.

In der Saison 1938/39 bereist Rachmaninoff wiederum zuerst den amerikanischen Kontinent, um mit den Dirigenten Ormandy, Mitropoulos und Barbirolli seine Klavierkonzerte zu spielen. Zusätzlich gibt er fast 30 Klavierabende und beendet die amerikanische Tournee am 23. Januar in Rochester. In Europa stehen für das erste Quartal 1939 elf Recitals auf dem Terminkalender. Für den 11. März ist Rachmaninoffs letzter Klavierabend der Saison in der Londoner Queen's Hall angesetzt. Er weiß zu diesem Zeitpunkt noch nicht, daß es sein letzter Auftritt in London sein sollte.

Als Rachmaninoff Mitte Februar für seine englischen Konzerte in London eintrifft, findet er einen Brief des russischen Tänzers und Choreographen Michail Fokine vor, abgesandt aus Neuseeland. Bereits seit zwei Jahren verhandeln beide Künstler über eine Ballettinszenierung der »Paganini-Variationen«. Jetzt teilt Fokine mit, daß seine Vorbereitungen so weit gediehen seien, daß das Ballett Ende Juni in London aufgeführt werden könnte. Die Vorgeschichte der Zusammenarbeit gibt einen interessanten Einblick in die Entstehungsgeschichte des »Paganini«-Balletts: An einem Sommerabend im Jahre 1937 besucht Fokine mit seiner Frau die Rachmaninoffs auf »Senar«. Hier entsteht erstmalig der Gedanke an ein gemeinsames Ballettprojekt, und Fokine schreibt Rachmaninoff wenige Tage später einen ausführlichen Brief. Nach Worten des Dankes für die erwiesene Gastfreundschaft wendet sich Fokine sogleich dem Ballettprojekt zu. »Wenn ich nach dem Studium Ihrer Rhapsodie das Gefühl habe, eine passende und würdige Fassung für die Bühne schaffen zu können, hoffe ich, daß Sie mir dann die Erlaubnis und Ihren Segen dafür geben. Ich gestehe, daß ich vage hoffte, unser Treffen würde in einem neuen

Ballett resultieren, wovon ich lange schon geträumt habe.«[19] Im weiteren Verlauf des Briefes gesteht er Rachmaninoff, daß er auf seiner Suche nach einem geeigneten Sujet schon vor ihrem Zusammentreffen eine Menge Bücher gewälzt habe; Antike Mythologie, Andersen-Märchen und Puschkin-Dichtungen. Auch reizvolle Elemente der Epoche Peter des Großen böten sich an.

»Peters Epoche: Peter selbst, die Gesellschaften, Zarewitsch Alexej in Italien. Eine Mischung von Grausamkeit und dem Willen eines Genius – Ausschweifung – Trunksucht – Gotteslästerung. Die Tragödie von Vater und Sohn … – aber all dies zeigt Monarchen in einer Sicht, daß Sie wohl kaum gern ein Thema dieser Art übernehmen würden … Wera Petrowna hat mir gerade erzählt, daß Sie oft gesagt haben, Sie würden ein Ballett suchen, das etwas Mächtiges darstellt, einen Kampf der Elemente … Warum sollten wir nicht eine ›Schöpfung der Welt‹ schaffen?«[20]

Aber Rachmaninoff beharrt weiter auf seinem Paganini-Stoff, und nur sechs Tage später sendet er Fokine ein Antwortschreiben nach London. »Über die Rhapsodie wollte ich Ihnen sagen, daß ich sehr glücklich sein werde, wenn Sie irgend etwas aus ihr machen. Heute nacht dachte ich über das Sujet nach, und folgendes kam mir in den Sinn. Ich gebe nur die Hauptzüge an, die Details liegen bei mir noch im Dunklen. Wollen wir nicht die Legende über Paganini beleben, der seine Seele an den bösen Geist verkaufte, im Austausch für Perfektion in der Kunst und für eine Frau? Alle Variationen mit dem Dies Irae sind der böse Geist. Der ganze Mittelteil von Variation 11–18 besteht aus Liebesepisoden. Paganini selbst erscheint – der erste Auftritt – im ›Thema‹, und besiegt erscheint er zum letzten Mal in den ersten zwölf Takten der 23. Variation. Danach gibt es nur noch den Triumph der Sieger.

Der erste Auftritt des Bösen ist in der 7. Variation, wo bei Ziffer 19 ein Dialog mit Paganini sein könnte, zu seinem Thema, das gemeinsam mit dem Dies Irae erscheint. Variationen 8 bis 10 sind die Entfaltung des Bösen. Die 11. Variation ist der Übergang in den Liebesbereich.

Die 12. Variation ist der erste Auftritt der Frau bis zur 18. Variation. In der 13. Variation ereignet sich die erste Verständigung der Frau mit Paganini. Variation 19 ist ein Triumph der Kunst

Paganinis, ein diabolisches Pizzikato. Es wäre gut, Paganini mit einer Violine zu zeigen, natürlich nicht mit einer echten, sondern mit irgendeiner erfundenen, fantastischen. Auch scheint es mir, daß sich am Ende des Stückes einige Personen des Bösen im Kampf um die Frau und die Kunst als Karikaturen bewegen sollten, auf jeden Fall Karikaturen auf Paganini selbst. Und sie sollten mit noch fantastischer mißgestalteten Violinen dargestellt sein. Werden Sie nicht über mich lachen? Ich würde Sie sehr gern sehen, um noch ausführlicher über alles zu sprechen, wenn nur meine Gedanken und das Sujet für Sie überhaupt interessant und wertvoll sind.«[21]

Rachmaninoffs Ideen entzünden jetzt auch Fokines Fantasie. Obwohl er inmitten der letzten Vorbereitungen für eine andere Ballettaufführung steht, antwortet er umgehend. Er freue sich über Rachmaninoffs Szenarium, nur die Details über die Paganini-Legende und über das Dies Irae müsse er sich noch beschaffen.

Damit ist die Zusammenarbeit zwischen Rachmaninoff und Fokine beschlossen. Doch zwei Jahre vergehen, bis die Realisierung des Ballettprojekts in ein konkretes Stadium tritt.

Der eingangs erwähnte Brief Fokines vom 15. Februar 1939 an Rachmaninoff verrät, daß Fokine mit seinem Szenarium bereits bis zur 22. Variation vorgestoßen ist. Er übersendet Rachmaninoff sogar schon einen graphisch gestalteten Programmentwurf.

»Alles läuft gut«, schreibt Fokine, »ich verbürge mich für die Kritiker ... Während der Arbeit wurde klar, daß die 2. Szene – die schöne Florentinerin mit den Mädchen und jungen Männern – durch eine Wiederholung der 12. Variation gewinnen würde. Ich bin sehr zufrieden mit dem glänzenden Kontrast zwischen den diabolischen Tänzen der ersten Szene und diesem zierlichen Tanz der Mädchen auf der Wiese. Es ist angenehm und schmeichelnd ... aber zu kurz. So erbitte ich Ihr Einverständnis für eine Wiederholung. Dirigent Dorati ist dagegen, diesen Teil ganz ohne irgendeine Abänderung zu wiederholen. Aber genau das ist es, wonach mein Herz verlangt ...«[22]

Nach Abschluß seiner England-Konzerte fährt Rachmaninoff Anfang April zu seiner Tochter Tatjana nach Paris, um für sie in der Umgebung der Stadt ein Haus zu suchen, das ihr und ihrer Familie bei einem etwaigen Überfall Hitlers auf Frankreich Schutz bieten könnte.

In diesen Tagen antwortet er auch Fokine. »Am Ende der veröffentlichten Partitur fügen Sie 12 Takte aus der Variation hinzu, die dem Menuett und der 18. Variation vorausgeht – jetzt nach A-Dur transponiert. Die 18. Variation wird in dieser Tonart nicht gut klingen. Hier ist es, was getan werden muß: Spielen Sie alle zwölf Takte ohne Veränderung, so wie ich sie geschrieben habe. Und dann beginnen Sie die 18. Variation nicht in A-Dur, sondern in D-Dur, d.h. einen Halbton höher als im Original. Es wird mit noch größerer Spannung klingen. Der Titel des Balletts ist völlig Ihrer Diskretion überlassen. Ich stimme allem zu ... Aber warum hat Paganini seine Profession gewechselt und ist Gitarrespieler geworden?« Rachmaninoff amüsiert sich hier über die stilisierte Violine auf dem Programmentwurf.

Die Premiere des Balletts ist für den 30. Juni 1939 im Londoner Covent Garden festgesetzt. Als Fokine den Komponisten, der trotz drohender Kriegsgefahr wieder in sein Schweizer Domizil gereist war, zu dieser Veranstaltung nach London einlädt, erhält er eine enttäuschende Nachricht. Rachmaninoff ist krank. Er war am Geburtstag Irinas, dem 27. Mai gestürzt und hatte sich dabei so unglücklich verletzt, daß er für mehrere Wochen gehbehindert ist. Eine knappe Woche vor der Premiere berichtet Fokine aus London:

»Ich bedaure, daß Sie nicht der Erstaufführung beiwohnen werden. Aber wir können uns selbst trösten, daß Sie nicht die unerfreulichen Momente eines ›Ballettkomponisten‹ ertragen müssen. Es gibt so viele Augenblicke, wenn der Eröffnungsabend sich nähert, wenn fertige Kostüme mit Fehlern ausgehändigt werden ... es nicht genug Raum für die Tänzer gibt, einige von ihnen konfus werden, wenn sie ihre Musik nicht erkennen, die jetzt mehr vom Orchester als vom Klavier kommt ... und der Ballettmeister wütend wird ... Die ganze Zeit glauben Sie, daß die Aufführung unmöglich ohne Panne durchlaufen kann – daß der falsche Vorhang gehoben wird, daß die falschen Tänzer Spotlights bekommen, daß die Tänzer keine Zeit zum Wechseln haben ... Ich bin sicher, daß auch dieses Mal, alles wie gewöhnlich verläuft – unordentlich, geräuschvoll, nervös ... Und ein gutes Ballett wird geboren ... Die

Produktion ist eine sehr komplizierte in Bühnenbildern, Kostümen, Lichtern und Tänzen. Es gibt viele schwierige und virtuose Tänze. Ich habe noch nicht den Pianisten gehört. Der eine, mit dem Dorati geprobt hatte, konnte keine Arbeitserlaubnis für London bekommen. Er hat einen anderen gefunden – Eric Harrison – einen jungen Mann, 20 Jahre alt, der die Rhapsodie auswendig spielt und, wie Dorati sagt, sehr gut. So erwarte ich eine gute Aufführung. Und dann? Dumme, vielleicht sogar boshafte Kritiken.«

Die Premiere am 30. Juni ist ein voller Erfolg für Fokine und Rachmaninoff. Die Presse reagiert weder dumm noch boshaft, sondern lobt die unerwartet gute Tanzpartitur und Fokines fantastische Ballettkomposition. Nach der Aufführung schreibt Fokine an Rachmaninoff: »Gratulationen zu dem Neugeborenen. Unser erstes Ballett hat sich als sehr erfolgreich herausgestellt und wurde enthusiastisch aufgenommen. Der geschlossene Vorhang ging endlos wieder auf ... Amüsant: die Musikkritiker billigten das Ballettende, welches Sie ›besonders‹ komponierten, ohne wahrzunehmen, daß das eine genaue Wiederholung der Musik war, die sie sieben Minuten zuvor gehört hatten. Und so, Sergej Wassiljewitsch, danke ich Ihnen herzlich, aufrichtig für diese erste, aber wie ich hoffe, nicht letzte Zusammenarbeit.«

Auch Rachmaninoff dankt dem Choreographen von ganzem Herzen und wünscht ihm »für viele weitere Jahre gute Theater, gute Künstler, Pianisten, gute Orchester und gute Komponisten«.[23]

Im Juli 1939 bittet Rachmaninoff, der durch die bedrohliche Expansionspolitik Hitler-Deutschlands zusehends verunsichert wird, seine Schwägerin Sofija Satina, jetzt endgültig auf Long Island/New York für die Familie ein kleines Haus zu suchen.

Er schreibt am 26. Juli 1939 an Wilshau in Moskau:

»... Vor allem möchte ich meine Freude darüber ausdrücken, daß Ihr am Leben seid. Nach Gesundheit zu fragen, scheue ich mich. Die Jungen antworten gewöhnlich: ›Danke, ich bin gesund.‹ Nun, aber wir sollten diesen Wortlaut ein wenig abändern und antworten: ›Danke, ich bin am Leben!‹ In diesem Jahr fahre ich mit meiner Frau früher als gewöhnlich nach Amerika. Ich leiste in Luzern eine Konzertverpflichtung ab. Am 11. August (hier bei uns organisierte die Stadt in diesem Jahr Musikalische Festwochen) spiele ich das 1. Beethoven-Konzert und meine Paganini-Rhapsodie. Am 13. fahren wir nach Paris, und am 16. schiffen wir uns aus Cherbourg aus. In Amerika wird in dieser Saison, abgesehen von den regulären Konzerten, ebenfalls ein Festival veranstaltet, aber nur aus drei Konzerten und nur aus meinen Werken. In den ersten beiden Konzerten spiele ich meine vier Konzerte und das Orchester die 2. Sinfonie und ›Frühling‹. Drittes Konzert: 3. Sinfonie und ›Glocken‹. Ich dirigiere selbst. Übrigens, dirigieren werde ich erstmals nach 20jähriger Unterbrechung, und dementsprechend hat man es auch so eingerichtet, d.h. man gibt mir drei Wochen Ruhepause. Orchester ist das Philadelphia Orchester, d.h. das Beste vom Besten. Dieses Festival erscheint mir aus irgendeinem Grunde wie das ›Ziehen einer Bilanz‹. Es naht die Zeit, wo man nicht mehr selbst läuft, sondern sie Dich unterhaken. Einerseits als Ehrenbezeugung, andererseits, als ob sie Dich stützen, damit Du nicht auseinanderfällst. Trotzdem gab ich in der letzten Saison 59 Konzerte. Wahrscheinlich werden es in der kommenden Saison ebensoviele sein. Nun, wie viele dieser Saisons ich noch aushalte – weiß ich nicht. Ich weiß nur eins, daß ich mich während dieser Arbeit innerlich kräftiger fühle als ohne Arbeit. Und dementsprechend gebe es Gott, daß ich bis in meine letzten Tage arbeite ...

Die Kinder und Enkel sind bei uns jetzt hier. Irina wird mit ihrer Tochter wiederum im Winter in New York sein, wo die Tochter im vergangenen Jahr ins Gymnasium eingetreten war. Tanja ist mit ihrem Sohn wie ehedem im Winter in Paris, wo ihr Mann soeben gerade die Militärschule beendet hat. Nach dem Paß ist er Franzose, wie eben auch mein Enkel. Neulich erklärte mir dieser Jüngste (er ist 6 Jahre alt) in gutem Französisch, daß er ›nicht Russe‹ sei, daß er ›zur Hälfte Franzose und zur Hälfte Russe‹ sei. So sind sie jetzt nun mal. Der Junge ist schwierig, aber gescheit und anmutig. Wir sind große Freunde ...«[24]

Die Luzerner Festwochen waren von einigen Künstlern – darunter auch Rachmaninoff – als Alternative zu den Salzburger Festspielen ins Leben gerufen worden. Wegen der Besetzung Österreichs durch die Deutschen wollten Toscanini, Casals, Ansermet und eine Reihe weiterer namhafter Künstler Salzburg nicht mehr aufsuchen.

Rachmaninoffs letzter Auftritt in Europa ist das Luzerner Konzert am 11. August 1939. Unter dem Dirigat Ernest Ansermets spielt er Beethovens 1. Klavierkonzert und seine eigene »Paganini-Rhapsodie«.

Zwischenzeitlich hatte Sofija Satina jetzt eine geeignete Wohnung in Huntingdon/Long Island gefunden, und die Rachmaninoffs nehmen am 23. August 1939 – nachdem sie ihre Abreise noch einmal um eine Woche hinausgezögert hatten – schweren Herzens Abschied von Europa. Es ist ein Tag vor der Unterzeichnung des Hitler-Stalin-Paktes. Am Hafen von Cherbourg drängen die Menschen in dichten Scharen auf einen der letzten Ozeandampfer, um dem drohenden Kriegsgespenst zu entrinnen.

Die Rachmaninoffs lassen ihre Töchter mit Familie und Kindern zurück, endgültig vor allem wohl Tatjana, die vor kurzem die französische Staatsangehörigkeit erworben hatte. Und sie geben ein Haus in der Schweiz auf, das dem Künstler einige Jahre der Ruhe und die Illusion einer neuen Heimat vermittelt hatte.

Als Hitler im September 1939 Polen überfällt, haben die Rachmaninoffs die rettenden Ufer Amerikas erreicht.

Letzte Jahre

1939–1943

Nur wenige Monate nach Rachmaninoffs Heimkehr in die Vereinigten Staaten veranstaltet Eugène Ormandy mit dem Philadelphia Orchester das seit langem geplante »Rachmaninoff-Festival«. In drei New Yorker Konzerten bieten sie eine repräsentative Auswahl der Werke Rachmaninoffs. Der Komponist selbst spielt seine Klavierkonzerte und die »Paganini-Variationen«. Beim Publikum ruft das Festival starkes Interesse hervor, alle Konzerte sind schon für Wochen im voraus ausverkauft. Die Presse feiert das Festival als »denkwürdigen Tribut an einen großen Künstler«.

Noch vor Jahresende begibt sich Rachmaninoff wieder auf Klaviertournee quer durch Amerika. Endlich kann er sich um Weihnachten den lang ersehnten Abstecher nach Kalifornien leisten, wo ihn schon russische Freunde erwarten. Schaljapins Sohn Boris lebt seit Jahren in Hollywood, und immer wieder hatte er den Freund des Vaters eingeladen, die kleine russische Künstlerkolonie am Rande der Filmstadt zu besuchen. Als die Rachmaninoffs bei ihm eintreffen, macht er sie sofort mit seinen Freunden Ratoff und Tamiroff bekannt. Der Regisseur Gregory Ratoff steckt gerade inmitten der Vorarbeiten zum Abenteuerfilm »Die korsischen Brüder« nach dem Roman von Alexandre Dumas. Hauptdarsteller sind Douglas Fairbanks jr. in der Doppelrolle der korsischen Adligen und Akim Tamiroff in der Rolle des schurkischen Barons Colonna.

Die Filmstudios von Hollywood sind ein gigantisches Unternehmen. 1939 gehören sie bereits zu den größten Wirtschaftszweigen des Landes. Eine spektakuläre Produktion desselben Jahres ist das legendäre Filmepos »Vom Winde verweht«. Und während ganz Amerika noch unter den letzten Auswirkungen der wirtschaftlichen Depression leidet, boomt Hollywood.

»Wenn die Stimmung der Menschen in dieser Wirtschaftsdepression gedrückter ist denn je, ist es eine große Sache, daß ein Amerikaner für nur fünfzehn Cents ins Kino gehen und das lächelnde Gesicht eines Kindes anschauen kann«, läßt sogar Präsident Roosevelt verlauten.[1]

1939 gibt es in den USA 14952 Banken, aber 15115 Kinos!

Rachmaninoff sieht sich auf Einladung seiner Freunde mit großem Interesse in den Filmstudios um, und er nutzt jede Gelegenheit, um einen genauen Einblick in die Produktionsprozesse der Traumfabrik nehmen zu können. Aber im Gegensatz zu Strawinsky, der ebenfalls im Dezember 1939 aus Paris in Hollywood eintrifft, ist er zur aktiven Mitarbeit an Filmkompositionen nicht zu gewinnen. Er gleicht in dieser Hinsicht dem eigensinnigen Arnold Schönberg, dessen einziges Filmmusikprojekt – nach Pearl S. Bucks Bestseller »Die gute Erde« – an seinen kompromißlosen künstlerischen Wertvorstellungen scheitert: »Sie wollen mich umbringen, um mich vor dem Hungertod zu retten.«[2]

Strawinskys »Sacre« war durch Anregung des Dirigenten Stokowski in die Walt Disney Produktion des monumentalen Kulturspektakels »Fantasia« geraten. Rachmaninoff zum Einspielen seines 2. Klavierkonzerts für »Fantasia« zu überreden, erschien Stokowski von Anfang an problematisch. Denn der Russe sei sehr eigen – erklärte er Walt Disney – er sei ein sehr netter Mensch, aber äußerst merkwürdig.

Als Strawinsky auf Einladung Walt Disneys den fertigen Film »Fantasia« im Studio sieht, ist er erschrocken. Stokowskis Interpretation seines »Sacre« empfindet er als abscheulich, und Walt Disneys Illustration als hemmungslosen Schwachsinn. Aber er paßt sich dennoch an und verkauft ein Jahr später sogar noch die Option für »Renard« und den »Feuervogel« an die Hollywood-Produzenten. Zu den erfolgreichsten Filmkomponisten Hollywoods zählt neben Max Steiner und Franz Waxman auch der Petersburger Dimitri Tiomkin, der sich seit seiner Ankunft in Hollywood 1929 zum anerkannten Musiklieferanten von mehr als 160 Filmen hochgedient hatte. Das Bild des absolut vorbildlichen Hollywood-Komponisten jedoch verkörpert Erich Wolfgang Korngold, das komponierende Wunderkind aus Wien, dessen Partituren rau-

Sergej Rachmaninoff 1936

schende Imitationen und Konglomerate von Brahms bis Tschaikowski und Rachmaninoff sind. Sie passen sich perfekt dem Filmgeschehen an.

Die professionellen Hollywood-Komponisten betreiben die Filmarbeit als technisch exakt ausgefeiltes Handwerk. Jedes Stück Musik muß zu einem bestimmten Stück Film passen. Der Standardfilm läuft mit 24 Bildern pro Sekunde durch den Projektor. Die Transportspur besteht aus Löchern, die am Rande des Filmstreifens in die Tonspur gestanzt sind. Für diese Transportspur schreibt der Filmkomponist seine Klangmuster.

»Jede Fabrik hat fünf oder sechs Musikspezialisten, die sich pünktlich an die Bürostunden zu halten haben«, schreibt Hanns Eisler. »Nummer eins ist Fachmann für Militärmusik, Nummer zwei für sentimentale Lieder, Nummer drei ein besser ausgebildeter Komponist symphonischer Musik, Nummer vier ist Spezialist für die Wiener Operette, Nummer fünf ist für Jazz da. Wenn also für einen Film Musik gebraucht wird, hat jeder Komponist seiner Spezialität entsprechend einen bestimmten Abschnitt zu bearbeiten. Die Komponisten haben keine Ahnung, was sich sonst noch in dem Film abspielt.«[3]

Rachmaninoff hat zwar nichts dagegen einzuwenden, daß der Film gelegentliche Anleihen bei seiner Musik nimmt – dafür ist er Geschäftsmann genug. Und er amüsiert sich sogar köstlich über den Disney-Streifen, der Mickey Mouse als Virtuosen des cis-moll-Préludes zeigt. Aber selbst neue Filmmusiken zu schreiben, lehnt er trotz lukrativer Angebote der Hollywood-Produzenten kategorisch ab. Komposition bedeutet für ihn immer noch Rückzug in die Einsamkeit, Besinnung auf das innere geistige Bild eines Werkes. Hinzu kommt, daß Rachmaninoffs Gesundheitszustand immer häufigere Ruhepausen erfordert und ein sehr labiles Stadium erreicht hat.

Nach einer neuerlichen Operation zieht er sich im Sommer 1940 auf ein Landgut, Orchard Point in der Nähe Huntingdons, Long Island zurück, das die Familie als Ersatz für das schweizerische »Senar« gemietet hatte. Eine zum Gut gehörige Yacht namens »Senar« soll den Komponisten über den Verlust seines alten Sommerrefugiums hinwegtrösten. Am 22. September beginnt er in seinem Kompositionsstudio mit der Arbeit an seinem letzten Werk, den »Sinfonischen Tänzen« op. 45. In fünf Wochen stellt Rachmaninoff bei einer täglichen Arbeitszeit von 9 Uhr früh bis 23 Uhr nachts das Werk fertig. Die ursprüngliche Idee für den großen Tanzzyklus läßt sich bis 1915 zurückverfolgen, als Rachmaninoff den vergeblichen Versuch startete, mit dem Choreographen Kazian Golejsowski ein Ballett über das heidnische Sujet »Die Skythen« zu produzieren. Teile aus der nicht fertiggestellten Ballettpartitur übernimmt er jetzt in die »Sinfonischen Tänze«. Den ursprünglichen Arbeitstitel »Fantastische Tänze« mit den Einzelsätzen Mittag–Dämmerung–Mitternacht zieht er kurzfristig zurück, als er von

»Sinfonische Tänze« op. 45 / Thema 1. Satz

einem gleichnamigen Werk Schostakowitschs erfährt. Auch hegt er Pläne für ein neuerliches Ballettszenarium und tritt wieder in Verhandlungen mit Michail Fokine. Aber leider können beide Künstler keinen gemeinsamen Arbeitstermin finden, so daß sie das Projekt schließlich aufgeben müssen.

Rachmaninoffs letztes sinfonisches Werk, das der Komponist auch in einer Fassung für zwei Klaviere vorstellt, trägt alle Züge einer musikalischen Bilanz seines Lebens. Russische Volksmelodik, orthodoxer Kirchengesang, lateinische Totensequenz, Fanfarenklänge und das schicksalhafte Motto der 1. Sinfonie verdichtet der Komponist in sein persönliches Credo.

Im 1. Tanz dieser dreisätzigen »Abschieds-Sinfonie« dominiert eine markante Dreiklangsfigur und ein starker, rhythmischer Impuls. Die Umkehrung dieser Figur im langsamen Tempo entwikkelt sich im Mittelteil zum russischen gedehnten Gesang, originell mit Altsaxophon besetzt. Das dritte Thema des Satzes gemahnt hingegen an Rimski-Korsakows »Goldenen Hahn«, ein Werk, das Rachmaninoff ein Leben lang studierte. Den Abschluß des Satzes bildet das Schicksalsmotto der 1. Sinfonie.

Der 2. Satz der »Sinfonischen Tänze«, ein von schneidenden Fanfaren durchdrungener, fantastischer Walzer, birgt versteckte Reminiszenzen an Ballettkompositionen Tschaikowskis. Auch ein kleiner Anklang an kasachische Volksweisen ist enthalten. Zatajewitsch hatte Rachmaninoff vor vielen Jahren einmal eine Sammlung 25 kasachischer Volksweisen übersandt, die der Komponist mit Interesse studiert hatte.

Im letzten Satz schließlich kulminieren orthodoxer Kirchengesang und die lateinische Totensequenz Dies Irae. Rachmaninoff läßt den 9. Gesang aus der »Wsenoschtschnoje«, »Gesegnet sei der Herr« über die lateinische Totensequenz Dies Irae obsiegen. Er überschreibt diesen Teil der Partitur ausdrücklich mit einem »Alleluja«, Sinnbild für den Sieg des Glaubens über den Tod.

Im Weltbild Rachmaninoffs sind Religion und Kunst untrennbar miteinander verflochten. Sie nähren ein starkes und elementares Lebensgefühl, das sich in einen fast mystischen Glauben an ein unendlich fernes Rußland steigert. Rachmaninoffs Quelle der Inspiration ist die Illusion der Heimat.

Nachdem die Partitur im Particell fertiggestellt ist, beginnt Rachmaninoff mit der Orchestrierung. In der letzten Phase nimmt er mehrfach Kontakt mit Orchestermusikern der New Yorker Philharmoniker auf, um die Feinheiten der Instrumentierung abzustimmen. Beim Durchspielen der Partitur greift er zur Freude der Orchestermusiker eher wie einer der ihren herzhaft in die Tasten. Er donnert, pfeift, trommelt, singt und gestikuliert wie ein Kapellmeister, der seinen Zuhörern das Wesentliche der Partitur zu verdeutlichen sucht. Am 29. Oktober unterzeichnet Rachmaninoff in New York die abgeschlossene Orchesterpartitur mit den russischen Zeilen: »Ich danke dir, Gott.«

Eugène Ormandy und das Philadelphia Orchester, denen das Werk gewidmet ist, übernehmen die Erstaufführung am 3. Januar 1941 in Philadelphia. Doch dem letzten Werk Rachmaninoffs wird nur mäßige Aufmerksamkeit zuteil. Ein New Yorker Kritiker schreibt, daß der mittlere Abschnitt mit seinen ironischen Verzögerungen noch am besten gelungen sei. Ansonsten schleppe sich eine traurige Langeweile durch das Werk, und Ravel, Strauss, Sibelius gesellten sich zum Tanz in tiefer Würde. Nur Olin Downes von der *Times* spricht von Tänzen in lockerer Reihenfolge, die Stimmungen der Natur, Erinnerungen und Träume reflektierten – eine bewundernswert komponierte Musik.

Die jahrelange kreative Zusammenarbeit mit Rachmaninoff und aufrichtige Gefühle der Dankbarkeit für die Zueignung der Partitur veranlassen Ormandy, dem Komponisten im Namen des Philadelphia Orchesters folgende Zeilen zu übermitteln:

»Am Mittwoch morgen sprach ich zu den Orchestermitgliedern, dankte ihnen für die wunderbare Zusammenarbeit wie auch für die schönen Konzerte, die sie von Freitag bis Dienstag spielten ... Sie waren sehr glücklich und stolz und baten mich, Ihnen für alles zu danken. Für mich selbst möchte ich Ihnen meine tiefe Dankbarkeit dafür aussprechen, daß Sie uns die Erstaufführung Ihres letzten Werkes überlassen haben, und hoffen, daß unsere Aufführungen Sie nicht enttäuscht und Ihr Vertrauen in uns gerechtfertigt haben. Ich bin Ihnen dafür sehr dankbar. Ich danke Ihnen auch für unsere persönliche Freundschaft, in welcher ich Sie ebenso wie Toscanini bewundere. 10. Januar 1941.«

Der Komponist befindet sich inzwischen wieder auf Tournee. Diejenigen, die ihn in diesen letzten Jahren hören, erleben noch einmal den Künstler im vollen Besitz seiner unvergleichlichen Ausstrahlungskraft und Virtuosität. Rachmaninoff durchmißt seine letzten Glanzjahre. In Chicago dirigiert er zu Ehren des Orchesterjubiläums seine 3. Sinfonie und die »Glocken«. Die *Chicago Daily Times* berichten begeistert von seiner musikalischen Integrität und dem Zauber seiner Person. »Was für ein wunderbarer alter Mann!«[4]

Doch das Konzert strengt seine Kräfte mehr an, als er sich selbst eingestehen mag. Eine geplante Schallplattenaufzeichnung der »Sinfonischen Tänze« mit dem Philadelphia Orchester scheitert letztlich nicht an technischen und terminlichen Hindernissen, sondern an Rachmaninoffs Dispositionsproblemen, die ihm auch schon früher das unmittelbar aufeinanderfolgende Klavierspielen und Dirigieren unmöglich machten.

Mit Freude blickt jetzt der Künstler auf seine bereits 16jährige Enkelin Sophie Wolkonsky, die sich mit beachtlicher Energie dem Klavierspiel und der Komposition widmet. Ihren Geburtstag auf Huntingdon arrangiert Rachmaninoff zum großen Fest, das nur durch die Ungewißheit um Tatjanas Schicksal in Frankreich getrübt wird.

So liest Rachmaninoff mit bitteren Gefühlen eine Notiz in der amerikanischen Tagespresse, wonach eine Untersuchung des britischen Informationsministeriums folgende katalytische Eigenschaft seiner Musik in einer Kriegsfabrik zeitigt: Das Einsetzen von Chopinscher oder Rachmaninoffscher Musik bewirkt in der Munitionsproduktion ein Anwachsen der Arbeitsproduktivität von 6 auf 12 Prozent.[5]

Die Sommerferien verbringt Rachmaninoff wieder mit der Familie auf Orchard Point, Huntingdon. Er nimmt nochmals Veränderungen am 4. Klavierkonzert vor, schreibt den Schlußsatz um und vereinbart mit dem Philadelphia Orchester eine neuerliche Aufführung. Am 17. Oktober 1941 spielt Rachmaninoff mit dem Orchester die neue Version. Den großen Durchbruch schafft das Konzert aber dennoch nicht. Bei allem Respekt für den Komponisten und noch mehr für den Pianisten Rachmaninoff vermeldet die Presse »ein wenig Langeweile«.

Gegen Ende des Jahres 1941 gibt Rachmaninoff sein letztes Presseinterview, in dem er noch einmal seine Kompositionsprinzipien darlegt:

»Komposition ist ein wesentlicher Teil meiner Existenz wie Atmen oder Essen. Es ist eine der notwendigen Lebensfunktionen. Mein ständiger Wunsch, Musik zu komponieren, ist tatsächlich der Drang in mir, meinen Gedanken tonalen Ausdruck zu verleihen … Das ist, glaube ich, die Funktion, die die Musik im Leben jedes Komponisten haben sollte; irgendeine andere Funktion, die sie erfüllen mag, ist rein zufällig.

Ich empfinde keine Sympathie gegenüber Komponisten, die Werke mit vorgefaßten Formeln oder vorgefaßten Theorien schreiben. Oder gegenüber Komponisten, die in einem gewissen Stil schreiben, weil es modisch ist, so zu schreiben. Große Musik ist niemals auf diese Weise produziert worden – und ich wage zu sagen, wird es auch nie. Musik sollte, in der abschließenden Analyse, Ausdruck der komplexen Persönlichkeit des Komponisten sein. Man sollte nicht geistig dort anlangen, gewisse Anordnungen maßgerecht anpassen – eine Tendenz, ich bedaure, es zu sagen, die überall während der letzten zwanzig Jahre dominiert. Die Musik eines Komponisten sollte sein Geburtsland ausdrücken, seine Liebesaffären, seine Religion, die Bücher, welche ihn beeinflußt haben, die Bilder, die er liebt. Sie sollte das gesamte Produkt der Erfahrungen des Komponisten sein. Studieren Sie die Meisterwerke jedes großen Komponisten, und Sie werden jeden Aspekt der Persönlichkeit des Komponisten finden und den Hintergrund in seiner Musik. Die Zeit mag die Techniken von Musik ändern, aber sie kann nie ihre Mission ändern …

In meinen eigenen Kompositionen ist keine bewußte Anstrengung unternommen worden, originell zu sein, Romantiker oder Nationalist, oder irgend etwas sonst. Ich schreibe auf dem Papier die Musik nieder, die ich in mir höre, so natürlich wie möglich. Ich bin ein russischer Komponist, und das Land meiner Geburt hat mein Temperament beeinflußt und meine Weltanschauung. Meine Musik ist das Produkt meines Temperaments, und so ist es russische Musik. Ich habe niemals intendiert, russische Musik zu schreiben, oder irgendeine andere Art von Musik.«[6]

Sergej Rachmaninoff 1941

Sein New Yorker Recital in der Carnegie Hall gestaltet Rachmaninoff zum Wohltätigkeitskonzert für sowjetische Kriegsopfer. Der Überfall Hitler-Deutschlands auf die Sowjetunion im Juni 1941 – das »Unternehmen Barbarossa« – hatte ihn zutiefst getroffen und in ihm den unbeirrbaren Wunsch geweckt, Rußland in seinen dunklen Stunden zu helfen.

Voller Begeisterung bestürmt er seine amerikanischen Freunde mit der Nachricht, daß die Vorankündigung für sein Recital am 1. November folgende Riesenüberschrift erhalten würde: »Rachmaninoff stiftet den Reinerlös für die Kriegsopfer seines Heimatlandes«. Doch die Freunde raten ihm ab, seine prorussische Gesinnung so offen zu proklamieren. Denn er könnte damit viele Amerikaner, die seit 1917 von latenter Furcht gegenüber dem sowjetischen Bolschewismus erfaßt sind, verstimmen. Sie würden seinen – zweifellos ideologiefreien – Patriotismus mißdeuten. Also beschränkt sich Rachmaninoff auf eine dezente Programmankündigung mit Hinweis auf die Spende. Zwei Karten erhält der mittlerweile 78jährige New Yorker Alexander Siloti, der ebenfalls spontan eine Sammlung unter Bekannten veranstaltet und Rachmaninoff dann den Scheck übersendet. Auch Siloti will Rußland retten.

Nach Abschluß des Konzerts meldet die *New York Herald Tribune:* Eine spezielle Schiffsladung mit medizinischen und ärztlichen Hilfsgütern im Werte von 3973,29 Dollar mit der Aufschrift »Geschenk von Sergej Rachmaninoff« geht auf den Weg nach Rußland. Es ist die Nettogage des Komponisten und Pianisten für sein Novemberrecital. Der sowjetische Konsul leistet beim Sammeln und Verladen der Transportgüter Hilfe.

Im Dezember wird auch Amerika direkt in den Krieg hineingezogen. Die Japaner überfallen am 7. Dezember 1941 Pearl Harbor, und die über Rundfunk ausgestrahlte Nachricht schlägt wie eine Bombe in der amerikanischen Öffentlichkeit ein.

Viele amerikanische Rundfunkhörer wußten noch Jahre später, daß an diesem Sonntag, dem 7. Dezember 1941, Arthur Rubinstein in der beliebten Sonntagnachmittagsendung der New Yorker Philharmoniker das B-Dur-Klavierkonzert von Brahms gespielt hatte. In der Pause muß der Dirigent Artur Rodzinski dem Konzertpublikum im Saal die Schreckensnachricht übermitteln, und Arthur Rubinstein spielt vor dem Brahms-Konzert »The Star Spangled Banner«.

Rachmaninoff bittet Sergej Bertensson in Hollywood, für ihn und seine Familie in Beverly Hills auf jeden Fall ein Haus zu mieten, da er den kommenden Sommer dort verbringen möchte. Aus unerfindlichen Gründen fühlt er sich dort sicherer. Und so beziehen die Rachmaninoffs Mitte Mai eine am Bergrand von Beverly Hills gelegene Villa mit Swimmingpool, großem Garten, geräumigem Musikzimmer und wunderbarem Ausblick auf den Pazifik.

In diesem Sommer 1942 macht Rachmaninoff in den Studios von Hollywood auch seine letzten Plattenaufnahmen für RCA. Ansonsten pflegt er gesellschaftliche Kontakte mit Arthur Rubinstein, Igor Strawinsky und Wladimir Horowitz, die alle in seiner Nähe wohnen. Arthur Rubinstein entsinnt sich einiger amüsanter Episoden dieser Zeit.

»Rachmaninoff rief eines Vormittags ganz überraschend an – er hatte in Beverly Hills ein Haus gemietet und lud uns in für ihn gar nicht typischen höflichen Wendungen zum Tee ein. Wir waren die einzigen Gäste, und er plauderte überaus urban mit mir. Ich bemerkte: ›Gewiß sind Sie froh, Hofmann zum Nachbarn zu haben?‹, denn dieser war seit undenkbaren Zeiten mit Rachmaninoff befreundet, wenn jetzt auch dem Alkohol verfallen. Rachmaninoff sagte darauf nur achselzuckend: ›Er hat seine Technik verloren.‹

Wenige Tage später gaben wir ihm zu Ehren eine kleine Gesellschaft, zu der auch Colmans und Boyers kamen. Bei Tische erklärte der russische Meister mit Emphase: ›Für mich ist das größte Klavierkonzert das von Grieg.‹ Das war nun fürwahr ein sonderbares Urteil. Als ich sagte, ich habe es mit Ormandy eingespielt, wollte er sofort die Platte hören. Also versammelten wir uns zum Kaffee um den Plattenspieler, und ich legte die erste Pressung auf, die ich kürzlich erhalten hatte. Er lauschte konzentriert mit geschlossenen Augen, während die anderen ihn beobachteten. Ich selber kam mir vor wie ein Musikstudent bei der Prüfung. Kein Wort fiel bis zum Ende des Konzertes. Dann hob er träge die Lider: ›Der Flügel ist verstimmt.‹ Mehr sagte er nicht. Als ich das Konzert aber in der Carnegie Hall mit dem Philadelphia Orchester spielte, kam Rachmaninoff auf das Podium, während das Publikum noch klatschte, und klatschte ebenfalls für jedermann sichtbar mit hocherhobenen Händen.«[7]

Das Treffen mit Strawinsky kommt eher zufällig durch die Ehefrauen der beiden zustande. Denn Rachmaninoff und Strawinsky hatten jahrelang in der Öffentlichkeit die Werke des anderen abqualifiziert, so daß sich daraus eine regelrechte persönliche Abneigung entwickelte. Jetzt aber 1942 in Hollywood überwindet Rachmaninoff seine Animosität und lädt neben Rubinstein auch die Strawinskys ein. Außerdem weiß er, daß Strawinsky genau wie er selbst um Verwandte in Europa bangt, und er hofft, daß vielleicht Strawinsky neue Mittel um Wege weiß, wie man die Verwandten in Europa unterstützen kann.

»Wir kamen etwas verspätet«, schreibt Rubinstein, »und es bot sich uns dieses Bild: Rachmaninoff saß zusammengekrümmt auf einem niedrigen Sessel und klagte über Leibschmerzen. Strawinsky ging im Zimmer umher, augenscheinlich ganz vertieft in die Titel der dort aufgestellten Bücher. ›Sie lesen also Hemingway?‹, fragte er seinen Gastgeber. ›Wir haben das Haus gemietet, mitsamt den Büchern‹, grunzte Rachmaninoff. Unterdessen plauderten die beiden Damen angeregt in einer Ecke. Nach einer Weile wurden wir ins Eßzimmer gebeten. Rachmaninoff goß uns nach guter russischer Sitte Wodka aus einer Karaffe ein. Er hob ein kleines Glas und trank uns zu. Wir entgegneten mit Trinksprüchen, er wiederholte seine Geste, und alle tranken. Nach einem Weilchen leerten wir ein drittes Glas, und erst danach kam es zu einem angeregten Gespräch. Rachmaninoff aß etwas Kaviar und wandte sich an Strawinsky mit der sarkastischen Bemerkung: ›Ihr Petruschka und Ihr Feuervogel haben Ihnen doch bestimmt nie einen Pfennig Tantiemen eingebracht, was?‹ Strawinsky lief rot an und entgegnete wütend: ›Und was ist mit Ihrem Prélude in Cis und all den Konzerten, die Sie in Rußland publiziert haben, was? Sie mußten selber Konzerte geben, um sich Ihren Lebensunterhalt zu verdienen.‹

Die Damen und ich fürchteten schon, es könnte zwischen den beiden Komponisten zu einer bösartigen Auseinandersetzung kommen, doch geschah wunderbarerweise das Gegenteil. Beide Meister rechneten zusammen, welche Vermögen sie hätten verdienen können, und nach dem Essen blieben sie beieinander und fuhren fort, sich diesen Tagträumen von immensen Summen hinzugeben, die sie hätten einnehmen können. Beim Abschied gaben sie einander kräftig die Hand und versprachen, diese Begegnung fortzusetzen.«[8]

Mit der Familie Wladimir Horowitz' verkehren die Rachmaninoffs sehr häufig, und die beiden Pianisten veranstalten an diesen

Natalja Alexandrowna und Sergej Rachmaninoff in Beverly Hills ein Jahr vor seinem Tod, 1942

Abenden spontane Hauskonzerte, die den Angehörigen oder zufällig anwesenden Freunden lange im Gedächtnis haften. An einen solchen Abend, den 15. Juni 1942, erinnert sich Sergej Bertensson. Rachmaninoff und Horowitz spielten eine Mozart-Sonate, Mozarts D-Dur-Klavierkonzert und Rachmaninoffs 2. Suite. »Es ist unmöglich, meinen Eindruck dieses Ereignisses mit Worten zu beschreiben«, bemerkt Bertensson, »Ausdruckskraft und eine unerhörte Freude spürten die Zuhörer im Spiel der beiden großen Klaviervirtuosen, und jeder, der dabei war, wußte, daß er Zeitzeuge einer wahrhaft überwältigenden Kunstdarbietung geworden war.«[9]

Ende Juni kauft Rachmaninoff in Beverly Hills ein Haus am Elm Drive als künftigen festen Wohnsitz der Familie. Es ist kein Landsitz im Ausmaß von »Senar«, aber der kleine Garten, die vielen Blumen und die Orangen-, Limonen- und Nektarinenbäume erfreuen den naturliebenden Komponisten ungemein. »Ich habe in meinem Leben sechs Häuser gekauft«, schreibt Rachmaninoff einem Bekannten. »Von diesen war nur das eine in New York ein Erfolg, und ich verkaufte es zufriedenstellend. Die anderen habe ich entweder verloren, wie in Rußland, oder praktisch verloren wie in Deutschland und der Schweiz. Dieses letzte hier wird mir wahrscheinlich von den Japanern genommen werden, obwohl ich, offen gesagt, kaum glaube, daß sie hierher kommen. Wenn sie kommen, wird es nur wegen meines Hauses sein. So etwas ist Schicksal.«[10]

Am 17. und 18. Juli gastiert Rachmaninoff in der Hollywood Bowl mit einem rein russischen Programm. Das Hollywood-Bowl-Orchester begleitet ihn unter Leitung des Dirigenten Bakaleinikoff. Und wieder überfallen den Künstler die heftigen Rückenschmerzen, die Arthur Rubinstein in seinen Erinnerungen beiläufig als Leibschmerzen erwähnt. Rachmaninoff kann kaum gerade gehen und bespöttelt sich selbst als Komma in der Landschaft. »Dränge dich nicht im Alter dorthin, wo du nicht mehr hingehörst.«[11]

Trotz körperlicher Beschwerden verbringt er jede freie Minute im Garten, um wieder einmal neue Bäume zu pflanzen, wie er es bereits auf »Senar« mit Inbrunst getan hatte. Diese Pflanzungen haben für Rachmaninoff, den erdverbundenen Russen, fast symbolischen Charakter. Wo die von ihm gepflanzten Bäume Wurzeln schlagen, will auch er seine endgültige Heimstätte errichten. Und er ahnt, daß seine Tage als konzertierender Pianist gezählt sind. Denn die Erschöpfungsphasen folgen immer dichter aufeinander, er ist in ständiger ärztlicher Behandlung, da Sklerose und Bluthochdruck ein schon beunruhigendes Stadium erreicht haben. Die nächste Tournee würde wohl seine letzte sein, dann wollte er sich endgültig auf seinen Wohnsitz in Beverly Hills zurückziehen und den Rest seines Lebens nur noch mit Komposition verbringen.

Im August erreicht Rachmaninoff die Nachricht, daß Michail Fokine gestorben war. Die »Sinfonischen Tänze« hatten endgültig ihren Choreographen verloren. »Was für ein großer Kummer«, schreibt Rachmaninoff an seinen neuen Sekretär Mandrowsky, »Schaljapin, Stanislawski, Fokine – es war eine Epoche der Kunst. Nun sind alle gegangen. Und es ist keiner da, der ihren Platz einnehmen könnte. Nur trainierte Walrösser sind übrig, wie Schaljapin zu sagen pflegte.«

Als Rachmaninoff wieder Wohltätigkeitskonzerte für Rußland plant, erhält er von seinem Sekretär jetzt eine Auswahl von Zuschriften übersandt, die Rachmaninoffs Aktivitäten für Rußland kritisieren. Aber der Künstler kontert hart: »Natürlich spiele ich wieder für Rußland. Rußland jetzt zu helfen, heißt, Amerika zu helfen. Aber jeder hilft Amerika, und nur wenige helfen Rußland. Ich bin noch ein Russe, und daher ist es für mich natürlich, weiterhin für Rußland zu kämpfen.«[12]

Auch Rußland hatte ihn nicht vergessen. Bevor er zur Herbsttournee 1942 startet, liest er in russischen Zeitschriften, die er über die Botschaft in Washington erhält, daß im Moskauer Konservatorium anläßlich seines 50jährigen Künstlerjubiläums eine »Rachmaninoff-Ausstellung« organisiert worden war. Eine Fotodokumentation war seiner Ausbildungszeit gewidmet, und viele Manuskripte, Privatfotos, Notenmaterial ergänzten diese Präsentation eines russischen Künstlerlebens. Das offizielle Amerika nimmt das Künstlerjubiläum nicht zur Kenntnis, man hatte es schlicht vergessen.

Rachmaninoffs letzte Tournee beginnt zunächst erfolgversprechend. Ein Recital in Detroit am 12. Oktober 1942 ruft beim Kritiker begeisterten Zuspruch hervor: »Er scheint eher die Idee des Alters mit einer Energie und Kraft zu verteidigen, was tatsächlich unglaublich ist. Die Leichtigkeit, mit der er die technischen Anforderungen von leuchtenden Passagen in einem Lisztschen Bravourstück einbindet, ist etwas, worin man kaum seinen Ohren glauben kann.«

Über das New Yorker Recital am 7. November, dessen Reinerlös in Höhe von 4046 Dollar jetzt zu gleichen Teilen an das Rote Kreuz Amerikas und den sowjetischen Generalkonsul geht, schreibt der Rezensent: »Was mich betrifft, gefiel mir seine Transkription von Bachs E-Dur-Partita für Violine nicht. Zu viele innere Stimmen und Harmonien ... Auch schlug der Pianist zu viele falsche Töne an.« Offenkundig aber steigert sich Rachmaninoff im 2. Teil des Konzerts noch einmal in seine Höchstform. »Rachmaninoff war in Spitzenform mit zwei seiner eigenen Etüden op. 39 und einer Liszt-Gruppe. Er vollführte das ›Venedig und Neapel‹ mit all der technischen Virtuosität eines Jüngsten, der acht Stunden täglich übt, und einer Variabilität in Tonfarbe und Gesang, wie man sie nur von einem wahrhaft großen Pianisten hört.«[13]

Das Orchesterkonzert am 18. Dezember mit den New Yorker Philharmonikern unter der Leitung von Dimitri Mitropoulos ist Rachmaninoffs letzter Auftritt in New York. Er spielt seine »Paganini-Variationen«, und Mitropoulos dirigiert die »Sinfonischen Tänze«. Das Konzert erweist sich als später Triumph für den fast 70jährigen Komponisten, denn seinen »Sinfonischen Tänzen« wird jetzt eine detailliertere Einschätzung zuteil. Nach dem Konzert überraschen New Yorker Freunde den Künstler mit einer kleinen Jubiläumsfeier. Sie zumindest hatten sein 50jähriges Konzertjubiläum nicht vergessen und daher ein Abendessen im engsten Kreis arrangiert. Die Firma Steinway & Sons schenkt ihm als Dank für die vielen Jahre der ungetrübten Zusammenarbeiten einen großen Konzertflügel, der in sein kalifornisches Haus überstellt wird.

Dann legt Rachmaninoff eine sechswöchige Pause ein. Ein Pressefotograf der amerikanischen Zeitschrift *Live* nimmt während dieser Zeit in Rachmaninoffs New Yorker Wohnung eine Reihe von Privatfotos auf, die in der *Live*-Ausgabe vom 12. 4. 1943 veröffentlicht werden.

Rachmaninoff nutzt die Ruhepause zur Entspannung, und er übt nur zwei bis drei Stunden täglich, um seine Technik in der gewohnten Kondition zu halten. Doch Mitte Januar beginnt er über ungewöhnliche Müdigkeit zu klagen, Gewichtsverlust und eine fahle Gesichtsfarbe erschrecken seine Angehörigen. Als zusätzlich ein hartnäckiger Husten einsetzt, bedrängen sie ihn, die Konzerte abzusagen. Aber Rachmaninoff ist nicht gewillt, die Termine zu verschieben, sondern besteht eigensinnig darauf, pünktlich abzureisen.

Am 1. Februar 1943 erhalten die Rachmaninoffs ihre Einbürgerungspapiere als amerikanische Staatsbürger. Sie hatten sich kurz vor Rachmaninoffs 70. Geburtstag doch für diesen grundlegenden Schritt entschlossen. Der Krieg in Europa und die ungewisse Situation in Rußland verhieß ihnen keine Rückkehr mehr in ihr Stammland. Nicht zuletzt wäre auch die Rechtsfrage der nicht unerheblichen Tantiemen unklar gewesen, die Rachmaninoff jährlich aus den Schallplattenverträgen und weiteren Einkünften zog.

Termingerecht absolviert Rachmaninoff sein erstes Konzert im neuen Jahr am 3. Februar in Pennsylvania. Dann reist er weiter nach Columbus/Ohio, wo ihn bereits die alten Freunde Jewgenij und Jelena Somow erwarten. Rachmaninoff hatte ihnen zwar schon von New York aus vom Konzertbesuch abgeraten, da er befürchtete, nicht mehr gut zu spielen. Aber die Somows ließen sich durch sein pessimistisches Schreiben nicht von der Fahrt nach Columbus abbringen. Als sie Rachmaninoff während der Konzertpause in der Garderobe aufsuchen, sind sie über seinen Anblick entsetzt. Er wirkt abgemagert und leidend, und auf die Frage nach seinem Befinden, die er sonst mit einer witzigen Bemerkung wegzufegen pflegte, antwortet er jetzt bedrückt, daß ihn unentwegt Schmerzen quälten und er sich sehr schwach fühle. Jelena Somowa sucht ihn mit dem Hinweis aufzurichten, er möge doch die Konzerte endlich aufgeben und sich nur noch der Komposition widmen. Aber Rachmaninoff schüttelt nur resignativ den Kopf. Woher sollte er die Kraft und das Feuer finden, wenn er für diese Tätigkeit bereits zu müde sei. Als sie ihn an die Inspiration der »Sinfonischen Tänze« gemahnt, entgegnet Rachmaninoff, er wüßte selbst nicht, wie das geschah. Es war vermutlich sein letzter Funken.

Das nächste Konzert in Cleveland sagt Rachmaninoff ab. Dafür reist er direkt nach Chicago. Am 11. und 12. Februar 1943 spielt er dort das 1. Beethoven-Konzert und seine »Paganini-Rhapsodie« – das Abschiedsprogramm von Luzern. Mit stehenden Ovationen feiert ihn das Chicagoer Publikum, denn Rachmaninoff hatte noch einmal Meisterleistungen der Interpretation geliefert.

Nach dem Konzert will Rachmaninoff drei Tage in Chicago bleiben. Doch bereits am ersten Tag klagt er über wachsende Schmerzen im Rücken. Ein ins Hotel gerufener Arzt diagnostiziert eine leichte Rippenfellentzündung und Neuralgie. Er gibt dem Künstler den dringenden Rat, sobald wie möglich zurück in das warme Kalifornien zu reisen, und sich dort viel in der Sonne aufzuhalten. Ein letztes Mal rafft sich Rachmaninoff auf und reist mit seiner Frau weiter nach Louisville. Völlig geschwächt gibt er dort am 15. Februar sein Recital. Als ihn jetzt alle bedrängen, das nächste Konzert abzusagen, hält er entgegen, daß er die Veranstalter von Knoxville schon einmal mit einer Terminverschiebung enttäuscht habe und nur noch diesen einen Termin einzuhalten gedenke.

Das Recital in Knoxville am 17. Februar 1943 ist Rachmaninoffs letzter Klavierabend. Er spielt Bachs Englische Suite a-moll, Schumanns »Papillons«, Chopins b-moll-Sonate, die Chopin-Etüden op. 10 E-Dur und op. 25 e-moll, seine eigenen Etudes tableaux a-moll und h-moll op. 39, zwei Wagner-Bearbeitungen und zwei Liszt-Etüden. Die Anwesenden ahnen kaum, unter welch bohrenden Schmerzen der Künstler das Recital durchsteht. Auf der Fahrt zu seinem nächsten Termin fühlt sich Rachmaninoff bereits so elend, daß er mit seiner Frau den Zug bei Atlanta verläßt. Von dort wird das Konzert in Florida endgültig abgesagt, und beide fahren direkt nach New Orleans. Trotz der eingelegten Ruhetage verschlechtert sich Rachmaninoffs Befinden rapide, der quälende Husten wird stärker, und die Schmerzen im Rücken und in der Seite lähmen seine Bewegungsfähigkeit derart, daß er nicht mehr stehen, sitzen oder liegen kann. Natalja Alexandrowna ist verzweifelt. Sie sagt alle weiteren Konzerte der Tournee ab. Drei unsäglich lange Tage warten sie in New Orleans, bis der Tourneebegleiter endlich zwei Zugreservierungen für Kalifornien organisieren kann. Durch den Krieg sind alle Zugverbindungen vorrangig für Truppenbewegungen und Hilfsgütertransporte reserviert. Die Bahnfahrt von

New Orleans nach Los Angeles dauert 60 Stunden. Für die zu Tode erschrockene Natalja und den schwerkranken Rachmaninoff dehnen sich diese Stunden zur Ewigkeit.

Am Bahnhof von Los Angeles wartet schon eine Ambulanz, und Fedja Schaljapin geleitet zusammen mit Ärzten und Krankenpflegern den völlig Erschöpften ins Krankenhaus. Dr. Alexander Golyzin, Rachmaninoffs engster Vertrauter, ein ehemaliger Arzt der Moskauer Universitätsklinik, stellt eine Lungen- und Rippenfellentzündung fest. Zur Beobachtung behält er Rachmaninoff noch für weitere Tage in der Klinik. Als er jedoch sieht, daß sich der Zustand des Künstlers nicht bessert und der Patient in tiefe Depressionen verfällt, beschließt Golyzin, am 2. März Rachmaninoff nach Hause zu seinen Angehörigen zu entlassen. Die nächsten Verwandten waren inzwischen ebenfalls eingetroffen: Irina Wolkonsky aus New York und Sofja Satina aus Massachusetts, die dort in einem wissenschaftlichen Institut als Biologin arbeitet.

Zur Pflege hatte man eine russische Krankenschwester, Olga Mordowskaja, engagiert. Während der ersten Wochen scheint sich Rachmaninoffs Befinden zu stabilisieren. Er zeigt an vielen Dingen Interesse, erkundigt sich nach dem Zustand seines Gartens und hört täglich den Moskauer Rundfunksender. Obwohl er wachsende Schmerzen im Arm verspürt, setzt er sogar im Krankenbett seine Handgelenk- und Fingerübungen für ein künftiges Klavierspiel fort. Dann aber zeigen sich an seinem Körper Schwellungen, sein Appetit läßt spürbar nach. Mitte März zieht Dr. Golyzin einen Chirurgen des Krankenhauses zu Rate. Ein kleiner operativer Eingriff bestätigt Golyzins Befürchtungen: Rachmaninoff ist unheilbar an Krebs erkrankt. Weitere Operationen sind nicht mehr möglich.

Nachdem die Familie in Kenntnis gesetzt ist, sind alle ängstlich bemüht, die schreckliche Wahrheit vor Rachmaninoff zu verbergen. Frau und Tochter sind jetzt ständig in seiner Nähe. Sie lesen ihm aus der amerikanischen Presse vor und beantworten seine Fragen nach der Lage an der russischen Front. Nur noch wenige Freunde wie Fedja Schaljapin werden zu ihm gelassen, da die Krankheit jetzt rapide voranschreitet. Rachmaninoff erhält in seinen letzten Tagen Morphium und verliert für lange Zeiträume das Bewußtsein. Natalja Alexandrowna ist fest überzeugt, daß er in diesen letzten Tagen die Nähe des ein Leben lang so gefürchteten Todes spürt und ihn jetzt sogar herbeisehnt.

Ein Glückwunschtelegramm des sowjetischen Komponistenverbandes Moskau vom 22. März 1943, worin ihm Glier, Mjaskowski, Prokofjew, Schostakowitsch, Chatschaturjan, Kabalewski, Chrennikow und weitere Repräsentanten des öffentlichen Lebens als großen russischen Komponisten, Pianisten, Dirigenten und Patrioten feiern, erreicht Sergej Rachmaninoff nicht mehr. Er stirbt kurz vor Vollendung seines 70. Lebensjahres in der ersten Morgenstunde des 28. März 1943.

Am selben Abend wird in der kleinen Kirche bei Los Angeles die russisch-orthodoxe Totenmesse gelesen, und ein Kosakenchor intoniert das russische »Herr, erbarme dich«. Der Verstorbene ist in einem Zinksarg aufgebahrt, denn laut Testament sollten seine sterblichen Überreste nach Rußland überführt werden. Als letzte Ruhestätte hatte sich der Künstler den Moskauer Friedhof Nowo Djewitschi auserkoren – ein Grab in der Nähe Alexander Skrjabins und Anton Tschechows.

Dennoch findet unter großer Anteilnahme der Öffentlichkeit die offizielle Beisetzung Rachmaninoffs am 1. Juni 1943 auf dem Friedhof von Kensico in der Nähe New Yorks statt. Vertreter der amerikanischen und sowjetischen Regierung erweisen ihm die letzte Ehre. Die testamentarisch verfügte Überführung nach Moskau ist dem amerikanischen Staatsbürger Sergej Rachmaninoff verwehrt. Über den Tod hinaus bleibt dem »Künstler zwischen zwei Welten« die Heimat unerreichbar. Seinen kompositorischen Nachlaß betreuen gleichermaßen das Staatlich-Zentrale Glinka-Museum als auch die Kongreßbibliothek in Washington.

»Wann immer eine große Persönlichkeit von der Bühne des Lebens abtritt, gibt es eine Tendenz, sie auch als Ende eines Kapitels zu beschreiben, als letzten eines Stammbaums, den sie schmückte.

Als Rachmaninoff starb, sprachen nicht wenige Nachrufe von ihm als dem letzten Romantiker. Jedoch scheint uns heute der Tod Rachmaninoffs irgendwie einen deutlichen Bruch mit der Vergangenheit zu versinnbildlichen, aber nicht nur einen Bruch mit der musikalischen Vergangenheit. Denn er ist verknüpft mit einer Gesellschaft, die allmählich untergeht ...

Er war ein reicher und erfinderischer Melodiker, ebenso sinnlich wie Tschaikowski selbst, aber weniger glühend aufgrund seines umwölkten Temperaments, das weit mehr der elegischen Muse zugeneigt war. Der Fluß seiner lieblichen Melodik, unterstützt von einer glänzenden Beherrschung der pianistischen Mittel wird immer Rachmaninoffs wesentlichster und charakteristischer Beitrag zur Musik seiner Zeit sein.«[14]

Das Grab Rachmaninoffs auf dem Friedhof von Kensico bei New York

Epilog

Sergej Rachmaninoff hat der Nachwelt ein pianistisches Vermächtnis hinterlassen, das mehr als 250 Schellackplatten umfaßt. Es dokumentiert den Künstler – von frühen Extravaganzen des Jahres 1919 abgesehen – als einen Interpreten, der die kompliziertesten Werke transparent und bis ins Detail logisch strukturiert darbietet. Trotz überragender technischer Fähigkeiten spielt er ohne Effekte selbstbeherrscht, fast puritanisch. In einer Zeit der spektakulären Tastentitanen wirkt Rachmaninoffs Spiel eher kühl und sehr modern. Sein Ruf als einer der großen Pianisten des 20. Jahrhunderts ist unumstritten.

Um so widersprüchlicher gestaltet sich bis zum heutigen Tage die Rezeptionsgeschichte seines kompositorischen Œuvres. Obwohl stets im Konzertrepertoire präsent, gibt es kaum einen Komponisten, dem so unverhältnismäßig wenig musikwissenschaftliche Beachtung zuteil wurde – allzumal in Deutschland. Die Klavierkompositionen sind seit jeher fester Bestandteil der Klavierabende, fast jeder Konzertpianist spielt Rachmaninoffs 2. oder 3. Klavierkonzert, immer häufiger erscheint die 2. Sinfonie auf den Programmen der Sinfonischen Konzerte, und sogar die Opern[1] und Chorwerke werden aufgeführt. Und dennoch flüchtet sich die Fachkritik weiterhin in defensive Allegorien. »Mütterchen Rußlands gesammelter Weltschmerz«, »Breitwandspektakel in Rußlands unendlichen Weiten mit stolzen Bojaren, keuchenden Muschiks und wilden Tataren« und »Ehrenrettung für Rachmaninoff«[2] heißt es da – aber wovor und wohin? »Rehabilitierung eines geschmähten Komponisten«, »Schluß mit den dümmlichen Rachmaninoff-Vorurteilen« und »Demontage eines Klischees«.[3] Die seriöse Musikkritik tut sich offenkundig schwer, wenn sie werten soll, was sie nicht einordnen kann.

Rachmaninoffs größte ›Schuld‹ liegt darin, daß er zu einer Zeit geboren wurde, in der Mode und musikalischer Fortschritt die Menschen dazu verleiteten, herausragende Novität zu suchen. Er war immer ein Repräsentant alter Musik, und die Vorkämpfer der neuen Kunst betrachteten ihn als lebendigen Leichnam. Und so verwundert nicht, daß Richard Strauss seine Musik als »gefühlvolle Jauche« bezeichnete und Aaron Copland frei nach Tolstoi resignierte: »All diese Noten – wozu?«

Endgültig zum Verhängnis aber wurde Rachmaninoff die Schar seiner Epigonen, die unbeschwert aus dem Born seiner Melodien schöpfte. Und hier sprudelt ein nie versiegender Liederquell. Sentimental sind Rachmaninoffs Melodien nicht. Aber sie werden sentimental durch larmoyante Interpretation und durch vordergründige Adaption stilistischer Tricks.

Daher gerät der Begriff »Rachmaninoff« immer mehr zur Inkarnation einer beliebig interpretierbaren russischen Gefühlswelt. Persönlichkeit und Werk drohen hinter dieser übermächtigen Präsenz zu verblassen, und die Legendenbildung setzt ein.

So schuf der französische Regisseur Roger Hanin 1981 die Filmelegie »Sergej Rachmaninoff – Lebensbilder eines Komponisten«. Der sowjetische Bestsellerautor Jurij Nagibin kreierte 1983 die in der »Sowjetskaja Musyka« heftig umstrittene, amouröse Kitschnovelle »Flieder«,[4] eine Love Story zwischen Serjosha Rachmaninoff und Verotschka Skalon. Und jüngst erst – 1990 – produzierten Robert Wright und George Forrest in Massachusetts/USA ihr neues Musical »The Anastasia Affair« mit der Musik Sergej Rachmaninoffs.

Rachmaninoff zu entdecken, bedeutet daher auch, gegen eine Legende zu kämpfen. Der Komponist hat weder Form noch Harmonik des 20. Jahrhunderts revolutioniert. Aber seine ungeheure Erfindungskraft, seine suggestiven Klangvorstellungen und die Begabung, unendliche Varianten eines Themas zu ersinnen, verleihen ihm eine persönliche, starke Identität und einen bedeutenden Stellenwert in seiner wie in heutiger Zeit.

Rachmaninoff ist Spätromantiker, Impressionist, Expressionist und Klassizist. Er ist Bindeglied zwischen Tschaikowski, den Petersburger Kutschkisten und Prokofjew als Kopf der sowjetischen Avantgarde. Er ist Sprachrohr der einen und Vorbote der anderen. Auch übte er einen starken Einfluß auf die Entwicklung sowjetischer Nationalkulturen aus. Der sowjetischen Musikologie zufolge litten Armeniens und Aserbaidschans Komponisten besonders in den vierziger Jahren unter einer regelrechten »Rachmanisazija«, einem »Rachmaninoff-Komplex«, in ihren Werken. Die »frühlingshafte« Erneuerung, das romantische Pathos und eine gewaltige Dynamik wirkten ungeheuer stimulierend auf die Tonschöpfer der neuen heroischen Volkskultur.

In der Sowjetunion heute hat Rachmaninoff seinen unumstrittenen Platz in der Reihe der großen russischen Komponisten. Glanz und Unstimmigkeiten in seinem Werk werden ideologisch interpretiert und den historischen Prozessen mühelos angepaßt.

Anders in den angelsächsischen Ländern. Hier begegnet die russische Musikkultur im amerikanischen Exil einem spontanen Musikverständnis, das Rachmaninoffs Werke frei von Ideologielastigkeit und falsch verstandenem Musikintellektualismus vorurteilslos akzeptiert.

Nur die gründliche Auseinandersetzung mit seinem Gesamtwerk, seinen weniger bekannten Klavierkompositionen, seinen Sinfonien, Sinfonischen Dichtungen, Chorwerken, Opern und großen Liederzyklen kann die Tür zu einer neuen Rachmaninoff-Rezeption und Wertung seiner Künstlerpersönlichkeit öffnen.

Anhang

Anmerkungen

Teil 1
Rußland

Kindheit und Jugend *(1873–1892)*

1 Richard Pipes: Rußland vor der Revolution. München 1977, S. 195.
2 In einem Brief vom 14. September 1896 an A. Zatajewitsch gibt Rachmaninoff als seinen Geburtsort Oneg an. Das führte zu langjährigen Mißverständnissen.
3 Über seine Studienzeit bei Franz Liszt berichtet Siloti in der autobiographischen Skizze »Meine Erinnerungen an Franz Liszt« in: Zeitschrift der Internationalen Musikgesellschaft, Heft 10/11, 1913.
4 O. J. Sokolowa: Sergej Wassiljewitsch Rachmaninow. Moskau 1987, S. 13.
5 Sergei Bertensson und Jay Leyda: Sergei Rachmaninoff. A Lifetime in Music. London 1965, S. 11: »Dictated Reminiscences« 1931, im folgenden: Bertensson/Leyda.
6 Matwej Presman: Ein kleiner Winkel des musikalischen Moskau der achtziger Jahre. In: S. Apetjan (Hrsg.), Erinnerungen an Rachmaninow (russ.). 5., erw. Aufl., Moskau 1988, Bd. 1, S. 150, im folgenden: Apetjan, Erinnerungen.
7 Rachmaninoff in Oskar von Riesemann: Rachmaninoff's Recollections, told to Oskar von Riesemann. New York 1934, S. 47f., im folgenden: Riesemann.
8 Riesemann, S. 51f.
9 Apetjan, Erinnerungen, Bd. 1, S. 156.
10 A. Alexejew: Russische Klaviermusik Ende des 19./Anfang des 20. Jahrhunderts. Moskau 1969, S. 113.
11 Robert Threlfall/Geoffrey Norris: A Catalogue of the Compositions of S. Rachmaninoff. London 1981, S. 162.
12 Riesemann, S. 57ff.
13 Apetjan, Erinnerungen, Bd. 1, S. 220ff.
14 Leonid Sabanejew: Modern Russian Composers. New York 1927, S. 103–120.
15 Apetjan, Erinnerungen, Bd. 1, S. 227f.
16 Bertensson/Leyda, S. 25.
17 Bertensson/Leyda, S. 31f.

18 S. W. Rachmaninoff: Briefe (Hrsg. Apetjan). Moskau 1955, S. 39, im folgenden: Rachmaninoff-Briefe.
19 Rachmaninoff-Briefe, S. 40, Fußnote 4.
20 Rachmaninoff-Briefe, S. 42.
21 Rachmaninoff-Briefe, S. 53f.
22 Siehe dazu: F. Butzbach: Studien zum Klavierkonzert Nr. 1 op. 1 von S. V. Rachmaninov. Regensburg 1979 und Geoffrey Norris: Rakhmaninov's Second Thoughts, in: The Musical Times, 1973, 64.
23 Rachmaninoff-Briefe, S. 46.
24 Rachmaninoff-Briefe, S. 46.
25 Juri Keldysch: Rachmaninoff und seine Zeit. Moskau 1973, S. 62, im folgenden: Keldysch.
26 Rachmaninoff-Briefe, S. 62f.
27 Bertensson/Leyda, S. 43.
28 Rachmaninoff-Briefe, S. 64, Anm. 2.
29 Bertensson/Leyda, S. 44.

Anerkennung und Rückschläge *(1892–1897)*

1 Apetjan, Erinnerungen, Bd. 1, S. 218.
2 Bertensson/Leyda, S. 253.
3 Bertensson/Leyda, S. 296.
4 Patrick Piggot: Rachmaninov. London 1978, S. 30.
5 Zit. nach: Viktor Seroff: Rachmaninoff. London 1951, S. 45f.
6 Alexejew, Russische Klaviermusik, S. 120.
7 Sowjetskaja Musyka 1973, Nr. 4, S. 96.
8 Rachmaninoff-Briefe, S. 81.
9 Apetjan, Erinnerungen, Bd. 1, S. 218.
10 Apetjan, Erinnerungen, Bd. 1, S. 224.
11 Rachmaninoff-Briefe, S. 87f.
12 Zit. nach: Geoffrey Norris, Rachmaninoff. London 1976, S. 135.
13 Zit. nach: Bertensson/Leyda, S. 54f.
14 Bertensson/Leyda, S. 184.
15 Eine umfangreiche Faktensammlung zum Thema »Glockenläuten« enthält das Buch »Geschichte der Glocken und Glockenkunst« von N. Olowjanischnikow. 2., erg. Aufl., Moskau 1912. Die Bibliographie nennt insgesamt 250 Titel.
16 Zit. nach: Bertensson/Leyda, S. 60.
17 Zit. nach: Bertensson/Leyda, S. 61.
18 Vgl. dazu: Edward Garden: Tschaikowsky. Leben und Werk. Stuttgart 1986,S. 206.
19 Rachmaninoff-Briefe, S. 106.
20 Sowjetskaja Musyka 1987, Nr. 3, S. 106.
21 Apetjan, Erinnerungen, Bd. 1, S. 349.
22 Riesemann, S. 94.
23 Aus einem Interview mit Frederic Martens in: The Musical Observer, New York, April 1921. Zit. nach: Sowjetskaja Musyka 1974, Nr. 4, S. 96.

24 Apetjan, Erinnerungen, Bd. 1, S. 331.
25 Apetjan, Erinnerungen, Bd. 2, S. 508, Anm. 1 (Brief vom 30. November 1965).
26 Keldysch, S. 142.
27 Bertensson/Leyda, S. 70.
28 Bertensson/Leyda, S. 70.
29 Keldysch, S. 94, Fußnote 63.
30 Rachmaninoff-Briefe, S. 126.
31 Zit. nach: Keldysch, S. 99.
32 Rachmaninoff-Briefe, S. 134.
33 Zit. nach: W. A. Wassina-Grossmann: Die russische klassische Romanze des 19. Jahrhundertes. Moskau 1956, S. 313.
34 Norris, Rakhmaninov's Second Thoughts, in: The Musical Time, S. 25.
35 Cesar Cui in: Neuigkeiten und Börsenzeitung vom 17.3.1897, zit. nach: Norris, Rakhmaninov's ..., in: ebda., S. 101.
36 Keldysch, S. 103.
37 Bertensson/Leyda, S. 72.
38 N. Rimski-Korsakow: Chronik meines musikalischen Lebens. Berlin/Leipzig 1928, S. 211f.
39 Apetjan, Erinnerungen, Bd. 1, S. 429.
40 Apetjan, Erinnerungen, Bd. 1, S. 242.
41 Rachmaninoff-Briefe, S. 143.
42 S. Rachmaninoffs literarisches Erbe (Hrsg. Apetjan). Bd. 2, Moskau 1980, S. 101.
43 Bertensson/Leyda, S. 75.
44 Bertensson/Leyda, S. 75.

Krisenjahre *(1897–1900)*

1 R. Buckle: Djaghilew. Herford 1984, S. 38.
2 Grigori Sternin: Das Kunstleben Rußlands an der Jahrhundertwende. Dresden 1976, S. 232, Anm. 7.
3 Ebda.
4 Keldysch, S. 152f.
5 Rachmaninoff-Briefe, S. 154f.
6 Bertensson/Leyda, S. 80f.
7 J. F. Kunin: Nikolai A. Rimski-Korsakow. Berlin 1981, S. 99.
8 Zit. nach: Bertensson/Leyda, S. 78.
9 Maxim Gorki: Mein Freund Fjodor. Tübingen 1960, S. 163f.
10 Bertensson/Leyda, S. 83.
11 P. Urban (Hrsg.): Tschechow-Chronik. Zürich 1981, S. 267.
12 E. Wolfheim: Anton Tschechow. Hamburg 1982, S. 120.
13 Rachmaninoff-Briefe, S. 253.
14 Apetjan, Erinnerungen, Bd. 1, S. 290f.
15 Apetjan, Erinnerungen, Bd. 1, S. 310.
16 Rachmaninoff-Briefe, S. 293.
17 Bertensson/Leyda, S. 88.

18 Bertensson/Leyda, S. 89.
19 Maria Deppermann: Rußland um 1900, in: Musikkonzepte 37/38. Skrjabin und die Skrjabinisten. München 1984, S. 81.
20 Zit. nach: Dorothee Eberlein: Russische Musikanschauung um 1900. Regensburg 1978, S. 62.
21 Ebda., S. 89.
22 Ebda., S. 64.
23 J. F. Kunin (Hrsg.): Mit den Augen eines Zeitgenossen. Moskau 1971, S. 76–78.
24 Zit. nach: Riesemann, S. 182.

Die »Kunst der Stimmung« und die Revolution von 1905 *(1900–1906)*

1 Rachmaninoff-Briefe, S. 185.
2 Rachmaninoff-Briefe, S. 187.
3 Rachmaninoff-Briefe, S. 189.
4 Bertensson/Leyda, S. 94f.
5 Keldysch, S. 173.
6 Rachmaninoff-Briefe, S. 202.
7 Sternin, Das Kunstleben Rußlands zu Beginn des zwanzigsten Jahrhunderts. Dresden 1980, S. 44.
8 Apetjan, Erinnerungen, Bd. 2, S. 64f.
9 Keldysch, S. 201.
10 Rachmaninoff-Briefe, S. 209.
11 Wassina-Grossmann, Die russische klassische Romanze, S. 329.
12 Bertensson/Leyda, S. 97f.
13 Apetjan, Bd. 2, S. 292.
14 Rachmaninoff-Briefe, S. 212.
15 Sternin, Das Kunstleben Rußlands, Dresden 1980, S. 237.
16 Apetjan, Bd. 2, S. 11f.
17 Apetjan, Bd. 2, S. 64.
18 Apetjan, Bd. 2, S. 292.
19 Keldysch, S. 202.
20 Apetjan, Bd. 1, S. 354ff.
21 Keldysch, S. 211.
22 Keldysch, S. 210.
23 Kunin, Mit den Augen eines Zeitgenossen, S. 136f.
24 Ebda.
25 Bertensson/Leyda, S. 107.
26 Bertensson/Leyda, S. 108.
27 Vgl. Mark K. Kaswinow: Rußlands letzter Zar. Berlin 1988, S. 214.
28 Sternin, Das Kunstleben Rußlands, Dresden 1980, S. 82f.
29 Ebda., S. 249.
30 Kunin, Mit den Augen eines Zeitgenossen, S. 485ff.
31 Ebda., S. 486.

32 Sternin, Das Kunstleben Rußlands, Dresden 1980, S. 486.
33 Prokofjew über Prokofjew. München 1981, S. 180.
34 Ebda., S. 199.
35 Sternin, Das Kunstleben Rußlands, Dresden 1980, S. 84f.
36 Ebda., S. 103f.
37 Bertensson/Leyda, S. 113.
38 Riesemann, S. 127.
39 Rimski-Korsakow, Chronik meines musikalischen Lebens, S. 290f.
40 Sternin, Das Kunstleben ..., Dresden 1980, S. 254.
41 Riesemann, S. 122f.
42 Zit. nach: Keldysch, S. 230.
43 Keldysch, S. 221ff.
44 Bertensson/Leyda, S. 109f.
45 Modest Mussorgski. Briefe. Leipzig 1984, S. 67 (Brief vom 30. Juli 1868).
46 Riesemann, S. 146f.

Dresden – Paris – New York – Moskau *(1906–1910)*

1 Rachmaninoff-Briefe, S. 275f.
2 Rachmaninoff-Briefe, S. 280.
3 Rachmaninoff-Briefe, S. 281.
4 Rachmaninoff-Briefe, S. 290 (Brief vom 2. August 1906).
5 Rachmaninoff-Briefe, S. 293.
6 Rachmaninoff-Briefe, S. 297f.
7 Rachmaninoff-Briefe, S. 299f.
8 Rachmaninoff-Briefe, S. 296.
9 Rachmaninoff-Briefe, S. 304f.
10 Rachmaninoff-Briefe, S. 322, Anm. 1.
11 Rachmaninoff-Briefe, S. 307.
12 Rachmaninoff-Briefe, S. 308f.
13 Rachmaninoff-Briefe, S. 321.
14 Rachmaninoff-Briefe, S. 322, Anm. 6.
15 Rachmaninoff-Briefe, S. 317ff.
16 Buckle, Djaghilew, S. 94f.
17 Ebda., S. 96.
18 Ebda., S. 97.
19 Ebda.
20 Keldysch, S. 281.
21 Keldysch, S. 281.
22 Arthur Rubinstein: Erinnerungen. Frankfurt a.M. 1973, S. 263. – Hier irrt Rubinstein, denn Siloti spielte das Konzert bereits 1902 in England.
23 Rachmaninoff-Briefe, S. 333f.
24 Rachmaninoff-Briefe, S. 336f.
25 Keldysch, S. 284.
26 Apetjan, Erinnerungen, Bd. 1, S. 402.
27 Kunin, Mit den Augen eines Zeitgenossen, S. 207f.
28 Ebda.

29 Rachmaninoff-Briefe, S. 329.
30 Bertensson/Leyda, S. 152.
31 Arthur Rubinstein, Mein glückliches Leben. Frankfurt 1980, S. 119.
32 Rachmaninoff-Briefe, S. 361.
33 Keldysch, S. 291.
34 Kunin, Mit den Augen eines Zeitgenossen, S. 240.
35 Rachmaninoff-Briefe, S. 368.
36 Bertensson/Leyda, S. 156.
37 W. Reich (Hrsg.): Prokofjew. Aus meinem Leben. Zürich 1962, S. 36.
38 Rachmaninoff-Briefe, S. 367.
39 Apetjan, Erinnerungen, Bd. 1, S. 366f.
40 Bertensson/Leyda, S. 161ff.
41 Seroff, Rachmaninoff, S. 113.
42 Riesemann, S. 158f.
43 Bertensson/Leyda, S. 164.
44 Bertensson/Leyda, S. 165.
45 Rachmaninoff an Yasser am 30. April 1935, zit. nach: J. Yasser: The Opening Theme of Rachmaninoff's Third Piano Concert and its Liturgical Prototype. In: Musical Quarterly, 55, New York, July 1969, S. 325f.
46 Keldysch, S. 297.

Der Dirigent und Pianist als Moskauer Idol *(1910–1914)*

1 Rachmaninoff-Briefe, S. 395.
2 Rachmaninoff-Briefe, S. 395.
3 Kunin, Mit den Augen eines Zeitgenossen, S. 332.
4 Bertensson/Leyda, S. 170f.
5 Rachmaninoff-Briefe, S. 400.
6 Bertensson/Leyda, S. 172.
7 Apetjan, Erinnerungen, Bd. 1, S. 373f.
8 Seroff, Rachmaninoff, S. 149.
9 Keldysch, S. 359.
10 Wjatscheslaw G. Karatygin: Leben, Tätigkeit ... Leningrad 1927, S. 204.
11 Vgl. D. Gojowy: Die 12 Töne um 1912. In: Musica, V, 1982.
12 D. Eberlein: Russische Musikanschauung um 1900. Regensburg 1978, S. 109.
13 Seroff, Rachmaninoff, S. 147.
14 Pamela Wilder: Etudes tableaux op. 33 (Diss.). Alabama 1988, S. 46.
15 Vgl. Ernö Lendvai: Einführung in die Formen- und Harmoniewelt Bartoks. In: Bence Szabolsci: Bela Bartok. Kassel 1972, S. 117ff.
16 Keldysch, S. 39.
17 Apetjan, Erinnerungen, Bd. 2, S.155f.
18 Seroff, Rachmaninoff, S. 117.
19 Rachmaninoff-Briefe, S. 420.
20 Rachmaninoff-Briefe, S. 427.
21 Rachmaninoff-Briefe, S. 556.

22 Ferruccio Busoni: Offener Musikbrief an die Herausgeber der Musikzeitschrift »Melos« vom 17. Januar 1922. In: Wesen und Einheit der Musik (Hrsg. J. Herrmann). Berlin 1956, S. 41, 42 und 51.
23 Albrecht Dümling im Gespräch mit Mikis Theodorakis, in: Der Tagesspiegel. Berlin, 7.2.1988.
24 Zeitschrift der Internationalen Musikgesellschaft, 1, 2. Jg., 1900, S. 9.
25 Alexander Skrjabin. Briefe (Hrsg. M. Druskin). Leipzig 1988, S. 323.
26 Apetjan, Erinnerungen, Bd. 1, S. 349.
27 Bertensson/Leyda, S. 182.
28 Apetjan, Bd. 1, S. 402.
29 Rachmaninoff-Briefe, S. 434.
30 Riesemann, S. 170f.
31 Riesemann, S. 171.
32 Das »Russische Wort«, 9.2.1914, zit. nach: Keldysch, S. 356.
33 Norris, Rakhmaninov's Second Thoughts, in: The Musical Times, 64. Jg., 1973, S. 366.

Auf verlorenem Posten *(1914–1917)*

1 Rachmaninoff-Briefe, S. 449f.
2 Riesemann, S. 178f.
3 Sergej Prokofjew: Aus meinem Leben (Hrsg. W. Reich). Zürich 1962, S. 50.
4 Nicolas Nabokov: Zwei rechte Schuhe. München 1975, S. 194.
5 Ebda., S. 195.
6 Bertensson/Leyda, S. 195.
7 Wesen und Einheit der Musik, S. 186.
8 Prokofjew, Aus meinem Leben, S. 54.
9 Apetjan, Erinnerungen, Bd. 1, S. 376.
10 Prokofjew, Aus meinem Leben, S. 54.
11 I. Nestjew: Prokofjew. Berlin 1962, S. 126.
12 Prokofjew, Aus meinem Leben, S. 59.
13 Konstantin Stanislawski. Briefe 1886–1938 (Hrsg. Hellmich). Berlin 1975, S. 427.
14 Rachmaninoff-Briefe, S. 427.
15 Riesemann, S. 237.
16 Keldysch, S. 408.
17 Bertensson/Leyda, S. 202.
18 Rachmaninoff-Briefe, S. 471.
19 Rachmaninoff-Briefe, S. 437.
20 Apetjan, Erinnerungen, Bd. 2, S. 154f.
21 John Reed: Zehn Tage, die die Welt erschütterten. Berlin 1963, S. 153f.
22 Ebda., S. 164.
23 Richard Coolidge: Architectonic Technique and Innovation in the Rakhmaninov Piano Concerts, in: The Music Review, London, Vol. 40, Nr. 2, May 1979, S. 182.
24 Marina Zwetajewa: Das Haus am alten Pimen. Leipzig 1989, S. 69.

Teil 2
Amerika

Karriere im Exil *(1917–1922)*

1 Upton Sinclair: Petroleum. Berlin 1927, S. 274f.
2 Nestjew, Prokofjew, S. 168.
3 Prokofjew, Aus meinem Leben, S. 70.
4 Rubinstein, Erinnerungen, S. 226f.
5 Bertensson/Leyda, S. 215.
6 Bertensson/Leyda, S. S. 217.
7 Bertensson/Leyda, S. 218.
8 Bertensson/Leyda, S. 219.
9 Bertensson/Leyda, S. 221.
10 Bertensson/Leyda, S. 221.
11 Rachmaninoffs literarisches Erbe, S. 110, Nr. 565.
12 Vgl. Karl Schlögel: Jenseits des Großen Oktober. Berlin 1988, S. 438f.
13 Zwetajewa, Das Haus am Alten Pimen, S. 77.
14 Nikolaj Medtner. Aufsätze. Materialien, Erinnerungen (Hrsg. Apetjan). Moskau 1981, S. 215.
15 Rachmaninoffs literarisches Erbe, S. 116 (Brief vom 29. Oktober 1921).
16 Ebda., S. 118f. (Brief vom 28. Dezember 1921).

Blick nach Europa *(1922–1930)*

1 Rachmaninoffs literarisches Erbe, S. 128.
2 Boris Schwarz: Musikleben in der Sowjetunion. WHV 1982, S. 149–159.
3 Am Flügel: Hubert Giesen. Lebenserinnerungen. Frankfurt a.M. 1972, S. 126f.
4 Rachmaninoffs literarisches Erbe, S. 130.
5 Ebda.
6 Stanislawski, Briefe, S. 482.
7 Stanislawski, Briefe, S. 485.
8 Ebda., S. 486.
9 Rachmaninoffs literarisches Erbe, S. 441.
10 Ebda., S. 139f.
11 Ebda., S. 142.
12 Ebda., S. 451.
13 Medtner, Erinnerungen ..., S. 217.
14 Rachmaninoffs literarisches Erbe, S. 184f.
15 Ebda., S. 186.
16 Ebda., S. 188.
17 Michael Heller/Alexander Nekrich: Geschichte der Sowjetunion. Teil 1, Königstein/Taunus 1981, S. 303.
18 Rachmaninoffs literarisches Erbe, S. 197f.

19 Rachmaninoff-Briefe, S. 512.
20 Rachmaninoffs literarisches Erbe, S. 207.
21 Ebda., S. 235f.
22 Ebda., S. 241.
23 Vgl. Andrej Maurois: Geschichte der USA von Wilson bis Kennedy. Hamburg 1965.
24 Rachmaninoffs literarisches Erbe, S. 227f.
25 Seroff, Rachmaninoff, S. 176f.

Schweizer Refugium *(1930–1939)*

1 Seroff, Rachmaninoff, S. 178.
2 Riesemann, S. 201–204.
3 Bertensson/Leyda, S. 274.
4 Rachmaninoffs literarisches Erbe, S. 308f.
5 Rachmaninoff-Briefe, S. 310f.
6 Rachmaninoffs literarisches Erbe, S. 321.
7 Rubinstein, Mein glückliches Leben, S. 501.
8 Rachmaninoffs literarisches Erbe, S. 326.
9 Rachmaninoff-Briefe, S. 327f.
10 Rachmaninoffs literarisches Erbe, S. 341.
11 Bertensson/Leyda, S. 298.
12 Bertensson/Leyda, S. 295.
13 Bertensson/Leyda, S. 302.
14 Bertensson/Leyda, S. 303.
15 Musa i Moda. Paris 1935. Die Verteidigung der Grundlagen musikalischer Kunst. Engl. v. Alfred Swan: The Muse and the Fashion. London 1951.
16 Rachmaninoff-Briefe, S. 532.
17 Zit. nach: Seroff, Rachmaninoff, S. 197f.
18 Rachmaninoff-Briefe, S. 540f.
19 Bertensson/Leyda, S. 332.
20 Bertensson/Leyda, S. 332.
21 Rachmaninoff-Briefe, S. 542 (Brief vom 29. August 1937).
22 Bertensson/Leyda, S. 346.
23 Bertensson/Leyda, S. 348–351.
24 Rachmaninoff-Briefe, S. 546f.

Letzte Jahre *(1939–1943)*

1 Otto Friedrich: Markt der schönen Lügen. Köln 1988, S. 37.
2 Ebda., S. 74.
3 Ebda., S. 76.
4 Bertensson/Leyda, S. 364f.
5 Nicolas Slonimsky: Music since 1900. New York 1971, S. 717.

6 Bertensson/Leyda, S. 368f.
7 Rubinstein, Mein glückliches Leben, S. 616.
8 Ebda., S. 617.
9 Bertensson/Leyda, S. 371.
10 Bertensson/Leyda, S. 372.
11 Bertensson/Leyda, S. 374.
12 Bertensson/Leyda, S. 376.
13 Bertensson/Leyda, S. 377.
14 Edwin Evans: Obituary Sergei Rachmaninov (1873–1943). In: The Music Review, Vol. 4, 1943, S. 190–192.

Epilog

1 »Francesca da Rimini«, deutsche Erstaufführung Juni 1989 (!) in Kaiserslautern.
2 Süddeutsche Zeitung vom 14.10.1986, 8.10.1987 u. 19.9.1989 und Berliner Tagesspiegel vom 7.1.1990.
3 Hannoversche Allgemeine Zeitung vom 14.11.1984, Süddeutsche Zeitung vom 11.12. und 20.5.1989.
4 Juri Nagibin: Künstlernovellen. Berlin 1986.

Leben und Zeitgeschichte

1873

Geburt Sergej Rachmaninoffs am 20. März/ 1. April auf dem Familiengut Semjonowo südl. des Ilmensees

1872 Skrjabin geboren
1873 Caruso geboren
1874 Schönberg geboren
Uraufführung des »Boris Godunow« Mussorgskis im St. Petersburger Mariinski-Theater
1875 Ravel geboren
1881 Bartok und Picasso geboren

Das usbekische Chanat Schiwa wird von den Russen erobert
1877 Russ.-türk. Krieg
Expansion auf dem Balkan
1881 Ermordung Alexander II.
Polizeiwillkür, Judenpogrome

1882

Umzug nach St. Petersburg
Studium am Petersburger Konservatorium
Verlust des Stipendiums aufgrund mangelhafter Leistungen

1882 Strawinsky geboren
1883 Wagner gestorben

1883 Metropolitan Opera in New York eröffnet
1883 Plechanow gründet in der Schweiz den »Bund der Befreiung der Arbeit«

1885

Unterrichtsbeginn in Nikolaj Swerjews Moskauer »Klavierpensionat«
Peter I. Tschaikowski wird Direktor der Moskauer Abteilung der Russischen Musikgesellschaft (RMO)
Sergej Tanejew wird Direktor des Moskauer Konservatoriums

1885 Anna Pawlowa geboren

»Russifizierung« der Ostseeprovinzen Livland, Lettland, Kurland

1886

Aufnahme ins Moskauer Konservatorium
Klaviertranskription von Tschaikowskis »Manfred«-Sinfonie
Rachmaninoff erhält das »Nikolaj-Rubinstein-Stipendium«

Freiheitsstatue im Hafen von New York errichtet

1886 Liszt gestorben

1887

Studium bei A. Arenski und Tanejew
Erste Kompositionen: Orchester-Scherzo, Klavierstücke

1889

Zwischenprüfung mit Erfolg abgelegt
Rachmaninoff studiert jetzt Kontrapunkt bei Tanejew, Harmonielehre und Instrumentation bei Arenski und Klavier bei Alexander Siloti
Bruch mit Swerjew
Rachmaninoff zieht zu seinen Verwandten in Moskau, den Satins
Tanejew tritt vom Rektorat zurück
Wassilij Safonow wird neuer Direktor des Moskauer Konservatoriums

Strauß' »Don Juan«

1890

Beginn mit der Arbeit am 1. Klavierkonzert
Tschaikowski legt aus Protest gegen Safonows Monopolstellung im Moskauer Musikleben sein Amt in der RMO nieder

Strauß: »Tod und Verklärung«
Mascagni: »Cavalleria Rusticana«

1891

»Russische Rhapsodie« für zwei Klaviere
Siloti gibt Professur zurück aus Solidarität mit Tschaikowski und aus Protest gegen den autoritären Führungsstil Safonows
Am 24.5.1891 legt Rachmaninoff vorzeitig seine Klavierabschlußprüfung ab
1. Klavierkonzert und »Prinz Rostoslaw« fertiggestellt

Prokofjew geboren

1892

Am 30.1. erstes öffentliches Konzert Rachmaninoffs in Moskau
Abschlußprüfung im Fach Komposition
Examensarbeit Oper »Aleko«
Auszeichnung mit der Großen Goldmedaille des Moskauer Konservatoriums für die Leistungen in den Fächern Komposition und Klavier
Aussöhnung mit Swerjew
»Prélude cis-moll«: Erstaufführung in einem Sonderkonzert der »Elektrischen Ausstellung« in Moskau
Erste Geschäftskontakte mit dem Moskauer Verleger Gutheil

Honegger geboren
Milhaud geboren
Skrjabin: 1. Klaviersonate

Russisch-französische Militärkonvention
Verstärkte diplomatische Beziehungen beider Länder

1893

27. April Premiere des »Aleko« im Moskauer Bolschoj-Theater
Kompositionen: »Der Fels« op. 7, 6 Lieder op. 8, 1. Suite für zwei Klaviere op. 5
Am 30.9. stirbt Swerjew und am 25.10. Peter I. Tschaikowski
2. Trio élégiaque op. 9 dem Gedenken Tschaikowskis

Gustav Mahler: 2. und 3. Sinfonie
Anton Rubinstein gestorben

1894

Rachmaninoff unterzeichnet Anstellungsvertrag als Musiklehrer am Moskauer Mariinski-Institut, einem Internat für höhere Töchter
»7 Morceaux de Salon« op. 10, »Capriccio auf Zigeunerthemen« op. 12 und »Six Morceaux pour le Piano à quatre mains« op. 11

Nikolaj II. wird Zar von Rußland

1895

1. Sinfonie op. 13, Tournee mit der italienischen Geigerin Teresina Tua durch Städte Rußlands, Polens und des Baltikums
Vorzeitiger Tourneeabbruch durch Rachmaninoff

Rußland erobert Westturkestan

Hindemith geboren
Strauß: »Till Eulenspiegels lustige Streiche«
Sigmund Freud: »Studien über Hysterie« (Wien 1895)

1896

12 Lieder op. 14
»Six Moments musicaux pour Piano« op. 16

Skrjabin: Klavierkonzert fis-moll

1897

Premiere der 1. Sinfonie unter der Stabführung Glasunows in St. Petersburg endet in einem Fiasko
Erste Begegnung mit Lew Tolstoi
Rachmaninoff erhält eine Anstellung als 2. Dirigent an der privaten »Mamontow-Oper« in Moskau
Bekanntschaft mit Fjodor I. Schaljapin

Konzerttournee Gustav Mahlers nach Rußland und Polen
Skrjabin: 3. Klaviersonate

1898

Klavierfassung der 1. Sinfonie
Opernstudien mit Schaljapin und den Sängern des »Mamontow-Theaters« für die Inszenierung Mussorgskis »Boris Godunow«
Tournee mit der Theatergruppe durch Südrußland
Auf der Krim lernt Rachmaninoff Anton Tschechow kennen
Im Herbst Rücktritt vom Dirigentenposten
Erste Gedanken an ein Opernprojekt »Francesca da Rimini«

Russische Sozialdemokratische Partei gegründet
1. Parteitag in Minsk

Lew Tolstoi: »Auferstehung«

1899

Im April erster Auftritt als Dirigent und Pianist in London
Dirigiert u.a. den »Fels« und spielt zwei Stücke aus op. 3
Im Sommer Wiederaufnahme der Kompositionstätigkeit

Strauß: »Ein Heldenleben«
Schönberg: »Verklärte Nacht«

1900

Im Januar zweite Begegnung mit Tolstoi
Ernste psychische Krise
Psychotherapeutische Sitzungen bei Dr. Nikolaj Dahl in Moskau
Im April reisen Rachmaninoff und Schaljapin auf die Krim
Besuch beim todkranken Komponisten Wassilij Kalinnikow
Im Sommer Italienreise mit Schaljapin
Rachmaninoff unterstützt Schaljapin in seinen Vorbereitungen für den ersten Auftritt in der Mailänder Scala
»Italienische« Kompositionen: »Liebesduett« für »Francesca« und Beginn der Arbeit am 2. und 3. Satz des 2. Klavierkonzerts op. 18
Im Dezember Erstaufführung der beiden Konzertsätze in Moskau

Debussy: Nocturnes

1901

1. Satz des 2. Klavierkonzerts und Suite Nr. 2 für zwei Klaviere fertiggestellt. Erstaufführungen beider Werke im Oktober mit Siloti
Aufkündigung der Unterrichtstätigkeit am Mariinski-Institut

Ravel: »Jeux d'eaux«

1902

Cello-Sonate op. 19, Kantate »Frühling« op. 20, Lieder op. 21
Rachmaninoff heiratet im April seine Cousine Natalja Alexandrowna Satina
Reise nach Österreich, Italien und Deutschland (Bayreuth)
Im Dezember nimmt Rachmaninoff die Posten eines Musikinspektors am Jekaterinski- und am Jelisawetinski-Institut in Moskau an

1902–1904 Skrjabin: Sinfonie Nr. 3 »Le divin Poème«

Britisch-japanisches Bündnis gegen Rußland

1903

»Chopin-Variationen« op. 22, Préludes op. 23
Im Mai Geburt der ersten Tochter Irina auf dem Familiengut Iwanowka
Arbeitsbeginn an der Oper »Der Geizige Ritter«
Bekanntschaft mit den Moskauer Veranstaltern der »Konzerte Russischer Musik«, A. und M. Kersin
Auftritte als Dirigent und Pianist in den Kersin-Konzerten

Strawinsky: Klaviersonate
Iwan Bunin: »Antonsäpfel«

Spaltung der russischen Sozialisten auf dem Londoner Exilparteitag in Bolschewiki und Menschewiki

1904

Die Petersburger Beljajew-Stiftung verleiht Rachmaninoff erstmals den Glinka-Preis in Höhe von 500 Rubel für das 2. Klavierkonzert
Vertragsunterzeichnung für Dirigentenposten am Bolschoi-Theater Moskau
Klavierfassung für »Francesca da Rimini« fertiggestellt
Im September vielbachtete Neuinszenierung der Glinka-Oper »Ein Leben für den Zaren« unter musikalischer Leitung Rachmaninoffs

1904–1907 Skrjabin: »Le Poème de l'extase«

Russisch-japanischer Krieg um die Mandschurei und Korea
Innenpolitische Unruhen
Ermordung des russischen Innenministers Plehwe
In Paris Bildung einer Volksfront aus Gruppierungen der demokratischen Opposition

Tschechows letztes Drama: »Der Kirschgarten«
Am 15. Juli stirbt Anton Tschechow in Badenweiler

1905

Im Januar Proteste der Maler St. Petersburgs gegen zaristische Willkür
Studentendemonstrationen, Streiks, Protestresolutionen, »Affäre Rimski-Korsakow«
Im Sommer auf Iwanowka Fertigstellung der Partituren von »Francesca da Rimini« und dem »Geizigen Ritter«
Safonow verläßt das Moskauer Konservatorium und geht nach New York
Herbstrevolution
Novemberresolution der Künstler: Forderung nach einem »Allrussischen Verband der Vertreter der Schönen Künste«; Mitunterzeichner: Rachmaninoff

Debussy: La Mer
Strauß: »Salome«
Am 28. 12. Uraufführung von Franz Léhars »Lustiger Witwe« in Wien

2. Januar: Fall von Port Arthur
9. Januar: »Blutsonntag«, blutige Niederschlagung einer friedlichen Demonstration vor dem Petersburger Winterpalais
Vernichtende Niederlage der russischen Ostseeflotte bei Tsushima am 27. 5.
Am 30. 10. Oktobermanifest des Zaren: Modellentwurf einer konstitutionellen Monarchie
Gründungskongreß der KaDetten-Partei
Generalstreik in Moskau
Blutige Straßenschlachten

1906

Rachmaninoff dirigiert im Januar die Premiere seiner beiden neuen Opern »Der Geizige Ritter« op. 24 und »Francesca da Rimini« op. 25 im Moskauer Bolschoj-Theater
Tritt aufgrund der Unruhen von seinem Dirigentenposten zurück und kündigt die Musikinspektorenposten
Familie reist nach Italien
Neues Opernprojekt »Salammbo«
Im Sommer auf Iwanowka Komposition der 15 Lieder op. 26, den Kersins gewidmet
Im Herbst Umzug nach Dresden
Beginn der Arbeiten an der 2. Sinfonie und der 1. Klaviersonate

Strawinsky: Sinfonie in Es op. 1
Schönberg: Kammersinfonie

P. Stolypin wird russischer Ministerpräsident
Agrarreformen
Rückkehr zur Autokratie

1907

Opernprojekt »Monna Vanna« nach Maeterlinck
1. Klaviersonate und 2. Sinfonie fertiggestellt
Im Mai spielt Rachmaninoff sein 2. Klavierkonzert im Rahmen der »Saison Russe« Djaghilews in Paris
Im Juni Geburt der zweiten Tochter Tatjana auf Iwanowka

1907/08 Skandal bei der Uraufführung Schönbergs erster Streichquartette und Kammersinfonie
Skrjabin: 5. Klaviersonate

Britisch-russisches Übereinkommen über Persien. Rußland verzichtet auf seinen Einfluß in Afghanistan

1908

Im Januar spielt Rachmaninoff unter Leitung Kussewitskis sein 2. Klavierkonzert in Berlin
Premiere der 2. Sinfonie am 26. Januar unter Leitung Rachmaninoffs in einem »Siloti-Konzert« in St. Petersburg
Im Mai Konzert in London
Am 17. Oktober Uraufführung der 1. Klaviersonate durch Konstantin Igumnow in Moskau
Konzerte in Holland und Deutschland
Glinka-Preis für die 2. Sinfonie

Gustav Mahler Dirigent der Metropolitan Opera Company
Konzerte in Philadelphia und Boston
Strawinsky: »Feuerwerk« für Orchester
Rimski-Korsakow gestorben

Britisch-russische Entente gefestigt. Zusammentreffen Edward VII. und Nikolaj II. in Reval

1909

»Toteninsel« in Dresden fertiggestellt
Rachmaninoff wird zum Vizepräsidenten der Russischen Musikgesellschaft (RMO) ernannt
Im April verlassen die Rachmaninoffs Dresden endgültig
Arbeit am 3. Klavierkonzert im Sommer auf Iwanowka
Gründung des Russischen Musikverlages durch Sergej und Natalja Kussewitski
Im Oktober erste Amerika-Tournee
Uraufführung des 3. Klavierkonzerts in New York am 28.11. mit den New Yorker Sinfonikern unter Leitung Walter Damroschs

Prokofjew: 1. Klaviersonate op. 1
Gustav Mahler auf Amerika-Tournee

1910

Am 16. Januar 1910 spielt Rachmaninoff das 3. Klavierkonzert mit den New Yorker Philharmonikern unter Leitung Gustav Mahlers
Im Februar Ende der Amerika-Tournee
Im April russische Erstaufführung des 3. Klavierkonzerts in Moskau
Iwanowka geht in den Besitz der Satin-Kinder und Rachmaninoffs über
Kompositionen: Liturgie op. 31 und 13 Préludes op. 32
Im Herbst intensive Dirigiertätigkeit im Rahmen der RMO-Konzerte, Auslandstourneen
Inspektion der Musikschule Saratow

Prokofjew: »Herbstskizzen« op. 8 für kleines Orchester
Strawinsky: »Der Feuervogel«
Skrjabin: »Promethée. Le Poème du feu«
Gustav Mahler: 8. Sinfonie »Sinfonie der Tausend« in München uraufgeführt
Tod des Malers Wrubel und des Schriftstellers Lew Tolstoi

1911

Inspektion der Musikschule Rostow nördlich Moskaus
»Etudes tableaux« op. 33
Im Herbst Klaviertournee in England und Rußland
Gemeinsames Konzert mit Skrjabin
Moskauer Parteienstreit: »Modernisten kontra Konservative«

Prokofjew: 1. Klavierkonzert Des-Dur op. 10
Schönberg: »Harmonielehre« (Wien 1911)
Strauß: »Rosenkavalier« Uraufführung
Strawinsky: »Zwei Gedichte von K. Balmont für Gesang und Klavier« und »Petruschka«
Skrjabin: 6. Klaviersonate und 7. Klaviersonate »Weiße Messe«

Der russische Ministerpräsident Stolypin wird durch ein Attentat getötet

1912

Der Literaturkritiker und Philosoph Emil Medtner, ein Bruder des Komponisten, veröffentlicht seine Streitschrift »Modernismus und Musik«
Beginn eines intensiven Briefwechsels zwischen der Schriftstellerin Marietta Schaginjan und Rachmaninoff
14 Lieder op. 34 nach einer Textauswahl Schaginjans
»Vokalise« op. 34, Nr. 14
Musikschulaffäre Presman in Rostow am Don
Rachmaninoff legt im Juni sein Amt als Musikschulinspektor der RMO nieder
Im November Erschöpfungszustand
Rachmaninoff reist mit der Familie nach Italien

Prokofjew: Tokkata für Klavier op. 11
Schönberg: »Pierrot lunaire«
Skrjabin: 8. Klaviersonate
Ravel: »Daphnis und Chloë«
9. Klaviersonate
»Schwarze Messe«
10. Klaviersonate

Balkankrise

1913

Rachmaninoff beginnt in Rom mit der Arbeit an den »Glocken« op. 35

Weiterreise nach Berlin
Im Sommer auf Iwanowka Fertigstellung der »Glocken«
2. Klaviersonate op. 36 (Originalfassung)
30. November 1913 Erstaufführung der »Glocken« in einem Petersburger »Siloti-Konzert«

Strawinsky: »Le sacre du printemps«

Ende des 1. Balkankrieges. Schwere türkische Niederlagen auf dem Balkan. Russischer Einfluß auf dem Balkan gefestigt

1914

Am 8.Februar Moskauer Premiere der »Glocken«
Im August reist Rachmaninoff mit der Familie in den Ural
Im Herbst verstärkte Konzerttätigkeit im Inland
Wohltätigkeitskonzerte

August 1914: Ausbruch des 1. Weltkrieges
Schlacht bei Tannenberg/Ostpreußen
Russen von Hindenburg und Ludendorff entscheidend geschlagen

1915

»Wsenoschtschnoje Bdenije« – Ganznächtliches Wachen op. 37
Im Frühjahr Tod Skrjabins und Tanejews
Nachruf auf Tanejew
Gedenkkonzerte für Skrjabin
Gutheil verkauft seinen Verlag an Kussewitski
Rachmaninoff gibt seine heftig umstrittenen Skrjabin-Recitals

Schönberg: »Jakobsleiter«

Winterschlacht in den Masuren
Russische Armee von den Deutschen vernichtet

1916

Im Sommer Konzerttournee durch Südrußland
Aufenthalt im Kaukasus
Rachmaninoffs Vater stirbt im August während eines Kurzbesuchs auf Iwanowka
Im September Kompositionen der 6 Lieder op. 38 und Etudes tableaux op. 39
Im Herbst gründen A. Siloti und Gorki einen Hilfsfond für notleidende Musiker: »Gesellschaft zur Unterstützung bedürftiger Musiker und ihrer Familien«
Rachmaninoff ist förderndes Mitglied und spendet erhebliche Summen

16. Januar: Skandal um die Aufführung Prokofjews »Skythischer Suite« op. 20 im Petrograder Mariinski-Theater

Ermordung Rasputins durch russische Adelige

1917

Im Januar Inlandskonzerte
Am 13. März Sonderkonzert Kussewitskis: Erstes Konzert nach der Februarrevolution
»Der freie Künstler Rachmaninoff stiftet sein Gesamthonorar für die freie Armee eines von nun an freien Landes!«
Letzte Konzerte in Südrußland und Jalta
Im Sommer verlassen die Rachmaninoffs vorzeitig Iwanowka und reisen auf die Krim
Erste Ausreiseabsichten aus Rußland
Revision des 1. Klavierkonzerts in Moskau
Ende November Konzerteinladung nach Stockholm
Am 23. Dezember 1917 verlassen die Rachmaninoffs in Begleitung ihres Freundes Nikolaj Struwe Petrograd
Am 24. Dezember Ankunft in Stockholm

Prokofjew 1915–1917: »Visions fugitives« op. 22
»Symphonie classique« op. 25, 3. Klavierkonzert, 4. Klaviersonate
»Es sind ihrer Sieben« – Kantate für Tenor, Chor und Orchester mit Text von K. Balmont op. 30
Charlie Chaplin: »Easy street« und »The Immigrant«

Februarrevolution
Am 15. März dankt der Zar ab
Lenin und Trotzki kehren aus dem Exil nach Rußland zurück
Provisorische Regierung wird ausgerufen unter Führung des Fürsten Lwow
Nachfolger wird Kerenski als Ministerpräsident
Einsetzende illegale Enteignung der Gutsbesitzer
Provisorische Regierung trifft keine wesentlichen Entscheidungen für eine Bodenreform
Oktoberrevolution

1918

Erste Konzerte in Kopenhagen, Stockholm, Lund und Malmö
Wohnsitz in Kopenhagen
Vorläufige Ablehnung aller lukrativen Angebote aus Amerika für Dirigentenposten und Klaviertourneen, aber Entschluß zur Weiterreise in die USA
Am 1. November Abreise aus Oslo, am 10. November Ankunft in New York
1. Amerika-Konzert nach de Ausreise aus Rußland am 8. Dezember 1918 in Providence
Vorvertrag mit der Edison Company

Friedensvertrag zwischen Deutschland und Rußland von Brest-Litowsk
Einführung des gregorianischen Kalenders in der Sowjetunion
Im Juli Ermordung der Zarenfamilie durch die Bolschewiki
Trotzki wird Volkskommissar für Krieg und Marine

Erste amerikanische Saison 1918/19 mit 36 Konzerten

20. November: Prokofjew gibt einen Klavierabend in New York
Strawinsky: »Geschichte vom Soldaten«
Charlie Chaplin: »A Dog's Life«

1919

Fester Wohnsitz in New York
Aufnahmevertrag mit »Ampico«, Firma der mechanischen Klaviere
Erste Aufnahmen
Rachmaninoff mietet im Sommer ein Haus in der Nähe San Franciscos

Prokofjew: »Die Liebe zu den drei Orangen« op. 33
Strawinsky: »Pulcinella« und »Piano Rag Music«

Gründung der kommunistischen Internationale Komintern

1920

Sommer in Goshen bei New York
Nikolaj Struwe verunglückt in Paris tödlich
Exklusivvertrag mit Victor Talking Machine
Rachmaninoff wird im Herbst zum Ehrenmitglied der Academia di Santa Cecilia ernannt
Volksliedbearbeitungen

Die USA verstärken ihre Politik der Abgrenzung von Europa
Sie treten nicht dem Völkerbund bei

1921

Rachmaninoff nimmt ersten Kontakt zu Angehörigen in der Sowjetunion auf
Offizielles Einreisegesuch
Kann genehmigte Einreise aufgrund eines Krankenhausaufenthalts nicht antreten
Kauf eines Hauses in New York
Erster Briefkontakt mit Nikolaj Medtner, der 1921 Moskau in Richtung Deutschland verläßt
Sommer auf Locust Point/New Jersey

Prokofjew: 5 Gedichte von Balmont für Gesang und Klavier op. 36
Charlie Chaplin: »The Kid«

In Rußland Hungersnöte
Internationale Hilfsaktionen
Lenin verkündet auf dem 10. Parteitag die Neue Ökonomische Politik (NÖP)

1922

24. Januar: Verleihung der Ehrendoktorwürde der Universität von Nebraska an Rachmaninoff. Wohltätigkeitskonzerte für Russen in der UdSSR und in den USA
Im Mai erste Nachkriegskonzerte in London
Zusammentreffen mit den Satins in Dresden
Oktober 1922: Rachmaninoff ruft offiziell in der Zeitschrift »Musical America« zur Unterstützung des Musikwissenschaftlichen Instituts in Moskau auf

Abrüstungkonferenz in Washington
Viermächteabkommen
Nansen-Paß für staatenlose Flüchtlinge
Sowjetstaaten werden zur Union der sozialistischen Sowjetrepubliken zusammengeschlossen (UdSSR)
In Deutschland ab Herbst steigende Inflation
In USA scharfe Zollerhöhungen

1923

Saison 1922/23: 71 Konzerte in Städten der USA, Kanada und Kuba
Im Frühjahr erstes Amerika-Gastspiel des Moskauer Künstler-Theaters
Die musikalische Leitung hat der Emigrant Alexander Siloti

Prokofjew: 5. Klaviersonate op. 38
Schönberg: »Komposition mit 12 Tönen«
5 Klavierstücke op. 23

Calvin Coolidge wird Präsident der USA

1924

12. Februar: Uraufführung der »Rhapsody in Blue« Gershwins in der New Yorker Aeolian Hall
Rachmaninoff ist einer der Sponsoren des Konzerts
Am 10.3. spielt Rachmaninoff vor Präsident Coolidge im Weißen Haus in Washington
Nach Saisonende Europareise
Ab jetzt jährliche Europaaufenthalte
Im September heiratet Tochter Irina in Dresden den Fürsten Pjotr Wolkonski
Kontakt mit Iwan Bunin
Im Oktober 8 Konzerte in England. Dann Rückkehr in die USA

Prokofjew: 2. Sinfonie op. 40
Strawinsky: Concerto für Klavier und Blasorchester, Klaviersonate
Busoni gestorben

Tod Lenins
Mehrjährige Machtkämpfe zwischen dem Generalsekretär Stalin, seinen Verbündeten und den Trotzkisten setzen ein

1925

Am 16. Januar zweites Konzert im Weißen Haus
Verkauf des New Yorker Hauses
Sommer in der Nähe von Paris
Im August tragischer Tod Pjotr Wolkonskis
Kurz darauf Geburt des Enkelkindes Sophie Wolkonsky
Rachmaninoff gründet in Paris den Verlag TAIR (TAtjana IRina) als Existenzgrundlage für die Töchter in Europa

Prokofjew: »Der stählerne Schritt«
Strawinskys erste USA-Tournee
Berg: Wozzeck
Charlie Chaplin: »Goldrausch«

1926

Plattenaufnahmen mit der Zigeunersängerin Nadeshda Plewitskaja
Arbeit am 4. Klavierkonzert op. 40 und den »Drei Russischen Liedern« op. 41 in Cannes, Südfrankreich

Sergej Eisenstein: »Panzerkreuzer Potemkin«
Pudowkin: »Die Mutter«

Deutsch-sowjetischer Freundschaftsvertrag und Neutralitätsabkommen

1927

Am 18. März Erstaufführung des 4. Klavierkonzerts mit Rachmaninoff, Stokowski und dem Philadelphia Orchester
April 1927: Schallplattenaufnahmen mit Fritz Kreisler
Aufenthalte in Dresden und der Schweiz

Strawinsky: »Oedipus Rex«
Bartok: 3. Streichquartett

Abbruch der diplomatischen Beziehungen zwischen der Sowjetunion und Großbritannien
15. Parteitag der KPdSU in der Sowjetunion
Ausschluß Trotzkis, Kamenjews und Sinowjews
Kollektivierung und Industrialisierung

1928

Am 23. Februar Amerika-Debüt des aus Kiew stammenden Pianisten Wladimir Horowitz mit Rachmaninoffs 3. Klavierkonzert
Walter Damrosch dirigiert die New Yorker Sinfoniker
Treffen zwischen Horowitz und Rachmaninoff bei Steinway & Sons in New York
Sommerferien in der Normandie
Treffen mit Medtner
Ende des Sommers Besuch in Dresden
Große Europatournee durch Skandinavien, Holland, Frankreich, Österreich und Ungarn

Bela Bartok unternimmt Amerika-Tournee
Prokofjew: 3. Sinfonie op. 44
Ravel: Bolero
Strawinsky: »Apollon Musagète« in der Choreographie Djaghilews
Sergej Eisenstein: »10 Tage, die die Welt erschütterten«

1. Fünfjahresplan tritt in der Sowjetunion in Kraft

1929

Nach Abschluß der Amerika-Tournee mieten die Rachmaninoffs ein Haus bei Paris, Clairfontaine
Im September stirbt Rachmaninoffs Mutter in Nowgorod

21. Mai 1929 Uraufführung von Prokofjews »Verlorenem Sohn« und Strawinskys »Renard« in Paris
Tod Djaghilews
E. M. Remarque: »Im Westen nichts Neues«

Herbert Hoover wird neuer Präsident der USA
Trotzki wird aus der Sowjetunion ausgewiesen
24. Oktober: Weltwirtschaftskrise
»Schwarzer Freitag«

1930

Januar bis April Konzerttournee mit spürbaren Termineinbußen
Respighi orchestriert einige der »Etudes tableaux« für Kussewitski, den Chefdirigenten des Bostoner Sinfonieorchesters
Sommer in Clairfontaine
Vorgespräch mit Oskar von Riesemann über eine Rachmaninoff-Biographie

Reichstagswahlen in Deutschland. NSDAP wird zweitstärkste Partei

Kauf eines Grundstücks in Hertenstein am Vierwaldstätter See in der Schweiz

Prokofjew: 4. Sinfonie
Selbstmord Wladimir Majakowskis
Ilja Repin gestorben

1931

Rachmaninoff unterzeichnet Protestschreiben gegen das Sowjetregime, veröffentlicht in der »New York Times« am 15. Januar 1931
Sowjetische Presseattacke und Aufführungsverbot für Werke Rachmaninoffs in der Sowjetunion
»Corelli-Variationen« op. 42 in Clairfontaine
Im August Baubeginn der Villa »Senar« in Hertenstein/Schweiz
Im Oktober Erstaufführung der Variationen op. 42 in Montreal
Revision der 2. Klaviersonate

Prokofjew: 4. Klavierkonzert op. 53
Ravel: Konzert für die linke Hand
Poulenc: Concert Champêtre
Anna Pawlowa, Mitglied des Mariinski-Theaters und der Balletts Russes Djaghilews, gestorben

In der Sowjetunion herrschen Hungersnöte
Kulakisierung, Zwangskollektivierung, Deportationen

1932

Im März wird Rachmaninoff in London die Goldmedaille der Königlichen Philharmonischen Gesellschaft verliehen
Tatjana heiratet in Paris Boris Konjus, den Sohn des Geigers und Rachmaninoff-Freundes Julij Konjus
40. Jahrestag des Pianistendebüts Rachmaninoffs

Prokofjew: 5. Klavierkonzert op. 55
Strawinsky: Psalmensinfonie
Sozialistischer Realismus als Kunstdoktrin: sowjetische Musik ist Allunionsmusik (frei nach Gorki)

Gründung des sowjetischen Komponistenverbandes

1933

Geburt des zweiten Enkelkindes Alexander B. Konjus
Rachmaninoffs 60. Geburtstag: Festakte in New York und Paris
Rachmaninoff liest und mißbilligt Oskar von Riesemanns Rachmaninoff-Biographie

Prokofjew kehrt in die Sowjetunion zurück
1. Cellokonzert op. 58
Iwan Bunin erhält Literaturnobelpreis
Schönberg emigriert über Paris in die USA
In Deutschland »Bücherverbrennung«

Massive Parteisäuberungen in der Sowjetunion
30. 1.: Hitler wird deutscher Reichskanzler
Nachfolger Hoovers im amerikanischen Präsidentenamt wird Franklin D. Roosevelt
Programm des »New Deal« (Arbeitsbeschaffungsprogramm)
Aufhebung der Prohibition in den USA
Offizielle Anerkennung der UdSSR durch die USA

1934

Einzug in »Senar«
Veröffentlichung der von Rachmaninoff revidierten Riesemann-Biographie in England und USA
Aufhebung des sowjetischen Boykotts gegen Rachmaninoff
In der Schweiz Komposition der »Rhapsodie über ein Thema von Paganini« für Klavier und Orchester op. 43
Am 7. November Erstaufführung in Baltimore mit Rachmaninoff, dem Philadelphia Orchester und L. Stokowski
Nikolaj Medtner veröffentlicht seine Kulturstreitschrift »Muse und Mode«

Prokofjew: Sinfonische Suite aus der Filmmusik »Leutnant Kishe« op. 60
Schönberg wird in Los Angeles ansässig
Hindemith: »Mathis der Maler«

Juni: Hitler liquidiert die SA-Führung mit ernst Röhm

1935

Im Juni Beginn mit der Arbeit an der 3. Sinfonie auf »Senar«
Unterbrechung durch eine Kur in Baden-Baden

Prokofjew: 2. Violinkonzert op. 63
Strawinsky: Concerto für zwei Klaviere
Gershwin: »Porgy and Bess«

Beginn des »Großen Terrors« in der Sowjetunion
Politische Schauprozesse in Moskau

1936

3. Sinfonie fertiggestellt
Uraufführung am 6. November mit dem Philadelphia Orchester unter Leitung Stokowskis
Überarbeitung der »Glocken« für Aufführungszwecke im englischen Sheffield-Festival

Prokofjew: »Romeo und Julia«-Ballett op. 64
»Peter und der Wolf« op. 67
Strawinsky erwirbt die französische Staatsangehörigkeit
Schönberg erhält Lehrstuhl an der Universität von Kalifornien
Respighi gestorben
Charlie Chaplin: »Modern Times«

Hinrichtung Sinowjews und Kamenjews in der Sowjetunion
Juli: Beginn des spanischen Bürgerkrieges. Sowjetunion unterstützt die spanische Republik gegen aufständische Militärs (Franco)

1937

Beginn der Verhandlungen zwischen Rachmaninoff und Fokine über ein »Paganini-Ballett«

Strawinsky: »Dumbarton Oaks«
Gershwin gestorben
Ravel gestorben
Berg: Uraufführung von »Lulu«

Höhepunkt der politischen Säuberungsaktionen in der UdSSR
Hinrichtung Marschall Tuchatschewskis und weiterer Militärs

1938

Revision der 3. Sinfonie

Prokofjew: »Alexander Newski«-Kantate op. 78
K. Stanislawski gestorben
F. I. Schaljapin am 11. April in Paris gestorben

November 1938: »Reichskristallnacht« in Deutschland

1939

Am 11. März gibt Rachmaninoff sein letztes Konzert in England
Am 30. Juni ist die Londoner Premiere des »Paganini-Balletts« in der Choreographie Michail Fokines in Covent Garden
Am 11. August gibt Rachmaninoff in Luzern im Rahmen der Festwochen sein letztes Konzert in Europa
Er spielt unter Leitung Ernest Ansermets Beethovens 1. Klavierkonzert und seine »Paganini-Rhapsodie«
Am 23.8. verlassen die Rachmaninoffs Europa
In New York veranstalten Eugene Ormandy und das Philadelphia Orchester einen Festakt anläßlich des 30. Jahrestages des Amerika-Debüts Rachmaninoffs
Weihnachten in Kalifornien

Prokofjew: Sieben Massenlieder für Gesang mit Klavier op. 79
Oper »Semjon Kotko« op. 81
7. Klaviersonate op. 83
Strawinsky: Vorlesungen über »Musikalische Poetik« an der Harvard Universität
Hollywoods »Vom Winde verweht«

Deutsche Truppen besetzen die Tschechoslowakei
Deutsch-russischer Nichtangriffspakt
Am 1.9. Überfall Hitler-Deutschlands auf Polen

1940

Im Sommer komponiert Rachmaninoff auf Orchard Point/Long Island sein letztes Werk, die »Sinfonischen Tänze« op. 45

Strawinsky: Sinfonie in C
Milhaud emigriert in die USA
Bartok in New York ansässig
Schönberg nimmt die amerikanische Staatsbürgerschaft an

Ermordung Trotzkis im mexikanischen Exil

1941

Am 3. Januar 1941 Erstaufführung der »Sinfonischen Tänze« in Philadelphia mit dem Philadelphia Orchester unter Leitung Ormandys
Revision des 4. Klavierkonzerts
Schallplattenaufnahmen im Dezember
New Yorker Recital am 1. November als Wohltätigkeitskonzert für sowjetische Kriegsopfer

Prokofjew: Oper »Krieg und Frieden« op. 91
Chagall emigriert in die USA
Tod Mereschkowskis, Tagores und Paderewskis
Orson Welles' Film: »Citizen Cane«

Am 22. Juni 1941 Überfall Hitlers auf die UdSSR
Vorstoß der Deutschen bis zur Krim

1942

Sommer in Kalifornien
Letzte Plattenaufnahmen
Hauskauf in Beverly Hills
Im August stirbt Michail Fokine
Rachmaninoff unternimmt seine letzte Tournee

Alexej Tolstoi: »Der Leidensweg«

1943

Am 1. Februar erhalten die Rachmaninoffs die amerikanische Staatsbürgerschaft
Letztes Konzert in Knoxville/Tennessee am 17. Februar 1943
Rachmaninoff stirbt am 28. März in Beverly Hills

Bartok: Konzert für Orchester

Januar 1943 Schlacht bei Stalingrad
Kapitulation der 6. deutschen Armee

Kurzbiographien

Albrecht, Konstantin K. (1836–1893), Gründungsmitglied der Russischen Musikgesellschaft, Cellist im Moskauer Bolschoj-Theater. Publikationen u. a.: Thematischer Katalog der Glinka-Opern und -Lieder.

Altschuler, Modest (1873–1963), Cellist, Dirigent, Leiter der »Russischen Gesellschaft für Musik« in New York.

Arenski, Anton (1861–1906), Komponist, Prof. am Moskauer Konservatorium u. Direktor der Kaiserlichen Kapelle in St. Petersburg. Orchester-, Bühnen- und Chorwerke, Klavierkompositionen, Kammermusik, Lieder u. Romanzen. Musiktheoretische Publikationen. Schüler: Rachmaninoff, Skrjabin, Glier u. a.

Asafjew, Boris alias Igor Glebow (1884–1949), Komponist, Musikwissenschaftler, Prof. am Leningrader Konservatorium. Publikationen über Strawinsky, Rimski-Korsakow, Glinka, Grieg. »Die musikalische Form als Prozeß« (Moskau 1930 ff.), »Die sprachliche Intonation« (Leningrad 1965).

Balakirew, Milij A. (1837–1910), Komponist, Leiter der Kaiserlichen Hofkapelle St. Petersburgs, Wortführer der »Kutschkisten«. Sinfonische Dichtungen, Klavierfantasien.

Balmont, Konstantin (1867–1943), russischer Dichter des Symbolismus, schottischer Abstammung. 1918 Emigration. Übersetzungen Shelleys, Poes, Walt Whitmans, Calderons und Lope de Vegas.

Beljajew, Mitrofan P. (1836–1903), Musikverleger, Veranstalter der »Russischen Sinfonischen Konzerte« und Quartettabende in St. Petersburg. 1885 Verlagsgründung in Leipzig. 1884 Stiftung jährlicher »Glinka-Preise«.

Beljajew, Viktor M. (1888–1968), Kunst- und Musikwissenschaftler, Schüler von Glasunow und Ljadow, Leiter der Abteilung Theorie an der Musiksektion der Moskauer Akademie der Kunstwissenschaften, 1923 Mitbegründer der Assoziation zeitgenössischer Musik ASM, der Zeitschrift »Moderne Musik«. 1943 Prof. am Moskauer Konservatorium.

Blumenfeld, Felix M. (1863–1931), Komponist, Pianist, Dirigent des Mariinski-Theaters, Prof. der Petersburger, Moskauer und Kiewer Konservatorien. Onkel des Moskauer Klavierpädagogen Heinrich Neuhaus.

Böcklin, Arnold (1827–1901), Schweizer Maler der Neoromantik.

Borodin, Alexander P. (1833–1887), Komponist, Mitglied der »Kutschkisten«, Chemiker, Prof. der Medizinisch-Chirurgischen Akademie St. Petersburgs. Opern, Sinfonien, Kammermusik. »Fürst Igor«.

Brandukow, Anatolij A. (1856–1930), russ. Cellist, in Paris Kontakte zu Turgenjew, Pauline Viardot und Saint-Saëns. 1906 Direktor der Musikdramatischen Schule der Moskauer Philharmonischen Gesellschaft. 1921 Prof. am Moskauer Konservatorium. Cellokompositionen.

Bukinik, Michail J. (1872–1947), russ. Cellist und Kritiker. 1918 Emigration.

Bunin, Iwan (1870–1954), russ. Lyriker und Schriftsteller. Mitarbeit im Verlag Snanije. 1919 Emigration. 1933 Nobelpreis.

Butakow, Pjotr I. (1810–1877), russ. General, Geschichtsdozent u. Direktor des Araktschejewski-Kadettencorps. Großvater Sergej Rachmaninoffs.

Chasins, Abram (geb. 1903), Pianist, Komponist. 1947 Musikdirektor der New Yorker Radiostation WQXR: »Abram Chasins Music Series« und »Master Class of the Air«. Seit 1965 Lehrtätigkeit an der Universität von Südkalifornien. Kompositionen, Publikationen u. a.: »Speaking of Pianists« (New York 1957), »The Van Cliburn Legend« (New York 1959), »Leopold Stokowski: a Portrait« (New York 1979).

Chessin, Alexander B. (1869–1955), sowjetruss. Dirigent, Schüler von Nikisch.

Coates, Albert (1882–1953), engl. Dirigent und Komponist, Schüler von Nikisch. Nach Engagements in Dresden und Mannheim 1. Dirigent und Nachfolger Naprawniks am Mariinski-Theater St. Petersburgs. Führte erstmalig in England die neuen Klavierkonzerte von Prokofjew (3.) und Rachmaninoff (4.) auf.

Cortot, Alfred (1877–1962), franz. Pianist und Dirigent, Wagnerianer, Trio mit Casals und Thibaud. Leiter einer Meisterklasse am Pariser Konservatorium. Umfangreiches pianistisches Studienwerk.

Cui, César A. (1835–1918), Komponist, Musikkritiker, Ingenieur, Prof. an der Ingenieursakademie St. Petersburgs. Mitglied der »Kutschkisten«. Opern, sinfonische Werke, Kammermusik und Romanzen.

Damrosch, Walter (1862–1950), deutscher Opern- und Konzertdirigent, seit 1871 in New York. Gründung der »Damrosch Opera Company«, Dirigent an der Metropolitan Opera, Leitung des New Yorker Philharmonischen Orchesters.

Danilin, Nikolaj M. (1878–1945), Chordirigent, Dozent der Moskauer Synodalschule. 1. Dirigent des Synodalchores. 1923–1945 Prof. am Moskauer Konservatorium.

Dargomyschski, Alexander S. (1813–1869), Komponist, Wegbereiter des russischen Realismus. Oper »Der Steinerne Gast« als konsequenteste Ausformung des melodischen Rezitativs beispielhaft für die »Kutschkisten«.

Dawydow, Karl J. (1838–1889), Cellist, Komponist. 1. Cellist am Leipziger Gewandhausorchester, 1862 Celloprofessor am Petersburger Konservatorium, 1. Cellist der Kaiserl. Oper, 1876–1887 Direktor des Petersburger Konservatoriums.

Dershanowski, Wladimir W. (1881–1942), Musikkritiker, Hrsg. des Journals »Musyka«, Redakteur der »Zeitgenössischen Musik«, Organisator der Assoziation zeitgenössischer Musik ASM.

Djaghilew, Sergej P. (1872–1929), Theater- und Kunstmanager, Hrsg. der »Mir Iskusstwa«, Organisator von Kunstausstellungen, Konzerten russischer Musik, Opern- und Ballettinszenierungen in Paris, London und in den USA.

Downes, Olin (1886–1955), amerikanischer Musikkritiker der »New York Times«, Vorlesungen an den Universitäten von Boston und Harvard, Curtis Institute. Schwerpunkt der musikpublizistischen Arbeit: Sibelius.

Dubuque, Alexander I. (1812–1898), russ. Pianist und Lehrer, Schüler von John Field. Prof. am Moskauer Konservatorium 1866–1872. »Technik des Klavierspiels« (Moskau 1866). Schüler: Balakirew, Kaschkin, Laroche, Anton u. Nikolaj Rubinstein, Nikolaj Swerjew. »Erinnerungen an Field« (Moskau 1898), Nachdruck in der Russischen Musikzeitung 1916.

Elman, Mischa (1891–1967), amerikanischer Geiger ukrainischer Abstammung, Schüler Leopold Auers.

Engel, Julij D. (1868–1927), russ. Komponist, Musikkritiker und Volksmusikforscher, Schüler von Tanejew und Ippolitow-Iwanow, Musikredakteur der »Russischen Nachrichten«, 1898–1918 Chefredakteur der Musikabteilung der »Russischen Nachrichten«. 1901 russische Übersetzung des Riemann-Lexikons. 1908 Gründung der Gesellschaft Hebräischer Volksmusik. 1922 in Berlin Gründung des Yuval-Verlages. 1924–1927 Lehrer und Chordirigent in Tel Aviv.

Evans, Edwin (1871–1945), Londoner Musikkritiker, Präsident der International Society for Contemporary Music ISCM, Publikationen über Strawinsky u.a.

Fiedler, Max (1859–1939), Dirigent, 1908–1912 Leiter des Bostoner Sinfonieorchesters. Internationale Konzertreisen.

Findeisen, Nikolaj (1868–1928), Musikhistoriker, 1894 Gründung der »Russischen Musikzeitung«, Biographien über Glinka, Dargomyschski, Anton Rubinstein, Rimski-Korsakow u.a. Erste Studien über die Geschichte der altrussischen Musikkultur.

Fokine, Michail (1880–1942), Tänzer und Ballettmeister des Mariinski-Theaters. Begründer des modernen Balletts. Ballett-Theoretiker, Choreographien für Djaghilew. Choreographie für Anna Pawlowas »Der sterbende Schwan« (1905).

Gabrilowitsch, Ossip S. (1878–1936), russ. Pianist und Dirigent, seit 1914 in den USA. 1918 Leiter des Sinfonieorchesters von Detroit, verheiratet mit der Sopranistin Clara Clemens, Tochter Mark Twains.

Glasunow, Alexander (1865–1936) russ. Komponist und Dirigent, Prof. und Direktor des Petersburger Konservatoriums. 1928 Emigration nach Frankreich. Sinfonien, Konzerte, Kammermusik.

Glier, Reinhold M. (1875–1956), Komponist, Dirigent, 1914–1920 Direktor des Kiewer Konservatoriums. Lehrer von Mjaskowski, Prokofjew, Chatschaturjan u.a. 1920–1941 Prof. am Moskauer Konservatorium. Solokonzerte und Kammermusik.

Glinka, Michail (1804–1857), Komponist russischer Nationalopern, »Ein Leben für den Zaren«, »Ruslan und Ludmila«.

Gnessin, Michail F. (1883–1957), Komponist und Prof. der Moskauer und Leningrader Konservatorien. 1944 Gründung mit seiner Schwester Jelena Gnessina des gleichnamigen musikpädagogischen »Gnessin-Instituts«.

Goedicke, Alexander F. (1877–1957), Komponist, Organist, Pianist. Prof. des Moskauer Konservatoriums.

Goldenweiser, Alexander B. (1875–1961), Pianist, Komponist, Lehrer, Schriftsteller. Befreundet mit Rachmaninoff, Skrjabin, Medtner. 1906–1961 Prof. am Moskauer Konservatorium, Direktor des Moskauer Konservatoriums 1922–1924 und 1939–1942. 1939 Doktor der Kunstwissenschaften. Befreundet mit Lew Tolstoi. Schriften: »In der Nähe Tolstois – Aufzeichnungen aus

15 Jahren« (Moskau 1922/23. 2. Aufl. Moskau 1959). Kompositionen: Opern, Kammermusik, Klavierwerke, Romanzen u. a.

Gorki, Maxim alias Alexej Peschkow (1868–1936), russ. Schriftsteller, Begründer des sozialistischen Realismus in der Literatur. »Nachtasyl«, »Die Mutter«.

Gretschaninow, Alexander (1864–1956), Komponist, Schüler Arenskis und Rimski-Korsakows. 1925 Emigration nach Frankreich. Opern, Schauspielmusiken, Sinfonien, Solokonzerte, Kirchen- und Kammermusik.

Hofmann, Josef (1876–1957), polnischer Pianist, Komponist, Pädagoge, Leiter des Curtis-Instituts Philadelphia 1924–1938.

Horowitz, Wladimir (1904–1990), russisch-amerikanischer Konzertpianist, Schüler Wladimir Puchalskis, Sergej Tarnowskis und Felix Blumenfelds. Amerikanisches Debüt 1928. Zum 50. Jahrestag seines amerikanischen Debüts spielte Horowitz am 8. Januar 1978 in der Carnegie Hall mit den New Yorker Philharmonikern unter Leitung Eugene Ormandys das 3. Klavierkonzert von Rachmaninoff. Gehörte zum Freundeskreis um Rachmaninoff.

Hubert, Nikolaj A. (1840–1888), russ. Pianist, Lehrer und Kritiker, zum Freundeskreis um Tschaikowski gehörig, 1870 Prof. für Musiktheorie am Moskauer Konservatorium. 1881 Nachfolger Rubinsteins als Direktor des Konservatoriums. Huberts Frau Alexandra arrangierte viele Orchesterwerke Tschaikowskis für Klavier.

Igumnow, Konstantin N. (1873–1948), Pianist, Prof. am Moskauer Konservatorium. Schüler: Lew Oborin, Jakow Flier (Rachmaninoff-Interpret) u. a.

Ippolitow-Iwanow, Michail M. (1859–1935), russ. Komponist, Dirigent. Prof. und Direktor des Moskauer Konservatoriums 1906–1922. Orchester- und Chorwerke.

Jaworski, Boleslaw (1877–1942), Musikologe, Klavierstudium in Kiew bei Wladimir Puchalski und in Moskau bei Tanejew. Musikästhetisch beeinflußt von Tanejew und Skrjabin. Lehre vom »Modalrhythmus« und der »Gravitationstheorie«. 1906 Mitorganisator des 1. Russischen Volkskonservatoriums in Moskau. 1915 Prof. in Kiew, 1938–1942 Prof. am Moskauer Konservatorium.

Kahn, Otto Hermann (1867–1934), amerikanischer Bankier und Kunstmäzen. Gebürtiger Deutscher, Vermögen durch Fusionen im Eisenbahnbau. 1897 Eintritt in die Company Kuhn, Loeb & Co. Financier der Metropolitan Opera. Gründer der ersten Chicagoer Opernkompanie. Direktor der Bostoner Operngesellschaft u. der New Yorker Philharmonischen Gesellschaft.

Kalinnikow, Wassilij S. (1866–1901), russ. Komponist nationalromantischer Ausprägung. Zwei Sinfonien, Orchesterbühnenwerke, Lieder und Kammermusik.

Karatygin, Wjatscheslaw G. (1875–1925), Musikkritiker, Historiker, Komponist, Naturwissenschaftler. 1910–1912 Organisator der »Abende Zeitgenössischer Musik« in Petersburg. 1916–1925 Prof. für Musikgeschichte und Ästhetik am Petrograder Konservatorium. 1923 einer der Gründer der Assoziation zeitgenössischer Musik ASM.

Kaschkin, Nikolaj D. (1839–1920), Musikkritiker und Prof. am Moskauer Konservatorium. Langjähriger Musikrezensent der »Russischen Nachrichten«.

Kastalski, Alexander D. (1856–1926) russ. Komponist und Chordirigent, Volksliedforscher, Direktor der Moskauer Synodalschule, ab 1918 Chorakademie. Prof. am Moskauer Konservatorium.

Konjus, Alexander B. (geb. 1933), Enkel Rachmaninoffs.

Konjus, Boris J., verh. mit Rachmaninoffs Tochter Tatjana Sergejewna.

Konjus, Georgij E. (1862–1933), Komponist, Musiktheoretiker, Dozent und Prof. am Moskauer Konservatorium.

Konjus, Julij E. (1869–1942), Geiger, Bratscher, Komponist, Dozent am Moskauer Konservatorium und Mitglied im Orchester des Bolschoj-Theaters. Schwiegervater von Rachmaninoffs Tochter, Tatjana Sergejewna Konjus.

Konjus, Lew E. (1871–1944), Pianist, Dozent und Prof. am Moskauer Konservatorium. Gründer der Moskauer Musikschule und 1925 des Russischen Konservatoriums in Paris. Dozent am Musikcollege in Cincinatti/USA.

Konjus, Olga N. (1890–?), Pädagogin und Pianistin, verh. mit Lew Konjus.

Konjus, Tatjana Sergejewna (1907–1961), Tochter Rachmaninoffs.

Kreisler, Fritz (1875–1962), österreichischer Geiger und Komponist.

Kruglikow, Semjon N. (1851–1910), russ. Musikkritiker und Dozent.

Kryshanowski, Iwan (1867–1924), Musikpädagoge und Komponist, Musikkritiker und Doktor der Medizin. Einer der Gründer der »Abende zeitgenössischer Musik«.

Kussewitski, Sergej (1874–1951), russ. Kontrabassist, Dirigent, Komponist, Verleger. 1924 Dirigent des Bostoner Sinfonieorchesters. Propagandist der neuen russischen und amerikanischen Musik. 1940 Gründung des »Berkshire Music Centre« als Sommerakademie. Schüler u. a.: Leonard Bernstein. 1942 Gründung der »Koussevitzky Music Foundation«.

Lhevinne, Josef (1874–1944), russ. Pianist, Schüler Safonows. 1902–1906 Prof. am Moskauer Konservatorium. 1907–1919 Aufenthalt in Berlin. 1918 Emigration in die USA. Lehrtätigkeit an der New Yorker Juilliard School. Seit 1898 mit der Pianistin Rosina Bessie (1880–1976) verheiratet. Gemeinsame Duoabende. Schüler Rosina Lhevinnes sind John Browning, Arthur Gold, James Levine, Van Cliburn. Publikation: Josef Lhevinne: »Basic Principles in Pianoforte Playing«. (Vorwort Rosina Lhevinne). Philadelphia 1924. Reprint 1972.

Ljadow, Anatolij K. (1855–1914), russ. Komponist und Dirigent. Prof. am Petersburger Konservatorium. Schüler: Mjaskowski, Prokofjew, Gnessin u. a.

Ljapunow, Sergej M. (1859–1924), russ. Komponist, Pianist und Dirigent. Prof. am Petersburger Konservatorium.

Medtner, Nikolaj K. (1880–1951), russ. Komponist und Pianist dt. Abstammung. Studium bei Safonow, Arenski und Tanejew. Dozent am Moskauer Konservatorium. 1921 Emigration nach Deutschland. Dann USA und Frankreich. 1935 Übersiedlung nach England. Ehrenmitglied der Royal Philharmonic Society. 1946 »Medtner-Gesellschaft« mit finanzieller Unterstützung des Maharadscha von Mysore. Umfangreiche Plattenaufnahmen seines kompositorischen Werks. Enger Freund Rachmaninoffs. Drei Klavierkonzerte, viele Klavierkompositionen, Lieder.

Mengelberg, Willem (1871–1951), holländischer Dirigent des Amsterdamer Concertgebouw Orchesters. Während der Besetzung Hollands durch Hitler-Deutschland Gastdirigate in Deutschland. Als Folge seit 1945 Auftrittsverbot in Holland. Verbrachte seine letzten Lebensjahre zurückgezogen in der Schweiz.

Mereschkowski, Dmitrij S. (1866–1941), russ. Schriftsteller und Historiker. 1919 Emigration nach Frankreich; verh. mit der russ. Dichterin Sinaida Hippius. Verfasser einer Napoleon-Biographie.

Milstein, Nathan (1904), russisch-amerikanischer Geiger, Schüler von Stoliarsky und Auer. Gemeinsame Konzerte mit Wladimir Horowitz und dessen Schwester Regina. Während einer Konzerttournee 1925 Emigration mit Horowitz. Trio mit Wladimir Horowitz und Gregor Piatigorski. Amerika-Debüt 1929. Meisterklassen in der Schweiz und New York (Juilliard School).

Mitropoulos, Dimitri (1896–1960), amerikanischer Dirigent griech. Abstammung, Pianist und Komponist. 1936 Gastdirigent bei Kussewitski und den Bostoner Sinfonikern. Nachfolger von Ormandy als Dirigent des Minneapolis Sinfonieorchesters, 1941 Nachfolger Stokowskis in der Leitung der New Yorker Philharmoniker; Bernstein tritt 1958 wiederum die Nachfolge Mitropoulos' in der Leitung der New Yorker Philharmoniker an.

Mjaskowski, Nikolaj J. (1881–1950), russ. Komponist, Sinfonien, Kammermusik, Chöre, Klavierwerke, ein Violinkonzert. Schüler: Chatschaturjan, Muradeli, Schebalin.

Morosow, Nikita S. (1864–1925), Musiktheoretiker, Prof. am Moskauer Konservatorium, enger Freund Rachmaninoffs.

Naprawnik, Eduard F. (1839–1916), russ. Dirigent und Komponist, Dirigent am Mariinski-Theater.

Nikisch, Arthur (1855–1922), ungarischer Dirigent und Komponist, Chefdirigent des Leipziger Gewandhausorchesters.

Ormandy, Eugene (1899–1985), amerikanischer Geiger und Dirigent ungarischer Abstammung. Seit 1936 Dirigent des Philadelphia Orchesters, Uraufführungen von Rachmaninoffs »Sinfonischen Tänzen«, Brittens »Diversions« für linke Hand allein u. a.

Ossowski, Alexander W. (1871–1957), Jurist, Musikhistoriker, Musikkritiker. 1906–1907 Mitorganisator der »Siloti-Konzerte«, 1910–1918 Mitglied im Künstlerischen Rat des Kussewitski-Verlages (Russischer Musikverlag) auf Empfehlung Rachmaninoffs. 1916–1918 Prof. am Petrograder Konservatorium. 1922–1929 Prorektor und Stellvertreter Glasunows.

Paderewski, Ignaz (1860–1941), polnischer Pianist, Komponist und Staatsmann. 1896 »Paderewski Foundation« zur Förderung junger amerikanischer Komponisten. 1919 polnischer Premierminister.

Presman, Matwej L. (1870–1941), russ. Pianist, Prof. der Konservatorien von Saratow und Baku.

Prokofjew, Sergej S. (1891–1953), russ. Komponist und Pianist. 1918–1932 Auslandsaufenthalte in USA und Frankreich. Opern, Sinfonien, Ballette, Klaviermusik, Solokonzerte, Kammermusik, Kantaten, Lieder.

Rachmaninow, Arkadij Alexandrowitsch (1808–1881), Amateurkomponist, Pianist, Volksliedsammler. Großvater Rachmaninoffs.

Rachmaninow, Wassilij Arkadjewitsch (1841–1916), Vater Rachmaninoffs.

Rachmaninowa, Ljubow Petrowna (1849–1929), Mutter Rachmaninoffs.

Rachmaninowa, Natalja Alexandrowna (1877–1951), Ehefrau Rachmaninoffs.

Riesemann, Oskar von (1880–1934), dt. Musikwissenschaftler, Komponist und Dirigent in Moskau. 1917 Emigration, Monographien zur russ. Musik.

Rimski-Korsakow, Nikolaj A. (1844–1908), Seeoffizier, Komponist, Prof. am Petersburger Konservatorium, Kutschkist. Opern, Orchesterwerke, Kammermusik und Vokalwerke. Schüler u.a.: Strawinsky, Prokofjew, Respighi.

Rosenow, Emilij K. (1861–1935), russ. Pianist, Komponist und Musikkritiker.

Rubinstein, Anton (1829–1894), russ. Pianist, Komponist und Lehrer, 1859 Mitbegründer der Russischen Musikgesellschaft, 1862 des Petersburger Konservatoriums. Direktor des Konservatoriums bis 1867, internationale Konzerttourneen. Orchesterwerke, Kammermusik, Klaviermusik, Lieder und Vokalwerke.

Rubinstein, Arthur (1887–1982), polnischer Pianist. 1. Amerikatournee 1906. Repertoireschwerpunkte: Chopin, Szymanowski, Poulenc, Prokofjew, spanische und lateinamerikanische Musik.

Rubinstein, Nikolaj (1835–1881), Bruder Anton Rubinsteins, Pianist, Dirigent, Lehrer, Komponist. Gründer der Moskauer Sektion der Russischen Musikgesellschaft 1859/60. Gründung des Moskauer Konservatoriums 1864. Schüler: Tanejew, Siloti, Emil Sauer.

Sabanejew, Leonid L. (1881–1968), russ. Musikwissenschaftler und Komponist. Studium bei Tanejew und Swerjew. Frühe Publikationen über Skrjabin. Mitbegründer des Moskauer Instituts für Musikwissenschaft. Musikkritiker der »Prawda« und »Iswestija«. Präsident der Assoziation zeitgenössischer Musik ASM. 1926 Emigration. Stationen: Deutschland, Frankreich, USA. Diverse Kompositionen und Publikationen.

Sacchetti, Liberio A. (1852–1916), russ. Musikologe, offizieller Delegierter der Russischen Musikgesellschaft 1888 in Bologna und 1900 in Paris.

Sachnowski, Jurij S. (1866–1930), Komponist, Dirigent, Musikkritiker. Mitglied des »Goldenweiser-Kreises«.

Safonow, Wassilij I. (1852–1918), russ. Pianist, Lehrer, Dirigent. Prof. am Moskauer Konservatorium, 1906–1909 Direktor der New Yorker Philharmoniker und des Nationalkonservatoriums. 1909 Rückkehr nach Rußland. Publikation: »Neue Formeln für das Klavierspiel« (dt. von. W. Rehberg, Mainz 1931). Schüler: Josef Lhevinne, N. Medtner, A. Skrjabin, E. Bekman-Schtscherbina).

Saradshew, Konstantin S. alias Saradshjan (1877–1954), armenischer Dirigent, Schüler von Nikisch, gründete 1909 mit Dershanowski in Moskau die »Abende zeitgenössischer Musik« nach Petersburger Vorbild. Prof. am Moskauer Konservatorium.

Satina, Sofija A. (1879–1975), Schwägerin Rachmaninoffs, Schwester Natalja Alexandrownas, Dozentin für Botanik an der Moskauer Hochschule (1907–1921). 1922 wissenschaftl. Mitarbeiterin an der Technischen Hochschule Dresden, am Carnegie Institut New York 1922–1942, Smith College Northampton/Massachusetts 1942–1955. Diverse wissenschaftl. Publikationen.

Satina, Warwara A. (1852–1941), Mutter Natalja Rachmaninowas und Tante Rachmaninoffs.

Schaginjan, Marietta (1888–1982), sowjetarmenische Schriftstellerin, diverse Romane.

Schaljapin, Boris F. (1904–1979), Maler, Sohn Fjodor Schaljapins.

Schaljapin, Fjodor I. (1873–1938), russ. Sänger, Bassist an der Mamontow-Oper und am Bolschoj-Theater. 1921 Emigration nach Frankreich. 1921–1929

Metropolitan Opera New York, Covent Garden London, Filme: »Zar Iwan der Schreckliche« (1915) und »Don Quixote« (1933), über 200 Schallplatten.

Schaljapin, Fjodor F. jr. (geb. 1905), Filmschauspieler.

Schillinger, Joseph (1895–1943), russ. Komponist und Musiktheoretiker, Lehrer, Dirigent. 1928 Emigration in die USA. Zunächst private Unterrichtstätigkeit in den Fächern Musik, Kunstgeschichte und Mathematik. Lehrtätigkeit an der Universität von New York und der Columbia Universität/Teachers College. »The Schillinger System of Musical Composition« New York 1941. Reprint 1977. Schüler: Tommy Dorsey, Vernon Duke, Oscar Levant, George Gershwin, Benny Goodman, Glenn Miller.

Schönberg, Arnold (1874–1951), österreichischer Komponist, Lehrer und Theoretiker im amerikanischen Exil. Atonale Musik, »Komposition mit zwölf nur aufeinander bezogenen Tönen«. Schriften: »Harmonielehre« (Wien 1911), »Style and Idea« (New York 1950). Opern, Vokal- und Orchesterwerke, Kammermusik, Klavierkompositionen.

Schostakowitsch, Dmitrij (1906–1975), sowjetruss. Komponist, führender Sinfoniker der Sowjetunion. Orchesterwerke, Sinfonien, Kammer- und Klaviermusik, Opern, Ballette, Vokalwerke.

Siloti, Alexander (1863–1945), russ. Pianist, Dirigent und Konzertunternehmer. Liszt-Schüler. Prof. am Moskauer Konservatorium, 1919 Emigration, 1924–1942 Lehrtätigkeit an der New Yorker Juilliard School. Schüler in Rußland: Igumnow, Goldenweiser, Rachmaninoff u. a.

Skrjabin, Alexander N. (1872–1915), russ. Komponist und Pianist. Philosophisch-theosophische Theorien, Konzeption des Gesamtkunstwerks. Mystik, symbolistische Tendenzen. Sinfonien, Sinfonische Poeme, Klavierkonzert, zehn Klaviersonaten, Etüden, Präludien..

Slonow, Michail A. (1869–1930), russ. Sänger und Komponist. Freund Rachmaninoffs. Liturgie, Romanzen, Chöre, Instrumentalwerke, Theatermusik u. a.

Smith, John Stafford (1750–1836), englischer Komponist des Liedes »To Anacreon in Heaven«, dessen Melodie von Francis Scott Key für »The Star-Spangled Banner« verwendet wurde (1814), die spätere Nationalhymne der Vereinigten Staaten von Amerika. Diverse Bearbeitungen, u. a. auch von Rachmaninoff.

Smolenski, Stepan (1848–1909), Musikwissenschaftler, Paläograph, Chordirigent, Prof. des Moskauer Konservatoriums für die Geschichte des russ. Kirchengesanges. Direktor der Moskauer Synodalschule.

Stanislawski, Konstantin S. alias Alexejew (1863–1938), Schauspieler, Regisseur, Mitbegründer des Moskauer Künstlertheaters, Theatertheoretiker.

Stassow, Wladimir W. (1824–1906), russ. Kunst- u. Musikkritiker, Theoretiker der Kutschkisten.

Stokowski, Leopold (1882–1977), amerikanischer Dirigent poln. Abstammung, Leiter des Cincinatti Orchesters, des Philadelphia Orchesters, der New Yorker Sinfoniker und des Hollywood Bowl Sinfonieorchesters.

Strawinsky, Igor (1882–1971), russ. Komponist, Daueraufenthalte in Frankreich und USA. Ballette, Bühnenwerke, Chorwerke, Orchesterwerke, Solokonzerte, Klavier- und Kammermusik, Lieder, Solokantaten.

Swerjew, Nikolaj (1832–1893), Pianist, Lehrer, Prof. am Moskauer Konservatorium. Lehrer und Erzieher Rachmaninoffs, Skrjabins u. a.

Szymanowski, Karol (1882–1937), poln. Komponist, spätimpressionistische Klavierwerke, Kammermusik, Sinfonien, Klavierwerke, Violinkonzerte, Opern.

Tanejew, Sergej I. (1856–1915), russ. Komponist, Pianist, Schüler Tschaikowskis, Musiktheoretiker, Prof. am Moskauer Konservatorium. Sinfonien, Suiten, Streichquartette. »Lehrbuch des Kontrapunkts« (Moskau 1959, 2. Aufl.).

Tiomkin, Dimitri (1894–1979), russ.-amerikanischer Komponist und Pianist, Schüler Blumenfelds, Glasunows und Busonis. Filmkomponist Hollywoods: »Duel in the Sun«, »Red River«, »High Noon« u.v.a.

Tolstoi, Lew (1828–1910), russ. Schriftsteller. »Anna Karenina«, »Krieg und Frieden«, »Auferstehung«.

Toscanini, Arturo (1867–1957), italienischer Dirigent, künstlerischer Direktor der Mailänder Scala, 1908 künstl. Direktor der New Yorker Metropolitan Opera, internationale Konzerttourneen. 1929 Dirigent der New Yorker Philharmoniker, 1937 des NBC-Orchesters New York.

Tschaikowski, Modest I. (1850–1916), Bruder Peter Tschaikowskis, Dramaturg, Librettist, Übersetzer.

Tschaikowski, Peter I. (1840–1893), russ. Komponist der Moskauer Schule, Prof. am Moskauer Konservatorium. Opern, Sinfonien, Klavierkonzerte, Ballette, Kammermusik, Klavierwerke, Vokalwerke.

Tschechow, Anton P. (1860–1904), russ. Dichter u. Schriftsteller des Realismus. »Kirschgarten«, »Drei Schwestern«, Erzählungen.

Wilshau, Wladimir R. (1868–1957), Pianist, Lehrer, Prof. am Moskauer Konservatorium. Freund Rachmaninoffs.

Wolkonskaja, Irina Sergejewna (1903–1969), Tochter Rachmaninoffs.

Wolkonsky, Sophie (1925–1968), Enkelin Rachmaninoffs.

Wood, Sir Henry (1869–1944), engl. Dirigent, Lehrer, Chorleiter. 1. engl. Aufführung des »Eugen Onegin« Tschaikowskis am 17.12.1892 in London. Leiter von Festwochen in Birmingham, Sheffield u.a. Städten. Prägende Wirkung im englischen Musikleben.

Yasser, Joseph (geb. 1893), amerikanischer Musikologe russ. Abstammung. Organist u. Dirigent. Leiter der Orgelabteilung am Moskauer Konservatorium. 1920 Emigration. 1923 in den USA Vizepräsident der »American Library of Musicology«, Direktor des »Musicological Committees of the American Palestine Music Association«. Direktor des »Research Committee of the National Jewish Music Council«.

Zatajewitsch, Alexander W. (1869–1936), russ.-kasachischer Komponist, Musikkritiker, Volksliedsammler. Nachlaß: ca. 2300 kasachische Gesänge und Instrumentalstücke.

Zimbalist, Efrem (1889–1985), russ.-amerikanischer Geiger, Pädagoge und Komponist. Seit 1911 in den USA. Direktor des Curtis Instituts Philadelphia. Zimbalist, Mischa Elman und Jascha Heifetz verkörpern die russische Violinschule Leopold Auers.

Zwetajewa, Marina (1894–1941), russ. Dichterin. 1922 Emigration nach Frankreich. 1939 Rückkehr in die Sowjetunion, 1941 Freitod. Lyrik, Prosa, Essays.

Chronologisches Werkverzeichnis

1886

Studie in fis-moll für Klavier

»Manfred«-Sinfonie (P. Tschaikowski) bearb. für Klavier vierhändig

1887

»Lieder ohne Worte«: Lento d-moll für Klavier

Vier Klavierstücke:
  Romance fis-moll
  Prélude es-moll
  Mélodie E-Dur
  Gavotte D-Dur

Scherzo für Orchester d-moll/F-Dur

Drei Nocturnes für Klavier: fis-moll, F-Dur, c-moll

1888

Romanze für Violine und Klavier, »Lento« a-moll

Opernfragment »Esmeralda« (unveröffentlicht)

1889

Zwei Sätze für Streichquartett:
  Romance g-moll
  Scherzo D-Dur

Konzert für Klavier und Orchester c-moll (unvollendet): 1. Satz Allegro molto

1890

Romanze für Cello und Klavier f-moll

»Melodie über ein Thema von S. Rachmaninoff« für Cello oder Violine und Klavier in D-Dur

Klavierstück in d-moll

Zwei Stücke für Klavier zu sechs Händen: Valse A-Dur und Romance A-Dur

»Deus meus« Motette für 6stimmigen gemischten Chor a cappella a-moll

»Manfred« – Sinfonisches Poem (unvollendet)

»Dornröschen« (Tschaikowski) bearb. für Klavier vierhändig

1. Konzert für Klavier und Orchester fis-moll (Urfassung)

Zwei Lieder für Baßstimme und Klavier: »Am Tor des Paradieses« (Text: M. Lermontow) und »Ich sage Dir nichts« (Text: A. Fet). (gewidmet Michail Slonow)

»Wieder pochtest Du, mein Herz«, Lied für hohe Stimme und Klavier (Text: N. Grekow)

1891

Prélude F-Dur für Klavier

»Russische Rhapsodie« für zwei Klaviere e-moll/G-Dur

Zwei Monologe aus Puschkins »Boris Godunow«

Zwei Lieder für hohe Stimme und Klavier: »Es war im April« (Text: E. Pailleron) und »Die Dämmerung brach herein« (Text: A. K. Tolstoi)

»Prinz Rostislaw« – Sinfonisches Poem für großes Orchester über eine Ballade von A. K. Tolstoi in d-moll

Sinfonie in d-moll: 1. Satz Grave – Allegro molto

Russisches Schifferlied für Gesang und Klavier

»Nacht, verbracht ohne Schlaf« für Baßstimme und Klavier (Text: M. Lermontow)

1891–1893

Sechs Lieder op. 4 (Gesang und Klavier)
1. »Oh nein, ich flehe dich an, verlaß mich nicht« für Mezzosopran oder Bariton (Text: D. Mereschkowski)
2. »Der Morgen« für Altstimme oder Baß (Text: M. Janowa)
3. »Im Schweigen der Nacht« (1890) für Mezzosopran oder Bariton (Text: A. Fet)
4. »Singe nicht, du Schöne« für Sopran oder Tenor (Text: A. Puschkin)
5. »Oh du mein Feld« für Sopran oder Tenor (Text: A. K. Tolstoi)
6. »Wie lange, mein Freund« für Sopran oder Tenor (Text: A. A. Golenischtschew-Kutusow)

1892

»Prélude et Danse orientale pour violoncelle avec accompagnement de piano« op. 2:
Prélude F-Dur
Danse orientale a-moll

»Morceaux de Fantaisie pour Piano« op. 3

»Trio élégiaque« für Klavier, Violine und Violoncello: Lento lugubre g-moll

»Aleko« – Oper in einem Akt (Libretto: W. Nemirowitsch-Dantschenko nach A. Puschkin)

1893

»In Gebeten ewig die Mutter Gottes preisend« – Motette für vierstimmigen gemischten Chor a cappella

Drei Lieder für Baßstimme und Klavier
1. »Lied eines Enttäuschten« (Text: D. Rathaus)
2. »Die Blume ist verwelkt« (Text: D. Rathaus)
3. »Erinnerst du dich an den Abend« (Text: A. K. Tolstoi)

»Fantaisie (Tableaux) pour deux Pianos« op. 5

»Morceaux de Salon« pour Violon et Piano op. 6
1. Romance d-moll
2. Danse hongroise d-moll

»Fantaisie pour Orchestre« »Der Fels« op. 7

Sechs Lieder op. 8 auf deutsche und ukrainische Texte, übersetzt von A. N. Pleschtschejew (Gesang und Klavier)
1. »Die Wasserlilie« für Mezzosopran (Text: H. Heine)
2. »Du bist wie eine Blume« für Mezzosopran oder Bariton (Text: H. Heine)
3. »Gedanke« für Mezzosopran oder Bariton (Text: T. Schewtschenko)
4. »Ich gewann meine Trauer lieb« für Mezzosopran (Text: T. Schewtschenko)
5. »Der Traum« für Sopran oder Tenor (Text: H. Heine)
6. »Gebet« für Sopran (Text: Goethe)

»Trio élégiaque pour Piano, Violon et Violoncelle« (Seconde Partie avec accompagnement d'Harmonium) op. 9

»Morceaux de Salon pour Piano« op. 10

1894

»Chor der Seelen« für vierstimmigen gemischten Chor a cappella

»Lied der Nachtigall« für vierstimmigen gemischten Chor und Klavier (Text: A. K. Tolstoi)

Zwei Episoden à la Liszt nach Byrons »Don Juan« für Orchester

Romanze für Klavier vierhändig

»Six Morceaux pour le Piano à quatre mains« op. 11

»Capriccio auf Zigeunerthemen« op. 12 für großes Orchester

1895

1. Sinfonie op. 13

Sechs Chöre für Frauen- oder Kinderstimmen mit Klavierbegleitung op. 15

1. »Seid gelobt« (Text: N. Nekrassow)
2. »Die Nacht« (Text: W. Ladyshenski)
3. »Die Kiefer« (Text: M. Lermontow)
4. »Traumwellen« (Text: Konstantin Romanow)
5. »Gefangenschaft« (Text: N. Zyganow)
6. »Engel« (Text: M. Lermontow)

1896

Zwölf Lieder op. 14 (Gesang und Klavier)

1. »Ich warte auf dich« (1894) für Sopran (Text: M. Dawidowa)
2. »Die kleine Insel« für Sopran oder Tenor (Text: K. Balmont)
3. »Seit langem verliebt« für Alt oder Baß (Text: A. Fet)
4. »Ich war bei ihr« für Mezzosopran oder Bariton (Text: A. Kolzow)
5. »Diese Sommernächte« für Sopran oder Tenor (Text: D. Rathaus)
6. »Dich lieben alle« für Mezzosopran oder Bariton (Text: A. K. Tolstoi)
7. »Glaube mir nicht, Freund!« für Sopran oder Tenor (Text: A. K. Tolstoi)
8. »O gräme dich nicht« für Sopran oder Bariton (Text: A. Apuchtin)
9. »Sie ist, wie der Mittag, gut« für Mezzosopran oder Bariton (Text: N. Minski)
10. »In meiner Seele« für Alt oder Baß (Text: N. Minski)
11. »Frühlingswasser« für Sopran oder Tenor (Text: F. Tjutschew)
12. »Es ist Zeit« für Alt oder Sopran (Text: S. Nadson)

6. Sinfonie (Glasunow) von Rachmaninoff für Klavier vierhändig bearbeitet

Vier Improvisationen für Klavier. Gemeinschaftskomposition von Arenski, Glasunow, Rachmaninoff und Tanejew

2. unvollendetes Streichquartett:

1. Allegro moderato g-moll
2. Andante molto sostenuto c-moll

»Six Moments Musicaux pour Piano« op. 16

1897

Sinfonische Skizze

1899

»Hattest du einen Schluckauf?« für Baßstimme und Klavier

Zwei Klavierstücke

»Morceau de fantaisie« g-moll

»Fughetta« F-Dur

Zwei Russische Lieder für gemischten Chor a cappella

1. »Am Tor«
2. »Schuhe«

1900

Bizet/Rachmaninoff
Menuett für Klavier aus L'Arlésienne Suite Nr. 1 c-moll

»Die Nacht«
Lied für mittlere Stimme und Klavier (Text: D. Rathaus)

1900/1901

2. Suite für zwei Klaviere op. 17

2. Konzert für Klavier und Orchester c-moll op. 18

1901

»Pantelej der Heiler« für vierstimmigen gemischten Chor a cappella (Text: A. K. Tolstoi)

Sonate für Cello und Klavier op. 19

1902

Kantate »Frühling« für Bariton, Chor und Orchester op. 20 (Text: N. Nekrassow)

Zwölf Lieder op. 21 (Gesang und Klavier)
1. »Schicksal« für Bariton oder Baß (Text: A. Apuchtin)
2. »Auf dem frischen Grab« für Alt oder Baß (Text: S. Nadson)
3. »Dämmerung« für Sopran oder Tenor (Text: J. M. Guyot)
4. »Sie antworteten« für Sopran oder Tenor (Text: Victor Hugo)
5. »Flieder« für Sopran (Text: E. Beketowa)
6. »Fragment aus Musset« für Sopran (Text: Musset)
7. »Hier ist es schön« für Sopran (Text: A. Galina)
8. »Auf den Tod eines Hänflings« für Sopran oder Tenor (Text: W. Shukowski)
9. »Melodie« für Sopran oder Tenor (Text: S. Nadson)
10. »Vor dem Bild« für Mezzosopran (Text: A. Golenischtschew-Kutusow)
11. »Ich bin kein Prophet« für Sopran (Text: A. Kruglow)
12. »Wie tut es mir leid« für Sopran (Text: A. Galina)

»Variationen über ein Thema von Chopin« für Klavier op. 22

1903

Zehn Préludes für Klavier op. 23

1903–1905

»Der Geizige Ritter« op. 24
Oper in drei Bildern (Libretto: A. Puschkin)

1904–1905

»Francesca da Rimini« op. 25
Oper in zwei Bildern mit Prolog und Epilog (Libretto: M. I. Tschaikowski nach Dantes Göttlicher Komödie / 5. Gesang)

1906

15 Lieder op. 26 (Gesang und Klavier)
1. »Es gibt viele Klänge« für Mezzosopran (Text: A. K. Tolstoi)
2. »Er nahm mir alles« für Mezzosopran (Text: F. Tjutschew)
3. »Wir ruhen aus« für Alt oder Baß (Text: Tschechows »Onkel Wanja« 4. Akt)
4. »Zwei Abschiede« für Sopran und Bariton (Text: A. Kolzow)
5. »Laß uns gehen, Liebe« für Tenor (Text: A. Golenischtschew-Kutusow)
6. »Christus ist auferstanden« für Mezzosopran (Text: D. Mereschkowski)
7. »Den Kindern« für Mezzosopran (Text: A. Chomjakow)
8. »Ich flehe um Erbarmen« für Tenor (Text: D. Mereschkowski)
9. »Ich bin wiederum allein« für Tenor (Text: I. Bunin nach T. Schewtschenko)
10. »An meinem Fenster« für Sopran (Text: G. Galina)
11. »Springbrunnen« für Tenor (Text: F. Tjutschew)
12. »Die Nacht ist voll Trauer« für Tenor (Text: I. Bunin)
13. »Gestern trafen wir uns« für Mezzosopran (Text: J. Polonski)
14. »Der Ring« für Mezzosopran (Text: A. Kolzow)
15. »Alles geht vorbei« für Baß (Text: D. Rathaus)

»Polka italienne« es-moll/Es-Dur für Klavier vierhändig

1906/07

2. Sinfonie e-moll op. 27

1906–1908

»Monna Vanna« (unvollendetes Opernprojekt) (Text: M. Slonow nach M. Materlinck)

1907

1. Sonate für Klavier d-moll op. 28
1. Allegro moderato d-moll
2. Lento F-Dur
3. Allegro molto d-moll

1908

»Brief an Konstantin Stanislawski von S.R.« für Baßstimme und Klavier

1909

»Die Toteninsel« op. 29
Sinfonische Dichtung für großes Orchester zum Gemälde von Arnold Böcklin

3. Konzert für Klavier und Orchester d-moll op. 30

1910

»Liturgie des Hlg. Johannes Chrysostomus« op. 31 für vierstimmigen gemischten Chor a cappella

13 Préludes für Klavier op. 32

1911

»Polka de W.R.« für Klavier

Neun Etudes tableaux für Klavier op. 33

1912

14 Lieder op. 34 (Gesang und Klavier)
1. »Muse« für Sopran oder Tenor (Text: A. Puschkin)
2. »In der Seele eines jeden von uns« für Baß oder Alt (Text: Korinfski)
3. »Der Sturm« für Tenor oder Sopran (Text: A. Puschkin)
4. »Flugwind« für Tenor oder Sopran (Text: K. Balmont)
5. »Arion« für Tenor oder Sopran (Text: A. Puschkin)
6. »Die Auferstehung des Lazarus« für Baß oder Alt (Text: A. Chomjakow)
7. »Es kann nicht sein!« für Mezzosopran (Text: A. Maikow)
8. »Musik« für Mezzosopran (Text: J. Polonski)
9. »Du kanntest ihn« für Bariton oder Mezzosopran (Text: F. Tjutschew)
10. »An diesen Tag erinnere ich mich« für Tenor oder Sopan (Text: F. Tjutschew)
11. »Der Bauer« für Baß oder Alt (Text: A. Fet)
12. »Welch Glück« für Tenor oder Sopran (Text: A. Fet)
13. »Dissonanz« für Sopran (Text: J. Polonski)
14. »VoKalise« für hohe Stimme und Klavier Lentamente. Molto cantabile cis-moll

1913

»Die Glocken« op. 35
Sinfonisches Poem für Orchester, Chor und Solostimmen nach dem Poem von Edgar Allen Poe, ins Russische übersetzt von Konstantin Balmont

2. Sonate für Klavier op. 36 (Originalfassung)

1914

»Flieder« op. 21 Nr. 5 bearb. für Klavier allein

1915

»Aus dem Johannes-Evangelium« für Baßstimme und Klavier

»Wsenoschtschnoje Bdenije« – Ganznächtliches Wachen op. 37 für vierstimmigen gemischten Chor a cappella

1916

»Zwei heilige Gesänge« für hohe Stimme und Klavier (Text: Konstantin Romanow u. G. Sologub)

Sechs Dichtungen für Gesang und Klavier op. 38
1. »Nachts in meinem Garten« (Text: A. Isaakjan)
2. »Zu ihr« (Text: A. Belyj)
3. »Gänseblümchen« (Text: I. Sewerjanin)
4. »Der Rattenfänger« (Text: W. Brjusow)
5. »Traum« (Text: F. Sologub)
6. »A – u!« (Text: K. Balmont)

1916

Neun Etudes tableaux für Klavier op. 39

1917

Drei Stücke für Klavier:
Prélude d-moll
Orientalische Skizze B-Dur
Fragmente As-Dur

1918

Smith/Rachmaninoff
»The Star-Spangled Banner« bearb. für Klavier

1919

Kadenz für die 2. Ungarische Rhapsodie von Franz Liszt

1920

Drei Russische Lieder für Gesang und Klavier:
1. »Der kleine Splitter«
2. »Apfelbaum, o Apfelbaum«
3. »Entlang der Straße«

1924

Mussorgski/Rachmaninoff
»Hopak« bearb. für Klavier

1925

»Puder und Schminke« russisches Lied bearb. für Gesang und Klavier

Kreisler/Rachmaninoff
»Liebesleid« und »Liebesfreud« bearb. für Klavier

Schubert/Rachmaninoff
»Die Forelle« bearb. für Klavier

1926

4. Konzert für Klavier und Orchester op. 40 (1. Fassung)

Drei Russische Lieder für Chor und Orchester op. 41

1927

4. Klavierkonzert (revidierte 2. Fassung)

1929

Rimski-Korsakow/Rachmaninoff
»Hummelflug aus »Das Märchen vom Zaren Saltan« bearb. für Klavier

1931

»Variationen d-moll« für Klavier op. 42 – über ein Thema von Corelli

2. Klaviersonate op. 36 (revidierte Fassung)

1933

Bach/Rachmaninoff
Suite aus der Solopartita für Violine in E-Dur bearb. für Klavier
»Preludio – Gavotte – Gigue«

Mendelssohn/Rachmaninoff
»Scherzo« aus dem »Sommernachtstraum« bearb. für Klavier

1934

»Rhapsodie über ein Thema von Paganini« für Klavier und Orchester op. 43 »en forme de variations«

1935/36

3. Sinfonie a-moll op. 44

1940

»Sinfonische Tänze« für Orchester op. 45
1. Non allegro – Lento – Tempo I c-moll/cis-moll
2. Andante con moto (Tempo di valse) g-moll
3. Lento assai – Allegro vivace d-moll

1941

Tschaikowski/Rachmaninoff
»Wiegenlied« bearb. für Klavier

4. Klavierkonzert (revidierte 3. Fassung)

1991

Nachlaßveröffentlichung von 42 kleinen Frühwerken

Diskographie

Die »Bibliography of Discographies, Vol 1, Classical Music 1925–1975, by Michael H. Gray and Gerald D. Gibson, New York and London 1977« listet folgende Rachmaninoff-Diskographien auf:

Andriessen, Johan: Rachmaninow. Amsterdam 1950, S. 251–256 (Meesters der melodie).

Benko, Gregor: The performances of Rachmaninoff: a discography in: *The complete Rachmaninoff* (Sound recording) RCA ARM 3 – 0260, ARM 3 – 0261, ARM 3 – 0294, ARM 3 – 0295, ARM 3 – 0296. 1973.

Culshaw, John: Sergei Rachmaninow. London 1949, S. 168–171.

Diapason No. 177 (May 1973), S. 20–21.

Ericson, Raymond: Rachmaninoff: a discography in: *High Fidelity* V/3. Mai 1955, S. 76–84.

Lang, C.: Der Pianist Sergej Wassiljewitsch Rachmaninoff. In: *Österreichische Musikzeitschrift,* September 1973, S. 425–432.

Smolian, Steven: Rachmaninoff discography. In: *American Record Guide,* XXXIII, October 2, 1966, S. 159–165.

Saturday Review, November 26, 1955, S. 46: Klavierkonzerte.

Meyer-Josten, Jürgen: 2. Klavierkonzert, Aufnahmen. In: fono forum Februar 1969, Nr. 2, S. 71.

Chronologisches Verzeichnis der Schallplattenaufnahmen Sergej Rachmaninoffs

1919

Chopin, Frédéric: Walzer As-Dur op. 42 (April 1919)
Walzer As-Dur op. 64, 3 (April 1919)
Liszt, Franz: Ungarische Rhapsodie Nr. 2 cis-moll mit Kadenz von Rachmaninoff (April 1919)
Mozart, Wolfgang Amadeus: Thema und Variationen aus der Sonate A-Dur KV 331 Nr. 1, 5 und 6 (April 1919)
Rachmaninoff, Sergej: Prélude cis-moll op. 3, 2 (April 1919)
Melodie E-Dur op. 3, 3 (April 1919)
Barcarole g-moll op. 10, 3 (April 1919)
Prélude g-moll op. 23, 5 (April 1919)
»Polka italienne« für Klavier zu vier Händen mit Natalja Rachmaninowa (April 1919)
»Polka de W. R.« (April 1919)
Scarlatti, Domenico: Pastorale und Capriccio d-moll (nach Longo 413 und 104) (bearb. von Tausig) (April 1919)
Tschaikowski, Peter I.: Wiegenlied As-Dur op. 16, 1 (April 1919) (bearb. von Rachmaninoff)

1920

d'Aquin, Louis Claude: »Pièces pour le clavecin«: »Le coucou« (Oktober 1920)
Chopin, Frédéric: Walzer F-Dur op. 34, 3 (Oktober 1920)
Rachmaninoff, Sergej: Prélude g-moll op. 23, 5 (Oktober 1920)
Prélude G-Dur op. 32, 5 (Juni 1920)

1921

Chopin, Frédéric: Walzer Es-Dur op. 18 (Januar 1921)
Scherzo b-moll op. 31
Walzer Ges-Dur op. 70, 1 (April 1921)
Debussy, Claude: »Children's Corner«: »Golliwogg's cake-walk« (Januar 1921)
Dohnanyi, Ernst von: Etude-Caprice f-moll op. 28 (Oktober 1921)
Kreisler, Fritz: »Liebesleid« (bearb. Rachmaninoff) (Oktober 1921)

1923

Chopin, Frédéric: Nocturne Fis-Dur op. 15, 2 (Dezember 1923)
Mazurka cis-moll op. 63, 3 (Dezember 1923)
Walzer Des-Dur op. 64, 1 (April 1923)
Walzer h-moll op. 69, 2 (Oktober 1923)
Henselt, Adolf von: Etüde op. 2, 6 »Wenn ich ein Vöglein wär« (Dezember 1923)
Tschaikowski, Peter I.: Humoreske G-Dur op. 10, 2 (Dezember 1923)

1924

Chopin, Frédéric: Scherzo cis-moll op. 39 (1924)
Mussorgski, Modest: »Hopak« (bearb. Rachmaninoff) (Frühjahr 1924)
Rachmaninoff, Sergej: 2. Klavierkonzert op. 18 (2. und 3. Satz) mit dem Philadelphia Orchester Ltg. Leopold Stokowski (Frühjahr 1924)
Saint-Saëns, Camille: »Carnaval des animaux«: »Le cygne« (Dezember 1924)

1925

Beethoven, Ludwig van: Türkischer Marsch op. 113, 4 aus »Die Ruinen von Athen« (April 1925) (bearb. A. Rubinstein)
Gluck, Christoph Willibald: Melodie aus der Oper »Orfeo ed Euridice« (bearb. Sgambati) (Mai 1925)
Kreisler, Fritz: »Liebesfreud« (bearb. Rachmaninoff) (Dezember 1925)
Liszt, Franz: Polonaise E-Dur Nr. 2 (April 1925)
Konzertetüde »Gnomenreigen« (Februar 1925)
Rachmaninoff, Sergej: 2. Klavierkonzert op. 18 (1. Satz) mit dem Philadelphia Orchester Ltg. Leopold Stokowski (1925)
Rubinstein, Anton: Barcarole Nr. 2 (1925)
Schubert, Franz: »Das Wandern« B-Dur (bearb. Liszt) (April 1925)
Impromptu As-Dur op. 90, 4 (Dezember 1925)

1926

Beethoven, Ludwig van: 32 Variationen c-moll: Nr. 1–14, 19, 22–28, 31, 32 (Februar 1926)
Chopin, Frédéric: Ballade As-Dur op. 47 (Februar 1926)
Volkslied: »Powder and Paint« Nadeshda Plewitskaja, Gesang und Rachmaninoff Klavier (Februar 1926)

1927

Beethoven, Ludwig van: Sonate für Violine und Klavier op. 30, 3 G-Dur mit Fritz Kreisler (April 1927)
Chopin, Frédéric: Nocturne Es-Dur op. 9, 2 (April 1927)
Walzer cis-moll op. 64, 2 (April 1927)
Walzer As-Dur op. 64, 3 (April 1927)
Grieg, Edward: Sonate für Violine und Klavier op. 45, 3 C-Dur mit Fritz Kreisler (April 1927)

Mendelssohn-Bartholdy, Felix: Etüde F-Dur op. 104, 2 (April 1927)
Etüde a-moll op. 104, 3 (April 1927)
Schubert, Franz: Grand Duo A-Dur D. 574 mit Fritz Kreisler (April 1927)
Strauss, Johann: »Man lebt nur einmal« (bearb. Tausig) (April 1927)

1928

Bizet, Georges: Menuett aus »L'Arlésienne« (bearb. Rachmaninoff) (1928)
Mendelssohn-Bartholdy, Felix: Lied ohne Worte op. 67, 4 C-Dur »Spinnerlied« (April 1928)
Rachmaninoff, Sergej: Elegie es-moll op. 3, 1 (1928)
Prélude cis-moll op. 3, 2 (April 1928)
Etude tableau a-moll op. 39, 6 (1928)
»Polka de W.R.« (April 1928)
Tschaikowski, Peter I.: »Die Jahreszeiten«: »Troika« E-Dur op. 37a Nr. 11 (April 1928)

1929

Rachmaninoff, Sergej: 2. Klavierkonzert op. 18 mit dem Philadelphia Orchester Ltg. Leopold Stokowski (April 1929)
Rimski-Korsakow, Nikolaj: »Hummelflug« aus der Oper »Zar Saltan« (1929) (bearb. Rachmaninoff)
Schumann, Robert: Carnaval op. 9 (1929)
Skrjabin, Alexander: Prélude fis-moll op. 11 Nr. 8 (April 1929)

1930

Chopin, Frédéric: Sonate b-moll op. 35 (Februar 1930)
Walzer e-moll Nr. 14 op. posthum. (Februar 1930)

1933

Volkslied: »Bublitschki« (1933)

1934

Rachmaninoff, Sergej: »Rhapsodie über ein Thema von Paganini« für Klavier und Orchester op. 43 mit dem Philadelphia Orchester Ltg. Leopold Stokowski (Dezember 1934)

1935

Borodin, Alexander: Scherzo As-Dur op. 8 (Dezember 1935)
Mendelssohn-Bartholdy, Felix: Scherzo aus »Ein Sommernachtstraum« (bearb. Rachmaninoff) (Januar 1935)

1936

Händel, Georg Friedrich: Grobschmiedvariationen aus der Suite Nr. 5 E-Dur (Januar 1936)
Rachmaninoff, Sergej: Serenade b-moll op. 3, 5 (Januar 1936)

1939/1940

Rachmaninoff, Sergej: 1. Klavierkonzert fis-moll op. 1 mit dem Philadelphia Orchester Ltg. Eugene Ormandy (Dezember 1939 – Februar 1940)
3. Klavierkonzert d-moll op. 30 mit dem Philadelphia Orchester Ltg. Eugene Ormandy (Dezember 1939 – Februar 1940)
Prélude f-moll op. 32, 6 (März 1940)
Etude tableau Es-Dur op. 33, 4 (März 1940)

1941

Rachmaninoff, Sergej: 4. Klavierkonzert g-moll op. 40 mit dem Philadelphia Orchester Ltg. Eugene Ormandy (Dezember 1941)

1942

Bach, Joh. Seb.: Präludium aus der Partita für Solovioline Nr. 3 E-Dur BWV 1006
Chopin, Frédéric: »Mädchens Wunsch« op. 74, 1 (bearb. Liszt) (Februar 1942)
»Die Heimkehr« op. 74, 15 (bearb. Liszt) (Februar 1942)
Rachmaninoff, Sergej: »Flieder« (bearb. Rachmaninoff) op. 21, 5 (Februar 1942)
Schubert, Franz: »Ständchen« d-moll (bearb. Liszt) (Februar 1942)
Schumann, Robert: »Der Contrabandiste« op. 74 (bearb. Tausig) (Februar 1942)
Tschaikowski, Peter I.: Wiegenlied As-Dur op. 16, 1 (bearb. Rachmaninoff) (1942)
Walzer As-Dur op. 40, 8 (1942)

Ohne Jahresangaben

Paderewski, Ignaz: Menuett G-Dur op. 14, 1
Rachmaninoff, Sergej: Polichinelle fis-moll op. 3, 4
Humoreske G-Dur op. 10, 5

Bibliographie

Alexejew, A. D., Sergej. W. Rachmaninoff. Leben und schöpferisches Werk. Moskau 1954 (russ.).

Anderson, W. R., Rachmaninov and his pianoforte concertos. A brief sketch of the composer and his style. London 1947.

Apetjan, S. (Hrsg.), S. W. Rachmaninoff. Briefe. Moskau 1955 (russ.).

Apetjan, S. (Hrsg.), Erinnerungen an Rachmaninoff. 2 Bde. 5. Aufl. Moskau 1988 (russ.).

Apetjan, S. (Hrsg.), Sergej Rachmaninoff. Literarisches Erbe. 3 Bde. Moskau 1978–1980 (russ.).

Asafjew, B., S. W. Rachmaninoff. Moskau 1945 (russ.).

Baca, Richard, A style analysis of the thirteen preludes op. 32 of Sergej Rachmaninov. Diss. Baltimore 1975.

Bashanow, N., Rachmaninoff. Moskau 1974 (franz.).

Beljajew, W. M., S. W. Rachmaninoff. Moskau 1924 (russ.).

Bertensson, Sergei and Leyda, Jay, Sergei Rachmaninoff. A lifetime in music. New York 1956.

Bogdanow-Beresowski, W. M. (Hrsg.), Rachmaninoffs frühe Jahre. Leningrad/ Moskau 1949 (russ.).

Boldt, Kenwyn, The solo piano variations of Rachmaninoff. Diss. Bloomington 1957.

Bortnikowa, E. (Hrsg.), Rachmaninoffs Autographe in den Archiven des Staatl.-Zentralen Glinka-Museums der Musikkultur. Moskau 1955.

Brjanzewa, W. N., Rachmaninoffs Kindheit und Jugend. 2. Aufl. Moskau 1972 (russ.).

Brjanzewa, W. N., S. W. Rachmaninoff. Moskau 1976 (russ.).

Butzbach, Fritz, Studien zum Klavierkonzert Nr. 1 fis-moll op. 1 von S. V. R. Regensburg 1979.

Charton, J.-M., Les Années Françaises de Serge Rachmaninoff. Paris 1969 (franz.).

Chung, So-Ham Kim, An analysis of Rachmaninoff's Concerto No. 2 in C-Minor opus 18. Aids towards performance. Diss. Ohio 1988.

Clark, Benjamin P., The stylistic development of Rachmaninov's music for piano. Diss. New York o.Jg.

Coolidge, Richard, Architectonic technique and innovation in the Rakhmaninov piano concertos. In: *The Music Review* 3, 1979.

Cooper, Hubert R., The stylistic development of Rachmaninov's music for piano. Diss. Baltimore o.Jg.

Culshaw, John, Sergei Rachmaninov. London 1949/New York 1951.
Fokine, Michail, Gegen die Strömung. Leningrad/Moskau 1962 (russ.).
Gronowicz, Antoni, Sergei Rachmaninoff. New York 1946.
Yasser, J. S., Erinnerungen an Rachmaninoff. New York 1946 (russ.).
Jaworski, Boleslaw, »Rachmaninoff«. In: Ausgewählte Werke Teil 1, Moskau 1987, S. 221 f. (russ.).
Jungheinrich, H.-H., »Toteninsel als Ziel und Ausgangspunkt«. Zur künstlerischen Physiognomie von Sergej Rachmaninoff. In: Pianojahrbuch Recklinghausen 1981, S. 70–75.
Kandinski, A. J., Die Opern Rachmaninoffs. Moskau 1956 / 2. Aufl. 1960 (russ.).
Keldysch, Jurij, Rachmaninoff und seine Zeit. Moskau 1973 (russ.).
Lamagra, Anthony, A source book for the study of Rachmaninoff's Preludes. Diss. New York 1966.
Lasarenko, Kim A., A style change in Rachmaninoff's Piano music as seen in the Second Piano Sonate in B-Flat Minor op. 36 (1913 and 1931 versions). Diss. Ohio 1988.
Lyle, Watson, Rachmaninoff. A biography. London 1939.
McCabe, J., Rachmaninoff. London 1974.
Milstein, Nathan and Volkov, Solomon, From Russia to the West. London 1990.
Miroschnikowa, L. A., Einige Besonderheiten in der Harmonik Rachmaninoffs. Theoretische Probleme der Musik des 20. Jahrhunderts. Moskau 1967 (russ.).
Nagibin, Jurij, Künstlernovellen. Berlin 1986.
Norris, Geoffrey, Rachmaninoff. London 1976.
Palmieri, Robert, Sergei Vasilevich Rachmaninoff. A Guide to Research. New York 1985.
Piggot, Patrick, Rachmaninoff, S. (The Great Composer Series) London 1978.
Ponisowkin, J., Rachmaninoff – Pianist, Interpret seiner eigenen Werke. Moskau 1965 (russ.).
Riesemann, Oskar von, Rachmaninoff. Recollections told to Oskar von Riesemann. New York 1934 / Reprint 1970.
Rüger, Christoph, »Ein Künstler – zwei Leben«. Zum 100. Geburtstag Sergej Rachmaninoffs. In: Musik und Gesellschaft 1973, S. 198–203.
Rummenhöller, Peter, Zum Warencharakter in der Musik. Analyse von Rachmaninoffs Prélude op. 32 Nr. 1. In: *Zeitschrift für Musiktheorie* 4, 1973, S. 30–36.
Sabanejew, Leonid, Sergey Rakhmaninoff. In: Modern Russian Composers. New York 1927, S. 103–120.
Satin, S. A., In Memory of Rachmaninoff. New York 1946.
Schonberg, Harold C., Skrjabin und Rachmaninoff. In: Die großen Komponisten. Ihr Leben und Werk. Frankfurt/Main–Berlin 1986, S. 559–575.
Schulz, F., Bibliographie S. Rachmaninoff. In: Pianojahrbuch Recklinghausen 1978, S. 55–69 und 1980, S. 88 f.
Schwarz, Boris, Musik und Musikleben in der Sowjetunion 1917 bis zur Gegenwart. Teil I–III. Wilhelmshaven 1982.
Seroff, V. I., Rachmaninoff. New York 1950.
Siloti, A., Erinnerungen und Briefe. Leningrad 1963 (russ.).
Sokolowa, O. I., Sergej Wassiljewitsch Rachmaninoff. Moskau 1987 (russ.).
Solowzow, A., S. W. Rachmaninoff. Moskau/Leningrad 1947, 2. Aufl. 1969 (russ.).

Threlfall, Robert, Sergei Rachmaninoff. His Life and Music. London 1973.
Threlfall, Robert u. Norris, Geoffrey, A Catalogue of the Compositions of S. Rachmaninoff. London 1981.
Walker, Robert, Rachmaninoff. His Life and Times. New York 1978.
Wilder, Pamela Wright, Sergei Rachmaninoff. Understanding the Composer through the »Etudes Tableaux« op. 33. Diss. Alabama 1988.
Woodruff, B. W., Rachmaninoff's orchestral works. A. descriptive commentary. Diss. Illinois, Urbana 1976.
Ysaac, Albert, A study analysis and performance of the two sets of piano solo variations by Sergej Rachmaninoff. Diss. New York 1978.

Die im Text verwendeten Originalzitate aus der englischen und russischen Fachliteratur wurden ebenso wie russische und englische Briefe und Dokumente von der Verfasserin ins Deutsche übertragen.

Bildnachweis

S. W. Rachmaninoff. Musikverlag, Moskau 1988.

Ausgewähltes Personenregister

Danksagung

Zum Abschluß des Buches gilt mein aufrichtiger Dank Frau Manuela Runge, meiner einfühlsamen Lektorin, Herrn Thomas Karlauf, dem instinktsicheren Cheflektor des Siedler Verlages Berlin und meinem Mann Peter Biesold, dem Gründer und Leiter der Majakowski-Galerie (1968–1972) Berlin.

Maria Biesold, März 1991